A Dominique Laborde, [illegible]
BNP Paribas de Chalon, [illegible]
installé en Bourgogne Sud [illegible]
les grands événements qui ont bouleversé
l'économie en Europe, le développement des
transports (chemins de fer), de la grande
industrie.

Les larmes d'or

La Saône-et-Loire était au cœur de
ces événements avec les Schneider au
Creusot, les Chagot à Montceau-les-Mines.
Jean-Baptiste Quenot fut le
témoin et le rapporteur méticuleux de
la vie, des métiers, des joies et des
peines, des changements profonds.
Il a laissé un témoignage inestimable
pour la connaissance de l'histoire
humaine. Chalon s/S le 17 janvier 2005

[illegible]

Robert Michelin

Les larmes d'or

La vie rurale en Bresse Bourguignonne de Louis-Philippe à Napoléon III

Maisonneuve & Larose

Cet ouvrage a fait l'objet d'un premier tirage à 1 000 exemplaires dont 300 numérotés.

Cet exemplaire porte le numéro :

ISBN : 2-7068-1623-8

15, rue Victor-Cousin, 75005 Paris (France)
servedit1@wanadoo.fr

A ma mère...

Paysan « sur le papier »... oui, je le suis devenu !

Né dans une famille installée en Bresse bourguignonne depuis des siècles entre la Seille, le Doubs et la Saône, tous mes ancêtres tant du côté paternel que maternel furent des agriculteurs.

La famille de ma mère-les Richard de Boibe- a exploité différents domaines importants à La Chapelle-Saint-Sauveur (encore une quarantaine d'hectares au milieu du XIXème siècle). Denis Richard fréquentait donc Jean-Baptiste Guerret et les deux hommes se connaissaient bien.

Ma mère, la dernière de cette très longue lignée d'agriculteurs, attentive et curieuse au sujet de mes travaux mais, à la limite, étonnée de tant d'intérêt pour ces « vieux Guerret » comme elle se plaisait à me le rappeler, se disait : pourquoi dépenser tant d'énergie pour eux ? Après avoir une fois de plus passé sa tête par-dessus mes épaules, guettant furtivement mon texte, poussa un long soupir : « Moi, j'ai fait la culture trop longtemps ! C'est pas pour y mettre sur le papier ».

Rien à ajouter. La sentence tombée subitement se suffisait à elle-même. J'étais bel et bien devenu paysan « sur le papier », face à tous ces campagnards qui accomplissent leur tâche ardue, mais n'écrivent pas... ou si peu ! A quoi bon tout cela.

A toi, ma chère maman, partie rejoindre maintenant cette terre qui a tout pris de toi-même, à la veille des grands froids de l'hiver, si près de Nöel de l'an deux mille. Je te dédie ce travail en hommage à tous tes efforts, toi qui a suivi jusqu'au bout et sans jamais rechigner le sillon de tous tes ancêtres, eux aussi dorénavant dans l'au-delà pour toujours. Mais ceci sans oublier mon cher père ainsi que tous les Paysans de France, tes frères de peine et de labeur. Toi qui, l'âge avançant, n'avais qu'une hantise, finir ta vie dans une maison de retraite qui aurait aliéné ta Liberté, ta Dignité, ton Indépendance ; ton esprit n'est pas mort et le paysan « sur le papier » garde bien précieusement cet héritage, celui des Hommes de Liberté.

Robert MICHELIN

PRESENTATION

Le présent ouvrage constitue un document de première importance sur l'histoire de la Bresse bourguignonne. Robert MICHELIN, auteur de nombreuses études de référence sur la Bresse et sur les traditions locales, nous propose ici un texte aussi vivant qu'érudit, et appelé certainement à faire date.

La publication critique des registres de Jean-Baptiste GUERRET, grand propriétaire foncier à la Ranche - sur la commune de LA CHAPELLE-SAINT-SAUVEUR – au milieu du XIXème siècle, constitue en effet un événement pour tous ceux, érudits, chercheurs, amateurs d'histoire locale et simples curieux, qui souhaitent en savoir plus sur le passé bressan et qui auront ainsi accès à une inépuisable source d'information sur la vie quotidienne dans une exploitation bressane entre la Monarchie de Juillet et la fin du Second Empire.

A partir des milliers de feuillets de comptes et de « cayers » laissés par Jean-Baptiste GUERRET, impubliables en l'état, Robert MICHELIN s'est attelé à un travail considérable de remise en forme et de mise en perspective. Ainsi fait, les « Larmes d'Or » représentent une véritable « mine » pour l'avancement du savoir historique sur notre région.

Des facettes inédites d'économie rurale nous sont dévoilées. Au fil des pages se dessine la sociologie d'une grande exploitation foncière au XIXème siècle. Organisation du travail à la ferme, description des modes de production de la terre (illustrant à merveille l'ancestrale « polyculture bressane », qui n'est plus qu'un souvenir depuis que la Bresse a opéré, avec succès, le virage de la spécialisation), rythme des saisons et des récoltes, tableau des mœurs du temps : l'ensemble compose une fresque, frémissante de vie, du monde rural à l'orée de la Révolution Industrielle.

Je crois que l'excellente mise en lumière de la complexité - tant au plan de l'organisation de la main-d'œuvre qu'au niveau des techniques, de l'artisanat ou des circuits commerciaux – d'une grande exploitation foncière au XIXème siècle n'est pas l'un des moindres mérites de l'ouvrage. Entreprise hiérarchisée qui doit composer avec la nature et ses contraintes, assigner à chacun sa place et son rôle, respecter des équilibres financiers, compter avec l'industrialisation naissante, etc..., l'exploitation est une cellule de vie à l'agencement compliqué et qui réclame de tous une activité sans relâche.

Ce document de première main, dont la « matière première » est constituée des notes d'un grand exploitant progressiste qui, en libéral dévoué au bien commun, fut maire de sa commune, mérite donc de prendre rang parmi les sources historiques que l'Ecole des Annales prisait entre toutes : car ce témoignage « en plongée », contemporain des faits relatés et exempt de toute recomposition artificielle ou anachronique, raconte sans fard, et en évitant aussi bien le misérabilisme que les reconstructions idylliques, la vie au quotidien des hommes et des femmes à la ferme.

Bref, je crois que l'on peut saluer sans réserve ce travail novateur qui ressuscite un moment essentiel, en un territoire donné, de l'histoire de la paysannerie française. Les « Larmes d'Or » racontent la grandeur et les servitudes du travail de la terre en cette époque qui était entièrement dominée par l'agriculture.

Pour nous autres, enfants d'une société urbanisée et d'un modèle d'agriculture qui n'a plus rien à voir avec celui de Jean-Baptiste GUERRET, cet ouvrage est riche d'enseignements. Ne serait-ce que parce qu'il nous rappelle que l'économie d'abondance est d'institution récente, et que pendant des siècles hommes et femmes, acharnés à la possession de la terre, eurent pour premier souci, en Bresse comme ailleurs, de subsister.

Docteur René BEAUMONT
Président du Conseil Général de Saône-et-Loire

AVANT-PROPOS

Les anciens livres de comptes des temps passés sont comme des fleurs fanées remisées dans un grenier. L'indifférence des Hommes les a condamnés au silence, comme de vulgaires objets inutiles, et cependant, ils sont de précieux indicateurs. Leur valeur est très inégale et à la hauteur de ceux qui manifestèrent le désir de noter pour des besoins fort divers. Leurs lacunes ne permettent pas toujours d'en tirer ce que l'on pourrait en attendre. Et pourtant !

Il y a quelques années de cela j'eus la satisfaction, l'immense plaisir, de consulter de vieux registres poussiéreux aux couvertures délavées, aux bordures grignotées par dame souris. Il en ressortait une odeur forte et marquée. Il s'agissait des comptes d'une famille très aisée, disons de notables : les GUERRET-GUILLEMAUT. Au fil des pages la vie journalière couchée sur du papier jauni renaît, l'écriture est alerte, le détail précieux et puis, au détour d'un feuillet, des écrits empreints d'une forte émotion. Tout ceci ne me laissa pas indifférent.

Cette famille, propriétaire de deux fermes en Bresse bourguignonne, habitait au village de La Chapelle-Saint-Sauveur (Saône-et-Loire). Pendant trente-deux ans, de 1836 jusqu'à sa mort en 1868, Jean-Baptiste GUERRET consigna au jour le jour ses comptes, agrémentés de remarques judicieuses. Ainsi il nous renseigne, grâce à son activité et à ses échanges, sur tout un territoire de 50 à 60 kilomètres de côté allant de Seurre (Côte d'Or) à Lons-le-Saunier (Jura), Louhans, Chalon-sur-Saône et Verdun-sur-le-Doubs (Saône-et-Loire). Mais les principaux centres d'intérêts sont les cantons de Pierre-de-Bresse et de Saint-Germain-du-Bois.

Malheureusement ces registres furent séparés lors de la vente de la ferme en 1920 et les livres de 1841 à 1848 ont disparu. Il nous reste tout ce qui intéresse la Monarchie de Juillet (1836-1840), la Deuxième République et le Second Empire (1849-1868), ce qui est amplement suffisant (1600 pages de cahiers grand-format).

Cette mine de renseignements m'a contraint à constituer un fichier démesuré (près de 5.000 fiches) pour en apprécier le contenu aussi vaste que varié. J'ai découvert la vie privée, les relations d'affaires, les modes d'échanges, les comportements, compris l'écart considérable existant entre les classes sociales de l'époque. Et puis sont apparus les journaliers agricoles et valets de fermes, les artisans, les commerçants, les professions libérales et bien d'autres, pauvres et plus aisés de la région. Richesse de l'écrit ! oui, mais aussi quelques lacunes sur la vie privée et intime, les repas et quelques autres aspects comme le mariage de la fille ou la crise économique de 1846-1847. Mais avons-nous le droit d'en vouloir à un homme qui, témoin oculaire de la société rurale, a raconté à peu près tout ce qu'il savait, de Louis-Philippe à Napoléon III. Et il restait bien sûr ses secrets, ceux qu'il ne pouvait nous dire.

Pourquoi un tel livre ?

Il m'a paru impossible de taire tant d'informations. Il fallait ressusciter le travail de Jean-Baptiste GUERRET, propriétaire foncier qui participa à la vie politique locale, devint un libéral convaincu, se heurta au préfet de Saône-et-Loire, au curé du village et puis contribua au développement de l'école rurale.

« LES LARMES D'OR ! » Pourquoi un tel titre ?

Eh bien ! vous verrez que les membres de cette riche famille paysanne, dans un environnement modeste, voire pauvre, épanchèrent des larmes tout leur saoul ; le malheur les frappa régulièrement et le chagrin fut un terrible compagnon jusqu'à la fin de leurs jours terrestres.

Pour une plus grande satisfaction et rendre cette histoire plus vivante, bien que Jean-Baptiste n'ait tenu que ses comptes, je lui fais raconter ce que fut sa vie, celle de sa ferme, de sa famille qu'il aimait tant et de sa BRESSE natale.

I - LA PROPRIETE

I - 1. L'origine

Le paysan est indissociable de la terre, de sa terre. La posséder, voilà tout son rêve et il n'a de cesse que d'en faire une réalité. Parcourant ses champs, ramassant une motte, la caressant puis l'écrasant doucement dans ses mains, il respire l'odeur qui s'en dégage, senteur d'humidité et de soleil, la vie ! Mais la terre est un bien dont vous n'êtes que le gardien temporaire dans le maillon familial. Et chacun a le devoir d'accroître ce patrimoine.

Mes ancêtres habitent le village de **La Chapelle-Saint-Sauveur** depuis des générations, des siècles sans doute, et tous étaient paysans dignes de ce nom. Pendant la Révolution, en 1791, quand on évalua les biens pour les imposer, mon arrière-grand-père Louis et mon grand-père Jean l'ancien faisaient partie des laboureurs les plus aisés de la paroisse. Ce dernier, avec ses trente-deux hectares de champs, de prés et de bois, ses trois maisons, était un homme respecté au village ; il résidait au **Bourgneuf**. Son épouse, ma grand-mère Thibert, lui donna dix enfants. Bien qu'à cette époque la forte mortalité infantile était habituelle, la succession fut assez nombreuse et cela divisa la propriété. Alors mon père, Jean le jeune, n'hérita que de quelques hectares.

La famille de ma mère - les Bouchard - était aussi composée de laboureurs à leur aise, installée au hameau de **La Ranche**. En réalité grand-père Balthazar Bouchard, dont les ancêtres habitaient le hameau voisin d'Aloise, épousa Denise Riaux en 1740 et ces Riaux détenaient des biens fonciers à La Ranche. Voilà donc l'origine du domaine, tout du moins ce que j'en sais.

Quand mon père Jean le jeune mourut en avril 1814 à l'âge de quarante-quatre ans, je n'avais que dix-neuf ans. Mon frère Pierre-François et ma soeur Claudine étant décédés enfants, je restais seul avec ma mère Françoise. J'étais bien jeune, et puis notre empereur Napoléon nous laissait tant d'incertitude, nous avions peur des Autrichiens et des réquisitions. Et puis je finis de grandir, devins vraiment adulte et j'ai trouvé l'âme soeur, une jolie jeune fille du village de Thurey, **Marie GUILLEMAUT**. Ma condition ne permettait pas un mariage au village à ce moment-là. Le père de Marie était juge de paix du canton de Saint-Germain-du-Bois. C'était une famille comme il faut, élevée strictement, et puis fortunée, tant du côté paternel que maternel. La noce eut lieu après les moissons, le 17 septembre 1822, Marie avait alors vingt-trois ans. Nous avions la jeunesse, la foi en l'avenir. Lorsque nous passâmes le contrat devant Maître Mathey, j'apportai mes biens paternels échus et ma mère me légua l'ensemble de son patrimoine, à sa mort, cela faisait bien trente hectares. Marie, qui avait perdu sa mère toute jeune, apporta aussi ses biens maternels échus, et son père lui assura le tiers de ses terres, après son décès. Denis GUILLEMAUT mourut en 1839 et Marie hérita donc un domaine et des forêts à **Diconne**, quarante et un hectares en tout. Alors nous continuâmes à augmenter ces biens et à l'heure où je vous parle, nous sommes à la tête de plus de quatre-vingt-dix hectares dans les cantons de Pierre et de Saint-Germain, de quoi faire bien des envieux.

Tableau 1 : Domaines des ancêtres à La Chapelle-Saint-Sauveur en 1791

1- Jean Guerret l'ancien (grand-père)

SECTIONS	NBRE DE PARCELLES	MAISONS	DOMAINE (Superficies en hectares)				
			TERRES	*PRES*	*BOIS*	*ETANGS*	*TOTAL*
A - Chavenne	26	2	5,5	2	3,5	-	11
B - Bourgneuf	39	1	11,5	2,5	3	-	17
C - Borgeot	7	-	3,5	-	-	0,5	4
D - La motte	1	-	0,5	-	-	-	0,5
TOTAL	**73**	**3**	**21**	**4,5**	**6,5**	**0,5**	**32,5**

2- Jean Guerret le jeune (mon père)

SECTIONS	NBRE DE PARCELLES	MAISONS	DOMAINE (Superficies en hectares)				
			TERRES	*PRES*	*BOIS*	*ETANGS*	*TOTAL*
C - Borgeot	1	-	-	0,1	-	-	0,1
D - La motte	1	-	-	-	-	1,7	1,7
TOTAL	**2**	-	-	**0,1**	-	**1,7**	**1,8**

3- Veuve François Bouchard à la Ranche (grand-mère maternelle)

SECTIONS	NBRE DE PARCELLES	MAISONS	DOMAINE (Superficies en hectares)				
			TERRES	*PRES*	*BOIS*	*ETANGS*	*TOTAL*
A - Chavenne	19	-	1,3	0,3	-		1,6
C - Borgeot	18	1	4,6	0,3	2	-	6,9
TOTAL	**37**	**1**	**5,9**	**0,6**	**2**	-	**8,5**

4- Revenus & Imposition

NOMS	REVENUS	IMPOSITION
Jean Guerret l'ancien	631	160
Jean Guerret le jeune	64	-
Veuve Bouchard	171	43

Revenus en Livres

I - 2. Composition

Le domaine de La Croix à Diconne, proche du bourg (22 hectares de terres et 4 hectares de prés) est affermé depuis longtemps à la famille Rolland. Les parcelles sont belles et de bonne taille, telles le Défriché de Barberet, le Champ de la Croix, Boutterand, voire le Tailleferd, dépassant les deux ou trois hectares. Certains noms évocateurs remémorent des étangs asséchés comme l'Etang Bourdillon ou des passages : le Pont du Bois, la Planche. Je n'ai pas voulu amodier les 14 hectares de bois, préférant les exploiter directement. Les coupes du Bois Voisin, du Margueron ou du Grand Taillis rapportent bien et ne créent pas trop de problèmes. Mon garde particulier est régulier en affaires.

A La Ranche, j'avais une petite maison à Gros-Bois, tout près de la ferme. Après mon mariage, je ne voulais pas que Marie puisse dépendre de ma mère, alors j'ai acheté une fermette deux cents francs ; et puis, les années passant, notre amour et nos affaires étant bien assis, nous retournâmes au domaine après un arrangement familial ; chacun chez soi, ma mère d'un côté du bâtiment, nous de l'autre, c'était mieux. Cette maison de Gros-Bois, lieu de nos premiers amours, servit alors au stockage ou de résidence à des journaliers proches de chez nous. Sa vétusté nous contraignit à la démolir. Il n'était pas question de la vendre, bien entendu !

A La Chapelle nous exploitons cinquante hectares, dont quarante-six à La Ranche, regroupés autour du domaine. La majeure partie (34 hectares) est consacrée aux cultures céréalières (le blé principalement), l'élevage demeurant modeste (sept hectares de prés) ; les neuf hectares de bois ceinturant la propriété assurent le chauffage et procurent un bon revenu. Nos achats de terres ont eu pour objet l'appropriation de parcelles enclavées ou proches. Nous avons exploité nous-mêmes la plus grande partie des champs, sauf ceux réservés au maïs, trop coûteux en main- d'oeuvre et donnés à mi-fruits. Un essai de grangeage ne dura guère et aujourd'hui, pour des raisons que je vous expliquerai, forcé et contraint, j'ai dû affermer La Ranche. Une fatalité !

Un beau domaine, allez ! Les trois quarts des parcelles dépassent les trois journaux (ou un hectare si vous voulez !) et je suis fier de ces grandes terres plates : le Chevrot, le Champ Ruget, les Avenières, qui vont se caler au loin contre les bois de Question et des Neiges. Plusieurs mares permettent au bétail de s'abreuver. A l'inverse, les bois - sauf les Bouleaux de la Grosse Reppe - sont dispersés et étriqués (le Bois Ruiné, les Millières, les Seunières, les Greubes).

En 1830 on établit le plan cadastral de La Chapelle, un répertoire des propriétés - ou matrice cadastrale - et on classa selon les revenus pour déterminer l'imposition. Un bien beau plan aux couleurs tendres, tout entoilé. Auparavant, il y avait des registres pour l'impôt, mais beaucoup moins précis et sans cartes. Nos terres sont bonnes, la moitié fut classée en première catégorie (avec un revenu de seize francs par hectare), 47% en deuxième catégorie (12 francs par hectare) et seulement 2% en troisième (9 francs) . Ainsi, pour La Chapelle, j'ai toujours payé au moins trois cents francs d'impôts par an et deux cent cinquante pour Diconne.

La vue de cette terre brune, le vert franc des bois, les feuillages nains du potager, tout cela me donne une grande sérénité ; et puis de temps à autre, pour changer, je parcours le verger aux allées bien aménagées. Seules les abeilles, par leur bourdonnement, leurs allées et venues, arrivent à troubler mes pensées. Près de la rue, quand le temps est lourd, les carpes soufflent de grosses bulles qui viennent crever la platitude de l'eau stagnante de notre mare.

Tableau 2 : Notre domaine en 1868

1- La Chapelle en 1830

LIEUX	MAISONS	DOMAINE (Superficies en hectares) TERRES		PRES		BOIS		SUPERFICIE TOTALE
		*PAR**	*SUPERFICIE*	*PAR**	*SUPERFICIE*	*PAR**	*SUPERFICIE*	
LA RANCHE	2	24	28,5	13	6,8	14	6,9	42,2
DIVERS	-	4	2	2	0,1	4	1	3,1
TOTAL	**2**	**28**	**30,5**	**15**	**6,9**	**18**	**7,9**	**45,3**

* Parcelles

2- Achats (1836-1868)

LIEUX	MAISONS	DOMAINE (Superficies en hectares)						
		TERRES		PRES		BOIS		SUPERFICIE
		*PAR**	*SUPERFICIE*	*PAR**	*SUPERFICIE*	*PAR**	*SUPERFICIE*	TOTALE
LA RANCHE	-	8	2,2	2	0,6	7	1,8	4,6
DIVERS	-	3	1	-	-	-	-	1
TOTAL	-	**11**	**3,2**	**2**	**0,6**	**7**	**1,8**	**5,6**

*Parcelles

3- Domaine de Diconne

LIEUX	MAISONS	DOMAINE (Superficies en hectares)						
		TERRES		PRES		BOIS		SUPERFICIE
		*PAR**	*SUPERFICIE*	*PAR**	*SUPERFICIE*	*PAR**	*SUPERFICIE*	TOTALE
DICONNE	1	13	22,6	-	4,2	-	14	40,8
TOTAL	**1**	**13**	**22,6**	-	**4,2**	-	**14**	**40,8**

*Parcelles

4- Notre domaine en 1868

LIEUX	MAISONS	DOMAINE (Superficies en hectares)			
		TERRES	PRES	BOIS	SUPERFICIE
LA CHAPELLE	1	33,7	7,5	9,7	50,9
DICONNE	1	22,6	4,2	14	40,8
TOTAL	**2**	**56,3**	**11,7**	**23,7**	**91,7**

I - 3. Politique de la terre

Vendre une terre ? Vous n'y pensez pas !

Le seul bien que je vendis fut une vieille chambre de four à démolir à Diconne. L'aubergiste de Devrouze me l'acheta 850 francs en 1836. Le marché privé stipulait un paiement en deux ans, avec intérêts à 5%, bien entendu ! Dès la première année le contrat ne fut pas respecté, et je ne reçus qu'un acompte, mon débiteur étant gêné. Il paya, mais par billet, y compris les intérêts échus. Alors, devant moi-même l'annuité de mon emprunt foncier, je m'en fus chez Maître Jolyet, notaire à Pierre, qui escompta mon billet au taux de 7% l'an. Ces pratiques me coûtèrent et puis, je dus faire un abandon partiel d'intérêts à mon acheteur qui ne solda sa dette qu'un an après l'échéance, l'ayant enfin rencontré à la foire de Mervans.

Si certains paysans ont acheté toutes les terres à vendre - tout au moins ceux qui avaient de l'argent -, j'ai surtout essayé d'uniformiser notre domaine de La Ranche, lorsque l'occasion s'est présentée et que j'avais des économies. Et maintenant une seule parcelle enclavée subsiste, à mon grand regret.

Le paysan ne vend pas sa terre, vous ai-je dit ! Eh bien ! Cela arrive, mais pourquoi ? Tenez, mon cousin Claude Thibert voulait un terrain longeant son clos, et cela coûtait ; alors il me céda ses deux journaux et demi du champ de la Maison Brûlée, une bonne terre à 430 francs le journal, se réservant les deux tiers de sa récolte de blé, en novembre 1853. Et puis il y avait des jeunes qui, ayant quitté la commune, s'étaient installé marchands dans le Jura. Alors La Chapelle ne les intéressait plus, ayant leurs centres d'intérêts ailleurs. Pour certains, hériter des petites parcelles en copropriété ne présentait pas un grand intérêt, et dans quelques cas les partages faisant suite à des successions s'avéraient délicats. Une seule fois j'ai acheté un bois - le Bois Ruiné - à une cousine qui avait épousé un mercier, installé au pays. Leurs affaires n'ont pas prospéré et, poursuivis par les créanciers, ils ont dû vendre pour rembourser ; maintenant ils sont ouvriers à Dijon. Cela ne m'a pas fait plaisir.

La plupart du temps on ne va pas chez le notaire directement. Les deux parties se mettent d'accord, devant témoins bien entendu. La parole n'a pas de prix et, pour concrétiser, l'acheteur glisse quelques belles pièces d'or et on s'attable. Le montant des arrhes varie selon l'habileté de chacun, mais ne dépasse pas deux ou trois pour cent ; mon fils Albert avait encore à apprendre dans ce domaine. Il ne reste plus qu'à prévenir le notaire pour officialiser quelques jours plus tard. Dans certains cas de vente à terme, un acte sous seing privé précédait l'acte notarié. Quand j'ai acquis le Bois Baron - un bois défriché depuis - j'ai bénéficié d'un délai de quatre ans, mais il a fallu payer d'avance. Eh bien ! à chaque paiement M. Baron inscrivait et signait au dos de mon papier. Normal !

Le jour de signature chez le notaire - ce qui était un événement - chacun arrivait au bourg ou au chef-lieu revêtu de ses habits du dimanche. Maître Guichard lisait à voix haute, nous écoutions attentivement. Ce jour-là nous entendions parler d'hectares, d'ares et même de centiares, mais pour moi, j'avais acheté des journaux et quelques perches de terre ou bien une soiture de pré, cela sonnait mieux, je les voyais mieux. Oh ! ces dernières années, je m'y suis mis quelque peu à ces hectares, mais juste quand il le faut. Après la lecture, les signatures, y compris des témoins que le notaire avait requis, il fallait passer au principal. Je sortais donc de ma bourse de belles pièces d'or de dix et de vingt francs que je recomptais instinctivement. C'était beau et lourd. Mais fréquemment les paiements se faisaient en pièces d'argent, beaucoup plus courantes. Une seule fois j'ai payé partiellement en billets de la Banque de France. C'étaient des billets qu'un maquignon m'avait remis en vendant une paire de boeufs, en 1861 si je ne me trompe. Mais ce n'est pas encore l'habitude. Et chaque fois je devenais propriétaire, après la récolte de blé ou de pommes de terre si elle n'était pas faite. Les notaires, tant décriés, s'avéraient arrangeants. Ainsi Maître Guillot, de Bellevesvre, n'hésitait pas à se rapprocher de ses clients. Plusieurs fois nous avons signé à l'auberge de M. Prieur à Pierre. Il venait accompagné d'un huissier qui servait aussi de témoin. Après coup, M. Prieur nous apportait les chopines de vin blanc, nous trinquions dans l'allégresse ; je sortais alors un peu de tabac que j'offrais à mon entourage. Oh ! il y a bien eu quelques cas où nous évitâmes de marquer l'événement, quand la vente était forcée ou bien faite par des femmes, des veuves la plupart du temps.

Le cadastre de 1830, dressé à l'époque où j'étais maire de la commune, ne bénéficiait pas, il faut bien l'avouer, de notre entière confiance ; son exactitude demeurait limitée. Et c'était vrai. J'allais mander M. Grizard, notre instituteur, et maintenant ami de la famille. Il savait vérifier admirablement. Chaque fois - ou presque - il trouvait une différence, oh ! pas forcément exagérée, mais au prix de la terre cela comptait ! M. Grizard s'arrangeait toujours pour ne rien recevoir, ce qui me gênait. Que faire ? dis-je à mon épouse. Nous lui fîmes porter un beau pain de sucre.

Certaines mauvaises langues prétendent que les prix mentionnés dans les actes ne sont rien, et que le vrai prix se fait à la maison. Pour ma part, je démens formellement cette affirmation. Deux fois seulement j'ai versé un petit supplément par convenance, ce qui n'a pas dépassé trois ou cinq pour cent. Je l'affirme solennellement, vous pouvez me croire. Et pourtant, la hausse des prix aurait pu nous y inciter. Ainsi une terre de deuxième catégorie, bonne, certes, mais moyenne, payée 1 200 francs l'hectare en 1836 vaut maintenant 2 000 francs. J'ai même appris qu'une terre de Gros-Bois, payée 1 300 francs l'hectare en 1855 avait été achetée 850 francs en 1851. Je n'y croyais pas. Et pourtant ! Les prés d'Aloise :

2 180 francs en 1856 et 2 800 francs en 1861. Que vous dire ! C'est de la folie. Chacun veut devenir propriétaire, la valeur monte. Maître Guichard me disait, il y a quatre ou cinq ans, que les prix avaient augmenté de vingt pour cent en dix ans, et que cela continuerait. Il n'avait pas tort. Les uns quittent la terre, les autres ont soif de propriété. A dire vrai, la Terre vous donne un certain prestige, l'homme possessionné se sent richement habillé. Chacun a pour lui toutes les attentions. Quand j'étais jeune, il fallait même payer 300 francs d'impôts pour voter. Alors nous n'étions pas nombreux au chef-lieu les jours d'élections, tous des hommes honorables du canton. Et puis on est passé à 200 francs et maintenant, avec le vote universel, cela a changé. Enfin, peut-être, car les paysans reconnaissent les leurs.

Avec tous ces changements on ne peut se fier au cadastre pour acheter. Il faut dire qu'en trente ans la situation a évolué ; certaines parcelles ont été améliorées, d'autres avaient été mal estimées en 1830. Le paysan connaît la terre, il la reconnaît, la touche, l'évalue bien mieux que les autorités.

Acheter un terrain occasionne des frais non négligeables. Le notaire vous fait verser une provision pour payer l'enregistrement et le contrôle : 5,50% auquel il faut ajouter le double-denier (deux fois 10% de l'enregistrement) donc en réalité 6,60%. S'ajoutent les honoraires du notaire mais ils ne dépassent guère quinze francs plus, dit-il, les accessoires (frais de répertoire, de port de pièces). Pour de petits achats, c'est cher tout de même ! Si vous voulez vérifier un acte, M. Frêne le receveur vous demande un franc et cinquante centimes. Quand nous voulûmes faire donation de nos biens, le bois acheté à M. le marquis de Saint-Seine en 1833 n'y figurait pas. Il n'y avait même pas d'acte, seulement une quittance. Il fallut enregistrer, payer l'amende et les double-droits. Cher ! Pour un oubli bien involontaire ; puis payer l'arriéré d'impôts. Heureusement M. Grizard en calcula le montant.

Acquérir une terre hypothéquée, c'était s'engager à rembourser les créanciers, mais aussi payer les intérêts à cinq pour cent. Je me libérai d'une telle opération avant son terme, ayant de l'argent disponible. Je n'aimais pas les hypothèques qu'il fallait consulter à Louhans, payer pour voir, et occasionnant des frais d'auberge conséquents.

Notre notaire est négligent. Ainsi il traîne pour faire ses comptes. J'ai dû protester et réclamer vingt ou trente fois à son clerc avant d'obtenir satisfaction. Et même dans ses actes, il a noté des paiements comptant et pourtant je ne me suis libéré auprès des vendeurs qu'après coup. Il fait confiance à ma probité, sans doute, mais moi j'aime les opérations claires et bien menées.

Faire appel à un géomètre de métier suppose une opération délicate ou importante. Ainsi, en février 1858, M. Sassier géomètre à Pierre vint donc mesurer, estimer nos terres, dresser un plan des propriétés lorsque nous décidâmes de faire une donation-partage aux enfants. Il s'en tint au clos de la maison et à quelques bois à partager. Pensez-donc, à un franc par journal, il n'était pas question de tout mesurer, mais je ne voulais pas d'histoires avec mes enfants. Lorsqu'il nous présenta le brouillon, il reçut la majeure partie de son dû et il donna quittance au bas du procès-verbal, nous promettant le plan définitif rapidement. Et le jour du partage il servit aussi de témoin. C'était un homme de confiance que je chargeais d'aller à Diconne surveiller les bornages de bois. Mon garde particulier l'accompagnait et, à midi, la mère Sassot leur servait un repas copieux. J'avais bien mon cousin et ami Jean Guerret de Loisy, agent-voyer du canton. Il me rendait des services et je l'indemnisais en produits dont il avait besoin (du glui de paille de seigle pour des bâtiments).

En 1867 M. Puvis de Chavannes, à Paris, décida de faire borner l'ensemble des prés du Reversey à Diconne, et fit citer l'ensemble des propriétaires à Saint-Germain. Mon fermier Jean Rolland, muni d'une procuration, se chargea de ce travail, paya l'enregistrement. Il fut récompensé pour ses peines.

Tableau 3 : Evolution du prix de la terre

ANNEES	ACHATS DE 1836 A 1868						PRIX MOYENS A L'HECTARE					
	TERRES			PRES			TERRES			PRES		
	Cat. 1	*Cat. 2*	*Cat. 3*	*Cat. 1*	*Cat. 2*	*Cat. 3*	*Cat. 1*	*Cat. 2*	*Cat. 3*	*Cat. 1*	*Cat. 2*	*Cat. 3*
1837	-	1 261	-	-	-	-	-	-	-	-	-	-
1852	-	-	-	-	-	-	1 300	925	550	2 400	1 500	900
1853	1 254	-	-	-	-	-	-	-	-	-	-	-
1855	1 312	-	-	-	-	-	-	-	-	-	-	-
1856	-	-	-	-	-	2 180	-	-	-	-	-	-
1861	-	-	-	-	-	2 800	-	-	-	-	-	-
1862	-	-	-	-	-	-	-	-	-	-	-	-
1866	-	2 000	-	-	-	-	1 450	1 050	900	3 000	2 400	1 800
1866	-	2 010	-	-	-	-	-	-	-	-	-	-
1882	-	-	-	-	-	-	2 100	1 800	1 500	4 200	3 600	2 700

I - 4. Les incidents

La terre, objet de convoitise, est parfois source de litiges entre les Hommes. J'ai toujours évité d'entrer en conflit avec mes semblables. J'administre nos biens depuis la mort de mon père et en un demi-siècle un seul personnage m'a conduit en justice. Cet individu, eh bien ! ici, on l'appelle *Bataille*, des Champs d'Aloise, en raison de ses incessantes chicaneries non fondées. Il m'intenta un procès en août 1858 à cause d'un droit de desserte utilisée pour sortir mon foin du pré de la Queue de Balaye. Cette année-là, peu de temps avant la fenaison, il barra le chemin en creusant des fossés et en élevant des douves. Voyant ces agissements, je consultai M. le juge de paix qui me conseilla de les faire évaser. Le magistrat convoqua *Bataille* à l'audience du 7 juillet et mon fils Albert m'y représenta. Ce ne fut qu'un tissu de mensonges marquant sa mauvaise foi coutumière. Il voulait rencontrer le maître et me fit citer. Voyant cela, je demandai un délai et l'audience eut lieu le lundi 26 juillet, jour de marché à Pierre. Encore des menteries, je n'en pouvais plus et la seule solution consistait à se rendre sur les lieux avec des témoins. Le jour-dit, d'anciens domestiques, des propriétaires d'Aloise, témoignèrent en ma faveur, confirmant un droit vieux d'au moins soixante ans et utilisé régulièrement. M. le juge s'impatientait car il y avait beaucoup de curieux. Cette fois-ci *Bataille* blêmit. Voyant sa perte, il se désista et le greffier en dressa acte, j'avais gagné. - «Eh bien ! M. Claude... dorénavant vous laisserez un contour de trois mètres de largeur, vous le tiendrez en état convenable au lieu de le mettre en pente rapide pour faire verser les voitures. Visite sera faite chaque année.»- Ainsi avait parlé le juge. «Bataille», penaud à cause de l'admonestation publique, signa avec moi et paya tous les frais. C'était mon premier procès et j'avais eu affaire avec une personne de mauvaise foi. Mais vous savez, un chicaneur le reste toute sa vie. Et l'année suivante Claude recommença avant les foins, d'où un nouvel avertissement auquel il ne répondit pas. L'huissier de Pierre le fit citer et cette fois-ci notre homme promit d'être raisonnable. Une fois dehors, il n'y pensait plus, mais le garde champêtre le surveillait et le somma de s'exécuter, ce qu'il fit. Cependant, à cause d'un malentendu, les dépens furent à ma charge. En effet, le magistrat n'avait pas estimé nécessaire de rédiger un jugement car le prévenu avait promis de réparer les dégâts. Il n'était donc pas question de frais et Albert, un peu novice, ne crut pas nécessaire de réclamer. Bien entendu Claude refusa de payer. Fin août 1859 je reçus l'huissier qui vint me demander l'autorisation de faire citer cet individu le lundi suivant, à cause de ses honoraires. Ah ! mon indignation était au comble. Ce tripoteur d'huissier cherchait à prolonger une action pour remplir ses poches. Je courus à mon secrétaire, pris des pièces, lui compta ses six francs et soixante centimes en lui demandant de ne plus reparaître. Enfin ! quel monde ! J'étais écoeuré, outré, *Bataille* m'avait courroucé, l'huissier aussi.

I - 5. Environnement

Notre plaine de Bresse, pays de bois, de champs et d'étangs, occupe une cuvette allant des premiers contreforts jurassiens (le Revermont) à la Saône à l'ouest. Son altitude ne dépasse guère deux cents mètres. Le Doubs, fier et impétueux, marque la limite nord et sa vallée a pris le nom de *finage* - ou terre de *fin*. Au sud les étangs de la Dombes la séparent du Lyonnais. La Seille - ou rivière du sel - y a creusé son lit. Sa nonchalance est proverbiale mais ses crues apportent la richesse aux riverains. La Brenne, son affluent, me paraît plus familière. Elle nourrit une nombreuse famille de carpes, de tanches. Les roues du Moulin des Prés la fouettent mais aussitôt elle reprend son calme et retourne flirter avec les nénuphars jaunes.

La Bresse est caractérisée par un bocage serré, des chemins creux et boueux. Ses terres lourdes contrastent avec celles de la vallée du Doubs, de Dole (Jura) à Verdun (Saône-et-Loire). L'argile, gorgée d'eau en hiver, desséchée en été, ne facilite ni la tâche des paysans ni celle des élus. Ce pays a toujours été contourné (route de Strasbourg à Lyon via Cuiseaux, de Chalon à Besançon par Dole). Quelques voies secondaires pénètrent notre région. Louhans est le carrefour privilégié des routes de Dijon à Saint-Amour et de Chalon à Lons-le-Saunier. Les chemins, mal entretenus à cause de l'éloignement des carrières de pierre (matériau trop coûteux en raison des frais de transport), n'ont pas permis un développement rapide. Cependant, depuis une trentaine d'années, toutes les communes consacrent l'essentiel de leur budget à cette cause, ce qui, il faut le signaler, a porté ses fruits. L'ouverture prochaine de la ligne de chemin de fer Chalon-Dole nous mettra à portée des carrières de pierre de Damparis (Jura).

Le nombre des étangs de la Bresse du nord a fortement diminué depuis le début du siècle. Tenez, quand j'étais enfant, mon grand-père me disait qu'il y en avait au moins une vingtaine entre La Ranche et le bourg (deux kilomètres), et il en était ainsi dans toute la commune. Aujourd'hui elle n'en compte qu'une dizaine. L'insalubrité persistante maintenait la maladie, il fallait assécher.

En Bresse les terres occupent la moitié du pays, les prairies 20% et les marécages 12% ! Une multitude de petits bois fleurissent la campagne mais aucun ne constitue un massif forestier significatif.

Avant la Révolution plus de dix pour cent des revenus étaient accaparés par la famille Esmonin, de Dijon. Elle possédait de nombreux bois, des étangs et quatre beaux domaines aux Parays, à La Reure et à La Motte. Le comte de Thyard, au château de Pierre, gros propriétaire foncier, en avait quatre fois moins chez nous. Il préférait sans doute les terres de *fin*. Bien des domaines ont été repris par le marquis Bénigne Legoux de Saint-Seine. A La Chapelle, mis à part ces quelques riches, une multitude de petits exploitants se partagent les terrains. Mais il y a trop de petites parcelles : 5 911 pour 2 630 hectares, soit 45 ares en moyenne. L'habitude de diviser les champs au moment des successions n'arrange rien.

II - L'EXPLOITATION

II - 1. La base de l'exploitation

II - 1. 1 Les bâtiments : composition et plans

Notre ferme se trouve au milieu du domaine de La Ranche, en bordure du chemin communal conduisant du bourg au village de Terrans. Les maisons rurales bressanes sont orientées nord-sud, les nôtres respectent cette tradition. La Ranche comprend deux bâtiments principaux disposés parallèlement de chaque côté d'une cour assez vaste (près de dix ares), recouverte de gravier, agrémentée de peupliers et d'arbres fruitiers. Une palissade de bois en ferme l'accès et nous isole de la rue. Le puits permet l'approvisionnement régulier en eau. Au nord de ces bâtiments nous avons fait reconstruire la chambre de four dans le prolongement de l'habitation, un *gélinier* (poulailler) et des *tects à porcs* perpendiculaires à l'*hébergeage*. Le tout forme une sorte de U inachevé. Le jardin potager (neuf ares et demi), à l'est de la résidence, se trouve prolongé par un verger d'une vingtaine d'ares planté de beaux arbres fruitiers variés ; ce dernier est aussi un lieu d'agrément où nous avons édifié un pavillon sur cave. Tout au fond les abeilles, logées dans sept ruches, objet de tous les soins de notre pauvre Albert, animent ce coin de verdure.

La résidence est un vaste bâtiment de brique très allongé, d'environ 25 mètres de longueur, aux deux bouts renflés. Elle est couverte de tuiles plates, ne comporte pas moins de dix pièces avec une vaste salle où nous vivions journellement, recevions nos parents et amis ; au milieu un vaste corridor dessert les pièces mais nous l'utilisons aussi pour préparer les repas. L'évier est garni d'une vaisselle abondante et de la batterie de cuisine. Notre maisonnée, composée autrefois de huit membres plus ma mère, avait besoin d'une demeure spacieuse. Ajoutons-y les domestiques et journaliers nécessaires à l'exploitation. Maintenant nos fermiers occupent la partie nord et notre famille, réduite à quatre personnes, vit dans les six pièces au midi. Un immense grenier sert principalement à entreposer les céréales (surtout le blé), abrite des échelles, un tarare, un chariot à sacs, un vieux lit, des ustensiles de cuisine et de culture, les saloirs, des coffres, un immense placard à six portes.

L'*hébergeage* en pans de bois et briques, couvert de paille, comprend sept *étages* ou *travées* : deux granges, deux écuries-doubles pour les boeufs et les vaches, une écurie de chevaux, un hangar, un chartil (couvert de tuiles) du côté du midi et de la rue.

Dans la chambre de four en pans de bois, outre le grand four à pain avec le matériel nécessaire (pétrin), nous avons installé une chaudière pour la cuisson de la nourriture du bétail. On y entrepose aussi nos 150 bouteilles de bon vin (craignant les gelées), l'ordinaire étant dans la cave sous le petit pavillon, avec la réserve de fruits.

La ferme de La Croix à Diconne est dotée d'une cour plus vaste (vingt ares) où trône un puits à balancier ; le jardin attenant s'étend sur vingt-huit ares. L'orientation des bâtiments suit aussi la tradition bressane. La résidence (29 mètres de longueur) est composée de cinq pièces ; l'*hébergeage* à l'ouest (25 mètres sur dix et demi) comprend trois écuries, une grange, un hangar, un appentis au nord pour les charrettes. Les *tects à porcs* constituent un petit bâtiment isolé. L'imposante chambre de four fut vendue et démolie. Toutes ces constructions sont couvertes de tuiles plates. A côté, verger, chènevière et prés complètent le dispositif habituel d'une ferme bressane.

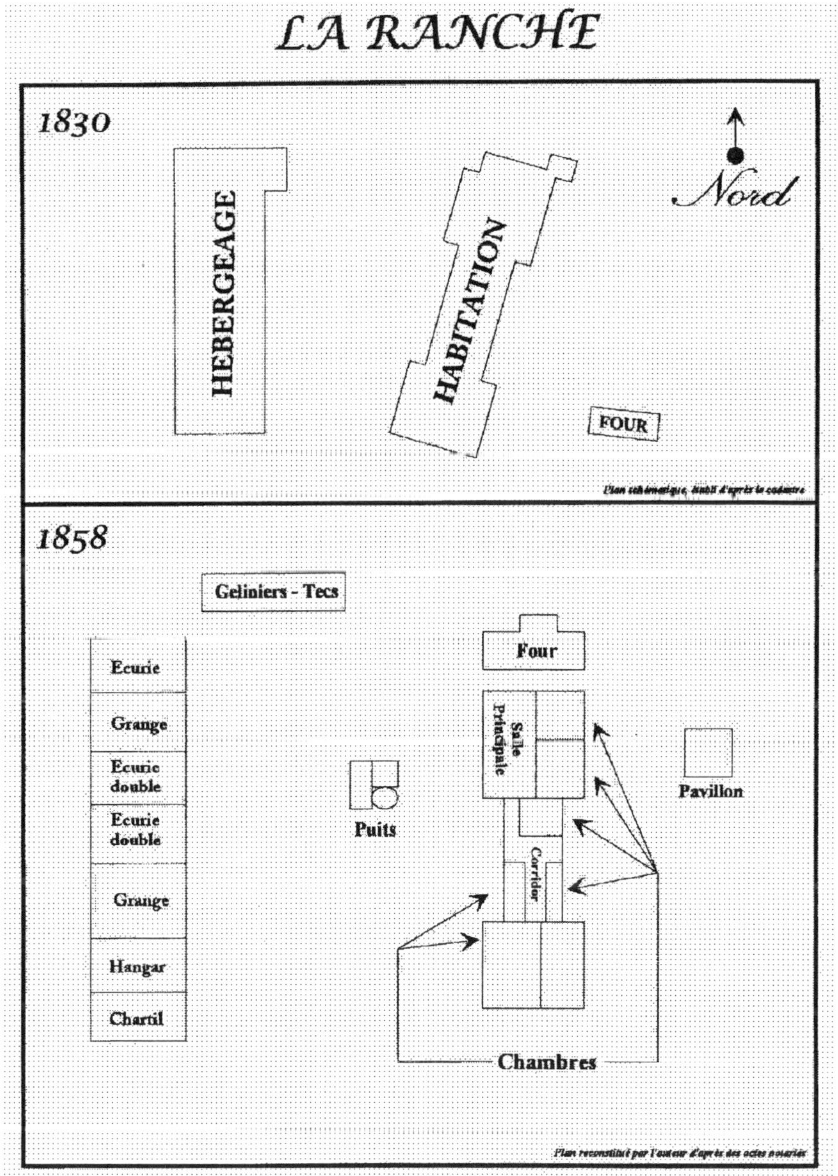

DICONNE

DOMAINE DE LA CROIX

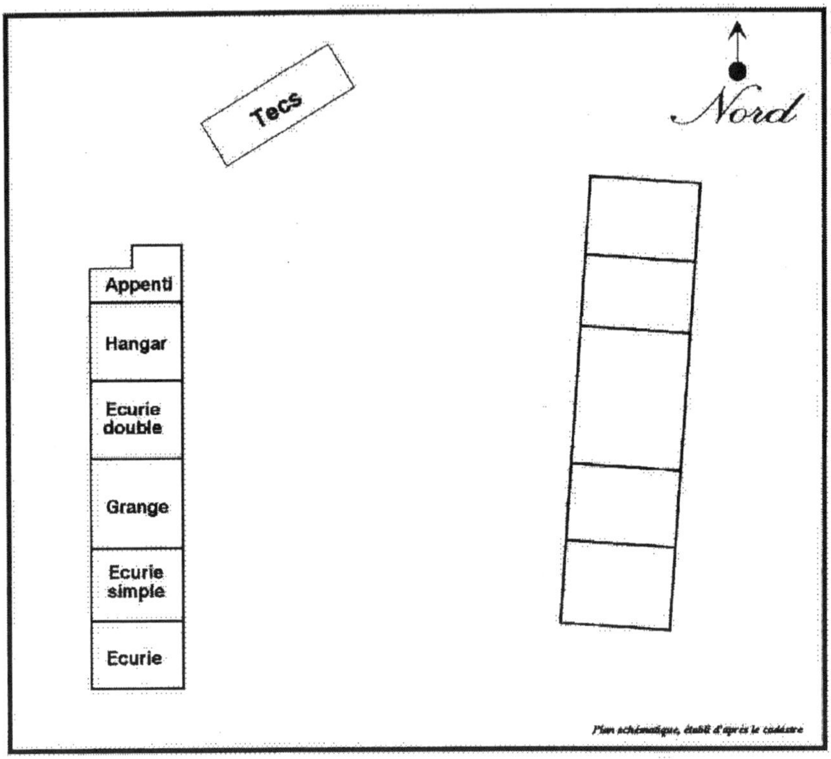

⇒ *Constructions et travaux d'amélioration*

Les enfants grandissaient et des changements s'avéraient nécessaires dans la résidence. Aussi le 9 août 1837 j'ai passé un marché avec Pierre Savy, maître maçon à Pierre et Chanite, charpentier, chargés de modifier la distribution intérieure des pièces, d'aménager la partie nord. Dans les jours qui suivirent nos voitures ne cessèrent de sillonner les routes pour approvisionner le chantier en sable du Doubs, en chaux et en briques. J'ai fourni aussi deux chênes gélifs pour la charpente et les bonshommes. Fougerouge me vendit les *travons* (solives, chevrons). Chanite termina le 26 octobre et reçut son dû. Bonnin-Chevaux, forgeron au village, plaça une semelle traînante au grenier pour maintenir l'écartement des murs. Pierre Savy s'activait à monter les carreaux, à cimenter et à installer les galandages. Il posa les tuiles plates, les cornières et les faîtières et enfin assura le *grisage* des planchers. Pour les murs intérieurs, il fit appel à un plâtrier payé à la journée. A la Sainte-Catherine je pus régler le maçon et la tuilerie. Quant au menuisier, Claude Mignot, il venait épisodiquement depuis fin août ; il compta 21 journées pour avoir adapté des croisées vitrées à neuf carreaux à des portes pleines, réparé de-ci, de-là. Le 6 décembre il avait terminé. Nous pouvions enfin être chez nous et profiter de ce nouveau logement agréable. Tout cela avait nécessité 1 350 carreaux sur chant, 400 gros carreaux (pavé), 500 carreaux de galandage, 300 tuiles plates et me coûta 476 francs dont 241 de main-d'oeuvre. Cependant les délais prévus n'avaient pas été tenus.

En 1838 j'avais besoin d'une grange supplémentaire et le 2 avril je fis appel à Joseph Péguillet, charpentier estimé. Il devait aussi changer la chambre de four de place, réparer le grenier des *tects*. L'approvisionnement en sable, chaux, commença aussitôt et j'ai fourni 46 pieds de chênes et de vernes. J'ai acheté deux tas de carreaux de diverses catégories à M. Courcenet, d'Authumes, qui faisait démolir une maison. La tuilerie de Pierre me consentit un rabais substantiel de cinq francs par millier de briques et de tuiles. Et puis Joseph Vieux, *carronnier* au pays, s'engagea à me fabriquer des carreaux crus dès la mi-juin. N'ayant pas assez de glui de paille de seigle et de blé, deux voisins m'en prêtèrent. Pour les portes de grange, j'ai trouvé du buis renforcé en lambris de dix pieds de long chez Bourguignon marchand à Bletterans ; il m'en livra quatre lots soit vingt pieds (6,49 mètres) à 1,35 franc l'un. Le 6 octobre Joseph Péguillet avait équarri les arbres, assemblé les pans de bois, fabriqué les lourdes portes de grange et achevé le grenier des *tects*. Le charron Denis Poigeaut avait terminé la pose du plancher de bois dans les soues. J'ai payé Bonjean, de Pierre, pour ses fournitures de quincaillerie (clous, pointes, serrure de grange). Il en fut de même pour Pierre Malherbes qui, depuis le premier mai, avait effectué 44 journées de maçonnerie pour remplir les croisillons de la grange de carreaux crus et cuits. Mon voisin Claude Sordet me vendit 48 perches de bois pour le *baucher* (plancher de perches). L'arrivée de l'hiver ne permettait plus de continuer et le chantier reprit en mai 1839. Cette fois-ci il démonta la chambre de four (petit bâtiment en pans de bois au jardin) et la remonta au bout de la résidence, du côté de bise. La *seule* pourrie fut remplacée , on changea une partie des briques cassées au cours des réparations et on installa les solives. Onze pièces de chaux furent nécessaires pour cette affaire. Le 8 juillet j'ai confié les travaux de façon du grenier de la chambre de four à M. Guyon charpentier à Pierre. Pierre Savy, qui avait assuré le travail de maçonnerie mais aussi pavé avec des carreaux de la tuilerie de Varennes, reçut 75 francs en octobre pour ce qui avait été marchandé et non écrit. Enfin la cheminée du four fut renforcée par une bande de fer de douze livres. Au mois de janvier 1840 j'ai soldé la facture de M. Pucet pour les matériaux levés à sa tuilerie de Pierre

Les bâtiments rénovés méritaient une attention particulière. En 1839 je fis clore la cour et le jardin (côté rue) au moyen d'une palissade de bois. Le travail de sciage, pose, fut confié à Denis Poigeaut, charron à Masse. François Gauthey, maréchal, fabriqua les ferrures et *fermentes*. La barrière seule avait nécessité 200 clous à chêne. Cette année-là Savy nous édifia aussi un *moucher* dans lequel on installa deux bancs en planches pour les ruches d'abeilles. En avril 1840 Joseph Vieux vint planter autour du jardin et du verger une haie vive de 52 perches sur deux rangs et clôtura autour avec des épines. Notre ferme était bien embellie et nos voisins nous enviaient.

En février 1856 Martin et Vendême, journaliers, recevaient quatre francs pour avoir abattu pour mon compte 24 petits chênes et *modernes* à la Grande Reppe. Cela devait permettre de réparer un appentis servant de cave et à construire un chartil au bout de l'*hébergeage*, du côté de vent. Deux chênes imposants furent aussi nécessaires. Alexandre, le régisseur des domaines du château de Terrans, me fournit 141 *bauches* (perches) en verne (à 0,45 franc pièce) et 71 lattes (à 0,20 franc) pour 77 francs ; en octobre mon cousin Guerret me livra 800 carreaux cuits dans son *fourneau au large*. Les principaux matériaux étaient en partie stockés. Dès les beaux jours, en mai 1857, Jean Robert et Pierre Rebourgeon, scieurs de long, étaient à pied d'oeuvre pour scier les pièces de bois (chevrons, *sablières*, *arbalétriers*, *bonshommes*, *lisses*, etc.). Le chantier démarra réellement au mois d'août. Cusey, de Charette, fournit le sable ; on s'approvisionna en chaux au four de M. Perrot à Ciel ; le cousin Guerret continua ses livraisons de carreaux. La tuilerie de Glairans me livra 4 300 tuiles plates (dont 200, mal cuites, durent être changées après), à 28 francs le mille, ainsi que 38 *cornières*. En paiement je remis six pièces d'or de 20 francs. Claude Sordet, charpentier, effectua neuf journées avec ses ouvriers et le 17 septembre Pierre Malherbes nous compta 33 jours de travail.

L'année 1856 avait été marquée par la réparation de la toiture de la résidence ; au mois d'octobre on changea 600 lattes de sapin et près de 2 000 tuiles afin d'éviter des incidents préjudiciables aux récoltes stockées au grenier.

J'avais abandonné l'élevage des porcs depuis bien des années quand j'ai décidé de reprendre cette activité devenue plus rentable. Mais pour cela je dus moderniser les *tects*. En juin 1862 on enleva la toiture de paille et on la remplaça par de la tuile ; il en fallut 5 800 que nous fournit Jacob, la nouvelle tuilerie de Charette (à 30 francs le mille). Pierre Malherbes changea 900 carreaux cassés. Depuis l'automne dernier Sordet préparait chez lui le bois de charpente qu'il posa avec son collègue Joseph Péguillet. Fin juillet M. Deck, ferblantier à Pierre, garnit de fer blanc le faîtage et les quatre lisières de la toiture. Il lui en fallut 26,80 mètres à 2,25 francs. Aux extrémités du toit il plaça des pommes de fer blanc. J'avais investi 432 francs dans cette opération.

Après la mort de mon fils, j'ai loué ma ferme de La Ranche à Jean Rolland. J'ai décidé alors de refaire entièrement le poulailler au mois d'avril 1866. J'ai fourni pour cela un orme et un petit chêne pour deux chevrons, une verne et quatre trembles pour le reste de la charpente que façonna Charles Henry, ce qui prit une douzaine de jours. Cela demanda 2 000 tuiles, 2 800 briques, 3 voitures de sable. Pierre Malherbes y passa de nombreuses journées, Deck ferblantier nous factura 16,60 mètres de fer blanc pour le faîte et les lisières. Le coût s'en trouva donc fort élevé : 414 francs ! Etait-ce raisonnable ? Au prix des poulets ! Mais il fallait bien occuper nos journées, surtout celles de nos deux filles restées à la maison.

Mais j'ai oublié de vous parler de quelques travaux faits ces dernières années à La Ranche. En mai 1854 Claude Sordet et Jean Péguillet nous fabriquèrent un escalier au pavillon. Nous le passâmes à la *céruse*. L'année suivante, en octobre, Jean-Chrisostôme Poigeaut, menuisier, travailla chez nous pendant 22 jours pour remettre à neuf un grenier de 18 pieds sur 23 et demi ; il eut même le temps de faire un pétrin portatif. En 1856 M. Perrot, plâtrier-peintre, tapissa trois cabinets. En Bresse nous n'avons pas de pierre donc quand j'ai voulu percer une porte dans le mur de la grange, ce fut M. Ragoucit, tailleur de pierre à Damparis (Jura) qui nous fournit le châssis en pierre de taille.

En 1863 nous avions deux chevaux dont il fallait prendre soin ; alors l'écurie fut pavée de carreaux rouges et blancs de la tuilerie de Varennes. C'était joli ! On leur installa aussi de nouveaux râteliers en sapin. En octobre 1865 j'ai demandé à M. Deck de poser des chéneaux sur trois côtés de la résidence ainsi qu'un tuyau de descente des eaux. Il m'en compta 59 mètres à 2,40 francs. Le dernier chantier entrepris fut la construction de l'escalier neuf à l'extérieur de la résidence, côté cour, en mars 1866. Deux *modernes* servirent à en faire les pieds, deux chênes furent nécessaires pour l'escalier proprement dit. Joseph Henry, charpentier, se chargea de cette affaire, Joseph Thibert, menuisier, ayant effectué le sciage des planches et plateaux choisis par Henry. A la fin de la même année nous fîmes restaurer la cuisine.

A Diconne je ne fis pas souvent de gros travaux, hormis en 1853-1854 où l'état des bâtiments, surtout celui d'*hébergeage*, nécessitait de s'y pencher au plus vite. En juin 1853

Malherbes retint le toit de la résidence, le nettoya, repiqua les tuiles, mit les mortiers aux cornières, tout cela était convenu à 0,15 franc par mètre carré. Le compte final indiqua pour les deux côtés : 29 mètres sur 8 de hauteur, 22 mètres pour le faîte, 8 mètres et 33 centimètres pour les cornières. Il mit 14 jours. C'était cher au mètre carré car ses journées revenaient à 5,15 francs alors qu'habituellement un maçon coûtait 2,25 francs par jour. Sept à huit centimes auraient suffi et j'avais payé 72 francs.

Quant à l'*hébergeage* il avait besoin d'une remise en état complète. Le 9 mai j'ai acheté à Bugaud, de Bellefond (St-Martin-en-Bresse) 4 000 lattes de chêne à prendre dans sa coupe à 29 francs le millier. Le paiement (116 francs) intervint le 23 à la foire de Saint-Germain. La chaux fut prise à Ciel, le sable à Verdun et aux Cailloux (Mervans). Mon cousin Jean-Baptiste Chaux, de Saint-Bonnet, me vendit neuf chênes à équarrir pour faire six *sablières*, une semelle traînante, deux poteaux, à 2,30 francs le *pied* soit 150 francs. Le marché de réfection de toiture fut passé le 7 avril 1854 avec M. Denis Lebrun, maître maçon à Mervans, à 22,50 centimes par mètre carré. Dès achèvement il fut payé de suite sur le chantier. Il fallait aussi régler les pointes de 15 lignes pour les lattes, les clous à chêne et les *crosses* achetés à Mervans chez Mazoyer. M. P. Ormière, charpentier, avait consacré 34 journées et demie à 2,50 francs. Il reçut son dû soit 86,25 francs le 27 mai chez Giraud, aubergiste. J'avais fourni du bois (que J-B. Lory débita) pour faire les *chanlates* destinées à recevoir la première tuile du couvert. Le 3 juin j'ai soldé la facture de la tuilerie Lavrand pour les matériaux fournis depuis le 24 avril : 7.300 tuiles plates à 28 francs le millier, 1 200 carreaux de galandage à 36 francs et 100 gros carreaux à 40 francs, des cornières, des faîtières, en tout 265 francs. Il me quitta 5 francs. M. Lebrun avait réparé la toiture, il compta ensuite 33 jours pour les galandages, *relacer* les corps de parois qui n'avaient pas été entièrement démolis, passer du mortier et remailler une grande partie des fondations. Il fut réglé le 8 juin à la nuit en présence de ses ouvriers et de mon fermier. Puis je suis allé boire une bière au bourg de Diconne chez Bruillot, maréchal-aubergiste. Je lui ai payé seize francs pour avoir mis une tringle de fer de 24 kilogrammes pour suspendre une poutre cassée au milieu de la grange, placé deux ancres à la semelle traînante de l'écurie. Ducordeau, de Pierre, fournit deux pommes en fer blanc pour couronner les aiguilles à chaque bout du faîte (5 francs) ainsi que trois lucarnes en fer blanc (7 francs). Tout était en état mais j'avais dépensé 72 francs pour l'habitation du fermier et 938 francs pour l'hébergeage, soit huit mois de fermage.

⇒ *Matériaux et intervenants*

Le mortier se fait au sable et à la chaux. A chaque chantier nous devions approvisionner le maçon. Nos domestiques attelaient les boeufs aux chars renforcés de barres métalliques et partaient au Doubs. Après le château de Terrans qui émerveillait toujours mon fils et l'étang du Beurly de sinistre renommée, ils arrivaient à Charette. Le sable a ici la réputation d'être très pur et d'une qualité exceptionnelle pour la construction. Seulement ils attendaient parfois pendant de longues heures car le marchand n'était pas toujours approvisionné au moment voulu. Ils allaient alors passer un moment chez Prince qui leur servait un casse-croûte avec une chopine de vin blanc. Après cubage le sable était chargé et payé 15 sous (0,75 franc) le mètre en 1838. Chaque voiture ne pouvait en charrier que 0,875 mètre. Nos principaux fournisseurs, hormis les particuliers, furent Martin avant 1840 puis Cusey. Mais depuis 1850 nous achetons aussi bien à Charette qu'à La Chapelle où l'on extrait du sable *de terre* à 0,50 franc la voiture (deux sous de moins qu'au Doubs). Bien entendu le prix varie selon les voitures utilisées (0,60 ou 0,75, voire un franc pour les chars à deux boeufs). Depuis trois ou quatre ans je me sers uniquement à La Chapelle et puis je n'ai plus d'attelage. Je peux demander à mon fermier mais je ne veux pas en abuser. Dans les environs il y a plusieurs exploitants de sablières ; mais ils sont bien souvent *carronniers*, tels Jean Genet à

Pierre ou bien le cousin Guerret au Borgeot (La Chapelle) ou exercent d'autres métiers (Guerret-Guillemin aubergiste, Gauthey maréchal et quincaillier). La voiture se paie aujourd'hui un franc. Je me souviens du plus gros achat que je fis en 1856 pour construire le chartil et réparer la résidence ; Joseph Noury nous fournit 27 voitures à 0,50 franc, ce qui demanda bien des convois (six chars par jour).

La cour bien entretenue, c'est aussi ma fierté, celle de ma famille et de mes amis. Ainsi quand j'ai loué la ferme à Jean Rolland, je lui ai imposé de bien l'entretenir et d'amener chaque année un convoi de tous ses attelages chargés de gravier pris à la rivière du Doubs. Il doit aussi fournir les voitures pour toutes les grosses et petites réparations des bâtiments et ce à ses frais, bien entendu. Ce gravier, en réalité, provenait généralement des carrières locales. Ainsi Thibert-Guillemin qui m'avait livré vingt chars de gravier rouge en avril 1854 (à 0,50 franc) l'avait extrait de sa chènevière. Par contre, pour remplir l'écurie des boeufs, je m'en fus chez le sieur Guinot aux Cailloux (Mervans) qui me vendit son gravier rouge 0,40 franc. Mon plus gros fournisseur fut Gauthey de La Chapelle. Il respecta parfaitement son contrat en 1863 quand j'eus besoin de 45 voitures de gravier rouge ou *de terre* pour ma cour et les chemins environnants. Nous n'allons pas souvent au Doubs pour cela, sauf à ramener du sable en même temps. D'ailleurs à Charette, à l'heure où je vous parle, les marchands le vendent 0,65 franc le demi-mètre.

Le sable amené, il fallait aussi aller chercher de la chaux pour faire le mortier. En 1837-1838, nous la trouvions à Seurre (chez Verrier) ou bien au Pont de Navilly (chez Savey) qui nous vendaient leur marchandise à la pièce. Pour être bien servi, je remettais une étrenne de six à quinze sous au *chaufournier* ou au mesureur. Puis dans les années 1857-1858 nous allâmes en chercher au four de M. Perrot à Ciel. A cette époque le prix avait baissé (5,10 à 5,50 la pièce). Et puis à partir de 1861 nous retournâmes sur la route de Dijon car M. Lejeune, de Pierre, avait installé un four à chaux à Navilly. Il mesurait au tonneau (environ 250 litres), à la pièce ou au double boisseau (25 litres), comptant, si nécessaire, une panière en plus ou en moins. Mais la chaux vive sert aussi à chauler les blés, nous en reparlerons. La chaux éteinte est réputée pour détruire les limaces dans les semis de blé. Pour blanchir la chambre de four, nous trouvâmes 10 kilos de chaux chez le sieur Guifand-Lagarde à Louhans, mais à deux francs le kilo, c'était cher !

Le Jura est réputé pour la qualité de ses sapins, aussi en 1837 je suis allé m'approvisionner en planches chez Giraudet à Bletterans. Ces planches de dix pieds de long (3,25 mètres) étaient vendues 1,55 à 1,70 franc le pied de large. L'année suivante, ayant besoin de bois pour mes travaux, j'ai décidé de retourner à Bletterans. Mon beau-frère Mercey qui avait des achats à faire m'accompagna. Le 19 juin, jour de marché, nous attelâmes la jument de bonne heure, chargeâmes des sacs de blé sur la voiture et partîmes. Arrivés à Villevieux, nous fîmes moudre le blé au moulin et le vendîmes au marché. Ayant trouvé quelques connaissances, nous bûmes une chopine de blanc avant de nous attabler à l'auberge. L'après-midi, nous allâmes chez Bourguignon, marchand réputé, choisîmes quelques planches de char ; après il nous emmena à son dépôt chez un aubergiste nommé Canez où nous examinâmes de belles planches de buis, assemblées par paquets de trois ou quatre. Le prix fut fixé à 1,35 franc le pied de large. Alors j'écrivis mon nom sur chaque coupon, précédé d'un chiffre indiquant le nombre et suivi du prix : 1-35. Il ne me demanda rien et je promis de les prendre la semaine suivante, ce qui fut fait. C'étaient de belles planches pour ma porte de grange. Après le mesurage (20 pieds moins 3 pouces soit 6,41 mètres) j'ai payé le prix convenu.

A partir de 1840, M. Cabaud, installé à Pierre, put nous assurer la fourniture du précieux sapin, puis dès 1855 j'eus d'autres fournisseurs en Bresse (Griffaud à Louhans, Mittaine à Pierre).

Au cours de mon existence, et ce grâce à mes bois, je fus en mesure d'assurer la majeure partie des besoins nécessaires aux travaux de réparation ou de construction. Je faisais abattre les chênes et *modernes* pour la grange, le four, les palissades, etc. Une seule fois je dus acheter neuf chênes au cousin Chaux. Une fois abattus, équarris, ils produisirent 251 pieds (81,52 mètres) prêts à être sciés. Je fis un rapide calcul, ils me revenaient à 1,84 franc le mètre. En réglant, j'ai donné un franc d'étrennes au commis. Il me resta la queue et les ételles que j'ai évalué 26 francs. Le chêne, bois le plus noble, servait à fabriquer les belles pièces : la *seule* (pièce maîtresse de base), les *sablières*, poteaux, semelles traînantes, *bons-hommes*, poutrelles, escaliers. J'ai parfois utilisé de l'orme ; le tremble n'était pas mauvais pour la charpente. Les lattes étaient en chêne ou en sapin de 12 pieds (ou 3,89 mètres) de longueur en paquets de 50 à onze ou douze francs le cent, selon le marchand, chez Lejeune ou Mitaine à Pierre. Les hangars, chartils ou granges, comportent un plancher en perches ou *bauches* en verne. On peut ainsi stocker du foin. Rien n'était perdu et après d'importants travaux, je vendis le vieux bois de démolition à mes voisins en 1849, notamment à Joseph Guénuchot qui l'utilisa pour faire les *seules* de la maison qu'il faisait reconstruire.

Tableau 4 : Matériaux de construction, évolution des prix (1836 - 1866)

MATERIAUX		ANNEES								
		1836	1840	1850	1853	1855	1857	1860	1863	1866
SABLE	**le mètre**	-	0,75	-	-	-	-	-	-	-
	la voiture	-	-	1	1	-	0,75	-	-	-
	- sable du Doubs	-	0,6	0,75	-	0,6	0,6	-	-	-
	- voiture à deux boeufs	-	-	-	-	-	1	1	1,25	-
	- sable de terre	-	-	-	-	0,5	-	-	1	1
GRAVIER	**la voiture**	-	-	-	-	-	-	-	-	-
	- du Doubs	-	-	-	-	-	-	0,5	-	-
	- gravier rouge	-	-	-	0,5	0,4	-	-	0,5	0,5
	le mètre	-	-	-	-	-	-	-	-	-
	- du Doubs	-	-	-	-	-	-	-	-	1,3
	la pièce	6	6	5,5	5,5	5,5	5,5	6	6	6
CHAUX	**le tonneau (env. 250 litres)**	-	-	-	-	-	-	7,1	-	6
	le double-boisseau (25 litres)	-	-	-	-	-	-	-	-	0,83
	la feuillette	-	-	-	-	-	3,5	-	-	-
BOIS	**planches sapin 10 pieds (larg 1 pied)**	1,7	1,5	-	-	1,8	-	-	-	-
	travons 10 pieds (larg 1 pied)	0,2	-	-	-	-	-	-	-	-
	lattes de chêne (le millier)	-	-	-	29	-	-	-	-	-
	lattes de chêne (le millier)	-	-	-	-	200	-	-	-	-
	lattes de sapin 12 pieds (le cent)	-	-	-	-	12	-	-	-	-

La Bresse est très riche en argile fort utilisée dans la construction. Il faut dire que nos maisons bressanes sont en pans de bois dont les croisillons sont, quand c'est possible, garnis de briques cuites ou crues. Certaines maisons, comme ma résidence, sont entièrement en briques cuites, couvertes de tuiles plates. Dans la région, nous avons plusieurs sources d'approvisionnement. Des gens du pays, exerçant d'autres activités, fabriquent des carreaux *crus* (moulés et séchés) dont le prix va de 0,40 à 0,50 franc le cent, selon la grosseur. Ils servent aux galandages, etc. Joseph Vieux, qui est le plus connu, est aussi journalier, il plante des haies, fait du maïs à moitié ou file de la laine le reste du temps. Il y a aussi les fabricants de carreaux cuits dans des fourneaux chauffant *au large* en pleine nature (Guerret au Borgeot, Conry, Guerret-Guillemin). Le prix de ces carreaux, de différentes qualités, va de 20 à 35 francs le mille. Ces *carronniers* cuisent dans des champs leur appartenant ou bien directement dans les fermes. D'ailleurs après l'un de ces chantiers, en janvier 1851, j'ai marchandé un ouvrage de terrassement autour de la grande mare avec Eugène Guillemin et Etienne Cretin pour un forfait de 21 francs. Ce travail consistait à remplir les trous où les fourneaux de briques avaient été faits, niveler le terrain pour en faire du pré. Il fallait extraire la terre rouge pour la mettre au fond des creux et la remplacer par une autre de bonne qualité, issue du curage de la mare. Les ouvriers devaient pratiquer une raie dans le pré et le contour pour faire baisser le niveau de l'eau, mettre en douve toutes les terres restant autour de la mare après nivellement (à faire charrier plus tard) et aussi la tête de pré où la raie d'écoulement serait faite : 10 pouces (27 centimètres) au bout, réduite à rien sur toute la largeur à une longueur de 60 pas. Ces fabricants étaient pour la plupart des parents. Mon cousin Guerret-Guillemin vendait aussi du sable et il avait son propre fourneau de campagne. Après ces travaux, il me resta 1 350 carreaux crus que je vendis 0,50 franc le cent à Jean Chevrot .

Mais les matériaux les plus nobles proviennent des tuileries-briqueteries installées dans la région ; il s'agit de petites entreprises familiales. Mes principaux fournisseurs furent les tuileries de Pierre (Madame Jarrot avant 1840, puis M. Lejeune à partir de 1850) et de Mervans (Guillemin-Milliet 1850-1853 et surtout M. Lavrand à Glairans 1854-1862). Je me suis approvisionné dans d'autres tuileries : M. de Truchis de Varennes (1839) et M. Prost (1863), la Veuve Forgeot (avant 1836) et M. Pucet à Pierre, Picard à Saint-Germain-du-Bois (1863). Depuis 1862 je me sers dans une nouvelle tuilerie : la Maison Jacot ou Jacob à Charette. La principale activité de ces fabriques porte sur les tuiles plates à crochet (la tuile creuse étant quasiment inconnue chez nous), les carreaux de toutes sortes. La production de faîtières et de *cornières* est moins importante.

La plupart du temps nous achetons au fur et à mesure de nos besoins, payant comptant ou à brève échéance. Un seul marché verbal fut passé à la tuilerie Jarrot en 1838 à l'occasion d'un gros chantier. Cet établissement affichait ses prix dans sa fabrique. Après en avoir pris connaissance, j'ai passé convention avec M. Bertrans, le commis, qui s'engageait à me fournir jusqu'à 3 000 tuiles plates et des carreaux de diverses espèces. Il me donna sa parole pour me faire une remise de cinq francs par millier, ainsi :

- les gros carreaux : 35 francs le millier au lieu de 40,
- les carreaux de galandage et sur chant ainsi que les tuiles : (25 francs le millier au lieu de 30).

Il ne voulut pas d'arrhes, prétendant sa parole aussi bonne que la mienne. Alors nous allâmes chez Arveux et je lui offris une bouteille de bière. Nous étions plusieurs personnes. Il respecta effectivement son engagement et j'ai payé moins cher. La coutume veut que l'on donne des étrennes au tuilier pour ses peines.

Les tuileries consomment beaucoup de bois pour la cuisson, mais je n'ai fourni qu'une seule fois du bois à M. Lavrand en 1862. Après ma lettre du 7 octobre 1861, il confirma par courrier sa prise de position pour la coupe du Grand Taillis à Diconne (un taillis de dix ans). Il y en avait treize *journaux* et 130 *perches* (4 ha 58 ares) à 70 francs le journal, ce qui faisait 934 francs payables à la Saint-Martin 1862. Il régla avant terme par l'intermédiaire de son voisin Humbert sabotier-aubergiste à Mervans. Alors j'ai donné quittance sur la lettre de M. Lavrand.

Les prix des matériaux n'ont pas changé de 1836 à ce jour, la tuile baissant même de 1850 à 1860 pour remonter ensuite. Seules les cornières et les faîtières virent leur prix diminuer de 25 %.

Tableau 5 : Tuileries - Briqueteries, évolution des prix (par milliers)

PRODUITS	ANNEES											
	1836	1838	1840	1850	1852	1854	1856	1858	1860	1862	1864	1866
Tuiles plates	30	30	-	28	-	28	28	28	-	30	-	30
Tuiles creuses	-	-	-	50	-	-	-	-	-	-	-	-
Cornières (pièce)	-	0,35	-	-	-	0,25	-	0,25	-	-	-	-
Faîtières (pièce)	-	0,35	-	-	-	0,35	-	0,35	-	-	-	-
Gros carreaux	-	-	40	40	-	40	40	40	-	-	-	40
Carreaux sur chant	33	30	-	30	30	-	-	-	-	30	-	30
Carreaux de galandage	-	30	30	30	-	36	-	-	-	36	-	-
Carreaux de puits	-	-	-	-	-	-	-	-	-	40	-	-
Carreaux blancs (pavé)	-	-	-	-	-	-	-	-	-	33	-	-
Carreaux de cheminée	-	-	-	-	-	-	-	-	-	-	-	-
Carreaux de four	-	-	-	-	-	-	-	-	39	-	-	-
Cadettes (de four)	-	-	-	-	-	-	-	-	60	-	-	-
Cadettes (de four)	-	-	-	-	-	-	-	-	40	-	-	-
Carreaux champêtres :	-	-	-	-	-	-	-	-	-	-	-	-
- dernière qualité	-	-	-	-	-	-	20	-	-	-	-	-
- bonne qualité	-	-	-	-	-	-	30	-	-	-	-	-
- meilleure qualité	-	-	-	-	-	-	-	-	-	35	-	-
Carreaux crus de galandage	5	4	-	-	-	-	-	-	-	-	-	-
Drains	-	-	-	-	-	-	-	50	-	50	-	-

Lejeune a une activité importante. Non seulement il vend tous les produits cuits pour le bâtiment, mais aussi des cendres, du plâtre à bâtir et à fumer les terres, des lattes, de la chaux vive, de la chaux hydraulique, des drains, de la pierre. Il a un four à chaux à Navilly. Son fils gère une huilerie. Lejeune est aussi entrepreneur en bâtiment, il a d'ailleurs construit la mairie-école de notre village en 1845.

Dans le coût des matériaux de terre, la tuile représente plus de 50 % des dépenses, les carreaux 30%. En 25 ans on a utilisé plus de 23 000 tuiles, plus de 15 000 briques, 5 000 carreaux de puits. Les gros carreaux servent à paver, à faire des voûtes, voire des fondations, etc. Les carreaux de galandage, outre le remplissage, servent aussi pour les fours ou à exhausser les cheminées. Pour construire la voûte du grand four, on a utilisé des *lauches*.

J'ai toujours été ponctuel dans mes paiements et je ne fus pris en défaut qu'une seule fois dans ma vie. C'était en 1836 où un 11 septembre je vis arriver l'huissier de Pierre, M. Guyennot, qui me somma de payer huit francs dus à la Veuve Forgeot. Je l'ai payé de suite, confus. J'avais honte de moi. Pourquoi avais-je oublié de payer les briques ? J'ai juré qu'un tel fait ne se reproduirait plus. Et puis, m'envoyer l'huissier ! Une simple lettre aurait suffi !

Le fer utilisé pour le bâtiment a toujours été fourni par des marchands de Pierre, sauf lors d'achats faits pour Dicome (Blanchon à Saint-Germain et Mazoyer à Mervans). M. Cabot ou M. Mitaine (qui vendent aussi du bois, des outils, de la quincaillerie) nous approvisionnent en bandes de fer qu'ils vendent à la livre, que les forgerons façonnent et posent pour renforcer certaines pièces du bâtiment. Il nous faut aussi toutes sortes de pointes de Paris de différentes longueurs (de 14 à 30 *lignes* soit de 3,15 à 6,75 centimètres) pour la charpente, les portes, etc.. , des *crosses*, vendues à la livre ; pour fixer les mangeoires on se sert de clous à bateaux de différentes dimensions comptés «au cent». M. Mitaine vend des pointes de 18 lignes (4,06 centimètres) en bottes de cinq kilogrammes. Pour les lattes on utilise plutôt des pointes de 14 lignes (3,16 centimètres). Parmi ces quincailliers, certains avaient une spécialité : Loiseau était cloutier, Sergent exerçait le métier de coutelier.

Tableau 6 : Quincaillerie, évolution des prix (1836 - 1868)

PRODUITS		ANNEES												
		1836	1838	1840	1850	1852	1854	1856	1858	1860	1862	1864	1866	1868
Fer	*En bande, le kg*	-	-	0,5	-	-	0,5	-	-	-	-	-	-	-
Pointes	*de Paris (renfor.) les 100*	-	0,45	-	-	-	-	-	-	-	-	-	-	-
	de Paris (14 lignes) le kg	-	-	1	-	-	-	-	-	-	0,7	-	-	-
	de Paris (15 lignes) le kg	-	-	-	-	-	0,65	-	-	-	-	-	-	-
	de Paris (18 lignes) le kg	-	-	-	-	-	-	-	0,8	-	-	-	-	-
Clous	*à chêne, les 100*	-	1,1	1	-	1	0,9	-	-	-	-	-	-	-
	"dessier", les 100	-	-	1	-	-	-	-	-	-	-	-	-	-
	à bateau, les 100	-	-	-	-	-	-	7	-	-	-	-	-	-
	à bateau, les 100	-	-	-	-	-	-	4,6	-	-	-	-	-	-
Crosses	*le kg*	-	-	1,1	-	-	0,65	-	-	-	-	-	-	-
Serrures	*selon la taille*	2,75	-	-	-	-	-	1,25	-	-	1,7	-	1,3	-
Braquettes		-	-	-	-	-	-	1,5	-	-	-	-	-	-
Tringles en fer	*(9 lignes) le kg*	-	-	-	-	-	-	-	0,74	-	-	-	-	-
Platines de four	*le kg*	-	-	-	-	-	-	-	-	-	0,35	-	-	-
Boucles mangeoires	*la pièce*	-	-	-	-	-	-	-	-	-	0,6	-	-	-
Poignées de loquets	*la pièce*	-	-	-	-	-	-	-	-	-	-	0,5	-	-

1 ligne = 0,225 cm

⇒ *Les artisans du bâtiment*

L'équarrissage des arbres était assuré autrefois par les charpentiers (Joseph Péguillet et Claude Sordet, mon voisin) et ce jusqu'en 1852. Ils se chargeaient de la totalité des travaux et demandaient cinq centimes par pied (0,324 mètre) en étant nourris. Depuis cette époque Jean Robert associé à Pierre Bourgeon, tous deux scieurs de long, viennent régulièrement, soit à la maison, soit à Diconne, équarrir les chênes abattus et les scier en demandant aussi cinq centimes par pied courant de bois. En dehors des différentes pièces de charpente, ils refendent des plateaux, des *seules*, des *travons* pour râteliers à porcs (20 pieds). M. Truchard, de Mervans, nous a équarri une *seule* de 30 pieds (9,74 mètres) pour en faire quatre perches de râteliers à la grande écurie de Diconne. Il scia à la petite scie des *boujons* ou barreaux de 14 *lignes* carrées (3,15 centimètres) en ne faisant payer que 1,50 centime par pied au lieu de 5 pour le reste. Je ne fis appel qu'une seule fois au scieur de long forestier qui était dans la forêt de Diconne en 1860 et qui accepta de me refendre quatre trembles et une *charmille* (charme) en planches et *redos* (à 4 centimes le pied), des plateaux de deux pouces pour faire des pelles en bois (10 centimes) et des palissades (2 centimes). Habituellement les scieurs de long travaillent chez moi d'avril à septembre.

Les charpentiers sont tous des artisans de la région. Certains entreprennent des chantiers plus importants, comme des bâtiments publics (églises, mairies, etc.) tels Paul Ormière, de Saint-Germain-du-Bois ou Denis Cretin, de Mervans, tous deux maîtres charpentiers. Je vends régulièrement des chênes à ce dernier. En avril 1859, après accord verbal, nous avons passé un marché sous seing privé dans lequel il était convenu qu'il devait exploiter le bois à partir de novembre et vider la coupe de bonne heure. Les 37 chênes étaient vendus 25 francs pièce, plus une étrenne de 20 centimes par pied au garde de mes bois. J'avais pris la caution de son fils. Le paiement stipulé au 11 novembre 1860 fut effectué avant l'échéance.

Tableau 7 : Compte de sciage de Jean Robert & Pierre Bourgeon (1857)

PIECES DE BOIS	NOMBRE	LONGUEUR			PRIX (francs)
		Pieds	Mètres	Total (Pieds)	
Chevrons	21	18	5,84	378	11,34
Chevrons	15	9	2,92	135	4,05
Lisses	4	8	2,60	32	0,96
Lisses	6	6	1,95	36	1,08
Sablières	2	18	5,84	36	1,08
Relevés	2	18	5,84	36	1,08
Relevés	1	9	2,92	9	0,27
Bordeneaux	2	4	1,30	8	0,24
Bordeneaux	2	3	0,97	6	0,18
TOTAL (1)	*55*	-	-	*676*	*20,28*
Traverses	4	13	4,22	52	2,60
Arbalétriers	4	16	5,20	64	3,20
Liens	4	6	1,95	24	1,20
Bonshommes	4	4	1,30	16	0,80
Bonshommes	4	3	0,97	12	0,60
TOTAL (2)	*16*	-	-	*168*	*8,40*
TOTAL (1+2)	71	-	-	844	28,68

1 Pied = 0,3248 mètre

Le 2 avril 1838 je convins avec Joseph Péguillet, charpentier, qu'il me reculerait un pan de bois du côté de la rue pour faire une grange de 18 pieds (5,84 mètres), ferait tout le travail de son état pour achever cet ouvrage courant avril et mai, les portes exceptées ; qu'il changerait la chambre de four de place, remplacerait une *seule* et y mettrait des solives ; qu'il aménagerait les combles de deux étages de *tects* à porcs. Il devait équarrir les bois, le tout moyennant 40 francs si le travail était fait dans les délais et 5 francs de moins en cas contraire. Il n'a rien reçu. Je l'ai payé par acomptes, les délais n'ont pas été respectés, mais lui ayant demandé d'autres travaux non prévus, je n'ai donc pas diminué le prix du marché.

Le 8 juillet 1839 j'ai marchandé les travaux du grenier de la chambre de four à M. Guyon, charpentier à Pierre, y compris un volet dont j'ai fourni les *fermentes*. M. Guyon fut chargé de livrer les planches de sapin de bonne qualité suffisamment sèches, le clou et la main-d'oeuvre convenable ; le tout rendu et posé. Il devait préparer son bois chez lui. Je m'étais engagé à aller le chercher et à le nourrir pendant qu'il poserait, le tout moyennant 50 francs payables le 1er septembre. Il respecta le marché et le 5 août je lui ai remis la somme convenue

Le 26 mai 1854 M. Simonet qui avait équarri un chêne au Margran reçut pour paiement les ételles. En mars 1860 il façonna deux râteliers d'écurie, équarrit une fourchette de bascule de puits et des traverses pour le four de Diconne.

Le 16 juin 1851 Paul Ormière m'accompagna à Diconne pour examiner les travaux à faire à l'hébergeage. Nous allâmes à la coupe du Grand Taillis, nous avons marqué dix chênes à abattre à l'automne, à équarrir et faire sécher pour 1852 ou 1853. Puis nous déjeunâmes à Mervans. En cours de route je dus changer un écrou de la voiture qui était cassé. Quand les travaux furent achevés, je l'ai payé le 27 mai 1854 chez Gérard, aubergiste à Mervans. Il compta 34 journées et demie à 2,50 francs et me donna quittance. Je bus une bouteille avec lui, puis, ayant à faire à Diconne, Madame Gérard me prépara du pain et de la viande pour mon repas.

Claude Sordet, de La Ranche (son père avait été garde des bois) débuta comme journalier. Depuis 1851 il scie du bois, répare quelques bâtiments et exécute de nombreux travaux de charpente avec ses ouvriers. En hiver et au début du printemps, il prépare du bois pour assurer la fourniture des chantiers commandés à l'automne.

Pour la plupart de leurs travaux les charpentiers demandent 1,50 franc par journée s'ils sont nourris et 2,50 dans le cas contraire (de 1853 à 1859). A partir de 1862 ils ont pris l'habitude de faire payer leurs journées de plein hiver un franc (nourris) puis 1,50 avant la Saint-Joseph (leur saint patron qu'ils fêtent le 19 mars) et 2 francs après.

Les charpentiers, comme Joseph Péguillet, fabriquent même des outils. Ainsi je lui ai vendu un morceau de rondin de chêne pour construire un treuil de chèvre de 5 pieds de long pour équarrir 7 à 7 et puis une bille de pommier pour faire des rabots.

Les maçons, avec les charpentiers, représentent les maîtres du bâtiment. Certains chantiers importants se traitent forfaitairement, ainsi le 9 août 1837 j'ai passé une convention avec Pierre Savy, maître maçon, qui pour 200 francs s'engageait à assurer la main-d'oeuvre ainsi que la fourniture du sable, de la chaux, du plâtre et de 1 000 carreaux pour changer la distribution de la résidence. Après accord, nous relûmes la note explicative détaillée et la signâmes tous deux. Alors je lui remis cinq francs d'arrhes. Le paiement était prévu le 1er septembre si les travaux étaient achevés. Hélas ils ne le furent que bien plus tard et je ne l'ai donc payé que le 25 novembre. L'année suivante je lui ai marchandé les travaux du four pour 75 francs.

Les maçons se chargent non seulement de la maçonnerie habituelle (montage des briques, mortier, fondations, pose des tuiles) mais réparent aussi les fours, construisent des mouchers et effectuent tous les travaux d'entretien des bâtiments. Pierre Malherbes, maître maçon à La Chaux, a toujours été notre maçon habituel depuis 1838. Il se charge même de la pose des vitres, du pavage d'écuries, de la construction de ponceaux, voire même de la confection de cages vitrées pour couvrir des vases de fleurs artificielles. Après notre grand malheur, il eut le triste privilège de poser la tombe d'Albert.

Les maçons travaillent la plupart du temps à la journée : 1,50 franc s'ils sont nourris et 2,50 dans le cas contraire. Ce prix, il faut le dire, a peu varié. Ainsi Pierre Malherbes demande pour lui et ses ouvriers 1,75 franc par jour depuis 1862 (plus la nourriture). En hiver il prend moins cher : 1,50 franc après la Toussaint et 1,35 franc de décembre à février.

Certains marchés ont parfois été traités au mètre carré. C'était trop cher, nous l'avons vu en 1853. Mais je fis attention l'année suivante en traitant avec Denis Lebrun maître maçon à Mervans. Nous sommes convenus qu'il descendrait toute la tuile de l'*hébergeage* de Diconne avec précaution afin d'en casser le moins possible, ôterait la latte en totalité, relatterait à neuf avec des lattes de chêne, recouvrirait la maison tant avec de la vieille tuile qu'avec la neuve en la séparant, placerait tous les mortiers sur le faîte et les cornières, le tout à 22,50 centimes par mètre carré. Je lui ai versé cinq francs d'acompte. Le 25 mai il reçut encore 30 francs et le 3 juin nous passâmes au toisage ; il fut réglé le soir même en présence de témoins. Dans ce genre de marché le maçon calcule la surface des grands pans en multipliant la longueur par la hauteur, ce qui n'est pas trop juste ! Les petits pans sont calculés correctement. Faîtières et cornières sont toisées avec une largueur de 33 centimètres.

Pierre Malherbes est en affaires avec moi ; je lui vends des pommes de terre, du blé ; alors de temps à autre nous faisons les comptes pour les solder.

Les bâtiments couverts de paille nécessitent des travaux d'entretien plus fréquents, spécialité des couvreurs à paille du pays. Pendant l'été 1836 je m'en fus au marché de Pierre acheter 2 000 *riortes* de bouleau (liens) à Barbier, garde (à 2,25 francs le millier). J'avais mis de côté 255 gluis de paille de seigle et 118 de paille de blé pesant ensemble 9 000 livres (à 24 francs le mille) ; je fournis aussi des *ragots* et *perchottes* de bois, des lattes. François Poigeaut apporta encore 1 000 autres *riortes* et il entreprit son travail à l'*hébergeage* de La Ranche et à celui de Gros-Bois. Il demanda 3,50 francs par 100 gluis posés plus la nourriture. J'ai évalué la dépense totale à 248 francs, dont 221 pour la paille. Henry Poigeaut et François Mauchamp de La Boucharde (La Chapelle), étaient aussi journaliers. Henry assura d'autres travaux de couverture et se chargea de gazonner les faîtages de la grange neuve et des *tects* à porcs (à 0,75 franc par jour, nourri). Quant à François Mauchamp, lorsque nous avons construit le chartil, il a raccordé le toit de paille sur celui de tuile. Il ne mit pas moins de trois jours. Comme il avait demandé sa nourriture, je ne l'ai payé qu'un franc par jour. Ce spécialiste de la paille couvrait aussi mes meules de foin le cas échéant.

Les potiers ont parfois un rôle secondaire dans le bâtiment. Ainsi, le jour de la foire de Pierre, notre fille Camille nous rapporta de chez Thibaut, potier, un espèce de vase en terre cuite servant à couronner la cheminée pour empêcher à la fumée de se rabattre. Il appelle cela une *mithe*, qui coûte fort cher (6 francs).

Les forgerons ou maréchaux n'exécutent que des gros travaux de renforcement de pièces principales. A Pierre il y a deux ferblantiers : Messieurs Ducordeau et Deck, ce dernier installé depuis très longtemps et qui est mon principal fournisseur. M. Deck assure toutes les fournitures et la pose de bandes de fer blanc sur les faîtes et *corniers* ou au bout des sablières et des pannes qu'il garnit afin de les protéger des intempéries. Il installe aussi des *chaînettes* (chéneaux) aux toits des résidences, des poulaillers ou des t*ects*, voire aux *mouchers*, garnit de vases en fer blanc les aiguilles des faîtes, raccommode et repeint les girouettes. Les serruriers interviennent rarement, sauf pour quelques serrures usagées.

Jean Bertrand passait de temps à autre pour changer des carreaux (à 0,25 franc par vitre), remastiquer et raccommoder de la vaisselle. Une seule fois j'ai reçu un vitrier ambulant qui changea deux carreaux pour 0,60 franc en mars 1850. Maréchal, plâtrier, se chargeait aussi de ce travail (à 0,30 franc) mais Pierre Malherbes est devenu notre vitrier depuis 1853. Le prix des vitres (avec pose) va de 0,10 franc à 0,30 pour les plus grandes.

En hiver (de novembre à mars) nous voyons parfois arriver un ramoneur savoyard. Le prix a bien augmenté. Je me souviens qu'un ramoneur prenait 0,15 franc en 1837 ; pour le dernier j'ai payé 0,80 franc, il y a quatre ans de cela. Nous regardons curieusement ces bonshommes venant d'une région fort éloignée. Mais ils savent tant de choses, et puis chantent, ma foi, pour le plaisir.

Boissard à Pierre était marchand de plâtre en 1840 et nous assurait tous nos besoins pour les travaux dans la résidence. On utilise le plâtre gris pour les carreaux sur chant des cloisons intérieures. La plupart des plâtriers fournissent aussi ce matériau. Le prix au sac (contenant 3 mesures ou 82,2 litres) est passé de trois francs en 1839-40 à deux francs de nos jours, à condition de rendre le sac. Les plâtriers peintres qui se faisaient payer 2,50 francs par jour (non nourris) et 2 francs (nourris) en 1852 demandent maintenant 3 francs. J'ai usé des services de M. Maréchal, plâtrier à Pierre, en octobre 1852 pour restaurer la cuisine (la plâtrer, réparer les vitres, peindre à la céruse et vernir ; le papier avait été acheté à Dole) mais c'est surtout M. Jourdan, de Pierre, qui assure la majeure partie de nos travaux intérieurs depuis 1850. Il refit les peintures des volets et des portes en 1862, passa la couleur au vert-de-gris, puis peignit la barrière du jardin au blanc de zinc. Il vient de terminer la cuisine que nous occupons aujourd'hui, changeant les papiers, réparant la cheminée. M. Perrot, plâtrier décorateur à Pierre, est maître dans son art. Je fis appel à lui en octobre 1856 pour tapisser trois cabinets. Nous avions choisi du papier de trois couleurs différentes, une pour chaque pièce : vert, jaune et bleu (ce dernier papier, magnifique, coûtait 1,30 franc le rouleau alors que les autres valaient 0,75 franc). De belles bordures de papier égayaient les pièces. Les portes furent passées à la peinture à l'huile, les planchers nettoyés et *grisonnés* au noir de fumée délayé dans de l'essence. Nos jeunes ont apprécié cette modernisation.

Tableau 8 : Artisans du bâtiment, évolution des prix à la journée (1836-1868)

PROFESSIONS		ANNEES												
		1836	1838	1840	1850	1852	1854	1856	1858	1860	1862	1864	1866	1868
Charpentiers	Nourris	-	-	-	-	1,5	-	1,5	-	-	2	-	2	-
	non nourris	-	-	-	-	-	2,5	-	2,5	2,5	-	-	-	-
Maçons	nourris	-	1,5	-	1,5	-	1,5	1,5	1,5	-	1,75	1,75	-	-
	non nourris	-	2,5	-	2	2,25	-	-	2,5	-	-	-	-	-
Couvreurs à paille	nourris	-	-	0,75	-	-	-	1	-	-	-	-	1,5	-
Plâtriers peintres	nourris	-	-	-	2	2	-	2,5	-	-	3	-	-	-
	non nourris	-	2,5	-	-	-	-	-	-	-	-	-	-	-

Le puits dans une ferme est indispensable, tant pour les hommes que pour les animaux, et cela demande quelque entretien. J'ai fait curer le nôtre en décembre 1836. En 1857 je fus alerté par des dépôts, alors j'ai loué une sonde deux francs chez M. Lenoir pour le forer, acheté 150 carreaux pour le réparer et 20 drains. Il nous en manqua douze pour le fonds du puits. Pierre Malherbes se chargea du travail et y passa deux journées et demie. A Diconne j'ai une *pingôle* (ou puits à balancier). La fourche en bois étant pourrie, Simonet nous en équarrit une en 1860. Cependant deux ans plus tard, je dus me résoudre à faire creuser un nouveau puits à La Chapelle. Je suis allé chez Lavrand et j'ai pris 1 500 carreaux de puits (à 40 francs le mille) et chez M. Lejeune qui m'a fourni 3 800 carreaux ainsi que le tour du puits à 6 francs. Trois jours après, donc le 12 août 1862, M. Bruchon, puisatier au Bout d'Amont (Pierre), était à pied d'oeuvre. Il creusa jusqu'à 35 pieds (11,37 mètres), mura, replaça la margelle de l'ancien sur le nouveau, consolida au niveau du sol à l'aide de 14 pierres *mureuses*. Pour le creusage il compta 15 pieds à 3 francs, 15 à 4 francs et 5 à 5 francs, soit au total 133 francs. Pour ces travaux, nous avions fait couper dans nos bois 140 perches pour *fouesses* que j'ai données au puisatier pour l'indemniser de 10 pieds de l'ancien puits dont il avait extrait les carreaux estimés 6 francs. Bruchon passa 10 jours avec deux ouvriers. On lui fournissait les gaudes en payant (en fait on lui en a fait cadeau) et deux litres de vin par jour. En réalité 30 litres furent consommés (estimés 0,25 franc le litre). Le prix de revient de ce nouveau puits dépassa 350 francs. M. Bruchon a aussi travaillé pour nous à Diconne. Mais quand il réparait, il ne prenait que 2,75 francs par pied (pour curer, murer).

⇒ *Les assurances*

En 1836 j'étais assuré à la Compagnie Générale d'Assurances représentée à Pierre par Jean-Baptiste Moissenet, remplacé l'année suivante par François Arveux. Prospère, le fils de ce dernier, lui succéda en 1840 en tant qu'agent général. Mon contrat triennal d'assurance incendie couvrant La Ranche et Diconne fut renouvelé le 4 juin 1838 ; la prime annuelle, modifiée, passa de 71,40 francs à 45,25 francs. Chaque année je payais d'avance un effet que mon assureur acquittait, mais je ne respectais pas scrupuleusement la date d'échéance du 1er juin ; après tout, quand on paie d'avance ! Le contrat, renouvelé le 1er septembre 1845, devint décennal et chaque année je réglais 55,35 francs à Prospère Arveux . Puis en 1855 j'ai quitté cette compagnie, non par mécontentement, mais à cause de services personnels que m'avait rendus M. Moissenet, agent principal de la Compagnie Le Phénix. Le 4 septembre il m'établit un contrat décennal, mes risques étant couverts à partir du 2 septembre à midi. Je lui ai réglé la première prime de 85,65 francs auxquels s'ajoutèrent deux francs pour frais de timbre et de police. Il me fit alors souscrire neuf billets du même montant. Cependant, M. Moissenet étant décédé, il fut remplacé par M. Jules Forgeot en 1863. Ce dernier tenait son bureau à Pierre. Il fut chargé du renouvellement à l'échéance normale de 1865. J'avais modifié les conditions et augmenté mes garanties sur les bâtiments et les récoltes de La Chapelle seulement. Il ne vint m'apporter la nouvelle police que le 3 octobre suivant et je lui ai payé la prime de 113,40 francs. Je voulus signer les billets habituels, mais M. Forgeot me dit gentiment que cela ne se faisait plus, et que dorénavant il donnerait seulement une quittance annuelle après paiement. Aujourd'hui, ayant loué mes terres et une partie des bâtiments de La Ranche, je ne paie plus que 80,30 francs, étant déchargé du risque incendie des récoltes. Mon termier paie par ailleurs pour son mobilier et le risque locatif.

II - 1. 2 Champs, bois, prés et ruisseaux

⇒ *Entretien : contours, fossés, douves, haies, chemins*

La Bresse a la réputation d'être un pays bocager. La plupart des champs et des prés sont entourés de haies vives plantées sur des élévations de terre que nous appelons des *douves*. Ces buissons protègent nos récoltes des vents, abritent le bétail ou le gibier.

Le laboureur, arrivé au bout de son sillon, retourne son attelage et sa charrue sur une bande de terre d'environ trois mètres de largeur dénommée le *contour*. Les *concises*, d'un mètre de largeur, parallèles aux sillons et de chaque côté du champ, jouent un rôle pour l'assainissement et empêchent aux racines d'arbres d'envahir le terrain.

La Bresse est aussi très humide, ce qui nécessite un bon entretien des terres. Quand les ouvrages d'automne sont achevés, les manouvriers se livrent parfois à des travaux de terrassement, mais en réalité c'est surtout une activité hivernale qui démarre parfois en janvier (selon l'état des sols) et atteint son maximum de février à mai.

Les eaux de pluie, les charrois ou labours apportent de la terre sur les *contours*. Nos domestiques, aidés par des journaliers, la charrient à la brouette sur le champ et l'épandent (à 0,10 F la toise) ; le surplus sur les *concises* est jeté à la pelle sur les sillons (à 0,05 F la toise).

Les haies, plantées sur les *douves* édifiées à l'aide de la terre issue du creusage des fossés, demandent un entretien régulier et soigné. Il faut élaguer proprement, couper les ronces, et au bout de quelques années abattre les vernes et autres essences pour le bois de chauffage. Les branches, l'épine noire (prunellier) ou blanche (produisant des *poires à Bon Dieu*) sont mises en fagots par des journaliers qui demandent deux francs «le cent» de nos jours (1,25 F en 1850 puis 1,50 de 1855 à 1862). A l'Etang Neuf, j'ai une cinquantaine de saules que je fais étêter. Les branches les plus grosses servent à faire des clôtures, les autres font de bons fagots. Il m'arrive de payer ces travaux en offrant des services (labours, prêts de voitures).

La tâche la plus courante consiste à creuser les fossés qui se remplissent progressivement de terre éboulée, de bois et de feuilles mortes, et donc ne jouent plus leur rôle. Alors les manouvriers extirpent la terre à la pelle, maçonnent la *douve* qui tend à s'évaser. Les fossés entourant les bois (ou à l'intérieur) sont généralement réparés lors des coupes habituelles. A Diconne j'ai toujours employé des journaliers de cette commune.

Dans ce dernier village mes terres sont traversées par la rivière du Reversey sur une longueur de 48 mètres. Eustache Doussot s'est appliqué à nettoyer la rivière en respectant strictement les normes habituelles en la matière : 12 pieds de large au-dessus (3,90 mètres), 8 pieds au fond (2,60 mètres) et 4 sous la corde. A sept sous et demi par mètre, il a reçu 18 francs en 1854.

Une mare dans un pré est fort utile pour abreuver le bétail, mais dans le champ de la Bobère, elle nous gênait plutôt, aussi en 1863 j'ai décidé de la combler. J'ai marchandé ce travail pour 84 francs à Vendême, Chevriaux, Guillot et Perron, associés pour la cause. Pendant plus d'un mois ils charrièrent à la brouette la terre prise dans la desserte du champ d'Henry. Quand ils eurent fini, ils vinrent à la maison et se partagèrent la somme promise.

Acheter une parcelle de terrain et vouloir la réunir à une autre nécessitait d'araser la *douve* pour agrandir. A l'inverse, un champ trop long n'était pas toujours facile à exploiter, aussi j'ai parfois créé des *contours* supplémentaires, ce qui en facilitait l'exploitation et le partage des parcelles pour les maïs «donnés à mi-fruits».

Les travaux de terrassement se paient rarement à la journée, sauf pour quelque menu entretien. Ils sont la plupart du temps traités à la toise de sept pieds et demi, dite *toise de Bourgogne* (2,4363 mètres) ou marchandés pour un forfait fonction de l'importance des travaux à réaliser. Bien entendu le prix à la toise varie selon la charge de travail. Ainsi, pour un entretien léger, on paie 0,05 F la toise, mais les travaux les plus courants sont à 0,10 F, et cela peut monter à 0,20 F lorsqu'il s'agit de recreuser entièrement un fossé rempli de bois et non entretenu depuis de nombreuses années. Après le travail je toise avec le journalier pour effectuer le règlement. Cette mesure a tendance à disparaître et maintenant nous utilisons le mètre. D'ailleurs, depuis les années soixante, on parle de toise «ancienne». La tendance des tarifs appliqués (10 à 20 centimes la toise jusque vers 1860) va plutôt à la hausse et se situe maintenant entre 12 et 24 centimes. Actuellement nous payons en francs, mais autrefois nous avions l'habitude de compter en sous (1 sou = 0,05 F) et en liards (un quart de sou ou 1,25 centime) jusque vers les années 1853-1854.

Un ouvrier qui veut gagner correctement sa journée en février-mars doit être capable de creuser une quinzaine de mètres de fossés par jour (7 à 8 mètres pour les gros travaux). A 0,10 F la toise, il gagne 0,60 F par jour, comme un homme «à la journée». Mais s'il est habile, il peut augmenter son gain.

Les manouvriers travaillent souvent seuls. A l'occasion de chantiers plus importants, ils fondent un groupe de deux à quatre personnes et viennent à la maison. Je marchande donc un ouvrage déterminé. Il n'est pas courant de verser des arrhes et ils ne sont payés qu'à la fin des travaux

Vers 1836-1840, en dehors des journées faites par mes domestiques, je ne payais que onze francs par an pour entretenir mes terrains. Cela a bien changé et depuis 1860 j'y consacre 99 francs chaque année. J'ai donc bien amélioré la qualité. Les dépenses les plus conséquentes sont dues aux prés (44,50%) et aux champs (36%), les bois n'absorbant que 19,2%. L'entretien des prés de l'Etang Neuf m'a coûté 190 francs en trois ans, mais l'élevage nécessite de tels efforts maintenant.

Le bief de l'Etang Neuf longe mes herbages. Assurer un travail de nettoyage du ruisseau, de mise en *douve* et charriage à la brouette (à 0,30 F le mètre), de creusage de raies pour l'écoulement des eaux, d'élagage des haies est indispensable. Quand les eaux du bief montaient, il arrivait qu'elle se répandissent sur les prés, traversant les *douves* mal entretenues, effondrées, déposant ainsi de la terre sur l'herbe. Au printemps 1860 j'ai marchandé à Jean-Jean Euvrard et à Jean-Baptiste Grapinet un ouvrage qui consistait à lever cette terre et à réparer la *douve* pour empêcher de nouveaux dégâts.

En 1861 j'avais acheté un pré à la Queue de Balaye mais il fallait le remettre en état. Le 13 octobre Pierre Gay et Louis Guerret s'engageaient à brouetter la terre mise en *douve* depuis deux ans et provenant des *coursières* (fossés) et du *chanfrein* (arête évasée), de la transporter dans la partie basse du pré et de l'épandre proprement, sans désemparer, le tout pour 66 francs. Le jour même ils recevaient quatre francs d'arrhes. Le 15 novembre ils avaient achevé leur travail. Etant satisfait, je leur ai confié aussitôt une autre tâche consistant à charrier de la terre actuellement en *douve*, faire trois fossés (plus épandre en mars), étendre une centaine de petits tas de terre existant dans le pré. Quant à la partie au nord du pré, j'avais négocié avec la veuve Conry, de la Motte. Elle promettait d'enlever gratuitement la terre avec ses attelages et de l'épandre sur ses champs.

Nos haies sont abondantes, mais j'ai voulu faire un essai de clôture en fil de fer. J'ai profité d'un voyage chez ma fille à Dole en avril 1861 et j'ai rapporté dix kilogrammes de ce fil (à 0,75 F le kilo). Cette clôture s'étant détendue, j'ai fait acheter cette année par mon cousin Joseph Noury, qui passait à Verdun, huit tendeurs, assez chers il faut le dire.

Pour assainir l'entrée des champs, j'ai installé des gros drains que M. Lejeune m'a fournis à 10 centimes pièce, c'était, je crois, en février 1863. L'opération fut efficace et maintenant nous n'avons plus de problèmes.

L'écoulement des eaux a toujours été un point capital dans nos régions humides. Mon fermier Rolland me persuada de faire un ponceau au pré de la Croix, ce qui arrangeait aussi le sieur Burdy. Pour ce faire, Malherbes vint au mois de juin 1863 construire ce pont de briques. Rolland descendit les carreaux que Guerret-Guillemin lui avait livrés et le maçon se mit à l'ouvrage. Après avoir arrangé la terre de la levée du petit étang (actuellement en pré), remué le ciment, il posa délicatement une à une ses briques. Ayant fait cet ouvrage à nos frais, Burdy nous donna sa portion de haie vive

Défricher une terre inculte, à plus forte raison un bois, n'est pas une mince affaire. J'avais acheté le Bois Baron en 1837, ce petit bois isolé tout près de notre maison. Pour donner une unité sans faille à nos terres, je résolus de le transformer en champ. Après la coupe blanche, nous nous attelâmes à cette rude tâche qui nous prit de nombreuses journées et puis, pendant plusieurs années, il fallut faire des efforts importants pour amener ce terrain au rang de bonne terre à blé.

Tableau 9 : Frais d'entretien (champ, prés & bois)

TRAVAUX		1836-1840		1849-1854		1855-1859		1860-1864	
		Moyenne	%	Moyenne	%	Moyenne	%	Moyenne	%
OUVRAGES	Marchandés	2,00	18,80	6,20	21,40	12,72	30,80	52,20	52,70
	A la journée	0,30	2,80	1,82	6,30	1,00	2,40	1,90	1,90
	A la toise ou au mètre	8,31	78,40	20,88	72,30	27,60	66,80	44,92	45,40
	TOTAL	**10,61**	**100,00**	**28,90**	**100,00**	**41,32**	**100,00**	**99,02**	**100,00**
REPARTITION	Champs	2,50	23,60	6,94	24,00	12,78	31,00	40,42	40,90
	Prés	1,84	17,30	8,52	29,50	22,32	54,00	49,10	49,60
	Bois	6,27	59,10	13,44	46,50	6,22	15,00	9,50	9,50
	TOTAL	**10,61**	**100,00**	**28,90**	**100,00**	**41,32**	**100,00**	**99,02**	**100,00**

Notre activité agricole est exposée aux caprices du temps. Des surplus d'humidité, des années sèches ou des intempéries (orages, grêle) peuvent anéantir une année de travail. Nous en reparlerons. Pour nous prémunir contre ces fléaux, j'ai pris soin de faire inscrire dans le bail à Rolland qu'en cas d'incendie, de gelée, de grêle ou autres *orvales* quelconques, il ne pourra réclamer aucune indemnité, c'est à ses risques et périls. Depuis 1857 j'étais assuré contre la grêle des blés, ce qui me permit de recevoir une indemnité lorsque fin juillet 1860 un fort grésil anéantit une partie des blés restant à moissonner. L'année suivante, le 22 juin, les Autunois subirent un ouragan épouvantable. Chaque commune est solidaire dans ces cas-là. Le 14 juillet je vis arriver Pierre Simerey, conseiller municipal. Il faisait une quête pour ces malheureux. Je luis remis une belle pièce d'argent de cinq francs. Une loterie fut même organisée. C'était M. Grisard qui s'en occupait. Je pris un billet à un franc, complétant ainsi ma participation.

II - 2. Les moyens

II - 2. 1 Moyens humains

⇒ *La famille*

• Le Maître de maison (Gestionnaire)

Je gère le domaine de La Ranche depuis la disparition de mon père en 1814. Avant la mise en fermage, cette tâche absorbait une bonne partie de mes journées, tant à la ferme par une attention de tous les instants, qu'à l'extérieur où je devais me rendre continuellement pour mes affaires.

Voyez-vous, il faut être vigilant au niveau de la production. Ainsi, je m'occupais personnellement de tous les achats, de l'entretien du matériel (charrues, chars) et de l'outillage. Les artisans de la région (maréchaux, charrons, forgerons) me sont familiers et connaissent mes exigences quant à la qualité de leurs fournitures. A partir de juillet-août il fallait s'inquiéter des engrais et amendements en vue des prochaines semailles, surtout celles du blé ; une erreur était préjudiciable. Je m'en allais donc à Seurre choisir les cendres lessivées réputées, mais aussi dans les environs où je recherchais d'excellents fumiers bien apprêtés. Quant au personnel, c'était un souci permanent, surtout les domestiques engagés à l'année et vivant à la maison. L'embauche s'avérait délicate : le bon choix, la négociation des gages. Et puis je devais suivre leur travail quotidien, veiller à leur moralité, m'occuper de la tenue des comptes les concernant. Les gros travaux m'accaparaient, surtout les semailles, délicates et capitales, engageant une année entière ; choisir le bon jour, le bon moment. Venaient ensuite l'entretien des champs à la fin de l'hiver, la distribution des *turquis* (maïs) à mi-fruits aux journaliers du voisinage, les principales récoltes, surtout la fenaison, la moisson - du blé principalement -, et le battage. Nos bois demandent aussi une surveillance, surtout quand arrive le moment des coupes (taillis, chênes, bouleaux, etc.). Il faut répartir les lots, marquer les arbres, passer les marchés, enfin suivre le déroulement de l'exploitation et encaisser l'argent.

Lorsque mes domestiques allaient faire moudre du blé, du maïs ou du sarrasin, je contrôlais les sacs, la finesse de la mouture et les quantités rendues par le meunier. J'ai dû changer de moulin de temps à autre en raison d'abus notoires.

Je fréquentais les foires et marchés pour y vendre en détail ou en plus grandes quantités du blé (principale céréale commercialisée) ou de la navette, et parfois d'autres graines secondaires. J'achetais ou je vendais, selon le cas, des bovins (boeufs gras, taureaux, vaches) aux marchands de bétail de Lyon, de Dijon ou de Comté, voire aux bouchers ou à d'autres cultivateurs de la Bresse. L'expérience dans ce commerce est primordiale, surtout avec les *margalous* (maquignons) dont je me méfie. J'en profitais pour rapporter de nombreux produits alimentaires (vin, sel, épices, viande, etc.) ou vestimentaires pour toute la famille, et puis bien d'autres choses nécessaires et fort variées.

ABSENCES DU MAITRE
(Moyenne mensuelle 1836-1868)

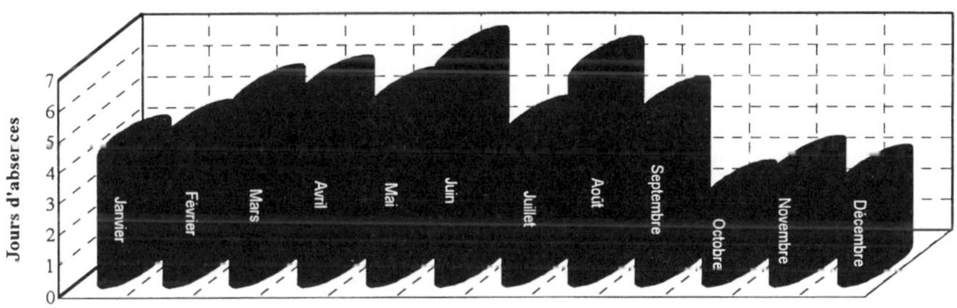

Nos ressources provenaient essentiellement des ventes de blé, mais aussi de bovins, voire de porcs selon les moments. Cependant en cours d'année nous avions des excédents ou des besoins de capitaux. Quand j'étais plus jeune, j'ai emprunté de l'argent à des négociants de Pierre. L'importance de mes biens et mon attention m'ont permis d'obtenir des taux raisonnables. Et puis est venue l'époque des placements que je fais chez des banquiers de Chalon-sur-Saône ou de Pierre, voire chez des notaires. Je vérifie malgré tout le décompte des intérêts et réclame mon dû le cas échéant.

Et puis, il y a également le percepteur qui ne vous oublie pas et ne vous fait pas de cadeau, moi non plus d'ailleurs. Une année j'ai même réclamé car il m'avait compté bien au-delà de ce que je devais et j'ai obtenu gain de cause. Quant aux assurances, je suis prudent et je fais garantir aussi bien mes bâtiments, que les récoltes, le mobilier, le risque de grêle, voire d'incendie provoqué par une machine à vapeur pendant le battage.

Agrandir son domaine, surtout à proximité de chez soi, est un souci bien légitime. Alors il faut surveiller toutes les occasions qui peuvent se présenter et ne pas laisser un concurrent vous enlever une parcelle bien placée. Mais je suis ami avec des notaires et je connais bien ma commune, en ayant été le maire autrefois.

Mon épouse possède une ferme et des bois à Diconne. Elle ne s'en occupe pas et j'en assure entièrement la gestion, entretenant des relations étroites avec le fermier Rolland : comptes annuels, travaux, impôts, bon entretien des terres. Je gère aussi quelques locations à La Chapelle.

Depuis 1836 je tiens tous mes comptes et j'ai acheté pour cela de gros registres de différentes couleurs où je consigne chaque soir - ou presque - toute l'activité de nos domaines : recettes et dépenses, remarques sur les rendements, les prix, la qualité, mes essais d'engrais nouveaux, les méthodes de cultures, et puis tout ce qui a trait à la famille. Chaque année je tire les comptes, vérifie la caisse. Il y a parfois quelques différences dues à des oublis ou bien il arrive de mélanger quelques recettes de marchés appartenant à mon épouse. Je notais aussi sur des cahiers à part de nombreux détails sur les paiements de domestiques, de journaliers, que je rapportais au grand livre. Je m'y retrouve parfaitement et, en cas de contestation, je peux rechercher, prouver. Il m'arrive de faire signer des débiteurs directement sur mon registre. Une preuve ! vous ne pensez pas ? Mais je suis un homme aussi strict pour moi-même que pour les autres.

Mes obligations m'entraînaient hors de chez moi 55 à 65 jours par an selon les circonstances. Chaque année je fréquentais les lieux de foires des environs mais aussi les villes de Seurre, Chalon-sur-Saône, Dole, Lons-le-Saunier, Bletterans et Louhans.

- La maîtresse de maison : son rôle, ses revenus.

Je m'occupe de tout ! pas tout à fait. Dans notre famille chacun a sa place. Mon épouse me seconde admirablement. Elle supervise la bonne marche de la maison (entretien, repas) mais sa tâche ne s'arrête pas là. Il est vrai que sa discrétion dans les affaires peut prêter à confusion ; en réalité, elle suit tout ce que nous faisons. Merveilleuse épouse !

De temps à autre Marie, ma femme, m'accompagnait aux foires et marchés. Elle en profitait pour choisir quelques vêtements pour ses filles et pour toute la famille ou bien des vases vernis, des ustensiles de cuisine, s'approvisionnait en épicerie dans les magasins ou au marché. Mais dans ces cas-là nous ne déjeunions jamais ensemble, sauf une fois ou deux, en juin 1836, quand nous étions allés faire des achats à Seurre. Sur le coup de midi, nous nous retrouvâmes chez Morisot qui nous servit un repas abondant et de qualité. Puis Marie s'en fut par les rues de la ville. Les enfants avaient besoin de livres et d'une paire d'heures qu'elle trouva chez Trameau. Les demoiselles Povelot, qui tenaient une épicerie, lui fournirent du savon et un pain de sucre de onze livres. Sortant de ce magasin, elle se rendit chez Petit-Chavaujon, réputé pour son huile d'olive. Il en remplit une bouteille qu'il pesa et la balance indiqua une livre neuf onces. Ah ! elle avait oublié les biscuits. Les emplettes s'achevèrent chez Curtet, marchand mercier, où elle choisit des *mittes* (moufles), des ciseaux et des boucles de ceinture. Fatigués de toutes ces allées et venues et de la foule, nous allâmes alors chez Vacher où nous avions laissé notre charrette et la jument. J'ai demandé une boisson, lui ai remis des étrennes et un surplus pour une botte de foin.

Marie suit aussi attentivement les travaux des couturières qui viennent régulièrement à la maison ; elle en assure le paiement.

Quant à la cuisine, c'était une lourde tâche. Lorsque nous exploitions notre ferme, il fallait préparer la nourriture pour toute la famille, les domestiques et les journaliers. Habituellement nous étions une quinzaine à table, mais au moment des gros travaux, vingt à trente personnes dînaient à la maison. Nos filles aidaient et la servante s'activait au fourneau.

Quand nos enfants furent en âge d'aller à l'école, la surveillance et l'attention s'accrurent et Marie consacrait bien des moments à suivre l'éducation de nos six enfants. Ils avaient aussi besoin de fournitures (cahiers, ardoises, livres) que nous trouvions à Pierre ou bien à Lons-le-Saunier, voire à Chalon. Vint alors le moment où nos filles allèrent en pension chez les soeurs institutrices de Pierre. Cela nécessitait un trousseau plus abondant et quand nous payions, il fallait parfois discuter. L'une de nos filles ne s'y habitua jamais. Lorsque nos demoiselles devinrent plus grandes, nous leur fîmes fabriquer de belles armoires de mariage. Pour compléter leur trousseau, mon épouse, Camille et Noëmie, s'en furent à Chalon les 16 et 17 octobre 1861. La facture atteignit 772 francs. Il y avait de la toile de draps de lit, des mouchoirs, des serviettes et puis tant d'autres choses. J'avais aussi demandé à Marie d'aller chez le banquier Druard annoncer un placement de 4 000 francs. Le brave homme lui remit aussitôt une quittance, et pourtant la somme ne fut versée à son granger que trois jours plus tard.

En ce qui concerne les domestiques, elle assurait le commandement de la servante. Non seulement elle surveillait son travail quotidien mais aussi ses moeurs. Notre maison a une réputation à défendre. Si la plupart du temps je réglais les comptes annuels, Madame louait une jeune fille de son choix. Ainsi le 19 juin 1840, elle engagea la nommée Françoise Charles, la fille de Jean-Claude de l'Etang des Bois. Elles tombèrent d'accord pour un gage annuel de 48 francs en argent, 10 aunes de toile (moitié bon fil, moitié d'*étoupes*), une demi-livre de grande *oeuvre*, 3 paires de sabots, la confection de ses vêtements, mais elle devait se raccommoder. A l'instant même elle lui remit cinq francs d'arrhes. Et il en allait ainsi chaque année avant la St-Jean. Madame avait aussi fréquemment à charge le berger, la plupart du temps un jeune garçon des environs, dont la tâche était non seulement de garder les vaches, mais aussi d'aider la servante au moment du pansage des cochons. Vu son âge, mon épouse suivait ses dépenses, son habillement, l'envoyait à la messe. Marie était capable d'engager ces garçons aussi bien à la maison qu'à la louée des domestiques (ou *apport*) à Pierre le jour de la St-Jean. Cependant, en ce qui concerne les valets (adultes), elle n'est jamais intervenue ou très rarement, seulement pour verser de petits acomptes quand je n'étais pas là. Marie ne s'occupait pas non plus des journaliers. Il lui est arrivé de payer des journées aux femmes venues faire la lessive.

Comme je vous l'ai dit, chaque époux a sa place, non seulement au travail, mais aussi dans la gestion des différentes affaires de la ferme. Dans notre région, l'épouse a la libre disposition du produit des marchés, et de ce fait, a sa caisse particulière. Je n'ai jamais comptabilisé les recettes issues de la vente des volailles, du beurre, des oeufs, voire du fromage. Et pourtant, parallèlement, j'ai parfois inscrit sur des feuilles volantes le produit de ces ventes hebdomadaires, seulement pour me rendre compte. La recette annuelle approchait 400 francs vers 1858-1860, ce qui n'était pas rien. Il nous arrivait de mélanger nos comptes et j'empruntais à mon épouse, lui rendant totalement ou partiellement les fonds. Parfois elle prenait des sous de ses marchés, voulant contribuer à quelque dépense de poterie ou autre. Elle prêtait ou donnait de l'argent à ses filles, faisait quelques achats personnels. Après tout, ce n'était pas mon affaire. Marie a aussi une caisse particulière en dehors de cela. Tenez, quand j'ai vendu la chambre de four de Diconne (bien venant de ses parents), j'ai respecté la destination des fonds qui ne m'appartenaient pas et Marie a rangé son argent. Moi j'encaisse tout les revenus de ses propriétés (fermages et coupes de bois de Diconne) mais pas les ventes foncières.

Une seule fois dans sa vie Marie intervint dans une vente de vache. Oh ! un marché bien particulier passé avec le voisin Eusèbe Guillemin qui, prenant une vache estimée 75 francs, se chargeait de l'entretenir et de la vendre quand Madame le désirerait, le compte définitif devant être fait à ce moment-là ; le surplus ou la moins-value devant être partagés. C'était donc une vente à terme. Quatre hommes, témoins de ce marché, signèrent sur mon registre, sauf l'acheteur qui ne le savait pas. J'ai relevé la date : 11 août 1853.

Tableau 10 : La Ranche, revenus des marchés à Madame Guerret (épouse)

VENTES	1860		18..*		18..*	
	Nombre	Montants	Nombre	Montants	Nombre	Montants
Beurre (Livres)	257	187,85	380	256,75	238,0	170,75
Poulets (Pièces)	149	222,25	92	125,60	85,0	107,60
Oeufs (Douzaines)	12	6,00	3 1/2	0,80	31,5	11,05
Fromage (Pièces)	2	0,30	-	-	-	-
Revenu Brut	-	416,40	-	384,15	-	289,40
Dépenses ménagères	-	43,75	-	35,90	-	?
Encaissements nets	-	372,65	-	348,25	-	?

**Années non précisées, sur feuilles volantes*

- Albert (mon fils) : apprentissage de la gestion

Il faut préparer un fils à gérer un domaine. Cette éducation, qui non seulement doit commencer dès le plus jeune âge, doit être progressive et basée sur une pratique assurée des affaires (*Cf. Tableau en annexe : Formation du Fils*). Mon fils Albert fréquenta l'école de garçons de La Chapelle, mais pour développer son savoir, M. Grizard, instituteur, venait lui donner des cours particuliers à la maison.

Quand il eut dépassé l'âge de vingt ans, il nous rendit de nombreux services, emmenant même la famille à Dole chez sa soeur Fanny, ou à Chalon, enfin dans toutes les villes de la région. Il payait même les impôts, les factures importantes, la pension de sa soeur ou bien les intérêts dus aux prêteurs.

Dès son adolescence, il m'accompagna de temps à autre aux foires et marchés, commençant à régler quelques petits achats pour notre compte, puis des plus conséquents. Je lui montrais les qualités et défauts d'une bête. Ainsi, sur le champ de foire, il pouvait apprécier par comparaison les différences plus ou moins visibles. A vingt ans il était capable de vendre lui-même une paire de boeufs à un boucher à la foire de Pierre. Mais attention, en vendant un animal, vous n'avez que le risque du prix mal négocié. Quand vous achetez, non seulement vous pouvez payer trop cher, mais aussi ramener une bête de piètre qualité, ce qui est fort ennuyeux quand il s'agit de boeufs de trait. Albert, qui savait vendre, n'acheta tout d'abord son premier taureau à la foire de Seurre qu'en juillet 1852. Nous voulions appareiller cette bête à une autre âgée de deux ans. L'année suivante il acheta une vache à lait garantie pleine de quatre mois à Ruffey-sur-Seille, au fils de l'officier Magnan. Ce n'est qu'à l'âge de 31 ans qu'il acquit une paire de boeufs à la foire de Conde (Sens-sur-Seille) à un nommé Bernard, marchand de bétail à Ratte. L'année précédente je l'avais accompagné pour le conseiller.

Acquérir un cheval est une opération rare et délicate. Moi-même autrefois, lorsque j'ai acheté une jument à la foire de Longwy-sur-le-Doubs (Jura) en 1849, je me suis fait accompagner par le vétérinaire Rossignol. Eh bien ! nous dûmes répéter la même opération en 1863 alors que nous étions à la recherche d'une nouvelle jument et, ne trouvant pas notre affaire dans la région, Albert et M. Rossignol s'en furent à la foire de Lons-le-Saunier. Ils firent affaire avec M.Vuillet, de Marilla (canton d'Arinthod) qui donna toutes garanties de cas rédhibitoires. Mais notre vétérinaire avait bien examiné l'animal. Albert déboursa 558 francs.

Il en fut de même pour les porcs. Quand Albert eut suffisamment d'expérience dans la vente des cochons, appréciant correctement le poids, la qualité de la viande, je lui ai demandé d'aller choisir un porc gras à la foire de Mervans. Il trouva auprès du sieur Bécler, de Simard, à qui il remit 78 francs.

En ce qui concerne la vente des céréales, Albert s'exerça tout d'abord au marché de Bellevesvre, en juin 1850, en vendant 9 doubles décalitres de navette et 6 de blé à M. Berri. Au fur et à mesure, je lui ai confié des opérations plus importantes ou plus délicates, le conseillant toutefois pour la première vente importante de blé (190 doubles) à M Monnot-Jourdey, négociant à Pierre. Et puis, il effectua des livraisons, encaissant l'argent, ayant l'habitude des marchands. En décembre 1852 il livra 27 sacs de blé (190 doubles) à M. Monnot boulanger à Pierre qui agissait pour le compte de M. Lenoir, négociant à Asnans (Jura). Ce dernier n'étant pas présent, Albert autorisa par écrit M. Monnot à ne livrer que contre remise des fonds. L'année suivante, il en savait assez et je l'ai laissé traiter avec les marchands du Jura. Il connaissait les prix, la qualité, les usages locaux. Il se chargea même des achats de graines (trèfle, etc.), engageant la réussite de nos futures récoltes.

La qualité des engrais et amendements est primordiale. Après avoir appris à reconnaître la valeur du fumier, réglé les approvisionnements, il devint autonome et s'en alla choisir le précieux engrais à Terrans, à Pierre, mesurant au *pied cube*. Les cendres lessivées ont une grande importance, surtout pour le blé. Albert s'éduqua tout d'abord avec notre granger Boissard qu'il accompagna à Pourlans, à Seurre, en juillet 1853. Au mois d'août suivant, je l'ai emmené à la foire de Lays-sur-le-Doubs pour connaître les prix. Ainsi, dès septembre, Albert partit seul au port de Seurre négocier nos achats chez M. Déglise, d'Aiserey (Côte d' Or).

Quant au personnel, il ne fallait pas se tromper sur les qualités humaines. Le 22 juin 1851 Albert engagea un demi-domestique (ou 3ème garçon), le jeune Euvrard, d'Aloise, âgé de 18 ans. Il traita avec son père, le jeune homme étant absent, et remit 3 francs d'acompte. Lorsque Boissard abandonna son grangeage et que nous reprîmes notre exploitation, notre fils, âgé de 28 ans, s'occupa de l'embauche des domestiques. La même année, il paya quelques journées aux manouvriers. Dès l'année suivante, il savait établir un compte détaillé avec chacun d'eux, dans lequel entraient des journées à payer et des sommes dues pour ventes de céréales, bois ou autres. Fin juillet 1857, jour du *tue-chien* (fin des moissons), Albert, fier de lui, réglait l'ensemble des moissonneurs assemblés.

En juillet 1853 j'ai chargé mon fils d'établir le compte de fermage de Diconne avec Rolland. Il fallait déduire les impôts fonciers , les frais d'entretien et les gages du garde des bois avancés par le fermier. Pour cela, il remplit bien sa mission, cependant il commit l'erreur de donner quittance pour l'année 1852, ignorant que le fermage se paie de moisson en moisson. Ainsi, il fallait acquitter l'année 1851. J'ai pu rectifier et tout s'est arrangé, mais Albert ne se préoccupa plus de telles affaires.

J'ai toujours suivi avec une grande attention nos coupes de bois. J'envisageais aussi de passer la main à mon fils qui avait maintenant 31 ans et n'avait jamais porté attention à cette activité. A la Saint Martin 1858, jour de foire à Mervans, il accompagna mon garde des bois et vendit du taillis à exploiter à M. Boillot, de Saint-Martin-en-Bresse, établissant l'acte sous seing privé. Alors Albert s'intéressa aussitôt à cette affaire ; l'année suivante il se chargea de vendre des ormes, alla marquer des bouleaux à Diconne. En 1861 il intervint dans un bornage, puis marqua des chênes, et au mois de décembre assura le recollement de la coupe. Au printemps suivant, il pratiqua sa première grande opération, vendant 34 chênes, 2 charmes et 17 trembles à M. Bouchard, de Thurey.

Nous avons déjà parlé de son intervention malheureuse dans le procès avec «Bataille», mais pouvait-il savoir ? Nous ne sommes pas des acteurs de justice.

A 28 ans il acheta sa première parcelle de terre au Petit Champ de Gros Bois (un demi-journal), moi-même prenant l'autre partie du champ au même prix. Je devais l'intéresser à ces transactions, et puis, il devait aussi penser à se constituer un petit patrimoine personnel. Après cela je le dépêchais de temps à autre auprès de Me Guichard pour la préparation d'actes ; et quand il fut suffisamment au courant, je lui ai même parfois donné procuration pour signer à ma place.

Il lui restait à apprendre les finances. La veille de Noël 1862 (il avait alors 35 ans) je l'ai envoyé à Chalon-sur-Saône chez le banquier Druard pour renouveler un titre de placement, ajoutant 3 800 francs qu'Albert recompta : un billet de la Banque de France de 1 000 francs, 138 pièces d'or de 20 francs, et 4 de 10 francs. Mon capital fut porté à 8 000 francs. Cependant, après coup, je m'aperçus que je n'avais pas mon compte d'intérêts, le nombre de jours étant faux. L'année suivante M. Grizard accompagna notre fils.

Mais disons que depuis 1858, année où nous fîmes, mon épouse et moi-même, donation-partage aux enfants, Albert était capable de traiter la plupart des opérations de la ferme et pouvait donc me succéder.

En septembre 1860 il fut élu conseiller municipal de La Chapelle. Le bougre avait déjà été élu en 1855 mais avait alors envoyé une lettre, refusant d'accepter ses fonctions. Il n'en voyait pas l'utilité. Et puis, il apprit à connaître du monde, on lui fit confiance, et il était membre du Comice Agricole du canton de Pierre-de-Bresse. Nous en reparlerons.

- Les enfants

De nos deux filles restées à la maison, seule Camille, plus âgée, participe aux activités de gestion, afin de prendre la suite de sa mère. Déjà plus jeune elle effectuait les achats courants (vaisselle, vêtements, etc.) Elle eut le triste privilège de régler les dépenses de vestiaire après la mort de sa soeur Delphine en mai 1851 ; moi, je n'en avais pas le courage, anéanti par le chagrin. Dès 1860 (à 35 ans), elle se chargea d'engager le berger ou la servante, et puis Albert lui apprit à payer les impôts. Depuis la disparition de son frère, Camille s'occupe des abeilles et va vendre le miel au marché de Pierre.

Quant à Noëmie, notre plus jeune, elle est plus insouciante et pas mûre pour les affaires, quoique depuis quelques années elle paraît plus raisonnable. Je me souviens de l'une de ses étourderies. Elle avait alors 18 ans et, apportant du cachemire, des boutons, de l'eau de fleur d'oranger, un peigne, etc. pris au magasin de Madame James Hennequin, elle me remit la facture...ni datée, ni acquittée. La sotte ne savait pas !

Mais nos filles secondent bien leur mère qui leur donne de temps à autre de l'argent pris sur ses marchés ; elles vont alors s'acheter des robes ou des coiffes, et bien autre chose, coquetteries de filles de leur âge ! Elles ont bien entendu chacune leur bourse personnelle ; je leur emprunte parfois quand je n'ai pas d'argent liquide à la maison. Elles tirent quelques revenus de la vente d'animaux. Ainsi, quand la ferme était en grangeage, nos enfants avaient le droit de tenir chacun une brebis dans le troupeau du granger Boissard. Ils placèrent aussi des moutons en *commende* chez Guénuchot. Camille a des volailles, et une vache en commende chez Jean Euvrard. Lors de la vente du veau, elle encaisse la moitié du produit. Je les récompense parfois pour leurs bons services. Ainsi en 1860 je remis à chaque enfant la somme de 100 francs. Et en 1862 les filles eurent droit à leur trousseau : armoire, linge. Elles sont suffisamment équipées pour recevoir un mari. Mais quand vont-elles se marier ?

Personnellement je donnais de l'argent à Albert, de 40 à 50 francs par an pour sa bourse personnelle, tout au moins jusqu'à ce qu'il eût suffisamment de ressources provenant de vaches en *commende,* de la vente de quelques bovins lui appartenant. En réalité, non seulement il était parfaitement entretenu, mais je lui payais aussi son permis de chasse (25 francs par an) ou les dépenses de baptême quand il était parrain, et j'en passe !

⇒ *Le personnel*

De tout temps nous avons employé deux catégories de personnes :

- les domestiques, engagés à l'année, nourris et logés à la maison,
- les journaliers, employés en fonction des besoins, payés chaque semaine ou bien avec lesquels nous étions en compte, prenant généralement leurs repas à la maison les jours de travail.

Cette manière de gérer nous a apporté une grande souplesse, bien adaptée à nos besoins de main d'oeuvre fortement marqués par les travaux saisonniers : semailles, entretien des terres, coupes de bois, sarclage, fenaison, moisson, battage, et j'en passe.

⇒ *Les domestiques*

- Embauche

Nous avons évoqué précédemment nos tâches respectives. Rappelons seulement que le maître de maison a la charge de recruter les valets adultes (voire l'ensemble du personnel), la maîtresse engage les servantes et parfois les bergers.

Dans le nord de la Bresse la St-Jean (24 juin) est en quelque sorte le «nouvel an» des serviteurs (sauf dans la vallée de la Brenne où l'on a choisi la St-Aubin - 1er mars -, l'Annonciation - 25 mars - ou la St-Marc à Frangy). Cette date est marquée par l'entrée des nouveaux domestiques, succédant aux anciens partis la veille au soir (tout au moins ceux ne renouvelant pas leur engagement). Cette fête coïncide aussi avec le début des grands travaux d'été. Au sud de Louhans et dans la région de Bourg-en-Bresse, ils ont adopté la St-Martin (11 novembre).

Pour avoir de bons domestiques, il ne faut pas attendre l'échéance. En réalité, nous avions déjà quelques informations ; parfois certains nous prévenaient. Les tractations commençaient dès le début du mois de mai et une bonne partie des embauches étaient conclues entre le 25 mai et le 15 juin. Et puis restaient les engagements de dernière minute, voire le jour de la St-Jean (sauf pour les filles dont le choix est plus restreint et engagées avant le 24 juin). Mais quelle que soit la date de l'accord verbal, l'année ne commence qu'à cette dernière date.

Dans la majeure partie des cas (80%), nous recevions ces jeunes gens à la maison. Ils venaient se présenter (les bergers accompagnés d'un parent ou du tuteur) et commençait alors une longue discussion portant sur les conditions, les avantages en nature, les arrhes. Mais nous étions informés des tarifs. Faute de trouver quelqu'un, nous nous rendions à l'*apport* (ou louée) à Pierre le jour de la St-Jean. Les jeunes gens en quête de travail la fréquentent depuis longtemps et se tiennent place du marché ou le long de la Grande Rue, portant leurs «paquets» (sacs de linge) ; les garçons arborent un bouquet à la boutonnière. Si nous tombions d'accord, je les emmenais à l'auberge, leur offrant du vin blanc et un peu de tabac après avoir versé les arrhes, officialisant ainsi l'engagement. Mais en réalité moins de 9% des valets ont été embauchés à la louée de Pierre. Certains prétendent qu'il n'y a que les mauvais domestiques et les patrons durs, âpres au gain, qui fréquentent ces louées. Il y a sans doute un peu de vérité dans tout cela. Quelques-uns ont été engagés au café de La Chapelle ou ailleurs, mais sur information d'autrui. Il y a quelques années la cousine d'Utre (Torpes) nous a rendu bien des services, nous trouvant des servantes de son pays. En ce qui concerne les domestiques embauchés en cours d'année (remplaçant les malades ou renvoyés) 90 % sont venus se louer à la maison. Lorsque le 21 août 1836 j'ai pris à mon service François Doussot pour remplacer Noirot malade, nous étions sur la levée de l'Etang Neuf. Il accepta les mêmes conditions que Noirot (66 F par an) et je lui remis alors ses cinq francs d'arrhes. Desbois, garde à St-Bonnet, servit de témoin. D'ailleurs, quand j'embauchais hors de la maison, il y avait toujours des hommes présents, je ne voulais pas d'histoires.

L'exploitation d'une ferme aux activités multiples nécessite un personnel adapté. Nous engagions des bergers, jeunes gens issus du voisinage ou de villages proches, âgés de onze à dix-sept ans. Autrefois, nous n'embauchions que des garçons «à la saison», de la mi-mai à la St-Martin (à 3 F par mois en 1836) et de la mi-février à la St-Jean. Mais depuis 1837 nous avons pris un berger à l'année, lui confiant des petits travaux hors saison, quand les bovins étaient à l'étable. En cas de besoin nous avions recours à un deuxième garçon dénommé «second berger», servant d'appoint et payé moins cher. Et puis il fallait remplacer les malades ne pouvant rester à notre service. Les gages ont bien augmenté et sont passés de 50 F l'an de 1836-37 à 1859 (avec quelques variations) pour arriver à 85 F en 1861. Et les filles ? Eh bien ! nous n'avons commencé un essai qu'en 1864 pour trois mois. Etant satisfaits, nous avons engagé Joséphine Ozanon à la St-Jean 1865 pour 92 F (et lui coudre ses habits). Elle a fait son année comme un garçon, et sans problème. Quant au prix, c'était équivalent.

Vers 18 ou 19 ans maximum, un berger devient troisième garçon (ou demi-domestique). C'est une période transitoire marquant la fin de l'adolescence et qui dure une ou deux années tout au plus. J'ai parfois pris à mon service ces jeunes gens dont les gages atteignaient 80-90 F en 1857, dernière année où j'en ai employé. Ils terminaient leur apprentissage d'homme, commencé étant berger, dont le salaire variait selon s'ils étaient encore proches d'un gardien de bêtes ou d'un second valet.

Ainsi adulte, le troisième garçon se retrouve domestique entre 18 et 20 ans. C'est l'état d'un valet connaissant les principaux travaux de la ferme. Leurs gages, de 100 à 110 F vers 1837-1838, ont été de 130 à 140 F jusqu'en 1863 pour passer à plus de 200 F de nos jours.

Les valets les plus expérimentés dans tous les travaux (et surtout les labours, le pansage des boeufs) parviennent au grade le plus envié : celui de premier garçon (ou premier domestique). Certains, tel François Chalumeau, étaient capables de commander les autres, d'assurer la surveillance de l'exploitation. Ces domestiques de qualité trouvent toujours preneurs et ils n'ont pas besoin d'aller se louer à Pierre. Leurs gages, de 145-150 F de 1836-1840 jusqu'en 1856 (après une baisse générale vers 1850) sont passés de 165 à 175 F, puis à 200 F et s'élèvent maintenant à 250 F.

Parlons maintenant des servantes. Elles travaillent à la maison (cuisine, ménage, etc.) mais se livrent également à d'autres activités (pansage des cochons, voire travaux des champs en été). Il s'agit de jeunes filles de 18 à 20 ans (parfois 25), la plupart travaillant avant de se marier. Certaines deviennent journalières après les épousailles.

Nous n'avons employé une toute jeune fille de douze ans qu'une seule fois, Joséphine Euvrard, engagée le 1er juillet 1862 pour 30 F en argent, six aunes de toile bon fil et des sabots. En réalité, la grande servante embauchée par la cousine Chapuis, la nommée Claudine Monnot, de Torpes, avait rendu ses arrhes huit jours après. Mais dès le début du mois de mars suivant nous trouvions une servante adulte, Marie Chanussot, engagée jusqu'à la St-Jean. Alors Joséphine l'aida de son mieux. Les gages, de 60 à 66 F avant 1840, arrivèrent à 80 F en 1858 puis à 100 F et sont actuellement de 115 F.

La majeure partie des domestiques étaient natifs de notre village. Seuls 20% vinrent des communes attenantes (Terrans, La Chaux, Torpes, Authumes ou Montjay). Les plus éloignés n'ont pas dépassé Mouthier-en-Bresse ou Bouhans soit une bonne dizaine de kilomètres de chez nous. Connaître les gens, les familles est important. Et puis n'ayant pas de carrioles pour rentrer chez eux, ils ne pouvaient pas aller au loin.

Verser des arrhes scelle un contrat. Chaque valet reçoit ainsi une belle pièce d'argent de cinq francs, à l'effigie de l'Empereur, qu'il range aussitôt au fond de sa poche. Les demi-domestiques et les servantes se contentent parfois de deux ou trois francs, voire ne demandent rien, mais c'est exceptionnel. Les bergers, à qui nous remettions deux francs jusqu'en 1857, ont depuis un traitement identique aux adultes. Rompre le contrat est plutôt une spécialité des filles. Cinq d'entre elles m'ont mis dans l'embarras au fil des années, rendant les arrhes dans les huit jours. Tenez, Virginie Bruchon, qui était pourtant à mon service et avait accepté de renouveler pour l'année le 3 mai 1858 avec un gage de 45 F, huit aunes de toile (moitié bon fil, moitié d'étoupe), trois paires de sabots, une demi-livre d'oeuvre et coudre ses vêtements, me rendit les cinq francs le 21 du mois, et puis s'en alla le lendemain, ne voulant plus rester. Elle avait dû trouver ailleurs ! Le 23 juin, Claudine Conry, une fille de 22 ans, consentit à s'engager, mais pour 56 F et avec plus de toile encore ! D'ailleurs, ces demoiselles commençaient à suivre l'exemple des garçons, exigeant un salaire plus important. Alors chacun s'agitait.

Les grands valets demandaient toujours un gage en numéraire, et que l'un d'entre eux vînt à réclamer des culottes de toile ou des sabots demeurait exceptionnel. En réalité, vers les années 1850-1851, alors que les salaires avaient diminué, ils exigèrent en supplément trois paires de sabots, deux chemises et leur blanchissage. Et puis, la reprise aidant, ils abandonnèrent cette pratique. Avant 1851-52 les troisièmes garçons et les bergers recevaient en sus de l'argent, une culotte, trois paires de sabots, deux chemises et nous leur assurions le nettoyage de leurs effets. Quant à ces jeunes gens, depuis cette date, ils veulent surtout des sous, et parfois des sabots ou l'entretien du linge. Les servantes ont toujours aimé le tissu et puis filer. Si vers 1836-1837 elles se contentaient de neuf aunes de toile d'étoupe, elles ont rapidement exigé dix aunes mais encore moitié fil, moitié d'étoupe, et enfin que de bon fil. Le gage comprenait, outre l'argent, de la toile, une demi-livre d'*oeuvre*, trois paires de sabots. Parfois certaines demandaient la couture des vêtements mais jamais le raccommodage. Et ma femme, très pieuse, payait leur place à l'église, pas dans notre banc, bien entendu !

Les contrats durent un an, sauf pour ceux loués en dehors de la St-Jean. Eh bien ! 47% ont rempli leur contrat annuel, 40% sont restés moins d'une année, et seulement 13% se sont rengagés, exerçant chez nous pendant des durées de deux à quatre ans. Deux grands valets firent preuve de fidélité : François Poigeaut pendant six ans, et enfin notre regretté François Chalumeau qui était à la maison depuis sept ans quand il y est décédé en 1864. Parmi ceux qui ont fait moins d'une année, 10% sont partis pour cause de maladie, 11% ont été renvoyés pour fautes, deux valets sont décédés à La Ranche, 4% ont rendu les arrhes (des filles) et une domestique est partie rejoindre son frère à Lyon. Un seul berger et deux servantes sont restés plus longtemps (dont Marie Robert qui a fait quatre ans avant de devenir journalière).

FERME DE LA RANCHE
GAGE DES DOMESTIQUES DE 1836 A 1865

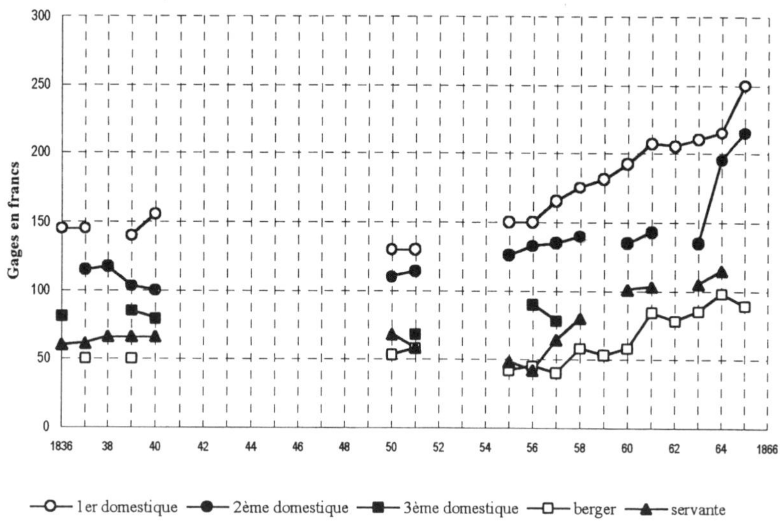

• Les salaires

Le solde des gages en argent se paie la veille de la St-Jean, après le repas du soir sur le coup des dix heures. Ainsi ceux qui s'en vont voient leurs comptes soldés, les autres rangent tranquillement leurs pièces à l'abri.

En dehors des arrhes et du solde, je versais des acomptes, environ vingt fois au cours de l'année, mais cela pouvait aller, selon les périodes et les personnes, de douze ou treize à vingt-sept ou vingt-huit paiements. L'année 1856-1857 fut exceptionnelle et je sortis ma bourse cinquante et une fois dans l'année pour payer des domestiques ayant toujours besoin d'argent pour des motifs divers : Claude Grapinet, François Poigeaut et Antoine Besin.

A la St-Jean il me restait à payer 53% des gages. Les mois les plus marqués étaient aussi novembre (7,2%) au moment des foires d'automne et des achats d'habits d'hiver, et enfin au printemps de mars à mai (6,2%) ; les plus faibles étant juillet-août pendant les gros travaux d'été, et puis le personnel venait de toucher le solde. Bien entendu si des domestiques quittaient la ferme en cours d'année, il fallait bien régler le compte définitif. Il m'est arrivé qu'une seule fois de payer les gages en retard, le 12 juillet 1863, mais cette année les domestiques avaient renouvelé leur engagement, et puis je n'avais pas eu le temps de m'en occuper.

Echelonner les paiements a toujours été avantageux pour nous. Tenez, j'ai compté. Eh bien ! à la St-Sylvestre (31 décembre) je n'avais déboursé que 22% des gages annuels alors qu'il s'était écoulé six mois depuis la St-Jean. A la même date, des journaliers employés à plein temps auraient déjà reçu 60% de leur salaire annuel. En réalité, les domestiques ne demandaient de l'argent que lorsqu'ils en avaient besoin, et ne souhaitaient pas forcément garder des sous sur eux. J'étais donc en quelque sorte le gardien de leurs avoirs.

De nombreux acomptes étaient remis le jour ou la veille d'une foire où valets et servantes allaient se divertir et acheter des vêtements la plupart du temps. Evidemment je contrôlais une partie de ces dépenses et une fois sur deux (ou presque) j'en notais le motif dans mes comptes. Oh ! pas uniquement pour suivre leur vie, mais pour ne rien oublier ou avoir une preuve en cas de contestation. Quoiqu'il m'arrivait d'avoir des doutes sur l'utilisation des fonds. Si l'habillement (44% du nombre d'acomptes notés) et les foires sans motif particulier (20%) représentaient bien entendu l'essentiel, certains demandaient des pièces pour aller à la fête de leur village ou bien au moment du tirage au sort, du conseil de révision ou pour aider un frère à l'armée. Cependant il faut ajouter que des valets ou bergers aidaient leurs parents démunis en leur donnant des sous et en m'achetant du blé. Désiré Petit acquit une vache (100 F) et François Chalumeau un petit terrain (200 F), mais c'était exceptionnel, les autres ne pouvaient pas mener à bien de telles opérations.

Les domestiques ayant rempli leur contrat annuel recevaient 40% de leur salaire à la St-Jean. Mais il y avait des économes et des dépensiers. A cette date 8,5% d'entre eux ne touchaient que 10% du gage (ayant tout mangé) et 2,8% n'avaient rien pris. Il s'agissait d'extrêmes. Disons qu'un quart avait encore 20% à percevoir, 28% se situaient dans la moyenne, un autre quart pouvait prétendre à 50 ou 60% du gage annuel ; enfin 11% attendaient encore 90% à 100%. Les servantes étaient légèrement plus économes que les garçons, et les bergers un peu moins. Il est vrai qu'ils gagnent peu. Toutefois rétablissons la vérité sur les «dépensiers». Bien souvent ils aidaient leur famille ou bien leur état vestimentaire du moment les obligeait à s'équiper plus convenablement. Oh ! il y avait bien de véritables prodigues, des élégants tel Désiré Guerret, berger, qui allait jusqu'à payer onze francs un pantalon chez Savy, tailleur ; il avait englouti plus de la moitié de son gage en habits. Virginie Bruchon dépensait bien, mais je n'allais pas voir pourquoi.

Les gages, après la baisse qui suivit la crise de 1846-1847, retrouvèrent leur niveau antérieur en 1855. Ils repartirent inexorablement à la hausse en 1857. Ce furent les premiers valets qui provoquèrent ce changement, l'année même où nous avons engagé François Chalumeau qui demanda quinze francs de plus que son prédécesseur. Et puis cela continua. Deux ans plus tard, après s'être mis d'accord avec Albert - ce que je croyais ! - le 24 avril 1859 il me rétorqua qu'il n'entendait pas se relouer sans débattre du prix ; il se plaignait de ne pas avoir reçu assez d'étrennes sur la vente des derniers boeufs gras ; Albert lui avait promis des étrennes convenables sur la vente du gros bétail et en réalité il n'avait presque rien touché ; enfin il ajouta qu'il pouvait gagner 200 F s'il le voulait ! Ainsi donc Albert avait dit que ses gages de 1858 ne seraient pas augmentés et François n'était pas d'accord. De nouveaux arrangements eurent lieu et Chalumeau accepta 175 F mais exigea en plus un franc par tête de gros bétail vendu et deux doubles décalitres de blé pour donner à sa mère (6,50 F). La dernière année où nous eûmes des domestiques, Albert dut promettre 250 F à

Balthazar Messager, le fils du garde champêtre de Montjay ; le pauvre garçon venait de perdre sa femme.

FERME DE LA RANCHE, 1837 - 1868
TEMPS DE TRAVAIL ET SALAIRE ANNUEL DES DOMESTIQUES

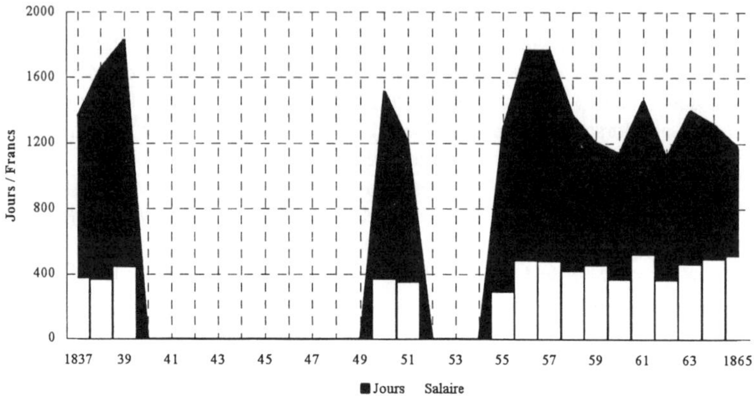

Nb : Les années ne sont pas l'année civile mais demarrent à la Saint Jean (du 24 juin N au 24 Juin N+1)

Les filles se sont manifestées un an après les premiers domestiques. Virginie Bruchon ainsi rendit ses arrhes en mai 1858 ; résultat : les gages sont passés de 64 à 80 F (avantages compris). L'année suivante nous ne trouvâmes personne et en 1860 nous dûmes payer 78 F plus dix aunes de toile bon fil et trois paires de sabots à Jeanne Bon, la nièce de Pierre Malherbes. Les gages des bergers ont suivi la même tendance.

Si les grands valets ont profité de leurs qualités et d'un marché plus réduit, les seconds domestiques ne sont devenus chers qu'en 1864. Il faut dire que l'écart avec les autres était devenu disproportionné.

Autrefois nous avions l'habitude de verser de temps à autre des étrennes aux premiers garçons lorsque la vente du gros bétail avait été favorable, et ce pour les récompenser des bons soins apportés au pansage ou à l'engraissement. Servantes et bergers avaient leur part sur la vente des porcs, étant chargés de ces animaux. Mais avec les exigences nouvelles cela devint une obligation pour les plus qualifiés comme Chalumeau. Et puis nous donnâmes aussi des étrennes au Jour de l'An, tout d'abord au grand valet en 1859, et quatre ans plus tard chaque serviteur recevait une petite somme : un franc pour les garçons et la servante mais deux francs au premier domestique.

Face à l'augmentation des salaires, nous avons dû réduire le nombre de journées payées ; ramenées d'environ 1 800 par an en 1856-1857 à moins de 1 500 puis à 1 200. Le coût annuel ne passa ainsi que de 470 à 500 F. Nous avons économisé un demi-salaire . Si nous avons toujours employé un premier valet, un second, un berger et une servante, il fallait parfois ajouter un demi-domestique, voire d'autres hommes de temps à autre. Au fil des ans nous sommes passés de quatre personnes à temps complet à trois et demi. L'économie fut réalisée sur les premiers garçons (1,53 au lieu de 1,82 homme) et par la suppression du demi-valet.

FERME DE LA RANCHE, 1837 - 1868
NOMBRE DE JOURNEES DES DOMESTIQUES

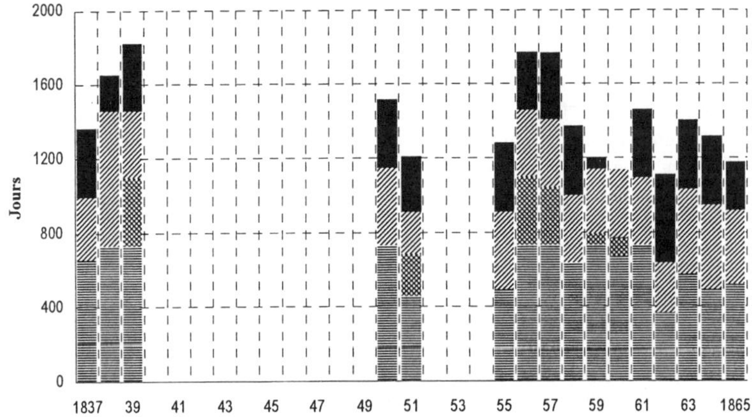

Nb : les années ne sont pas l'année civile mais démarrent à la Saint Jean (du 24 Juin N au 24 Juin N+1)
≡ 1 er et 2ème domestique ▩ 3ème ou 1/2 domestique ⁄⁄ Berger ■ Servante

Je n'ai eu qu'un seul différend sur gage dû sans doute à un malentendu. J'avais embauché un nommé Prin à la foire de Pierre le 4 septembre 1837. Il sortait de chez Bichon à Seurre. Je lui avais promis 115 F, raisonnant en prix annuel, mais lui comprit qu'il s'agissait, paraît-il, de la somme promise pour aller jusqu'à la St-Jean. La méprise éclata au grand jour le 24 juin 1838. Ne voulant pas avoir de procès, je lui ai payé ce qu'il réclamait. C'était une perte sèche, et pourtant j'avais raison ! J'aurais pu gagner un procès car j'avais des témoins au moment de l'engagement : Gagneret, Bichon et d'autres. Moi, les procès ! je n'aime pas ça.

- Social

Un serviteur qui tombe malade doit être remplacé rapidement car le travail ne peut pas attendre. En réalité 10% sont partis pour ce motif, mais seuls les hommes furent touchés, car davantage exposés aux intempéries ; les bergers sont aussi plus fragiles. Quand cela arrivait, ils demeuraient chez nous, mais au bout de huit jours ils repartaient dans leur famille. Albert reconduisait en charrette ceux qui habitaient très loin de chez nous. Je devais alors régler les comptes (avec les parents pour les bergers). Je calculais le prix moyen d'une journée en divisant le gage annuel par 365 jours puis je comptais d'une manière précise le nombre de journées de service, versant ainsi le solde dû. Les avantages en nature étaient aussi payés proportionnellement, voire parfois en totalité selon le cas.

Joseph Vendême ayant été accidenté manqua vingt-huit jours qui furent décomptés de son gage annuel. Etant guéri, il reprit son travail.

Deux domestiques sont décédés à la maison : Claude-Denis Hugonnot et François Chalumeau. Claude-Denis fut pris d'une fièvre quelconque le 16 décembre 1855 ; le lendemain matin il avait cessé de vivre, mort d'un épanchement au cerveau à la suite d'une fièvre pernicieuse. Dans les vingt-quatre heures qui suivirent, je reçus ses héritiers, représentés par son frère de Mouthier et son beau-frère Claude Poigeaut, de Boibe. En présence d'anciens domestiques venus à la maison, j'ai réglé les comptes ; il restait dû 40 F pour 175 jours de service à 34,52 centimes la journée. Quant à François Chalumeau, qui était à la maison depuis la St-Jean 1857, il dut cesser son travail le 21 janvier 1864, atteint d'une fluxion de poitrine dont il succomba le 4 février suivant. Le 9 du même mois j'ai soldé les comptes avec ses frères venus chercher tout ce qui lui appartenait. Ils reçurent la somme de 107,60 F représentant le solde dû pour 211 jours à 57,53 centimes. Nous regrettons toujours cet excellent serviteur.

J'ai payé quatre francs au docteur Curé en décembre 1861 pour avoir consulté chez lui deux fois de suite le domestique Chalumeau et la servante Marie Bouvier. Cette affaire me déplut, j'ai payé le médecin mais prévins les intéressés qu'une autre année je ne réglerais pas pour eux. Cette année-là, tous, à l'exception du berger, avaient été malades et s'étaient retirés chez leurs parents de six à dix jours pour se soigner. Je ne retins rien sur leurs gages.

- Sanctions et renvois

Un domestique qui commet une faute importante doit être renvoyé, ce qui arriva à 11% d'entre eux, mais seuls les hommes ou bergers subirent ce traitement. Il faut avouer que certains d'entre eux n'étaient pas toujours sérieux, voire fainéants. Michel Gras était un excellent domestique, il était chez nous depuis plusieurs saisons mais le diable le prit. Le 7 novembre 1836 je dus le réprimander car, sorti le dimanche matin, il ne rentra que le mardi à l'aube. Je l'avertis solennellement : chaque jour perdu serait décompté 30 sous en été et 20 sous (un franc) le reste du temps. C'était cher car son gage annuel de 135 F donnait des journées à 36,98 centimes. Mais rien n'y fit, ainsi il manqua un tiers de journée le lendemain de Noël et le 2 janvier il ne parut nullement. La faute fut enregistrée. Le jour de la foire de Bellevesvre le 11 février, excédé, je l'ai renvoyé, ne lui décomptant même pas ses absences, voulant seulement en finir. François Robert subit le même sort. Ce phénomène que j'employais avait déjà quitté mon service en janvier 1836 pour aller travailler à Lyon. Je ne sais pas ce qu'il y fit mais il revint chez moi le 4 décembre, j'avais besoin de monde à la suite du départ de François Noirot. J'ai bien eu tort.

Et puis, comble de tout, l'un d'entre eux, natif de La Chaux, fut renvoyé le 30 avril 1858. Il a été reconnu que cet individu volait des oeufs, et comme on ne doit pas tolérer les fripons, aussitôt que le délit a été constaté, on l'a chassé. Deux autres domestiques servirent de témoins et son compte fut réglé sur- le- champ, exactement, sans plus ni moins. Je lui remis le solde : 3,90 F.

- Cessation de culture

Deux fois au cours de ma vie j'ai été amené à cesser mon activité en cours d'année, et donc à renvoyer l'ensemble de mon personnel : en 1852 lorsque j'ai mis la ferme en grangeage, puis en 1865 quand je l'ai louée à Rolland.

Le 7 février 1852 Boissard-Cordelier, des Pernards , prit la ferme de La Ranche en grangeage et deux jours plus tard, je me suis séparé de mes domestiques. Je leur avais déjà donné la totalité de leur toile en septembre, je n'ai donc pas demandé de restitution partielle. Le 9 février au matin M. Grizard, instituteur, était chez nous pour régler les comptes. Chacun avait travaillé 229 jours depuis la St-Jean. Nous décomptâmes la somme due et déduisîmes les acomptes. Pour indemniser nos valets de ce renvoi forcé, j'ai donné en sus à chacun six doubles décalitres de blé à 3,50 F, deux de *gaudes* blanches à 2,70 F, et une de *turquis* blanc vert (non passé au four) à 2,40 F, ce qui représentait un complément de 14,80 F. Chacun reçut son dû et partit satisfait. Nous avions été, je crois, équitables, car cette somme équivalait à deux mois d'indemnité pour les adultes, à trois pour le demi-valet et à quatre mois pour le berger. Quant à la servante, Jeannette Richard, elle resta jusqu'au 9 avril. Elle eut la totalité de ses avantages en nature et je remis en plus un double de gros *turquis* à sa mère (2,40 F) plus une paire de sabots supplémentaire ; elle n'avait donc rien perdu.

Le 20 mars 1866 mes deux domestiques adultes passèrent au service du fermier Rolland. J'ai réglé 269 journées. Il fut retenu à Balthazar Messager seize jours pour cause de maladie. Quant à la servante Françoise Carré, de Torpes, elle était entrée au service de Maître Guichard, notaire à La Chapelle, depuis le 13 mars. Nous gardâmes seulement la bergère Joséphine Ozanon qui termina son année.

- Divers

J'étais le gardien des fonds de mes serviteurs. Oui ! et les gages étaient payés à la St-Jean ! eh ! oui. Un seul me laissa de l'argent en dépôt pendant une année supplémentaire. Le 28 août 1836 j'ai versé des intérêts au taux de 5% à Jean-Baptiste Gras pour 95 F dus depuis la St-Jean 1835 et dont il n'avait nul besoin.

Marie Robert, que j'ai eue longtemps à la maison, laissa 120 F qu'elle avait remis à Camille. En septembre 1849, ayant besoin de liquidités, j'ai utilisé cette somme puis l'ai remboursée totalement en août 1850 à ma fille gardienne des fonds. Je n'ai pas payé d'intérêts mais Marie étant devenue journalière, nous pouvions nous arranger autrement.

Inversement il m'est arrivé d'avancer de l'argent en 1859 à François Chalumeau qui venait d'acheter un demi-*journal* de terre à son oncle Cordelier. Le 24 avril je lui ai versé le solde de son gage non échu plus 75 F à valoir sur l'année suivante. Je n'ai pas demandé d'intérêts mais pour sûreté je lui fis signer une reconnaissance sur mon registre.

La servante de la ferme a toujours eu droit à une place à l'église vous ai-je dit. En effet, elle allait se placer dans le banc d'une ancienne domestique, mariée, qui nous le sous-louait. Ma femme exigeait que la servante allât à la messe le dimanche.

En dehors de mon grand livre de comptes, je tenais un registre des domestiques où je notais tous les détails les concernant : embauche, acomptes avec les motifs, etc. Et puis je reportais le principal au grand livre.

- Les journaliers

Je tiens encore un registre - appelé «brouillard»- dans lequel je note toutes les journées effectuées par les ouvriers - ou journaliers -, seul personnel que je continue d'employer selon nos besoins. Ce livre sert aussi à consigner les sommes qu'ils me doivent, tout au moins pour ceux avec qui je suis en compte. Et puis je reporte mes écrits au grand livre.

- Les principaux travaux de l'année

Nos différentes activités agricoles entraînaient des besoins de main-d'oeuvre fort irréguliers selon les saisons. Ainsi de la mi-novembre à mars nous entrons dans une période hivernale au rythme ralenti, le cycle normal s'étalant d'avril à la St-Martin, plus fortement marqué de la fenaison à la fin des dernières récoltes et semailles d'automne. Lorsque j'étais en activité, je payais environ 50 journées d'ouvriers - voire moins - pendant les mois d'hiver, alors qu'il fallait en compter 80 à 100 en été, le mois culminant se situant en juillet au moment de la moisson.

Toutes nos récoltes étant à l'abri, les *panouilles* de maïs ceinturant la maison sous les avant-toits, le bétail ne quittant plus les étables, nous connaissions alors une certaine tranquillité physique et d'esprit. Nous prenions le temps de vivre, d'aller veiller le soir. Dès novembre nous battions le sarrasin récemment rentré. Autrefois, surtout avant l'apparition de la batteuse (1850), les coups répétés et cadencés des *batteurs en grange* frappant les gerbes de blé ou de seigle pour en extraire les grains, animaient notre ferme de la mi-décembre à février. Il faut dire qu'à cette époque nous ne battions qu'en fonction de nos besoins d'argent ou de farine. Et puis les mécaniques ont bouleversé l'ordre établi. Le battage entraînait de multiples tâches : mettre la paille en meule, vanner le grain puis le monter au grenier, ou bien le livrer à quelque marchand. De temps à autre nous chargions des sacs pour les porter au moulin où nous respirions la bonne odeur de farine fraîchement moulue, surtout celle des *gaudes*. A cette saison les travailleurs se répandent dans les bois, coupant le taillis, fabriquant du *bois de moule* pour le chauffage, des fagots pour le four ou bien abattent des chênes. D'autres coupent les haies, creusent les fossés, entretiennent les champs. Alors à la tombée du jour nos ouvriers rentraient du foin ou de la paille pour le bétail à l'étable, sortaient les betteraves et les pommes de terre des *ravous* (raviers). Le soir nous jouions aux cartes ou triions des haricots battus pendant la journée, et la veillée se terminait par une collation. C'est aussi à cette saison que l'on tue le cochon pour la provision de lard de l'année.

L'arrivée du printemps et des hirondelles nous enchante, forcément, surtout si l'hiver a été rude. L'herbe reprend une couleur plus vive, les anémones fleurissent les bois, les premières feuilles apparaissent. Dès mars-avril nous emmenions les *vaches au boeuf*. Et alors nos laboureurs reprenaient le chemin des champs, préparant la terre pour les semailles de printemps. Vers la mi-mai, après avoir fumé et labouré, nous semions le *turquis* (maïs), les carottes, les vesces, la navette, les betteraves, plantions les pommes de terre. Puis venait le chanvre.

Au fil des semaines les journées sont plus longues et plus chaudes, ce qui annonce le début de l'été, agrémenté du chant des grillons tapis dans les prés. Vers la St-Jean nos faucheurs affûtaient les faux et dès l'aube rasaient l'herbe qui, au fil des heures, embaumait notre univers. Et puis nous fauchions le trèfle et dès les premiers jours de juillet nous préparions la semence du sarrasin. Mais déjà les blés changeaient, prenaient une couleur or que je suivais chaque jour, guettant le moment propice pour déclencher le début des moissons. Sous un soleil ardent une multitude d'hommes et de femmes s'affairaient à couper le blé et le seigle, à lier les gerbes qu'ils mettaient en tas avant de les rentrer dans nos granges. La fin des moissons était marquée par des réjouissances appelées *tue-chien* où chacun mangeait de la viande et buvait du vin. Depuis l'arrivée des *machines à feu* (locomobiles), le battage démarre dès le mois d'août. Puis il fallait penser aux achats d'engrais pour les prochaines semailles, sarcler, ôter l'herbe et les chardons, semer les raves, battre le seigle et l'avoine, et j'en passe.

La foire de La Balme (26 août) étant passée, la fête de Pierre aussi (1er dimanche de septembre), nous entrions dans une saison plus douce mais encore intense pour nous. L'automne est marqué par de nombreux travaux agricoles. Dès la mi-septembre nous charrions le fumier et les cendres dans les champs, battions le *blé de sement*. Les premiers brouillards et les vapeurs du fumier que les femmes *épanchaient* (épandaient) dans les raies des sillons donnaient parfois des formes étranges à la nature. On semait alors le seigle, mais la tâche la plus importante et la plus délicate consistait à ensemencer nos terres à blé. Pendant que les uns labouraient, d'autres s'affairaient aux récoltes, cassant les tiges des *panouilles* de maïs, ramassant les pommes de terre étalées sur les sillons, arrachant les betteraves de la terre nourricière. Et fin octobre ou début novembre nous fauchions le sarrasin, récoltions les choux, les raves et les carottes. Au cours de ces derniers travaux les doigts s'engourdissaient le matin lors des premières gelées ; cela marquait la fin générale de l'année agricole. Le brouillard froid et humide enveloppait La Ranche de son manteau épais, nous apercevions à peine le Bois des Neiges. Les arbres étaient dépouillés de leurs dernières feuilles. Seuls quelques chasseurs avec Albert parcouraient la campagne, accompagnés de chiens excités, bruyants, aux reniflements saccadés et sonores.

La plupart du temps le travail est payé à la journée, mais certaines tâches se règlent différemment. Ainsi les *batteurs en grange* (gagnant 0,35 F en hiver) demandaient parfois un paiement en nature, la dix-septième partie du blé battu (5,88%) plus leur nourriture, mais c'était assez rare. Tenez, le 22 décembre 1849, Jean Chevrot, Antoine Bailli et Etienne Cretin, après avoir *dégrangé* et battu 925 gerbes ayant produit 138 doubles décalitres de blé, reçurent 8 doubles et il m'en resta 130. A vrai dire, lorsque l'état des récoltes s'y prêtait, un bon batteur pouvait doubler le prix de sa journée. La coutume veut que la fabrication des fagots soit rétribuée *au cent*. De 1,25 F, le prix est passé à 1,50 F en 1856, puis à 2 F en 1864 et il atteint 2,50 F maintenant. Le bottelage du foin se paie au *millier de livres* (500 kg) : 0,35 F avant 1840 et 1,25 F de nos jours. Je rémunérais parfois de pauvres femmes (telle Jeanne Chaudat), qui venaient arracher les mauvaises herbes du blé, dix centimes le tablier. Confectionner du glui pour les toits se paie parfois en nature : un double décalitre de blé *au cent* fabriqué. Nous avons évoqué plus haut les travaux de terrassement réglés à forfait ou à la *toise de Bourgogne*. Je marchandais aussi certains ouvrages : fabrication de bois, fauchage de trèfle. Ainsi le 24 mars 1836 je convins avec François Chateau qu'il couperait le demi-*journal* de taillis restant aux Vernes, qu'il fagoterait aussi deux autres demi-*journaux* que j'avais fait couper, qu'il extrairait les perches, *perchottes*, comme je lui indiquerais, moyennant 18 F et qu'en paiement il reprendrait deux pièces de bois au prix que nous conviendrions après façonnage. Le 15 août 1864 j'ai passé un marché verbal avec Eusèbe Guillemin moyennant 16,50 F pour faucher (avec son frère) tous mes trèfles sauf la pièce joignant la maison. Il devait les faire faner, aider à charger et à décharger le cas échéant (étant nourri dans ce dernier cas). Aussitôt je lui ai remis 1,50 F d'arrhes.

Nous avions l'habitude de *donner du turquis à moitié* (à mi-fruits) à des journaliers travaillant habituellement pour nous. Dans ces marchés verbaux, mais consignés dans mon grand livre, il était convenu qu'en plus du travail normal ils feraient gratuitement plusieurs journées de *corvées de turquis*, consistant principalement à faucher ou à moissonner. Nous réalisions donc une économie.

- Les salaires

Nous avons toujours nourri les journaliers, sauf quand ils ne pouvaient pas rentrer ou pour des travaux traités à forfait. Le coût de ces repas peut être évalué à 0,40 ou 0,50 F par jour avant 1840, à 0,75 F en 1850 (variable selon les saisons) et à 0,80-0,90 F depuis 1860. Je ne vous parle pas ici du prix du vin, voire parfois du bon vin, offert lorsque la récolte avait été bonne.

En 1836 le salaire journalier d'un ouvrier agricole nourri était le suivant :

- 0,35 F de novembre à mars (hiver),
- 0,50 F en avril-mai (printemps),
- 0,60 F en juin-juillet (été),

- 0,75 F du 1er août à La Balme (26 août),
- 0,60 F de La Balme à fin octobre (automne).

En 1866 nous étions passés à :

- 0,50 F de décembre à février,
- 0,75 F en mars,
- 1 F d'avril à octobre,
- 0,75 F de la Toussaint à la St-Martin (11 novembre),
- 0,60 F de la St-Martin à fin novembre.

FERME DE LA RANCHE, 1860 - 1865
SALAIRES MOYENS MENSUELS

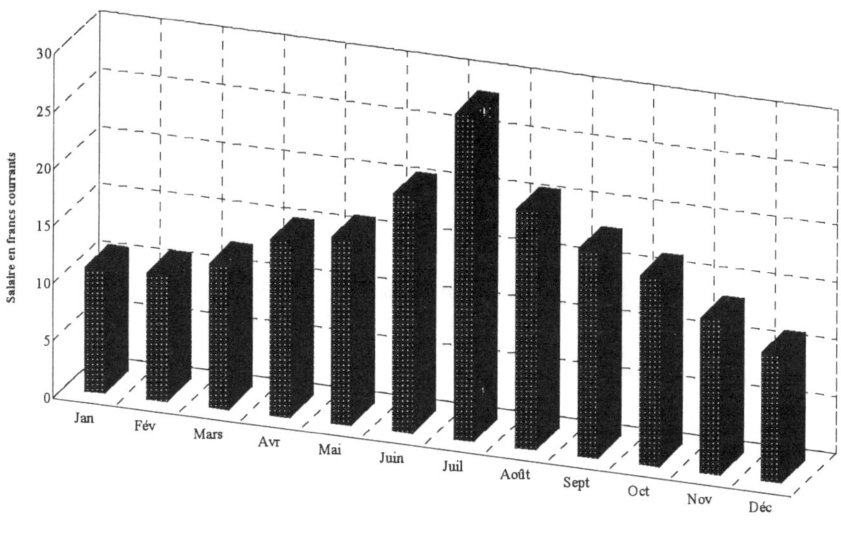

Les gros travaux d'été ont toujours été payés plus chers en raison non seulement de la longueur des journées, mais aussi du travail rude et intense à cette période :

- faucher : 1,25 F jusqu'en 1862, puis 1,50 F,
- moissonner : 1,25 F jusqu'en 1856, ensuite 1,50 F, et 2 F depuis 1863.

Cette méthode tient compte du nombre d'heures travaillées, notamment en hiver (6 à 7 heures par jour), augmentant selon la saison et les travaux, pouvant atteindre 12 heures en été, voire plus en août.

En dehors des changements de mois, deux dates particulières marquent les salaires chez nous :

- la foire de La Balme à Bouhans (26 août), référence ancienne du cours du blé en Bresse, indiquait aussi une baisse du prix des journées qui, jusqu'en 1857, passait de 0,75 F à 0,60 F. Après, on a maintenu 0,75 F pendant tout le mois ;

- la Saint-Martin (11 novembre) connue comme date d'échéance des baux fermiers, ou d'engagement des valets au sud de Louhans, est devenue depuis 1861 une date de changement : 0,50 F avant la St-Martin et 0,40 F après.

Un journalier travaillant 300 jours par an (ou 25 jours par mois) aurait pu gagner 156 F à 160 F (nourri) avant 1840 et 165 F en 1850. Les rémunérations ont diminué en 1852-1853 (150 F) et puis ont remonté progressivement jusqu'en 1860 où elles atteignaient 178 F. Mais depuis cette date nous assistons à une forte augmentation : 195 F en 1863, 221 F en 1865 et 260 F en 1866-1867. Ainsi donc la hausse a été de 7,8% de 1850 à 1860 et de 24% entre 1860 et 1865. En quinze ans, les journaliers ont vu leurs salaires revalorisés d'un tiers (sans tenir compte de la hausse du coût de la vie).

FERME DE LA RANCHE, 1836 - 1865
SALAIRES ANNUELS DES JOURNALIERS

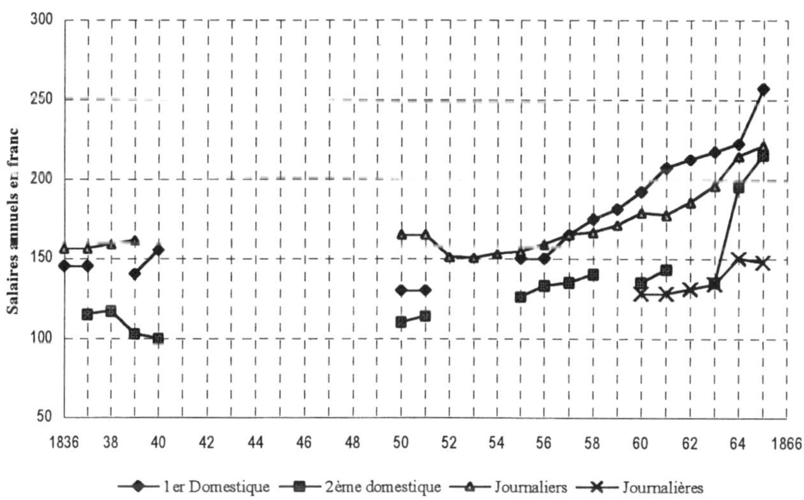

Nb : base annuelle pour les journaliers agricoles : 300 jours de travail

Avant 1840 un ouvrier agricole gagnait chaque année 15 F de plus qu'un valet. La situation a changé depuis 1857, l'écart s'est inversé, et en 1861 ce domestique encaissait 30 F de plus que son compagnon. L'écart devint nul en 1864 et depuis les deux évoluent à l'unisson. Quant aux seconds valets, ils ont toujours gagné moins qu'un journalier, mais la différence s'est fortement atténuée depuis 1864.

Cette augmentation s'est faite par grignotage. Les salariés demandaient davantage seulement pour un ou plusieurs mois bien déterminés (plus dix centimes d'avril à juillet en 1856), ou pour des travaux (1,50 F au lieu de 1,25 F aux moissonneurs en 1857), voire on assistait à des changements en cours de mois (ainsi en juin 1859 seule la deuxième quinzaine fut augmentée), et puis la date de La Balme ne fut plus une référence (août étant devenu uniforme). La hausse des salaires s'est donc faite tranquillement mais régulièrement, toutefois davantage marquée depuis 1860.

Face à cet état de fait, j'avais tout d'abord diminué le nombre de journées faites par les domestiques devenus trop exigeants. Ainsi avant 1840 les valets accomplissaient les trois quarts des tâches et les ouvriers le reste. Cette situation s'est légèrement modifiée vers 1850-1855, mais par contre au cours des cinq dernières années (1860-1865) les domestiques ne faisaient plus que 60% des travaux et les journaliers 40%. Ceci m'a permis de contenir mes dépenses mais ce n'était pas suffisant, alors j'ai employé davantage de femmes, moins onéreuses. Il faut dire que nous trouvions moins d'hommes disponibles pour de longues périodes, certains partaient en ville, d'autres ayant acheté quelques terres travaillaient davantage pour eux. Tenez, le prix moyen d'une journée d'ouvrier (nourri) - 0,55 F avant 1840 - a peu varié pendant les premières années de l'Empire, puis a atteint 0,62 F (1855-1860) pour monter à 0,69 F (1860-1865) et dépasserait 0,80 F si j'employais encore régulièrement du personnel.

Nous avons toujours embauché des femmes dans notre exploitation, mais autrefois (avant 1840) elles ne faisaient que 10% du travail des journaliers. Ce ne fut qu'à partir de 1859 qu'elles prirent une place importante, effectuant 28% à 30% des journées, puis nous revînmes à des proportions plus raisonnables dès 1862 (16% à 17%) car dans une ferme une femme coûte moins cher mais ne peut pas accomplir les mêmes tâches qu'un ouvrier. En 1860 un homme pouvait gagner 178 F par an (nourri) et une femme 128 F (soit moins 28%). Cet écart s'est même accentué depuis, passant à 33% (148 F pour 221 F).

Quatre à cinq femmes venaient faire la lessive plusieurs fois par an. Leur salaire ne variait pas selon les saisons, mais il est passé de 0,40 F (nourries) à 0,50 F en 1858 et à 0,75 F depuis 1864. A vrai dire leur tâche est rude en hiver. Nous occupions ces dames à d'autres travaux : sarclage, fenaison, et surtout les moissons (blé, navette, sarrasin) et le battage à la mécanique. A l'automne elles étaient fort utiles et je les envoyais *épancher* (épandre) le fumier avant les semailles du blé. Mon épouse leur confiait aussi les courses au marché de Pierre le lundi. Pendant la moisson des blés elles gagnaient 1 F, puis 1,25 F en 1857 et 1,50 F depuis 1864. Ainsi, par exemple en 1861, le salaire journalier d'une femme était :

- 0,30 F de la St-Martin (11 novembre) à fin février,
- 0,40 F en mars,
- 0,50 F d'avril à fin août,
- 0,40 en septembre-octobre,
- 0,35 F de la Toussaint à la St-Martin.

Nous n'avons jamais employé d'enfants comme journaliers. Seuls les bergers étaient embauchés à onze ou douze ans, tout au moins les plus jeunes. Une seule fois j'ai donné de l'argent aux fils de mon granger Boissard qui avaient égrené 141 doubles décalitres de maïs en février 1854 ; ils reçurent sept francs (5 centimes par double). L'année dernière, pour rendre service à Claude Euvrard Petit, journalier à Aloise, j'ai accepté d'occuper son fils Claude - âgé de 15 ans - quand il le voudrait, mais je ne le payais que 0,75 F par jour (au lieu d'un franc), et à partir de la Toussaint il a reçu 0,50 F (au lieu de 0,75 F puis 0,60 F pour un adulte), enfin 0,50 F en décembre. Je vous parlerai plus loin de Désiré Petit.

Les salaires en argent liquide représentaient les trois quarts des sommes payées chaque année, sauf dans les années 1850-1851, au moment de mes coupes de taillis que certains de mes ouvriers exploitaient pour leur chauffage, mais depuis 1860 le numéraire atteint 90% des dépenses. Le solde compensait des sommes dues par les journaliers pour du blé (de *sement* ou à moudre) qu'ils achetaient pour leurs besoins personnels, soit 10% à 15% des salaires (3% depuis 1860) et en y incluant le battage payé en nature à la 17ème mesure. Les autres céréales n'ont jamais été importantes (le maïs 2%) et le sarrasin ainsi payé a disparu en 1854 et le seigle avant 1840 ; cela ne les intéressait plus. Certains ouvriers laissaient des journées pour régler quelques fournitures (paille, haricots, pommes de terre) ou plus généralement des locations de terres à maïs, voire d'une maison, et des travaux que nous faisions pour eux : labours, transport.

Quelques journaliers travaillant régulièrement étaient en compte avec moi ; j'inscrivais leurs journées et leurs achats ou fournitures sur mon registre, et de temps à autre (deux ou trois fois l'an) nous faisions les comptes, le solde étant payé ou reporté partiellement selon l'état de leur bourse à ce moment-là. Bien des salariés étaient réglés à la journée ou à la semaine (payés le samedi soir). Seuls les moissonneurs recevaient la totalité de leur dû à la fin des travaux. Je déliais habituellement ma bourse 25 à 30 fois l'an, mais dans les années 1860-1865 cela atteignit plus de 50 fois car j'employais beaucoup plus de personnes travaillant moins longtemps pour moi. Ainsi donc ces règlements se faisaient d'une manière irrégulière.

⇒ *Les journaliers*

Ils venaient tous de la commune, surtout de La Ranche ou de hameaux proches : les Parays, le Buisson Jean Chêne, Boibe, le Bois Brûlé ou Aloise, rentrant chez eux à pied le soir.

FERME DE LA RANCHE, 1836 - 1865
NOMBRE DE JOURNEES PAYEES

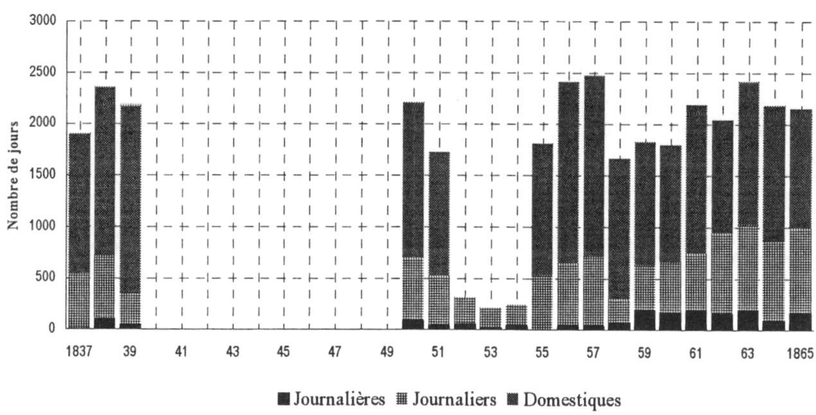

Le nombre de journées payées variait selon les besoins annuels mais je peux dire qu'il est passé de 490 jours avant 1840 à 577 puis à 866 après 1860. Les mois les plus lourds se situaient en juillet-août où je dépensais le tiers des salaires de l'année. Le nombre de journaliers travaillant chez nous est passé de 15 avant 1840 à 20 (1856-1861) et à 39 après (soit l'équivalent de 1,7 personne à temps plein avant 1840, à 2 puis à 3,1 en fin de parcours).

Rappelons que le personnel (domestiques et journaliers) est passé de 5,9 à 6,3 personnes pour les raisons que je vous ai expliquées, mais en limitant la part des valets.

Ainsi en 1836 trois pour cent (3,3%) des journaliers effectuant plus de 150 journées (soit plus de 6 mois par an) accomplissaient un tiers des tâches, et 78% oeuvrant moins d'un mois ne produisaient que 21% du travail. En 1860 les journaliers travaillant principalement pour nous ne faisaient plus que 10% des tâches. Le changement venait aussi de ceux présents de un à quatre mois, représentant 65% des journées au lieu de 47%.

Les dépenses moyennes annuelles en salaires journaliers sont passées de 279 F avant 1840 à 364 F (1855-59) puis à 607 F (1860-65) ; en réalité nous étions à 694 F depuis 1862.

Les changements sont dus :

- à mes achats de terres d'où augmentation du sol cultivable. En 1836 nous exploitions réellement 27,5 hectares de terres (30,5 ha moins 3 ha à mi-fruits) ; en 1865 nous étions arrivés à 29,9 ha (33,7 ha moins 2,3 ha à mi-fruits et 1,5 ha en location) soit 2,4 hectares de plus ;

- à l'achat de prés (0,6 ha), la plupart déjà loués, mais pour lesquels nous avons dû faire des travaux de mise en valeur ;

- à l'achat de bois (1,8 ha) nécessitant de l'entretien courant. A vrai dire le battage mécanique a permis de limiter le nombre de journées. La surface qu'un homme peut cultiver (4,7 ha) n'a donc pas changé au cours de ces années. Si les journaliers ont pris une importance croissante, le nombre de personnes employées à plein temps a peu varié.

De nombreux ouvriers ne venaient chez nous que quelques jours par an, surtout au moment des gros travaux (moisson, battage à la mécanique, et les femmes pour *épancher* le fumier). Ces journaliers qui représentaient la moitié de l'effectif n'accomplissaient que 10% des tâches. En vingt ans j'ai vu passer 130 personnes différentes.

Seuls une dizaine de journaliers ont travaillé longtemps à la ferme de La Ranche. Ils avaient souvent servi précédemment comme domestiques avant de changer, je les connaissais donc parfaitement. Je peux citer :

- Antoine Bailly, du Bois-Brûlé (valet en 1840, puis journalier de 1850 à 1855),

- Etienne Cretin (valet en 1838-39, puis journalier de 1849 à 1857),

- Jean-Baptiste Grapinet (valet en 1849-50, puis journalier de 1856 à 1861),

- Désiré Petit, de La Ranche (valet à plusieurs reprises, puis journalier depuis 1864).

D'autres n'ont jamais été domestiques chez nous :

- Jean Euvrard, d'Aloise (depuis 1859),

- la famille d'Eusèbe Guillemin (de 1836 à 1850 puis de 1854 à 1856),

- Philibert Roux (depuis 1856).

Certains pouvaient même être occupés pratiquement toute l'année (la famille Guillemin en 1837-1838), Etienne Cretin en 1850, Antoine Bailly en 1855, Jean-Baptiste Grapinet en 1857 et Désiré Petit en 1865). Mais la plupart du temps, il s'agissait d'une activité irrégulière, intense pendant quatre ou cinq ans, puis s'étiolant pour devenir épisodique, ceci dû à l'âge ou à l'activité extérieure d'un journalier travaillant davantage pour lui ou ailleurs, ne venant plus qu'à l'occasion de la moisson ou du battage. Philibert Roux accomplissait régulièrement 50 à 60 journées chaque année.

Tableau 11 : La Ranche, répartition du travail des Journaliers (en %)

JOURNEES EFFECTUEES	1836 - 1840		1855 - 1859		1860 - 1865	
	Journaliers	Journées faites	Journaliers	Journées faites	Journaliers	Journées faites
moins de 30	78,3	21,0	69,0	20,4	72,4	23,8
de 31 à 90	18,3	30,8	22,6	39,5	20,6	40,6
91 à 150	5,0	16,2	3,5	11,4	5,4	24,8
plus de 150	3,3	32,1	4,7	28,6	1,5	10,2

Une quinzaine d'anciens domestiques sont devenus journaliers chez moi. Certaines femmes employées à la journée s'engageaient comme servantes puis pouvaient reprendre leur premier statut (Rosalie Nouvelot) ; il en était de même chez les hommes (les fils Petit par exemple) et d'autres alternaient régulièrement (Marie Robert ou Désiré Petit) passant de l'un à l'autre et vice-versa.

Nous avons employé des familles entières (ou presque), ainsi :

- les Bailly, du Bois-Brûlé (Antoine, sa soeur Marie),
- les Chalumeau, de Chavenne (Claude, Emiland et bien entendu François le domestique),
- les Euvrard («la Fifine», Claude, François, Jean Jean à Aloise),
- les Guillemin (Eusèbe, son frère, sa soeur Philiberte qui a épousé le père Martin),
- les Petit, de La Ranche (Albert, Désiré, Emiland, leur soeur «Fifine»),
- les Richard, de La Ranche (Claude - le père -, sa femme, sa fille Caroline qui a épousé le maçon Perdriset),
- et puis bien des couples du voisinage.

De nombreux journaliers louaient une petite maison avec un lopin de terre autour (jardin, chènevière ou champ) et quelques-uns sont même devenus propriétaires. Cependant n'ayant généralement pas d'attelages, ils avaient besoin de nos services pour labourer les terres où ils cultivaient du chanvre, du maïs, des pommes de terre, du sarrasin, voire quelquefois du blé ; ils devaient aussi charrier leur bois de chauffage. Certains étaient capables d'assurer eux-mêmes ces travaux et nous leur prêtions simplement attelages et chariots. En reconnaissance ils quittaient quelques journées sur ce qui leur était dû. Ils venaient faire les foins, la moisson, battre le blé ou bien sarcler, arracher les chardons. Mais pour les services que nous rendions, je ne demandais rien car l'usage voulait qu'un journalier proposât lui-même d'abandonner une partie de son salaire pour compenser, et la plupart du temps cela se passait sans problème. Cependant certains n'étaient pas toujours reconnaissants, tenez, Eusèbe Guillemin à qui j'avais fait beaucoup d'ouvrages avec mes attelages en 1839 : trois cultures à sa chènevière et à ses pommes de terre, une à son *piochi*, trois ou quatre voitures de bois, et dont il ne me parla pas au moment du règlement de compte au mois de juillet. Je ne lui en ai pas parlé non plus. Eh ! oui, cet ouvrier est un ingrat. C'est arrivé aussi avec d'autres, mais pour quelques menus services.

Certains quittaient aussi des journées, par exemple quand je leur permettais de faire paître leurs vaches le long des contours du champ des Avenières, ou dans des prés fauchés et éloignés, ou que nous ne souhaitions pas utiliser.

Tableau 12 : Apprentissage d'un journalier (Désiré Petit)

ANNEES	AGE	FONCTION	Travaux exécutés	Salaire Journalier de Désiré Petit (1)	Salaire Journalier d'un Adulte
1850	13	Second Berger	Garde du troupeau	-	-
1851	14	Second Berger Berger à la journée	Garde du troupeau	0,20	0,60
1852	15	Commissionnaire & Journalier	& Battage Commissions	0,40 à 0,30	0,50
1853	16	Commissionnaire & Journalier	Commissions-Range des ételles - Epand du fumier	0,30	0,60
1854	17	Commissionnaire & Journalier puis Demi-domestique	Commissions-Sarcle Herse-Epand	0,50 à 0,30	0,75 à 0,60
1855	18	Demi-domestique & Journalier (2)	Journées à l'automne	0,50	0,75 à 0,60
1856	19	Journalier	Travaux habituels (formation achevée)	Salaire d'adulte	Salaire habituel
1857	20	Journalier puis deuxième domestique	Travaux habituels	Salaire d'adulte	Salaire habituel
1858	21	deuxième domestique puis Journalier	Travaux habituels	Salaire d'adulte	Salaire habituel
1859	22	-	Absent du 03/08/1858 au 13/10/1860	Salaire d'adulte	Salaire habituel
1860	23	Journalier	Travaux habituels	Salaire d'adulte	Salaire habituel
1861	24	Journalier	Travaux habituels	Salaire d'adulte	Salaire habituel
1862	25	-	Absent du 27/04/1861 au 14/05/1864	Salaire d'adulte	Salaire habituel
1863	26	-		Salaire d'adulte	Salaire habituel
1864	27	Journalier & Cultivateur	Travaux habituels	Salaire d'adulte	Salaire habituel
1865	28	Journalier & Cultivateur	Travaux habituels	Salaire d'adulte	Salaire habituel

(1) Engagement Forfaitaire 10 francs de la Saint Jean (24 juin) à la Saint Martin (11 novembre).

(2) Demi-domestique de la Saint Martin à la Saint Jean

L'apprentissage d'un garçon durait plusieurs années, jusqu'à l'âge de dix-huit ans. Ainsi Désiré Petit était entré chez nous après la mort de son pauvre père qui avait laissé six orphelins. Il n'avait que treize ans et nous l'avons engagé comme second berger, de la St-Jean à la St-Martin 1850. Et puis nous lui avons confié des «commissions» (courses) et de menus travaux de ferme : ranger du bois, *épancher* avec les femmes. A dix-sept ans il savait herser, sarcler. Alors à la St-Martin 1854 je l'ai embauché comme demi-domestique jusqu'à la St-Jean suivante ; il acheva son apprentissage à la St-Martin comme journalier. Ainsi donc, à ce moment-là, il avait dix-huit ans, c'était un homme capable, et j'ai commencé à le payer comme tout le monde. Après je l'ai eu comme second domestique, il est parti à deux reprises, est revenu, et je l'emploie comme ouvrier depuis 1864. Mais il travaille aussi ses terres, ayant le statut de cultivateur à La Ranche. En période de fin d'apprentissage, seuls quelques travaux étaient rémunérés normalement (hersage, sarclage), pour le reste l'écart avec un adulte varie selon les mois et les difficultés, mais peut aller de 30% à 50%. Par contre, à partir de quinze ou seize ans un garçon gagne autant qu'une femme adulte, puis la devance.

Les incidents avec ces hommes étaient somme toute peu fréquents. J'ai eu un différend avec Claude Chalumeau, de Chavenne. François, notre excellent domestique dont je vous ai parlé, avait proposé l'embauche de son frère Claude en juin 1860. Ayant accepté, j'ai payé celui-ci comme les autres. Cependant le lundi suivant il interpella Albert au marché de Pierre, lui dit qu'il pensait gagner un franc par jour (au lieu de 0,60 F) et réclama la différence. Albert, surpris mais voulant éviter tout problème, lui remit un complément de 1,60 F. Je n'étais pas content ! Pire, quelques jours plus tard, cet individu est venu se présenter un soir de juillet, demandant de l'embauche. François, qui l'accompagnait, a dit que son frère acceptait de réduire son prix à 0,75 F. Ah ! grand Dieu, je lui ai aussitôt dit que s'il ne voulait pas se conformer au prix de la maison, il pouvait se retirer, ce qu'il fit. Mais François, il connaissait le prix quand il a demandé du travail pour son frère ! Alors, il ne devait pas attendre de faveur. Ces gredins s'entendaient donc pour nous exploiter ! Et François qui se piquait d'être un honnête homme. O dévots !

L'autre incident arriva fin août 1863. Albert Petit - d'ailleurs filleul d'Albert - que je n'avais pas pu payer le samedi soir, faute de monnaie, revint le lundi matin vers les 9 heures. Je l'ai alors surpris en train d'aiguiser un fer d'aiguillon avec une râpe à bois. Aussitôt je lui fis quelques remontrances, un peu vives il est vrai, mais il s'est fâché, a lâché violemment les outils et s'en est allé sur-le-champ. J'ai alors simplement noté une demi-journée supplémentaire sur mon cahier, bien qu'il n'ait pas accompli son ouvrage. Eh bien ! il ne reparut à la maison qu'après la mort de son parrain ; un matin de février 1866 je l'ai vu arriver, portant deux belles carpes qu'il nous offrit. Voulant renouer de bonnes relations, je m'en fus chercher quelques pièces et lui remis 1,50 F d'étrennes.

FERME DE LA RANCHE, 1836 - 1865
EVOLUTION DE LA MASSE SALARIALE DES JOURNALIERS

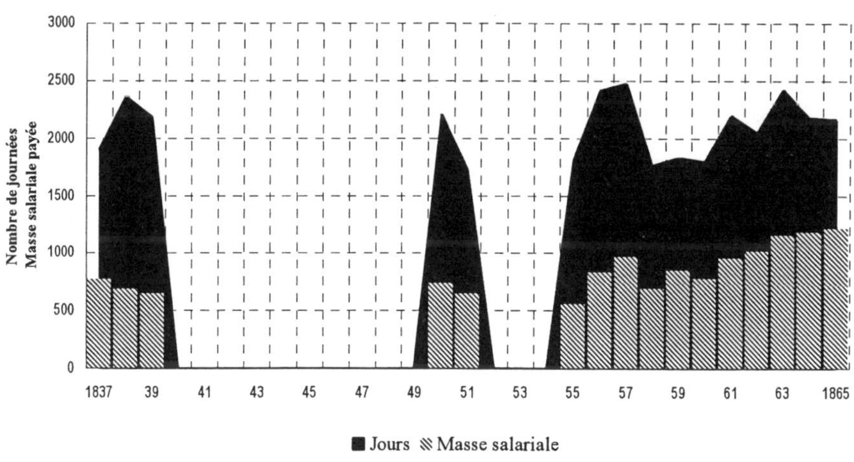

Il nous arrivait de faire des cadeaux à des journaliers dont nous étions satisfaits et à l'occasion d'un événement marquant. Mon épouse voulant récompenser Victorine Petit lui remit en cadeau de mariage des verres et de la vaisselle de faïence qu'elle avait achetés au bourg.

Le pauvre Charles Vorey a dû travailler jusqu'à sa mort. Quelques jours avant de mourir il venait encore faire des journées pour son *turquis à moitié* et rendait des services. Nous prenions quelque pitié en raison de son grand âge et de sa pauvreté. Je lui ai payé des journées qu'il devait faire gratuitement.

⇒ *Les travailleurs à mi-fruits : «le turquis à moitié»*

La culture du maïs demande une main-d'oeuvre importante en raison des soins exigés après la plantation : trois sarclages en été dont deux pour éclaircir les plants ou les repiquer, le troisième pour butter, puis on récolte en septembre-octobre.

Dans ces conditions, pour limiter la dépense, l'exploitation de ce type de culture a été en grande partie donnée *à moitié* (à mi-fruits) à des journaliers travaillant pour nous (sauf exception).

Chaque année, à la fin du mois d'avril, je distribuais les portions de terres aux ouvriers. Ainsi donc en 1840-1850 une superficie de trois hectares était cultivée par dix ou quinze familles. Le maximum fut atteint en 1851 avec treize *journaux* un quart (4 ha 54 ares) et depuis j'ai donné sept à huit *journaux* (2 à 2,5 ha) à sept ou huit personnes.

Ce mode d'exploitation arrangeait aussi ces familles qui avaient ainsi, en moyenne, un *journal* de terre à leur disposition (disons de un-demi à deux journaux). Elles en tiraient les grains pour quelques volailles, mais surtout de la farine pour les *gaudes* - voire le pain.

Ce système n'est pas tout à fait du métayage (ou grangeage). Ces journaliers n'ayant pas d'attelages, nous assurions en plus tous les travaux de préparation de la terre (labourage, hersage) ainsi que le transport du maïs avant de le partager en deux parties. Pour compenser ce travail supplémentaire, je demandais donc habituellement trois journées par *journal* (ou cinq pour deux *journaux*) que les hommes assumaient en fauchant de l'herbe ou du trèfle et les femmes en moissonnant. Chaque année je récupérais ainsi vingt à trente journées à 1,25 F au plus fort des travaux d'été.

J'ai aussi utilisé ce mode d'exploitation pour les pommes de terre, mais à un degré moindre, nous en reparlerons.

II - 2. 2 Les autres moyens d'exploitation

⇒ *Matériel et outillage nécessaires à l'exploitation*

Exploiter une ferme où l'on se livre aussi bien à la culture des différentes céréales ou autres plantes, qu'à l'élevage, à l'exploitation du bois, nécessite du matériel de transport, de préparation des sols, des ustensiles indispensables pour mener à bien les différentes étapes de la production. L'outillage doit être varié et adapté.

- Le matériel de transport

Pour transporter toutes nos marchandises nous avions cinq chars dont l'équipement variait selon les besoins : garnis de planches pour les sacs de blé ou le fumier, de ridelles pour charrier le foin ou les gerbes ; et puis quand venait le moment des cendres pour les semailles, nous hissions des caisses en bois sur la planche maîtresse. Ainsi nos moyens de transport changeaient de physionomie au cours des saisons. Dans le chartil, je loge un char lourd ayant ses ridelles et ses planches, auquel nous attelions les boeufs (voire des chevaux) et qui n'était utilisé que pour les convois importants. Dans le hangar se trouve un petit char à banc servant surtout à livrer les volailles ou quelques céréales au marché. Et puis, à côté, notre beau char suisse à quatre roues, monté sur ressorts, équipé de deux bancs garnis de cuir et de tissu, semble se languir. La plaque de cuivre indique : «Jean-Baptiste GUERRET, propriétaire à LA CHAPELLE-SAINT-SAUVEUR.» La lanterne est un peu poussiéreuse car nous l'utilisons beaucoup moins pour nos promenades et nos déplacements. Nous entreposions une cinquantaine de roues usagées le long des murs et derrière l'*hébergeage*. Pour charrier la terre ou des outils, nous nous servions de deux tombereaux dont l'un, plus usagé, a été vendu à Jean Noury. Pour les petits transports de proximité (herbe, fumier des étables) nos valets prenaient deux brouettes dont l'une d'elles se distingue par sa longueur, ses deux roues, et se trouve encore sous le couvert du bâtiment ; elle côtoie une civière servant à déplacer le cochon mort, avant de le débiter. Les cinq jougs de boeufs, des cordes de toutes sortes, étaient suspendus près de la porte de l'étable.

- Le matériel de culture (préparation des sols)

Au moment des labours d'automne ou de printemps nous attelions nos boeufs aux charrues ; nous en avions six, dont une fort usagée. Ces dernières années j'en ai fait fabriquer deux à Foucher, maréchal et mécanicien renommé à Terrans, dont une en fer et l'autre à deux versoirs. Nous devions changer les chapeaux des charrues assez fréquemment, à tel point qu'il m'en restait vingt-cinq au moment de notre vente de matériel en 1866. Après cela je n'ai conservé que la charrue à vigne. Quand les labours étaient achevés il fallait herser la terre pour l'ameublir. Nos quatre herses permettaient de gagner du temps.

En 1836 j'ai acheté un rouleau en bois chez Dromard à Pierre, mais après mûre réflexion et des essais l'année précédente. Il faut dire que ce n'était pas courant dans notre région. Et puis, il y a trois ans, Claude Bonnin, maréchal à La Chapelle, m'a monté un rouleau brisé (ou en deux parties), c'est-à-dire deux rouleaux de bois, cerclés, ce qui en facilite l'utilisation. Eh bien ! je n'ai pas trouvé preneur en 1866. Cela n'intéressait personne au pays.

Tableau 13 : Matériel de la Ferme de la Ranche (1836 - 1868)

MATERIEL	PRIX (en Francs)	ANNEES	NOMS	LIEUX
Char suisse	491,0	1855	MILLET	LOUHANS
Char	208,0	1856	POIGEAUT D.	LA CHAPELLE- St- SAUVEUR
Rouleau	20,0	1836	DROMARD	PIERRE- DE- BRESSE
Rouleau brisé	40,0	1865	BONNIN C.	LA CHAPELLE- St- SAUVEUR
Araire	15,0	1836	DUMONT	MEIX COLIN
Charrue à deux versoirs	45,0	1864	FOUCHER	TERRANS
Chaudière (175 livres)	35,0	1839	GALUIRE	CHALON S / SAÔNE
Pressoir à cylindre	120,0	1864	SAULE	LONS- LE- SAUNIER
Brouette à deux roues	8,0	1866	POIGEAUT D.	LA CHAPELLE- St- SAUVEUR
Siège de voiture	15,0	1837	GUILLOT	AUTHUMES
Planche de voiture (le pied)	1,9	1838	BOURGUIGNON	BLETTERANS
Planche de voiture (le pied)	2,3	1865	CABOT	PIERRE- DE- BRESSE
Perche de ridelle (sapin)	1,5	1856	MITAINE	PIERRE -DE- BRESSE
Selle à plier les cercles	6,0	1839	GUILLEMIN	LA CHAPELLE- St- SAUVEUR

- L'outillage pour le travail de la terre

Nous utilisions de nombreux outils pour le travail courant et les récoltes diverses. Ainsi, nous étions équipés :

- de six fourches en fer et d'un grand nombre de fourches en bois, de cinq râteaux, d'une faux pour la fenaison (chaque ouvrier travaillant pour nous était propriétaire de la sienne),
- de faucilles dentelées pour la moisson,
- de *vôlants* (faucilles sans dents) pour couper l'herbe,
- de quatre tridents pour enlever le fumier des étables,
- de six coupe-chardons,
- d'un *bigot* (pioche à deux fourchons) pour arracher les pommes de terre,
- de trois pelles charbonnières, de six pelles en bois (pour remuer le grain), d'une pelle à drainage,
- de quatre *fossous* (sarcloirs),
- d'une meule et de pierres à faux,
- de paniers pour ramasser les pommes de terre, les fruits, etc.

- Les ustensiles pour l'élevage

L'élevage des bovins, des porcs, des volailles, nécessite bien des récipients et ustensiles adéquats. Ainsi, pour les volailles, nous avions besoin de six cages de différentes dimensions pour les engraisser et les emmener au marché, ainsi que de paniers à oeufs, de *roches* (corbeilles en osier) pour transporter le maïs ou autres graines, de seaux pour la pâtée. Quant aux boeufs ou aux vaches laitières, cela allait des seaux en bois pour la nourriture ou la traite, des tonnes ou baquets pour stocker l'eau dans les étables, d'une chaudière pour cuire les racines, d'un hache-paille (de ma fabrication), d'un coupe-racines (pour les betteraves). Nous passions le lait dès la traite achevée avant de le verser dans des *trappes* (grands vases en terre) où il reposait et d'où nous retirions la crème mise dans une *batteure* (baratte) en bois. Ainsi se faisait le beurre que nous façonnions en livres étalées sur un linge dans un grand panier ; la servante le portait ensuite au marché de Pierre le lundi. Quant aux boeufs, nous n'aimions pas les voir courir quand ils allaient paître et leur passions des entraves aux pieds. Mais au travail les boeufs vont lentement et ont tendance à s'arrêter, broutant les herbes à leur portée ; alors nous leur mettions un panier en fil de fer au museau, ce qui les tranquillisait, et nous aussi. Limer la corne des pieds des vaches faisait partie du travail normal d'un valet.

• Le travail de la vigne et du vin

L'exploitation de la vigne, que j'ai quelque peu développée ces dernières années, exige aussi un équipement spécifique. J'ai encore dans ma cave, sous le pavillon du jardin, huit *feuillettes* de 114 litres, deux tonneaux, un pressoir à cylindre. Je loge trois petits *quartauts* dans un cabinet de notre habitation, ceci pour les besoins courants. La tonnellerie non utilisée (une *tonne*, un tonneau, deux *feuillettes* et deux *quartauts*) a été entreposée dans le hangar. Mais il faut aussi tout l'outillage nécessaire à une bonne préparation et à l'utilisation du vin : un tâte-vin, une tirette, des entonnoirs, une *chèvre* pour placer le *quartaut* quand on veut tirer le vin, une machine à boucher les bouteilles et un panier pour les transporter.

• L'outillage pour le travail du bois

Comme je vous l'ai dit, j'exploite encore bien des *journaux* de bois à La Chapelle et à Diconne. La coupe du taillis pour le chauffage et l'entretien des haies demande également un outillage particulier. Ainsi j'ai aménagé un coin spécifique dans mon hangar pour y travailler le bois. Il faut dire que dans une exploitation telle que la nôtre, nous devions assurer de nombreux travaux d'entretien d'outils ou d'ustensiles (manches, réparer une pièce, faire des barrières, changer un barreau de cage, etc.).

Tableau 14 : Ferme de la Ranche, Outillage (1836 - 1868)

OUTILLAGE	PRIX (en Francs)	ANNEES	NOMS	LIEUX
Fossou (sarcloir)	1,75	1837	à la foire	PIERRE- DE- BRESSE
Pelle ferrée	4,00	1838	DONGUI	LOUHANS
Pelle charbonnière	1,80	1839	CABOT	PIERRE- DE- BRESSE
Pelle à drainage	6,35	1849	FOUCHER	TERRANS
Fourche en bois	1,00	1864	Mme CHEVROT	LA CHAPELLE- St- SAUVEUR
Fléau	4,00	1864	GAUTHEY	LA CHAPELLE- St- SAUVEUR
vôlant (faucille)	1,60	1864	GAUTHEY	LA CHAPELLE- St -SAUVEUR
Dard (faux)	3,00	1836	SERGENT	PIERRE- DE- BRESSE
Serpette	2,00	1850	SERGENT	PIERRE- DE- BRESSE
Scie à tailler	1,35	1850	NOIR	PIERRE- DE- BRESSE
Sécateur	6,00	1856	MITAINE	PIERRE- DE- BRESSE
Gouge	0,70	1857	MITAINE	PIERRE-DE-BRESSE
Cognée	3,50	1836	BONNIN	LA CHAPELLE St- SAUVEUR
Vouge	2,50	1836	BONNIN	LA CHAPELLE- St- SAUVEUR
Hachan (hache à fendre)	5,00	1836	BONNIN	LA CHAPELLE- St- SAUVEUR
Lime	0,30	1850	GAUTHEY	LA CHAPELLE- St- SAUVEUR
Mèche	0,15	1855	GAUTHEY	LA CHAPELLE- St -SAUVEUR
Scie fine	1,00	1865	GAUTHEY	LA CHAPELLE- St- SAUVEUR
Percerette	0,25	1836	BONJEAN	PIERRE- DE- BRESSE
Ciseau de tourneur	1,25	1850	SERGENT	PIERRE- DE- BRESSE
Alêne	0,20	1855	GAUTHEY	LA CHAPELLE- St- SAUVEUR
Ciseau à planche	0,75	1856	MITAINE	PIERRE- DE- BRESSE

Cet après-midi je suis allé quelques instants dans mon atelier. J'y ai vu des outils :

- pour l'abattage, le débitage ou l'entretien : deux cognées, une pioche, un pic, deux *hachans* (haches à manche court), deux serpes, un *goyard* (grosse serpe à long manche) ; une scie tournante, quatre petites scies, une scie allemande ;
- pour le travail lui-même : un établi et son valet, un banc d'âne (banc en bois avec étau), un chevalet, un étau ;
- pour le façonnage : une doloire (hache de tonnelier), trois *yverans* (tarières), trois rabots, une plaine, cinq ciseaux, une *rapoire* à bois (râpe), une herminette ;
- pour le marquage : une hache-marteau avec nos initiales «G-G» ;
- pour l'affûtage : une meule à aiguiser.

Et puis dans une vieille armoire à deux portes je range encore d'autres outils : des limes, des gouges, de la ferraille, etc. Quant à la grande scie, je l'ai rangée au grenier.

- Le matériel pour les céréales

Tableau 15 : Ferme de la Ranche, Matériel & Outillage (1836 - 1868)

MATERIEL-OUTILLAGE	PRIX (en Francs)	ANNEES	NOMS	LIEUX
Seau à traire (en bois)	0,60	1836	NOIR	PIERRE- DE- BRESSE
Seau (en sapin)	1,10	1856	CORDELIER	PIERRE- DE- BRESSE
Seau à traire (en fer)	4,50	1 863	DECK	PIERRE- DE -BRESSE
Balais de bouleau (par six)	0,50	1855	au marché	PIERRE- DE -BRESSE
Van	4,50	1839	à la foire	LA BALME
Un petit panier	1,15	1839	à la foire	LA BALME
Panier à beurre	1,80	1858	à la foire	PIERRE- DE- BRESSE
"Roche"	0,35	1 855	à la foire	PIERRE- DE- BRESSE
Six "Roches" à pain	4,50	1859	à la foire	LA BALME
Etrille	0,90	1860	GAUTHEY	LA CHAPELLE- St- SAUVEUR
Brosse à chevaux	0,30	1864	MASSON	PIERRE- DE- BRESSE
Fouet	1,25	1865	GUILLEMIN	LA CHAPELLE-ST-SAUVEUR
Six paniers de boeufs (fil de fer)	1,50	1861	à la foire	PIERRE- DE- BRESSE
"Empige" (étrave à boeufs)	2,00	1861	LAFFERRIERE	LA BALME
Lien de boeufs (en fer)	1,35	1864	GAUTHEY	LA CHAPELLE- St- SAUVEUR
"Sache" (sac à grain)	1,00	1863	GAUDILLIERE	PIERRE- DE- BRESSE
Amorçoir	2,50	1854	à la foire	LA BALME
Mesure d'un demi décalitre	1,50	1857	à la foire	MERVANS
Pied usuel	0,25	1837	BONJEAN	PIERRE- DE- BRESSE
Trocard avec trois gaines	2,00	1858	DECK	PIERRE- DE- BRESSE
Arrosoir	5,50	1858	DECK	PIERRE- DE- BRESSE
Machine à boucher les bouteilles	1,25	1862	???	DOLE
Panier à bouteilles	2,25	1865	à la foire	MERVANS
Crible à navette	4,00	1863	à un colporteur	MERVANS
Greffoir	2,25	1863	à un colporteur	MERVANS

Les céréales étant battues, la conservation et la vente des grains exigeait bien des soins et de la préparation. Les marchands de blé sont exigeants et nous avons donc notre propre *van-*

noire (tarare) au grenier, lieu habituel de stockage. Nous surveillions régulièrement le blé que les valets remuaient au moyen de pelles en bois. Dans un coin, des cribles et des tamis sont posés sur une pile de sacs. J'ai encore une cinquantaine de *saches* pliées. Autrefois elles servaient au moment des livraisons aux marchands. Lorsque chaque sac était rempli, le valet le chargeait sur un chariot à deux roues (ou diable) et l'emmenait à la porte du grenier. La farine que nous remet le meunier doit être protégée de la poussière et des bêtes ; pour ce faire j'ai une grande *farinière* à plusieurs compartiments. Quant au triage des semences, je me contentais de louer un trieur à Pierre.

- Les abeilles

Abritées dans leurs grandes ruches de paille tressée, les abeilles travaillent sans relâche et nous procurent notre provision annuelle de miel que nous conservons dans des *trappes*. Mais nous en vendons aussi une partie au marché de Pierre et le vivandier nous rend les seaux en sapin après livraison à Dijon ou à Besançon.

- Le jardin et le verger

Nous rangeons les outils de jardin sous le rucher : trois bêches, quatre sarcloirs, deux arrosoirs, trois râteaux en fer. L'entretien du verger et de la haie du jardin demande des outils particuliers : des ciseaux de jardin, une scie pour tailler les branches, un greffoir, une échelle double. Nous entreposons les fruits à la cave dans un grand fruitier comprenant douze boîtes et l'hiver la douce odeur des pommes et des poires mûres parfume l'environnement. O que j'aime renifler cette senteur naturelle !

- Divers

J'allais oublier de vous parler d'ustensiles pour l'eau, tels que seaux à puiser ou grappes pour les retirer du puits ; et encore de la multitude de balais de bouleau pour le nettoyage, de coffres, de mesures à grains, ou encore de selles de lessive, indispensables pour la bonne tenue de la maison. Et quoi d'autre encore ?

⇒ *Fabrication et fourniture de matériel et d'outillage*

Je vous ai parlé de notre équipement, mais maintenant il me reste à vous dire qui fabriquait ou nous fournissait, tout ce dont nous avions besoin. En réalité, les artisans locaux jouent un rôle très important. Des marchands sédentaires se sont développés depuis quelques années dans les chefs-lieux de canton. Des colporteurs et artisans ambulants passent aussi chez nous, tels qu'affûteurs ou vanniers. Des industriels de Chalon ou de Lons-le-Saunier nous livrent des appareils que nous ne trouvons pas sur place (chaudières, pressoirs). Ajoutons enfin l'intervention de journaliers agricoles ou de femmes fabriquant quelques outils ou de la vannerie. Enfin les foires de la région ont une importance significative dans ce domaine. Il faut dire que la plupart des achats sont faits les jours de foires et marchés où l'on se rend pour vendre du bétail, des céréales, mais aussi pour acheter sur le marché ou chez les marchands du pays tout ce qui vous manque.

• Les artisans

Les charrons occupent une place capitale. Ils fabriquent et réparent des matériels lourds (chars à quatre roues, tombereaux), des herses en bois, des brouettes à deux ou à quatre roues), des armatures de coupe-racines, des brancards, voire des pelles à grain, des oreilles et cornes de charrues, des jougs de boeufs.

Bien souvent ils se livrent à d'autres travaux : montage de planchers de *tects à porcs*, de palissades en bois et de barricades pour les volailles.

Je fournissais la majeure partie du bois nécessaire et faisais abattre des chênes et *modernes* lors de chantiers importants. Denis Poigeaut, de Masse (La Chapelle), notre charron habituel, utilisait d'autres essences en fonction de ce qu'il faisait, ainsi :

- du poirier sauvage pour les oreilles de charrues ;
- du bouleau, excellent pour les timons, les cornes de charrues, les boîtes à chars ;
- du charme pour les jougs de boeufs, les pelles à grain ;
- de l'orme pour les moyeux de roues, les brancards, les *longes* de chars ;
- du frêne pour les limonières ;
- du sapin du Jura (que j'achetais chez M. Mitaine) pour les perches de ridelles.

M. Mitaine, marchand à Pierre, était notre fournisseur attitré pour le fer nécessaire au cerclage des roues, et vendait des barres de 18 à 21 kg lors de la construction d'un char neuf. En juin 1856 je lui ai donc acheté quatre barres pesant 83,5 kg (à 0,44 F le kg). L'année suivante il m'en a fourni d'autres un peu plus petites qu'il me vendit 38 F les 100 kg. Il était arrangeant et accepta de reprendre 13 kg restant, légèrement moins cher, bien entendu (0,35 F le kg), mais cela nous rendait service. François Gauthey, maréchal et quincaillier au bourg de La Chapelle, assure le ferrage des chars et fournit les outils.

Denis Poigeaut travaillait souvent à la maison et parfois je le payais à la journée lorsqu'il réparait du matériel ; il était nourri et gagnait 1,25 F en hiver et 1,50 F en été. Je le connais bien car il a été domestique chez nous de 1816 à 1822. A ce titre il fut appelé à témoigner en août 1858 lorsque j'étais en procès avec «Bataille». Je n'ai eu à me plaindre de lui qu'une fois, il avait gâché je ne sais plus quel ouvrage ; c'était, je m'en souviens maintenant, le lundi 21 mai 1860 et il travaillait avec son fils. Je me suis fâché et les ai chassés tous deux. Nous ne sommes pas en mauvais termes, mais depuis c'est plutôt son fils aîné qui vient à la maison. Au début, je payais donc ce garçon mais il ne pouvait pas acquitter les mémoires ; maintenant que son père est âgé, il a pris sa place.

Quatre roues neuves coûtaient 27 F en 1850 et 29 F six ans plus tard ; changer les rayons : 5 F. Denis Poigeaut prenait environ 50 F de main-d'oeuvre pour faire un char, et 2,25 F pour une pelle à grain.

Ainsi faire fabriquer un char neuf pouvait coûter plus de 200 F. Tenez, j'ai compté après coup le prix de revient en juillet 1856 :

– Denis Poigeault, charron : montage, fourniture et pose de roues	50.00 F
– M. Mitaine : les cercles de roues	36.50 F
– François Gauthey, maréchal : fourniture, ferrage et outils	81.50 F
– J'ai fourni les essieux et les boîtes, etc	40.00 F
Total	**208,00 F**

Quand j'ai voulu acheter un char suisse, digne de nous et utile pour nos sorties, je n'ai pas trouvé sur place. Je suis donc parti avec Albert à Louhans en juin 1855 commander ce fameux véhicule sur ressorts à M. Millet, maître charron. Nous avons attelé la jument mais, arrivés à Simard, il fallut descendre et donner un picotin au cheval. Parvenus à Louhans, nous nous rendîmes à l'auberge pour nous restaurer avant d'aller entamer les discussions avec M. Millet ; après accord nous nous acheminâmes au café le plus proche de son atelier, scellant ainsi notre marché. Il promit la livraison pour octobre. Ayant remis une étrenne au garçon d'écurie et payé une botte de paille, nous rentrâmes assez tard, mais à cette saison les journées sont longues. Albert retourna seul au chef-lieu d'arrondissement le 16 octobre. Le charron avait accompli un travail magnifique et mon fils s'en montrait admiratif. Après avoir tourné plusieurs fois autour du phaéton (char suisse), il paya le prix convenu aux ouvriers :

- 380 F pour M. Millet charron,
- 80 F pour M. Bardey, bourrelier, qui l'avait garni et peint,
- 31,25 F pour Madame Millet, marchande drapière, qui avait fourni quatre mètres de drap.

Ils allèrent alors chez M. Lafaye et burent deux bouteilles de vin, puis Albert s'en fut, passant à Quain où il coucha chez son cousin Alexandre Mercey. Il voulait lui montrer la voiture ! Ce char suisse était l'orgueil de la famille et il faisait envie à beaucoup de nos concitoyens.

Comme je l'ai dit, j'ai fourni du bois au charron de La Chapelle. J'en ai vendu aussi à d'autres, tel Joseph Maillenot, charron à Mervans. Ce dernier m'avait été présenté par son cousin Jean-Claude Jacot, de Boibe. En général je leur fournissais principalement du chêne, de l'orme et parfois du frêne. Joseph Maillenot, à qui j'avais vendu trois ormes en novembre 1863, sortit son couteau, tailla une lame d'écorce pour blanchir le bois et marqua sur chaque tronc une étoile à l'aide de son crayon ; c'était sa marque ! Il s'engagea à arracher les arbres, à enlever les débris et à payer au *terme des bois* (Noël). En réalité il fallut attendre la foire de Mervans, en mai 1865, pour toucher notre dû.

Vers décembre ou au printemps Denis Poigeaut établissait le mémoire de ses travaux. Je réglais ainsi chaque année ce qu'il avait fait, déduisant ce qu'il me devait en bois, voire en livraison de blé. Ces échanges ont cessé après 1855 et tout se paya en numéraire ; mais autrefois cela représentait la moitié des factures (dont 40% en blé). Les dépenses annuelles de charronnage atteignaient 20 à 30 F, hors la fabrication des chars.

Avoir un **maréchal** sur place est vital pour la fabrication et la réparation d'outils. Claude Bonnin-Chevaux, de La Chapelle, a exercé son métier jusqu'à sa mort en 1838 ; sa veuve a géré sa forge l'année suivante, mais son gendre François Gauthey assurait les tâches et acquittait les mémoires d'ouvrages. François succéda à son beau-père en 1840. Depuis 1865 Henry Bonnin (également entrepreneur de battage) nous a fait beaucoup de travaux mais a pour concurrent Foucher, de Terrans, qui est devenu mécanicien.

Le maréchal fournit le fer et équipe complètement les chars. Il demande environ 40 F pour son travail mais il faut ajouter 130 F de fournitures.

Les outils sont donc fabriqués sur place : cognées, pelles ferrées, serpes, *vouges*, haches, *fossous*, *vôlants*, faucilles, seaux, pioches, etc.. Le maréchal rechausse les charrues, entretient les voitures, les poêles, rapointit les herses, redente les faucilles, pose des fers aux barrières et les *fermentes*.

Depuis quelques années Foucher a acquis une solide réputation dans la région. Il a débuté comme maréchal mais il est inventif et fabrique des charrues en fer fort bien faites. Quand il m'a livré celle à deux versoirs, il a curieusement acquitté son mémoire au crayon ! - quarante-sept francs. M. de Loisy, président du Comice Agricole de Pierre voulait qu'il se rendît à l'Exposition Universelle à Paris en 1867. Il avait sans doute raison.

Au début de l'année François Gauthey établissait son mémoire, mais il m'arrivait de lui verser des acomptes ou de lui prêter de l'argent pour régler des mandats. Depuis 1853 il a pris l'habitude de facturer deux fois l'an. Contrairement aux charrons, les maréchaux sont payés exclusivement en argent - ou presque (fournitures de bois - pour les manches de pelles -, de blé, de pommes de terre, de maïs, voire de trèfle). Je dépensais environ 100 F chaque année ; cela pouvait atteindre 200 F lorsqu'un char avait été ferré.

Si M. Foucher est inventif, il m'est arrivé de l'être, oh ! bien moins que lui évidemment, mais en 1840 j'ai mis au point un hache-paille. François Gauthey m'a fourni la lame et la monture et je me suis débrouillé. Pour le payer, il a accepté de me reprendre de la vieille ferraille à trois sous (0,15 F) la livre.

Pour finir, je vais vous citer quelques prix d'outils en 1836 :

- une cognée : 3,50 F,
- une pelle ferrée : 3,50 F,
- un *vouge* : 2,50 F,
- une serpe : 2 F,
- une hache à fendre le bois : 5 F.

Nous ne faisons pas de différence notoire entre le forgeron et le maréchal car la plupart du temps ils exercent les deux métiers. Ainsi les Bonnin, de La Chapelle, fabriquent des outils ou les réparent, montent des rouleaux, voire travaillent pour le bâtiment (semelles de fer, ferrage de portes, etc.).

Quant à Franon, de Pierre, charron forgeur, c'est un spécialiste des essieux de chars, mais depuis quelques années il est aussi entrepreneur de battage.

Nous utilisons de nombreux récipients ou ustensiles en bois servant au pansage ou à l 'engraissement des animaux, à la viticulture. Je fournissais du chêne aux **tonneliers** pour la partie principale des pièces fabriquées ainsi que du *coudrier* pour les cercles.

Ces tonneliers n'ont pas tous la même activité. Certains se cantonnent dans la fabrication et l'entretien de seaux, de baquets, tels Désiré Poigeaut dit «Michelot», de La Chapelle, ou Denis Conry, l'un de mes voisins ; d'autres n'exercent leur art que dans la tonnellerie pure : Bourdillon et Chevaux à Pierre.

En hiver Désiré Poigeaut venait à la maison - si cela s'avérait nécessaire, bien entendu ! -, s'installait dans le hangar ou le chartil et remettait en état le matériel. Il reliait divers ustensiles, changeant des cercles à la tonne de la chaudière, *raccolant* (reliant) des feuillettes ou des fonds de tonneaux, voire réparant notre saloir. Mais il était capable de fabriquer des baquets, des seaux à deux anses, assurant l'étanchéité au café de gland d'Espagne, des *monteures* (manches) de faux et même des barattes. La dépense annuelle n'était pas excessive et ne dépassait pas cinq à six francs.

Quant à Denis Conry, de La Ranche - qui était aussi rempailleur de chaises -, je lui ai demandé à la fin de l'année 1837 de nous tranformer un vieux tonneau en deux baquets, de faire deux seaux à anses pour les animaux et un *baril de botte* (sorte de tonneau). Je lui ai fourni dix rais secs de bois neuf et le coudrier. Au bout de quatre jours son ouvrier - que je nourrissais - avait achevé son ouvrage et Denis me demanda 4,25 F pour le travail.

Depuis quelques années nous avons planté de la vigne, ce qui m'a obligé à investir en tonnellerie. C'est à Pierre que j'ai trouvé mon affaire. Les tonneliers assuraient l'entretien et la réparation de ces vases (rinçage au balai, cerclage des fûts, etc.). Je leur vendais aussi des cercles bruts - ou *riortes* - par paquets ou au *quarteron* (par 25). Au printemps 1865 j'ai livré à M. Bourdillon 104 paquets de coudrier provenant du Bois des Vernes. Quand nous fîmes les comptes, il trouva 38 paquets à un franc pour tonneaux ; le reste, utilisable pour les *feuillettes* et *quartauts* à camphre, me fut payé moins cher et j'ai donné trois paquets pour deux payés. Je suis parti avec mes 82 francs, fort satisfait, car ce coudrier étant vieux, il fallait le vendre rapidement. Parfois je lui échangeais mes cercles contre des *feuillettes* neuves.

Quand ma vigne fut productive, je manquais de matériel et, prévoyant des vendanges abondantes - tout au moins je l'espérais -, j'ai livré du chêne à M. Villefois, fendeur de bois et matelassier à Pierre ; c'était au mois d'octobre 1862. Il débita mon bois en 87 douves de *feuillettes*, 53 fonds et 100 pièces de *quartauts*. Ayant donc la matière nécessaire, dès le mois d'août suivant mon valet Chalumeau remit 275 pièces de merrain à M. Bourdillon qui, après déchargement, a contrôlé :

- 87 douves de *feuillettes* numérotées,
- 62 douves de *quartauts*,
- des pièces diverses : fonds de *quartauts,* douves et fonds de barils numérotés de 1 à 81.

Les cercles avaient aussi été déchargés dans sa cour. Dix jours plus tard nous pouvions prendre livraison des cinq *feuillettes* et des deux *quartauts*. J'ai payé 29 F à M. Bourdillon pour son travail et 3,85 F à M. Cabot pour l'espatare nécessaire pour lier les fûts.

Il m'arrivait aussi de traiter des affaires avec les marchands de vin de la région, leur vendant des cercles et leur achetant parfois des tonneaux (à mon cousin Chaux, de Saint-Bonnet ; à M. Cottard-Guichard, de La Chapelle, qui m'avait fourni une tonne de trois tonneaux pour caver mon vin rouge, car je manquais de place en 1865).

Tableau 16 : Ferme de la Ranche, Tonnellerie (1836 - 1868)

FOURNITURES	PRIX (en francs)	ANNEES	NOMS
Tonneau	6,00	1836	CHAUX
Tonneau	7,00	1837	CONRY D.
Tonneau	18,00	1865	BOURDILLON
Feuillette	10,00	1862	BOURDILLON
Cercles, le paquet	0,70	1840	CHEVAUX
Cercles, le quarteron (1)	0,70	1850	SOURRAN
Cercles de coudrier, le paquet :			
pour tonneaux	1,00	1865	BOURDILLON
pour feuillettes à camphre	0.66	1865	BOURDILLON
Osier à cercles (le paquet)	0,12	1859	BILLOT
Osier pour cercles (la poignée)	0,07	1856	BATTEAUX
Café de gland d'Espagne (la livre)	1,20	1851	POIGEAUT D.
Gros couteau de tonnelier	1,50	1864	BONNIN (Aîné)
Monture de faux (pièce)	0,50	1856	POIGEAUT D.
Main-d'Oeuvre (nourri, par jour)	1,00	1839	POIGEAUT D.
Main-d'Oeuvre (nourri, par jour)	0,85	1850	POIGEAUT D.
Façon de douves & de feuillettes (le cent)	3,00	1862	VILLEFOIS (Fendeur)
Façon de pièces de quartaut (le cent)	2,00	-	-
Fagots (le cent)	15,00	1862	Veuve FOUILLOT

(1) Quarteron" : 1/4 de 100 soit 25

Le cousin Joseph Noury venait aussi de temps à autre réparer des fûts au moment des vendanges.

Quant aux déchets de cercles, nous en faisions des fagots que je vendais aux voisins ou utilisais pour nous-mêmes.

J'ai eu affaire à deux **cordiers** de Pierre au cours de ma vie : M. Fleuriot père qui habitait au Bout d'Amont, et M. Duc à partir de 1850. Dans une ferme nous avons besoin de nombreuses cordes pour le matériel (chars, charrues) ou pour les animaux (longes, émouchoirs), etc.

Nous cultivions du chanvre et je livrais donc cette matière brute (après teillage) au cordier. Tous les deux ou trois ans je lui en remettais ainsi vingt à trente livres afin de renouveler le cordage usé.

A la Saint-Jean 1836 je suis allé trouver M. Fleuriot et lui laissant 32 livres de chanvre, je lui ai demandé de me confectionner différents cordages. L'été étant passé, j'ai récupéré mes cordes au mois d'octobre ; il y avait pour moi dans un coin :

- 11 livres de cordeau pour embrasses,

- 6 livres et demi de corde de puits,
- 12 livres et demi, pour deux cordes de char et trois de charrue.

En tout trente livres, il y avait donc eu deux livres de déchets. J'ai payé 4,75 F à M. Fleuriot qui me précisa qu'il avait compté trois sous la livre pour la grosse corde et quatre sous pour le cordeau.

Après 1850, M. Duc a diminué son tarif : 0,10 F la livre. Ce prix est remonté progressivement et atteignait 0,16 F en 1862. En dehors des grosses cordes, il fabriquait des émouchoirs en cordeau pour les chevaux et les boeufs, des licols, des traits pour tirer les voitures, et vendait de la ficelle 0,35 F la pelote.

M. Lafferrière, de Pierre, a toujours été notre **bourrelier** attitré. En 1851 il a passé la main à son fils qui, depuis, continue inlassablement ce métier voué principalement à l'équipement des chevaux (harnais, etc.). En ce qui concerne le matériel et l'outillage, le bourrelier fait ou répare les sièges des chars (coussins en basane), change les courroies servant à les suspendre. Il intervient aussi dans la réparation des fléaux (*entrelets* - lanières) et prend 1,50 F pour les revêtir de cuir. L'année dernière je lui ai demandé de regarnir les sièges du char à banc, de faire des coussins neufs. Il m'a pris 45 F (main-d'oeuvre et fournitures). Voici quelques exemples de prix appliqués :

- un fouet neuf (en 1837 et en 1861) : 1,50 F,
- un *entrelet* de fléau (1837) : 0,10 F,
- une courroie de cheville de limonière : 0,15 F,
- une garniture de fléau (1837) : 1,50 F,
- une entrave,
- une chappe et un lacet de fléau (1851) :1,50 F.

En 1839, mon épouse ayant hérité de nombreux bois à Diconne, j'avais besoin d'une hache à marteler les arbres avec nos initiales : G-G (Guerret-Guillemaut). Eh bien ! ce fut Arveux, **serrurier** à Pierre, qui s'avéra l'homme capable de me fournir un tel outil. La même année, le serrurier Noir, au chef-lieu de canton, a livré un coupe-racines dont Denis Poigeaut assura la monture en bois, et ce pour le compte de mon beau-frère Camille Guillemaut qui me remboursa aussitôt les 41 F.

• Les marchands sédentaires

Comme je vous l'ai déjà dit, les marchands d'outillage ont pris de l'importance dans notre région vers 1850, surtout dans les chefs-lieux de canton. Ils ont remplacé des boutiquiers, tels M. Sergent ou M. Bonjean-Paibet, qui se limitaient à la vente du petit outillage, ou tout au plus de faux et de faucilles. A Pierre les plus actifs sont M. Cabot et M. Mitaine qui vendent du bois (des planches pour les voitures), du fer (pour le bâtiment, les chars, etc.), de la quincaillerie et des outils (pelles, faux, outils à bois, limes, scies, des fers de rabots, etc.). François Gauthey, de La Chapelle, s'est bien développé mais à moins grande échelle.

Les **épiciers marchands,** comme Cordelier, se limitent à la vente des seaux en sapin (seaux à traire à 0,60 ou 0,80 F, seaux à eau - de 0,80 à 1,40 F, etc.).

Le **cloutier** Loiseau, de Pierre, nous a toujours fourni des clous pour le bâtiment et pour barrer les planches de chars.

M. Deck, **ferblantier** à Pierre, a une activité significative dans le bâtiment, mais il a aussi un magasin et m'a vendu différents outils et ustensiles : un trocart avec ses gaines, des arrosoirs, des entonnoirs, un tâte-vin, des passoires à lait, des seaux en fer blanc (plus solides que ceux en bois, mais aussi bien plus chers : de 2,50 F pièce à 4,50 F).

Je profitais parfois de mes voyages à Louhans pour acheter du matériel que je ne trouvais pas sur place, par exemple un diable chez M. Chaudronnier.

- Les ambulants

De temps à autre nous voyions arriver des **passants** - des étrangers - que nous ne connaissions pas forcément, qui demandaient du travail et s'installaient dans le chartil, limant des scies ou les remettant en état. D'autres, tels les **rémouleurs** de Saint-Germain-du-Bois en 1852, affûtaient des ciseaux et des sécateurs. Des **colporteurs** vendaient aussi des cribles à main, réparaient des tamis. Tenez, en 1838, j'ai acheté à un étranger de passage une peau de crible, percée à mailles (pour balle et froment ou navette).

Il y avait aussi les **vanniers** ambulants. Je leur confiais seulement le raccommodage des vans, travail que nous ne savions pas faire.

- Les industriels

Faire cuire des pommes de terre ou autres racines pour les animaux nécessite une bonne chaudière adaptée aux besoins. Ainsi, en 1839, nous voulions changer la nôtre, usagée. Félix Cornier, marchand à La Chapelle, se chargea de nous en faire venir une de 175 livres des Forges de la Veuve Galuire et Fils de Chalon-sur-Saône. La facture indiquait un prix de vingt centimes la livre soit 35 F. Il fallut ajouter trois francs de frais de transport et, une fois livrée, payer encore trois francs au maçon Savy pour la monter dans la chambre de four.

Lorsque ma vigne commença à produire, je dus m'équiper d'un pressoir. Ce genre de matériel n'étant pas courant en Bresse, j'en ai commandé un de 0,90 mètre chez M. Saule, balancier mécanicien à Lons-le-Saunier (Jura) ; ce dernier a une fabrique réputée. Une fois achevé, il nous le livra le 9 septembre 1864 au marché de Bellevesvre. Albert était avec M.Rossignol, vétérinaire à Pierre, qui avait commandé le même. Une fois à l'auberge, mon fils lui remit les 120 F convenus. Comme il était satisfait et que ce fabricant n'avait pas demandé de frais de transport, il paya la moitié du repas de M. Saule et de sa petite-fille qui l'accompagnait.

- Les ruraux

Certains voisins sont habiles de leurs mains, voire inventifs, et profitent de moments d'inactivité pour se livrer au travail du bois ou à la vannerie. Ainsi, en 1839, Eusèbe Guillemin m'a fabriqué une selle à plier les cercles pour le prix de six francs. Les Chevrot faisaient des fourches en bois, des aiguillons ; d'autres confectionnent des paniers, des ruches d'abeilles, des fouets, des balais de bouleau, etc.

• Le rôle des foires et marchés

Les jours de foire un grand nombre de marchands forains s'installent le long de la grande rue et sur les places de Pierre, de Bellevesvre, de Mervans ou d'autres localités. Il est intéressant d'aller fureter car les occasions sont bonnes parfois. Moi-même j'y achetais des seaux, des paniers. J'attendais la foire de Mervans et je me rendais au banc de M. Dongui, de Louhans, qui avait d'excellentes pelles ferrées et des *fossous* de qualité. J'y trouvais aussi des liens de fer, des paniers de boeufs ou de chevaux, des entraves, des brosses ou des étrilles, de la boissellerie.

Nous usions de nombreux balais de bouleau pour nettoyer les étables, les granges, voire certains coins de la cour. Ainsi donc je les trouvais par demi-douzaines aux foires de Pierre ou de Bellevesvre. Le prix des lots a d'ailleurs doublé et ils valent aujourd'hui 0,60 F. Mon voisin Joseph Guénuchot m'en fabriquait de temps à autre mais il les vendait aussi chers qu'au marché. Nous les appelons des balais à deux sous.

La foire de La Balme à Bouhans (26 août) est le centre principal de la vannerie de notre région et les vanniers, venant principalement de Franche-Comté, s'y installent chaque année et je m'y approvisionnais en vans (à 4,50 ou 5 F), en paniers d'osier de toutes sortes (de 0,30 à 2,50 F), en *roches* à pain (corbeilles) à 4,50 F la demi-douzaine.

En trente ans l'augmentation des prix paraît modérée, sauf pour quelques articles. Tenez :

- un seau à traire, en bois : 0,60 F en 1836 et 0,80 F en 1864 ;
- une pelle charbonnière : 1,80 F en 1840 et 2 F en 1865 ;
- les balais de bouleau (la demi-douzaine) : 0,30 F en 1852 et 0,60 F en 1864 ;
- un van : 4,50 F en 1840 et 5 F en 1859.

FERME DE LA RANCHE, 1836 - 1865
MATERIEL ET OUTILLAGE (ACHATS ET ENTRETIEN)

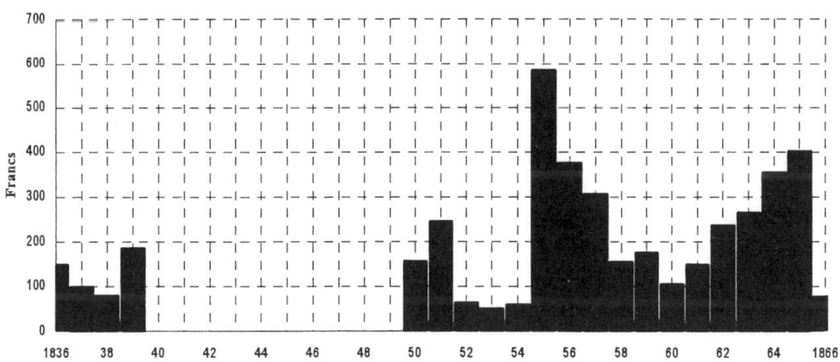

Achat d'un char suisse en 1855 : 491 francs

⇒ *Les animaux de trait :*

• Les boeufs

Pour exploiter, j'avais besoin de quatre paires de boeufs de trait. La jument ne servait qu'à tirer le char à bancs ou le char suisse pour aller au loin, aux foires et marchés, ou rendre visite à des amis, à la famille, etc.

La race bovine bressane est caractérisée par sa couleur *fromentin* (celle du blé, jaune brunâtre). Cependant les variantes sont nombreuses, allant du *fromentin* clair au foncé, en passant par le blanc et le jaune. J'ai eu également un blanc tacheté de *coulon* (blanc jaunâtre) et un autre, *fromentin* foncé avec une petite tache blanche sur l'épaule droite. Ces boeufs de Bresse ont notre préférence (80% à 85 % de mes attelages en trente ans).

J'ai utilisé quelques bêtes rouge clair de couleur unie, parfois fleurie, ou avec une tache blanche sur le poitrail. J'ai eu aussi un boeuf noir brûlé (acheté par mon granger en 1854), un autre au poil cendré (provenant de Seurre) et un *brenot* (couleur brune). Mais je n'aimais pas ces bêtes ; je les ai engraissées et les ai vendues dès ma reprise d'activité à M. Lombard, marchand de bétail gras à Feillens (Ain).

Le nom de ces animaux est généralement lié à leur couleur : «le Fromentin, le Coulon, le Blanc, le Brenot». J'appareillais parfois des mâles différents (un rouge et un blanc) mais cela n'avait pas d'importance. Au joug, celui à la droite du laboureur est dit *à la main*, celui à sa gauche *en dehors* ou *hors la main*. Ils obéissent au cri du conducteur : *aïce* pour aller à gauche, *dji* pour aller à droite.

Un tiers des boeufs vendus provenaient de notre élevage. Ces bêtes étaient cédées pour le trait à des agriculteurs de la région (âgées de 18 mois à trois ans et demi) ou utilisées pour notre service, puis engraissées et livrées à l'âge de sept ans à des marchands de bétail ; celles ayant des défauts partaient chez les bouchers.

Ainsi donc, je préférais acquérir ces paires de boeufs de trait aux foires. Il fallait parfois remplacer un seul animal, son compagnon étant boiteux ; je recherchais un *impair*. Autrefois (avant 1840) tous mes achats étaient faits au mois de mars. Après 1850 ils s'étalaient sur mars-avril et en juin (80%). Je choisissais des animaux de quatre à cinq ans, rarement plus âgés, aux foires de Pierre (celle du 20 avril) ou du canton de Saint-Germain-du-Bois (Mervans le 1er mars ou le 2 mai , Sens-sur-Seille le 23 mars, Conde le 7 juin, Serrigny le 30 mars). Vers 1855-1859 nous aimions bien nous rendre à la foire de Châteaurenaud, très importante car toute proche de Louhans. Dans les années qui ont suivi nous prîmes l'habitude d'aller à St-Germain (6 avril ou à la Trinité) ou parfois dans d'autres localités (Seurre, Le Fay). Mais en réalité, 70% des achats furent réalisés dans les cantons de Pierre et de St-Germain, et 5% dans celui de Louhans. Les agriculteurs de notre région m'ont fourni les deux tiers des animaux, le reste provenant des maquignons et de mon cousin Chaux, marchand de vin à Saint-Bonnet-en-Bresse. Celui-ci me vendait autrefois des bovins fatigués par les charrois. Le 26 novembre 1837 il me céda deux vieux boeufs ruinés, pour le prix de 18 louis (288 F). Je lui ai signé un billet payable le 1er mai 1838. Ces bêtes ont fait toute ma campagne, je les ai engraissées et vendues 491 F le 3 mars 1839, encaissant une différence de 203 F.

J'achetais peu à des marchands de bétail dont je me méfiais. Cependant le 30 mars 1855, j'étais à la foire de Serrigny, recherchant un taureau à appareiller à l'un des nôtres, quand mon regard se fixa sur une paire de taureaux au joug. Le propriétaire, un nommé Bourgeois, de Saint-Martin-en-Bresse, ne voulait vendre que la paire, bien entendu. L'animal me convenait parfaitement, il n'avait pas encore de grosses dents - étant donc âgé de deux ans -, son poil «fromentin» m'inspirait. Je me suis entendu avec un *margalou* (maquignon) de Frangy que je ne connaissais pas et nous avons acheté ensemble. Il a eu le plus fort et l'a revendu aussitôt au voisin de M. Bourgeois, empochant huit francs de bénéfice. Le vendeur a garanti ses bêtes de tout défaut. Ah ! ces *margalous*, ils sont filous ! Je vous en parlerai plus loin. Moi, j'ai payé 140 F et m'en suis retourné à La Chapelle.

Nous achetions des boeufs ayant quatre à cinq ans, pesant 450 kilogrammes ; à cet âge, ils ont le maximum de force et de vigueur. Ainsi, chaque année, j'achetais et vendais une ou deux paires de boeufs, selon le cas, la vente précédant toujours l'achat. Il s'agissait d'assurer le remplacement, mais les animaux étaient utilisés pour le travail une ou deux saisons, parfois trois, rarement plus.

Tableau 17 : Ferme de la Ranche, évolution du prix des Boeufs (1836 - 1868)

TRANSACTIONS		AGE DES BOVINS									
		2	2 1/2	3	3 1/2	4	5	6	7	8	9
1836-1837	Achats	-	-	-	-	370	-	-	406	-	-
	Ventes	-	100	-	-	-	-	-	-	-	-
1838-1839	Achats	-	-	-	-	373	-	-	426	-	-
	Ventes	-	-	-	-	-	-	-	-	-	-
1850-1851	Achats	-	-	-	-	-	400	-	-	-	-
	Ventes	60 [1]	-	240	-	144	168 [2]	-	-	-	-
1852-1853	Achats	-	-	-	-	-	-	-	-	-	-
	Ventes	-	-	-	-	-	-	-	-	-	-
1854-1855	Achats	170 [1]	-	-	-	597	-	-	-	-	-
	Ventes	-	-	-	-	468	-	-	-	-	-
1856-1857	Achats		170 [1]	-	-	489	-	-	-	-	-
	Ventes	-	300	-	-	-	-	687	380 [1]	-	-
1858-1859	Achats	-	123 [1]	-	-	534	-	-	-	-	-
	Ventes	-	-	192 [1]	-	-	-	-	-	936	-
1860-1861	Achats	-	-	-	-	600	-	600	-	-	-
	Ventes	-	-	-	-	650	-	-	960 [4]	-	-
1862-1863	Achats	-	-	-	-	-	470	-	644 [5]	-	-
	Ventes	300	-	348	-	-	-	643 [4]	-	1 095 [4]	-
1864-1865	Achats	-	-	-	-	543	582	-	-	-	-
	Ventes	155 [1]	-	-	-	-	-	-	960 [4]	1 000 [4]	950 [4]

[1] Bête seule
[2] Boeuf "Impair" pour la Boucherie
[3] Boeufs demi-gras (la paire)
[4] Boeufs gras (la paire)
[5] Boeufs de trait (la paire)

Je revendais 70% de ces bêtes à l'âge de six à huit ans. Lorsque nous souhaitions nous débarrasser d'animaux, nous les engraissions en hiver et les cédions au printemps. Avant 1840 les échanges, qui ne portaient que sur les boeufs de trait, étaient réalisés au mois de mars. Depuis 1855 les deux tiers partaient le 20 avril à la foire de Pierre et le reste aux foires de Serrigny (30 mars), St-Germain (6 avril) ou du chef-lieu (1er juin).

L'engraissement s'était développé depuis 1850 et représentait 36% des ventes ; le solde se partageait entre le trait (31%), les demi-gras (5%), les taureaux (15%), les *impairs* (5%). Le bétail présente un risque non négligeable dû à la mortalité, aux maladies ou à l'évolution des cours. L'achat et la revente de boeufs peuvent procurer des rendements annuels bruts de 10 à 80 %, mais en majeure partie ils se situent dans une fourchette de 10% à 40%. Les meilleures affaires sont réalisées lorsqu'on conserve les animaux de un à deux ans (30% à 40% l'an). Dans nos ventes globales de bêtes, celles ayant deux à quatre ans représentaient plus de la moitié du commerce, celles de six à huit ans - pour l'engraissement - un tiers.

Tableau 18 : Moyenne annuelle des achats & ventes de Boeufs (1836 - 1868)

PERIODE	ACHATS		VENTES	
	Nombre	Montant	Nombre	Montant
1836-1839	3,0	559,0	1,75	395
1850-1854	0,4	80,0	1,80	308
1855-1859	2,2	488,0	3,40	1 002
1860-1865	3,0	842,0	4,66	1 478

Période de grangeage (1852 - 1854)

Avant 1850 je vendais à des cultivateurs de la région recherchant des boeufs de trait, et à quelques bouchers de Pierre (J-C Petit), de Dole ou de Seurre venant s'approvisionner directement. Par la suite les livraisons aux agriculteurs ne représentaient plus que 12%, celles aux bouchers des villes citées 18% ; les marchands emmenaient 60% du bétail. L'ouverture de la ligne de chemin de fer de Paris à Lyon en 1854 eut une incidence énorme. Dès 1855 nous vîmes arriver des marchands venant du Mâconnais (Jean Lombard et son fils, de Feillens - Ain -, M. Verchère, cafetier et marchand de bétail à Romanèche ; Morel, de Mâcon), et de Lyon (M. Jouberd) ou de sa région. Ils achetaient la majeure partie des bêtes grasses pour la ville de Lyon. Quelques autres maquignons venaient de Dijon (M. Lane), de Franche-Comté. Des Bressans participaient à cette activité : M. Bernard (de Ratte), Jean Petit (du Monceau à Saint-Usuge), des maquignons de Frangy.

Il m'arrivait de conserver des bêtes moins d'un an, mais c'était en raison d'un problème de qualité pour le trait. En 1861 nous n'avions pas eu de chance. En effet, le 6 avril, jour de la foire de St-Germain, nous avions vendu des animaux dont nous n'étions pas satisfaits. Albert acheta aussitôt une paire de boeufs de trait de quatre ans 639 F (celui *de la main* rouge clair fleuri, l'autre *fromentin* clair) à Jean Petit marchand de bétail à St-Usuge. Bien ! Mais une fois à la ferme, nous ne pûmes rien en faire. Dès le 20 avril suivant nous les emmenâmes à la foire de Pierre. Nous nous en débarrassâmes pour 650 F. Nous l'avions échappé belle ! Et deux jours plus tard nous en trouvions de nouveaux à la foire du Fay. Parfois ces jeunes bêtes s'avéraient méchantes et inaptes au travail ; seul le boucher pouvait en tirer quelque chose. Et puis il y avait des animaux qui s'écornaient, ou prenaient un os de graisse à la joue ; mais le plus souvent l'un des boeufs devenait boiteux en raison de rhumatismes, alors, il fallait s'en séparer. Bien entendu le prix s'en ressentait fortement. Mon attelage, dont l'un était boiteux, vendu 576 F à un Comtois en avril 1855, aurait valu 690 à 720 F sans cette infirmité. En 1850 une paire de boeufs de trait valait 400 F soit 200 F l'animal ; un boiteux s'est vendu 168 F, un *impair* 144 F. Un boeuf écorné, de deux ans et demi, a perdu près de 30 % à la boucherie.

La quasi totalité des échanges se fait aux foires de la région. Rares sont les transactions à la ferme ou directement chez d'autres agriculteurs. Cela m'est arrivé en avril 1855, ayant trouvé une paire de boeufs à ma convenance chez mon voisin Joseph Tupinier. Le prix fut convenu à 576 F et aussitôt je lui remis 10 F d'arrhes. Il les livra à la nuit tombante, en se réservant de les utiliser le vendredi suivant, pour mener son blé au marché de Bellevesvre. Je n'ai payé le solde qu'à ce moment-là.

Avec le développement des affaires,les habitudes ont changé ; autrefois une bête vendue et livrée sur le champ de foire n'était pas marquée. Alors, j'ai vu cette nouvelle pratique en mai 1851. Un nommé Gauthey, du Bout d'Amont, agissant pour le compte de sa patronne - la Vve Laurent, bouchère à Seurre - m'avait acheté des boeufs. Aussitôt il les marqua à l'aide de ses ciseaux ; il faut dire que la livraison devait avoir lieu ultérieurement. Et puis, les marchands du Mâconnais et du Lyonnais avaient aussi cette habitude, car la plupart du temps la livraison des animaux se faisait quelques jours après la foire. Cela nous obligeait à faire des voyages supplémentaires : livrer à tel endroit, tel jour. Je vous disais donc que la Vve Laurent me demanda de lui remettre un boeuf le sept du mois chez Bourgogne, aubergiste à Navilly (route de Chalon à Seurre) et l'autre une semaine plus tard chez Dalanchet à Pierre. Elle ne pouvait sans doute pas débiter plus d'une bête par semaine. La pratique des arrhes, au moment de la vente, fut très rare, les animaux étant seulement marqués, et uniquement dans ce cas-là. Les marchands pratiquaient ainsi et nous emmenions une fois sur deux nos bêtes à l'hôtel Burdy à St-Germain, voire à Simard. Ainsi, des boeufs vendus à Jean Lombard le 19 mars 1855 à la foire de Bellevesvre, devaient être livrés le 23 mars à celle de Sens-sur-Seille. Notre premier valet, après avoir remis les bêtes à un *toucheur de boeufs* employé par le marchand lyonnais ou mâconnais, recevait l'argent pour nous. Ces grands négociants faisaient aussi rassembler du bétail dans des lieux précis pour les emmener. Le 20 avril 1864 Albert a vendu deux boeufs gras de sept ans à M. Verchère, de Romanèche. Celui-ci, bien entendu, a marqué les bêtes avec ses ciseaux, et a payé 960 F comptant. Il a demandé que les boeufs soient ramenés de suite à la maison pour les livrer le lendemain à 10 heures à St-Germain. Il recommanda, pour la mise en route, de ne leur donner qu'un peu de foin, défendant la pâte et la boisson. Nous avons respecté scrupuleusement ses prescriptions afin qu'il n'ait pas à se plaindre.

Pendant très longtemps nous eûmes l'habitude de vendre au jugé, sans peser. Cependant, depuis 1860, les conditions ont changé ; avant la foire, nous allions peser les boeufs à la bascule de la ferme de Folnard à Terrans (appartenant à M. de Loisy) et remettions une étrenne de deux francs au domestique du fermier. Mais à la foire nous continuions nos affaires à la pièce ou à la paire. Ma première vente au poids eut lieu en 1862 à la foire de Pierre. M. Lane, marchand des environs de Dijon, m'offrit 36 F les 100 livres. D'accord, ai-je dit, et nous convînmes d'aller peser les boeufs le lendemain à Folnard, ce qui fut fait. Ma paire de boeufs pesant 3 154 livres, j'ai touché 600 F. Mais cette pratique demeurait épisodique, bien des marchands, des bouchers et des agriculteurs, achetaient encore comme à l'accoutumée. En 1865 la commune de Pierre avait une bascule publique. En arrivant, j'ai fait peser mes deux boeufs gras qui accusaient un poids de 2 900 livres. Un nommé Barbet, marchand de bétail que je ne connaissais pas, me les acheta à raison de 34,50 F les 50 kilos mais exigea bien entendu un pesage. Alors nous retournâmes à la bascule et une deuxième fois je dus payer 0,75 F pour ce service.

Comme je vous l'ai dit, les paiements se faisaient au comptant sur le champ de foire ou au moment de la livraison. Nous avions l'habitude d'évaluer le prix de nos bêtes en louis (pièces d'or) ; par exemple, une paire de boeufs achetée 15 louis en 1836 valait donc 370 F (1 louis = 24 F). Mais après les années 1855-1856, cette coutume a disparu et nous avons compté en francs. Que voulez-vous ! Il faut s'adapter. Et ainsi nous recevions des pièces d'or et d'argent. Et puis, un beau jour, les marchands lyonnais ont introduit les billets de banque.

Le 20 avril 1860 M. Jouberd (Lyon) nous paya 1 050 F en quatre billets de la Banque de France (de cent francs chacun) et le reste en or. A la même foire, M. Lombard fit de même. J'ai reçu de M. Lane, en 1862, un billet de 1 000 F. C'était beau, grand, oui ! Mais moins que les pièces. Et cette pratique se répandit. Cependant, seuls les grands marchands avaient des billets et de l'or ; les autres n'avaient que des pièces dans leur bourse.

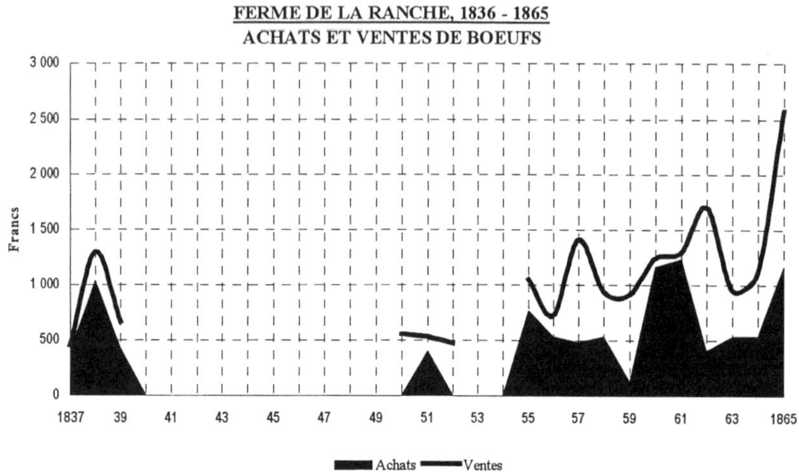

Autrefois le *panseur* des boeufs - le premier valet qui les avait soignés - percevait quelques étrennes sur les ventes, et puis nous avons plus ou moins oublié cette reconnaissance, ou on leur donna beaucoup moins (0,60 F au lieu de 1,50 à 2 F). Dans les années 1850, nous demandions même à l'acheteur de verser en sus un franc d'étrennes pour le valet. Mais les choses se gâtèrent avec la hausse du prix du bétail. François Chalumeau protesta en 1859 en raison de la faiblesse des étrennes, et exigea un franc par tête de gros bétail vendu. Il augmentait ainsi son gage annuel d'environ cinq francs.

Il nous arrivait parfois de retenir un peu de viande au boucher sur la bête que nous lui avions livrée ; toutefois, c'était rare.

Les ventes ou achats de bétail à crédit demeuraient peu fréquents : mon cousin Chaux m'accorda six mois sans intérêts, opération matérialisée par un billet à ordre. Inversement j'ai fait crédit à Denis Boissard-Cordelier, des Pernards (La Chapelle). Lui ayant vendu un taureau de 18 mois à la foire de Lays le 22 septembre 1850, je lui ai consenti un délai de paiement jusqu'au 1er juin 1851. En réalité, il ne s'acquitta qu'un mois après l'échéance. Je n'ai rien dit et n'ai reçu que les 60 F convenus.

La seule mauvaise affaire réalisée dans ce commerce se produisit en octobre 1838. J'avais acheté une paire de boeufs 360 F à la foire de Serrigny à M. Bougaud. L'un d'eux, malade, périt d'hydropisie, malgré tous les soins prodigués par M. Rossignol, vétérinaire. Cette catastrophe me coûta 200 F. La vente de la peau paya les frais de vétérinaire. Le risque majeur se trouvait aussi dans la qualité des bêtes de trait, plus ou moins bonnes pour le travail. C'était un jeu, une loterie.

Ne croyez pas que les bovins se négociaient toujours facilement, il nous arrivait de les ramener à la ferme. Et puis, il y avait les périodes difficiles, les prix baissaient, comme en juillet

1840. Au printemps 1851 j'ai eu bien des difficultés. Tenez, le 19 mars, j'ai ramené mes boeufs de la foire de Lays, n'ayant pas vendu. Le 30 mars, j'étais à la foire de Bellevesvre, cela ne servit à rien et je n'aboutis pas. Oh ! j'aurais pu les vendre, en ayant même trouvé 20 louis (480 F). J'ai préféré les garder pour faire une campagne supplémentaire. Et la baisse persistait encore à l'automne.

Tableau 19 : Ferme de la Ranche, achats de Boeufs de trait (1836 - 1868)

PERIODE*	PRIX MOYEN D'UN BOEUF	EVOLUTION MOYENNE ANNUELLE
1836-1839	186	-
1850-1854	200	-
1855-1859	222	2,20%
1860-1865	280	4,35%

** Hausse de 50 % de 1836-1839 à 1860-1865*

Le prix d'une paire de boeufs de trait est passé, en moyenne, de 370 F en 1836-1840, à 400 F en 1850, à 470-530F de 1854 à 1859 et a atteint 540-650 F après 1860. Voyez, en 1862-1863, une paire de boeufs de trait de deux ans valait 300 F, une autre de trois ans 348 F, une autre de quatre allant, selon la qualité, dans une fourchette de 540 à 650 F. Après cet âge, le prix ne bougeait pas beaucoup.

Le prix des boeufs gras (7 à 9 ans) n'a quasiment pas varié de 1860 à 1865 : 0,68 F le kilogramme en 1860 ; 0,69 F en 1862 ; 0,69 F à 0,70 F en 1864. Il faut dire que les cours avaient bien monté pendant les années précédentes. Seul le poids faisait bouger la valeur des animaux. Une paire pouvait peser de 1 278 kg à 1 576 kg. Toutefois, dans un attelage, le poids de chaque bête variait : 1.345 livres pour le *jaune* et 1 386 livres pour le *coulomb* pesés à Folnard en avril 1864.

- Les chevaux

Nous avons toujours eu une jument pour nos déplacements personnels, ou pour assurer quelques transports légers de marchandises achetées dans les villes ou agglomérations de la région.

La jument Coquette périt des *éventrées rouges* le 11 septembre 1849. M. Rossignol fit tout son possible, mais hélas ! Cette bête, âgée de douze ans, était pleine. J'ai estimé la perte à 500 F au moins. Une dizaine de jours plus tard il y avait foire à Lays-sur-le-Doubs, mais rien d'intéressant. J'ai donc attendu celle de Longwy-sur-le-Doubs (Jura) le 29 septembre. Albert et M. Rossignol m'y accompagnèrent. Il y avait bien des chevaux et notre attention se fixa sur une jument au poil rouge égayé de crins noirs. Le vétérinaire la visita longuement. Rien à dire ! L'homme s'appelait Bouvier, de Montbarrey (Jura). Je lui fis confiance, d'autant plus que mon gendre, originaire de Santans, le connaissait. J'ai payé 265 F au vendeur puis nous allâmes dîner sous une tente. A la fin du repas, réfléchissant un instant, je dis à M.Rossignol : - «Elle serait bon marché si elle n'avait les côtes basses et n'était serrée aux flancs» . Je craignais qu'elle eût des difficultés pour se nourrir. Le vétérinaire n'y prêta pas attention. J'ai réglé les frais du repas et les cafés (en tout 2 F par personne), les bottes de foin, et nous partîmes au travers du champ de foire. Pour revenir à La Chapelle il fallait traverser le Doubs et acquitter le péage au pont de Neublans (1,05 F aller-retour). Après tout, j'avais eu tort de penser ainsi. En effet, ma jument a vécu fort longtemps. Quand elle fut très vieille, je n'eus pas le courage de m'en séparer. Elle devint malade et infirme, à un point tel que je dus me résoudre à la faire abattre à la maison. Je fis appel au sieur Chapoutot, du Bout d'Amont, qui s'en chargea moyennant deux francs. C'était un matin de juillet 1866, je n'ai pas voulu voir la scène, et me suis enfermé. Après son départ, j'ai pensé pendant de longues heures à ma jument, à cette compagne que j'avais tant aimée. Elle avait vingt-quatre ans.

Je n'ai eu qu'un seul cheval mâle : Bijou. Fourneret me l'avait ramené en mars 1849, l'année après le mariage de ma fille Fanny. En mars 1852, ayant mis ma ferme en *grangeage*, je n'avais pas besoin de ce cheval. Je l'ai rendu à mon gendre et compté à valoir sur la pension annuelle de ma fille. Attendu la dépréciation des chevaux en foire, je l'ai estimé 110 F ; le harnais complet en valait 30.

Au mois de juin 1852 je me suis aussi séparé de Bichette, la fille de cette pauvre Coquette. Cette jeune bête de race de trois ans était très jolie, de taille moyenne, mais avait des vessigons (tumeurs dans les articulations) depuis son tout jeune âge. Il faut dire que j'ai mal choisi mon moment pour la vendre, car les cours n'étaient pas favorables à cause de la stagnation du commerce. D'autre part la grande sécheresse faisait craindre le manque de fourrage ; le foin se vendait déjà 120 F les 1 000 kilos. A la foire de Pierre un marchand tournait autour de ma pouliche. J'ai finalement pu en obtenir 150 F, mais ce filou de maquignon m'a bien possédé. Il devait me donner un certificat de décharge (pour cas rédhibitoires). Employant une ruse, il refusait de le donner, prétextant quelques règles d'une loi sur la vente des chevaux. Sapristi ! J'enrageais. Eh bien ! j'ai dû lui quitter dix francs pour avoir ce certificat. Cette loi est un piège tendu aux cultivateurs, et des escrocs l'attendent et ne manquent jamais de le surprendre.

Au mois d'août 1862, nous devions aller à la foire de La Balme. Ma vieille jument rouge étant boiteuse - et comme nous ne voulions à aucun prix manquer cette manifestation - j'ai loué un cheval à M. Cabot, messager à Pierre. Cela me coûta quand même cinq francs, pour une journée ! Dans le mois qui suivit, nous dûmes nous rendre à l'évidence, il nous fallait un autre cheval. Il y a quelques foires aux chevaux réputées dans les vallées de la Saône et du Doubs, et le 28 octobre Albert - accompagné de M. Rossignol - s'en fut donc à la foire de la St-Simon à Verdun-sur-le-Doubs. Il n'a pas trouvé ce qu'il voulait mais a fait la connaissance des Bonin, fermiers à la Bertrandière (St-Martin-en-Bresse). Au retour, ils se rendirent dans cette ferme mais aucune transaction n'eut lieu. Au printemps suivant Albert retrouva les frères Bonin à la foire de Mervans. Ils avaient amené une superbe jument blanche, mouchetée, âgée de six ans. Elle était fort belle et Albert accepta de la prendre, mais à l'essai. Le prix fut arrêté à 505 F. Nous nous aperçûmes vite que cette bête était méchante. Oh ! oui. A tel point que si elle avait pu nous attraper, elle nous aurait tués à l'écurie. Dès le 8 mars Jean Euvrard la remmena à ses propriétaires. Cependant cela ne faisait pas notre affaire. - «Puisque nous ne trouvons rien en Bresse, allons dans le Jura» - avait soufflé le vétérinaire. C'est ainsi que les 1er et deux avril 1863 Albert et M. Rossignol partirent pendant deux jours à la foire de Lons-le-Saunier. Effectivement, le choix paraissait correct et ils firent affaire avec un nommé Vuillet, de Marilla (canton d'Arinthod, Jura) qui garantit l'animal de cas rédhibitoires. Seulement cette belle jument *comtoise*, au poil presque blanc, âgée de six ans, valait 558 F. Tant pis ! Le vétérinaire apporta ses précieux conseils. Ce voyage me coûta encore 25 F tant à Lons qu'à Bletterans où ils durent se restaurer et coucher. Et puis, après la mort d'Albert, j'ai revendu cette jument blanche 500 F à mon fermier Rolland. Je lui ai donné la garniture, le collier, le reculoir. Quant aux guides en cuir, je me les suis réservées, compte tenu qu'il fallait lui faire crédit au taux de 5 %. En réalité, je lui ai fait cadeau des intérêts car il m'a payé au bout de trois mois.

Nos juments pouvaient aussi rapporter de l'argent par la vente des poulains. Malheureusement, cet élevage ne m'a jamais réussi, hormis Bichette, et encore, elle avait des défauts. A partir de 1863 Albert voulut relancer cette activité, sans plus de succès. Pendant trois saisons nous avons fait venir les étalons d'Isidore Franon, de Charette. A la demande, son palefrenier amenait de beaux mâles, je me souviens de Galant, superbe étalon noir. Ce service coûtait 12 F et j'ajoutais un franc d'étrennes au palefrenier. Notre obstination n'a servi à rien. Pour la blanche, je n'en dis rien, mais la jument rouge était trop âgée, elle avait plus de vingt ans. C'était de la folie. Une fois elle refusait l'étalon pommelé, une autre fois cela ne marchait pas. A quoi bon ! Et le palefrenier recevait quand même ses étrennes. Il n'y pouvait rien. Après coup, il nous remettait une carte qui servait à suivre les opérations.

Le prix des juments de six ans a bien augmenté en trente ans. Vers 1840 elles valaient 200 à 300 F. De nos jours la valeur atteint 500 à 550 F.

A Pierre les **maréchaux** ont beaucoup plus d'animaux à ferrer qu'à La Chapelle. Ils entretiennent aussi les chevaux de labour de la vallée du Doubs (le finage : Fretterans, Lays, Charette). Aussi j'allais habituellement au chef-lieu de canton chez Guyennot. Le père - Bonaventure - exerça très longtemps son métier et son fils Victor assura la continuité. J'ai utilisé leurs services jusqu'en 1854 avant de m'adresser à François Gauthey pendant quelque temps (1855-1856 et 1858-1859). M. Bard a pour moi été éphémère mais il ferrait les boeufs. M. Poulet (de Pierre) assura tous nos travaux de maréchalerie à partir de 1860.

En partant au loin, il m'est arrivé quelques avaries. Début mars 1839 j'allais voter à Louhans. Arrivé au chef-lieu d'arrondissement, ma jument boitait depuis un moment ; j'ai dû m'arrêter à la forge de M. Genot pour la faire ferrer. D'autres fois il fallait changer un fer au marché de Bellevesvre ou ailleurs.

Le principal travail d'un maréchal consiste à ferrer un cheval en fournissant quatre fers neufs (3 F). Ces derniers se déforment et s'usent en fonction des routes et des trajets. L'artisan retire les fers, les passe au feu de sa forge, les rebat. Nous appelons ceci une *relevée*. En les posant, une odeur de corne brûlée se dégage et une fumée bleue s'élève doucement. En général le ferrage n'avait lieu qu'une fois l'an mais autrefois - avant 1850 - je ne faisais ferrer qu'après deux *relevées*. Ces dernières années, une seule *relevée* succédait au ferrage.

Tableau 20 : Ferme de la Ranche, Maréchalerie (1836 - 1868)

PERIODES	CHEVAL			BOEUF
	Ferrage	Relevée	"Grappage"	Ferrage
1839	2,4	-	-	-
1849-1850	3,0	1,7	-	-
1851	-	1,5	-	-
1852-1853	2,8	1,4	1,6	-
1854	3,0	1,5	-	-
1857-1865	3,0	1,6	-	2,4

Au cours des hivers rigoureux où la neige persistait, rendant les chemins glissants et peu praticables, je rendais visite au maréchal qui posait des crampons aux fers (ou crochets à glace). Il appelait ceci le *grappage*. Ainsi nous pouvions nous déplacer en toute sécurité.

Jusqu'en 1850 nous avions l'habitude de payer M. Guyennot une fois l'an ou presque. Mais cela posait quelques problèmes car son fils Victor oubliait parfois de l'informer d'acomptes versés. J'ai donc réglé comptant.

M. Guyennot baissa ses prix en 1851, passant le tarif d'une *relevée* de 1,70 F à 1,50 F et celui d'un ferrage de 3 F à 2,80 F. La crise l'avait contraint à cette extrémité. Puis les prix ont remonté tout doucement à partir de 1854 et n'ont pas beaucoup varié depuis.

Et les boeufs ? Les ferrer ! Vous n'y pensez pas ! Mais je l'ai fait en 1857. Oh ! ce n'était pas l'usage, il faut bien le dire, et nous n'avons pas continué. M. Bard, maréchal à Pierre, en ferra deux à la maison le 23 juin. Comme il était à Folnard à la fin du mois, je lui en ai emmené deux autres. Il demanda 2,40 F par bête. Mais chez nous les boeufs vont rarement loin et se déplacent surtout dans les champs, les *contours* et les chemins peu ou mal empierrés. Est-ce donc utile de les ferrer ?

Les Lafferrière (père et fils) à Pierre ont toujours été mes **bourreliers** attitrés, ayant en charge la fabrication ou l'entretien des harnais, des colliers, des entraves, voire des muselières des chiens de chasse. Ils fabriquaient des ensembles complets pour chevaux pour 50 F. Ils servaient aussi d'intermédiaire et cela m'a bien rendu service en 1857. J'avais encore le collier de Bichette (vendue depuis cinq ans) ; il le revendit à un cultivateur et me remit la somme de douze francs.

Les bourreliers achetaient aussi des peaux de bêtes sur place. Quand j'ai perdu un boeuf en octobre 1838 M. Lafferrière vint à la maison et nous débarrassa de la bête morte. Une semaine plus tard nous fîmes nos comptes. Il avait inscrit 18,50 F pour la peau du boeuf (équarrissage déduit). Mais ce jour-là, il y avait d'autres articles marqués dans son livre. Ayant déposé mon argent, M. Lafferrière prit sa plume et croisa l'article me concernant dans son registre. Nous étions quitte. Je lui ai aussi vendu la peau d'un agneau qui avait été tué en se battant.

II - 3. Les pratiques agricoles

II - 3. 1 Les différents modes d'exploitation

⇒ *L'exploitation personnelle (ou faire-valoir direct) :*

Nous avons toujours exploité nous-mêmes la ferme de La Ranche, sauf pendant deux périodes particulières :

- de 1852 à 1854 - mise en *grangeage*, ou métayage ;
- depuis 1866 - mise en fermage.

Je vous ai expliqué les moyens humains, en matériel et de traction utilisés, nous n'y reviendrons pas. Cependant la surface réelle exploitée a varié au cours de ces trente dernières années en raison des acquisitions de terrains, des locations aux journaliers ou à divers. Je peux vous dire que la moyenne des terres cultivées en direct est passée de 27 ha en 1836 à 30 ha ces dernières années. Quant aux prés, nous avions 6,9 ha en 1836 et 7,5 ha aujourd'hui. La surface des bois n'a pas beaucoup varié à La Chapelle (7,33 ha au lieu de 6,97 ha) mais il faut ajouter les 14 ha que nous faisons valoir à Diconne depuis la mort de mon beau-père Guillemaut.

• Les terres *à turquis*

Chaque année nous donnions des terres à mi-fruits à des journaliers qui y cultivaient du maïs. Parfois, plusieurs chefs de famille se groupaient pour amodier une parcelle de terre ; d'autres ne retenaient que quelques sillons - de pauvres femmes ou des veuves, telle Jeanne Derrière le Bois. Les preneurs fournissaient les semences et le travail (sauf les attelages). Je leur vendais parfois un double décalitre de *sement* ; en général ils préféraient apporter leurs propres grains. Je ne notais pas toujours ces locations mais je pouvais contrôler avec les récoltes. Il y avait les habitués comme Charles Vorey ou Philibert Roux, voire Claude Richard. Cependant 80% d'entre eux n'utilisaient ce système que de temps à autre (de un à trois ans). Je notais sur des feuilles volantes les superficies en *perches* (1 perche = 9,52 centiares) et je les reportais en *journaux* (1 journal = 34 a 28 ca) au grand livre.

Ces terres à mi-fruits servaient parfois - assez rarement il faut le dire - à cultiver des pommes de terre. Je l'ai fait en 1836 avec Vincent, Jean Chevrot, Désiré Vieux, etc. à qui j'ai confié un demi-journal chacun. Le père Vincent m'a livré sept tonneaux de pommes de terre ; les autres en firent de même.

En 1855 (année où j'ai repris l'exploitation) j'ai décidé de louer des terres à des journaliers qui pourraient y cultiver du maïs. Puis j'ai continué jusqu'en 1865. J'amodiais un hectare et demi en moyenne, mais cela variait selon les années et allait de trois quarts d'hectare à deux hectares et demi, la surface ayant tendance à diminuer ces dernières années. Sept à huit familles (de 5 à 11) étaient intéressées par ce système. Chacune avait ainsi une vingtaine d'ares (de 15 à 24) à sa disposition, la norme habituelle était un demi-journal, voire quelques sillons.

Plus de 85% de ces locations étaient confiées à des journaliers (ou anciens domestiques) travaillant pour nous, voire à des petits cultivateurs. Le reste allait à quelques artisans de La Ranche ou du village : Joseph Cordelier (sabotier), Jean-Claude Sordet (charpentier), etc. La mise en location se faisait au cours de la semaine du 25 avril au 2 mai, juste avant les semailles.

Seuls les Rameau et Charles Vorey ont exploité pendant six à sept ans. Les trois quarts n'ont pas dépassé trois années et 57% un an.

Toutes nos terres ont servi mais chaque année les parcelles louées se trouvaient regroupées dans un champ principal ; quelques lopins étaient éparpillés. Ainsi en 1855 nous avions la Bobère, l'année suivante le Creuilly, et puis les Avenières, le Chevrot, le Grand Piochy, etc. Comme nous pratiquons l'assolement triennal, les mêmes parcelles revenaient généralement tous les trois ans.

L'année agricole «maïs» court du 1er mai au 30 avril suivant. Autrefois, la date d'échéance de ces locations était la fin de l'année «maïs», ce qui laissait 365 jours pour régler. Depuis 1858 nous avons demandé un paiement à la St-Martin (11 novembre).

90 % des locations étaient acquittées en argent, le solde représentait des journées abandonnées (7 %), parfois la livraison de *panissets* (pieds de maïs secs), de fumier, ou des travaux d'artisans (sabots, vêtements).

De 1855 à 1859, 53,8% des rentrées d'argent avaient lieu dans l'année (dont un tiers avant la St-Sylvestre) mais 8,6% n'étaient faites qu'après un délai de deux ans. De 1860 à 1865 cela s'améliora : 81,8% dans l'année (dont 70% avant le 31 décembre) et 4,9% à plus de deux ans. Il y eut parfois des périodes difficiles. Tenez, en 1856, la récolte de maïs ayant été nulle, j'ai accordé une réduction de 25% du prix des locations. Malgré cela, les paiements traînèrent (29% dans les délais et 38% très tardivement). En 1860 les retards de règlements étaient dus à un seul homme : Mandrillon (d'Aloise) qui acquitta ses 22,50 F au bout de quatre ans.

Je vous parle des paiements tardifs. Eh ! oui. Il y en avait quelques-uns comme nous l'avons vu. Ainsi Etienne Cretin qui a mis trois ans pour me payer, et encore en deux fois. D'ailleurs, il vient de me régler un décalitre de vesces qu'il me devait depuis plusieurs années. Bon-Badet mit encore plus de temps : ses 34 F de location de 1856 furent réglés en 1861 (20 F) et 1864 (14 F). Et Claude-Henry Beaupoil, tailleur d'habits au Buisson Jean Chêne ! Je lui avais loué un demi-journal aux Avenières en avril 1857 au prix de 22,50 F. Ne pouvant me payer en argent, il fit - avec sa femme - 15 jours de moisson en juillet 1859. En octobre son épouse accomplit plusieurs journées de travail (dont un jour de lessive à 0,50 F et six jours à épandre du fumier à 0,40 F) et lui m'a cousu un pantalon. Pour finir, je lui ai quitté 0,25 F. Et je pourrais vous en citer d'autres. En réalité ce n'était pas inquiétant car ils travaillaient pour moi le cas échéant.

Le prix des locations au *journal* varie selon les conditions :

- sans aucun service de notre part : 42 F en 1856 et 50 F en 1863 ;
- le 1er labour à notre charge : 45 F en 1856 et 52 F en 1863 ;
- le travail avec tous les attelages à notre charge : 48 F en 1856 et 55 F en 1863.

Le prix moyen au *journal* est passé de 45 F (1855-1859) à 51 F (1860-1865).

Un tiers des familles a utilisé les deux modes d'exploitation (mi-fruits et amodiation) dont la moitié simultanément, les autres alternant.

- Les locations diverses

En 1836 j'ai loué ma maison de Gros-Bois 30 F par an aux Guillemin, journaliers que j'occupais une grande partie de l'année à ce moment-là. Ils s'acquittèrent partiellement en argent et abandonnèrent des journées pour le solde. L'année suivante elle passa à la veuve Vincent, au même prix. Elle régla de la même manière et en me remettant les cendres de son foyer. J'ai aussi loué un demi-*journal* de terre à Jean-Baptiste Grapinet et à Jean Euvrard pour cultiver des pommes de terre (à 45 F le *journal*). Ils payèrent en main-d'oeuvre de fossés et par diverses journées.

François Gauthey, maréchal, avait besoin de fourrage en 1858. Je lui ai accordé un *journal* et demi de trèfle au Grand Clouseau (pour 75 F). Me Guichard, notaire à la Chapelle, y faucha quelques sillons pour son cheval. L'amodiataire avait droit aux deux coupes, dont la dernière pouvait être mise «à graines». Avec lui il n'y avait pas de problème, car il faisait des travaux pour moi. Tout fut soldé l'année suivante lorsque j'ai acquitté son mémoire d'ouvrage.

J'ai des petites mares dans ma propriété. Il y vient un peu de mauvais foin que je laissais parfois à Philibert Roux en lui demandant seulement une petite rétribution de 2,50 F

Nous manquons d'herbages pour nos bovins, ce qui m'a conduit à louer des prés à l'Etang Neuf (Aloise) où je possédais déjà quelques parcelles. En 1847 j'ai donc obtenu un pré d'une *soiture* un quart (1 *soiture* = 34 a 28 ca) appartenant au cousin Joseph Guerret. Le pauvre étant «interdit» - en raison de son handicap - avait un *tuteur à conseil* : le parent Claude-Louis Guerret-Guerret. Ce dernier s'occupait de ses affaires et je lui réglais cette amodiation (à 36 F le *journal*), la plupart du temps quand il venait dîner à la maison. Puis il me remettait la quittance. J'ai fini par acheter cette parcelle en mars 1861 au prix de 2 800 F l'hectare.

En 1855 Hyppolite Druard, d'Alleyriot (près de Verdun), m'a loué un pré de 24 ares au même lieu (à 50 F le *journal*). Il recevait son argent par François Hugonnot, son agent à La Chapelle. Je donnais en outre à celui-ci un franc d'étrennes pour ses peines. La sécheresse avait été tellement marquée en 1859 que cette année-là Hugonnot ne voulut rien car l'herbe n'avait pas pu pousser. Il repartit quand même avec son étrenne.

J'ai aussi loué une autre parcelle de pré de 20 ares en 1855 à la cousine Zoé Guerret. J'ai passé une convention avec elle mais, étant encore mineure, elle s'est fait autoriser par son père. Ce dernier s'est trompé et a indiqué 1856 au lieu de 1855. Cette erreur m'a empêché de la payer jusqu'à fin août 1855, date où elle devint majeure. Je craignais que son père ne revînt sur cette amodiation, en se prévalant de cette fausse date. Donc quand elle fut majeure, je lui ai envoyé le modèle de quittance que je désirais avoir, stipulant cette garantie. Quand j'ai reçu le papier, je me suis aperçu qu'elle l'avait daté du 30 juillet. Cela ne pouvait me convenir car à cette date elle était encore mineure. Et puis, le dernier mot étant indemnité, elle ne l'avait recopié qu'à demi. Cela me fit beaucoup de peine. Alors, je lui ai représenté cet écrit, elle a effacé le mot juillet et a mis «aoust» en surcharge. J'ai accolé l'autorisation de son père à la quittance, joignant ces papiers aux mémoires de l'année. Au printemps suivant, j'ai acheté cette parcelle à la cousine Zoé qui venait d'épouser le menuisier Ferdinand Guerret. Le prix fut arrêté à 2 180 F l'hectare.

Tableau 21 : Evolution des surfaces exploitées (1836 à 1865)

ANNES	TERRES			PRES		TOTAL EXPLOITE	
	Propriété	Mi-Fruits	Louées	Propriété	Loués	Terres	Près
1836	29,9	?	0,0	6,9	0,0	?	6,9
1839	30,9	-3,0	0,0	6,9	0,0	27,9	6,9
1850	31,0	-3,1	0,0	6,9	0,4	27,9	7,3
1851	31,0	-4,5	0,0	6,9	0,4	26,5	7,3
1856	32,7	-2,1	-1,7	7,0	0,8	28,9	7,8
1859	33,4	-2,4	-1,3	7,0	0,8	29,7	7,8
1861	33,8	-2,7	-1,3	7,5	0,0	29,8	7,5
1865	34,3	-3,6	-1,0	7,5	0,0	30,7	7,5

Superficie en hectares

Il m'arrivait aussi de louer des coupes de trèfle quand j'avais besoin de fourrage, mais très rarement (1/2 *journal* en 1853).

Quand nous emmenions notre bétail paître à l'Etang Neuf d'Aloise, nous devions suivre les contours afin d'éviter de traverser des champs dont les propriétaires auraient pu se plaindre et réclamer. En 1856, pour supprimer cette corvée désagréable et éviter tout problème, j'ai payé trois francs de droit de passage à Charles Ozanon qui amodiait le pré de la mineure

Gaziau. Nous avons parfois oublié d'acquitter cette somme. Elle était simplement reportée. Charles Ozanon étant décédé en 1865, l'amodiation passa à son beau-frère Pierre Simerey-Gaziau qui était aussi curateur des enfants Ozanon.

Richard, dit Matelot, louait un pré à Aloise appartenant à M. Druard. Il récoltait le foin et nous céda, pour sept francs par an, le droit d'y faire *champoyer* (paître) notre bétail en 1861.

Pour éviter de ramener du foin d'Aloise à La Ranche, j'amodiais pour 10 F par an les fenils de la maison de Charles Ozanon.

Quand ma ferme fut louée, j'ai pu stocker le restant de mon blé (346 doubles décalitres) au grenier de la maison commune, grâce à l'amabilité de M. Grizard, instituteur. Pour l'indemniser de l'embarras causé par ce blé, je voulus lui donner 6 *doubles* à 6 F mais il refusa. Nos dames décidèrent de lui faire parvenir par l'épicier Noir-Arveux un pain de sucre de 22 *livres* (à 1,40 F le kilo) et une *livre* de café (1,80 F).

- Pension à ma mère

Ma mère (Françoise Bouchard) venait d'avoir 60 ans quand j'ai commencé à tenir mes comptes en 1836. Elle était, à ce moment-là, propriétaire à titre personnel de 28 hectares à La Chapelle. Elle en a ajouté un par divers achats. Mon père m'avait laissé 14 hectares en 1814. D'un commun accord avec ma mère, nous étions convenus qu'elle m'abandonnerait l'exploitation en totalité, conserverait son logement à La Ranche, et aurait droit à une pension annuelle de 400 F en argent plus diverses fournitures.

Outre cette rente, je devais lui remettre trois *bichets* de blé (1 *bichet* = 228 litres). A partir de 1837 elle me loua trois *journaux* de terre, qu'elle venait d'acheter aux Avenières, en demandant 15 F le *journal*. Je devais lui verser un acompte fin mars et le solde à la St-Martin.

Et puis elle avait conservé une vache pour le lait, la crème et le beurre. Elle semait du blé et du petit *turquis* blanc dans sa chènevière.

Nous étions en compte et d'un commun accord nous dressions la situation de temps à autre. Elle me devait, et j'étais aussi son débiteur. Il fallait bien établir la balance. En réalité, ma mère s'avérait arrangeante et finalement ne dépensait pas toute sa pension, loin s'en faut. En 1836 elle avait acheté deux parcelles de terre au cousin Jean Guerret de Loisy, géomètre à La Chapelle. Elle s'était engagée à payer le solde en signant un billet de 347,66 F. Notre parent négocia sa créance auprès de M. Druard à qui je devais verser la somme convenue, payant ainsi à la place de ma mère, somme à valoir sur sa pension. Le lendemain de Noël 1836 je me suis présenté chez M. Druard qui réclama non seulement le capital mais ajouta 1,55 F d'intérêts à 6 % l'an. Il est vrai que le billet était échu depuis le 1er décembre. L'année suivante, 96 F de la pension maternelle passèrent encore dans de la terre, elle avait acquis une parcelle de 80 *perches* (7 a 61 ca) à Joseph Mauchamp. Fin mars 1839 nous avons arrêté nos comptes des années 1837-1838. Je luis devais encore 237 F dont elle me fit grâce, ce dont je l'ai remerciée chaleureusement. En 1840 elle eut la bonté de me quitter 100 F pour m'aider à payer la pension de nos filles. Et j'en passe. C'était une brave femme. En réalité elle ne dépensait pour ses besoins personnels que la moitié de sa rente, investissant le solde pour moi ou m'en faisant cadeau. Elle mourut le 13 août 1846 à l'âge de 71 ans.

⇒ *Le* grangeage *(ou métayage)*

L'année 1851 fut pour nous - et pour moi en particulier, je l'avoue - une année sombre, noire. Nous avons perdu l'une de nos filles, la plus jeune, l'adorable Delphine ; elle venait d'avoir vingt ans. Albert manquait encore d'expérience pour gérer convenablement notre exploitation, et moi j'avais déjà cinquante-six ans. Enfin la situation agricole était difficile et le cours du blé, à son plus bas niveau depuis 1848, entraînait une réduction importante des revenus. Le coeur gros, je me suis décidé à confier La Ranche à un *granger*. Je l'ai trouvé en la personne de Louis BOISSARD-CORDELIER, des Pernards (La Chapelle).

Nous avons entamé les discussions précises le samedi 7 février 1852 et établi le projet de bail qui devait conduire à la rédaction d'un acte sous seing privé. Il s'engageait à prendre en charge le bétail et les cultures dès le lundi suivant. Pour suivre les opérations, j'ai décidé d'ouvrir un nouveau registre : le livre de *grangeage*.

Ainsi Louis Boissard prenait l'ensemble de l'exploitation, sauf les champs d'Henry et Derrier, le verger, les deux tiers du jardin et une demi-*soiture* de pré aux Chaintres. Il avait à sa disposition 27,5 hectares de terres et 7,1 ha de prés, soit un total de 34,6 ha. Le logement de ma mère étant disponible, il pourrait l'occuper avec sa famille.

En ce qui concerne le bétail, Louis Boissard n'apportant rien, j'ai fourni un troupeau de onze bovins auquel j'ai ajouté une paire de jeunes boeufs et un taureau dans les semaines qui suivirent, le tout évalué à 1 840 F. Je lui ai également confié un troupeau de quinze brebis plus leurs suivants (160 F). Cela représentait un capital arrondi d'un commun accord à 2 000 F. Le granger devait payer des intérêts à 5% sur la moitié du capital soit sur 1 000 F.

Pour ma part, je m'étais engagé à vendre le solde de mon bétail non compris dans ce bail avant le 1er mai, sauf la jument (conservée pour les besoins de la maison), la vache Bicornette (pour le lait), la génisse noire, ainsi qu'un cochon gras à abattre. Ma fille Camille eut comme récompense une autre génisse qu'elle plaça en *commende* chez un voisin. Les enfants reçurent le bélier et des brebis. Ils pouvaient d'ailleurs tenir trois moutons dans le troupeau du *granger*.

Bien entendu, dans ce genre de contrat à mi-fruits, tout est partagé : les semences, les engrais et amendements, la coupe des buissons pour le chauffage, et bien évidemment les récoltes. Il en va de même pour le bétail où nous prenions à parts égales les achats et les ventes ainsi que les frais de nourriture achetée (tourteaux d'huile). Le laitage allait au *granger* seul. Il avait à sa charge l'ensemble des frais de main-d'oeuvre (personnel embauché). Il devait acquitter la moitié des impôts fonciers, selon la surface réelle comprise dans le bail.

La première année - à l'automne 1852 - je lui ai avancé les semences de blé car le sien ne me convenait pas. Il me paya dans les mois qui suivirent. Louis Boissard travaillait avec sa famille (son épouse, une fille et un fils adultes, ainsi que d'autres plus jeunes). Il avait, malgré tout, besoin d'une main-d'oeuvre complémentaire, car il faut au moins six personnes à temps complet dans une telle ferme.

A son entrée il manquait de matériel et je lui ai cédé un char et un tombereau, vendus à crédit. Nous nous entendions très bien. Il rapportait ou j'achetais tout ce qui s'avérait nécessaire à la bonne marche des affaires. Nous nous arrangions sans problème. J'avançais les impôts, il me remboursait quand il le pouvait. C'était la même chose pour les *gaudes* ou le sarrasin ; s'il en manquait, il en prenait dans mon stock avant le partage des récoltes et rendait après coup. Nous établissions les comptes de temps à autre, une fois l'an - ou environ. Le 1er fut arrêté le 18 janvier 1853 ; je lui redevais 19,45 F. Des ventes de bétail pouvaient donner lieu à des comptes intermédiaires. Mais en 1854 nous eûmes une terrible épidémie sur les moutons, plusieurs bêtes ont péri et Boissard voulut s'en séparer, ce dont je fus d'accord. Tout devait être vendu au cours de l'été et la première transaction commença à la foire de Pierre le 1er juin.

En septembre 1853 Louis me demanda si je pouvais lui avancer 300 F pour payer un remplaçant à son fils aîné qui devait tirer au sort. J'ai accepté bien volontiers et il signa simplement la reconnaissance inscrite dans mon livre de comptes. Malheureusement Denis tira un mauvais numéro et le 11 juin suivant il partit à l'armée. J'ai encore prêté 50 F au père qui lui remit cette somme pour son voyage.

Tableau 22 : Compte du Granger Louis Boissard
(Février 1852 à Novembre 1854)

LIBELLES	RECETTES	DEPENSES
Blé	3 684	136
Bovins	988	417
Moutons	83	0
Trèfle	41	0
Fumier	-	183
Cendres	-	137
Tourteaux (d'huile)	-	61
Locations (prés)	-	68
Impôts	-	333
Intérêts sur cheptel	-	130
Personnel	-	1 150
Déplacements	-	200
Assurances	-	90
Entretien du matériel	-	170
Divers	19	8
Amélioration du domaine	347	49
Total	**5 162**	**3 132**
Solde d'exploitation	-	2 030
Nourriture et entretien	-	700
Habillement	-	600
Solde final	-	**730**

Chiffres estimatifs

Ce départ eut donc des conséquences fâcheuses car il imposait au *granger* l'embauche d'un valet. Louis Boissard y renonça et me demanda d'arrêter prématurément le bail à la St-Martin suivante. J'y consentis et cela s'arrangea à l'amiable. Le 9 novembre 1854 Pierre Cordelier-Fèvre (ancien maire), à qui nous avions confié la tâche d'expertiser le bétail, évalua l'ensemble du troupeau 2 383 F. Il y avait quatre paires de boeufs, quatre vaches, cinq bêtes *d'élève* et deux veaux. J'ai trouvé cette estimation surévaluée d'au moins 150 F, mais pour ne pas rompre la bonne harmonie qui a régné pendant trois ans avec Boissard, j'ai accepté une réduction de 33 F, ce dont toutes les parties furent d'accord. Chacun avait ainsi enregistré une plus-value de 175 F. J'ai proposé à Louis de prendre une génisse, et un veau de son choix. Il consentit avec satisfaction, très content d'emmener ces deux animaux. L'expert dressa un écrit et nous avons signé tous les trois.

Le 30 décembre 1854 nous établîmes avec Boissard le règlement des visites de la rendue du domaine qu'il avait cessé d'exploiter le 11 novembre. Un état des lieux, fait à son entrée, stipulait une indemnité de 347 F en faveur du *granger*, en fin de bail, en raison de travaux à faire. Nous avons déduit 49 F pour *contours* à réparer en hiver et j'ai compté la différence. Mais Boissard me devait 300 F prêtés plus les intérêts au taux de 5%. Finalement il me remit le solde, soit 17 F, et nous fûmes quittes.

J'ai examiné cette affaire de *grangeage*. Le bétail avait rapporté 18% l'an mais il fallait déduire la nourriture et ajouter le travail des boeufs de trait. Boissard devait soustraire les intérêts sur la moitié du capital ; par contre il avait profité du laitage.

Dans cette affaire, Louis Boissard a bénéficié de la forte hausse du cours du blé (passé de 16 F à 28 F entre 1850-1852 et 1853-1855). Il est évident que s'il avait été *granger* dans les années précédentes, il aurait encaissé 1.500 F de moins, cet écart ne lui permettant pas d'assurer l'entretien de sa famille. Quant à moi, ce *grangeage* m'a rapporté 500 F de moins que si j'avais exploité avec des salariés, ceci en raison de l'évolution favorable des cours, bien entendu. Cependant, avec Louis Boissard, j'ai eu plus de tranquillité d'esprit. En 1854, ayant retrouvé mon allant, Albert étant davantage préparé aux affaires, nous reprîmes les rênes.

⇒ *Le fermage*

- La ferme de La Croix à Diconne

L'année après mon mariage (1823) je dus intervenir, au lieu et place de mon épouse, dans le renouvellement du bail de la ferme de La Croix à Diconne. L'échéance normale était la St-Martin (11 novembre) mais dès le 20 octobre, nous nous sommes retrouvés chez Me Bonaventure Mathey, notaire à Thurey. Ce domaine, après la mort de ma belle-mère, était resté dans l'indivision entre ses trois enfants : Marie (ma femme), Camille et Reine Guillemaut.

Dans un coin de l'étude se tenaient les deux témoins convoqués : Jean Gandillet et Marie Martin, de Thurey, que je ne connaissais pas. Maître Mathey, après avoir donné lecture de l'acte, nous demanda d'apposer nos signatures au bas de la minute. Tout le monde signa sauf Claude Rolland, le fermier, qui ne savait pas écrire.

Claude Rolland prenait la place de son beau-père Plathey avec qui il avait été associé. Par la suite le bail (de 6 ou 9 ans) fut renouvelé à son terme normal chez les Mathey, notaires depuis fort longtemps. Le dernier bail remonte à 1859. La surface de ce domaine est passée de 21,5 ha à 26 ha lorsque nous avons ajouté l'étang Bourdillon (asséché) et des champs. Il y a maintenant six hectares de prés. Après la mort de mon beau-père Denis Guillemaut, en 1839, Marie eut la ferme de La Croix dans son lot ; nous avons gardé l'exploitation directe des 14 hectares de bois.

Dans les mois précédant l'échéance du bail, nous discutions des conditions. En 1839 nous avons même négocié le renouvellement de 1841, augmentant le prix de 28 F en le passant à 1 300 F par an. Rolland promit en plus 100 F d'étrennes, en versa la moitié de suite (sous forme d'arrhes) et le reste au moment de la signature du contrat. Ces étrennes sont courantes dans notre région.

Quand Claude Rolland mourut en 1850, son épouse continua l'exploitation avec ses deux fils : Jean et Claude. Les filles avaient quitté la maison. Et puis, la mère Rolland disparut dix ans plus tard, laissant ses garçons avec leurs épouses dans ce domaine. Aujourd'hui Jean Rolland exploite la ferme de La Ranche et Claude demeure à Diconne. Cette famille nous est donc fidèle depuis cinquante ans au moins.

Une visite du domaine a lieu à l'entrée et à la fin du bail. On évalue les *intérêts* (dégradations, etc.) existant et, si à l'échéance nous constatons une aggravation, le fermier sortant doit payer la différence. Dans le cas contraire, il ne peut prétendre à rien, bien entendu.

Le contrat sert surtout à bien définir toutes les clauses et engagements réciproques, de manière à éviter toute contestation possible. Le fermier assure les charges locatives normales, dont l'entretien des parois des bâtiments depuis la ceinture du bas (la *seule).* En cas de travaux - qu'il ne peut pas refuser - il est contraint de faire trois convois par an avec une voiture attelée de quatre boeufs, à une distance maximum de deux myriamètres et demi (25 km), sans rétribution. En réalité, ce droit n'a servi que lors de gros travaux, notamment en 1853-1854. Rolland est allé chercher de la chaux à Ciel, du sable à Verdun et à Mervans. Récoltant de la paille, il remplace les gluis des toitures de chaume (*gélinier, tects à porcs*).

L'assolement ne doit pas être modifié et demeurera *à trois mains* (assolement triennal) ; les terres ne seront pas surchargées. La dernière année le fermier ne pourra ensemencer que le tiers des champs (blé) dont il aura la récolte l'année suivante, ne l'ayant pas eue la première année de son contrat. Il n'a pas le droit de sous-louer sans mon autorisation écrite.

Le foin est récolté tous les ans, les prés fauchés *à faux courante*. Le fermier ne peut faire manger l'herbe sur pied, il est obligé de rentrer le foin pour l'hiver. L'entretien des prés est strict : *étauper* deux fois l'an, enlever les ronces, réparer les fossés et saignées (rigoles), écheniller (élaguer) les buissons selon l'usage du pays. Et attention aux usurpations, le fermier y veillera ou en sera responsable. Après les récoltes, tous les foins et fourrages, pailles, seront consommés entièrement par le bétail de la ferme. La dernière récolte restera attachée à l'exploitation.

La moitié des fruits (pommes, poires, etc.) nous appartient et la récolte se fait en notre présence. Le fermier ayant trouvé à son entrée du bétail d'une valeur de 380 F, il en restituera l'équivalent à sa sortie. En cas d'intempéries graves (grêle, gelée, etc.) aucune indemnité ne sera accordée. Les Rolland avancent les impôts fonciers de Diconne (domaine et bois) qu'ils déduisent du fermage, à condition de fournir les quittances. En mars 1860 nous nous sommes aperçus qu'ils n'avaient jamais payé l'impôt des portes et fenêtres (à leur charge). Nous n'avons exigé que cinq années d'arriéré soit 25 F.

Les redevances en nature ont quelque peu changé depuis 40 ans. Autrefois nous demandions chaque année 12 bons poulets, 5 kg (ou 10 livres) *d'oeuvre grand coeur* et 1,5 kg (ou 3 livres) de laine de moutons. Nous avons remplacé ces produits par 12 doubles décalitres de seigle et 7,5 kg de beurre de bonne qualité.

L'élevage s'étant développé, aujourd'hui nous exigeons que tous les engrais issus de l'exploitation soient conservés pour en assurer un bon développement. Depuis peu nous permettons au fermier de faire paître son bétail dans nos bois *à la 5ème feuille tombée* (5 ans après la coupe).

Ignorant ce qu'il peut arriver, l'un des membres de la famille pourra, le cas échéant, occuper une partie de la ferme. J'ai réservé pour cela : une écurie, une loge à *pourceaux*, un fenil, l'usage du puits et du four, deux chambres dans la résidence, six carrés de jardin et la totalité du verger. De plus le fermier devra garder notre vache dans son troupeau et s'en occuper. Dans ce cas-là nous lui verserons 30 F par an pour l'indemniser.

Le prix des fermages est passé de 45 F l'ha en 1823 à 50 F depuis 1841 ; le présent bail (1859) n'a pas été modifié. Mais à l'heure où je vous parle un domaine de ce type se loue 60 F l'hectare, d'ailleurs nous exigerons ce prix lors du renouvellement. Bien que l'échéance annuelle soit le 11 novembre, les paiements sont exigibles le 1er septembre, après la moisson. Toutefois le premier loyer n'a lieu que la deuxième année car le fermier entrant n'a pas droit à la première récolte de blé ; elle appartient à son prédécesseur. Le jour venu le fermier paie en argent, déduisant les impôts fonciers, ainsi que des factures de travaux - le cas échéant - avancées pour mon compte. Mon fils Albert, comme je vous l'ai dit, novice en matière de fermage, s'était trompé en 1853 et avait acquitté une année erronée sur le livre de Rolland. Les fermages sont obligatoirement libérés en or ou en argent, au cours légal, et non autrement. Les retards de règlements se sont améliorés depuis huit ou dix ans. Avant 1855 Rolland s'acquittait avec un retard de 4,9 mois. Ce délai est passé à 4,6 mois et il n'est plus que de 3,7 mois.

Le fermier, en signant un bail, engage toute sa famille, tenue solidairement, et même ses héritiers. Notre garantie porte sur ses meubles, son matériel, son bétail, ainsi que sur l'ensemble de ses récoltes entreposées à la ferme, par préférence à tout autre créancier. Nous nous contentions de cela, mais maintenant nous avons en plus l'engagement de pouvoir hypothéquer l'ensemble des biens, présents et à venir, de cette famille. L'épouse du fermier nous a subrogés dans ses droits d'hypothèque légale contre son mari.

La ferme de La Croix, louée 1 300 F par an, entraîne une charge d'impôts fonciers de 200 F (soit 15% du fermage) ; les travaux d'amélioration absorbent 8% du loyer. En réalité, ce domaine nous apporte un revenu annuel moyen de mille francs.

De temps à autre nous rendions visite aux Rolland. Leurs enfants ou valets s'empressaient de s'occuper de notre jument, la faisaient boire et la rentraient à l'écurie. Il fallait bien leur donner quelques étrennes pour tant de prévenance. La mère Rolland se chargeait aussi de faire filer de l'*oeuvre* (chanvre) par des femmes de Diconne. Et puis, à l'époque des cerises, Claude envoyait son domestique nous apporter notre part. Le brave garçon avait aussi son étrenne pour ses peines.

Je vendais parfois du bois au fermier. Il s'associait pour cela avec mon garde et achetait des baliveaux gélifs. Parfois il fabriquait du *bois de moule* et nous en vendait. Claude Rolland était aussi mon représentant sur place. Il s'occupait des achats de communaux lors des ventes, ou bien faisait établir des relevés cadastraux par l'instituteur, voire plaçait une borne.

- La ferme de La Ranche

Albert, le seul garçon qui nous restait, nous quitta en novembre 1865, emporté par une fièvre muqueuse. Je me vis devant une charge devenue beaucoup trop lourde pour moi. J'avais moins l'habitude des affaires, et puis je me sentais vieux, épuisé... abattu par un chagrin immense. Mes espoirs de succession s'évanouissaient. Et mes filles ? Pouvaient-elles assurer un tel fardeau ? Non, certes !

Après mûre réflexion, j'ai demandé à Jean Rolland, l'un de mes fermiers de Diconne, s'il consentait à exploiter le domaine de La Ranche. De toute manière, il fallait bien le louer, et il n'était plus question de l'exploiter sous forme de *grangeage*, avec une surveillance réelle. Jean Rolland et son épouse Eugénie Rossignol ne dirent pas non et le 23 février 1866 nous discutâmes des conditions. J'avais préparé un projet de bail. Pour commencer, les Rolland voulaient faire un essai de dix-huit mois avant de signer un contrat en bonne et due forme à la St-Martin 1868. Les bois de La Chapelle étaient exclus, mais il y avait 34,3 ha de terres et 7,4 ha de prés soit 41,7 ha en tout. Quant au fermage, j'ai avancé le prix de 2 800 F par an (67 F l'hectare) mais mes interlocuteurs refusèrent, affirmant que les locations de bonnes fermes sont à 60 F l'hectare, rarement plus. Nous tombâmes d'accord à 2 500 F.

Evidemment, de nombreuses clauses sont identiques à celles du bail de Diconne qu'ils connaissent parfaitement : exclusion des bois, entretien habituel des bâtiments, charrois à la charge du fermier en cas de travaux de réparations ; remplacement des gluis pourris des toitures de paille. L'assolement demeure *à trois mains*. Il est obligatoire de faire consommer l'ensemble des fourrages à la ferme (et non d'en vendre), ainsi que d'utiliser sur place la totalité des engrais produits. Le fermier ne peut ni sous-louer des terres à autrui ni en louer d'autres pour lui-même, afin de maintenir la fertilité du domaine. Il doit entretenir convenablement les haies, les prés (qu'il fauchera), etc. Il avancera les impôts fonciers et ne bénéficiera de la 1ère récolte de blé que la 2ème année. Un an avant l'échéance il n'ensemencera que le tiers des terres. Ici, j'ai exigé un paiement en deux termes égaux : le 1er septembre et le 1er mars. Il n'aura droit à aucune indemnité en cas d'intempéries, devra surveiller les usurpations, déplacements de bornes, mitoyenneté des haies. Il y aura visite à l'entrée et à la sortie (dont la moitié des frais à ma charge).

Ne voulant pas quitter La Ranche, nous nous sommes réservé six pièces au midi de la résidence, tout le jardin, la vigne, le bas du chartil fermé (pour bricoler) et l'usage d'une partie de l'avant-toit arrière de l'*hébergeage* pour stocker notre bois de chauffage. La cour, le puits, le four demeurent communs. Par contre j'ai conservé l'entière propriété des peupliers dans la cour ainsi que la tonte de tous les saules (à leur 6ème année). Nous aurons la moitié des fruits (pommes, etc.). En ce qui concerne le jardin, Rolland nous fournira et transportera sur place 33 mètres de fumier. Il nous laissera prendre de la paille pour couvrir certaines récoltes l'hiver.

Notre cour est en parfait état et j'y tiens. Rolland amènera chaque année un convoi de tous ses attelages chargés de gravier trié pris à la rivière du Doubs.

Voulant pouvoir assurer une petite récolte de maïs, de navette ou de toutes autres graines, je me suis réservé 51 ares de terres en *étoules*, mais Jean devra y effectuer tous les travaux avec ses attelages seulement.

En plus des 2 500 F en argent, il nous donnera tous les ans : 6 doubles décalitres de maïs, 20 livres de beurre en septembre (en vérité j'ai ramené cette redevance à 12 au cours de la discussion) et 2 livres de laine, s'il nourrit des moutons.

Avec une vache dans son troupeau (qu'il devra nourrir, traire, etc.) le fermier nous livrera un litre de lait par jour lorsqu'elle sera tarie.

Nous avons bien des amis et des parents dans la région. Aussi ai-je prévu de pouvoir continuer à les accueillir convenablement. Ainsi lorsqu'ils viendront, Rolland logera, nourrira et soignera leurs chevaux. Comme nous n'aurons plus de jument, le fermier devra nous conduire chaque fois que nous voudrons sortir, mais il sera défrayé.

Jean assurera aussi tous nos transports de bois de chauffage, de grains au moulin, d'engrais pour le jardin, etc.

En ce qui concerne le cheptel, j'ai fourni du bétail estimé 1 600 F, dont 600 F seront gratuits mais le solde paiera intérêt à 5%.

Rolland avancera pour moi l'assurance de la Compagnie Le Phénix (à valoir), et il garantira son mobilier, ses récoltes et le risque locatif.

En dehors du fumier, il achètera tous les ans 100 tonneaux de cendres que je reconnaîtrai, tant pour le sarrasin que pour le blé, ou l'équivalent en autres engrais dont nous conviendrons. Si je renonce à certaines retenues, elles seront chiffrées et payées en argent.

Le 15 mars Jean Rolland s'installa à La Ranche avec sa famille. Il avait bien du mobilier et du matériel. Son frère, des parents, des amis ou voisins l'aidèrent, et j'ai vu arriver un premier convoi comprenant 11 voitures chargées. Le 20 mars 1866, ayant mis en vente publique mon train de culture, Rolland acheta pour 824 F de matériel et d'outillage dont il avait le plus grand besoin. Ainsi il acquit aux enchères : trois chars (398 F), cinq charrues (75 F) avec treize chapeaux, un tombereau (37 F), deux herses, des outils pour la culture (fourches en bois et en fer, coupe-chardons, tridents, un *bigot*, des râteaux, des pelles, une *batteure* à beurre, et j'en passe. Il misa et obtint une vache (137 F) et deux veaux (60 F). Il promit de payer avant la fin de l'année. Cinq jours plus tard deux de mes domestiques (Messager et Vendême) passèrent à son service.

Il restait encore quelques travaux d'amélioration à faire dans leur logement. Désiré Petit s'en alla à Charette acheter du gravier, des tuiles, des carreaux de pavé et deux sacs de plâtre. Les réparations ne furent pas ruineuses et je m'en suis tiré pour 16 F plus le travail du maçon. Après coup, j'ai vendu ma jument blanche à Rolland, je vous en ai parlé. Moi, je ne pouvais plus m'en occuper.

Juste avant la foire de La Balme, nous avons battu ma dernière récolte de blé. J'en avais gros sur le coeur, cachant mon émotion. Jean Rolland et ses trois domestiques nous donnèrent un bon coup de main. Je lui ai offert dix francs pour le dédommager mais il n'a jamais voulu d'argent pour ce service.

Chaque fois que j'ai eu besoin du fermier pour nos déplacements, aux foires et marchés, visiter la famille à Thurey, il a toujours répondu présent. Le 20 septembre, je suis allé à La Chapelle pour affaire, mais j'avais un ouvrier pour me conduire. A mon âge, on ne maîtrise plus très bien les chevaux. J'ai remis 0,50 F à la fermière. Si j'avais besoin du cheval pendant une journée, je donnais un franc.

Nous étions convenus, dans le bail, que le fermier ferait tous mes transports. Je pensais liquider mon stock de blé. Alors, depuis novembre dernier, j'utilise cette possibilité pour livrer mon grain à St-Germain ou à Bellevesvre. Les garçons de la ferme en ont chargé jusqu'à douze sacs par voiture. Après coup, je l'ai remboursé des frais d'auberge de ses domestiques (1,50 F par personne). J'ai ainsi vendu tout mon reliquat de blé des années 1864-1865. A la fin de l'année 1867 nous en avons livré 572 doubles décalitres et j'ai encaissé 3 489 F.

En novembre 1866 Jean Rolland me demanda une somme de 4 000 F. Il devait acheter avec son frère, m'a-t-il dit, des biens appartenant à leur soeur cadette. Je lui ai signé un papier et il a pu retirer 3 000 F chez M. Mitaine-Sergent, banquier à Pierre. Il me devait 824 F sur la vente mobilière et, pour compléter, je lui ai remis 176 F. Jean Rolland et son frère Claude avaient à verser cette somme chez Me Charpy, notaire à St-Germain. Jean signa une reconnaissance de dette et promit de régulariser lorsque son frère viendrait à La Ranche payer le loyer de Diconne. Le 27 janvier 1867 les deux frères étaient chez moi, nous avons établi des billets réguliers sur papier timbré : un de 1 000 F pour Claude, trois de 1 000 F pour Jean, l'aîné ; l'intérêt était à 5%. Aussitôt j'ai déchiré et brûlé la reconnaissance signée en novembre. Et ainsi le 10 novembre suivant, Jean régla les intérêts des billets, soit 150 F, et ceux dus sur le cheptel (50 F). Quinze jours plus tard il remboursa le capital plus les intérêts à 6%.

Nous nous entendons très bien avec le fermier. D'ailleurs, nous avons tué un cochon ensemble en février. C'était une belle bête de 304 livres que Jean avait engraissée, évaluée 76 F au prix de la dernière foire de Simard. M. Richard, boucher à Mervans, saigna le porc, le sala et le partagea. J'ai réglé la moitié du cochon et des frais d'abattage. Jean n'avait pas de vin blanc et, à notre tour, nous apportâmes notre contribution. De temps à autre la fermière nous vend (ou nous donne) du lait, de la crème. Dans le projet de bail, j'ai oublié d'inscrire la redevance en beurre. Quand je m'en suis aperçu, ayant relu ce projet signé par Rolland, je me suis empressé de lui payer le beurre fourni depuis deux ans. Quant au fermage, il l'acquitte avec exactitude.

Et puis un beau jour les Rolland ont décidé d'aller exploiter des terres à Diconne. Ils m'ont prévenu qu'ils quitteraient La Ranche à la St-Martin 1868. Je n'ai pas pu les retenir, d'ailleurs ils avaient accepté d'y venir pour m'aider, me montrer leur reconnaissance. Le 28 décembre 1867 nous avons signé une simple lettre où nous avons fait mention de notre accord pour résilier à l'amiable à la date susdite, sans contestations, nous dispensant de toutes sommations ministérielles. Depuis ce jour, il est libre d'aller ailleurs. Aujourd'hui, j'attends leur départ et n'ai pas encore trouvé de remplaçant.

II - 3. 2 L'assolement

Dans notre région bressane, nous pratiquons la culture *à trois mains*, c'est-à-dire l'assolement triennal. D'ailleurs ce mode est tellement ancré que nous l'inscrivons dans les baux, obligeant fermiers, voire *grangers*, à respecter cette tradition.

Le principe de ces rotations culturales fonctionne ainsi :

- 1ère sole : un tiers des terres en blé et en seigle ;
- 2ème sole : un autre tiers en en céréales de printemps (maïs, pommes de terre, sarrasin, etc.) ;
- 3ème sole : jachère (ou *somard*)complète ou partielle. Et le cycle reprend la 4ème année.

Si dans la région ce grand principe est respecté, il existe des différences selon les communes et le type d'exploitation. A La Ranche, en 1836-1838, la jachère n'était pas complète puisque près de la moitié des terres en repos donnaient des récoltes de trèfle ou de luzerne, voire de vesces, apportant ainsi un complément de fourrage au bétail. J'appelle ceci la demi-jachère. Mais dans le canton de Pierre les prairies artificielles recouvraient 2% de ces sols en sommeil.

En 1836-38 nos terres cultivées (les deux tiers des champs, soit 20 ha sur 30) comprenaient : du blé (30% des champs - ou 44 % du sol travaillé), du seigle (6,69%), du sarrasin (9,43%), des pommes de terre (5,94 %), du maïs (13,54 % - dont 3 ha de *turquis* donnés à mi-fruits). Dans le canton de Pierre, la vallée du Doubs - la *Fin* (Fretterans, Lays, etc.) - est emblavée principalement en blé (70-80 % des terrains ensemencés au lieu de 40% en Bresse à partir de Pierre, La Chapelle, etc.). Ajoutons que la culture du blé se pratique essentiellement dans les exploitations d'une certaine taille, les petits agriculteurs (mi-journaliers, mi-cultivateurs) ne pouvant envisager une telle activité par manque de moyens financiers).

Le cycle triennal n'est pas uniforme et figé. Ainsi au blé peut succéder directement du trèfle (demi-jachère), voire une deuxième récolte de froment - assez rarement toutefois -, ainsi au Champ Jacot (1837-1838). De même un champ demeure parfois en demi-jachère pendant deux ans, avec du trèfle ou de la luzerne (le Creuilly, 1836-1837), puis en blé. D'autres terres restent parfois en *somard* pendant plusieurs années. Certaines parcelles portent rarement du blé. Quand nous avons semé cette précieuse céréale au Champ Mauchamp en 1838, cette terre n'en avait pas eu depuis six ans. Tout ceci pour vous dire que de toute manière nous respectons globalement la culture *à trois mains* (sauf la demi-jachère) mais qu'en réalité nous agissons à notre guise, et surtout en fonction de la richesse des terrains, de l'état des sols le moment venu. Le temps nous contrarie parfois, nous obligeant à modifier nos projets.

Tableau 23 : Répartition des cultures (1836 - 1838)

Cultures	Superficie en Ha			Répartition (en %)	
	1837	1838	1839	des terres	des cultures
Blé	8,9	8,7	9,2	29,6	43,6
Seigle	1,9	2,9	1,3	6,7	9,9
Semailles d'automne	**10,8**	**11,6**	**10,5**	**36,3**	**53,5**
Sarrasin	2,7	2,7	3	9,4	13,9
Maïs (1)	3,4	4,5	4,3	13,5	20
Pommes terre	2,0 (2)	1,7	1,7	6	8,7
Carottes	0,2	0,2	0,2	0,5	0,8
Betteraves	0,0	0,3	0,0	0,3	0,5
Chanvre	0,2	0,3	0,3	0,9	1,3
Raves	0,3	0,3	0,3	0,9	1,3
Semailles de printemps	**8,8**	**10**	**9,8**	**31,5**	**46,5**
Total cultures	**19,6**	**21,6**	**20,3**	**67,8**	**100,0**
Jachère complète	2,8	0,4	1,8	5,4	
Jachère partielle	7,5	7,9	8,8	26,7	
dont navette-colza	2,4	3,0 (3)	2,7	9	
dont trèfle-luzerne (4)	3,7	3,5	5,1	13,6	
dont vesces	1,4	1,4	1,0	4,1	
Total des terres	**29,9**	**29,9**	**30,9**	**100,0**	

(1) dont 3,02 ha de maïs à mi-fruits

(2) dont 0,6 ha de pommes de terre à mi-fruits

(3) dont 0,22 ha de colza

(4) dont 0,30 ha de luzerne

De nos jours, la situation générale a évolué. Le blé s'est encore développé, la jachère a bien reculé au profit des prairies artificielles. Il est vrai que l'élevage a pris davantage d'importance, d'où des besoins d'herbages plus conséquents. Les bovins produisent aussi plus de fumier, ceci bénéficiant aux terres.

II - 3. 3 Engrais et amendements

⇒ *Le fumier*

Le fumier est le principal engrais utilisé. Il représentait 79% de nos dépenses d'engrais avant 1840. Le blé en absorbait la majeure partie (85%), le seigle 5% et le sarrasin 3,5% ; le reste allant aux pommes de terre, aux betteraves et surtout au chanvre.

Nos besoins annuels de fumier ont évolué dans le temps : 4.176 pieds (142 M^3) avant 1840, 4 000 pieds (136 M^3) après 1850 et 4 900 pieds (167 M^3) ces dernières années ; ceci lié à l'extension des surfaces ensemencées en blé, passées de 9 à 12 hectares.

Nous en répandions chaque année, en moyenne, 369 pieds cubes (12,5 M^3) par hectare pour le blé, 146 pieds (ou 5 M^3) pour le seigle, et 79 pieds (2,7 M^3) pour le sarrasin.

Avec un troupeau composé de 15 bovins et d'une jument, notre bétail assurait 89% de nos fumures en 1840 ; nous n'achetions que 597 pieds cubes (20 M^3). Davantage de blé, un troupeau en forte augmentation (17 bovins en 1854 et 21 en 1865), cela explique que, malgré des besoins d'engrais plus importants, nos achats ont considérablement diminué depuis 1860. Chaque bête produisait en moyenne 7,8 mètres cubes de fumier prêt à épandre, mais cela allait de 6 M^3 pour une vache à 10 M^3 pour un boeuf.

En 1838, voulant connaître mieux la rentabilité de l'engraissement des boeufs d'octobre à mars, j'ai évalué la quantité de fumier produite pendant ces six mois. J'en ai conclu que deux boeufs engraissés produisaient 1 700 pieds cubes (57,8 M^3), au lieu de 1.200 (40,8 M^3) par paire de boeufs de trait, ceci lié à une nourriture plus riche et plus abondante, notamment en tourteaux de navette. Mais il s'agit de fumier frais sortant de l'étable, diminuant considérablement de volume - peut-être de moitié - en se tassant et en pourrissant. Je l'ai estimé deux sous et demi au lieu de cinq pour l'ancien, respectant les règles du marché (le frais à moitié prix). De temps à autre nous sortions le fumier des étables et le mettions en deux tas de taille différente dans la cour de la ferme. Le moment venu, je cubais mes tas afin d'évaluer mes besoins futurs.

Quant aux achats, les négociations commençaient au mois d'août pour aller jusqu'en octobre, époque des semailles du blé. Quelques enlèvements avaient lieu au printemps, mais assez rarement. Ainsi, le 26 août 1836, jour de la foire de La Balme, j'ai rencontré M. Bonnot-Massin. Nous nous sommes attablés et avons discuté fermement. J'avais besoin d'engrais et le sien était disponible. Après un certain temps, ayant vidé une bouteille, nous nous mîmes d'accord. Il m'a vendu, sur sa parole, tout son fumier à deux sous et trois liards (0,1375 F) le pied cube (0,034 M^3). Il convint d'enlever six pouces (16,2 cm) sur l'ensemble du pourtour et des rives, et deux pouces (5,4 cm) au-dessus ; je ne voulais pas d'engrais appauvri et trop desséché ne valant rien. Le 20 septembre, mes domestiques s'en allèrent à Varennes-sur-le-Doubs chercher le fumier, conduisant cinq voitures attelées aux boeufs. Ils firent deux voyages et à midi s'arrêtèrent chez M. Prince, à Charette. Les bêtes étaient fatiguées, il faisait encore chaud, et les hommes avaient grand faim. Le cabaretier leur servit deux livres de fromage, six livres de pain et ils burent six bouteilles de vin rouge. Le soir, après le déchargement, ils dînèrent à la maison, la servante leur ayant préparé un copieux repas que j'ai évalué à 0,75 F par voiturier.

J'achetais de temps à autre en bloc, au jugé, c'était parfois avantageux. Mais en général les négociations portaient sur la valeur d'un pied cube. Pour des affaires importantes, ou avec des gens peu connus, je remettais des arrhes - 5 F généralement - mais cela variait selon les exigences des vendeurs. Les paiements avaient lieu à l'enlèvement de la dernière voiture, voire dans les jours suivants. Je n'ai bénéficié de conditions particulières qu'au château de Pierre en 1835. J'avais enlevé 588 pieds (20 M^3) de fumier de chevaux à différents prix. Je n'ai payé à M. Arveux, chargé d'affaires de M. le comte de Thiard, que l'année suivante.

Le fumier de cheval représentait 61% des achats et je le trouvais à Pierre (à l'Hôtel de la Poste chez Prieur, mon principal fournisseur, ou chez d'autres commerçants possédant des chevaux pour leurs affaires - les bouchers Petit et Demaisières, le maçon Joseph Favier-Duc, voire parfois chez le médecin (le Dr Curé) ou le vétérinaire (M. Rossignol), et puis surtout chez les gendarmes et au château de Terrans.

A la gendarmerie je traitais avec le brigadier Gelé. Ainsi, en 1850, il m'avait fourni du fumier non pourri partout, une grande partie moisie et se mettant en poussière. Malgré cet inconvénient, attendu la qualité, il n'était pas cher. Mes ouvriers en avaient chargé 23 voitures pour 120 F. Les gendarmes m'ont fourni ce précieux engrais jusqu'en 1856. Je m'arrangeais avec eux. Après négociation, le brigadier acceptait d'ajouter gratuitement tout le fumier que les chevaux de la brigade produiraient jusqu'à enlèvement du tas par mon personnel, une semaine plus tard. Quant à notre médecin de famille, le Dr Curé, j'exigeais en plus de pouvoir ramasser autour de son tas tout ce que ses volailles avaient pu évaser. Le connaissant, il n'avait pas besoin d'acompte. Et puis, au château de Terrans, j'avais bien des connaissances : M. Grèle, le jardinier, et M. Dufour, garde de M. de Loisy. Les deux personnages me livraient le fumier des chevaux du château. Je leur faisais promettre d'y joindre une *portée* supplémentaire, un petit cadeau, en fait.

Le fumier de bovins représentait 37% de mes achats. Je le trouvais chez des agriculteurs ou des journaliers ayant une vache. Je m'approvisionnais au village (40%), à Pierre chez des cultivateurs des hameaux (31%), à Terrans (18%), voire plus loin : à Authumes, Lays, Varennes. A La Ranche, Charles Vorey me livrait le fumier de sa vache (5 à 6 M^3 par an) pour payer ce qu'il me devait, ou pour avoir un peu d'argent. Parfois, ne pouvant faire mieux, il promettait d'ajouter un peu de cendres et de la colombine (de ses pigeons). Il en fut ainsi jusqu'à sa mort en 1863. A cette date il était encore redevable de 27 F. L'année suivante, sa veuve et son fils me remirent deux voitures de fumier d'une qualité médiocre. Mais il fallait bien s'en contenter. Cela ne soldait pas entièrement la dette, mais que voulez-vous ! Son fils avait même renoncé à sa succession.

Parfois je recevais du fumier de moutons (2,4% des achats) fourni par des journaliers du voisinage, débiteurs envers moi la plupart du temps : les Guénuchot et Eusèbe Guillemin. Ce dernier avait aussi une vache. Je lui avançais parfois de l'argent et il me remboursait en journées de travail ou en me remettant des engrais dont il n'avait guère besoin. Mais en 1837 il m'a livré du fumier très mauvais pour ma grande chènevière de Gros-Bois où j'avais semé du chanvre. Cet engrais était mélangé avec de la terre. Heureusement je l'avais payé 0,15 F le pied au lieu de 0,25 F.

Il m'arrivait de régler des achats différemment. En septembre 1851 je devais 107 F à M. Prieur pour une livraison de fumier. Bachelet, marchand de grains, restait débiteur envers moi à la suite d'une vente de navette faite au marché de Bellevesvre le 13 septembre car il n'avait pas assez d'argent sur lui. J'ai donc demandé à Bachelet d'acquitter la dette auprès de M. Prieur. Cette pratique était assez inhabituelle.

J'ai compté en sous (5 centimes) et en liards (1,25 centime) jusqu'en 1856, et puis j'ai abandonné cette pratique. Chaque achat de fumier était négocié individuellement, ce qui pouvait amener des écarts en fonction de la qualité, de la composition (demi-pourri, frais, etc.) et de l'habileté du négociateur. La même année nous pouvions avoir une différence de cinq centimes par pied. Mais nous connaissions les cours en nous informant aux foires, etc. Cependant, je peux vous dire que le prix est passé de 0,23 F le pied cube (ou 6,71 F le mètre cube) avant 1840, à 0,28 F de 1855 à 1865, après avoir connu une baisse dans les années 1850-1854 (0,20 F). Les cours sont stables.

Nous charriions le fumier surtout à l'automne dans les terres à blé. Pour ce faire, nous utilisions nos voitures à deux ou à quatre planches attelées aux boeufs. Nous chargions en fonction de l'humidité du sol et de l'état des chemins afin de ne pas provoquer des grosses ornières. Jusqu'en 1850 j'ai compté ces transports en *voitures* et puis après j'ai adopté les pieds cubes. Il y avait donc des voitures évaluées selon leur contenu, allant de 2 à 7,50 F. Lorsque les terres étaient gorgées d'eau, nous chargions plus légèrement les chars à deux planches évalués deux ou quatre francs. Si nous utilisions un char à quatre planches attelé à deux paires de boeufs, cela faisait une bonne voiture à 7 F. Mais en temps normal nous estimions ces chargements 6 F, contenant 40 pieds cubes (1,37 M^3). Ainsi donc, cela allait de 13 pieds (0,44 M^3) à 50 pieds (1,71 M^3). En année ordinaire une centaine de voitures étaient nécessaires pour assurer le transport entre la cour et les champs. Cependant, en année pluvieuse comme en 1836, il fallut effectuer 185 voyages avec des chars beaucoup moins remplis.

Les hommes avaient charrié l'engrais. Ces ouvriers recevaient 0,35 F par jour (nourris) en 1840 pour porter le fumier. L'épandage était plutôt réservé aux femmes. Elles furent d'abord payées à la voiture (0,25 F en 1836) puis à la journée (0,30 F en 1849, 0,40 F en 1859 et 0,50 F de nos jours). En septembre 1836 Jeanne-Marie Chanussot en avait *épanché* 20 voitures. Y participaient les épouses des journaliers du voisinage : Caroline Richard, Fifine Petit, Marie Mauchamp et bien d'autres. Chaque femme pouvait épandre environ 30 pieds (1 mètre cube) par jour ou une voiture.

Le coût des fumures varie bien entendu selon les cultures. Ainsi pour le blé, le prix moyen par hectare s'élevait à 85 F en 1836-1839, mais pouvait aller de 45 F à 95 F selon ce que l'on voulait distribuer dans chaque parcelle. Pour le seigle, nous arrivions à une moyenne de 30 F par hectare en passant de 60 à 75 F quand nous fumions, car certains champs ne recevaient rien. Quant au sarrasin, cela coûtait 12 F (en passant par 35 F pour les mêmes raisons).

Nous avons utilisé essentiellement du fumier de bovins (93%), celui des chevaux représentant 6,71%, celui de moutons 0,26%. Le lisier de porcs n'était quasiment jamais utilisé.

Tableau 24 : Engrais et amendements (1836-1838)

CULTURES	SURFACES	ENGRAIS & AMENDEMENTS PAR HECTARE									
		FUMIER			CENDRES			POUDRETTE		TERREE	TOTAL
		Francs	*%*	*Pieds*	*Francs*	*%*	*Tonneaux*	*Francs*	*Hl*	*Francs*	*(en Francs)*
BLE	9,12	85	94,6	369	2	2,2	0,4	3	3,3	0	90
SEIGLE	1,48	30	38,0	146	49	62	8,8	0	0,0	0	80
SARRASIN	2,69	12	21,0	79	32	56	11,1	0	0,0	13	57

Surface en hectares

Nb : 1 pied cube = 0.034277 mètre cube = 34.277 décimètres cubes

1 tonneau = 5 demi-hectolitres = 250 litres

⇒ *Les cendres*

Les cendres représentaient 15,55% des amendements nécessaires à l'exploitation avant 1840. De 1836 à 1838 le blé n'en absorbait que 10%, le seigle 40%, le sarrasin 47%, les carottes, les pommes de terre et les raves le reste.

Nous en répandions 8,8 tonneaux par hectare, en moyenne, dans les terres à seigle. En réalité, c'était très irrégulier. Certaines années nous n'en semions pas, et parfois nous en utilisions 16 tonneaux selon les besoins de la terre. Pour le sarrasin il en allait de même : une moyenne de 11 tonneaux, voire rien l'année suivante. Quant au blé, on ne dépassait pas 0,4 tonneau par hectare. Cela a bien changé en trente ans. Nous achetions globalement 40 tonneaux par an en 1836-1839, 32 en 1855-1859 et puis 67 de 1860 à 1865. Cet approvisionnement irrégulier, pouvait aller de 20 à 120 tonneaux par an, ceci lié aux évaluations faites d'avance. En réalité les terres à blé ont bénéficié d'une forte augmentation de cendres ces dernières années ; le sarrasin s'est quelque peu maintenu, le seigle a presque disparu.

Nous fournissions un peu de cendres non lessivées, issues bien entendu de notre foyer domestique, et nous en fabriquions parfois en incinérant des racines. Cette production demeurait insignifiante : environ deux ou trois tonneaux.

En réalité nous achetions la quasi- totalité des cendres lessivées chez des marchands (95% des besoins) installés le long de la Saône (Seurre et sa région, Verdun-sur-le-Doubs), et en partie chez des particuliers. Notre principal centre d'approvisionnement était le port de Seurre en Côte d'Or (71,6% des dépenses en 30 ans), et puis Verdun (6,3%), St-Jean-de-Losne (3,9%), Pontoux (5,7%), Champdivers dans le Jura (5%). Nous avons changé de fournisseurs en fonction des prix, des problèmes rencontrés avec les vendeurs, des connaissances. Ainsi, Claude Mauchamp-Sixdenier, habitant Champdivers, était un ancien cultivateur de La Chapelle, à qui j'avais d'ailleurs acheté des terres quand il est parti. Il m'a fourni des cendres en 1850 et en 1856, c'est tout. Conry-Giraud, marchand au port de Verdun, est marié avec la fille de notre chapelier de Pierre. Les achats chez Labas à St-Jean-de-Losne ont été faits par Louis Boissard pendant le «grangeage» en 1852. Le fils Guillot, de Pierre, représentait la Maison Virly ; j'ai d'ailleurs annulé une commande pour mon seigle en 1849. Quant aux particuliers, je peux citer à Pierre : M. Prieur, maître d'hôtel, les gendarmes, le serrurier Arveux, l'aubergiste Mercey, le boulanger Gaudillière. J'en trouvais à La Ranche chez la mère Vincent (acquittant partiellement son loyer), chez les Guillemin et les Guénuchot. Les seuls achats importants chez des particuliers furent provoqués par ma colère contre Bichon, marchand à Seurre, en janvier 1839. Donc le 17 mai, étant à la foire de Navilly où j'avais fait conduire des cochons par mes domestiques, j'ai appris que les habitants de Charnay-les-Chalon vendaient leurs cendres car ils ne les utilisaient pas, les terres de Saône étant suffisamment riches. Après avoir livré les porcs et déjeuné, nous nous en fûmes donc à Charnay et commençâmes à arpenter les rues du village. Mais ces gens-là étaient très méfiants et j'ai dû régler d'avance tous mes achats, sans en prendre livraison immédiate. J'avais laissé seize tas que nous prîmes cinq jours plus tard, en achetant un complément. Nos quatre voitures revinrent chargées de 21 tonneaux. Cela me coûtait moins cher qu'à Seurre ou à Verdun (4,85 F au lieu de 5,30 F). J'ai ajouté 0,30 F par tonneau pour les frais d'auberge, malgré que mes hommes eussent reçu des provisions de bouche, et du foin pour les boeufs. L'année suivante je suis retourné à Charnay chez les seize particuliers dont j'avais fait la connaissance en 1839. Cette fois-ci, ils se contentèrent de fortes arrhes (un quart du prix d'achat), demandant 0,40 à 2,75 F. Ils avaient dû apprécier notre passage l'année précédente et s'en souvenaient. Le détail des transactions étant trop long pour être inscrit sur mon registre, j'ai annexé la feuille volante à l'article noté. J'avais dépensé, tous frais compris, 69,70 F. Il y avait des Chapuis (Jean-Louis, Elisabeth, Louis, Chapuis-

Verrot), Moreau, Neuserey, Doublot, Verrot-Guérin, Jobas, et j'en passe. Après, j'ai arrêté ce système, trop fastidieux. Il m'arrivait de faire des échanges avec des fermiers du voisinage à qui je remettais du maïs en contrepartie.

Un approvisionnement important exigeait de traiter d'avance avec les commerçants dès le mois de juin, à cause du sarrasin semé en juillet. Ainsi, le 22 juin 1837, j'ai négocié avec M. Bichon, marchand de cendres et de plâtre à Seurre. Il s'est engagé à me livrer 30 tonneaux avant fin juin pour le sarrasin et 50 tonneaux en juillet-août pour mes semailles d'automne ; le tout à 4,60 F pièce, payable fin septembre, sans aucune retenue de mesurage, et prises à son port. Je n'ai pas versé d'acompte, le connaissant depuis plusieurs années. Deux ans après, le 6 juin, j'ai traité avec le sieur Donzel, de Pontoux. Il me fallait 10 tonneaux pour le sarrasin et 30 pour le blé et le seigle, à prendre mi-juin, si le temps le permettait, à 5,30 F. Donzel devait mesurer à son tonneau et nous devions en prendre livraison à ses dépôts de Navilly et de Frontenard. Il reçut 10 F d'arrhes.

Tableau 25 : Prix moyen engrais - amendements (1836 - 1868)

PERIODE		FUMIER				CENDRES			
		Pieds	Prix	Prix P	Prix M	Tonneaux	Prix	Prix T	Prix M
1836-1838	Total	1 792	302	0,23	6,71	163 (4 ans)	800	4,90	19,60
	Moyenne Achats	597 (3 ans)	137	0,23	6,71	40.7 (4 ans)	200	4,90	19,60
1850-1854	Total	5 063	1 013	0,20	5,83	146	648	4,43	17,72
	Moyenne Achats	1 013 (5 ans)	202	0,20	5,83	28.6 (5 ans)	126	4,43	17,72
1855-1859	Total	6 314	1 777	0,28	8,20	159	794	4,99	19,96
	Moyenne Achats	1 262 (5ans)	353	0,28	8,20	31.8 (5ans)	158	4,99	19,96
1860-1865	Total	3 812	1 058	0,28	8,08	404	2 108	5,21	20,84
	Moyenne Achats	635 (6 ans)	176	0,28	8,08	67 (6 ans)	349	5,21	20,84

Prix P = prix par pied cube
Prix M = prix au mètre cube
Prix T = prix au tonneau

Nous prenions livraison de cet engrais avant les semailles, aux époques susdites. Les paiements étaient au comptant ou après la dernière voiture levée, voire avec un délai (par exemple fin septembre), avec ou sans arrhes, selon les relations existant avec le vendeur. Nous allions négocier dans les ports, chez les particuliers ou chez les marchands qui venaient parfois au village ou plus généralement fréquentaient les foires de Pierre.

Mes domestiques partant à Seurre avec trois ou quatre voitures dînaient sur place chez Vacher (0,75 F par personne) et goûtaient à Charette chez Prince (à 0,375 F). Cela augmentait bien entendu le prix de revient. Et de plus, il fallait choisir de belles journées d'été pour éviter la pluie, désastreuse pour cet amendement. Pour le transport, nous avions fait fabriquer des caisses en bois que nous hissions sur nos chars. Chaque voiture pouvait contenir 5 à 6 tonneaux (1,25 à 1,50 M^3). Les cendres étaient donc mesurées au tonneau équivalant à 5 demi-hectolitres ou 250 litres. Depuis 1849 nous achetions plutôt au demi-hectolitre (50 litres) mais moi je notais souvent la conversion en tonneaux, estimant mieux les volumes. Le tarif variait selon les quantités achetées et les négociations. Le prix moyen au tonneau est passé de 4,90 F (ou 19,60 F le mètre cube) en 1836 à 5,21 F en 1860-1865 après avoir connu une baisse en 1850-53. Au cours de la même année les prix pouvaient varier de 0,25 à 0,50 F, rarement plus.

Comme je vous l'ai dit, Seurre a toujours été mon principal lieu d'approvisionnement. Avant 1840, j'y prenais 60% de mes cendres. Ce volume a fortement diminué après quelques brouilles et pour d'autres raisons personnelles, passant à 6% en 1855-1859. Dès 1860 nous y avons acheté la totalité des cendres. Cette ville, située à une trentaine de kilomètres de La Chapelle, est fort active. Au cours de ces trente années, j'ai connu sept ou huit commerçants, mais les plus importants pour moi furent Bichon (avant 1840), Verrier, et surtout Déglise (d'Aiserey) à partir de 1860.

Ces marchands n'ont pas toujours été corrects avec moi, loin s'en faut. Ainsi, Bichon, à qui j'avais retenu 80 tonneaux à prix ferme en 1837, et levé 64 tonneaux au cours de l'été, refusa de livrer le solde à mes trois voituriers le 21 septembre car, a-t-il dit, les prix avaient monté ! J'y perdis les journées de mes gens et de mes attelages, un retard dans mes semailles, et j'ai évalué ce préjudice à 30 F. Le 17 janvier suivant j'ai payé le solde en lui donnant un bon lui permettant de recevoir son dû - 214 F - chez mon cousin Chaux, marchand de grains à St-Bonnet, qui me devait de l'argent sur une vente de blé. L'année suivante, me méfiant de Bichon, je lui ai versé un fort acompte de 80 F sur 135 dès le 5 juillet, afin de bloquer le prix et la marchandise. J'ai bien eu mes 27 tonneaux mais, quand je me suis présenté chez lui le 17 janvier 1839 pour payer le solde (55 F), ce fripon a exigé une augmentation de 0,50 F par tonneau sur le reliquat, prétextant que j'étais en retard. J'aurais pu refuser le paiement, mais saisi d'indignation, je lui ai réglé 60,50 F. Et puis ce ne fut pas tout. Je lui devais 13,50 F pour deux *poches* de son et rémoulage (pesant 210 livres) pour mes cochons, prix convenu avec son épouse. Eh bien ! ce fripon a porté la somme à 14,50 F. J'ai encore payé. Après coup, en rentrant, je me suis dit que je m'étais laissé voler 6,50 F par faiblesse. Mais il ne serait plus jamais mon fournisseur.

FERME DE LA RANCHE, 1837 - 1865
ENGRAIS, PRIX AU METRE CUBE

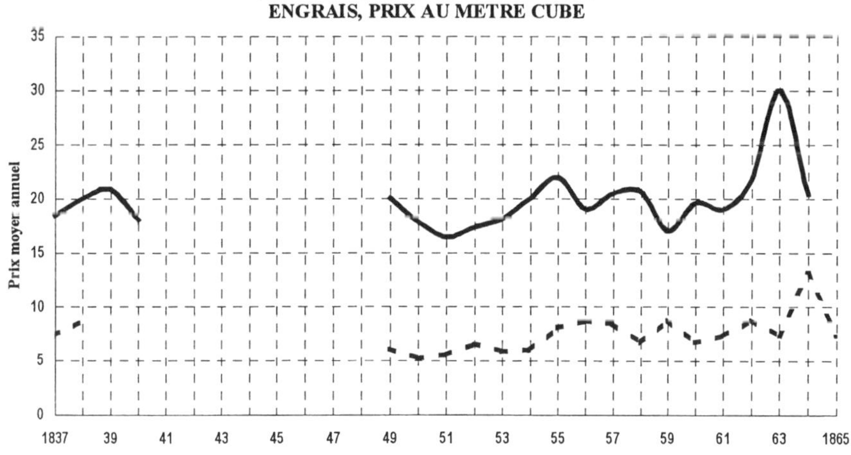

En juillet 1853 Boissard avait acheté des cendres 0,90 F le demi-hectolitre (4,50 F le tonneau) chez Limoge à Seurre. Au mois de septembre suivant, Albert en trouva chez M. Sixdenier à 4,75 F le tonneau. Cependant, après vérification, mon fils s'est aperçu que le demi-hectolitre de ce marchand n'était pas à l'échantillon, perdant un dixième !

Le port de Seurre est donc fort animé par les mariniers et par les marchands de cendres et autres denrées, comme M. Déglise, d'Aiserey (Côte d'Or). Ce monsieur a sur place un mesureur et un garde, M. Fouilleux. Celui-ci est chargé de livrer la marchandise et de recevoir les paiements en cas d'absence de son maître. Mes domestiques puisaient les cendres dans ses tas entreposés. Une année mon valet Chalumeau a accepté de payer à la fille du garde, ayant pour témoin Louis Fèvre.

J'ai noté quelques changements depuis peu. Jean-Baptiste Déglise m'envoya une lettre, écrite à Aiserey le 8 août 1864, dans laquelle il m'indiquait qu'il avait mis à part sur le port de Seurre pour mon compte, et confié à la garde de M. Gautheron, garde de ce port, 152 demi-hectolitres (comptés pour 150) - ou 30 tonneaux à 5,10 F soit 153 F, payables à mon domicile, sans frais, dans les premiers jours de septembre. Il ajoutait que ladite lettre servirait de quittance. Le 8 septembre le facteur Cortot m'a présenté le mandat, de la part de M. Mitaine, banquier à Pierre. Je l'ai acquitté sans frais comme la lettre l'indiquait. J'ai accolé ce papier à la lettre et les ai déposés avec les mémoires, quittances, notes, etc. de l'année.

⇒ *Divers*

J'ai parfois utilisé les carottes ou les feuilles de betteraves comme engrais verts, mais je vais plutôt vous parler de mes essais.

• La *terrée* (ou terreau)

La *terrée* provient essentiellement d'un mélange de terre, de balles de céréales, de morceaux de paille, voire d'autres détritus ayant trempé dans le purin autour des tas de fumier. De la *terrée*, de moins bonne qualité, est issue de la *curure* des fossés ou des fonds de cour (boue), que l'on laisse exposée à l'air pendant tout l'hiver. Evidemment nous n'achetions pas cet amendement réservé presque exclusivement au sarrasin (23% des dépenses d'engrais pour cette plante), et utilisé en quantités infimes pour le blé (seulement dans les *agrillons* ou terres rouges), ne représentant ici que 3,6% des charges. Autrefois son prix estimatif tournait entre un et trois francs la voiture. Les pommes de terre en ont bénéficié en 1839, mais elles avaient été plantées dans un terrain nouvellement défriché - le Piochi Baron - où nous avions préalablement charrié trente tombereaux de terre extraite des fossés.

• Le noir animalisé

Cet engrais, issu d'os calcinés, contient du phosphate. Il valait 5 F l'hectolitre en 1836, c'était donc cher. J'ai fait quelques essais pour mes blés à cette époque. Un temps défavorable m'a fait manquer mes expériences, il faut le dire, sauf au champ de Maison. Le blé était plus beau, plus avancé, pesant davantage, et moins charbonné qu'ailleurs. Mais je n'ai pas poursuivi. J'ajoute que mes tentatives n'ont porté que sur quelques sillons. Etait-ce suffisant ?

• La poudrette «Pernot»

Quand j'étais jeune, j'ai essayé diverses méthodes pour me rendre compte de l'intérêt de tel ou tel engrais. En octobre 1838 j'ai acheté 25 hectolitres de poudrette «Pernot» à 3 F l'un chez M. Bouillon à Verdun. Cet engrais est tiré d'excréments réduits en poudre. Sur mes instructions, mes domestiques en ont mis dans des parcelles ensemencées en blé, surtout au champ de la Vieille Maison (15 hl). D'un côté nous avons répandu du fumier, de l'autre côté de la poudrette, pour voir les résultats. Et puis au champ Mauchamp (ancien pré labouré depuis 4 ans) j'ai allié les deux produits. En 1839 la moisson fut médiocre, en général, sauf dans les parties amendées au *noir Pernot* où les blés étaient assez bons pour la saison. Mais, me suis-je dit, il faudrait une année de plus afin de confirmer ce succès ! Alors, si la récolte de 1840 s'avérait bonne, je continuerais et doserais hardiment, de 9 à 10 hl par *journal*. Mais ce serait toujours cher car la fumure d'un *journal* coûterait au moins 40 F tout compris.

Le seul avantage serait de gagner la moitié des voitures, car 8 tonneaux de cendres (2 M^3) n'amenderaient pas mieux que 10 hl de *noir* (1 M^3). J'ai donc arrêté très rapidement.

- Le purin

Nous avons une fosse à purin près du tas de fumier, afin de ne pas perdre cette urine qui sert à arroser le fumier par temps sec. Parfois nous préparions des mélanges, servant à enrichir les terres à blé, en alliant cet engrais animal à des déchets de tiges de navette ayant passé l'été autour du petit fumier à demi-pourri. Nous trempions fortement le tout à plusieurs reprises avant de répandre.

- Le fumier artificiel (compost, ou engrais artificiel)

En 1839 j'ai voulu fabriquer du fumier artificiel. Pour ce faire, j'ai utilisé et dépensé :

– deux pièces de chaux vive	12 F
– deux tonneaux et demi de cendres (lessivées ou non)	14 F
– un sac un quart de plâtre à bâtir	4 F
– 500 livres de paille de blé	6 F
– paille et *siligue* (silique) de navette estimées	20 F
– levain ou dépôt d'eau de fumier, crottin de cheval et autre chose contenu dans la fosse à purin, à l'état solide (environ trois voitures)	12 F
– deux voitures de fumier sortant des écuries	12 F
Coût total	**80 F**

Voilà pour la composition. Le purin et les autres matières à l'état solide furent délayés dans une lessive d'eau de chaux où il y avait des cendres et du plâtre amalgamés. On fit de tout cela un bon liquide dans lequel on trempa la paille, puis on l'a mis en tas en la foulant fortement. Vous dire que ce fut une réussite ! Je n'ai pas renouvelé cette expérience.

- Le plâtre

En avril 1838 j'ai acheté 18 sacs de plâtre à bâtir (à 3 F l'un) chez M. Boissard à Pierre, pour plâtrer le trèfle. La pluie s'annonçait, c'était très mauvais. Le marchand me remit 8 sacs vides pour couvrir mon chargement. Nous avons fait des essais au champ d'Henry dans les pièces du dessus, au Grand Piochy, en évitant d'en épandre sur le bout des sillons près du contour. A la Bobère nous avons plâtré double un sillon sur 18 *pas* (14,6 mètres) pour voir. J'avais donné ordre d'en mettre 3 sacs par *journal* (ou 9 *mesures* = 246,6 litres). Cela n'a pas réussi, le trèfle fut très médiocre et je n'ai pas recommencé. Il faut préciser que cette opération avait été faite par temps pluvieux. Nous étions le 9 avril, les bourrasques de neige, de grésil s'abattaient sur La Ranche. Cela donnait peu d'eau, mais durait depuis plusieurs jours. Le trèfle et le terrain étaient humides, l'air ne put soulever le plâtre. A cela s'ajoutait une température extrêmement froide pour la saison. A l'époque, j'avais noté de suivre le résultat, marquant ainsi mon inquiétude. Je ne fus pas réellement déçu, tout au moins quant à mes prévisions. Pour le reste, ce n'était pas la gloire. Par la suite, j'ai acheté quelques sacs de plâtre, mais pas pour le trèfle.

- La chaux

Je n'ai utilisé de la chaux vive (2 pièces provenant de chez Savey au Pont de Navilly en 1839) que pour composer mon mélange de fumier artificiel. Nous en achetions un peu chaque année pour chauler le blé de semence, je vous en reparlerai.

Un engrais était rarement utilisé seul lorsque nous préparions une terre pour l'ensemencer. Dans notre région le fumier domine très largement pour les blés (94%), - avec modifications ces dernières années -, les cendres sont essentielles pour le seigle et le sarrasin (environ 60%) ; cette dernière plante utilise à égalité le fumier et la *terrée* (voir notre tableau). Cependant, comme nous l'avons souligné, les quantités répandues par hectare peuvent varier dans des proportions importantes selon l'état des sols, ou en fonction de ce qu'une parcelle avait reçu précédemment, voire de l'humidité, ou dans des terres nouvellement défrichées. Ainsi, par exemple, en 1836 et en 1838 les terres à seigle avaient été fumées ; en 1837 elles n'eurent que des cendres. Quant au sarrasin ayant bénéficié de fumier et d'un peu de *terrée* en 1836, il eut droit à beaucoup de cendres et de «terrée» pendant les deux années suivantes.

II - 3. 4 Mode de culture

En Bresse les champs sont labourés en sillons, ordinairement à deux raies, issus de deux tours de charrue qui forment ces bandes de terre étroites et relevées, séparées par une sorte de canal servant à l'écoulement des eaux : la *roie* (ou raie). L'humidité du sol argileux nous impose cette manière de travailler. Dans la vallée du Doubs ils cultivent *à plat*, c'est-à-dire qu'ils forment des bandes larges de huit à seize raies.

En 1836 j'ai fait bien des essais de sillons plus amples pour le blé, allant jusqu'à douze *pieds* (3,90 mètres) au Champ du Four, ou de douze raies à la pièce de la luzerne. Les sillons doubles (ou joints ensemble) sont plus communs, d'ailleurs nous les appelons «ordinaires» ; les triples apparaissent moins souvent.

Ces nouvelles méthodes n'ont pas apporté de changements profonds, ni modifié les résultats.

II - 3. 5 Les grands travaux

⇒ *Les semailles d'automne*

Les gerbes de blé séchaient dans la grange depuis fin juillet, la foire de La Balme approchait, nous commencions à nous préoccuper du premier battage d'été. Nous avions besoin des *sements* pour la prochaine saison, de grain à vendre ou à moudre.

Le jour-dit, les batteurs préparaient l'aire, étendaient les gerbes, puis les coups répétés et cadencés des fléaux pleuvaient. Il en sortait un grain nouveau, encore chargé de poussière et de balle, qu'un bon vannage ôtait partiellement. Quand le blé paraissait propre, il était monté au grenier. Avant de semer, plusieurs *jetées* à la pelle ainsi qu'un ou deux criblages à la main le débarrassaient des dernières graines parasites. Alors un très beau blé blanc (ou rouge) laissait augurer une prochaine récolte de qualité. Ce battage des *sements* se faisait parfois en septembre, juste avant la préparation de la terre.

Les gerbes étaient parfois chargées de mauvaises herbes, de chardons, de graines indésirables ; cela s'annonçait mal. L'achat d'un *vannoire* a allégé la charge de travail, ce matériel servant à éliminer la balle et bien d'autres choses. Malgré cette machine je faisais encore - si nécessaire - *jeter* le grain à la pelle pour finir la préparation.

Ce blé, je le triais. Il y avait le gros, le court et le petit. La qualité du grain est primordiale pour assurer la continuité des récoltes, car j'achetais rarement du blé à semer. Je louais un trieur chez Dromard à Pierre afin d'éliminer encore des éléments non souhaités et de sélectionner.

Quelques jours avant les semailles, nous descendions deux ou trois sacs de blé que les ouvriers déversaient en petits tas dans la grange. Ils apportaient alors de la chaux qu'ils mélangeaient avec le grain, bien proprement, à la pelle de bois. Il n'en fallait pas beaucoup et chaque année j'en trouvais un quart de mesure (à 0,60 F), ou une demi chez Cornier ou Guyennot à La Chapelle. Cela servait à éliminer les parasites (champignons), la carie, le charbon. Chaque automne, plusieurs *chaulées* se succédaient dans la grange au rythme des semailles. Nous avons procédé ainsi jusqu'en 1858. L'année suivante, Albert ayant rendu visite à sa soeur Fanny à Dole, a rapporté du vitriol (sulfate de cuivre), excellent paraît-il pour traiter le blé de *sement*. Nous avons essayé et abandonné la chaux. Au cours des années suivantes les marchands de Pierre nous ont fourni ce nouveau produit.

Une terre en jachère demande une préparation de fonds. Plusieurs *coups de charrue* sont parfois nécessaires pour l'ameublir. Ainsi nous labourions jusqu'à trois fois - voire quatre - avec hersages intercalaires et *relevions les têtes* des sillons en jetant sur le champ la terre que la charrue avait projetée sur les *contours*. Juste avant les semailles nos valets transportaient le fumier dans les terres à blé.

Selon l'ancien usage, les cultivateurs recouvraient la semence par un labour (en *enrayant dessus*, ce que l'on appelle *fendre le blé*). En 1836 nous ne pratiquions plus ce mode de culture, mais je l'ai ressayé cette année-là au Chevrot. Je voulais le comparer à nos pratiques, le sol étant tellement humide, je craignais un résultat déplorable. La méthode actuelle consiste à enterrer le blé à la herse et non plus à la charrue.

Dans la majeure partie des cas, et surtout après une jachère complète, nous effectuions les trois ou quatre labours réglementaires (dont le dernier début septembre), avec un ou plusieurs hersages selon l'état du sol.

Après une demi-jachère (surtout comportant du trèfle), le laboureur *rompait* le trèfle par un premier labour, faisant disparaître les tiges et les racines. En 1836, dès le début du mois d'octobre, nos valets et journaliers avaient charrié le fumier dans les champs, l'ayant jeté à bas de la voiture dans les raies, en faisant des petits tas. Puis vinrent les femmes accompagnées de jeunes hommes qui se mirent à l'épandre à la main et, en l'émiettant, assuraient un bon équilibre. Une légère vapeur s'en dégageait et une odeur de pourriture vous chatouillait les narines. Il faisait encore chaud, la tâche était rude pour le dos. Mon premier valet arriva dans le champ. Les boeufs soufflaient près du buisson mais, au son de la voix du conducteur aguerri, ils se mirent en branle, très lentement. La charrue enterrait le fumier. Derrière l'attelage, des vers se tortillaient, basculant du sillon dans la raie, tandis que des oiseaux gourmands et hardis suivaient et se régalaient. Nous avions fait cette année de larges *billons* valant bien trois ou quatre sillons ordinaires. Pour faciliter les semailles, le domestique hersa la dernière raie de chaque sillon ; puis un autre valet, muni d'un sac rempli de blé, sema la précieuse graine. Ses gestes étaient amples et réguliers, il connaissait bien son affaire. Il fit alors place à un attelage traînant une grande herse. Il fallait quatre *traits* par *billon* pour enfouir le grain ; cependant, la terre ayant éboulé dans les raies, le grand valet y passa alors la petite charrue pour relever la terre afin de faciliter l'écoulement des eaux. C'était du bon travail, très fin, soigné. Et puis vinrent les ouvriers qui, à nouveau, *relevèrent les têtes*, jetant sur le champ la terre que la charrue et la herse avaient amenée sur les *contours*. Tout était propre, net. Quand il s'agissait de vesces, nous pratiquions tous les labours habituels. Cependant, après une récolte de carottes, en 1835, j'avais projeté de semer des vesces au Chevrot au printemps suivant et nous avions effectué un premier labour. La sécheresse nous obligea à y renoncer et j'ai demandé au garçon d'y semer de la navette jaune. Un deuxième passage de charrue, suivi de deux hersages, furent nécessaires. Une fois la récolte de navette terminée, un dernier labour annonça la prochaine semaille de blé, respectant l'ordre des choses.

Faire du blé ou du seigle après une récolte des mêmes céréales nécessitait le grand jeu des trois ou quatre labours, et d'un hersage après le premier passage de charrue en été.

Après des plantes sarclées (pommes de terre, par exemple) la terre était en général très propre, grâce aux différents sarclages, mais les sillons trop petits et trop relevés (surtout après le buttage) ne convenaient pas toujours. Alors nous *enrayions* à la raie pour enterrer le fumier puis tracions des sillons doubles.

La sécheresse prolongée contractait le sol. De grosses mottes gênaient la culture et, si la grosse herse ne pouvait en venir à bout, mes ouvriers devaient se résoudre à les casser au maillet.

L'humidité n'était pas meilleure, surtout en Bresse où nous souffrons de ce phénomène. Les boeufs, lourds et aux pieds fourchus, s'enfonçaient profondément dans le sol. Avant d'entreprendre quoi que ce soit, il fallait remplir les trous, éliminer l'eau et aplanir le sol. Et quand nous avions affaire à de larges *billons*, nous utilisions la jument pour herser et la faisions marcher dans la raie, évitant ainsi les dégâts. Et encore, quand les sillons étaient trop petits, déformés, le sol trop humide, nous ne pouvions pas *enrayer* sur le sillon avec mes grosses charrues et je prenais alors le parti d'*enrayer* à la raie.

Les semailles d'automne, qui commençaient par le battage des *sements*, le charroi et l'épandage du fumier, démarraient par celles du seigle entre le 20 et le 30 septembre. Puis venaient celles du blé, beaucoup plus importantes pour nous, qui débutaient parfois vers la fin septembre et s'étalaient jusque vers le 25 octobre ; mais cela variait selon le temps et les années.

En général, il fallait compter 1,7 hectolitre (ou 8,5 doubles décalitres) de blé de *sement* par hectare en 1836-1840, soit 15,3 hectolitres pour nos 9 hectares. Si les terres étaient très humides, nous semions plus dru, sachant qu'une partie de la graine risquait de pourrir.

⇒ *La fenaison*

Je possède 22 *soitures* de prés (ou 7,5 ha) à La Chapelle, n'en ayant acquis que deux petites parcelles à mes cousins Guerret. La moitié de ces terrains se trouvent au hameau voisin d'Aloise (l'Etang Neuf, la Queue de Balaye). L'autre partie est située près de notre ferme, où seul le Petit Chevrot accuse une superficie de 4,5 *soitures* (ou 1,3 ha). Donc une quinzaine de parcelles sont disséminées dans ce coin bocager. Les *contours* des champs et le verger complètent ce dispositif nécessaire à l'élevage.

La fenaison démarrait chez nous vers la St-Jean et durait environ huit jours, soit une semaine un tiers, mais tout ceci variait en fonction de l'état de l'herbe, du temps qu'il faisait. En une journée normale nous pouvions exploiter deux *soitures* trois quarts. Des journaliers, redevables de *corvées de turquis* venaient donner un coup de main, apportant leur faux.

Le prix des journées de fauchage (1,25 F nourri), qui n'avait pas changé de 1836 à 1863, est passé à 1,50 F. Les journées de fenaison sont payées au prix ordinaire :

- 1 F pour un homme (0,60 puis 0,75 F de 1859 à 1865) ;
- 0,60 F pour une femme depuis 1866 (au lieu de 0,50 F).

Les corvées de maïs permettaient de ne payer que neuf journées sur vingt-et-une.

Seuls les hommes manient la grande faux - le *dard*. Arrivés à l'aube, ayant préparé leur outil, ils se placent en ligne dégradée et attaquent. Des sifflements secs marqués de courtes pauses rythment ce travail ardu. La rosée trempe les sabots et les bas de culottes. Une herbe plus sèche aurait exigé davantage d'effort et dégradé la faux. Les hommes laissent derrière eux des andains que les femmes viennent défaire (*désandener*) dans la matinée. A l'aide de fourches en bois, elles secouent hardiment l'herbe humide, l'exposant davantage au soleil qui, au fil des heures, lui ôte son eau, restituant cette odeur que seul le foin donne à ce moment-là. Il sera encore fané afin d'assurer un séchage parfait, puis rassemblé en bandes allongées (les *reues*) à l'aide de râteaux. Quand le foin est suffisamment sec, les valets amènent les chars équipés de leurs ridelles spécifiques. Un homme conduit et surveille les boeufs que les taons énervent, un autre sur le char arrange soigneusement le foin que deux ouvriers lui tendent alternativement ; et puis les femmes ratissent le pré. Rien n'est perdu, tout est propre. Chacun peut se désaltérer à la cruche d'eau dans laquelle trempe un morceau de pain grillé.

Nous récoltions chaque année environ 40 000 livres de foin, mais le temps a une énorme influence. Habituellement, vingt-huit à trente voyages suffisaient pour rentrer notre herbe. Chaque voiture pouvait supporter 1 250 à 1 500 livres de foin, mais cela variait selon l'état du sol, la superficie d'un pré, les difficultés locales ou l'éloignement. Des transports pouvaient descendre à huit cents livres (par exemple aux prés de Boibe, où il fallait remonter la desserte de Chozal). Nous avons atteint un maximum de 1 750 livres aux Chaintres du champ Rugey en 1837 ; c'était près de la ferme.

Avant 1840-1850 nous stockions la majeure partie du foin dans les fenils de la maison de Gros-Bois, à quelques centaines de mètres de chez nous ; le reste était logé au *baucher* (fenil sur perches de bois) de La Ranche. Par la suite nous avons agrandi l'hébergeage de notre ferme et démoli Gros-Bois, ce qui a entraîné la disparition des charrois fastidieux faits pendant tout l'hiver pour nourrir notre bétail. Cela nous obligeait à botteler le fourrage à l'aide de liens de paille de seigle. De fin septembre à avril-mai, mes domestiques effectuaient une trentaine de voyages de Gros-Bois à La Ranche, ramenant chaque fois trente à cinquante bottes de vingt livres. Ce travail, fait la plupart du temps par nos domestiques, était quelquefois confié à un journalier payé à la tâche. Ainsi, en mars 1840, Jean-Baptiste Gras demanda sept sous (0,35 F) par millier de livres, plus sa nourriture. Il bottela 4 000 livres par jour ; son ardeur lui permit de doubler son salaire. Plus tard, en avril 1856, Putelat (non nourri) accomplit cette tâche au prix de 1,25 F le millier de livres.

Lorsque nous manquions de place ou réservions une partie des fenils pour loger la moisson, la meule était la seule solution possible. Nous dûmes en passer par-là dès 1858. François

Mauchamp, couvreur à paille à La Boucharde, homme de l'art, assurait le travail délicat de finition. Nous lui fournissions les gluis de paille de seigle et de blé. Ce spécialiste demandait 1,50 F par jour (nourri). Pour couvrir une meule de dix voitures, il lui fallait presque deux journées.

La sécheresse a une influence défavorable pour la récolte et sur les cours du foin. 1836 fut une année très sèche, nous n'en rentrâmes que 37 400 livres. Si le prix du foin, vendu généralement *au millier de livres* (une demi tonne), resta à 20 F en juillet, il passa à 50 F en avril 1837. Trois mois plus tard il valait 40 F à la maison et 36 F dans les ports. Pendant les deux années qui suivirent, il se maintint à 30 F. En juin 1852, la grande sécheresse faisait craindre un manque de fourrage, et le foin se vendait 120 F les 1 000 kilos. Au printemps suivant j'ai dû en acheter à La Chapelle et chez Prieur à des prix variant de 40 à 46 F le millier. L'année 1859 fut tellement sèche que certains prés demeurèrent stériles. Je vous ai déjà parlé de M. Druard qui ne demanda rien pour la location de sa pièce, et pour cause ! Je n'avais rien récolté.

Les années plus généreuses laissaient parfois un excédent à vendre. J'ai fourni 4 000 livres de foin à M. Prieur en avril 1856 (à 32,50 F le millier). Cependant, pour le commerce, le bottelage doit être de qualité. J'avais payé pour cela 5 F à Putelat. Les auberges - et surtout les relais de poste comme chez Prieur - vendent du foin aux gens de passage et les jours de foire : 0,50 F la botte et 0,25 F la demi.

Quand j'ai acquis le pré de la Queue de Balaye en 1861, j'ai dû y faire des travaux importants, mais je craignais pour les récoltes à venir. J'ai acheté deux sacs de graine de foin à Pierre (1,50 F) et l'un de mes valets l'a semée en la saupoudrant au travers de l'herbe.

En septembre venaient les regains - tout au moins quand il y en avait - mais cela faisait partie des tâches journalières.

En 1838 mes animaux ont consommé en moyenne 220 livres de foin par jour pendant les mois d'hiver. J'avais à cette époque une quinzaine de bovins et une jument. Cependant, tout dépendait aussi du stock de fourrages artificiels (trèfle, luzerne), voire de boeufs à l'engraissement.

Certains journaliers avaient une ou deux vaches, mais ils manquaient généralement d'herbage. Je leur cédais le fauchage des mares et des *contours* à un prix forfaitaire, réglé en argent ou en journées.

⇒ *Les moissons*

Juillet est par excellence le temps des moissons qui débutaient par celle du seigle. Cependant nos trois ou quatre *journaux* ne demandaient qu'une à deux journées de travail. Je vous parlerai ici plutôt de celle du blé que nous attaquions dans la foulée. C'était l'un des grands événements de l'année. Le temps commande la nature et nous impose son calendrier de travail. Lorsque j'estimais les épis suffisamment mûrs - pas trop pour éviter les pertes de grain - je donnais le signal, prévenais les ouvriers nécessaires et nous pouvions commencer. En général nous moissonnions à partir de la mi-juillet. Parfois un mûrissement précoce nous imposait de démarrer vers le six ou le sept de ce mois ; et puis lorsque le temps n'avait pas été favorable, nous attendions le vingt ou le vingt-deux. Il y eut même des années particulières ; en 1837 la moisson du blé s'est faite du 27 juillet au 4 août, et cependant avec une récolte correcte.

Quand nous n'ensemencions que 27 *journaux* de blé (9 ha), sept à huit jours de travail suffisaient pour rentrer la récolte. Et puis, passant de dix à douze hectares, il fallut dix à douze jours. Nous exploitions une quinzaine de parcelles, heureusement regroupées autour de la ferme, ce qui facilitait la tâche et les charrois.

Vous savez que la production agricole est fort aléatoire. Si le temps demeure le principal décideur, la conduite de la culture a son importance. Je vous ai parlé des engrais et amendements ; l'apport supplémentaire de cendres a été bénéfique. Vers 1836-1840 nous récoltions en moyenne 322 gerbes à l'hectare, nous sommes passés à 404 après 1855 quand j'ai repris l'exploitation. J'ai gardé en mémoire les meilleures années : 1858, 1862 et 1863 où nous avons atteint 520 gerbes ; mais aussi les plus mauvaises : 1836 et 1852 (225-270 /ha). La plus désastreuse de toutes fut 1861 avec 160 gerbes, à peine le tiers d'une bonne récolte ; d'ailleurs en sept jours nous eûmes terminé, et pour cause !

Des semailles d'automne réalisées dans de très mauvaises conditions (excès d'eau, terrain trop mou) contrarient la germination et une partie du grain pourrit. Ajoutons qu'en 1835 la terre était froide, le blé leva mal. Nous avons retrouvé le même phénomène en 1852 ; des moissons versées de tous côtés aggravèrent la situation. Avec un automne trop humide, vous pouvez augmenter les engrais, cela ne donne pas satisfaction. Précisons aussi que les rendements sont très divers selon les champs. En 1860 j'ai enregistré une moyenne de 416 gerbes à l'hectare, mais cela allait de 275 au Creuilly à 568 au Petit Piochy. J'ai fait de nombreuses expériences, pas toujours réussies. Abandonnant parfois les sillons traditionnels, j'ai cultivé en *abouchies* (bandes) mais avec un résultat fort variable. Et puis les taupes qui soulevaient la terre ! Ou les maladies, comme le charbon ; un imprévu, me direz-vous.

En Bresse nous moissonnons avec des faucilles à dents. Cela nous obligeait parfois de faire appel à des spécialistes - comme Levret - qui se chargeaient de les *rendenter* à 0,20 F pièce. Hommes et femmes partaient aux champs pour couper le blé, puis faire les javelles, les lier, placer les gerbes en tas pour le séchage avant de les rentrer. Inutile de vous parler de ce travail pénible, surtout par temps chaud, les moissonneurs étant la plupart du temps courbés. Et puis s'ajoutaient parfois d'autres difficultés : le blé versé ou bien l'abondance des chardons secs dont les piquants vous démangent longtemps ; l'orage qui menace et vous impose d'accélérer la cadence. En dehors de nos domestiques, nous employions des journaliers du voisinage et, de temps à autre, des artisans du village venant «faire les moissons» : le sabotier, le maçon. Avec l'évolution des superficies ensemencées, nous sommes passés de 85-90 journées de travail à 120-130. Il fallait 9 à 10 journées d'ouvriers (voire 11) pour récolter un hectare de blé. Cela variait bien entendu selon les années, le temps, l'abondance de la paille. Ainsi l'augmentation du nombre de gerbes à l'hectare après 1857 explique entre autre que nous soyons passés de 9 journées de travail à 10 ou 11. Autrefois un ouvrier pouvait moissonner et rentrer 33 gerbes par jour, il est passé à 45-50 vers 1860. Mais disons qu'une personne seule (accomplissant la tâche globale) arrivait à récolter dix ares par jour.

Autrefois nos cinq domestiques assuraient 43% du travail. Leur part - encore de 40% en 1856 - a encore chuté (20%). Nous avions recours à des journaliers (dont 30% de femmes ; un quart après 1860). Albert surveillait les travaux. Quelques voisins, à qui nous rendions des services, aidaient bénévolement. Parmi les salariés, certains laissaient des journées de *corvées* de maïs.

Vers les années 1850, cinq domestiques et trois ouvriers moissonnaient neuf hectares de blé, étant présents pendant toute la durée des travaux. Cela a bien changé ; vers 1859-1860 nous avions jusqu'à quinze ou dix-sept personnes certains jours, et d'autres neuf ou dix, ceci en fonction de leur disponibilité ou de nos besoins. En 1852 les moissonneurs faisaient la «saison» complète ; de nos jours seulement 44% de ces hommes procèdent ainsi. En 1864, par exemple, huit ouvriers ont fait deux jours, sept ont travaillé pendant neuf à douze journées, et puis trois sont restés cinq à huit jours. Ces personnes ayant d'autres tâches chez elles ne pouvaient pas venir aussi longtemps ; ce qui explique le nombre de moissonneurs employés.

Les salaires d'ouvriers (nourris) ont évolué de la manière suivante :

- hommes : 1,25 F en 1836 ; 1,50 F en 1857 et 2 F en 1864
  (soit + 60% en 30 ans) ;

- femmes : 0,90 F en 1836 ; 1 F en 1839 ; 1,25 F en 1857
  et 1,50 F en 1864 (+66%).

Les frais de nourriture ont aussi fortement augmenté : 0,50 F par jour en 1839 ; 0,75 F en 1856 ; 0,90 F l'année suivante et 1 F en 1862. Un homme non nourri aurait gagné 1,75 F en 1836 et 3 F en 1864 (+71 %).

Tableau 26 : La Ranche, Moissons (Blé) entre 1836 et 1866

Années	Superficie (Hectares)	Durée (Jours)	Gerbes		Salaires		Nombre de journées				
			Total	Par Hectare	Homme	Femme	Total	Dom.	Journaliers	Aides	Albert
1836	9,0	6,0	2 025	225	1,25	0,9	-	-	-	-	-
1837	8,9	7,0	3 486	393	-	-	-	-	-	-	-
1838	8,7	?	3 200	366	-	-	-	-	-	-	-
1839	9,3	8,0	2 826	305	1,25	1	85,0	40	45,0	-	-
1849	9,3	8,0	3 722	402	1,25	1	-	-	-	-	-
1850	10,3	?	3 900	379	-	-	94,0	38	51,0	5	-
1852	11,0	11,5	2 961	270	-	-	96,5	-	79,0	6	11,5
1856	11,8	9,0	4 447	377	-	-	133,0	45	74,0	4	-
1857	12,3	?	4 198	340	1,5	1,25	125,0	47,5	63,5	4	10,0
1858	11,3	?	5 901	522	-	-	-	-	78,0	-	-
1859	?	10,0	5 550	?	-	-	129,0	30	87,0	2	10,0
1860	12,8	12,0	5 346	416	-	-	106,0	21	79,5	5,5	-
1861	?	7,0	1 920	160	-	-	83,0	21	50,0	2	10,0
1862	12,2	11,0	6 250	513	-	-	126,0	10	100,0	5	11,0
1863	10,6	10,0	5 519	520	-	-	121,5	24	85,5	12	-
1864	?	12,0	4 000	333	2,0	1,5	128,0	48	65,0	3	12,0
1865	?	?	4 620	?	-	-	-	-	-	-	-
1866	10,3	11,5	4 600	447	-	-	-	-	-	-	-

Nos enfants, devenus adolescents, allaient glaner et y prenaient quelque plaisir. Pour les récompenser, je leurs donnais des étrennes.

Moi, je suivais les travaux, très attentivement. Chaque année je préparais une feuille de papier, traçant un cadre et des colonnes ; le moment venu, j'inscrivais chaque soir les journées d'ouvriers, les salaires, les lieux de récoltes et le nombre de gerbes. Cela facilitait grandement le suivi, et puis je reportais le tout au grand livre.

Autrefois nous liions les gerbes avec du blé. Peu avant 1850 les habitudes ont changé, et j'ai décidé d'acheter des liens. Les rives du Doubs forment des zones inondables où poussent toutes sortes d'arbustes ; les habitants recueillent des branches longues et souples qu'ils appellent des «illions». Ils les vendent avant les moissons pour lier les gerbes. C'est pratique, solide. En 1849 j'ai trouvé ces liens chez Guyennot-Cottard, marchand à La Chapelle, à 4,50 F le millier. Dès l'année suivante, étant mieux informé, je suis allé à Fretterans chez un nommé Jannin qui m'en procura suffisamment, mais à 2,75 F le millier. J'allais aussi à Lays, à Charette, voire à Neublans (Jura). Pendant qu'un habitant de ce village m'en fournissait à 2,80 F, M. Mittaine, négociant à Pierre, les offrait à 4 F. Par la suite les cultivateurs du «finage» vinrent en vendre au marché du chef-lieu de canton ; mais ils les cédaient à un prix presque aussi élevé que chez l'aubergiste Gaudillère (5 F au lieu de 5,25 F). Le prix des «illions», passé d'environ 3 F le millier en 1850 à 5 F en 1858-1862, est redescendu à 3 F. Avant d'acheter, j'évaluais la récolte et le nombre de gerbes, il m'en fallait parfois plus de cinq mille.

Quand les gerbes avaient suffisamment séché, nous les chargions sur les chars à ridelles pour les ramener à la ferme où nous les entreposions dans les «bauchers», au grand fenil et au chartil, parfois dans la grange.

Employer jusqu'à 15, voire 17 ou 18 personnes, entraînait une lourde tâche en cuisine. La servante et les femmes de la maison s'activaient, cuisant la soupe au lard, les légumes, le pain, etc.. Ces dernières années nous donnions aussi du riz, mais il en fallait bien une douzaine de livres. Au fil des années les ouvriers sont devenus plus exigeants. Ils commencèrent par demander une augmentation de salaire en 1857, et l'année suivante ils exigèrent du vin. Heureusement, le prix du vin, après une forte hausse les années précédentes, avait retrouvé un cours plus raisonnable. Au début du mois de juillet M. Louis, marchand à Pierre, nous livrait une feuillette de vin rouge «de moisson» (114 litres), pas trop cher, bien entendu !

Tableau 27 : La Ranche, coût des moissons (Blé) hors attelages de 1839 à 1864

Années	Superficie	MAIN D'OEUVRE				Nourriture	Vin	Liens (illions)	Fin Moissons	Total	COUT/HA
		Dom.	Journaliers	Aides	Total						
1839	9,27	48	47	7	102	42,5	-	-	-	144	15,53
1852	10,96	-	98	7	105	47,5	-	7,5	-	159	14,5
1856	11,78	54	78	5	137	99,2	-	10,5	20	266	22,58
1857	?	71	92	5	168	112,5	-	?	-	-	-
1860	12,84	31	115	7	153	95,4	40	25,0	-	313	24,37
1862	12,17	20	161	7	168	136,0	27	31,0	13	375	30,81
1864	12,00	87	114	5	206	128,0	25	17,0	-	376	31,33

La dernière journée de moisson annonçait des réjouissances, surtout le bon repas traditionnel que les ouvriers attendaient avec impatience et qu'on appelle ici le «tue-chin» (tue-chien). Donc ce jour-là, tout le monde participait aux travaux et, une fois la dernière voiture déchargée, chacun allait se laver à l'auge dans la cour, puis s'approchait de la table. La grande salle avait vraiment un air de fête, les meubles étaient bien cirés ; les assiettes, alignées autour de la table, n'attendaient que leurs convives. Et puis, de bonnes odeurs venaient de la cuisine ! Alors, ce soir-là, on abandonnait la soupe, les gaudes ou autres mets ordinaires pour manger de la viande et boire du vin. Le boucher Desmaisières nous avait fourni de la viande de grosse bête (du boeuf généralement) ; parfois nous en commandions plusieurs sortes : boeuf, mouton, veau. Ces dernières années nous étions bien une vingtaine à table, mais ma femme, connaissant le solide appétit de nos ouvriers, prévoyait ce qu'il fallait : 25 livres au moins, si besoin. Le vin coulait abondamment, les rires allaient bon train ; à la fin du repas, Marie apportait son gâteau de moisson, de la bonne brioche au beurre. J'ai d'ailleurs retrouvé dans mes papiers une lettre que j'avais envoyée au cousin Sordet, boulanger à La Chapelle :

«Mon cher cousin Jean-Claude Sordet,

Ma femme t'envoie du beurre, des oeufs et de la farine pour son gâteau de moisson qu'elle te prie de faire demain. Il y aura peut-être trop de farine, mais tu ne mettras que ce qu'il faudra pour faire 26 gâteaux de la grandeur des morceaux de papier qu'elle t'envoie aussi, tu mettras le surplus en couronne, qu'il y en ait au moins quatre ou cinq petites.

Tu voudras bien aussi m'envoyer une miche de pain. Il y a longtemps qu'on te doit. Fais la note pour dimanche afin qu'on solde tout ce que l'on te doit.»

Ah ! ces repas. Parfois, j'ai même acheté un cochon de lait pour fêter l'événement. Je me souviens de l'année 1856, la première moisson après mon retour aux affaires. J'étais content, alors pour ce repas j'ai offert trente bouteilles de vin rouge de Bourgogne, du vin bouché ! Vous dire la joie du personnel serait superflu. Tout le monde chanta, dansa. Et puis il y eut des fêtes moins gaies : celle de 1866, la dernière moisson que j'ai faite. Albert n'était plus parmi nous, les Rolland cultivaient La Ranche, mais cette récolte m'appartenait encore. Nous n'avions pas tué de cochon au printemps et Marie dut acheter du lard pour nourrir les hommes pendant les journées de travail. Il n'y eut pas de *tue-chien*. Chacun comprit notre peine... immense !

Autrefois les ouvriers étaient souvent en compte avec nous et payés de temps à autre ; d'autre part nous utilisions plutôt des domestiques. Après 1850 les journées de moisson se réglaient entièrement le soir-même du *tue-chien* (sauf de 1858 à 1860 où les comptes furent arrêtés une semaine après). La majeure partie des salaires était acquittée en argent (85%), le solde représentant des céréales dues (blé, maïs), voire des reliquats de locations.

Le prix de revient global des moissons (hors frais d'attelages) est passé de 144 F en 1836 à 376 F en 1864. En réalité le prix à l'hectare a doublé (15,53 F en 1836 et 31,33 F en 1864). Les causes de cette hausse sont : les salaires (+60%), la nourriture (+100%, dont le vin à partir de 1858), l'achat d'*illions*. Le coût des attelages nécessaires (4 paires de boeufs et 4 chars à ridelles) était évalué à 184 F en 1836 ; on peut l'estimer à environ 275 F maintenant (+50%). Ainsi le coût réel des moissons (35,38 F à l'hectare en 1839) atteignait 54,33 F en 1864.

⇒ *Les battages*

Les céréales (blé, seigle, avoine, sarrasin), les vesces, voire le trèfle (pour la graine) devaient être battus, mais je ne vous parlerai ici que du blé.

Jusqu'en 1849 nous n'avons utilisé que le fléau. A partir de l'année suivante j'ai eu recours à une machine à battre (*à feu*, à vapeur, ou bien mue par des chevaux) pour une partie de notre récolte tout au moins. Et le fléau n'a été abandonné qu'en 1859.

• Le battage au fléau

Autrefois nous battions peu au mois d'août, sauf pour vendre du blé, moudre du grain pour nos besoins personnels. Par contre, en septembre, la préparation des semailles nous imposait d'égrener 400 ou 500 gerbes pour les *sements*. De la mi-août au début du mois d'octobre 30% de notre moisson était descendue dans la grange et subissait le martèlement des hommes.

Pour nous, il s'agissait surtout d'un travail d'hiver, en morte saison ; il fallait bien occuper les domestiques payés à l'année. Ce battage d'hiver commençait généralement début décembre et s'achevait fin janvier, voire mi-février.

Cette tâche n'était pas forcément régulière car nous avions d'autres activités hivernales : le bois, les buissons, etc. Nous procédions par *dégrangées* successives (huit à neuf pendant cette saison) de 350 à 400 gerbes en moyenne, mais cela pouvait dépasser 600 ou descendre à 200.

Nous ne faisions appel aux journaliers que lorsque nos domestiques se trouvaient suffisamment occupés ailleurs. Dans une journée normale d'hiver, ces hommes, par équipe de trois, battaient quarante gerbes en deux *aires*, une le matin et l'autre l'après-midi. De décembre à début février 65% de la moisson passait entre leurs mains.

En hiver les ouvriers nourris gagnaient 0,35 F par jour. A différentes reprises (1849, 1857-1858) nous avons payé ce travail à *la 17ème mesure* (5,88% du produit) et non à la journée. Ainsi Antoine Bailly, Jean Chevrot et Etienne Cretin, associés pour cette affaire, égrenèrent 2 853 gerbes en 47 jours, du 10 novembre 1849 au 10 janvier 1850, travaillant constamment, sauf les dimanches et jours de fête. Mais voulant gagner davantage, ils battirent régulièrement trois *aires* par journée dont une à la veillée. Après chaque *dégrangée*, ils touchaient leur dû en grain. Tenez, par exemple, le 16 décembre, ayant achevé une *dégrangée* de 925 gerbes qui avaient produit 138 doubles décalitres de blé, ils reçurent en tout 8 doubles. Ils passaient ensemble 60 gerbes par jour soit 20 par *aire*. Chaque soir je comptais 8,6 doubles (1,72 hl). Ce mode de rémunération pouvait rapporter de 0,50 à 0,75 F par jour à un ouvrier selon les années. Les pauvres bougres n'avaient gagné que 0,44 F, ceci dû au faible rendement du blé cette année-là (14,3 doubles pour 100 gerbes) et à son prix peu élevé (13,50 F l'hl).

Si un ouvrier battait 2,3 gerbes par heure en hiver, il améliorait considérablement son rendement en été (3,3). A la mauvaise saison les gerbes humides sont plus difficiles à égrener. Précisons par ailleurs qu'en période hivernale le blé rend moins qu'au mois d'août, le grain ayant déjà séché.

Malgré les soins d'un bon *batteur en grange*, habile, précautionneux, il restait des épis ou des grains qui, moins mûrs, de qualité inférieure, se détachaient mal. Nous appelons ceci les *étappes*. Nous les mettions de côté pour les battre à la fin de l'hiver. Vers 1836-1840 nous obtenions ainsi 3% de la production grâce à un bon vannage à la main ; vers les années 1849-1850, nous étions passés à 7% grâce au tarare et au trieur. Ce blé, de seconde qualité, valait moins cher (5 F le double au lieu de 5,80 F en 1840), perdant 10 à 13% mais, après tout, c'était de la récupération.

Le transport des gerbes provoquait des pertes d'épis que nous ramassions soigneusement ; nous les appelons *blé de grapis*. Les rats et les souris, installés dans la moisson, font parfois des ravages considérables, attaquant le blé comme en 1836 et en 1838 ; le rendement s'en ressent.

Battre le blé entraînait d'autres tâches : lier et enlever la paille pour la stocker, évacuer les balles, vanner proprement le grain au van d'osier et le monter au grenier. L'achat d'un tarare et l'utilisation d'un trieur (épisodiquement) ont permis d'améliorer la qualité du travail, de gagner du temps et d'offrir au commerce un blé plus propre.

Battre au fléau en payant des ouvriers à la journée revenait à 7 ou 8 centimes par gerbe en hiver et beaucoup moins en été (4 à 5 centimes). Mais de septembre à octobre nous étions occupés à d'autres travaux qui ne pouvaient pas attendre : récoltes diverses et semailles. Le blé, bien à l'abri, ne risquait rien (sauf en cas d'incendie) et puis, les domestiques s'en occupaient le moment venu.

• Les machines *à feu* ou à vapeur

Le battage du blé, à l'aide d'une machine, c'était nouveau pour nous ; d'ailleurs M. Lami, entrepreneur et mécanicien à Louhans, m'a dit avoir fabriqué sa première batteuse dite «Comtoise» en 1845.

La première année - le 28 août 1850 - je me suis rendu auprès de M. Paillard à Thurey pour avoir une machine à vapeur afin de battre notre moisson. Neuf ans plus tard mon fils Albert s'en alla à Frontenard trouver M. Favier, de Simard, à qui il remit mon papier rédigé en ces termes :

«Les frères Dury et moi, nous comptons sur la machine à la condition expresse qu'elle vienne chez l'un de nous immédiatement en sortant de chez M. le comte de Lays. Quant à mon voisin Richard, il est plus pressé parce qu'il a beaucoup d'avoine et autres récoltes à rentrer, la place lui manquant, il ne pourra pas attendre. Faites-moi connaître si nous pouvons compter sur vous. Etant chez M. de Loisy le 16 août, elle ira chez M. le comte de Lays et de là directement chez l'un de nous».

En 1860 M. Lami, après quinze années d'expérience, avait acquis une solide réputation en Bresse. Le samedi 15 août Albert fit le voyage au chef-lieu d'arrondissement pour arrêter les conventions de battage avec lui ; il demandait 4,25 F de l'heure, plus la nourriture et l'hébergement des mécaniciens. Depuis cette époque, il vient plus souvent dans notre secteur. Nous allions le trouver à Serley, etc. Enfin, ce fut ma dernière *machine* en août 1866. Quelque temps auparavant j'écrivais à M. Lami :

«J'ai recours à vous pour battre ma moisson par une de vos machines vanneuses, vous savez sans doute le malheur qui a frappé la famille. C'est la dernière récolte que j'aurai à faire battre, ayant mis un fermier à La Ranche. Dans l'année prochaine, ce sera au compte du fermier. Dans cette circonstance présente. »

Faire fonctionner une locomobile nécessite du charbon. Nous n'en avions pas sur place bien entendu. Nous attelions la jument et allions en chercher à Verdun (chez Messieurs Perrot ou Jannin) ou bien à Louhans (chez M. Lécolier) dans des pays où la houille arrive par bateau, via la Saône ou la Seille. Pour ramener cette matière sale et encombrante, le marchand nous prêtait une toile *tendue* de bateau, de douze mètres carrés, que nous étalions sur le char. Il la récupérait un lundi à l'auberge à Pierre et nous lui donnions des étrennes pour ce service. Au début nous prenions moitié *tout venant* (à 1,80 F l'hl) et moitié «gros charbon» (à 2,10). Dès 1860 l'entrepreneur n'utilisa qu'une seule catégorie de charbon dont le prix est passé de 2,40 F l'hectolitre à cette époque, à 2,75 F de nos jours. En 1863 M. Lécolier à Louhans vendait son charbon au quintal (3,10 F) mais les marchands de Verdun avaient conservé l'habitude de le vendre à l'hectolitre. Parfois mes achats ne suffisaient pas ; début septembre 1860, je dus m'empresser d'aller chez le cousin Guerret-Guillemin, briquetier à La Chapelle, qui me remit volontiers huit doubles décalitres de houille pour la somme de deux francs. Ces dernières années la locomobile consommait 0,41 hectolitre par heure (au lieu de 0,5 en 1850). Mais les frais de voyage venaient encore augmenter le prix de revient de 10%.

Le battage par machine commençait début septembre, bien que ces dernières années, cela se passât plutôt au mois d'août. Autrefois, en 1852, il y avait peu de batteuses dans la région : cinq *à feu* et deux à chevaux dans le canton de Pierre, et treize à vapeur à Louhans. La plupart des cantons n'en étaient pas pourvus. Aujourd'hui leur nombre a considérablement augmenté.

Le battage était un très grand événement pour nous et les premières années il attirait bien des curieux. D'ailleurs nous-mêmes scrutions cet engin qui rejetait de la fumée et de la vapeur. Les mécaniciens devaient se lever avant l'aube, précédant tout le monde. Ils préparaient la mise à feu. Ouvrant la porte de la chaudière, ils nettoyaient le foyer, mettaient du charbon de bois sur la grille et allumaient, ayant soin de libérer l'arrivée de l'air dans la grande cheminée. La température de l'eau montait progressivement, la pression aussi. Ils observaient le manomètre à mercure indiquant la pression. Un tube en verre avec flotteur donnait le niveau d'eau. Quand la pression était suffisante, ils jetaient quelques pelletées de charbon dans les flammes. Au bout d'un moment, si tout semblait normal, le chef - ou conducteur - actionnait la soupape à vapeur et un sifflement prolongé marquait le signal du démarrage. Pendant la journée, l'un des mécaniciens engrenait le blé dans la batteuse, un autre approvisionnait la machine en charbon et en eau, la surveillant sans relâche. Quand la fin de la journée approchait, il laissait descendre peu à peu le feu, juste ce qu'il fallait pour terminer le travail. Un coup de sifflet annonçait la soupe. Alors, un mécanicien fermait le passage de l'air dans la cheminée de sept à huit mètres de hauteur, ouvrait la porte de la chaudière et couvrait les braises avec des cendres. Pendant quelque temps encore, il veillait à ce que la pression redescendît progressivement, puis allait manger. Ces curieuses machines à battre sont installées sur des chariots ordinaires à quatre roues : à l'avant le *battoir* et à l'arrière la machine *à feu* renfermant ses tubes de chauffe, surmontée de son réservoir de vapeur ; sur le corps principal on voit des robinets et des appareils de surveillance.

Tableau 28 : La Ranche, battage par machine à vapeur (1850 à 1866)

Années	Gerbes	Durée	Machine à vapeur			Main d'oeuvre		Nourriture	Charbon	Divers	Coût total
			Entrepreneur	Heures	Coût	Jours	Coût				
1850	3 000	2,00	Paillard *(Thurey)*	18,0	60	42,0	24,8	31,2	17,9	-	134,0
1859	5 550	3,00	Favier Monnot *(Simard)*	28,0	98	70,5	51,1	85,0	33,4	13,3	280,8
1860	5 300	3,00	Lami *(Louhans)*	25,7	109	50,0	50,0	75,0	23,6	11,0	268,6
1862	6 600	2,00	Lami-Prost (1) *(Louhans)*	24,0	108	52,0 (2)	52,0	114,8	35,0	12,5	322,3
1863	5 620	1,50	Lami-Prost *(Louhans)*	23,7	106	36,0 (3)	54,0	109,8 (5)	12,4	21,9 (4)	304,1
1866	4 600	1,25	Lami-Prost *(Louhans)*	15,5	75	29,0	58,0	89,0	17,5	27,8 (4)	267,3

(1) Machine - vanneuse
(2) Journée de 12h
(3) Journées de 16h
(4) Dont assurance-battage...
(5) Dont vin rouge...

J'ai fait appel à trois entrepreneurs différents, dont Favier fils à Simard, associé à Jean-Claude Esmonnot (ou Monnot). Quant à M. Lami, de Louhans, il est devenu le maître incontesté avec ses machines «La Comtoise» ; son fils aîné travaille avec M. Prost. Ils ont constitué une société intitulée «LAMI-PROST et Compagnie.» De 1845 à 1866 ils en ont fabriqué soixante (quelques-unes au début et dix à quinze par an maintenant). Un jour il m'a parlé de ses concurrents : Alaise à Châteaurenaud qui fabrique les «Cérès» depuis 1850, les frères Geoffroy, du même lieu, qui construisent «L'Agricole» depuis 1852, et bien d'autres de nos jours : Laurent Alaise à Louhans, Jean-Baptiste Alaise et Vadot-Alaise à Châteaurenaud, Louis Bonin à St-Usuge, tous mécaniciens.

Ces machines battaient 166 gerbes par heure en 1850, 200 en 1860. Dès l'arrivée de la machine-vanneuse de M. Lami en 1862, le rythme s'est accéléré, passant à 275 et frôlant 300 la dernière année.

Les premières batteuses n'assuraient pas le vannage. Ce travail de nettoyage du grain augmentait le nombre de journées nécessaires de 20%. Le prix d'une heure de battage est actuellement de 4,50 F (au lieu de 3,50 F quinze ans avant), mais la forte réduction du temps de travail a fait baisser le coût de 18,50%. Lorsque nous avions affaire à une machine simple, il fallait non seulement vanner le grain, mais aussi les *ballots* (balles) ; cependant cette dernière tâche fastidieuse nous permettait de récupérer 10% du blé. Toutefois la machine-vanneuse perdait encore du blé mais elle avait considérablement amélioré le système. Moi, je faisais encore passer au van une partie des *ballots* et cribler le grain. Rien ne devait rester ! Cela augmentait encore les frais. D'ailleurs nous montions ces balles au *baucher*, les stockant pour la nourriture du bétail en hiver. J'étais peut-être trop exigeant !

En général, trois ouvriers s'occupaient de la mécanique. Nous les nourrissions et leur assurions le gîte. Ces messieurs nous coûtaient bien plus cher que les journaliers employés au battage (1,50 F par jour au lieu de 1 F) étant plus exigeants. Mais dès 1863 ils eurent droit au même régime que nos ouvriers. Que voulez-vous ! De la nourriture à deux francs par jour et par homme, on ne pouvait pas faire mieux. Chez Lami-Prost, Philibert Clerc était le conducteur (le chef si vous préférez), avec deux mécaniciens sous ses ordres. Il avait aussi le pouvoir d'encaisser et de délivrer quittance pour son patron. Dans le décompte des heures, il n'en déduisait qu'une par jour pour le repas de midi. Mais ses maîtres, entrepreneurs de battage à Louhans, surveillaient malgré tout. En 1862 M. Prost, l'associé de M. Lami, est venu à La Ranche pour vérifier et a couché chez nous. Son nouveau conducteur, M. Vadot, assurant correctement son travail, il m'a donc autorisé à lui payer la somme due, ce que j'ai fait quand tout a été fini le lendemain soir. N'ayant pas reçu quittance, je lui ai versé 108 F en présence de deux témoins : Antoine Badet et Jean-Baptiste Grapinet. Je donnais des étrennes aux mécaniciens : 5 à 6 F.

Tableau 29 : Battage par machine à vapeur de 1850 à 1866
(Coût pour 1000 gerbes)

Années	Machine à vapeur			Main d'oeuvre			Nourriture		Charbon	Divers	Coût total
	Heures	Prix/h	Coût	Jours	Prix/j	Coût	Par jour	Coût			
1850	6,0	3,3	20,0	13,9	0,6	8,4	0,8	10,4	6,0	-	44,8
1859	5,0	3,5	17,5	12,7	0,8	9,5	1,0	15,3	6,0	2,3	50,6
1860	4,8	4,3	20,4	9,4	1,0	9,4	1,2	14,2	4,5	2,1	50,6
1862	3,6 (3)	4,5	16,2	7,9	1,0	7,9	1,5	17,4 (1)	5,3	1,9	48,7
1863	4,2	4,5	18,9	6,4	1,5	9,6	2,0	19,6 (1)	2,2	3,9 (2)	54,2
1866	3,4	4,5	16,3	6,3	2,0	12,6	?	19,3 (1)	3,8	6 (2)	58,0
Evolution (1850-1866)	-43,3%	35,0%	-18,5%	-54,6%	-	50,0%	166,0%	85,0%	-	-	29,4%

(1) Y compris vin
(2) Dont assurance-battage
(3) Machine-vanneuse

Cette machine battait à une allure folle. Vingt-deux à vingt-quatre ouvriers étaient embauchés pour ces travaux. Les uns passaient les gerbes (les descendant du *baucher* dans la grange pour les transporter sur la batteuse), d'autres portaient les sacs de blé au grenier ou bien la paille au pailler que des spécialistes montaient. Enfin des journaliers vannaient le grain ou les balles, etc. L'amélioration du matériel, l'augmentation de sa puissance (14 atmosphères au lieu de 5 à 7 au début), la vanneuse, ont permis de réduire sérieusement la durée totale de travail. Ainsi en 1858 Favier battait 5 550 gerbes en trois jours (ou28 heures) tandis que Lami-Prost égrenait 4 600 gerbes en un jour un quart (ou 15 heures ½) sept ans plus tard. Par exemple, pour 1 000 gerbes, nous sommes passés de 13,9 journées d'ouvriers en 1850 à 6,3 en 1866. Les rémunérations ont fortement augmenté pendant le même temps : de 0,60 F à 2 F. Malgré cela, en quinze ans, le prix de revient de la main-d'oeuvre n'a progressé que de moitié grâce à la réduction des heures nécessaires. Cependant il nous faut apporter quelques précisions sur la durée d'une journée de travail. En période ordinaire elle atteignait 12 heures, mais certaines furent beaucoup plus longues. En 1860 nous avons battu du 6 au 8 septembre : la première journée a commencé à 14h30 (soit 3h50 d'activité), le deuxième jour les ouvriers ont travaillé pendant 13h50 et le lendemain ils ont terminé leur tâche en 9h15. Mais le record fut atteint en 1863. Les 3 et 4 août les journaliers accomplirent 24h15 dont 16 heures le premier jour. Ces 24h15 furent comptées à chacun sur la base d'un jour et demi au tarif de 1,50 F (au lieu de 1 F l'année précédente, mais pour 12 heures seulement). Ils avaient malgré tout gagné davantage, mais je n'ai pas renouvelé ce procédé car la fatigue des hommes a joué d'une manière négative sur le rythme de travail. Voulant battre davantage, car le coût de la nourriture était plus élevé, nous n'avons finalement pas été gagnants.

Les femmes, très peu présentes au battage par machine *à feu* en raison du rythme imposé et de la durée des journées, venaient surtout aider les cuisinières (sauf exception).

Les salaires des journaliers (nourris) pendant le battage ont évolué de la manière suivante :

- les hommes : 0,60 F en 1850 ; 1,50 F en 1863 (mais pour 16h) et 2 F en 1866 (12 h) ;

  les femmes : 0,50 F en 1850 ; 1,50 F en 1866.

Le coût de la nourriture, par homme et par jour, est passé de 0,75 F en 1850 à 2 F ces dernières années (avec un temps de travail très long). Ainsi un ouvrier payé 1,35 F (nourriture comprise) en 1850 recevait 3,50 F à 4 F quinze ans plus tard (soit +196%) ; toutefois son labeur avait doublé (158 gerbes par jour au lieu de 72).

A partir de 1858, comme pour les moissons, nous avons dû donner de la viande de boucherie et du vin rouge. Tenez, en septembre 1860, M. Demaisières nous fournit 17 livres de mouton pour 15 hommes (pour deux journées). M. Louis nous livrait une feuillette de vin à cette occasion.

En dehors des ouvriers payés et des domestiques, trois ou quatre voisins venaient donner un coup de main gratuitement pour compenser des services rendus ; cela ne représentait que 10% à 12% des besoins de main-d'oeuvre.

Et le blé ? Battu, mis en sacs, les journaliers le laissaient près de la batteuse. De temps à autre, ils effectuaient des «montées» de grain en allant vider 15 à 20 sacs au grenier. En 1860 les ouvriers ont ainsi transporté 240 hectolitres. Une partie du blé était stockée dans la grange nord, près de l'écurie des chevaux. Il restait là pour les *sements* ou les premières ventes.

Nous sommes assurés contre l'incendie depuis fort longtemps. Cependant le battage par machine *à feu* présente des risques importants d'incendie du matériel et des bâtiments. M. Lami m'a dit qu'autrefois il avait perdu une batteuse et payé le prix d'une ferme incendiée contenant encore la récolte de blé. Il a alors déboursé de ses deniers personnels la somme de quatre mille francs ! Le 22 septembre 1862 Albert se rendit chez M. Moissenet, notre assureur, agent principal de la Compagnie Le Phénix, pour lui déclarer que nous allions battre 6 600 gerbes avec la machine locomobile vanneuse de M. Lami, mécanicien à Louhans, les 24 et 25 septembre. M. Moissenet rédigea donc la déclaration. Un avenant à notre police incendie fut établi le 30 juillet 1863. Nous étions couverts pour le surplus de valeur assuré pendant le battage. La prime fut augmentée d'un cinquième, soit un supplément de 14,85 F. Cet avenant n'était nécessaire, bien entendu, que lorsque nous battions avec une machine *à feu*. En 1866 la prime versée à M. Forgeot, successeur de M. Moissenet, se montait à 24,90 F.

Batteuse « Locomobile » dite « Comtoise n°8 » de M. Lamy à Louhans (1849)

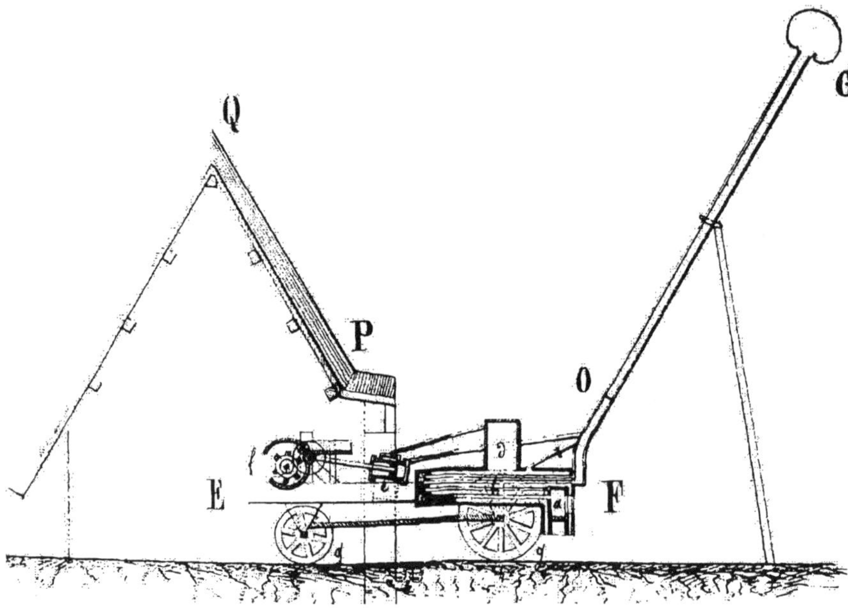

Source : Archives départementales de Saône et Loire, Série M.3088

• Les machines *à chevaux* ou à manège

En 1850 j'ai utilisé la vapeur, l'année suivante le fléau ; au printemps 1852 La Ranche était en *grangeage* mais la moisson m'appartenait entièrement, cette année-là encore. Pour la première fois j'ai essayé une *machine à chevaux*, c'est-à-dire actionnée par des animaux. Adrien Douçot, de Neublans (Jura) arriva chez nous fin août avec sa mécanique et ses quatre chevaux. En sept jours il battit 2 987 gerbes (soit 426 par journée).

Ces travaux se déroulaient en septembre ou en octobre, mais ces dernières années, les frères Bonnin, habitant la commune, vinrent à la ferme dès le mois d'août. En 1857, comme l'année précédente, nous voulions battre au fléau en hiver, mais le blé étant attaqué par les papillons - ce qui a diminué la *grenaison* de deux à trois doubles décalitres par centaine de gerbes - j'ai fait appel à M. Biard, de Serley.

Les entrepreneurs de battage par machines à chevaux sont souvent forgerons, voire même charrons comme M. Franon de Pierre. Ils résident tout au plus à quinze ou vingt kilomètres de La Ranche, mais dès que les Bonnin - qui avaient débuté comme maréchaux - furent équipés, je les ai naturellement demandés.

Ces batteuses étaient actionnées généralement par trois chevaux, voire quatre parfois. Je devais nourrir ces bêtes qui avalaient chacune deux tiers de double décalitre d'avoine par jour et beaucoup de foin.

Deux hommes conduisaient la machine (la plupart du temps le maître et son ouvrier). Ils arrivaient souvent la veille pour préparer le chantier. Jusqu'en 1858 ils eurent droit à un meilleur régime alimentaire que les journaliers des alentours embauchés à cette occasion ; ces dernières années Joseph Bonnin et Perron-Cornier, son aide, mangeaient comme les ouvriers.

Tableau 30 : Battage par machine à chevaux (1852 à 1865)

Années	Gerbes	Durée (Jours)	Machine à chevaux			Main d'oeuvre		Nourriture	Nourriture	Coût total
			Entrepreneur	Prix	Coût	Jours	Coût	(Journaliers)	(Chevaux)	
1852	2987	7	DOUCOT Neublans (Jura)	3 (f/100 gerbes)	89	38	17,3	57	56	219,3
1857	2000	5	BIARD Serley	17ème (mesure de blé)	112,5	35	20,1	50	28,8	211,4
1858	1800	6	THEVENIN Petit-Annoire (Jura)	20 (f/100 doubles)	75	30	18	48	54	195
1858	1820	4	CHARTON Frontenard	3 (f/100 gerbes)	54,6	30	10,5	45	42	152,9
1861	1925	7	FRANON Pierre (Bresse)	4 (f/100 gerbes)	77	?	?	?	45,5	?
1864	4100	10	BONNIN Chapelle St-Sr	4.5 (f/100 gerbes)	184,5	60	60	80	61	385,5
1865	4620	10,5	BONNIN Chapelle St-Sr	4.5 (f/100 gerbes)	212	?	?	?	?	?

Quand tout était normal, les machines égrenaient 400 à 420 gerbes par journée. Le battage d'une partie de notre récolte durait cinq à sept jours, et dix quand la moisson atteignit 4 000 gerbes. Cependant le résultat s'avérait incertain et dépendait aussi du sérieux des conducteurs. En septembre 1858 cela s'est assez mal passé avec les ouvriers de Joseph Thevenin, du Petit-Annoire (Jura) qui gouvernaient mal leur machine. Heureusement leur maître arriva le jeudi à midi, sinon les granges n'auraient pas été vidées et j'aurais été contraint de renvoyer hommes, bêtes et matériel. Et puis leurs trois chevaux consommèrent beaucoup de fourrage et chacun un double d'avoine par jour. M. Thevenin quitta encore dix doubles pour le nettoyage définitif que la batteuse n'avait pas bien opéré. Mais c'était dispendieux ! Ils n'avaient égrené que 1 800 gerbes en six jours. Pour le reste de la récolte, j'ai demandé à M. Charton, de Frontenard, de terminer. Son travail de qualité coûta un quart de moins. Parfois la machine cassait, ce qui nous retardait beaucoup. Et puis les dimanches, personne ne travaillait, mais les chevaux mangeaient mon foin et mon avoine.

En dehors des mécaniciens, cinq à sept personnes suffisaient pour assurer l'ensemble des tâches. Il faut dire que le rythme de travail était bien moins rapide - 60 à 70 gerbes par jour par ouvrier - qu'avec la vapeur. Les journées duraient moins longtemps (une dizaine d'heures, douze maximum) ; les hommes mangeaient moins, ce qui a permis de maintenir le coût de la nourriture à un franc par jour et par personne. D'ailleurs nos domestiques effectuaient presque la moitié du travail ; l'embauche complémentaire était donc faible (trois ou quatre ouvriers). Il n'y avait pas de supplément de salaire à cette occasion, rien ne le justifiait. Les femmes participèrent peu à ces travaux. Seul subsistait l'écart naturel entre personnes de sexe différent ; ainsi en septembre 1852 : 0,50 F pour un homme et 0,40 F pour une femme (plus la nourriture). Ce fut aussi la seule année où j'ai employé un garçon de quinze ans : Désiré Petit. Il avait la même rémunération qu'une femme. Il mangeait moins qu'un adulte, alors je n'ai compté en dépenses qu'un demi-repas (0,50 F).

Tableau 31 : Battage par machine à chevaux de 1852 à 1865
(Coût pour 1 000 gerbes)

Années	Machine à chevaux			Main d'oeuvre			Nourriture (Journaliers)		Nourriture (Chevaux)		Coût total
	Gerbes/j	Prix	Coût	Jours	Prix / j	Coût	Par jour	Coût	Par jour	Coût	
1852	426	3 *(f/100 gerbes)*	30,0	12,8	0,5 [1]	5,8	1,0	19,0	2,7	18,7	73,5
1857	400	17ème *(mesure)*	56,2	17,5	0,6 [2]	10,0	1,0	25,0	2,9	14,4	105,6
	400	si 3 *(f/100 gerbes)*	30,0	17,5	0,6	10,0	1,0	25,0	2,9	14,4	79,4
1858	300	20 *(100 doubles)*	41,7	16,7	0,6	10,0	1,0	26,7	5,0	30,0	108,4
	300	si 3 *(f/100 gerbes)*	30,0	16,7	0,6	10,0	1,0	26,7	5,0	30,0	96,7
	455	3 *(f/100 gerbes)*	30,0	16,6	0,35 [3]	5,8	1,0	24,7	5,7	23,0	83,5
1861	300	4 *(f/100 gerbes)*	40,0	?	?	?	?	?	3,4	23,6	?
1864	410	4.5 *(f/100 gerbes)*	45,0	14,6	1 [4]	14,6	1,0	19,5	1,5	14,9	94,0
1865	440	4.5 *(f/100 gerbes)*	45,0	?	1,0	?	?	?	?	?	?

(1) Septembre
(2) Octobre
(3) Novembre
(4) Août

Le total atteignait 26,55 F. Voilà ce que me coûtèrent les achats faits chez les marchands pour nourrir les cinq ouvriers et les deux mécaniciens pendant six jours. Mais de grâce, ajouter à cela ce que la maison a fourni. Et puis les mécaniciens coûtaient 1,50 F par jour et les journaliers 1 F !

Le prix de revient total du battage par machine à chevaux est passé d'environ 75 F en 1852 à 95 F en 1864 (par millier de gerbes) mais avec des écarts importants dus parfois aux modes de rémunération des entrepreneurs et à leur sérieux. Retenons aussi que le coût de la machine elle-même a augmenté de moitié, celui de la main-d'oeuvre a doublé, le prix de revient de la nourriture des hommes et des bêtes est resté stable.

Dans mes papiers, j'ai retrouvé une note de battage de septembre 1858. Je vais vous la lire :

- le boucher 7.65 F
- vin 12 F

– congé (taxe sur le vin)	1.60 F
– fromage et café	2.20 F
– châtaignes	0.60 F
– divers	0.56 F

Les entrepreneurs de battage par machines à vapeur facturaient à l'heure de travail. Ceux ayant des machines à chevaux demandaient plutôt une rémunération calculée par centaine de gerbes (3 F en 1852 et 4,50 F en 1865). Certains d'entre eux appliquèrent des systèmes différents. Biard exigeait, comme certains *batteurs en grange*, la 17ème mesure du blé battu. Je lui ai donc donné trente doubles à 3,75 F, soit 112,50 F en octobre 1857. Au prix du blé cette année-là, ce ne fut pas avantageux pour nous (un supplément de 87%) ; Joseph Thevenin demandait 20 F par 100 doubles l'année suivante. Et par ce biais, j'ai encore perdu 39% par rapport au comptage des gerbes. Je suis donc revenu au premier système. En réalité ces paiements selon la production auraient pu s'avérer intéressants pour moi, mais en année de faible *grenaison* ou lorsque le cours du blé était excessivement bas. En 1864-1865, la somme due aux frères Bonnin atteignant 200 F, je les ai réglés en billets de 100 F de la Banque de France.

Et la paille ! Dès la sortie de la batteuse, des hommes la transportaient derrière l'hébergeage où des ouvriers habiles l'empilaient, élevant des paillers ronds ou allongés. Autrefois nous en stockions une partie sous le couvert de la *maison de bêtes* de Gros-Bois, devant et derrière le bâtiment, entre la porte de la grande écurie et celle de la grange. Cette réserve protégeait aussi du froid. Cependant il fallait la botteler pour la ramener à La Ranche au cours de l'hiver, nous perdions du temps. Il y a des différences considérables au niveau du volume produit selon les races de céréales. Ainsi en 1837 le petit blé rendait mille livres de paille au journal ; l'autre donnait presque le double, mais exigeait plus de main-d'oeuvre.

Le cours de la paille (vendue au millier de livres) varie beaucoup : 20 F en 1836 ; 12 F en 1839 et 1849 ; 20 F en 1865 mais 32 F l'année suivante !

Le prix de revient final du battage par machine à chevaux a toujours été plus onéreux que par locomobile, enregistrant un écart de 60% à 65%. Le coût de la main-d'oeuvre (nourriture comprise), malgré les différences d'application que nous avons relevées, était sensiblement identique. Alors, tout venait du battage lui-même. D'un côté la vapeur et le charbon, de l'autre les chevaux nourris de foin et d'avoine. Tout cela avait un coût puisque c'était à notre charge. L'écart - 87% en 1852 - a fortement progressé au fil des années pour atteindre 185% de nos jours. L'augmentation du tarif imposée par les entrepreneurs a été compensée par la réduction du temps de travail en ce qui concerne les machines à vapeur, mais ne l'a quasiment pas été pour les autres (moins 15%, ou disons 14,6 journées d'ouvriers pour battre 1 000 gerbes, au lieu de 17,5).

Alors pourquoi ai-je maintenu l'utilisation de ces batteuses à manège ? Eh bien ! quand nous battions par *machine à feu*, je devais décaisser la quasi-totalité des dépenses : entrepreneur, charbon, la majeure partie de la main-d'oeuvre beaucoup plus nombreuse. Par contre, avec l'autre système, je fournissais la nourriture des chevaux. D'autre part, en dehors des domestiques, nous employions peu de personnel extérieur. Finalement, les sorties d'argent liquide, malgré un coût réel bien plus élevé dans le deuxième cas, étaient sensiblement les mêmes. Et puis, les Bonnin nous assuraient d'autres travaux de maréchalerie.

Malgré l'arrivée des batteuses, nous avions conservé l'habitude d'égrener au fléau près de la moitié de notre récolte ; cela a duré jusqu'en 1858. Nous voulions voir la qualité du travail réalisé. Mais au fil des années, face aussi à l'augmentation des salaires, et puis grâce à l'amélioration des prestations fournies par les machines, nous avons abandonné le fléau. Aujourd'hui, si nous voulions encore l'utiliser, il nous faudrait débourser environ 100 F par millier de gerbes.

II - 3. 6 La destruction des nuisibles

Le blé mérite toute notre attention. Je vous ai parlé du chaulage et du vitriolage au moment des semailles afin d'éliminer les parasites. Les jeunes pousses de blé sont attaquées parfois par les limaces qui peuvent faire des dégâts importants. Répandre de la chaux éteinte sur les semis les élimine sans problème. M. de Loisy, de Terrans, m'en prêtait en cas de besoin.

Enfin, les rats demeurent les pires ennemis du cultivateur, mangeant aussi bien les céréales que le foin, les betteraves, enfin tout ce qui leur plaît. Certaines années propices à leur reproduction furent lourdes pour nous. Il y avait bien sûr les chats, mais face à un tel nombre, nous étions obligés de leur donner un coup de main. Comment ? J'allais chercher de l'arsenic ou de la *mort aux rats* (à 0,25 F la dose) chez M. Naudin, pharmacien, et les ravages cessaient au bout de quelques jours. L'emploi de ratières complétait ce dispositif.

II - 3. 7 Les charges diverses d'exploitation

Il y a tout le temps des charges à payer ! J'en trouve encore, par-ci, par-là.

⇒ *Les assurances contre la grêle*

La grêle est sournoise et arrive on ne sait quand. En quelques instants elle peut anéantir toute votre récolte ou une partie. Vous pensez bien que certains ne s'en remettent pas. Après mûre réflexion, le 15 juin 1855, désirant être garanti contre ce risque, j'ai demandé à mon assureur M. Prospère Arveux, agent de la Compagnie Générale d'Assurances, de me préparer un contrat. Au mois de mai suivant, il me fallut établir un papier indiquant l'étendue de mon assolement en blé, avec les parcelles numérotées, les superficies : 11 ha 78 en tout. Mais restait à évaluer le montant de la future récolte. J'ai estimé cela à 400 F l'hectare pour la moitié, et à 600 F pour le reste au champ Ruget où la moisson s'annonçait mieux qu'ailleurs. Cela faisait 5 912 F. Allai-je en récolter autant ? En mai 1857, M.Amiot père, qui était sous-agent de cette Compagnie, me fit payer 41,05 F. Cependant, comme vous le savez, j'avais abandonné la Générale d'Assurances courant 1855 au profit du Phénix pour faire plaisir à M. Moissenet. Ce dernier, examinant ma quittance d'assurance contre la grêle me dit : «Mais vous payez beaucoup trop cher ! Je vais arranger cela». Il me conseilla de résilier. Suivant son avis, juste avant Noël 1857, j'ai envoyé une lettre chargée à M. Arveux, le priant d'annuler la police n° 69. M. Moissenet contacta M. Philippe Druard à Pierre, agent général de la Compagnie dite l'Abeille Bourguignonne, qui rédigea une police pour cinq ans. Chaque année je recevais un avenant établi selon les prévisions de récolte ; la prime variait donc aussi. Mais j'en fus fort aise car la première prime avait fortement diminué : 24 F. Je signais les trois exemplaires de ce document et en retournais un à Pierre. Et puis, le 29 juillet 1860, la moisson battait son plein quand un fort grésil s'abattit sur La Ranche, occasionnant bien des dégâts au blé encore sur pied. M. Druard, averti, se rendit sur place et évalua la perte à 37,60 F (à peine deux hectolitres !). Après avoir signé la quittance reconnaissant cette somme, j'ai encore attendu six semaines avant de recevoir mon argent ; nous étions mi-novembre. A l'échéance de mon contrat, je ne l'ai pas renouvelé. Que voulez-vous ! Pendant ce laps de temps, j'avais versé 109,31 F de primes pour finalement percevoir 37 F d'indemnité ! Après tout, on ne s'assure pas forcément pour toucher, mais tout de même !

⇒ *Les impôts : fonciers, mobiliers, portes et fenêtres, sur les chiens*

Après l'établissement du cadastre de La Chapelle (en 1830), M. Georges, contrôleur des contributions directes, vint au village le 9 octobre 1831. Il expliqua au conseil municipal, que je présidais alors, ce qui avait été fait pour la classification du territoire. Nous l'écoutions attentivement, vous pensez ! Il fallait bien différencier les terrains selon leur richesse et donc leur revenu. Les terres et les prés seraient répartis en cinq classes, les bois et les étangs en trois catégories, les maisons en sept. Une liste de propriétés fut choisie pour servir d'étalon. Ainsi en première catégorie, la base du revenu cadastral était la suivante : 16 F pour une terre labourable ou un étang, 40 F pour un pré, 12 F pour un bois, etc. Les moulins et huileries bénéficiaient d'un classement particulier.

A La Chapelle la superficie totale de mes propriétés est passée de 45,3 hectares en 1836 à 50,9 ha maintenant. Le barème de l'impôt foncier n'a pas varié depuis 1831, et ma propre imposition n'a suivi que l'extension de mes domaines (330 F au lieu de 300 F). Cependant au cours de cette période la valeur locative des fermes importantes s'est améliorée de 30% (passant de 50 F l'ha à 65 F).

Tableau 32 : Commune de La Chapelle Saint-Sauveur
Base d'imposition foncière cadastrale en 1830 (par hectare)

	CATEGORIES						
	1ère	2ème	3ème	4ème	5ème	6ème	7ème
Terres labourables	16	12	9	6	4	-	-
Prés	40	32	24	16	7	-	-
Bois	12	8	6	-	-	-	-
Jardins	16	12	-	-	-	-	-
Vignes	14	-	-	-	-	-	-
Vergers	16	-	-	-	-	-	-
Etangs	16	12	9	-	-	-	-
Pâtures	4	-	-	-	-	-	-
Broussailles	2	-	-	-	-	-	-
Propriétés bâties *	33	22	17	12	8	5	-

** Par propriété, en francs*

Mon revenu cadastral atteint aujourd'hui 750 F et je paie 330 F d'impôts (soit 44% pour le receveur). Mais la location de mes biens au village, qui pouvait être évaluée 2.300 F en 1836, atteindrait environ 3 100 F de nos jours. Le taux d'imposition (13% autrefois) ne serait plus que de 10,6% au moment où je vous parle. Un prélèvement fiscal qui n'a pas augmenté avec une valeur locative en hausse d'un tiers ! Cela paraît intéressant ! Cependant, la réalité est tout autre, car les recettes agricoles varient fortement en raison des bonnes et des mauvaises récoltes, du cours du blé ou du prix des boeufs principalement. Ainsi, notre revenu moyen à l'hectare (y compris celui des bois) - 369 F avant 1840 - a légèrement diminué dans les années cinquante à cause de la crise, s'est amélioré ensuite pour passer à 401 F en 1855-1859. Il est actuellement de 786 F. Précisons que cette forte hausse depuis quelques années provient des ventes de blé (+90%) et du commerce des bovins (+41%), alors que l'ensemble n'a progressé que de 58 %, mais je vous en reparlerai plus tard. Ainsi donc, la charge d'impôts fonciers par rapport à nos recettes totales, qui augmentait (7,2% avant 1840 et 7,9% en 1855-1859) n'atteint plus que 4,9%.

Les receveurs municipaux habitent au chef-lieu de canton. J'en ai connu beaucoup, les ayant côtoyés de près lorsque j'étais maire de La Chapelle. M. Paget fut remplacé par M. Pigalle en 1837. M. Prieur, arrivé vers 1849, partit à Beaurepaire cinq ans plus tard et céda sa place à M. Boitard. Autrefois je versais chaque année deux acomptes de 100 F : un au printemps et l'autre en septembre. Le solde était exigible en fin d'année, mais il m'arrivait de payer au cours de la première quinzaine de janvier. Peu importe, M. Paget datait sa quittance numérotée de fin décembre et il était en règle. Depuis les années cinquante je ne verse plus qu'un acompte entre février et avril (200 F maintenant) et le reliquat en octobre ou novembre.

Le receveur pouvait être un homme bien. Le 7 avril 1840 je me suis présenté au bureau de M. Pigalle pour lui verser 110 F. Il établit le reçu mais, au moment de payer, je n'avais que 90 F dans ma bourse. Je m'étais trompé, pensez à ma confusion ! M. Pigalle voyant cela me dit : «Je ne vais pas refaire une quittance ! Je vous donne celle-ci, mais apportez-moi 20 F, sans faute, lundi prochain en venant au marché.» Je l'ai remercié vivement, respectant scrupuleusement mon engagement. Cependant je vous précise que l'année précédente, en revenant de Lays, je lui avais remis un acompte de 100 F. N'ayant pas ses papiers sur lui, il promit d'émarger son registre et de me donner quittance. La confiance réciproque se mérite donc.

Une seule fois au cours de ma vie j'ai présenté une pétition au receveur, m'estimant lésé. En mars 1849 j'ai adressé une demande à M. Prieur. Le 9 novembre suivant il m'envoya deux dégrèvements accordés par ordonnances : un sur l'impôt mobilier (5,25 F) et l'autre sur la barrière de la cour (2,15 F). J'avais obtenu gain de cause, ma bonne foi étant évidente.

Dans le *grangeage* le métayer paie la moitié des impôts des propriétés qu'il exploite. Un fermier ne fait que les avancer pour son propriétaire.

Les impôts directs comprennent quatre redevances basées sur le revenu foncier, la contribution mobilière et personnelle, les portes et fenêtres, et enfin la patente (pour les négociants).

La contribution mobilière n'a pas une importance capitale pour nous. Tenez, quand ma mère était vivante, elle ne payait que onze à treize francs par an.

Nous acquittons depuis longtemps l'impôt sur les portes et fenêtres basé sur le nombre d'ouvertures de l'habitation. Leur importance est aussi moindre, pouvant représenter cinq à dix francs. A Diconne, il est de 4,82 F l'an.

Le Gouvernement institua par une loi des 2 mai et 4 août 1855 une taxe municipale sur les chiens. Quelques jours plus tard le maire a réuni son conseil et il fut décidé de ne pas trop élever la taxe, sinon plus de la moitié des chiens seraient détruits. Le conseil vota 2 F pour les chiens d'agrément ou de chasse et 1 F pour ceux de garde. Cela ne passa pas, et dès l'année suivante je versais 13,50 F pour nos trois chiens de chasse. Je ne puis vous dire ce qui s'est passé, mais depuis 1864 je ne règle que 2 F par bête.

Enfin il y avait parfois des contributions exceptionnelles. Le 3 avril 1854 j'ai payé 20,42 F au receveur qui m'avait adressé un rôle spécial pour les pauvres. La commune traînait une somme de 1 500 F qu'elle avait dû prélever sur les fonds communaux pour aider les malheureux à la suite de la disette de 1846-1847. Il fallait bien rembourser.

II - 4. La production agricole

II - 4. 1 Les cultures

Je vais maintenant vous parler de nos différentes plantes cultivées, objet de tous nos soins. Elles représentent, en dehors de l'élevage, notre activité essentielle.

⇒ *Les différents types*

Nous cultivons diverses céréales, mais je vous expliquerai. Les légumineuses offrent un appoint non négligeable et complémentaire pour la bonne marche de la ferme.

- Les céréales

Elles sont indispensables. Certaines comme le blé permettent de manger (le pain) et d'acheter tout ce dont nous avons besoin (la commercialisation) ; d'autres servent essentiellement à l'alimentation humaine et animale (maïs, sarrasin, seigle).

° *Le blé*

Si la superficie cultivée en blé est passée de neuf à douze hectares, je n'ai suivi que la tendance générale de la région ; et puis les êtres humains mangent plus de froment qu'autrefois.

Tableau 33 : La Ranche : Production de Blé de 1836 à 1866
(en hectolitres)

ANNEES	SUPERFICIE *(en hectares)*	PRODUCTION *(en hectolitres)*	RENDEMENT *(par hectare)*	NOMBRE E GERBE	HECTOLITRES OUR 100 GERBE
1836	9,00	96,5	10,7	2 025	4,76
1837	8,87	122,2	13,7	3 489	3,50
1838	8,73	145,3	16,6	3 200	4,54
1839	9,25	141,3	15,3	2 826	5,00
1849	9,25	107,5	11,6	3 722	2,89
1850	10,28	149,0	14,5	3 900	3,82
1851	-	195,4	-	4 571	4,27
1852	10,96	125,0	11,4	2 961	4,22
GRANGEAGE (1853 à 1855)					
1856	11,78	105,8	8,6	4 447	2,38
1857	12,34	202,0	16,4	4 198	4,81
1858	11,31	252,0	22,3	5 901	4,27
1859	-	-	-	5 550	-
1860	12,84	240,0	18,7	5 346	4,49
1861	-	-	-	1 920	-
1862	12,17	-	-	6 250	-
1863	10,62	-	-	5 519	-
1864	11,82	-	-	4 100	-
1865	12,87	-	-	4 620	-
1866	10,28	-	-	4 600	-

Avant 1840 je ne produisais que du blé blanc et du rouge (anglais ou écossais ?) et un peu de gros blé *Rône*. J'achetais rarement des semences : quelques doubles décalitres tout au plus à Pierre chez Monnot, ou à Folnard à la ferme de M. de Loisy. Quand j'ai repris mon activité directe en 1854, je me suis intéressé au blé étranger. M. Barbelenet, maréchal ferrant à Authumes, m'en a remis deux doubles à 6 F l'un. Deux ans plus tard nous en avons moissonné quatre *journaux* et demi. Les 647 gerbes ne produisirent que 78 doubles (soit 10 hl/ha), c'était peu, mais mieux que l'ensemble de la récolte (8,60 hl/ha). Ce blé étranger attira bien des clients et au mois d'octobre tout le monde en voulait. J'ai vendu des *sements* à de nombreuses personnes, dont Désiré Chevriaux (le marguillier), Galet (le cantonnier), Noury aîné, le curé de La Chaux, François Richard (de Boibe), ainsi qu'à des domestiques, des journaliers de la commune. C'était une vraie ruée. La même année j'ai acheté deux doubles de blé de Belgique à M. Dromard de Pierre. Je voulais voir. L'année suivante je reçus du blé Villard, que m'apporta François Hugonnot qui le tenait de M. Druard d'Alleyriot. Et c'est ainsi qu'en 1858 sur une sole en blé de 11 ha 31 ares, j'ai récolté 5.901 gerbes dont 482 de blé Villard (8%), 1.285 gerbes de blé jaune étranger (21,8%) et 4 193 de blé blanc (71%). Cette année-là, je fis la récolte du siècle : 22,2 hl/ha.

Le rendement varie énormément d'une année à l'autre, mais je peux vous dire qu'il est passé de 14 hl/ha en 1836-1839 à 15,8 hl en 1856-1858 et à 16,86 hl en 1860-1865. Ceci masque des récoltes fort inégales. En dehors de 1861 qui fut catastrophique, les plus mauvaises années furent : 1836 (10,7 hl), 1852 (11,4 hl) et 1856 (8,6 hl) ; les meilleures : 1838 (16,6 hl), 1858 (22,2 hl) et 1860 (18,7 hl). Notons au passage qu'en 1836 il y eut peu de gerbes, mais avec une bonne *grenaison* (4,76 hl pour 100 gerbes) ; cela demeure exceptionnel.

FERME DE LA RANCHE, 1837 - 1867
LE BLE SON UTILISATION

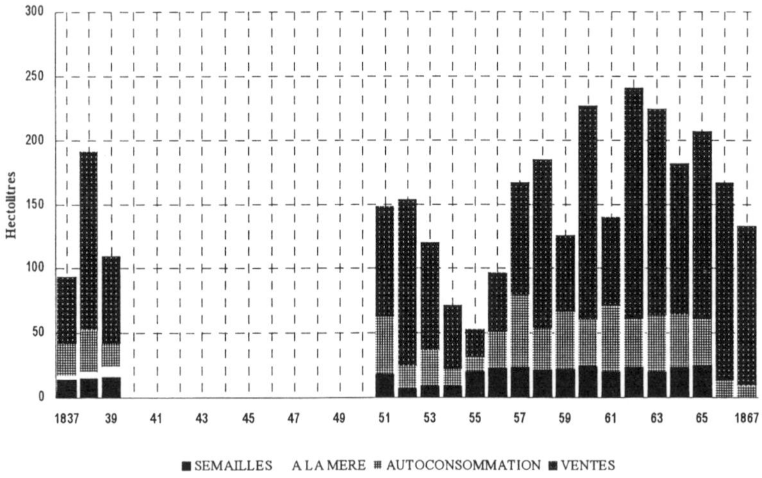

Le poids d'un hectolitre de froment oscille dans des limites de 75 à 80 kilos - 79,1 à 79,8 kg en 1858 - vente à M. Germain, de Villevieux, Jura - 76,4 kg dans un mélange de 1858-59, 73 kg - blé vendu à M. Perrin, d'Arbois (Jura).

Les semences absorbaient 12% d'une récolte moyenne avant 1850 quand nous semions 1,7 hl à l'hectare. De nos jours, même en utilisant 1,9 à 2 hl/ha, cela ne représente plus que 11% de la production.

La consommation à la ferme a beaucoup augmenté : 33 hl par an avant 1840, 36,4 hl en 1855-1859 et 41,8 hl ces dernières années. Malgré tout l'autoconsommation (26% de notre produit autrefois) n'est plus que de 20,6%. Précisons toutefois qu'avant 1840 l'ensemble de la maisonnée (famille plus personnel) mangeait 60% du blé moulu et qu'en 1860-1865 cela représentait 80%. Les habitudes alimentaires ont évolué, les hommes sont plus exigeants.

Les ventes annuelles sont passées de 103 à 130 hectolitres (soit de 80% à 64% de la production).

Le blé est classé en différentes catégories. Tout d'abord il y a la sélection des *sements*, un beau grain choisi, trié. Nous avons ensuite la première catégorie et l'ordinaire. Puis viennent les *étappes* (récupération d'épis moins bons) dont la meilleure qualité sert à l'alimentation humaine et la moins bonne à l'engraissement des bovins. Ces derniers consomment aussi les *criblures* (résidus du criblage, du vannage) et les *graines noires* (ou parasites, sorties du trieur).

Tableau 34 : La Ranche, prix de revient d'un hectare de blé (1865)

	TOTAL	FOURNI	PAYE
Fumier	95	80	15
Cendres	10	-	10
Semences	38	38	-
Labours-hersages	54	18	36
Ensemencement	10	3	7
Entretien	6	2	4
Moisson	32	11	21
Battage	22	5	17
Fermage	65	65	-
Impôts	6	-	6
TOTAL	338	222	116

Produire un hectare de blé revient à environ 350 F. Avec un rendement moyen de 17 hl/ha au prix de 20 F, cela couvrirait à peine les frais si nous devions tout payer. Heureusement une grande partie des fournitures provient de la ferme. Ainsi je n'ai à débourser que 147 F, n'ayant même pas à payer la location de la terre puisque je la possède. Ainsi notre production dépend non seulement du temps, mais aussi du prix du blé qui peut varier fortement. Depuis 1850, il est passé par moments de 15 à 34 F l'hectolitre, atteignant son maximum en 1856 pour redescendre à 17,42 F deux ans après. Au moment où je vous parle, le cours remonte fortement : 29,84 F ; il était à 16,01 F l'année dernière. Dans ces conditions, allez-donc prévoir !

° *Le maïs (et le turquis d'Espagne)*

Je vous l'ai déjà dit, chaque année je laissais à des journaliers du voisinage environ trois hectares de terre où ils faisaient du maïs à mi-fruits. Je réservais à cette plante un hectare que nous exploitions directement. A La Ranche le *turquis* occupait ainsi 14 % des terres cultivées ; dans la région cela représentait un quart à cause des innombrables journaliers ou des petits exploitants. D'ailleurs les superficies ensemencées en maïs ont fortement augmenté vers 1840 avant de se stabiliser.

Le 2 mai 1839 nous avions semé deux doubles *boisseaux* (0,50 hl) de *turquis d'Espagne* au-dessus du Chevrot dans une parcelle de trois *journaux*. Cette terre s'était mal ensemencée. Elle avait pourtant reçu, outre le premier hersage qui suivit le premier labour, un second coup de herse. Le terrain était trop sec et l'ayant rompu trois ou quatre jours trop tôt, l'effet attendu fut moindre. Pour ameublir plus facilement ces terres-ci, il faudrait les rompre uniquement lorsqu'elles commencent à durcir. Il est impossible de le faire toutes les fois que cela conviendrait quand on a beaucoup de labours en vue. Après un hersage on avait aussi semé des haricots et du chènevis entre le maïs. Il faut compter un demi hectolitre de grain pour ensemencer un hectare et obtenir satisfaction.

Vous connaissez les conditions d'exploitation du *turquis* à mi-fruits. Quelques variantes existent. Le 13 avril 1837 le père Pierre Simerey retint un *journal* deux tiers (ou 56 a 90 ca). Lui ayant fourni deux boeufs et un homme pour charrier les *contours*, il devait cultiver le reste avec son bétail et *jeter les concises*. J'ai estimé le travail de culture à 16 F et les réparations à 20 F (soit 63 F/ha).

Les terres à maïs n'étaient jamais améliorées par des engrais, car elles en avaient bénéficiés l'année précédente. Une seule fois j'ai semé des cendres au champ Jean Jacot dans la partie où nous n'avions pas mis de terrée, mais c'était exceptionnel.

Les soins apportés à cette culture varient aussi selon les hommes. Au mois de novembre 1837 j'ai évalué les récoltes. Le maïs *à moitié* confié à Charles Vorey produisit peu et les volailles des Guillemin l'avaient endommagé ; il n'y eut pas beaucoup de haricots, de courges, et puis il était trop épais ! Celui du père Vincent donna presque le double, mais il s'agissait du plus beau de l'année. Quant à celui d'Henry Poigeaut, mieux soigné que les autres, moindre au commencement, il reprit et paraissait plus qu'il n'a été, car c'était du blanc, et l'année ne lui avait pas été favorable. En 1838 mes ouvriers en avaient sarclé un *journal* un tiers au Creuilly. Fait après du trèfle incarnat, semé très tard, laissé trop épais, sarclé deux fois seulement, le résultat fut médiocre : une petite récolte d'une voiture de 18 doubles *boisseaux* ; et puis une partie avait poussé tard dans la terre forte et il n'était pas mûr. D'ailleurs en 1837 le maïs souffrit de la sécheresse au printemps et en été.

Nous cultivions deux sortes de maïs : du blanc et du jaune, mais notre préférence allait au premier. Je différenciais le «gros» et le «petit» turquis (ce dernier représentant 70% de la récolte).

La production peut varier considérablement selon les années et les terres, voire les soins apportés. En 1836 le rendement atteignit 12 hectolitres par hectare dans le champ cultivé par la Vve Robert et la Vve Noirot. L'année suivante il descendit à 7,50 hl/ha dans une partie des terres données *à moitié*, mais les Guillemin, dans leurs cinq *journaux*, arrivèrent à 15 hl/ha. D'ailleurs 80 *panouilles* produisaient un hectolitre de grain. Ils me remirent vingt sacs de *panouilles* dont j'espérais tirer 50 doubles *boisseaux* de petit *turquis*, récolté parfaitement mûr, alors que le gros n'avait pas cet avantage. Quant à Simerey, il obtint le même rendement que nous : 10 hectolitres. L'année 1856 fut vraiment nulle pour le maïs.

Je peux dire qu'avant 1840 nous avons récolté 14 hl/ha en moyenne. Dans notre région le rendement est passé de 12 ou 13 hl avant 1850 à 18 de nos jours. Cependant cela varie aussi beaucoup d'une commune à une autre.

Le partage des récoltes à mi-fruits se fait à la cueillette, sauf exception. Le 1er décembre 1836 Charles Vorey me remit ma part de maïs pour son *journal* de terre ; il ajouta un double *boisseau* de chènevis (5 F) et un double et demi de haricots (4,50 F).

Avec ce système je disposais de maïs en quantité suffisante : 38 hectolitres par an avant 1840, 30 hl en 1855-59 (ayant réduit la superficie cultivée) et 38 hl en 1860-1865 (augmentation de la surface, cette fois-ci).

Avant 1840 les deux tiers de cette récolte étaient moulus pour les besoins du ménage et des animaux. Depuis 1855 nous consommions environ 95% de la production.

FERME DE LA RANCHE, 1837 - 1867
RECOLTE DE MAÏS

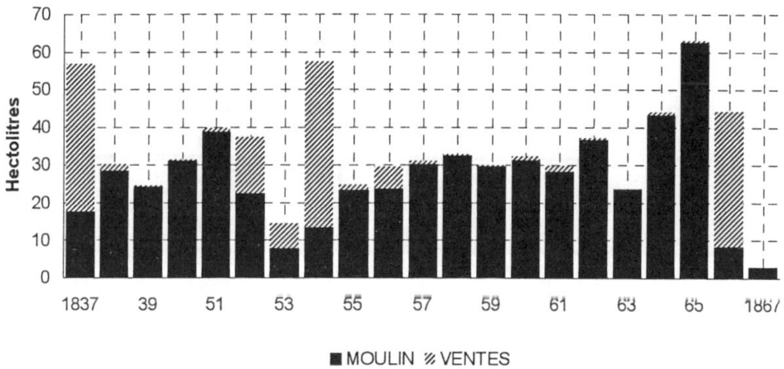

Les *panouilles* cueillies et rentrées dans la grange étaient dépouillées de la majeure partie de leurs feuilles, puis suspendues par *noeuds* de quatre à des crochets métalliques sous l'avant-toit. Celles réservées aux *sements* étaient accrochées au plafond de la cuisine. M. Loiseau, cloutier à Pierre, nous vendait ces clous ou *crochets à turquis*, 0,90 F le cent. L'habitation se parait d'un manteau de lait et d'or que nos besoins obligeaient à érafler au fil des mois. Au fur et à mesure des nécessités alimentaires, nos ouvriers égrenaient le maïs pour le porter au moulin. J'ai parfois confié ce travail aux enfants du *granger*. Et puis le 8 juin 1864 M. Philippe Druard, de Pierre, est venu à la maison avec sa mécanique. En une journée seulement il a égrené 133 doubles décalitres de maïs blanc et 34 de «petit» qui furent montés au grenier. Je n'ai pas répété cette opération l'année suivante.

Pour le ménage nous avions l'habitude de passer du maïs au four à l'automne et, une fois le grain moulu, nous obtenions des *gaudes* fraîches et odorantes. Au mois de décembre 1860 nous avons séché 53 doubles de petit *turquis* pour gaudes dont on a choisi les *panouilles* attendu la mauvaise qualité et le défaut de maturité. Un tiers du maïs moulu était destiné au ménage (famille plus personnel) et consommé sous forme de *gaudes*, de pain, etc. Le reste servait à engraisser le bétail et les volailles.

Nous achetions rarement du *turquis* : quelques doubles pour les cochons ou les bovins quand la récolte précédente n'avait pas été favorable. Fin 1866, ayant cessé mon activité et vendu le reste du stock, il nous fallait bien des *gaudes* ! J'ai demandé à Etienne Cretin, du Bois-Brûlé, l'un de mes anciens domestiques. Je l'ai vu arriver un beau matin, poussant sa brouette chargée d'un sac de grain. Je lui ai payé 2,50 F le double, bien qu'il me dût encore de l'argent, mais il avait fait bien des kilomètres à pied pour nous et je connaissais sa situation.

Le cours du *turquis* est très volatile. Depuis trente ans il a oscillé entre 8 F et 19 F l'hectolitre, atteignant son plus haut niveau en 1847 au moment de la crise. L'année suivante il redescendit à 7,81 F pour remonter progressivement à 17,95 F en 1854. Actuellement il vaut 15 F.

Tableau 35 : Exploitation d'un hectare de maïs, 1860-1865

MODE D'EXPLOITATION	PROPRIETAIRE		LOCATAIRE (journalier)	
LOCATION (50 F par journal)	Loyer encaissé	146	Recette (12 x 18)	216
	Impôts	-6	Loyer payé	-146
	Net	142	Semence (12 x 0,50)	-6
			Rémunération du travail	64
MI-FRUITS	Recette ((12 x 18) /2)	108	Recette ((12 x 18) / 2	108
	Impôts	-6	Semence (12 x 0,50)	-6
	Net	102	Rémunération du travail	102
EXPLOITATION DIRECT	Recette (12 x 18)	216		
	Frais de culture	-100		
	Net	116		

Base de calcul : *Rendement moyen de 18 hl / ha*
Cours moyen de 12 Fr. l'hectolitre, soit une recette de 216 Fr.

Après la récolte, les pieds de maïs sont coupés, puis mis en fagots - ou *panissets* . Ils servent à l'alimentation du bétail ou parfois à isoler les bâtiments d'exploitation, voire notre cave en hiver. Je les estime cinq centimes pièce. Et puis on arrache les haricots, le chanvre, on ramasse les courges. L'hiver approche à grands pas. Les terres sont dénudées, seuls subsistent les *troncots (*ou souches de maïs) hirsutes et brunis.

La location des *terres à turquis* s'avère fort rentable pour nous. Au cours moyen actuel de cette céréale, nous encaissons les deux tiers du revenu. Le locataire a pour lui l'autre tiers, ce qui rémunère son travail, mais si le cours venait à baisser de plus de 3,50 F par hectolitre ou si l'année était mauvaise, il perdrait de l'argent. Dans le mode du mi-fruits, il y a égalité quelles que soient les années. Dans l'exploitation directe, tout dépend du cours du maïs et du rendement. Quand on connaît la volatilité de l'un et de l'autre, il faut bien reconnaître qu'il y a incertitude.

° *Le sarrasin*

Le sarrasin occupait en moyenne 2,70 hectares avant 1840, soit 15 % de nos terres cultivées. Dans la région il a quelque peu régressé ; à La Ranche sa culture est devenue irrégulière (3,42 ha en 1860, et 1,37 ha en 1865) mais finalement a diminué pour descendre au-dessous de six *journaux*. D'ailleurs que voulez-vous en faire ? Hommes et bêtes en consomment beaucoup moins depuis 1860.

Cette plante exige beaucoup de cendres (environ 11 tonneaux par hectare), de la *terrée* en quantité variable, et très peu de fumier, sauf pour enrichir une terre rouge difficile. Ne croyez pas que les volumes utilisés étaient constants. Nous agissions en fonction de l'état du sol, des rotations précédentes, de ce que je pensais de l'année à venir ; mon avis seul prévalait. Quel que soit le dosage retenu, il fallait compter environ 60 F par hectare. Les achats annuels de cendres, retombés à vingt tonneaux entre 1855 et 1859, retrouvèrent leur volume d'autrefois (25 tonneaux) malgré une superficie moindre, mais nous en répandions davantage, améliorant les terres. En 1863 nous avons fait un essai en remplaçant les cendres par du tourteau de navette (800 kg à 13 F les 100 kg) acheté chez Lejeune, huilier à Pierre. L'année suivante, nous avons repris notre méthode habituelle.

Nous semions au cours de la première quinzaine de juillet, plus précisément entre le huit et le quinze de ce mois. Les méthodes culturales varient selon l'état du terrain. Tenez, le 1er juillet 1837 mes valets labourèrent deux fois le champ de la Bobère pour préparer la terre. Après chaque coup de charrue ils ameublirent avec la grosse herse mais, à cause du sol trop sec, ils durent se résoudre à casser les mottes au maillet. Les huit doubles *boisseaux* de sarrasin et le double de navette semés dans les neuf *journaux* furent enterrés par un labour à la raie, puis un ouvrier brisa les mottes remontées en surface. Enfin, pour entretenir la fraîcheur du sol, il passa la petite herse de bois. Il faut avouer que nos vaches y avaient pâturé du trèfle jusqu'à la sécheresse d'été. Les cultures furent donc lentes et dispendieuses.

Le 1er juillet 1838 mes ouvriers labourèrent huit sillons dans une pièce au Chevrot où nous avions récolté du trèfle «à graine». Les semailles du sarrasin et de la navette sur ce labour eurent lieu une semaine après ; puis un manouvrier répandit quatre voitures de *terrée*, avant de herser la terre et la semence pour l'enfouir afin de bien mélanger les éléments. La pluie abondante rendait le terrain très frais. Quelques jours après il sema les cendres.

A la Grande Terre, le fond des raies était comme un pré à cause de l'herbe drue. Bien entendu, il aurait fallu *enrayer* à la raie pour enterrer le grain et étouffer l'herbe ; mais face à une terre trop plate, j'ai préféré le faire sur le sillon afin que la navette se portât mieux l'hiver.

Trois labours de culture et un pour recouvrir le grain en *enrayant* dessus s'avéraient parfois indispensable en raison d'une certaine sécheresse, ceci accompagné de quatre hersages intermédiaires, dont le dernier à la herse de bois plus légère. Avec un sol plus *ressuyé,* nous pouvions nous contenter de deux labours de culture, mais en hersant davantage et en passant le rouleau. En réalité, les frais étaient équivalents : 20 F par *journal.* Et puis, en 1838, voulant observer la qualité des cendres de Seurre, le deuxième sillon du côté de bise de la Grande Terre a été fait sans fumure quelconque.

L'année après une récolte de blé, nous avions éventuellement du trèfle incarnat en demi-jachère que nous remplacions par le sarrasin en juillet. Nous semions trois quarts d'hectolitre de sarrasin par hectare et y ajoutions de la navette, mais en quantité moindre et très variable (de quatre à neuf litres).

Des journaliers exploitant du maïs à mi-fruits, présumant une mauvaise année, s'empressaient de répandre du sarrasin au travers des plants de *turquis.* Ils espéraient compenser en ajoutant un supplément à l'automne. C'est ainsi qu'en 1837 Mauchamp moissonna un peu de sarrasin dans son maïs et m'en remit une dizaine de gerbes, pas mûr et très égrené. Les autres journaliers firent de même au Piochi Baron.

Le prix de revient d'un hectare de sarrasin variait de 220 à 240 F avant 1840 dont environ 60 F d'engrais, 55 F de valeur locative (avec impôts fonciers) et 104 F de charges d'exploitation (semailles, moisson, battage). Si j'avais dû tout payer, cela n'aurait pas couvert les frais. En réalité, ne déboursant que 128 F/ha je m'en tirais normalement. Et puis s'ajoutait la récolte de la navette au mois de juin suivant.

La moisson se déroulait généralement au cours de la deuxième quinzaine d'octobre. En 1836 elle s'étala sur cinq jours, s'achevant du 8 au 11 novembre, mais l'ensemencement n'avait été fait que le 15 juillet. A cette occasion nous n'embauchions, hormis notre personnel habituel, que quelques journaliers dont une ou deux femmes. Vu la saison, ils ne touchaient pas de supplément de salaire. Ainsi le 19 octobre 1864 Albert établissait le compte des moissonneurs engagés : le père Martin et Jean-Baptiste Rameau totalisaient chacun deux jours à 0,75 F (nourris), Victorine Cretin deux jours à 0,50 F. Quant à Claude Richard et sa fille ainsi que Philippe Simerey, ils étaient venus donner un coup de main. Certaines femmes demandaient parfois en guise de rémunération de la farine de sarrasin, mais très rarement il faut l'avouer.

Avant 1840 nous récoltions environ 430 gerbes par hectare. En 1839 je n'en ai compté que 292, mais plus grosses ; elles donnèrent d'ailleurs une excellente *grenaison* (26 doubles *boisseaux* pour 100 gerbes ou 19,48 hl/ha). Cependant, j'ai constaté cette année-là que le sarrasin et la navette étaient semés trop drus ; quant au fumier, il apporta de meilleurs résultats que les cendres. Donc autrefois nous dépassions 19 hectolitres par hectare, sauf en 1836 où la récolte fut mauvaise (17 hl). Cela me rappelle plus près de nous 1860 : j'ai compté 216 doubles décalitres pour 10 *journaux* ensemencés (12,60 hl/ha) ; c'était une récolte manquée. A cela s'ajoutait la paille ; autrefois je la comptais à 5 F pour 100 gerbes.

Tableau 36 : Le sarrasin - Prix de revient à l'hectare, 1837 à 1839

Années	Engrais	Frais de culture	Valeur locative	Frais de récolte	Semence	Frais totaux	Récolte*	
							Sarrasin	Paille
1837	74	58	52	49	8	241	165	20
1838	68	58	55	51	7	236	180	5
1839	66	58	55	38	7	224	195	15
Moyenne	**68**	**58**	**54**	**46**	**7**	**234**	**180**	**17**
dont								
dépensé	53	38	6	31	0	128	-	-
fourni	15	20	48	15	7	106	-	-

**Ajouter environ 82 Fr. de navette*

Le sarrasin rentré dans les granges, principalement ici et le reste à Gros-Bois, était battu en trois *dégrangées* dans les quinze jours qui suivaient la moisson. Les domestiques, bien moins occupés à cette saison, avaient du temps libre pour le battre au fléau. Ils séparaient alors le grain : le plus gros, conservé comme *sement*, était déposé au grenier côté vent ; au milieu du tas se trouvait l'ordinaire ; au bout, le sarrasin presque tout rouge et de moins bonne qualité (d'ailleurs estimé 0,75 F le double *boisseau* au lieu de 1,50 F en 1836), mis à part, servirait à l'alimentation du bétail, ceci après mouture *en gros* (environ 20% de la récolte).

En 1837 ayant ensemencé 2,74 hectares à la Bobère, j'ai récolté 202 doubles *boisseaux* de sarrasin évalué 450 F, plus 54 F de paille, soit 504 F. Les frais de main-d'oeuvre n'étant pas entièrement couverts, il resterait la navette, pensais-je ! Heureusement, la récolte au mois de juin suivant me permit d'encaisser 225 F, j'étais sauvé. Le profit net (plus rente de la terre) se montait à 103 F. L'année suivante la perte fut aussi compensée largement par la navette et le résultat global s'éleva à 158 F.

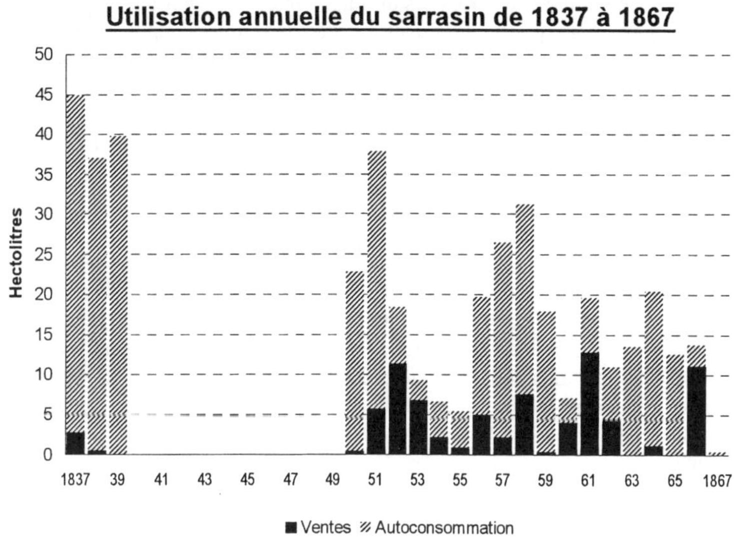

Chaque année je gardais deux hectolitres de grain pour les semences. Cependant sur une récolte de 50 hectolitres par an avant 1840, nous n'en consommions que 42 hectolitres (dont les trois quarts pour le bétail et le reste pour les hommes) et j'en donnais à ma mère. Nos besoins ont fortement diminué après 1855 : 20 hl par an, puis 10 à partir de 1860. Les ventes, insignifiantes et exceptionnelles, passèrent alors à quatre hectolitres par an. Le cours du sarrasin est aussi incertain que celui des autres céréales, la rentabilité de cette culture aussi.

° *Le seigle*

Autrefois le seigle occupait 9% à 10% de nos terres cultivées, allant de 1,25 ha à 2 ou 3 ha maximum. J'ai abandonné cette céréale avant 1850 pour ne la retrouver qu'en 1861 - étant cette année-là un peu déçu de notre récolte de blé - et en 1864, mais cela n'a pas dépassé deux *journaux*. Dans la région le seigle, qui représentait près d'un quart du froment, n'atteint aujourd'hui que 15%, et moi je n'en fais quasiment plus jamais.

Les semailles avaient lieu dans la dernière décade de septembre, juste avant celles du blé. Si je comptais en moyenne 60 à 80 F maximum d'engrais et amendements par hectare avant 1840, nous ne mélangions pas ces éléments. Une année nous répandions du fumier, l'année suivante des cendres, et ainsi de suite. Mais après, j'ai allié les deux.

En septembre 1838 la *pièce* des Avenières (1,25 ha), entre Denis Fèvre et la rue de La Ranche, avait été préparée par trois labours et un hersage après le premier, c'est-à-dire très bien cultivée dans une saison favorable. Sept voitures de fumier (250 pieds cubes) firent l'affaire. Le vendredi 28 septembre la journée s'annonçait bien ; dès le matin mes ouvriers y semèrent six *boisseaux* un quart de grain. Mais la nuit suivante une pluie d'orage extraordinaire s'abattit sur La Ranche, délavant et entraînant la terre. Elle causa de grands dommages, surtout aux terrains en pente. L'année suivante la récolte fut bien faible. Pas étonnant ! Trois cents gerbes ne donnèrent que 46 *mesures* de grain (12,6 hl). Enlevez encore un hectolitre de semences par hectare ! Que vous reste-t-il alors ? Cependant, malgré tout mon dépit à ce moment-là, je vais vous raconter la moisson de 1839. Nous débutâmes le 11 juillet. Il fallait commencer par les trois *journaux* deux tiers de seigle, mais il y avait aussi vingt-sept *journaux* de blé derrière, si bien qu'elle dura neuf jours et se termina le 24 de ce mois. La première journée fut donc entièrement consacrée au seigle. Nos cinq domestiques et six ouvriers étaient présents, et il ne restait que quatre ou cinq journées de *corvée de turquis*. Les journaliers recevaient 1,25 F et j'estimais leur nourriture à 0,50 F en sus. Ce travail revint à 16,13 F et occupa 9,6 journées d'hommes. Il aurait fallu doubler les frais si j'avais payé les attelages.

La moisson du seigle, qui précédait toujours celle du blé, durait donc une ou deux journées selon la superficie. Avant 1840 nous récoltions généralement 300 gerbes par hectare, sauf en 1839 mais vous savez pourquoi. Liées et mises en tas dans les champs, elles séchaient pendant deux jours, puis nous les rentrions, les entreposant sur le foin, dans la grange, etc. Nous battions au fléau les deux tiers de la récolte avant les semailles d'automne. Cependant le battage du seigle s'avérait plus délicat, il fallait faire attention à la paille qui devait servir à couvrir les toits des maisons. Le rendement à l'hectare variait au fil des années, allant de 12 à 14 hl de 1836 à 1839.

Tableau 37 : Culture de 3 journaux de terre au Champ d'Henry
Coût en francs avant récolte

COUTS	BLE (1852)		SEIGLE (1853)	
Préparation du sol	2 labours (5 F par journal)	30,0	3 labours *(3 F par journal)*	27,0
	1 hersage *(3 F par journal)*	9,0	2 hersages *(2 F par journal)*	12,0
	Essayage et fagotage			
	(2 jours à 25 sous, nourris)	2,5		
	Relever les "têtes" de pièces		2 relevées des "têtes" et "concises"	
	et le côté *(4 jours, pour 2 fois)*	5,0	*(1,25 F par journal)*	3,8
	Charroi fumier *(0,75 F la voiture)*	9,0	Epandre fumier *(6 journées)*	
			à 1,25 F par jour	7,5
	Total	55,5	Total	50,3
Engrais	Fumier *(340 pieds à 0,20 F)*	68,0	Fumier de moutons *(140 pieds)*	28,0
			Cendres *(16 tonneaux à 5 F)*	80,0
Semences	Blé rouge *(8,5 doubles)* *(15 F par journal)*	45,0	Seigle *(5 doubles à 4 F)*	20,0
Impôts	Impôts fonciers	6,0	Impôts fonciers	6,0
Valeur locative	Revenu locatif à 15 F par journal	45,0	Revenu locatif	45,0
TOTAL		**219,5**		**229,3**

NB : en année moyenne normale
Coût des engrais : 80 F/l'ha pour le blé et 70 F/l'ha pour le seigle
d'où un prix de revient global de 231,50 F pour le blé et 191,25 Fpour le seigle
Ajouter les frais de moisson (16 F) et le battage au fléau (22 F) soit 38 F
Total pour le seigle de 229 F

A cette époque nous consommions près des trois quarts de notre production ; les bêtes ne recevaient que deux hectolitres chaque année. Au prix où il était, nous leur donnions autre chose. Seuls les voisins ou quelques personnes du pays venaient en chercher pour semer ou pour porter au moulin, mais cela ne représentait que 13 % de notre récolte. Quand les stocks paraissaient suffisants en été, nous en semions moins à l'automne, ajustant ainsi nos besoins pour l'année suivante.

Et puis un jour le seigle ne nous intéressa plus. Les rares années où je voulus en refaire, j'ai dû acheter des *sements* à Denis Noury. En 1861 quatre doubles décalitres pour deux bons *journaux* me coûtèrent seize francs.

Au mois d'août 1867 il me restait six doubles de seigle ; nous n'en avions hélas plus besoin ! Albert n'étant plus là, j'ai vendu mes grains au marché de Bellevesvre.

La paille de seigle avait autrefois une importance pour nous. Notre récolte atteignait sept à neuf *milliers* de livres, le rendement se situant aux alentours de 24 quintaux par hectare. Ainsi je pouvais compter sur une valeur annuelle de l'ordre de 150 F, ce qui n'était pas négligeable. En 1837 mes 573 gerbes donnèrent 267 gluis de 15 à 20 livres et deux *milliers* de paille de litière.

Donc nous triions cette paille et la mettions en paquets - les gluis -, que je stockais au grenier de Gros-Bois, pour lier les bottes de foin, et surtout pour garnir les toits de chaume. Entre voisins nous nous en prêtions en cas de nécessité. En 1858 j'en avais besoin pour couvrir mes meules de foin. François Hugonnot m'en prêta, je lui rendis en paille de blé. Pour réparer les toitures il en fallait beaucoup. En septembre 1836 le couvreur réclama 163 gluis de seigle et 50 de paille de blé pour l'*hébergeage* d'ici et 92 gluis de seigle et 68 de blé pour Gros-Bois. Ces paquets pouvaient peser de 15 à 23 livres.

J'en vendais parfois à des gens de Pierre. En juillet 1866, j'ai liquidé le reste à Désiré Petit : 379 livres à 3,50 F les cent livres. Mais vous connaissez ce bougre de Désiré ! Il me fit observer que les Simerey venaient de lui en céder à 30 F le *millier*. Comme il n'avait pas payé comptant, je convins postérieurement de lui passer à ce prix. Que pouvais-je faire ?

Le cours de la paille de seigle varie beaucoup. De septembre à décembre 1837 le prix des gluis a finalement été maintenu à 30 F les 100, mais avec des paquets plus lourds (20 livres au lieu de 15 à 18), ce qui abaissa le tarif à 15 F le *millier* au lieu de 18. Pendant le même temps le cours de la litière diminua : 12 F au lieu de 20 F au mois de septembre. Et puis tout se vendit au *millier* de livres : 14 F en 1849 et 30 F en 1866. Reste encore la paille de moindre qualité, alliée aux débris de chape, de peu de valeur : trois fois moins cher.

Tableau 38 : Récolte de seigle - de 1836 à 1839

Années	Superficie (Ha)	Nombre de gerbes Total	Nombre de gerbes Par/ Ha	Seigle (en Hl) Total	Seigle (en Hl) hl / ha	Valeur (Francs)	Prix Par Hl
1836	1,5	477,0	318,0	21,3	14,2	212,0	10,0
1837	1,9	557,0	296,0	25,3	13,4	303,0	12,0
1838	2,9	864,0	295,0	34,5	11,8	483,0	14,0
1839	1,3	300,0	240,0	12,6	10,0	200,0	16,0
Moyenne	**1,9**	**550,0**	**287,0**	**23,4**	**12,3**	**300,0**	**13,0**

NB : Ajouter la paille soit 152 F en 1837 (9.185 livres ou 45,92 quintaux)

Le 14 janvier 1836 mes valets ayant battu huit voitures de blé lièrent la paille et la rangèrent en meule dans le champ. Il y avait là 400 bottes et de la paille en vrac. Ils couvrirent le tout avec de l'orge et du seigle qu'ils avaient récupérés, et qui protégeaient précédemment une meule de trèfle et de vesces. Elle n'était pas achevée quand elle reçut une forte pluie qui l'endommagea.

° *Divers*

L'avoine est toujours restée pour nous une culture modeste et épisodique, rare en quelque sorte ! En réalité, je ne l'ai essentiellement pratiquée que de 1849 à 1851, époque où j'entretenais trois chevaux, dont deux d'élevage et de qualité. Sinon, je n'y consacrais parfois qu'un *journal*, sauf en 1861 où j'ai bien dû atteindre un hectare.

Le 11 avril 1851 mes valets ont semé douze doubles d'avoine triée de première qualité (à 1,50 F au lieu de 1,35 F) au Champ de Maison, dans quatre *journaux* et demi de bonne terre qui portait l'année précédente un vieux trèfle *rompu* avant l'hiver ; un coup de grosse herse ameublit le sol. Au printemps mes domestiques passèrent la charrue à la raie. Ils hersèrent une première fois pour niveler avant d'ensemencer, puis une seconde fois pour enterrer le grain : un tour par sillon et un autre à cheval sur la raie. Aucun engrais n'entra dans cette parcelle. Je pratique cette nouvelle méthode sur le trèfle depuis 1849, l'essai ayant été concluant, j'ai continué ainsi. Je craignais toujours le charbon, cette maladie qui vous réduit une récolte. Au printemps un ouvrier coupa les chardons autour du champ, le protégeant des graines parasites. Au mois d'août 1851 nous avons moissonné. Le battage au fléau attendit la mi-décembre, j'ai compté 35,2 hectolitres ; cela faisait bien 22,8 hl par hectare.

La majeure partie de la récolte servait aux chevaux, sauf en 1850 où j'ai fait moudre deux sacs pour les cochons. Le reste, le cas échéant, partait au marché de Bellevesvre - ou de Pierre -, voire chez le vétérinaire Rossignol ou chez M. Prieur-Arveux maître d'hôtel de la Poste. En 1851, j'en ai bien vendu 21 hectolitres tout de même et empoché 130 F (6,35 F/hl).

Une telle production irrégulière ne suffisait pas toujours, ce qui me contraignait parfois à acheter du grain au marché, ou chez des particuliers, au château de Terrans. Je vais vous donner quelques cours, vous verrez : 10 F l'hectolitre en 1839, 12 F l'année suivante, 5 F en 1850 et 10 F en 1859. Je fournissais aussi de l'avoine aux chevaux lorsque nous battions le blé au moyen des machines à manège.

L'orge était très peu répandue en 1836 dans notre canton et sa culture presque inconnue au village. A cette époque je m'en procurais quelques écuelles, voire un *boisseau* tout au plus chez Putin, huilier à Pierre. Ma jument s'en régalait. Oh ! c'était exceptionnel !

Ma cousine Guerret, du Borgeot, m'en ayant donné, j'ai semé cette graine en avril 1851 dans quatre sillons et demi, pour voir. Mon métayer faisait un peu d'orge d'hiver, mais moi j'affectionnais plutôt celle *de mai* - ou de printemps si vous préférez. J'achetais des semences à la grenette de Pierre ou chez Jean-Jean Monnot, marchand grainetier. Hormis l'année citée, je n'en ai cultivé qu'au cours de quatre années : 1856, 1861, 1864-1865 sur une superficie de un demi à deux *journaux* tout au plus. Pensez si c'était marginal ! Le bétail et les porcs *d'élève* consommaient cette céréale. Je n'en ai fait moudre pour le ménage que huit doubles en juillet soixante. Et les ventes au commerce ? Mieux vaut ne pas en parler. Dérisoires !

• Les légumineuses

° *Les pommes de terre*

Avant 1838 près de la moitié des champs de pommes de terre étaient donnés à mi-fruits à quelques journaliers du voisinage : Désiré Vieux, Jean Chevrot, Henry Poigeaut, les Vorey, le père Vincent. Chacun avait ainsi son demi-*journal*, pas plus. La moitié de leur récolte rémunérait l'ensemble de leurs tâches (hormis des attelages). En 1836 j'ai utilisé exceptionnellement un *journal* et demi en jachère au Chevrot ; trois manouvriers y arrachèrent 42 tonneaux de pommes de terre et m'en remirent 24 . Je n'étais pas mécontent de l'opération, toutefois nous y avions répandu auparavant sept voitures de fumier. Sous le rapport du nettoiement du terrain, l'affaire s'avérait excellente grâce aux différents sarclages. Le blé pourrait y croître dans de bonnes conditions. Puis j'ai abandonné ce procédé et mes gens ont exploité en direct nos cinq *journaux* (1,71 ha).

Je fournissais la majeure partie de mes plants, mais le cas échéant j'en achetais quelques doubles dès le début du mois d'avril chez des connaissances au pays, ou à Pierre (chez James Hennequin), voire dans des villages en bordure du Doubs (Fretterans, Longwy). J'ai même essayé les graines de pommes de terre en janvier 1856 ; je n'ai pas recommencé. Cordelier, marchand au chef-lieu de canton, pouvait les garder ! Dans notre région nous plantons dans la deuxième quinzaine de mai, rarement avant.

Tableau 39 : Les pommes de terre - de 1836 à 1839

Années	Superficie (ha)				Récolte (Tx)			Production	Rendement	Cours
	Totale	D	M-F	R	Totale	D	M-F	Globale	Tx / Ha	(au Tx)
1836	1,8	0,7	1,1	1,2	89,5	45,0	44,5	134,0	75,7	3,0
1837	2,0	1,4	0,6	1,7	75,0	60,0	15,0	90,0	45,7	4,0
1838	1,7	1,7	0,0	1,7	100,0	100,0	0,0	100,0	58,5	3,5
1839	1,7	1,7	0,0	1,7	110,0	110,0	0,0	110,0	64,3	4,5
Moyenne	**1,8**	**1,4**	**0,4**	**1,6**	**93,6**	**78,7**	**14,9**	**108,5**	**60,6**	**3,8**

NB : un tonneau vaut environ 2 Hl
D = Exploitation directe
M-F = Exploitation à mi-fruits
R = Superficie réelle (directe + 50 % du mi-fruits)

La culture de la pomme de terre ne demande pas forcément beaucoup de travaux de préparation. Cependant, en 1839, j'avais en tête d'en planter au Piochi Baron, une petite parcelle venant d'un bois récemment défriché, ensemencée en sarrasin l'année précédente. Cette pièce, divisée en deux parties, fut amendée par plus de cinquante voitures de terre extraite des fossés et ayant passé l'hiver en tas. Trois labours, deux hersages, les *contours* charriés ; une bonne préparation, en somme ! La pièce *au matin* bénéficia en plus de deux voitures de fumier. Le 1er mai deux sillons furent plantés en pommes de terre *printanières*, quatre en *ordinaires*. Le reste servit aux balais, aux petits pois verts et haricots pour les besoins du ménage. Quant au champ joignant le jardin, mes ouvriers n'y placèrent que des *printanières* et chaque plant mis après la charrue reçut une demi poignée de cendres. Cette année-là les autres parcelles aux Avenières n'eurent ni engrais ni amendement, ce qui était habituel. Nous répandions parfois quelques voitures de fumier, un peu de cendres, pas plus, selon l'état du sol. En général nous plantions 4,5 tonneaux par hectare.

L'année 1837 nous fut défavorable. Nous avions fait nos pommes de terre au Piochi du Milieu (4 *journaux)* mais la préparation - pourtant du 28 mai - eut lieu dans une période trop humide, suivie d'une grande sécheresse jusqu'en juillet. Ce mauvais démarrage laissait peu d'espoir. Le premier binage fut imparfait en raison d'une terre trop sèche ; le deuxième, après une pluie suffisante, s'avéra la seule culture bien faite. Le hersage au moment de la plantation avait été nul, il retournait des morceaux de terre taillés au *fossou* (sarcloir) dans ce temps humide, assez semblables à des *célots* de pierre de taille. Le terrain se cultivait avec tant de difficultés qu'on ne put planter à la charrue ; les ouvriers employèrent le *fossou* mais ils les ont placées trop clair d'un quart au moins, ce qui s'est fait sentir à la récolte. Pourtant elles furent belles et les petites rares, mais probablement *grenées*, pas assez mûres, ayant pris leur croissance trop tard. On en rentra onze voitures de chacune cinq tonneaux et demi. Piètre récolte tout de même (44 tx/ha) ! Heureusement cette année-là j'ai mieux réussi avec celles à mi-fruits au Champ Mauchamp, une terre *dessalée* de deux ans, qui n'avait pas porté de blé depuis cinq ans ni reçu de fumier. Les tubercules étaient gros et assez mûrs, le rendement bien meilleur (50 tx/ha).

En dehors de nos pommes de terre *ordinaires*, en 1839 nous avons cultivé une douzaine de sillons de *printanières* jaunes, longues. Oh ! pas beaucoup, trois ares tout au plus. Dans un demi-*journal* aux Avenières - cette parcelle que j'avais achetée à la veuve Fouillot - j'ai essayé des tubercules choisis avec soin ; vous savez, ceux qui viennent très rapprochés les uns des autres, dont la peau gercée en tous sens, à la couleur foncée et brune, avec une chair très jaune, très ferme, et non creuse au centre. Je crois bien que j'ai oublié le nom ! Et puis après 1850 nous avons fait la *violette* ; ces dernières années notre préférence allait à la *chardon* qui est aussi plus grosse.

Les pommes de terre arrachées au *bigot* au cours de la deuxième quinzaine d'octobre étaient rentrées en partie et le reste conservé dans des silos que nous appelons *ravous*. Le temps nous contrariait parfois. Ainsi fin octobre 1836 le froid n'a pas permis de charrier les dernières voitures ; nous avons couvert ces tubercules de paille et de terre directement dans le champ, les protégeant efficacement. En 1839 la récolte était généralement belle, bien que les terres n'eussent quasiment pas reçu de fumure. Quant à la pièce où nous avions répandu un peu de cendres, la sécheresse a annulé les effets escomptés ; ensuite les pluies continuelles ont démoli complètement le terrain. Dès le 10 septembre ces pluies accompagnées de chaleur, qui se sont prolongées, ont fait pourrir quantité de pommes de terre à cause de l'humidité. J'ai d'ailleurs apprécié la perte à 25 tonneaux à 4,50 F soit 112,50 F.

Avant 1840 le rendement était en moyenne de 60 tonneaux par hectare (de 45 à 75 selon les années). A La Ranche nous récoltions annuellement plus de cent tonneaux. La pourriture guettait les tubercules, et puis il y eut la maladie vers 1845. Depuis cette date, la culture de la pomme de terre a bien régressé dans notre région, avec parfois des rendements extrêmement faibles, comme en 1852 (la moitié de la récolte pourrit). Nous n'avons pas encore retrouvé les belles années ayant précédé la maladie.

Jusque vers 1840 je mesurais les pommes de terre au tonneau (2 hl) et puis j'ai abondonné cette mesure pour le double décalitre (20 litres). Le prix de ce produit est encore plus volatile que celui des céréales. Et pour cause ! Les grains se conservent assez bien - si vous en prenez soin - mais les *treffes* pas aussi longtemps. Certaines sont creuses, d'autre ayant poussé dans des terres humides sont fragilisées et pourrissent vite. Alors nous sommes soumis aux aléas non seulement du volume récolté mais aussi de la qualité ; tout ceci influence sérieusement les cours. Et au printemps il faut s'en débarrasser. Avant la maladie les pommes de terre ont valu 3,75 F le tonneau. Depuis, les cours moyens annuels varient en fonction des critères dont je vous ai parlé :

- **1850-1852** : 0,75 F le double décalitre,
- **1856-1859** : 1,10 F,
- **1860-1861** : 1,38 F,
- **1862-1863** : 0,57 F,
- **1864-1865** : 1,03 F.

Nous consommions les plus petites en premier ; les grosses allaient dans des silos pouvant contenir jusqu'à seize tonneaux et que nous n'entamions qu'à partir de la mi-décembre.

Tableau 40 : Les pommes de terre - Prix de revient à l'hectare - 1838-1839

	1838 (1)		1839 (2)	
Plants	4 tonneaux à 4,50 F	18 F	4,8 tonneaux à 4 F	19 F
Engrais	Néant	0 F	Terrée = 13 F Fumier = 4 F Cendres = 2 F	19 F
Rente	Rente 45 F	45 F	idem	45 F
Impôts fonciers	Impôts 6 F	6 F	idem	6 F
Frais (Culture + récolte)	Labours allégés (temps favorable)	93 F	3 labours, 2 hersages, etc.	146 F
Prix de revient total		**162 F**		**235 F**
Récolte	58,5 tonneaux à 3,5 F	205 F	64,3 tonneaux à 4,50 F (après perte de 15 tx)	289 F
Revenu net (hors rente)		43 F		54 F

(1) Culture allégée, bonnes conditions (année ordinaire)
(2) Culture lourde (terre nouvellement défrichée en partie)
Travail difficile, temps défavorable, d'où frais considérables.

Mais ces *treffes*, en année ordinaire, qu'en faisions-nous ? En 1838 ma récolte de 100 tonneaux était insuffisante, j'en ai encore acheté huit au père Joseph Vieux. Le 22 novembre, vérifiant nos stocks au plus juste, nous avions :

– consommé depuis la récolte	20
– pour les cochons (jusqu'en avril 1839)	40
– pour les boeufs à engraisser jusqu'au printemps	20
– pour la plantation en avril-mai 1839	8
– pour la consommation humaine	20
Le compte était bon	**108**

Nb : chiffres en Tonneaux

Tableau 41 : Culture des pommes de terre au Picohi Baron en 1839

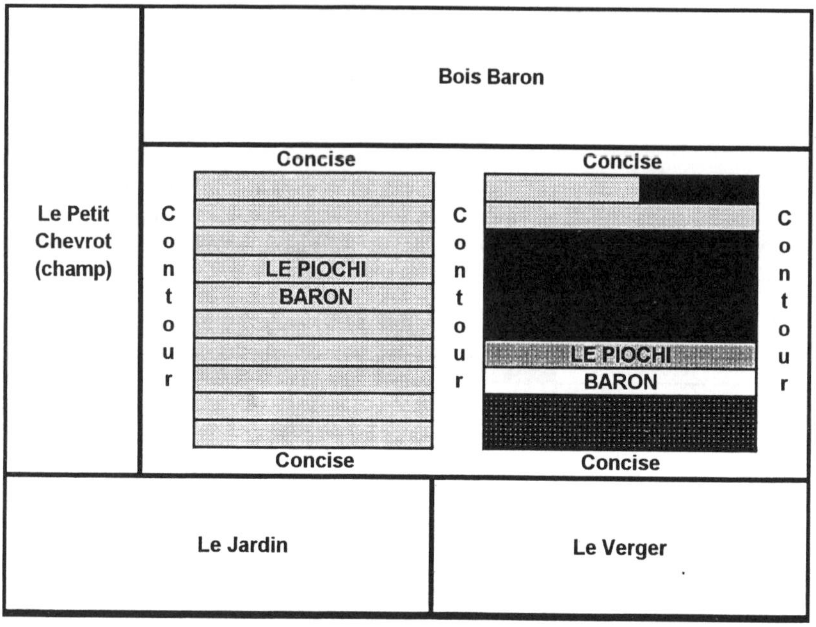

Engrais et Amendements	28 tombereaux de terre de fossés 1 feuillette de cendres	30 tombereaux de terre de fossés 2 voitures de fumier
Plants	Pommes de terre	Pommes de terre
Travaux de culture	3 labours 2 hersages "contours" charriés	idem

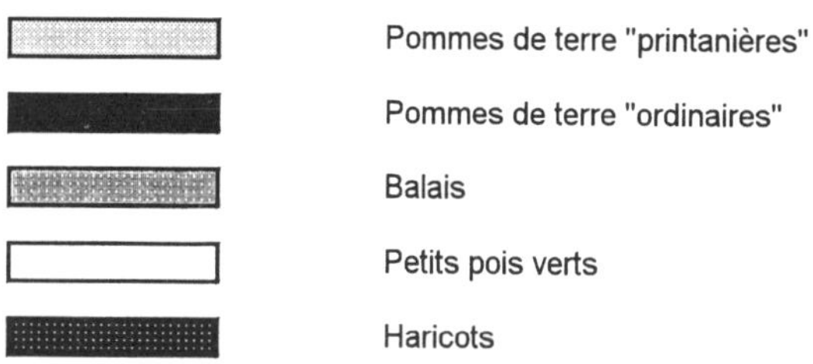

Anciennement je ne vendais pas de pommes de terre, sauf quelques paniers à des voisins qui voulaient en planter. J'en prêtais parfois ; ainsi la mère Vincent, qui en avait reçu un panier au printemps 1836, m'en rendit deux à l'automne. Chacun y avait trouvé son compte.

Après 1850 nous avons vendu des pommes de terre essentiellement lors d'événements particuliers, surtout au moment des cessations de culture comme au printemps 1852 (*grangeage*) et en 1866 (fermage). En dehors de ces causes, la commercialisation est restée modeste, marquée par des besoins du voisinage ou d'artisans du village. Ce négoce avait lieu en avril-mai, au moment de la plantation, ayant parfois jusqu'à trois qualités à des prix différents, évidemment ! Et puis nous en vendions quelquefois au marché de Pierre après des discussions souvent âpres, à des cours qui bougeaient pendant la matinée.

Au printemps 1866 il restait encore beaucoup de pommes de terre à la ferme. La saison avançait, nous n'avions plus de personnel et la famille s'était rétrécie. Qu'en faire ? Mon voisin Claude Richard, fermier de M. Druard, accepta de m'en prendre un *ravou* de *chardon* à 5 F le tonneau. Eh oui ! J'ai retrouvé mon ancienne mesure ! Pour débarrasser le reste j'ai fait venir M. Lejeune, entrepreneur à Pierre. Nous passâmes convention. Il s'engagea à prendre tout mon stock à 5 F le tonneau, à condition de laisser celles du père Richard et ma provision personnelle. Il y avait en tout sept *ravous* à sa disposition qu'il promit de défaire, de charger et d'enlever sur ses voitures, sans les dégermer, - les frais à sa charge, en somme ! Mais ses gens n'ont pas respecté sa parole. Ils ont dégermé sur place et je ne l'ai pas empêché. J'y perdais mais...après tout ! En deux fois ils enlevèrent les 35 tonneaux et M. Lejeune me devait 175 F. Le 10 décembre suivant, étant à la foire de Pierre, je lui rendis visite. J'étais son débiteur pour des marchandises, il était le mien pour les pommes de terre. Après le compte établi, il me remit 109 F pour solde, annula ma dette dans ses livres ; j'en fis autant pour la sienne en rentrant, nous étions quitte.

° *Les betteraves*

Autrefois la culture de la betterave était peu importante dans notre canton, ne dépassant pas 15 à 20 hectares. Une misère ! Les cultivateurs ne lui consacraient que 0,30 % de leurs terres ; il en allait de même dans toute la Bresse. Elle s'est développée depuis une bonne dizaine d'années. Quant à moi, je figurais parmi les rares producteurs dans notre commune.

La betterave exige une préparation de qualité : trois labours, trois hersages et autant de roulages ; et ajoutez six voitures de fumier par *journal* si vous voulez réussir. En 1835 j'avais pourtant pris toutes les précautions, mais le temps ne fut pas de la partie, et la récolte ne dépassa pas la moitié de mes espérances. Il en faut davantage pour abandonner ; l'année suivante j'ai réservé trois parcelles à cette plante près de la ferme : 835 *perches* (ou 79 a 50 ca). Les trois quarts de la semence provenaient de notre exploitation, mais comme il en manquait un peu, je m'en suis procuré chez Rossignol à Pierre. Cinq livres de graine y passèrent à la mi-mai. Cette année-là j'ai confié tous les travaux de culture (hors attelages) à quatre journaliers de La Ranche. Pour leurs peines ils devaient recevoir le quart de la production. Vers le 20 octobre, au moment de la récolte et après le partage convenu, il me resta sept voitures évaluées à 98 F. Henry Poigeaut, qui ne savait que faire de sa part me la céda pour huit francs. Ces ouvriers avaient sarclé deux ou trois fois, éclairci, repiqué dans les clairières. Après coup les betteraves furent mises en silo pour l'hiver. Dès la fin du mois de janvier mes domestiques attaquèrent le *ravou* pour les besoins du bétail. En 1837 les huit sillons à la chaintre du Champ Mauchamp furent défaits dès le mois d'août et remplacés par des raves. Ce n'était donc pas la gloire !

A partir de 1858 nous cultivâmes régulièrement des betteraves, mais cela ne dépassa pas une vingtaine de sillons, parfois un *journal*. J'achetais de la graine à Pierre chez Cordelier, ou au château de Terrans. Quelques ouvriers ou des femmes du voisinage venaient les sarcler ou les arracher. D'autres donnaient un coup de main en compensation de services rendus. Fin avril 1864 je me suis lancé dans des espèces nouvelles. M. Noir, marchand au chef-lieu de canton, passa commande à la Maison Vilmorin-Andrieux à Paris ; il fit venir pour mon compte cinq kilos de graine de luzerne de Provence (à 2 F le kg) et une livre de graine de betteraves *globe blanche* trapue (à 1 F). Je dus acquitter en sus 2,50 F de port pour ce colis acheminé «à grande vitesse» par le train de Paris à Lyon via Chalon-sur-Saône. Depuis nous produisons deux sortes de betteraves. Aujourd'hui elles valent 2 F le quintal ; les frais de culture absorbent les trois quarts de la récolte.

º Les raves

Le deux août 1836 mes valets préparaient un *journal* de raves au champ de la Vieille Maison dans une terre qui avait porté du *bled* l'année précédente. Après un seul labour profond, ils passèrent le rouleau avant d'y répandre trois tonneaux de cendres de racines fabriquées à la maison. Au moyen de la petite herse, le sol, bien qu'un peu dur, s'adoucit. Alors l'un des domestiques sema l'écuelle de graine ordinaire que j'avais achetée chez la femme Vieux. A l'aide du maillet à main, un autre homme nivela la terre et enterra la semence. C'était fini. Je croyais ma récolte assurée. Las ! Le temps fut contre nous. Et puis cette espèce de raves, quoique très bonne à manger, ne donne pas en quantité ; elles sont trop courtes. A la Ste-Catherine (25 novembre) nous avons récolté sept petites voitures de quatre tonneaux chacune d'une valeur totale de 70 F. J'ai récompensé les voisins ayant aidé à l'arrachage : Sordet et Vernanchet reçurent chacun un petit panier ; les Guillemin en eurent un grand. Mais j'attendais plus, vous en conviendrez ! La cave et un silo abritèrent la provision hivernale.

L'année suivante les raves remplacèrent les betteraves et les carottes qui n'avaient pas réussi. La terre, déjà apprêtée à d'autres fins, n'avait pas besoin d'une grande préparation et un seul hersage suffit dans un champ ; un labour léger avec la jument, plus un coup de herse de bois dans l'autre, il n'en fallait pas plus. Mais je doutais.

Ah ! la terre. Elle est parfois dure. Le 6 août 1838 mes domestiques cassèrent les mottes devant la charrue à Gros-Bois. Nous avions déjà hersé et semé la moitié du champ, laissant d'ailleurs beaucoup de mottes, quand un violent orage stoppa l'ardeur du valet et des boeufs. Cette pluie enterra la graine. Le lendemain l'oeuvre fut achevée et, laissant la semence à l'air, j'ai dit au valet : «On y cassera les mottes s'il ne pleut pas dans les vingt-quatre heures.» Pas d'engrais, juste un litre un tiers de semence pour trois quarts de journal (25 ares), rien de plus.

Je ne faisais déjà plus de raves en 1850, vous pensez ! Mais vous vous souvenez de l'année 1861, mauvaise sous tout rapport. Eh bien ! fin juillet, nous nous remîmes aux raves ancestrales. J'avais trouvé de la graine chez M. Graillot. Nous étions sauvés !

º Les vesces

Autrefois une bonne partie de la jachère était exploitée : en vesces, trèfle, luzerne, la plupart du temps.

Les vesces occupaient entre trois et quatre *journaux* en *somard*, ce qui augmentait notre récolte de fourrage. Nous avons maintenu cette culture d'une manière irrégulière, sans lui donner d'importance significative.

En année ordinaire nous semions au cours de la deuxième quinzaine de mai, m'étant approvisionné au préalable - et si nécessaire - en graine chez Cabot, marchand à Pierre, voire chez des cultivateurs des environs. En général un seul labour, un hersage suivi d'un roulage suffisaient. Quant à la semence, cela variait de six à neuf *boisseaux* par hectare. Aucun engrais n'entrait dans les terres à cette occasion. En 1863 j'ai essayé celles d'hiver, ayant trouvé trois doubles de graine chez M. Louis, marchand de vin et de grain au chef-lieu de canton.

Aux alentours de la foire de La Balme (26 août), un peu avant ou un peu après selon les caprices du temps, mes valets fauchaient les vesces servant de fourrage pour les bêtes. Au meix de maison - au Chevrot - les trois bons *journaux* récoltés le 1er septembre 1836, n'ont produit que trois *milliers* évalués 60 F. La sécheresse n'avait rien arrangé. Toutefois ajoutons encore sept *boisseaux* de grain au moment du battage le 11 janvier. L'année suivante Joseph Vieux et son fils demandèrent le fauchage de deux *journaux* au champ Jean Jacot pour 2,50 F. Nous y ramassâmes deux fortes voitures, soit 3 000 livres. Le Grand Piochi, d'une même étendue, en donna autant. C'était une récolte de 4,5 *milliers* par hectare au lieu de 2,7 l'année précédente, mais sans grain, avouons-le. En 1836 un hectare de vesces rapporta 73 F ; l'année suivante ce fut 90 F.

Nous cultivions aussi cette plante pour le grain. Ainsi le 26 mars 1836 nous avons *dégrangé* trois voitures issues du bas du Grand Piochi, fauchées un peu sur le vert. Quoique pas très belles, elles produisirent un grain clair, de belle qualité et très lourd. Mes valets ensachèrent les 22 *boisseaux* (5,5 hl) et les montèrent au grenier.

Nous ne vendions jamais de fourrage. Mais une partie du grain partait au marché de Pierre - ou de Bellevesvre, voire de Saint-Germain-du-Bois ces dernières années. Ce ne fut qu'à partir de 1864 que ce commerce atteignit 30 à 35 doubles décalitres annuellement.

Le cours des vesces (3 F le double *boisseau* avant 1840) est passé à 1,50 F le double décalitre en 1851, pour grimper de 0,50 F l'année suivante et continuer après. La surchauffe dura de 1859 à 1863 à 4 ou 5 F le double, puis le cours s'est stabilisé à 3,50 F (ou 17,50 F l'hectolitre).

° *Les carottes*

Avant 1840 nous avons cultivé des carottes pour le bétail, ô pas beaucoup ! un journal tout au plus, et j'exagère peut-être, disons quelques sillons.

Mi-mai 1836 j'ai voulu en faire dans une pièce d'un demi-*journal* ensemencée en blé l'année précédente. Le terrain, entre les deux mares du Champ Rugey, fut bien préparé : trois labours, trois hersages, deux roulages et quatre voitures de fumier frais. Mes domestiques y semèrent une livre de graine de carottes à collet vert de deux ans provenant de ma récolte. Levées après la St Jean, retardées par la sécheresse, mangées par les herbes, sarclées deux fois fort mal, plus mal éclaircies, j'ai été sur le point de les défaire à plusieurs reprises. Au moment de la moisson elles ressemblaient à des petites ficelles. Ajoutons encore que j'eus la mauvaise idée de faire semer quatre sillons à la volée (pour voir), ce qui diminua la récolte d'une voiture. Les autres sillons, semés dans les lignes tracées par mon rayonneur à main, se comportèrent mieux. Mes ouvriers ne chargèrent le char « à sept tonneaux » qu'à moitié ; après cinq voyages, j'ai estimé le tout à vingt tonneaux d'une valeur de 60 F.

L'année suivante fut catastrophique. Nous ne pûmes préparer que le 13 juin à la petite chènevière de Gros-Bois. Un seul labour, pas d'engrais. Les carottes semées à la volée furent enterrées au râteau. Mais il restait beaucoup de mottes en surface ; les ouvriers les cassèrent à l'aide du dos de cet outil de bois. Elles ne levèrent pas. Au mois d'août nous les remplaçâmes par des raves.

Une mauvaise année, ça vous marque ! Persévérant, je préparais soigneusement mes semailles en mai 1838, ne négligeant rien. Un mélange de terreau, composé de deux voitures de fumier et d'une *feuillette* de cendres de ménage, fut transporté dans les huit sillons joignant le champ de Baulier. Tout se passa bien.

Je bougonne parfois, vous le comprendrez ! A la fin du mois de novembre 1839 j'étais dans un état ! Berry, le jardinier, m'avait trompé sur la graine. Au lieu de carottes blanches à fourrage, j'ai récolté des petites jaunes printanières qui, de plus, furent perturbées par la sécheresse ; puis l'humidité en fit pourrir beaucoup. La production normale devait être de cinq voitures. Vous me croirez si vous voulez, mais la récolte totale tint dans un seul char.

° *Divers*

Les **haricots** ne constituent pas une culture à part entière. Nous en semions un peu au travers du maïs au mois de mai. Au moment de la récolte les journaliers qui exploitaient du *turquis à moitié* nous remettaient notre part de haricots qui, bien souvent, il faut le dire, ne valaient pas les nôtres. D'ailleurs je les estimais moins cher (3 F le *boisseau* au lieu de 5 F en 1836).

Arrachés, mis à sécher sur les pieds de maïs dans le champ, puis rentrés à la ferme, nous les battions au fléau en hiver.

Nous avons surtout cultivé des *« blancs »*. Les *« gris »* - ou la *« grisouille »* - étaient moins abondants chez nous, et puis meilleur marché. Tenez, à la foire de Pierre du 8 décembre 1862, Albert vendit 30,5 doubles de haricots à différents prix ; la vente ne produisit que 79,70 F à cause de leurs taches. Les «blancs» furent cédés à un prix de 2,60 F à 2,90 F tandis que les «gris» n'atteignirent que 1,80 F.

Les haricots servaient surtout à l'alimentation humaine. Cependant, quand il en restait des vieux qui traînaient au grenier, nous les portions au moulin pour les faire moudre. Cette farine, avec celle des *étappes* ou des *criblures*, permettait d'engraisser les boeufs. En réalité cette pratique était insignifiante : quelques doubles et pas tous les ans, loin s'en faut. La commercialisation n'a pas dépassé un sac (6 doubles) par an en moyenne ; si dans la dernière décennie nous arrivions à deux sacs et demi, la production ne permettait pas des ventes chaque année. Le 28 septembre 1866 le marché de Bellevesvre était tellement mauvais que je n'ai pu céder qu'un sac de vieux haricots à 4 F le double à Bonnin, marchand à St-Germain-du-Bois. Quelques jours plus tard, venant chercher des *étappes* à la maison, il accepta de prendre tout ce qui me restait : 33 doubles de «blancs» à 4,25 F. Le cours des haricots, à 5 ou 6 F le *boisseau* avant 1840 (et 3 F à 3,25 F pour les médiocres) était à 3,25 F-3,30 F dans les années 1852-1853. La hausse fut importante en 1854 (5,90 F le double) puis les cours redescendirent progressivement : 4 F la «grisouille» et 5 F les «blancs» en 1855 ; depuis le prix se situe aux alentours de 4 F (ou 20 F l'hectolitre) avec des écarts dus surtout aux différentes qualités. Mais la tendance, de nos jours, est plutôt à la hausse.

Dans les champs de maïs, il y avait généralement des haricots, du chènevis, voire parfois du sarrasin, et puis des **courges**. En réalité, c'étaient surtout les journaliers exploitant du *turquis* à mi-fruits qui semaient cette plante potagère. Réguliers en affaires, ils nous livraient donc la moitié de leur récolte. Nous n'affectionnons pas particulièrement ce mets.

En 1836 j'ai même ramassé vingt **choux** cabus et autres pour le bétail dans la chènevière de Gros-Bois ensemencée en maïs. Je n'ai pas continué cette pratique. Cependant nous apprécions différentes races de choux pour la maisonnée. Je vous en parlerai plus tard.

Des **pois** ! Mis à part un peu de jardinage, nous n'en faisions pas. Seulement en avril 1863 j'ai tenté une expérience ; le parent Cordelier-Laubriet m'en remit un double et demi à 4 F pièce. Au mois de janvier suivant, j'en fis moudre vingt doubles (à 2,40 F) pour le bétail. Le reste traîna chez nous. Avant la foire de La Balme 1867, j'ai vendu ces pois vieux de quatre ans au marché de Bellevesvre. Il en restait un gros sac qui me fut payé 2,20 F le double. Pour rien ! vous dis-je !

• Les fourragères

° *Le trèfle*

Le trèfle, semé dans le seigle - voire dans le blé -, récolté l'année suivante dans une terre qui, la plupart du temps, aurait dû être en jachère, complétait notre dispositif d'alimentation du bétail en fournissant un fourrage artificiel.

Nous en semions en moyenne dans dix ou onze *journaux* (3,5 ha) chaque année, dont la majeure partie au printemps en trèfle ordinaire (80%), et le reste au mois d'août en trèfle incarnat.

Avant 1839 je fournissais mes semences, puis j'en ai acheté parfois à des gens du village, au parent Simerey, à mon ancien *granger* Louis Boissard, voire au marché de Bellevesvre dès février-mars. Cette graine, à onze *sous* (0,55 F) la livre, est passée à 0,75 F en 1853 ou dix ans plus tard, avec des hauts et des bas, mais sans descendre au-dessous de treize *sous* et demi (0,675 F) en 1855.

Fin mars 1837 mes gens ont répandu du trèfle ordinaire dans trois *journaux* de seigle au Grand Piochy, et dans sept *journaux* de blé : au Champ d'Henry et dans la pièce aboutissant sur la cour. Les deux premiers champs étaient réservés au fauchage au mois de juin 1838 afin d'assurer la provision d'hiver ; quant au troisième, nous le destinions au *champoyage* au printemps suivant.

Il fallait compter environ 10 livres au *journal* pour une bonne récolte à faucher «en vert» ou «en sec» et seulement 3,5 pour le *champoyage*, forcément plus clair afin de ne pas indisposer les animaux. Bien souvent les proportions descendaient au-dessous, comme en 1838.

Répandre du plâtre dans le trèfle au printemps ! Vous vous souvenez de mes essais en avril 1838 (voir «Le plâtre») ! Au Piochi, le trèfle, semé dans du seigle après une récolte de blé, était rempli de fortes *éteules* (chaume), extirpées par un hersage énergique quinze jours auparavant ; une *râttelée* permit de récupérer cette paille mise à la litière des bovins. Le trèfle, aux feuilles larges, touffu, commençait à couvrir la terre. La moitié de cette pièce, au matin, était sans herbe parce que avant le blé et la demi-jachère (avec vesces), il y avait eu du *turquis* sarclé. Dans l'autre, l'avoine garda de la *traînasse* (liseron) qui infecta le trèfle.

Quant au Champ d'Henry, le trèfle, semé dans du blé - ensemencé après jachère complète faisant suite à une culture de pommes de terre -, était très propre. Il produisit peu en automne précédent ; il couvrait la terre, mais n'était pas encore tout «talé» (enraciné). Cependant il subsistait de vieilles *étoules*. Les cochons y *champoyèrent* (pâturèrent) en fin de saison et pendant l'hiver. N'étant pas ferrés, ils en ont arraché ; nous nous aperçûmes trop tard du dommage.

Les semailles de trèfle incarnat attendaient le mois d'août après une récolte de blé le mois précédent. Nous labourions le champ, passions le rouleau, hersions et semions (10 livres par *journal)* ; puis la semence était enterrée à la petite herse de bois légère. Il s'agissait d'une culture à part entière, préparée pour l'année suivante. Cependant, selon les circonstances, nous n'utilisions pas le rouleau, et puis labourions en billons de deux sillons joints ensemble. Au mois d'août 1838 nous avons semé ce trèfle au Champ du Four dans du maïs. Le sarclage de ce dernier devait enterrer les dix *vannées* de graine en balle (non battue) répandues dans la pièce.

Tableau 42 : Récolte de trèfle - de 1836 à 1839

Années	Semailles			Récolte (sup.en Ha)				Valeur	Rapport
	Superficie (Ha)			Pâturage	Fauchage			Totale	Brut
	Totale	T.O. (3)	T.I. (4)		Vert	1e coupe	2è coupe	Frs(2)	à l'Ha (2)
1836	3,42	3,42	0,00	0,00	0,00	3,42	1,03	161	47
1837	3,20	2,25	1,15	0,00	1,48	1,72	0,68 (1)	375	117
1838	4,80	3,43	1,37	1,37	1,37	2,06	1,54	?	?
1839	3,60	3,60	0,00	0,00	1,37	2,23	1,4 (1)	511	142
Moyenne	**3,75**	**3,12**	**0,63**	**0,34**	**1,05**	**2,35**	**1,16**	?	?
%	100,00	83,00	17,00	9,00	28,00	63,00	31,00	?	?

NB : Les semailles ont été réalisées l'année précédente

(1) Ajouter la valeur des tiges du trèfle battu

(2) Ajouter la valeur du champoyage d'été sur 2,6 ha

(3) T.O. = trèfle ordinaire semé en mars dans du seigle ou du blé

(4) T.I. = Trèfle incarnat semé en août dans une terre labourée

Vers la Saint-Jean (24 juin) ou début juillet nous fauchions le trèfle qui, fané et séché longuement dans le champ avant le ramassage, devait assurer un supplément de fourrage aux bêtes pendant l'hiver. Pour ce travail pénible, les faucheurs recevaient 1,25 F (nourris) par jour, comme pour la fenaison. Et puis il restait quelques *corvées de turquis*.

Je marchandais parfois le fauchage et le fanage de mes coupes de trèfle. Le 20 juin 1836 j'ai passé une convention avec Eusèbe Guillemin, moyennant 16,50 F. Il s'engageait avec son frère à faucher tous mes trèfles, sauf la pièce joignant la maison. Il se chargeait aussi de les faire faner, et d'aider à charger et décharger en cas de besoin. Je ne devais les nourrir que dans ce dernier cas. Il reçut 1,50 F d'arrhes.

La récolte fut très mauvaise en 1836 et ne dépassa pas 7,6 *milliers* de livres (à 20 F l'un) pour mes 10 journaux, soit 2,2 *milliers* par hectare. Le rendement atteignit heureusement 6 *milliers* en 1837 et 1839 où je l'ai considéré comme normal.

En général près d'un tiers du trèfle sur pied était fauché «en vert» au fur et à mesure des besoins et donné au bétail chaque jour. Cela assurait la soudure avant la fenaison. J'estimais cette production à 30 F par *journal*, au lieu de 40 F pour le «sec».

Une seconde coupe était réalisée au cours de la deuxième quinzaine d'août ou en septembre, mais dans un tiers seulement de ces cultures ; nous conservions le reste pour le *champoyage* des bovins - voire des cochons. Elle rendait beaucoup moins : un à trois *milliers* par hectare, mais complétait la provision de fourrage, et puis nous en tirions aussi la graine. Les deux voitures ramassées au Champ de la Furette à l'automne furent battues le 27 janvier 1838 et il en sortit un «quintal» (100 livres) de graine de trèfle ordinaire d'une valeur de 45 F ; encore fallait-il déduire les faux frais ! En 1865 Jean Richard gagna 1,50 F par jour en juin pour faucher du trèfle ; Denis Guerret-Rabut toucha un franc fin août pour une seconde coupe. Aussitôt ce travail accompli, nous labourions en vue des prochaines semailles de blé au mois d'octobre.

Le trèfle, soigneusement séché, était battu au mois de janvier. Il s'agissait d'un travail fastidieux, difficile pour extraire la graine des gousses. Un ouvrier nourri recevait 0,35 F par jour en morte saison, et ce encore en 1859. La graine, bien vannée, voire passée au tarare, pouvait partir au marché.

Avant 1840 je confiais de la graine à des marchands de Pierre : par exemple Semard se chargeait de vendre du trèfle incarnat pour mon compte en 1836 ; pas beaucoup ! une vingtaine de livres à 0,50 F. Quant au jardinier Berry se rendant à Dijon au mois de février 1837, je lui ai remis deux *boisseaux* un quart. Nous convînmes qu'il en tirerait ce qu'il pourrait, simplement en me rendant compte. Bien entendu, j'envisageais de le dédommager pour ses peines. Je fournissais aussi quelques particuliers, voire le château de Terrans (un *boisseau* à 20 F en 1838). Il existait aussi des marchés différents : au mois d'août 1837 Madame Buguet, du Bois des Planches, retint six *vannées* de trèfle incarnat. Je les ai appréciées à quatre livres chacune, mais le prix global fut arrêté à 10 F (0,42 F la livre). Dans ce genre de transaction, vu l'incertitude quant au poids réel, le cours baisse donc naturellement ! Et ce n'est pas tout. Messieurs Donzel et Michaux, de Lays-sur-le-Doubs, m'achetèrent de la graine, à condition de la livrer chez le boucher Demaisières. Ce dernier, après pesage à la romaine, totalisa 117 livres (à 0,60 F). Quant à moi, j'ai conservé 30 livres pour semer, et un boisseau d'*étappes* estimé 5 F. Après 1850 j'en vendis aux marchés de Pierre, de Bellevesvre, voire de Mervans, en général à des négociants de la région (Lolliot à Charette, Burdy ou Villermain à St-Germain-du-Bois) ou du Jura (Germain à Villevieux). Je livrais sur place, ou quelques jours après chez des aubergistes : Prieur à Pierre ou Thibert-Guillemin au village. Les ventes se limitaient à 40 ou 50 livres par an. Les années prospères dans ce genre de commerce allèrent de 1858 à 1860 avec une moyenne de 263 livres, et puis, plus rien ! Ah ! j'oubliais ma dernière livraison. C'était le 7 février 1866. M. Amédée Noir-Arveux, marchand à Pierre, avait acheté mon stock : 145 kilogrammes à 1,30 F. Et mes *boisseaux* et mes *livres* ! Bien loin ! Envolés !

Il m'arrivait de louer des fourrages à faucher à l'un de mes journaliers, ou à des gens du pays. C'était cependant rare. En 1836 j'ai donc amodié une parcelle de trèfle au Champ des Rugey (pour 4 F) et du foin (pour 8 F) à la chaintre du Meix des Simerey à Charles Vorey qui manquait d'herbage. J'avais ajouté le fauchage des *contours* du Petit Champ de Gros-Bois. D'accord sur ces conditions et vu le prix, il ne pourrait rien exiger pour son travail, bien entendu ! En 1853 Jean-Claude Sordet, d'Aloise, en prit un tiers de *journal* pour 18 F (162 F l'ha), bénéficiant des deux coupes. Et puis je vous ai déjà conté mon amodiation à M. Gauthey, maréchal, en juin 1858 (1,5 *journal* pour 75 F).

Au moment de la location de la ferme de La Ranche à Rolland, j'ai stipulé que le preneur ayant trouvé à son entrée une forte provision de foin et de fourrages artificiels, de même que trois hectares de trèfle bien établi, son successeur devrait en trouver autant, bien conditionné et serré dans l'hébergeage, et le trèfle de première année soigné avec attention.

° *La luzerne*

Autrefois notre luzernière, bien modeste, s'étalait à la Grand Pièce, à la Chènevière (dite «petite pièce»), et puis au verger. Une telle culture, pas très courante dans la région, se renouvelait peu car la luzerne, bien entretenue, durait plusieurs années.

Le 20 juin 1837, au moment de la première coupe, nous avions déjà fauché «en vert» un *millier* de livres à la Chènevière ; le reste du champ donna encore cinq cents livres de fourrage sec. La seconde récolte, évaluée à trois cents livres, fut destinée à la consommation immédiate ; enfin la troisième coupe le 20 août augmenta notre stock pour le bétail de huit cents livres. Il en alla de même dans les autres parcelles et cette année-là, malgré la sécheresse qui réduisit la seconde coupe début août, j'ai dû rentrer environ six à sept *milliers* d'une valeur unitaire de 20 F.

Préparer une luzernière ! Il faut y penser longtemps à l'avance. Fin octobre 1863 nous envisagions d'en semer au printemps suivant au Champ de Baulier où nous venions d'arracher des betteraves. Fin avril, comme prévu, M. Noir nous livra les 5 kilos de luzerne de Provence, et nous les semâmes au Champ de Maison. L'année suivante - donc au printemps 1865 - j'ai augmenté la superficie, voulant assurer notre approvisionnement dans de bonnes conditions.

- Les plantes textiles : le chanvre

Nous avons cultivé le chanvre jusqu'en 1850. D'ailleurs dans notre région cette plante a régressé d'un tiers en trente ans.

A La Ranche nous lui consacrions chaque année environ un *journal* (voire moins) aux Chènevières de Gros-Bois, tout près de l'étang du même nom. En 1849 nous atteignîmes deux *journaux* en ajoutant l'emplacement de l'ancienne maison de Gros-Bois, la cour et le jardin qui l'accompagnaient.

Je fournissais le chènevis (à une ou deux exceptions près) et nous semions dans la première décade de juin. A raison de 2 hl/ha, mes besoins en *sements* ne dépassaient pas une *mesure* ancienne (27,4 litres), voire deux - ou l'équivalent en doubles *boisseaux* (0,25 hl). Et puis jusqu'en 1837 mes journaliers en faisaient dans du *turquis* ou des pommes de terre à mi-fruits. Au mois d'octobre ils me livraient la part me revenant. En 1836, en dehors de huit paquets récoltés dans mon champ de pommes de terre, ces gens-là m'en donnèrent dix-sept paquets. Quant à Charles Vorey, comme convenu, il m'apporta un *boisseau* de chènevis battu au lieu de tiges. Pour revenir à nos semailles, nous engraissions abondamment la terre, répandant plusieurs charretées de fumier frais ou mi-pourri, et y ajoutions parfois des cendres (un ou plusieurs tonneaux par *journal*). Eusèbe Guillemin, à qui j'avais avancé de l'argent sur ses journées en 1837, me céda son tas de fumier et un tonneau de cendres de ménage. Mais la qualité de son fumier laissait à désirer car la terre y abondait. Heureusement, je l'avais payé moins cher (3 *sous* le pied cube au lieu de 5), et passé le marché au jugé (avantageux pour moi : 130 *pieds* pour 100). Je m'étais ainsi rattrapé !

Le 7 juin 1838 mes domestiques semèrent un *boisseau* de chènevis à la Grande Chènevière de Gros-Bois, recouvrirent la graine à la herse, sur un quatrième labour qui venait d'enfouir les trois voitures de fumier. La Petite Chènevière exigea davantage de semence car cette dernière fut enterrée par le quatrième labour.

Avant 1840 la récolte variait beaucoup, en fonction de la superficie (de un-demi à un *journal)* mais aussi des bonnes et mauvaises années. Dans ces conditions nous en arrachions entre 160 et 330 livres (250 en moyenne) d'une valeur estimative de huit *sous* l'une (0,40 F). Pendant la période du *grangeage* Louis Boissard nous donnait notre part, mais c'était déjà devenu dérisoire : un dixième de ce que nous passions auparavant. Donc nous n'en faisions plus depuis 1850 ; cela nous reprit en 1858 avec une toute petite production de 70 livres.

Fin août 1849 nous avons récolté les deux *journaux* de chanvre à Gros-Bois. C'était une bonne année, et dans un cinquième seulement du terrain la plante ne dépassait pas trois *pieds* de hauteur (0,972 mètre) ; le reste étant nettement plus grand. Une poignée de tiges constitue une *masse* ; assemblées par paquets de dix, elles forment une *beusse* (gerbe). Cette année-là, ayant comme à l'accoutumée classé le chanvre en trois catégories, j'ai compté 94 *beusses* dont : «grand» = 46, «moyen» = 33 et «petit» = 16, d'un poids total de 500 livres. Il faut dire que mes «beusses» pesaient 5,3 livres et non plus 1,8 livre comme autrefois. Mais attention aux différences de taille !

Tableau 43 : Travail du Chanvre - 1836-1850

Travail	1836	1837	1838	1839	1849	1850
LA RECOLTE						
chanvre (en livres)	?	160	330	234	500	203
chanvre conservé (cordages)	?	10	15	?	?	?
valeur (par livre)		0,40 F	0,40 F			
LE ROUISSAGE	2 rets	2 rets	1.800 masses	1.280 masses	5 rets	2 meules
coût	3,5 l.oeuvre	4,50 F	7,20 F	5 F	5 F	3 F
LE TEILLAGE PAR AUTRUI						
(en "beusses")	0	0	0	0	43	0
.dont "grand"	0	0	0	0	15	0
.dont "moyen"	0	0	0	0	28	0
LE PEIGNAGE PAR AUTRUI						
filasse (en livres)	50	118	231	175	353	163
.dont "oeuvre"	42	93	195	?	298	111
.dont "étoupe"	8	25	36	?	55	52
Valeur 1 livre d'oeuvre	1	0,9	0,9			
Valeur 1 livre d'étoupe	0,3	0,3	0,2			
FILATURE PAR AUTRUI	0	0	61,5	29,5	14	5
.dont "grands coeurs"	0	0	0	0	14	0
.dont "courtes"	0	0	21,5	18	0	0
.dont "teillons"	0	0	40	11,5	0	0
.dont "étoupes"	0	0	0	0	0	5
LE TISSAGE PAR AUTRUI						
nombre d'aunes (1,22 m)	82	12	16	92,5	0	50
LE CORDAGE PAR AUTRUI						
en livres	32	0	16	0	0	3
HUILERIE						
chènevis pour huile (en boisseaux)	3	1	0	0	0	0
VENTE DE CHENEVIS						
en boisseaux (0,25 Hl)	0,8	0,25	0	0,5	0	0

NB : Sauf indication contraire, poids indiqués en livres.
Les valeurs sont en francs
Un "rets" : meule de chanvre d'environ 100 livres (comprenant 50 à 60 "beusses")
Une "beusse" vaut 10 "masses" soit environ 1,8 livre
Une "masse" : une poignée de tiges de chanvre.

Le chanvre récolté était roui dans un étang du hameau. En 1836-1837 je l'ai porté à l'étang de Chozat après accord avec Petiot, fermier du domaine des Parays appartenant à M. de Saint-Seine. Selon l'importance de la production, nous assemblions des meules - appelées *rets* - dans l'étang. Pour ce service le fermier recevait trois *poupées d'oeuvre moitière* (ou mélangée) par *rets*, d'un poids d'une livre et demie, et évaluées 1,50 F. Le rouissage durait environ une semaine, mais attention, car le chanvre trop roui perd beaucoup au peignage, ce qui m'arriva en 1835. Les années suivantes j'ai placé mon chanvre à l'étang de Gros-Bois (propriété de M. Baron à Pierre), à celui de Pitour (au comte Auxonne-Théodose de Thiard, à Pierre). Je ne payais plus en nature mais en liquide à leur homme de confiance du coin, ou par exemple à Cordelier, garde de M. de Loisy pour l'étang de la Grande Vesvre. Ils me comptaient huit *sous* (0,40 F) les cent *masses*, puis un franc par *rets* de 100 livres en 1849 ou 1,50 F la meule l'année d'après. Cette fois-ci j'ai réglé à François Perron chez l'aubergiste Thibert-Guillemin en présence de deux témoins : le charron Vincent et le fils Fèvre. En 1858 je fus un peu surpris de payer trois francs pour deux *beusses* d'un poids total de 70 livres. Confondais-je maintenant une *beusse* et un *rets* ? Non, pas du tout ! Autrefois j'aurais versé un franc tout au plus pour ma petite récolte. Il faut avouer que le chanvre n'est pas bon pour l'eau et les poissons, surtout en année de sécheresse. Alors le maire de la commune prit un arrêté le 14 août 1863 défendant le rouissage du chanvre dans les étangs, les ruisseaux, etc. Dans le canton, tout le monde pratique pourtant ainsi, sauf dans le *finage* où ils le portent au Doubs, et dans les communes le long de la Brenne ou de la Guyotte où ils utilisent l'eau courante. Autrefois à La Chapelle certains ont même roui dans la rosée, mais la qualité s'en ressentait ; d'ailleurs la filasse, moins blanche, s'avérait plus difficile à travailler.

Après rouissage et séchage, mes valets teillaient au mois de septembre ou d'octobre. Ils cassaient l'écorce pour en extraire la filasse. En septembre 1849, la récolte était tellement abondante comme vous le savez, j'ai remis la moitié du chanvre à *tiller* à des personnes âgées du village : le père d'Antoine Bailly en prit 15 *beusses* (du grand) ; la veuve Robert née Goury et Jeanne Derrière le Bois reçurent chacune 8 *beusses* (du moyen). Mais j'en avais fait monter aussitôt quelques paquets au grenier pour «type» devant être pesés ensemble après le teillage, pour me rendre compte. Je surveillais attentivement ces affaires, vous me comprendrez ! Quant au reste, nous le stockâmes sur le gerbier, en attendant sa préparation.

Cette filasse. Eh bien ! il fallait maintenant la peigner pour diviser les fils. Anciennement Pierre Bonnamour se chargeait de ce travail et me faisait rapporter l'*oeuvre* par son ouvrier en février-mars. Il demandait 3,5 *sous* par livre d'*oeuvre* (non nourri) et un sou en moins quand il mangeait à la maison. Il ne comptait rien pour les *étoupes*. J'estimais alors la valeur de l'*oeuvre* à 0,90 F la livre et les *étoupes* à 0,30 F. Et puis j'ai eu Jean-Baptiste Berrucat qui arriva en décembre 1838 accompagné de ses deux consorts pour peigner ma filasse. Sur les 330 livres de chanvre, j'en avais conservé 15 pour le cordage. Il en restait seulement 231 à façonner, à démêler, à peigner. Après le travail accompli, nous pesâmes à la romaine de la veuve Bonnin, évitant aussi toute contestation de part et d'autre. Il y avait :

- de la *grande* : 5 paquets allant de 11,5 à 16 livres — 68 livres,
- de la *courte* : 5 paquets de 11,5 à 15 livres — 63 livres,
- des *tillons* : 5 paquets de 11,5 à 13 livres — 63 livres,

(soit un total de 195 livres évalué 175 F à 18 sous l'une)

– des *étoupes* : 4 paquets estimés 7,20 F (4 *sous* l'une) 35 livres.

Jean-Baptiste Berrucat et ses compagnons que j'avais nourris pendant six jours pour cinq de travail effectif, reçurent 2,5 *sous* par livre d'*oeuvre* seulement. Après coup, ces 15 paquets d'*oeuvre* furent montés au grenier et placés dans la grande armoire à double porte où mes valets la rangèrent soigneusement : la « grande » sur le rayon du dessus, la « courte » au milieu et les *tillons* sur le plateau inférieur. Il en restait 4 paquets de l'année précédente. Le chanvre (hors étoupes) avait perdu à ce stade d'élaboration un quart de son poids initial. Puis après j'ai vu arriver les Bugistes, des étrangers qui allaient de village en village pour peigner le chanvre. J'ai reçu un nommé Berchey résidant habituellement à Branges près de Louhans. Son tarif n'avait pas bougé mais il faisait maintenant payer un *sou* par livre pour les étoupes. Après le peignage vint la pesée :

– *grands coeurs*	5 paquets	98 livres,
– *courtes*	7 paquets	121 livres,
– *pattes ou tillons*	4 paquets	69 livres,
– *unellée* de petit chanvre	1 paquet	16 livres,
– étoupes	4 paquets	55 livres,
soit un total de :		353 livres.

Pour me rendre compte, j'ai vérifié. Ces hommes ayant travaillé 23 journées, chacun peignait 13 livres d'*oeuvre* par jour. L'année suivante fut mauvaise et les déchets plus importants (32%). Berchet sépara les *étoupes* de l'*oeuvre* mêlée et celles des *tillons*. Ces derniers perdaient beaucoup plus (42% au lieu d'un quart). Il avait aussi changé son tarif : 0,10 F par livre sur la totalité rendue, mais cela revenait au même. Heureusement ! En 1854 je n'avais pas besoin des Bugistes vu la quantité et j'ai remis mes quatre livres à Jean Fouillot, du hameau. Il demanda 0,20 F par livre mais en se nourrissant.

Avant 1840 notre maison - principalement la servante - **filait** 85% du chanvre peigné, dont la totalité des *grands coeurs*, le meilleur. Le reste était confié à quatre ou cinq femmes du voisinage : Philiberte Bassot veuve Richard au Bois-Brûlé, Marie Robert, Reine Gigot (ou Dégigot), la femme Chevrot et Françoise Vincent. Nous leur remettions des paquets d'oeuvre de 10 à 15 livres, autant de *courtes* que de *tillons*, et seulement 16% des étoupes. Des femmes, comme Reine Gigot, avaient davantage d'expérience, aussi nous leur portions les *têtes* (ou *courtes*) ; d'autres, plus moyennes, recevaient *courtes et tillons*. Enfin, les moins habiles - comme Marie Robert ou Françoise Vincent - filaient *tillons et étoupes*, voire seulement cette dernière qualité. C'était un travail d'hiver ; la période démarrait en novembre et s'achevait en mars.

Après 1850 cela a changé. Nous dûmes confier les deux tiers de notre stock à des femmes hors de notre domaine. La moitié des *grands coeurs* et le quart du reste passèrent entre leurs mains. Il faut dire que notre dernière récolte remontait à 1850 et que pendant le *grangeage* (1852-54) nous n'engageâmes pas de servante. Il fallait bien chercher des femmes à l'extérieur pour accomplir cette tâche. Vu ce qui nous restait en décembre 1853, la mère Rolland, notre fermière de Diconne, se chargea de faire filer onze paquets d'*oeuvre* (dont cinq *grands coeurs*) pesant 182 livres. Au début du mois de mars suivant elle nous rendit une grande partie du fil ; j'ai payé 0,40 F la livre pour la *grande* et 0,35 F pour la *courte*. Mes fermiers trouvèrent aussi des ouvrières pour les *étoupes*. Puis par la suite le reste du chanvre partit progressivement chez des femmes de notre pays, surtout chez Marie Robert qui en fila bien les trois quarts. Cette dernière, avec le temps, avait acquis une solide expérience, aussi bien pour la *grande* que pour les autres catégories. La femme Poulet était aussi très renommée. Quant à la pauvre Jeanne Philippe, elle ne recevait que les *étoupes*. Je me suis occupé d'elle par la suite et en 1861 la commune l'a classée au rang des indigentes.

Tableau 44 : Du chanvre brut à la toile, 1849-1868

LA TRANSFORMATION	POIDS (en livres)	REPARTITION (en %)
CHANVRE BRUT RECOLTE	**887**	100
CHANVRE BRUT CONSERVE *(cordages)*	88	10
CHANVRE PEIGNE *("oeuvre" + "étoupe")*	657	74
CHANVRE PERDU *(déchets)*	142	16
CHANVRE FILE		
Total	655 (1)	74
dont par autrui (69 %)	451	
Fil produit	515	58
CHANVRE TISSE (toile)		
Poids du fil	515	**58**
Aunes (1,22 m) de toile	**515**	
ou nombre de mètres	628	
Poids de chanvre brut pour une aune de toile	1,55	
(ou pour un mètre)	1,27	

NB : Une livre de fil produit une aune de toile

(1) Après "oeuvre" donnée aux servantes

Ces femmes, qui travaillaient chez elles pendant l'hiver, étaient payées à la livre d'*oeuvre* ou d'*étoupe* confiée. Voici les tarifs :

- *grands coeurs* (ou *grandes*) : 0,45 F en 1839 ; 0,40 F de 1849 à 1854 ; 0,55 F en 1863 ;
- *courtes* (ou *têtes*) : 0,40 F en 1838-39 ; 0,35 F de 1853 à 1858 ; 0,50 F de 1862 à nos jours ;
- *tillons* (ou *pattes*) : 0,35 F en 1838 ; 0,40 F en 1862 ;
- *étoupes* : 0,30 F en 1839 ; 0,30 F en 1853-54 ; 0,40 F en 1862-63.

Le 11 janvier 1839 ma femme laissa 11,5 livres de chanvre à filer à Marie Robert. Un mois plus tard, elle rapporta 24 écheveaux de fil (soit environ 9,8 livres) et reçut 3,45 F.

Je ne connus pas de problème avec les fileuses de ma région, sauf avec la femme B... Le 27 décembre 1853 nous nous mîmes d'accord avec Denis B..., cultivateur à La Ranche, à qui j'avais vendu une vache à crédit au mois de février précédent. Il ne put régler à l'échéance convenue et nous repoussâmes son billet de 90 F au 1er octobre 1854, mais cette fois-ci avec intérêt au taux légal de 5 % l'an, soit 4,50 F. Nous approuvâmes tous deux les modifications au bas de l'effet. Il fut aussi convenu que pour payer ces intérêts sa femme filerait un paquet de grande *oeuvre* de 14 livres à 0,40 F l'une. Le chanvre aussitôt porté à leur servante, revint le 25 janvier suivant, mais la femme B... prétendit que l'*oeuvre* pesait 15 livres et non 14. Evidemment ! le fil restitué, au lieu d'avoir perdu du poids à cause des déchets, pesait maintenant 15,5 livres ! mais tout mouillé et très mal filé. Sans écrit, que pouvez-vous faire ? J'ai compté les 15 livres, déduit les intérêts dus et versé 1,50 F à cette femme. Les bougres ! pensais-je ! Mais à quoi bon ! Alors, ne pouvant faire autrement' j'ai soigneusement noté en marge de mon grand livre : «La femme B... a trompé, on s'en souviendra». Et pourtant, elle savait travailler car elle avait déjà filé de la grande *oeuvre* pour notre maison' N'accepta-t-elle pas les intérêts dus sur la vache à crédit payée avec retard ? Mais de là à tromper, à saboter son travail, ce n'était pas acceptable. Je ne lui ai plus rien confié.

Tableau 45 : Peignage du chanvre - 1836-1858

Années	Noms et adresses	Filasse	Oeuvre (1)					Etoupe	
			Total	Grands coeurs	Courtes	Teillons	Tarif (2)	Total	Tarif
1836	Bonnamour (Pierre-de-D)	58	46				0,125	12	0
1837	Berrucat J-B	118	93				0,125	25	0
1838	Berrucat J-B	231	195	68	63	64	0,125	36	0
1849	Berchey (du Bugey)	353	298	92	121	85	0,125	55	0,05
1850	Berchey (Branges)	163	111	?	?	35	0,1	52	0,1
1852	Un Bugiste		20				0,1	5	0,1
1853	Fouillot J. (La Ranche)		4				0,2 (3)		
1854	Berchet (du Bugey)		57				0,125	?	
1858	des Bugistes		44				0,1	11	0,1
Moyenne 1838-1849			84%	27%	31%	26%		16%	

(1) Poids en livres

(2) Tarif : en francs par livre (nourris)

(3) Non nourri

NB :En 1836 un peigneur non nourri demande 3,5 sous (ou 0,175 F) par livre (au lieu de 2,5 sous)

Avant 1840 plusieurs **tisserands** travaillaient pour nous, d'ailleurs ils étaient assez nombreux au village : Michoté, Claude Tupinier, Chevriaux (le tissier), Denis Gauthier au Buisson Jean Chêne ; ou dans la commune voisine de La Chaux : Marie Perron. Cependant à partir de 1850 François Simerey, installé au hameau tout proche d'Aloise, tissa 90 % de mon chanvre. Je n'eus recours à d'autres que pour des travaux bien précis, comme en 1853 où Jean Cordelier (de Grandmont, à Pierre) m'a préparé du treillis pour faire des sacs.

Le tisserand appliquait un tarif variable selon la finesse du fil, et se faisait payer à l'*aune* après achèvement de l'ouvrage : 6 *sous* (0,30 F) pour l'*étoupe*, 6,5 *sous* pour la *tirdaine* (tiretaine : mi-*étoupe*, mi-bon fil d'*oeuvre*) et 7 *sous* (0,35 F) pour la bonne toile de ménage. Autrefois les domestiques touchaient du tissu en sus de leurs gages en numéraire : les servantes de 9 à 10 *aunes* d'*étoupe* (à 1,25 F), les valets un peu de toile, mais surtout des culottes d'*étoupe* et des chemises plus fines. Ces habitudes entraînaient un besoin annuel de 16 *aunes*. Les filles - je vous parle des années 1836-37 - recevaient de la toile d'*étoupe* et étaient à l'origine des trois quarts de cette demande. Progressivement elles sont devenues plus exigeantes et à partir de 1838 elles voulurent la moitié en *étoupe* et le reste en bon fil. Quant aux valcts ils abandonnèrent le chanvre au moment où nous mîmes la ferme en *grangeage* (1852). Et puis après cette date même les filles s'y intéressaient moins, et le cas échéant réclamaient de la toile mais de bon fil uniquement. Nos besoins étaient donc moindres.

Tableau 46 : Le chanvre - Tarif du tissage, 1836-1864

La toile	1836	1839	1850	1851	1853	1854	1855	1856	1859	1860	1863	1864
Toile												
Etoupe	0,300	0,300										
"Tirdaine" (1)												
l'aune (2)	0,325	0,325	0,300	0,300	0,300	0,300				0,350	0,425	0,425
le mètre										0,300	0,350	0,350
Bon fil												
l'aune (2)	0,350	0,350		0,350		0,350	0,350	0,350	0,350	0,550		
le mètre									0,300	0,450		
Treillis pour sacs												
l'aune (2)					0,400							

NB : Prix en francs
(1) "Tirdaine" (ou tiretaine) : ici fil d'étoupe et fil d'oeuvre mélangés
(2) Une aune = 1,22 mètre

Le tisserand emportait les écheveaux et rendait de la toile trois ou quatre mois après. Je sais qu'une livre de fil doit produire en moyenne une *aune* de toile (1,22 mètre). Avant son départ, je pesais le tout à mon crochet. Il y avait bien parfois quelques différences dues à la qualité ou au tissage. Ainsi Denis Gauthier, à qui j'avais remis le 16 mars 1836 trente-neuf livres de fil ordinaire pour me tisser de la toile due aux domestiques, m'en livra 42 *aunes fabriquée à 2* le 23 octobre suivant. Il réclama, comme convenu, 7 *sous* par *aune*.

Quand nous voulions du tissu teint, nous portions préalablement le fil à Madame David, **teinturière** au chef-lieu de canton, avant de le remettre à François Simerey. La *tirdaine* gris-bleu servait à confectionner des tabliers de cuisine.

Et puis François Simerey prit l'habitude de mesurer au mètre à partir de 1859-1860 et abandonna son antique *aune* - que j'appelais depuis dix ans «ancienne mesure». Mais il ne se contenta pas seulement de changer son outil, il augmenta aussi fortement ses tarifs d'au moins 20 %, suivant en cela les artisans de la région. Avouons tout de même que ses prix n'avaient pas bougé depuis 25 ans, peut-être plus !

Ma fille Fanny - celle qui réside à Dole - fait aussi travailler les fileuses du hameau, et François Simerey lui fabrique de la toile mélangée. Ainsi fin 1863 elle avait fourni les *étoupes* pour la trame mais manquait de bon fil pour la chaîne. Sa soeur Camille en acheta 12,5 livres pour son compte à diverses femmes se tenant sur la place de Pierre un jour de marché au mois de décembre. Après coup François Simerey lui rendit 35 mètres de toile mélangée que nous appelons souvent *toile d'étoupe*. Il ajouta 0,90 F car il avait fourni une quantité égale de *chas*.

Je conservais environ 10 % du chanvre pour le **cordier**, je vous en ai déjà parlé (voir «Le matériel»), je ne m'étendrai pas davantage.

Quant à l'huile de chènevis, nous nous en servions rarement, et préférons celle de navette. Pourtant je fis écraser trois *boisseaux* de graine (évaluée 3,50 F l'unité) après Noël 1836 au sieur Putin, **huilier** à Pierre Il me restait la portion que des journaliers exploitant à mi-fruits m'avaient donnée, et un peu de ma récolte personnelle. Quelques jours plus tard, mes valets retirèrent neuf litres d'huile, déduction faite de la part de Putin, soit le quart. Pour un paiement en argent il exigeait 0,275 F par bouteille. Comme l'huile valait 1,35 F le litre, c'était équivalent, cette manière ne changeait rien. Nous n'utilisons plus cette huile mais en 1864 du vieux chènevis traînait au grenier. Mon cousin Basile Thibert, huilier au village, me fit payer 3 F pour convertir mes 4 doubles décalitres. Cette fabrication était peu rentable pour nous. Le gain, après transformation, ne dépassait guère 10 %, peut-être 15 tout au plus.

Autrefois je n'ai acheté du chènevis à semer qu'une ou deux fois, dont en juin 1838 chez M. Louis, marchand au Bout d'Amont (Pierre), et pas beaucoup ! un *boisseau* et demi à 3,75 F l'unité. A contrario, j'en vendais de toutes petites quantités, descendant à un quart de mesure, et en tout cas ne dépassant pas le *boisseau*, à des voisins ou des gens habitant au pays. Au moment des semailles de chanvre en juin 1836 j'en avais remis une demi-*mesure* à Philippe Simerey. Après la récolte, il proposa de me payer. J'ai refusé, car ses enfants m'avaient rendu bien des services au moment de l'arrachage des racines. Le prix du chènevis a flambé en 1839-1840 atteignant 5,65 F le *boisseau* ; en 1850 il valait 5 F le double décalitre, puis redescendit progressivement : 3 F en 1852 et 2,50 F en 1859. Au mois d'avril 1864 j'ai liquidé mon stock à M. Carnu, marchand «grainier», à la foire de Bellevesvre. J'en ai tiré 3,65 F le double.

- Les plantes oléagineuses :

Nous venons de parler de l'huile de chènevis, marginale pour la satisfaction de nos besoins. Par contre, celle de navette est primordiale dans notre région, dépassant de loin le colza.

° *La navette*

Ce n'est pas une inconnue, vous avez suivi son mode de culture, semée au mois de juillet à travers le sarrasin. Cette dernière plante, moissonnée fin octobre, laisse le champ libre à la navette qui passe tranquillement l'hiver pour s'épanouir au printemps suivant. Un tapis vert agrémenté de jaune vif égaie la campagne à ce moment-là. Je vais toutefois vous conter un fait qui se produisit chez nous. Dans une parcelle près de notre ferme, où j'avais cultivé des carottes en 1835, je désirais ensemencer des vesces pendant l'année de jachère. La sécheresse fit abandonner ce projet et mes valets y semèrent de la navette jaune sur un second labour et deux hersages énergiques. Mais elle végéta à cause du terrain trop sec. La pluie arrivant enfin, elle resta en fleurs pendant tout le reste de la campagne. Après une récolte pitoyable, nous labourâmes la terre pour y faire du blé.

La navette jaune accompagne et suit le sarrasin ; c'est elle d'ailleurs qui le rentabilise, et vice-versa. Cette culture a toujours figuré dans notre exploitation. Avant 1840 la superficie atteignait 2,70 hectares, puis elle a bien régressé au fil des années. D'ailleurs en Bresse la réduction est de l'ordre de 20 % depuis trente ans.

La moisson avait lieu vers la fin mai ou dans la première quinzaine de juin, selon le temps. Quelques ouvriers, voire des femmes comme Fifine Petit, complétaient notre personnel à cette occasion. Moissonner trop tard entraînait la perte d'une partie de la récolte qui s'égrenait dans la nature. Après le séchage venait le battage en juin-juillet d'où sortaient des graines noires. Les passer au crible à main les rendait impeccables.

Chaque année j'en conservais huit doubles décalitres - un peu moins qu'autrefois - pour les besoins du ménage. Mais notre production fut réduite d'un tiers ; en 1836 elle atteignait treize hectolitres et demi par an. Avant 1860 nous n'arrivions plus qu'à 10,4 hl ; et 9,1 hl ces dernières années. En réalité, la superficie cultivée suivit celle du sarrasin et perdit plus de la moitié. Mais il faut dire que le rendement de la navette augmenta. De cinq hectolitres par hectare nous passâmes à sept, peut-être huit, n'ayant pas compté exactement. En tout cas, cela compensa partiellement la forte réduction de terre cultivée.

Tableau 47 : Récolte de navette - de 1836 à 1839

Années	SEMAILLES		RECOLTE				DESTINATION		COURS
	Superficie (en Ha)	Volume (en Hl)	Années	Volume (en Hl)	Rendt (Hl / Ha)	Valeur (francs)	Huile (en Hl)	Ventes (en Hl)	(Frf / Hl)
1836	2,4	0,2	1837	15,75	6,5	326	1,8	13,75	20,76
1837	3 (1)	0,27	1838	12,5 (2)	4,2	269	1,8	9,66	23,14
1838	2,74	0,17	1839	12,35	4,5	262	1,8	11,08	20
1839	3,08	0,25	1840	?	?	?	?	?	?
Moyenne	**2,71**	**0,21**	**1837-39**	**13,52**	**5**	**285**	**1,8**	**11,5**	**21,18**

(1) dont 0,26 ha de colza

(2) dont 11,25 Hl de navette et 1,25 Hl de colza

Donc, après avoir mis de côté notre provision, le reste pouvait partir au commerce : 10 à 12 hl chaque année en moyenne. Parfois (comme en 1858 ou en 1861) il n'y avait pas de transaction ; à d'autres périodes, telle en 1859 où nous vendîmes 109 doubles, l'activité décollait. Et puis, que voulez-vous, certaines années ne sont pas généreuses. Début septembre 1864 j'ai vendu 12 doubles de navette au marché de Bellevesvre ; avec les 8 gardés, cela constituait toute ma production. Autrefois la quasi totalité était commercialisée en juin et juillet, très peu de temps après le battage. Vers 1850, la moitié s'en allait encore à cette saison et le reste en fin d'année. Anciennement (1836-1840), je vendais en direct 90% de ma graine à des négociants de notre canton (principalement au parent Chaux, de St-Bonnet, et à Claude Monnot, de Pierre). Et puis dans les années 1850, 85% des transactions se passaient au marché de Bellevesvre avec des marchands du Jura (de Bletterans, ou de La Chassagne - comme Bachelet -, voire du Petit Annoire - comme Tevenot -, etc.) qui en enlevaient la plus grande partie. Quand j'ai repris ma ferme en 1854, on vendait encore les deux tiers au marché ; mais les Jurassiens en prenaient moins, car M. Louis-Gey, marchand au Bout d'Amont à Pierre, s'avérait fort actif. Enfin après 1860 les huiliers de notre région m'en achetaient 87%, surtout M. Lejeune fils à Pierre. Il avait depuis quelques années une huilerie à vapeur, et négociait aussi bien la navette que le colza, le chènevis ou toute autre graine oléagineuse. D'ailleurs, il pratiquait aussi l'échange d'huile contre de la graine. Mon cousin Claude Thibert-Guerret avait maintenant une huilerie dans notre commune et je lui confiais du travail ou lui vendais mes produits. Ces huiliers s'approvisionnaient en grande partie dans les foires et les marchés du secteur.

Le prix de la navette, à 21,18 F l'hectolitre avant 1840, conserva sa valeur en 1850 pour diminuer au cours des deux années suivantes : 18,30 F et 16,75 F. Puis il se redressa et atteignit son prix maximum : 30,80 F en 1856-57. Il redescendit autour de 25 F avec des à-coups, dont une flambée de courte durée à 35 F en 1865, et 22 F l'année suivante ! La vieille graine valait plus cher que la nouvelle : 5,45 F le double en juin 1859 à Bellevesvre, au lieu de 5,05 F.

Nous avions besoin d'huile pour l'éclairage et la cuisine. Putin, huilier à Pierre, retenait 20% de la production sur une *battue d'huile*. En juillet 1837, je lui avais déposé un *boisseau* de navette jaune. Quinze jours après mon valet ne retira que deux bouteilles à 1,20 F. Remarquez que je n'étais pas surpris d'un si faible rendement vu la très mauvaise qualité de la graine. Si vous souhaitiez payer en argent, il vous demandait 0,275 F par bouteille. Mon cousin Cordelier nous passait aussi quelques *battues*. Depuis 1864 le parent Thibert-Guerret prend un franc par double décalitre ; au cours de 5,10 F, cela n'a rien changé. Et puis il me restait encore le tourteau (sorte de marc) destiné à l'alimentation du bétail en hiver.

° *Le colza*

Cette plante est beaucoup plus rare dans notre contrée et représente moins de 10% de la navette. J'en ai cultivé occasionnellement en 1837 et une autre fois en 1851.

En juillet 1837 mes hommes préparaient une petite *pièce* d'environ deux tiers de *journal* aux Creuillys qui avait porté précédemment du trèfle incarnat «à graine». A cause de la terre trop sèche, mes domestiques se résignèrent à n'en labourer qu'un tiers. Heureusement une pluie abondante détrempa le terrain, cela permit de terminer le reste. Huit jours plus tard, le 24 juillet, après un passage de grande herse qui ameublit le sol, ils répandirent quatre voitures de fumier mi-pourri et l'enfouirent par un labour ordinaire, formant des sillons doubles réunis. Et un coup de petite herse ; les deux litres de semence, répartis soigneusement, furent recouverts au moyen de la herse de bois plus légère. Au mois de juin suivant, cette culture rapporta cinq boisseaux (1,25 hl) de colza d'une valeur estimative de 25 F. Etait-ce une réussite ? Que non ! Vingt francs de fumier et 0,40 F de graine ; je n'ose même pas vous parler des dépenses de main-d'oeuvre et autres ! Vous comprenez pourquoi nous semions plutôt de la navette..., et encore..., dans le sarrasin !

Ainsi, navette et sarrasin se complètent harmonieusement. Les semer en même temps réduit sérieusement les frais, rentabilise ces cultures. Et puis, la navette se récolte l'année de jachère.

• L'autoconsommation de céréales : la mouture

Nous avions besoin de céréales pour l'alimentation de la famille, du personnel et du bétail. Vouloir les consommer vous impose généralement de les moudre (sauf celles données en grains aux volailles, telle le maïs par exemple). Cependant seuls le blé, le maïs, le sarrasin et le seigle occupent réellement les meuniers. A vrai dire, il arrivait de réduire en farine de l'orge, des pois ou des vieux haricots secs de temps à autre ; cela n'a pas dépassé 2% du volume total.

Chaque année de 80 à 110 ou 120 hectolitres de céréales partaient au moulin. Autrefois la maisonnée (famille et personnel) en mangeait autant que l'ensemble de notre bétail, et même près des deux tiers vers 1855-1860. Depuis cette période les besoins se sont accrus, ceci dû essentiellement à l'élevage. La mouture moyenne atteignait 92 hl ces dernières années ; en réalité nous arrivions déjà à 110 hl en 1864-1865.

Tout a bien évolué depuis trois décennies. Si nos besoins globaux (100 hl en 1836-1839 ; 90 hl en 1857-1863 et 110 après) varièrent selon notre activité (avec un volume très réduit pendant le *grangeage* et depuis la mise en fermage de La Ranche) je dois préciser que cela masque des changements importants au niveau des diverses céréales utilisées. Ainsi, de 1836-1839 à 1860-1865 notre consommation de blé est passée de 27,7 hl à 41,3 hl, celles du seigle de 13,8 hl à 2 hl, du sarrasin de 31,9 à 10,3 hl et du maïs de 26,6 à 36,7 hl. En réalité, nous avons quasiment abandonné le seigle, diminué fortement le sarrasin, tout ceci au profit du froment dans l'alimentation humaine. Le personnel est aussi devenu plus exigeant. Le maïs a supplanté le sarrasin chez les animaux de notre ferme.

Chaque année nous faisions moudre au rythme moyen d'une fois et demie par mois, et cela n'a pas changé. Mais ceci cache une réalité tout autre car l'activité était bien plus intense de novembre à mars ; autrefois les trois quarts des céréales partaient au moulin à cette période-là. Tenez, je vais être plus précis :

- de novembre à mars : 1836-1839 = 70,3% (soit 14 hl/mois) ; 1859-1865 = 53,5% (10 hl/mois) ;

- de novembre à mai : 1836-1839 = 76,9% (11 hl/mois) ; 1859-1865 = 69,2% (9 hl/mois), avec une mouture annuelle moyenne passée de 100 hl à 91,7 hl.

LES CEREALES, MOUTURE DE 1837 A 1867

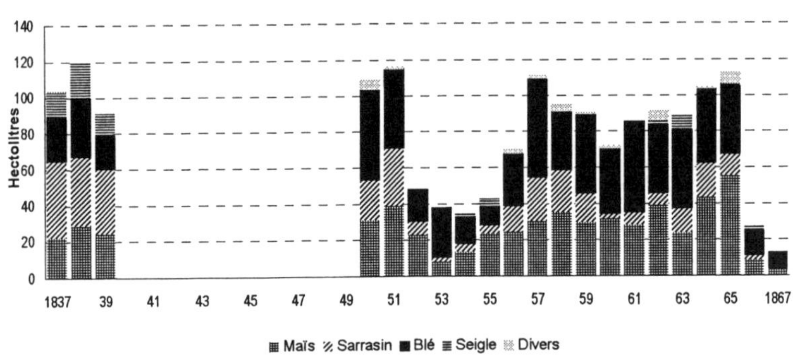

En été l'activité baissait énormément, sauf pendant un mois car il fallait réapprovisionner. Septembre marquait autrefois cette période exceptionnelle. De nos jours le travail se répartit mieux et la consommation se prolonge au printemps jusqu'en mai, elle dégringole fortement de juin à septembre-octobre, mais le mois de juillet détonne quelque peu à cause des besoins de blé pour les hommes. Précisons aussi que cela dépend fortement de l'élevage. En effet les bêtes hivernent de novembre à mars, ce qui entraîne des besoins conséquents de farine à ce moment-là. Quant aux ouvriers, nous en employions davantage de mai à octobre. Tenez, pendant ces mois-là, les trois quarts des céréales moulues étaient destinées aux hommes (avec une baisse ces dernières années).

La Bresse est équipée de moulins à eau installés sur les levées d'étangs fort nombreux dans notre pays, ou bien le long des rivières et ruisseaux, comme la Seille, la Brenne, etc. Par contre, ceux du Doubs - dits à nefs - sont montés sur bateaux.

Tableau 48 : La Ranche, mouture des céréales de 1836 à 1865
Moyenne annuelle et répartition

Céréales	Répartition	1836-39	1850-54	1855-59	1860-65
Blé	Hommes	16,6	22,9	26,2	34,4
	Inconnu	1,5	0,0	0,0	0,0
	Bétail	9,5	8,0	8,2	6,9
	Total	27,6	30,9	34,4	41,3
	%	**27,7**	**44,6**	**42,0**	**44,5**
Seigle	Hommes	11,8	0,5	0,8	1,8
	Inconnu	0,5	0,0	0,0	0,0
	Bétail	1,5	0,0	0,0	0,2
	Total	13,8	0,5	0,8	2,0
	%	**13,8**	**0,7**	**1,0**	**2,2**
Sarrasin	Hommes	9,8	5,3	7,9	3,6
	Inconnu	1,2	0,0	0,8	0,2
	Bétail	20,8	8,4	8,0	6,5
	Total	31,8	13,7	16,7	10,3
	%	**31,9**	**19,8**	**20,4**	**11,1**
Maïs	Hommes	10,0	15,0	15,4	13,3
	Inconnu	4,5	0,6	5,1	1,3
	Bétail	12,1	7,2	7,9	22,1
	Total	26,6	22,8	28,4	36,7
	%	**26,6**	**32,9**	**34,7**	**39,6**
Divers	Hommes	0,0	0,0	0,0	0,6
	Inconnu	0,0	0,0	0,0	0,0
	Bétail	0,0	1,3	1,6	1,8
	Total	0,0	1,3	1,6	2,4
	%	**0,0**	**2,0**	**1,9**	**2,6**
TOTAL	Hommes	48,2	43,7	50,3	53,7
	Inconnu	7,7	0,6	5,9	1,5
	Bétail	43,9	24,9	25,7	37,5
	Total	99,8	69,2	81,9	92,7
	%	**100,0**	**100,0**	**100,0**	**100,0**

Chiffres en hectolitres

Nb : 1852-1854 période de grangeage

Avant 1840 je faisais moudre 85% de mes céréales dans ces moulins d'étangs proches de notre ferme : Chavenne (La Chapelle) et Pierre. Le reste partait aux moulins d'Or (sur la Brenne) à Bellevesvre, ou de la Seille à Bletterans et Villevieux (Jura). Pourquoi aller si loin ? à vingt-cinq ou trente kilomètres ? Vous savez, en général, je profitais d'une occasion particulière, me rendant au marché de Bletterans pour acheter des planches de sapin, du vin du Jura et pour y vendre un peu de navette. Plutôt que d'aller quasiment à vide, je faisais conduire quatre ou cinq sacs de grain à moudre. Je récupérais la farine et le son l'après-midi. Pour des chargements plus importants (huit sacs), j'envoyais un domestique un après-midi, il couchait là-bas et rentrait le lendemain. Cela entraînait cinq à six francs de dépenses.

L'inconvénient des moulins « de terre » a toujours été de ne pouvoir moudre qu'en hiver, en période de hautes eaux. Pendant la saison sèche, il n'est pas question d'abaisser le niveau aqueux d'un étang à cause des poissons. En raison de ces contraintes, ces petites usines ont perdu de leur importance au profit de leurs rivales des rivières, moins handicapées, sans que ce soit toujours parfait. Mais tout de même ! Le voiturier de Ruffey-sur-Seille (Jura) avait emmené deux sacs de gaudes et un de petit *turquis vert* le 6 août 1858. Il ne put ramener la farine que le 21 du même mois à cause des basses eaux.

Progressivement les moulins d'étangs furent supplantés par ceux des rivières. Ces dernières années ils ne moulaient plus que 31% de nos grains au lieu de 85% en 1836. Il faut avouer que nous avions plus de commodité en cours d'année, avec moins de problèmes d'eau, mais d'autres raisons ont influencé cette évolution. Les moulins de Seille du Jura écrasaient 10% de nos grains en 1836 ; leur part atteignait 23% vers 1865.

Au cours de ces trente dernières années, mes principaux partenaires furent Chavenne au village, Pierre au chef-lieu de canton, Sens-sur-Seille, le moulin des Prés à Torpes, en Saône-et-Loire ; Ruffey-sur-Seille et Villevieux près de Bletterans (Jura).

Chavenne, à cinq ou six kilomètres, avait l'avantage de la proximité. Ce très vieux moulin de brique construit sur la levée du grand étang du même nom appartient au comte de Thiard, mais il est géré par son meunier - un nommé Touverez, remplacé par la suite par Camus. Il avait une bonne clientèle. Malgré quelques périodes de brouille dont je vous parlerai, je l'ai conservé jusqu'en 1859. Notez qu'après la cessation d'exploitation, mon fermier Rolland y conduisait quelques sacs de grain pour nous. Précisons aussi que l'état des chemins s'est bien amélioré, alors chacun peut aller au loin avec moins d'appréhension. Le meunier de Chavenne écrasait toutes sortes de graines, aussi bien du blé que des gaudes, etc. Mais avec le temps il perdit beaucoup quand nous fîmes travailler ceux de Sens et de Ruffey. Ce fut d'abord le blé et le maïs, puis plus tardivement le sarrasin.

Le moulin de Pierre ! J'avais essayé en automne 1836 après ma brouille avec celui de Chavenne. Cela ne dura guère que quelques mois, j'ai abandonné Pierre, n'y retournant qu'en 1857. Il prit alors le pas, principalement pour le sarrasin (50%) et le maïs (40%).

Le moulin de Sens-sur-Seille (à environ 15 ou 18 km de La Ranche) avait un voiturier passant au pays quand nous commençâmes à travailler avec un nommé Perrin en 1853. C'est aussi un magnifique bâtiment de brique le long de la Seille, au bas du village, tout près du vieux bourg, route de Chalon à Lons-le-Saunier via Saint-Germain-du-Bois. Il prit une partie du travail confié jusqu'alors à Chavenne. Il oeuvra ainsi jusqu'en 1857, moment où il fut totalement remplacé par Pierre et Ruffey. Et pourtant Sens moulut jusqu'à 30% de notre blé et du maïs, plus une petite portion de sarrasin.

Celui de Ruffey-sur-Seille près de Bletterans (Jura) avait demarré en 1856 par un sac de blé confié à son voiturier, juste pour voir. Les choses demeurèrent ainsi, et ce ne fut que deux ans plus tard que nous travaillâmes avec lui. En 1861 Ruffey fut détrôné au bénéfice du moulin des Prés à Torpes. Le voiturier de Ruffey passait environ tous les mois. Pendant cette période de trois années intenses, il moulut un quart de notre blé, 15% à 20% du maïs et très peu de sarrasin.

Les moulins du Jura, qui globalement étaient passés de 10% à 23% de notre mouture, avaient surtout développé leur activité au niveau du blé (de 14,3% à 31,5%) et du maïs (de 8,2% à 19%), en somme dans les productions qui se développèrent, et avec des prix plus élevés. Quant à ceux du Doubs, venus tardivement, ils n'atteignirent jamais une grande importance. Et puis, cette rivière trop capricieuse monte et descend très vite ; ce n'est pas idéal pour la meunerie.

Reste le moulin des Prés qui fit une brève apparition dans notre vie quand Albert lui porta deux sacs de blé et un de *gaudes* en octobre 1854 ; et puis, plus rien. Il prit la place de Ruffey en juillet 1861. Notre premier garçon François Chalumeau s'y rendit plusieurs fois et il devint alors notre principal partenaire. A moins de quinze kilomètres, cela nous allait bien. La moitié du blé, le peu de seigle qui restait, un tiers du sarrasin et du maïs y partirent chaque année. Et nous sommes restés fidèles.

Dès 1852 certains moulins mirent en place des dépôts fonctionnant avec des voituriers passant dans les villages. Ainsi le 5 avril de cette année, celui de Port Boudot près de Bletterans vint chercher des céréales chez Nourri. Le 30 août 1853 mes valets conduisirent deux sacs de blé chez Cottard, marchand au bourg et devenu dépositaire du moulin de Sens. Le charretier faisait la navette, emmenant du grain et ramenant la farine et le son lors de son passage suivant. Nous évitions ainsi de nombreux déplacements. Mais pour de gros chargements, Albert ou le plus souvent des domestiques se rendaient sur place. Le voyage durait parfois deux jours et entraînait des frais. Nous profitions quelquefois d'une foire à proximité pour faire moudre. Même le moulin d'Or à Bellevesvre avait son propre voiturier : un nommé Bonnin. Je leur donnais parfois des étrennes. Et puis ils me rendaient quelques services. Le 21 mars 1860, ayant confié deux sacs à celui de Ruffey, je lui remis huit francs pour acheter trois doubles de *grenaille* au marché de Bellevesvre afin de la mélanger aux *criblures*. C'était d'ailleurs sur son chemin. Ces grands moulins de rivière se faisaient concurrence. Recherchant de nouveaux clients, ils offraient des facilités appréciables.

Notre principale préoccupation a toujours été de trouver un bon moulin pour deux raisons essentielles : la qualité du travail accompli et l'honnêteté du meunier. Dieu sait si cette dernière a de tout temps été mise en cause ! Pour tout vous avouer, en janvier 1836 j'avais bel et bien un doute. Je fis donc peser mes sacs avant de les confier à Chavenne le onze de ce mois. Deux jours plus tard l'un de mes domestiques ramena la mouture. Aussitôt tout fut contrôlé, voyez plutôt :

- 3 sacs de *mêlée* pour les cochons (1/3 de *gaudes,* 1/3 de sarrasin, 1/3 de *turquis* vert jaune) = 284 kg de grain (ou 14 *boisseaux*) ; rendu : 251,5 kg de farine ;
- 3 sacs de *mêlée* pour le ménage (2/3 de *bled*, 1/3 de seigle) = 275 kg (ou 15 *boisseaux)* ; rendu : 201 kg de farine + 51 kg de son pour toute la *mêlée* ;
- 1 sac de *turquis vert* (*5 boisseaux*) = 94 kg ; rendu : 75,5 kg + 5 kg de son ;
- 1 sac de sarrasin (ou 4,5 *boisseaux*) = 78 kg ; rendu 42 kg de farine et 28 kg de son.

Sur un total de 731 kg, le meunier Touverez devait retenir sa part normale (1/16ème) soit 46 kg. J'aurais dû recevoir 685 kg. Hélas, le total indiquait 654 kg, donc une différence de 31 kg. Je sais bien qu'un déchet de l'ordre de 2% n'est pas anormal, mais tout de même ! 2% vous ai-je dit ? Mais cela fait à peine 15 kg ! Oui... , pas de doute, il me manquait bien de la farine. Entre la ferme et le moulin, mon grain avait perdu 10,5% au lieu du seizième (ou 6,25%) pour rémunérer le meunier. En y regardant encore de plus près, cette perte s'avérait plus conséquente sur les farines de qualité que sur les moins chères.

Tableau 49 : La Ranche, les moulins de 1836 à 1865
Différents types et évolution

LES MOULINS	1836-39	1850-54	1855-59	1860-65
I - MOULINS D'ETANGS				
Non précisé	48,2	30,9	4,7	2,7
Chavenne (La Chapelle)	25,7	13,9	13,5	0,0
Pierre	10,2	0,0	12,0	26,4
TOTAL MOULINS D'ETANGS	84,1	44,8	30,2	29,1
% de la mouture	**84,9**	**64,7**	**37,0**	**31,4**
II - MOULINS DE RIVIERES				
Moulin d'Or (Bellevesvre) (B)	4,9	9,2	9,3	0,9
Moulin des Prés (Torpes) (B)	0,0	0,8	0,0	39,1
TOTAL MOULINS DE BRENNE	**4,9**	**10,0**	**9,3**	**40,0**
% de la mouture	**4,9**	**14,5**	**11,4**	**43,1**
Lays S / le Doubs (D)	0,0	0,0	2,3	2,1
Longepierre (D)	0,0	0,0	2,8	0,0
TOTAL MOULINS DU DOUBS	**0,0**	**0,0**	**5,1**	**2,1**
% de la mouture	**0,0**	**0,0**	**6,2**	**2,2**
Sens-sur-Seille (S)	0,0	7,6	21,5	0,0
Romain (S)	0,0	0,0	0,0	0,1
Villevieux (Jura) (S)	8,4	0,0	0,0	6,0
Bletterans (Jura) (S)	1,8	3,4	0,0	0,0
Port Boudot (Jura) (S)	0,0	3,4	0,0	0,0
Ruffey-sur-Seille (Jura) (S)	0,0	0,0	15,5	15,4
TOTAL MOULINS DE SEILLE	**10,2**	**14,4**	**37,0**	**21,5**
% de la mouture	**10,3**	**20,8**	**45,3**	**23,2**
TOTAL MOULINS DE RIVIERES	14,9	24,4	51,4	63,6
% de la mouture	**15,1**	**35,3**	**63,0**	**68,6**
TOTAL GENERAL DE MOUTURE	**99,1**	**69,2**	**81,6**	**92,7**
dont Saône-et-Loire	88,9	62,4	66,1	71,3
dont Jura	10,2	6,8	15,5	21,4

Chiffres en hectolitres

Nb : B = Brenne, D = Doubs, S = Seille

Malgré tout, nous avons continué d'aller à Chavenne. Mais je surveillais. Le 26 mai suivant, j'ai tenu à ramener moi-même la mouture : un sac de farine de blé très fine moulue *au second* , de la mêlée moulue au *troisième*. Enfin, pour tout vous dire, sur les 14 sacs remis le 20 mai, il y eut 7 grands sacs de son « mal vidé ». La mouture était désavantageuse sous tous les rapports. Du grain qui ne rendait que 60% de farine ! Non, ce n'était plus possible cette fois-ci ! La perte devenait trop importante. Alors, de rage, j'inscrivis dans mon grand livre : « CHANGER DE MOULIN ».

J'ai donc essayé celui d'Or à Bellevesvre. La mouture présentait des sacs assez bien remplis. On verra à l'usage de la farine s'il vaut mieux moudre à ce moulin qu'aux autres ! me suis-je dit après la seconde opération. Mais de La Ranche à Bellevesvre, cela faisait bien une quinzaine de kilomètres. Allons à Pierre ! Et puis l'hiver approchait, les routes se dégradaient déjà, annonçant des difficultés à venir. Le 15 novembre 1836 j'ai remis à ce meunier un peu de maïs pour nous et surtout du *turquis* de mauvaise qualité pour le bétail. Je testais. Huit jours plus tard Baptiste, mon grand valet, porta une *mesure* (27,4 litres) de sarrasin qu'il ramena le même jour, tout ceci pour voir, bien entendu ! Dans les semaines qui suivirent, nous fîmes moudre du sarrasin et des *gaudes* pour la maisonnée, de la *mêlée* pour les cochons. D'ailleurs cette année-là le sarrasin faisait beaucoup de son mais donnait peu de farine, d'excellente qualité toutefois. Tout allait bien. A Pierre les *gaudes* étaient moulues correctement et les sacs bien remplis. Voyant cela, je confiais enfin à ce meunier de la *mêlée* de blé et de seigle pour le pain de ménage. Tout tournait rond. Ah ! cela n'a pas duré. Dès le 16 février j'envoyais Simerey à Chavenne y faire moudre un *boisseau* et demi de blé pour comparer la farine avec celui de Pierre dont je n'étais pas content. Après coup, j'ai encore donné du sarrasin à Pierre le 9 mars et ce fut fini... pour vingt ans ! Nous reprîmes le chemin de Chavenne, voire celui de Villevieux en allant à Bletterans, ou celui du moulin d'Or.

Les meuniers se payaient en nature à raison d'un seizième (6,25%) du grain moulu. C'était la tradition, mais vous en connaissez maintenant tous les aléas. Dans ces conditions ils préféraient sans doute s'occuper des céréales les plus chères et les plus rentables comme le blé. D'ailleurs, quand le froment est à 20 F l'hectolitre, les autres céréales sont à : seigle = 14 F, maïs = 12 F, sarrasin = 9 F. Et ce dernier donne beaucoup de son (jusqu'à 40% parfois) et peu de farine. A l'inverse le maïs rend environ 95% de farine, le seigle 85%. Quant au blé, cela varie selon le type de mouture.

Je n'ai payé qu'une seule fois en argent. C'était le 24 novembre 1853 au moulin de Sens-sur-Seille. Albert avait livré six sacs de blé pour le pain blanc (dont moitié en blé blanc et le reste en rouge) ainsi que deux sacs de froment pour le pain bis (des *étapes*, du blanc surtout et très peu de rouge), et enfin un peu de sarrasin et de seigle. Le meunier Perrin lui demanda 0,35 F par double décalitre de blé, soit 17,50 F ; il retint sa part en nature sur les autres grains. Albert très satisfait donna quelques étrennes au farinier et s'en revint aussitôt à La Chapelle. Finalement, à 1,75 F l'hectolitre, ce n'était pas cher car mon blé valait à ce moment-là 35,60 F. Le coût de meunerie s'élevait à 4,90% au lieu de 6,25%. Notez que Perrin avait moulu 50 doubles. Cependant nous avons gardé nos paiements en nature ; ce système paraît équitable et suit le cours des céréales. Année chère, meunier coûteux ! Mais après tout, chacun s'y retrouve.

La manière de moudre varie selon la demande du client. De temps à autre un sac de blé d'excellente qualité était écrasé *pour fleur*, et donnait une farine extrêmement pure, débarrassée au maximum de son ou d'impuretés. Nous la réservions plutôt à la pâtisserie. Le blé destiné au pain blanc exigeait une mouture moins fine ; la farine pour le pain bis (mélange de plusieurs catégories de blé, dont des *étapes*) contenait beaucoup plus de son. La mouture dite *au troisième* était réservée au blé et au seigle, celle dite *au second* était plus rare. Les bêtes avaient droit à des céréales (*criblures*, étapes, sarrasin) souvent broyées grossièrement.

II - 4. 2 L'élevage

Je vous ai longuement parlé de nos cultures, vous dévoilant même les méthodes de travail, les rendements, les aléas dus au temps, aux cours des céréales, etc. Mais, comme vous le savez, l'engrais principal - le fumier - est fourni par le bétail. Les animaux jouent un rôle important à ce niveau ; les boeufs constituent la principale force de traction pour les charrois et les travaux de la terre. Maintenant nous allons voir ce qu'était l'élevage à La Ranche, son utilité, son importance dans l'exploitation.

⇒ *Différents types et alimentation des bêtes*

• Les bovins

º *Animaux de trait (les boeufs)*

A mon âge, on peut répéter souvent la même chose, cela me tenterait même ! Ces boeufs exercent sur moi une fascination et lorsque j'en présentais une paire magnifique, deux mâles bien engraissés, à une foire de la région, ma fierté s'élevait encore plus haut. Que voulez-vous, un bel animal, produit de tous vos soins et de votre attention, admiré par les curieux et les connaisseurs, cela vaut bien une petite dose d'orgueil ! Mais enfin, ne rabâchons pas, vous connaissez ces bêtes lourdes, au pas lent, à la puissance incomparable, soufflant longuement après un effort prolongé. Les deux tiers étaient achetés aux foires à l'âge de quatre ou cinq ans. Ma préférence pour la race du pays - la race bressane - ne peut être contestée. Je ne les gardais pas très longtemps, environ deux ou trois ans pendant lesquels ils donnaient le maximum d'eux-mêmes au travail, puis je les engraissais et les vendais aux marchands de bétail gras. Maintenant, je me contente de regarder ceux de mon fermier, reconnaissant certains d'entre eux m'ayant appartenu. Je ne m'en lasse pas !

º *Bêtes d'élève*

Notre troupeau de vaches est passé de quatre à huit ces dernières années. La race bressane a toujours représenté 80% de notre cheptel, quelques bêtes de couleur rouge ou noire en constituant le reste.La race du pays se distingue par son poil allant généralement du blanc au jaune (ou *fromentin*). Il existe tout de même des variantes : « la Brenotte » (brune), « la Coulombe » (jaunâtre), « la Blanche fleurie » (tachetée), « la Jaune » tachetée de blanc (d'ailleurs fille de « la vieille Noire »), « la Baya ». J'avais acheté une petite génisse d'un mois à la foire de La Chapelle au dénommé Charton, marguillier de Terrans. Cette femelle, au poil *fromentin*, était marquée de blanc au front et à la queue. Elle porta toujours le nom de « Marguillière » à cause de sa provenance.

Le berger appelait les vaches par leur nom que chacune reconnaissait aisément. Deux fois sur trois ces dénominations venaient de leurs couleurs : « la Blanche » ou « la Blanchette », « la Fromentine », « la Jaune », « la Coulombe », « la Noire », « la Rouge », « la Baya ». Certains noms marquaient des différences : « la Fleurette », « la Blanche fleurie », « la Bariolée ». Mais, me direz-vous, comment différencier celles ayant des teintes voisines ? Eh bien ! nous avions d'autres repères :

- l'âge : par exemple « la jeune Fromentine », « la vieille Noire » (ou « Blanche ») ;

- le lien direct de parenté : « la mère Fromentine » ;

- la corpulence : « la petite Rouge », « la grosse Coulombe », « la grande Blanche », etc.

En second lieu, certaines devaient leur nom au patronyme, voire à l'origine, à la profession de leur ancien propriétaire : « la Marguillière », « la Comtoise » (achetée à un Jurassien à la foire de Ruffey-sur-Seille), « la Chassignol », « la Chevrette » (de Chevrot), « la Berry » dite aussi « Jardinière » (de Berry, jardinier à Pierre). Et puis quelques-unes durent leur

« appellation » à cause de leur caractère (« la Gentille »), ou de leur état physique (« l'Estropiée », « la Bicornette »). Enfin, un nom qui plaisait beaucoup : « Acculée ».

Je n'achetais quasiment jamais de veaux femelles (sauf exception, comme au printemps 1855, voulant modifier mon troupeau après la reprise d'exploitation en direct ; je les trouvais dans les communes avoisinantes). Tout provenait de notre élevage.

Tableau 50 : La Ranche, transactions sur les bovins de 1836 à 1865 (en moyenne)

BOVINS	1836-1839				1857-1859				1860-1865			
	Achats		Ventes		Achats		Ventes		Achats		Ventes	
	N	V	N	V	N	V	N	V	N	V	N	V
Veaux	0,2	5,0	2,5	43,0	0,8	32,0	3,4	91,0	0,0	0,0	5,9	150,0
Taureaux	0,0	0,0	0,5	50,0	0,6	93,0	0,6	82,0	0,0	0,0	0,8	119,0
Génisses	0,0	0,0	0,5	41,0	0,0	0,0	0,4	60,0	0,0	0,0	0,7	72,0
Vaches	0,0	0,0	1,0	115,0	0,0	0,0	1,4	166,0	0,2	25,0	1,3	150,0
Boeufs	3,0	560,0	2,8	720,0	1,4	386,0	2,6	921,0	3,0	843,0	3,8	1504,0
TOTAL	**3,2**	**565,0**	**7,3**	**968,0**	**2,8**	**511,0**	**8,4**	**1320,0**	**3,2**	**868,0**	**12,5**(1)	**1995,0**

Nb : N = Nombre d'animaux ; V = Valeur des animaux

(1) Deux boeufs vendus avant la date ordinaire (un avec un os de graisse)

Moyenne des ventes de boeufs : 3,5 pour 1.397 F

Moyenne totale : 12,2 pour 1.887 F.

Chaque année au printemps - voire au cours de l'été - le berger ou les valets disponibles conduisaient, le moment venu, les vaches « au boeuf » dans une grosse ferme du voisinage, ou chez des cultivateurs disposant d'un taureau estimé. Les nôtres allaient chez André Borgeot qui exigeait 0,50 F par bête. Ayant rencontré Petiot, fermier de M. de Saint-Seine aux Parays, nous tombâmes d'accord sur le tarif de 0,25 F. Et puis le père Thibert et Miconnet possédaient de bons mâles disponibles. Mais pourquoi chercher ailleurs ? Au mois de juin 1837 mon petit taureau fleuri et « le Fromentin » étaient bons pour le service. Par la suite, 80 % des saillies eurent lieu dans notre ferme de La Ranche ; nous n'emmenions nos vaches ailleurs que si l'opération avait échoué une première fois, ou bien si un mâle connu nous paraissait propre à une bonne reproduction. Le berger partait ainsi chez Dury, successeur de Petiot aux Parays, surveillant attentivement sa vache un peu énervée. Nous ne payions plus rien, c'était un service. Mes voisins Richard (fermier de M. Druard), ou bien Reine Chassignol, Mimi Monnot, voire Denis Guerret à Boibe, faisaient partie de ces relations d'intérêt. Je donnais parfois quelques étrennes.

Autrefois notre cheptel ne comprenant que quatre mères vaches, nous utilisions en plus trois ou quatre génisses pour assurer la relève du troupeau. En réalité, il s'agissait malgré tout d'animaux âgés de trois ou quatre ans ; les jeunes femelles d'un an à dix-huit mois étant peu utilisées (7% seulement) en raison des risques dus à leur âge. Et dans ce cas il fallait un jeune mâle. Le 2 juillet 1838 « la petite Fromentine fleurie » (18 mois) fut saillie par le taureau Fromentin (son oncle, âgé de deux ans). Oh ! d'ailleurs, celui-ci venait de couvrir « la vieille Fromentine » (sa mère) et « la jeune « Fromentine » (sa soeur), rien ne l'interdisait.

Tout ceci se déroulait de mars à septembre, mais l'activité principale allait d'avril à août (80%). Ces dernières années nous enregistrâmes 85% des saillies d'avril à juin (au lieu de 50% en 1835-1837). Précisons toutefois que le nombre de vaches est passé de cinq à huit après 1860 ; ces femelles adultes assurant le maximum de la reproduction. La qualité des veaux n'y a sûrement rien perdu !

Tableau 51 : La Ranche, inventaire des bovins de 1836 à 1865

Bovins	Janv 1840		Fév 1852 (1)		Nov 1854 (2)		Nov 1854 (3)		Fin 1865	
	N	V	N	V	N	V	N	V	N	V
Veaux	1	20	0	0	2	80	1	40	2	80
Bêtes d'élève	3	210	3	188	5	465	4	350	2	174
dont taureaux	*?*	*?*	*0*	*0*	*1*	*80*	*1*	*80*	*1*	*74*
dont génisses	*?*	*?*	*3*	*188*	*4*	*385*	*3*	*270*	*1*	*100*
Vaches	4	407	5	450	4	340	4	340	8	1 087
Bouvillons	0	0	2	240	0	0	0	0	1	200
Boeufs	8	1 752	8	1 540	8	1 508	8	1 508	6 (4)	1 635
TOTAL	16	2 389	18	2 418	19	2 393	17	2 238	19 (4)	3 176

NB : N = Nombre d'animaux ; V = Valeur en francs

(1) Avant "grangeage"

(2) A la fin du "grangeage", avant compte définitif

(3) A la reprise d'exploitation directe

(4) Ajouter deux boeufs pour remplacer deux boeufs vendus demi-gras 640 F le 4.9.1865 (un avec un os de graisse)
Total des bovins = 21 (dont 8 boeufs) ;valeur = 3.816 F.

Cependant, vous dire que la réussite était toujours au rendez-vous paraît exagéré ! Dans un cas sur trois nous devions conduire la vache « au boeuf » deux ou trois fois de suite. D'ailleurs « la grande Baya », couverte pour la cinquième fois à la St-Jean 1837 - et cela durait depuis le mois d'octobre précédent - ne réussit toujours pas. Juste avant la foire de La Balme, nous renouvelâmes l'opération une dernière fois après qu'elle eut reçu le feu. Mais rien n'y fit. Engraissée, elle fut vendue au boucher Petit, à Pierre, au mois de février suivant ; il l'a paya 137 F.

Les vaches donnaient en général un veau chaque année après neuf mois de gestation. Les saillies avaient souvent lieu un mois et demi après le vêlage, quoique le temps de pause atteignît parfois jusqu'à trois mois.

Les naissances de veaux s'étalaient de janvier à juin ; les ventes s'échelonnaient donc au cours de cette période, dont la moitié en mars-avril. Nourris par leurs mères, nous les gardions généralement trois à quatre semaines. En vendre un de quinze ou seize jours était souvent dû à un manque de lait maternel, et le garder plus longtemps n'aurait rien apporté.

Nous conservions 40% des veaux pour l'élevage, choisis parmi les plus beaux - cela va de soi ! - car nous assurions nous-mêmes la pérennité et le développement du troupeau. En ce qui concerne les autres, les deux tiers au moins étaient destinés à la boucherie. D'ailleurs la moitié s'en allait directement chez le boucher Demaisière sans passer par le marché. M. Demaisière prenait encore le quart de mes ventes aux foires de la région : Pierre, Mervans,

Navilly, etc. Des bouchers des villes voisines venaient s'y approvisionner. Enfin quelques bêtes, plus belles, attiraient l'attention des cultivateurs en manque de bétail.

Des jeunes bêtes qui ne profitaient pas, maladives, impropres à l'élevage en raison de leur constitution, il fallait bien s'en débarrasser ! Ajoutons aussi quelques années défavorables : en 1861 les vaches manquèrent de lait et la plupart des veaux furent maigres. Dans ce cas-là je n'en tirais qu'une somme moindre. Ainsi par exemple en 1839 un veau d'un mois toujours malade ne dépassa pas 12 F ; un autre du même âge, très gras, atteignit 20 F.

Le prix moyen des veaux vendus a évolué ainsi dans le temps :

- 1835-1839 : 17,20 F (extrêmes de 12 F à 21 F) ;
- 1851-1853 : 13,83 F (de 10 F à 21 F) :
- 1855-1859 : 26,64 F (de 12 F - en 1858 - à 37 F en 1856) ;
- 1860-1865 : 25,71 F (de 10 F - en 1861 - à 50 F en 1860).

Les années 1856 et 1860 furent excellentes (36 F et 32 F). Par contre, la baisse relevée de 1860 à 1865 est due à 1861 (19,80 F) pour les raisons énoncées et à 1864 (21,55 F).

Je n'ai pratiquement pas perdu de veaux pour cause de maladies quelconques, sauf en mars 1837. Cette jeune bête, malade pendant un mois, aurait valu 16 F, mais j'ai estimé ma perte à 25 F en raison du lait et de la farine fournis.

La production du lait, la vente du beurre, voire du fromage étaient réservées à la maîtresse de maison qui en tirait un revenu personnel que je n'intégrais pas dans mes comptes. Je me suis contenté toutefois de suivre cette activité, notant épisodiquement sur des feuilles à part ces transactions afin de me faire une opinion. Je m'intéressais aux vaches à cause de l'élevage.

Matin et soir la servante, voire les valets partaient à l'étable, portant de lourds seaux de bois, pour traire les quatre mères vaches de la ferme. En 1863 j'ai voulu acquérir un seau en fer chez le ferblantier Deck, mais très cher : 4,50 F, six fois plus coûteux que les autres ! Pendant l'été 1862 nous manquions de grande servante. Celle qui fut engagée à la St-Jean avait rendu ses arrhes, trouvant mieux ailleurs, paraît-il ! Madame demanda à Marie Roux, une voisine, de venir traire (à 0,60 F la journée) mais quand elle était disponible, car elle vaquait de-ci, de-là. Après la traite, le lait filtré dans une passoire métallique, était déversé dans de grandes *trappes* installées dans un lieu frais.

Vers 1860 une vache pouvait donner environ 1 700 litres de lait par an (soit 4,7 litres par jour). En réalité il faut décompter la période pendant laquelle elles tarissent avant les vêlages, puis celle du nourrissage des veaux pendant un mois. Elles rendent davantage lorsqu'elles repartent au pré ou mangent plus de fourrage vert à partir d'avril. De mai à septembre chacune peut fournir en moyenne 7,5 litres par jour et atteint son maximum en juin avec 9 à 10 litres.

Perdre une traite de lait, ce n'est pas rien ! Le 29 février 1864 Pierre Demaisière nous acheta deux veaux 50 F et s'engagea à en prendre livraison le 3 mars au soir. Ayant différé jusqu'au 4 mars au matin après 7 heures, il nous fit perdre deux traites de deux vaches, soit un franc de moins dans notre bourse !

La servante écrémait le lait à l'aide d'une *poche*. Chaque semaine elle faisait le beurre au moyen de la baratte de bois, celle que Poigeaut dit « Michelot » avait fabriquée à la maison. Notez que nous consommions aussi beaucoup de lait frais et de crème, ce que j'évaluais à 80 F par an dans les années soixante (soit un quart du produit des marchés).

LA RANCHE : VENTES DE BOVINS (1837-1865)

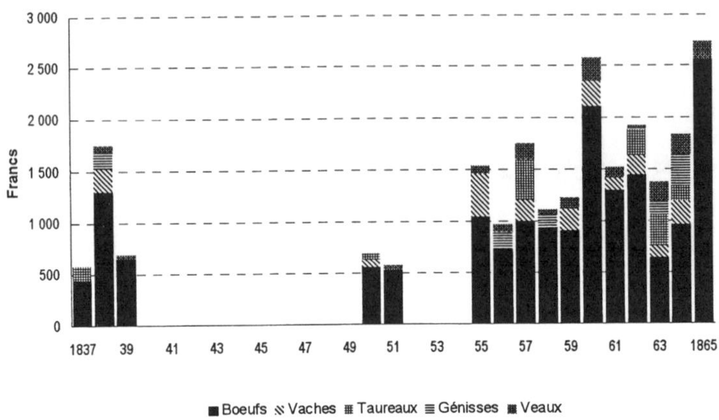

Nous ne vendions qu'une partie de notre production de beurre, le reste étant conservé pour la consommation courante (frais ou fondu selon les saisons). A compter d'avril-mai la servante s'en allait chaque lundi matin au marché de Pierre, portant son grand panier d'osier rempli d'une douzaine de *livres* de beurre. Dans les bons mois, elle en comptait bien près de vingt... , et puis parfois cinq ou six à d'autres périodes. Le prix d'une *livre* est passé de 0,60 F en 1852 à 0,72 F en 1857, puis à 0,78 F à partir de 1860. Cette évolution masque une réalité différente. Tout au long de l'année le cours pouvait aller de 0,65 à 0,85 F, voire demeurer extrêmement stable. En général le prix avait tendance à remonter à partir d'octobre. Pendant le marché - ou d'un marché à un autre - le cours enregistrait des écarts de 5 à 10 centimes (10%). Par exemple, un lundi de novembre, notre domestique vendit quatre *livres* de beurre à 0,85 F et six à 0,80 F. Après livraison, elle faisait des achats pour la maison, prenant parfois pour elle sur l'argent du beurre pour ses besoins personnels : des chaussettes, des bonnets. Tranquillisez-vous ! Elle nous en rendait compte à son retour et j'inscrivais le montant à valoir sur ses gages. Ces dernières années nous fournissions notre médecin, le docteur Curé, qui fondait aussi sa provision de corps gras. Il décomptait la somme due sur ses honoraires.

Chaque année nous gardions environ 110 à 120 *livres* de beurre pour nos besoins personnels, quoique nous en donnions quelques-unes : une dizaine au curé, parfois au docteur Massin, ou à notre fille Fanny quand elle venait à la maison. Consommé frais ou fondu, il en fallait beaucoup, surtout pendant les gros travaux de juillet à septembre. A l'automne, avant la rentrée des vaches, la servante en fondait à plusieurs reprises pour l'hiver, époque où le lait est moins abondant. D'ailleurs nous ne vendions quasiment jamais de beurre avant mars-avril ; il nous arrivait même d'en acheter quelques *livres* à cette saison. Maintenant, nous n'avons plus qu'une vache dans le troupeau du fermier Rolland. Cela couvre généralement nos besoins, voire au-delà à la bonne saison, mais n'est pas suffisant pour le reste de l'année. En fondre une vingtaine de *livres* s'avère indispensable. En parlant du fermier, j'y pense subitement, il en avait donné douze *livres* l'an dernier comme retenue en nature sur son fermage. Grand Dieu ! J'avais oublié d'en faire mention dans le projet de bail. Je me suis empressé de lui payer l'arriéré. Et puis, au moment des grandes occasions, le boulanger du chef-lieu ou de La Chapelle nous préparait du gâteau : à Pâques, lors de la fête du village à la Trinité, voire de la foire de La Balme. Nous fournissions le beurre et les oeufs et lui payions son travail, ainsi que la farine le cas échéant. Mais pour la fête vingt *livres* y passaient. Une bonne fournée de brioche nous revenait, dégageant une odeur incomparable, embaumant toute la maison et excitant les gosiers.

LA RANCHE : PRODUCTION DE BEURRE
Moyenne mensuelle sur 3 années (entre 1856 et 1862)

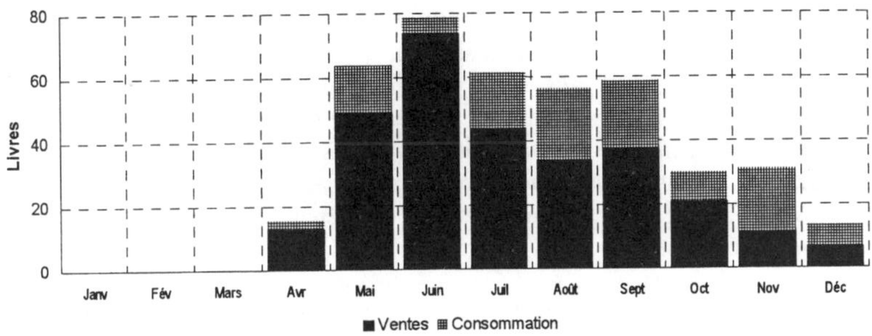

Notre domestique préparait aussi du fromage : frais (ou blanc) en été et fort en hiver. Elle versait la présure dans le lait écrémé et obtenait du caillé qu'elle laissait égoutter dans des faisselles. Nous achetions de la présure à Pierre chez Cordelier, voire chez le boucher Demaisière ; ce dernier me compta un jour 0,15 F pour du *cazot à présure*. Avec du fromage frais, placé dans un linge et égoutté longuement dans de la cendre, puis salé et reposé, nous obtenions le fromage fort, notre régal à la morte saison. Il remplissait l'armoire où nous le conservions d'une odeur chaude et caractéristique. Nous n'en vendions quasiment jamais, vous pensez ! Le peintre Perrot ayant entre autres tapissé notre paravent en novembre 1856, et ce sans accepter d'argent, repartit enchanté avec son pot de fromage fort bien enveloppé. Maintenant Marie Robert nous en fournit à 0,35 F la *livre*.

Tant que nous ne possédâmes que quatre vaches, nous produisîmes aux alentours de 360 *livres* de beurre par an (d'une valeur de 270 F vers 1860). Il convient d'ajouter une somme de 80 F pour la consommation de lait frais et de crème. La valeur annuelle s'élevait donc à 350 F. La moitié de cette production était vendue sous forme de beurre, ce revenu allant dans la bourse personnelle de Madame. Le reste était consommé à la ferme sous forme de lait et de crème (50%) ainsi que de beurre frais ou fondu. Avec le développement du troupeau, les revenus propres de mon épouse ont fortement augmenté.

Les bêtes d'élève représentaient à peine 10% de nos transactions sur les bovins, et nous n'en achetions quasiment jamais. De temps à autre je vendais un mâle seul dont je n'avais pas l'utilité, et puis, il faut une paire de boeufs pour tirer un chariot. Je cédais des animaux aux foires de la région à des cultivateurs du pays ou des communes voisines. Ainsi François Tupinier Gey, de mon hameau, m'acheta deux taureaux de trente mois 300 F à la foire de Pierre du 4 septembre 1857. L'un de mes domestiques ramena les animaux à la ferme où mon voisin en prit livraison après paiement. Les ventes directes à la maison étaient fort rares, nous traitions plutôt à la foire. Notez qu'acquérir une paire de taureaux coûtait moins cher qu'une paire de boeufs de 4 ou 5 ans, ces derniers valaient environ 500 F à la même époque. Mais ne croyez pas au miracle ! Il fallait les faire castrer, puis surtout les dresser ; et quel travail de patience ! D'autres bovins partaient en raison de problèmes physiques : trop faibles pour les appareiller, etc.

Les ventes de génisses de deux ans demeuraient exceptionnelles et concrétisées pour les mêmes raisons : soit prêtes au veau ou ayant déjà vêlé ; estimées 80 F avant 1840 elles valent jusqu'à 120-130 F de nos jours, quoique certaines ne dépassent pas 80 F !

Les deux tiers de nos vaches furent vendues assez jeunes (avant l'âge de 4 à 6 ans) ; deux seulement, engraissées, partirent directement chez les bouchers du canton (10%), les autres étant conduites aux foires de la région : Pierre, La Balme, Mervans, voire Navilly. La plupart souffraient de problèmes physiques : certaines étant écornées végétaient, d'autres manquaient de jambes de derrière ou s'avéraient mauvaises laitières, etc. Voyez, « la Jaune » (3 ans) fut vendue 114 F à Pierre à un marchand d'Orchamps (Jura) le 1er juin 1859. Cette pauvre bête avait fait son ventre en vêlant et ses jambes flanchaient. Les marchands comtois fréquentaient bien nos foires. Et puis, de trop grandes sécheresses, comme celle de l'été 1836, m'ont conduit à me séparer d'animaux par manque de fourrage. J'y perdais, assurément ! La valeur de ces femelles a peu varié au cours de ces décennies : 120 F (soit de 100 à 130 F). La tendance est malgré tout à la hausse. La plus mauvaise de toutes fut « la Baya », déplorable sous tous les rapports pour la production. Je n'en ai trouvé que 60 F à la foire de Pierre du 1er juin 1862.

Un tiers des vaches atteignait un âge avancé, allant jusqu'à seize ans, voire davantage. « La grosse Jaune », cédée à un Comtois, venait encore de vêler, mais elle n'avait presque plus de dents. Le marchand m'en offrit tout de même 115 F. Quant à « la Comtoise » (12 ans), une petite vache jaune venant de Ruffey, elle était vieille, maigre, presque aveugle. Ses dents très basses la gênaient même pour paître. Je ne m'en suis séparé qu'à regret.

Seule « la Blanche fleurie » âgée de cinq ans atteignit le prix remarquable de 174 F à Mervans le 1er mars 1855. C'était vraiment exceptionnel.

Les pertes de bovins furent somme toute fort rares. Je vous ai déjà parlé du veau de « la Blanchette » qui, malgré tous nos soins attentifs, périt dans la nuit du 24 mars 1837 après une longue maladie. Quant au veau de lait de « la grosse Coulombe », mort à six mois en octobre 1851, je ne l'ai pas estimé à plus de 30 F en raison de la dépréciation du bétail à cette époque.

Le printemps 1837 ne se montra vraiment pas favorable. Pire ! Le 21 avril « la vieille Blanche » fut frappée par une autre vache au moment où elle était enfoncée jusqu'au jarret dans la glaise d'un *contour* très bas. N'ayant pas pu retirer la jambe assez tôt, attendu qu'elle se trouvait pleine et avait dépassé son terme, elle se la cassa au-dessous du jarret en tombant. Je dus me résoudre à la faire abattre. Appolinaire Dodé se chargea de cette tâche, la débita et reçut pour son travail l'équivalent de 3,75 F en fricassée (abats, etc.). Des voisins donnèrent un coup de main ; en récompense ils emportèrent de la viande et de la fricassée sur les 40 *livres* que j'avais conservées. Le reste de la viande fut dispersé et vendu trois *sous* la *livre* aux gens des environs. Ajoutons encore le cuir de la vache et du veau (15,50 F) et 26 *livres* de suif (9,10 F). Cette chair était belle et fameuse ; j'aurais pu en obtenir quatre *sous* la *livre* avec un peu plus d'industrie, soit 75 F au lieu de 54,55 F. Ma perte s'élevait donc à 50 F !

Le 24 septembre 1862 « la Bicornette », une vieille vache de 18 ans, périt à la suite d'un avortement à cause du grand froid régnant au début de ce mois. Elle aurait pu valoir 80 F.

Il nous reste maintenant une seule laitière entretenue par notre fermier. Cette année à la mi-mai (1868) mes deux filles Camille et Noëmie séjournèrent quelque temps chez leur soeur Fanny à Dole. Dès son retour Camille nous rapporta que la famille Fourneret, bien qu'ayant deux grosses vaches de montagne, était privée de lait depuis Noël. Fanny en réclamait une de race bressane. La famille se réunit et nous en discutâmes longuement. Pour satisfaire son désir, nous décidâmes de lui en procurer une. Ne trouvant rien à notre convenance dans la région, nous prîmes la décision de lui envoyer celle de la maison : bien nourrie, bonne, âgée de sept ans, à la robe blanche, de taille moyenne, avec toutes les qualités de sa race. Une très belle bête estimée 180 F au bas prix ! La donnant à Fanny, nous nous réservions la possibilité de faire pareil cadeau à ses soeurs. Sur mon ordre, Désiré Petit partit à Dole le 24 mai avec la vache de Bresse. Avant son départ il reçut un franc pour sa journée et 1,50 F pour ses frais de route et de repas. Cela ne suffit pas ! A son retour, il demanda un complément de 0,90 F à cause des dépenses de nourriture pour l'animal au cours de ce voyage, plus le péage du pont de Neublans.

° *Animaux de rente : les vaches à commende (ou baux à cheptel)*

Dans notre région bien des journaliers - voire de petits cultivateurs - ne disposant pas de moyens financiers suffisants pour acquérir une vache, en prennent une *à commende*. Le bailleur est généralement un propriétaire possédant quelques vaches en trop, ou un marchand, un artisan plaçant de l'argent dans du bétail avec l'espoir d'en tirer un revenu substantiel. Le notaire intervient parfois en rédigeant un acte officiel, mais fréquemment un accord verbal suffit et satisfait les deux parties. Le journalier entretient la bête, la nourrit. Il en retire le laitage et le fumier ainsi que la moitié du veau. La vache, estimée au moment de la convention puis à la *rendue*, génère un profit (le *croît)* ou une perte (le *décroît)* partagé en deux parts égales. Des différends survenant parfois, ils se règlent par l'intermédiaire du juge de paix du canton. La cause principale vient souvent de la valeur estimative en fin de bail, ceci malgré la présence d'experts. Et puis, si le ruminant périt, n'y a-t-il pas négligence de la part du preneur ? Si c'est le cas, le journalier devra remplacer l'animal, situation souvent dramatique pour ce dernier.

Mon fils Albert, propriétaire d'une vache, la plaça *à commende* chez Philibert Roux ; celui-ci l'a rendit au printemps 1860. Pour l'indemniser et lui remettre son dû sur le *croît*, je lui fis porter deux doubles de blé nouveau (9,30 F). Ma fille Camille avait confié la sienne à Jean Euvrard, un voisin. Au moment de la vente du veau à la foire de Navilly (mi-juin 1864) Euvrard versa la moitié du prix du veau à Albert. Ce dernier l'accompagnait et remplaçait sa soeur.

Personnellement je n'ai pratiqué ce système qu'une seule fois ; exceptionnellement Madame se chargea de l'opération, vous vous en souvenez. Ainsi le 11 août 1853 mon épouse confiait à Eusèbe Guillemin une vache noire *à commende*. A ce moment-là nous la croyions pleine, mais elle avait manqué son veau l'année précédente. Antoine Bailly, Denis Boiteux et les fils Boissard (ceux du *granger)* se tenaient là et servirent de témoins. Eusèbe prenait en charge cette femelle estimée 75 F pour la tenir à moitié perte et profit, ceci pendant le temps qui conviendrait à Madame. Après accord, tout le monde signa sur mon registre, sauf Guillemin qui ne savait pas écrire. Mais dès le 4 septembre suivant Albert et Eusèbe emmenèrent la vache à la foire de Pierre. Antoine Bailly, intéressé, l'acheta 86,50 F. Le bénéfice de 11,50 F fut partagé entre les deux parties et mon fils revint donc avec une somme de 80,75 F.

° *Alimentation et engraissement du bétail*

– L'alimentation courante

Les bêtes à l'étable mangeaient mon foin et, les mois passant, ma réserve diminuait. Alors vers le mois de mars, en fonction du temps, de l'état des terres et de l'humidité, je décidais d'envoyer le berger *en champ*. Et puis cela le sortait de sa torpeur ! Les vaches engourdies allaient paître dans les *somards,* le long de quelques *contours*, ou dans les *chaintres* qui n' étaient pas fauchées cette année-là. Je revois encore le petit Désiré Mandrillon qui enrageait en bordure du Chevrot, ne pouvant venir à bout de Bicornette courant dans tous les sens. Furieux, il jeta son bâton de coudrier par terre, puis se tint la tête et pleura. Et ces jeunes bergers ! encore trop fragiles, tel Claude Noirot qui avait déjà perdu son père récemment et tomba malade un beau matin. Je dus me résoudre à le renvoyer chez sa mère à la mi-décembre 1837 pour y passer l'hiver et se rétablir. L'herbe encore trop rare et durcie ne suffisait pas; cela nous obligeait à donner une ration de foin aux ruminants le soir ; ils en consommaient près de cent *livres* par jour à cette saison. Nous y ajoutions un peu de pâtée de farine mélangée.

Dès le mois de juin venaient les premières coupes de trèfle vert et de luzerne qui permettaient d'alimenter le bétail, complétant les maigres herbages en attendant la fenaison. Début juillet nous mettions les bêtes au pré. Le berger les conduisait aux alentours de la ferme : au Cul du Pré, à Chozat, etc. Mais j'avais aussi des pâturages éloignés au hameau voisin d'Aloise : à l'Etang Neuf, à la Queue de Balaye. Afin d'en faciliter l'accès, je payais une redevance annuelle à Charles Ozanon pour laisser passer mon troupeau sur ses terres. Autrefois Désiré Petit, alors tout jeune, partait le matin en direction des Parays et d'Aloise, la sache (sac à grain) sur le dos, et la musette en bandoulière garnie de quelques provisions. Le chien l'accompagnait et surveillait attentivement chacune des vaches un peu énervées à leur sortie matinale. Vers la fin du mois de juillet, après les moissons et la première coupe de trèfle à conserver pour la morte saison, j'envoyais les boeufs dans les *éteules*, ou dans les champs de trèfle ne devant pas porter une deuxième coupe. Les entraves aux pieds les empêchaient d'aller au loin, sinon, comment arrêter de tels animaux ?

Le soir le berger appelait ses bêtes : « Oille..., ôille..., ôille... ». Ce long appel, que les vaches connaissaient bien, annonçait le retour à la ferme. Elles buvaient à la mare ou à l'auge et s'enfilaient précipitamment à l'étable, se bousculant parfois en poussant des beuglements de douleur. Le pâtre, un peu fatigué, donnait des coups de bâton, criait jusqu'à ce qu'elles fussent à leurs places respectives et il les attachait à leurs chaînes fixées au mur. Son travail journalier s'achevait.

Quand ce garçon manquait de vigilance, des incidents regrettables survenaient. Au cours de l'été 1849 Joseph Cordelier ne remplit pas sa mission. Les vaches mangèrent l'avoine du champ de la Petite Mare sur deux faces ; j'y perdis trois doubles de grain au moment du battage. Il reçut les remontrances méritées et promit de ne pas recommencer.

Dès la fin septembre, les prés broutés depuis juillet s'avéraient insuffisants ; il fallait à nouveau des compléments de nourriture le soir. Je donnais un peu de foin, de trèfle ou de luzerne. L'automne est riche en récoltes variées. Venaient alors les vesces fauchées, les carottes (20 *tonneaux* par an), etc.

Vers la St-Martin nous entrons dans la période hivernale. Le bétail était donc rentré jusqu'au mois de mars. La consommation augmentait naturellement, mais heureusement notre récolte annuelle de foin (20 tonnes), de trèfle (10t.), de luzerne (3t.) permettait d'y faire face. Chaque bête mangeait environ 7,5 *livres* de foin par jour, plus tout le reste ! Autrefois mes domestiques s'approvisionnaient régulièrement à Gros-Bois où se trouvait la réserve principale. Quel travail !

LA RANCHE - LE BETAIL

Consommation annuelle de céréales de 1837 à 1865

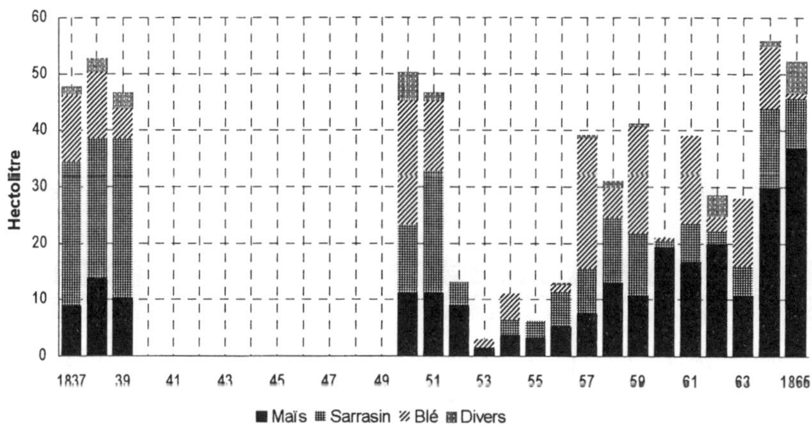

Le trèfle et la luzerne assuraient la nourriture essentielle de l'automne au mois de janvier ou février selon le cas. Mais au cours de l'hiver 1839-1840 les fourrages artificiels étaient épuisés avant Noël. Tout ceci conditionnait la marche à suivre, car il fallait bien attendre la St Jean suivante.

Les valets sortaient les betteraves et autres racines des *ravous* ou de la cave et les charriaient à la grange où ils les hachaient à l'aide du coupe-racines. De la paille réduite au hache-paille de ma fabrication, ainsi que les *panissets* (de maïs) coupés au couteau accompagnaient les betteraves ; ce mélange constituait un excellent aliment pour les vaches et autres bovins. Les bêtes vidaient leurs mangeoires en peu de temps. Des *balauds* (balles de céréales) entraient aussi dans ces compositions.

Les animaux avaient besoin de complément à cette saison, notamment les boeufs de trait après une année de travail dont ils sortaient souvent amaigris. Les vaches « pleines » étaient aussi l'objet de toutes nos attentions. Les valets préparaient de la pâtée composée de diverses farines, voire de son. En réalité, les bovins mangeaient peu de mêlée (1,2 hl par an) ; par contre les cochons en dévoraient de nombreux sacs. Celle des ruminants comprenait 40% de sarrasin et 60% de maïs (essentiellement des *gaudes*). Bien des farines n'étaient pas forcément mélangées. En 1836-1840 le bétail consommait 18,6 hl de céréales chaque année dont beaucoup de *criblures* et d'*étapes* de blé, mais très peu de seigle.

Et puis il me fallait annuellement environ 600 kg de tourteau de navette (96%) et de chénevis (4%). Je me procurais cet aliment - que nous appelons aussi *mattons* - chez les huiliers de la commune (Pierre Cordelier ou Bazile Thibert) ou des localités environnantes : Jacot à Charette, Perrot ou Lejeune à Pierre, Poulet à Jallanges (Côte d'Or). Ces *mattons* étaient vendus *au tourteau* ou *au pain* de huit à neuf kilos valant 0,80 F à 0,90 F pièce avant 1840, voire au quintal ordinaire (ou ancien de 100 livres) vers 1850 ; enfin le quintal métrique (100 kg) prit le pas à partir de 1858. Ces dernières années j'en achetais aussi en gaufres à la foire ; j'y trouvais également du tourteau pulvérisé pour les boeufs à l'engrais. Je disposais bien entendu des *mattons* issus de huit doubles de graine de navette que je gardais pour en extraire l'huile destinée au ménage. Pour être sûr d'avoir ma provision annuelle de résidus, je passais souvent un marché à l'automne. Ainsi le 31 octobre 1837 Putin, huilier à Pierre, s'engageait à me livrer 200 pains de tourteau d'huile à 0,80 F pièce, et il en ajoutait cinq autres gratuits. Mes domestiques en prenaient livraison par petites quantités jusqu'au printemps. J'exigeais d'ailleurs que mes bovins en consommassent en quantité suffisante pour maintenir, voire reconstituer leur état physique. Les huiliers s'activaient aux foires de la région : à Bellevesvre, ou à St-Germain-du-Bois (Villarmin, marchand de *mattons* en gaufres). Le prix du tourteau de navette est passé de 0,10 F le kilo avant 1840 à 0,16 F en 1860-1865, avec une baisse en 1850 (9,5 centimes) et une envolée à 0,17 F en 1861-62.

Tableau 52 : La Ranche - Alimentation céréalière des bovins de 1836 à 1865
(Moyenne annuelle en Hl)

CEREALES	1836-1839		1850-1854		1855-1859		1860-1865	
	Hl	%	Hl	%	Hl	%	Hl	%
BLE	**9,5**	**51,1**	**8,0**	**76,2**	**8,2**	**56,1**	**6,7**	**30,9**
dont étapes	*7,0*	-	*6,4*	-	*6,7*	-	*5,3*	-
dont criblures	*2,5*	-	*1,6*	-	*1,5*	-	*1,4*	-
SEIGLE	**0,7**	**3,8**	**0,0**	**0,0**	**0,0**	**0,0**	**0,2**	**0,9**
SARRASIN	**5,5**	**29,5**	**1,7**	**16,2**	**2,9**	**19,9**	**1,1**	**5,1**
MAIS	**2,9**	**15,6**	**0,8**	**7,6**	**3,5**	**24,0**	**13,7**	**63,1**
dont turquis vert	*1,4*	-	*0,8*	-	*2,3*	-	*11,4*	-
dont gaudes	*1,5*	-	*0,0*	-	*1,2*	-	*2,3*	-
TOTAL	**18,6**	**100,0**	**10,5**	**100,0**	**14,6**	**100,0**	**21,7**	**100,0**

NB :Volumes de grains avant mouture
Le blé : il s'agit de "criblures" et "d'étapes"
1850-1854 : période de "grangeage" de 1852 à 1854
Ajouter : 1850-1854 = 0,3 hl de haricots
1855-1859 = 0,5 hl de haricots et 1,1 hl de "graines noires" (ou "poiseau")
1860-1865 = pois, orge et "graines noires" (environ 1,5 hl)

Cet aliment complémentaire servait surtout à engraisser les boeufs mais nous en donnions aussi aux vaches. Pour ce faire, mes valets réduisaient ces pains en poudre, qu'ils délayaient dans un grand bac rempli d'eau et installé au fond de l'étable. Ce breuvage gras, distribué dans les mangeoires, redonnait force et vigueur.

Le manque de son - comme au printemps 1850 - m'a parfois conduit chez le boulanger Baveri à Pierre qui voulut bien m'en céder quelques centaines de *livres* pour mes veaux d'élève alors en pleine croissance et pour ma jument Bichette. D'ailleurs, ces veaux demandaient aussi de temps à autre du sel.

Les domestiques étaient chargés de tenir la litière propre. Ils enlevaient le fumier à la fourche et le charriaient dehors, le jetant sur des tas qui prenaient de la hauteur au fil des mois. A la fin de l'hiver ces monceaux indiquaient au voisinage l'importance du troupeau de la ferme. Après coup les garçons étalaient la paille de blé dans l'étable, sans la tasser. Celle de sarrasin avait mauvaise réputation ; la plupart du temps elle allait directement au fumier ou trempait dans le purin. Il me fallait environ quinze tonnes de paille de blé pour la nourriture et la litière des bovins.

Ah ! cette paille, symbole de nos exploitations. Quand j'ai liquidé mon train de culture le 20 mars 1866, Guinot meunier au Moule à Lays se porta acquéreur de ma provision au prix de 32 F le *millier* ancien, avec le *revêtissage* - ou complément - de 50 *livres* par *mille* (soit une base de 525 kg) ; le tout payable à la St-Martin et le droit de la laisser jusqu'à la St-Jean suivante. Le bottelage et l'enlèvement demeuraient à sa charge. Le 9 avril de l'année dernière (1867) trois botteleurs de Lays se mirent à l'ouvrage au pailler long. Ils affirmèrent avoir fait 856 bottes mais, en raison de leur négligence, nous n'en retrouvâmes que 814 le 27 avril suivant, ce qui ne m'étonna pas d'ailleurs ! La pluie et les fripons passèrent par là. Ah ! si j'avais su, je les aurais fait compter de suite et M. Guinot pouvait faire ce qui lui plaisait. Mais sa promesse d'enlever la marchandise immédiatement m'a suffi. Grand Dieu ! Il ne l'a tint pas. Et puis, ces gredins en avaient déjà rebuté une centaine de bottes, noircies par deux gouttières. Alors ils entamèrent le pailler rond où se trouvait l'ancienne récolte. Et là aussi une gouttière au milieu... d'un mètre de large ! Ils en mirent encore au rebut. Pire, n'ayant plus de liens, ils laissèrent la paille à moitié bottelée, exposée aux grandes pluies du moment. Cette manière de procéder causa bien des dommages. Et leurs bottes ! Elles pesaient moins de dix kilos. Il fallut les vérifier et les estimer quand M. Duperron, l'associé du meunier, vint en chercher une partie. Ah ! les bougres. Quand M. Guinot se présenta chez nous le 27 avril, je lui ai fait des remarques et déclaré que je n'entendais rien perdre sur le poids des bottes, qu'il devait les prendre pour dix kilos. Il ne s'en défendit pas, vous comprenez ! Et le reste ! lui ai-je dit. Quand le tinirez-vous ? Le 18 mai les botteleurs sont revenus et ont terminé le travail sans désemparer, mais la gouttière du vieux pailler s'était encore agrandie et j'y perdis. Heureusement le second pailler rond, produit de mes derniers battages, s'avérait d'excellente qualité. Leur manière de travailler me montra l'ampleur de la perte précédente. Dès le lendemain tout fut achevé. Nous fîmes les comptes : un total de 1 621 bottes. Mais je n'étais pas dupe, car au second bottelage, certaines pesaient jusqu'à douze kilos. En compensation, l'ensemble fut évalué sur la base moyenne convenue, car on ne revient pas sur ce qui a été librement consenti. Malgré tout, la perte supplémentaire atteignait près d'un *millier*. Enfin, le total pesa 15 785 kg et fut compté pour 962,45 F. A l'heure où je vous parle, j'attends encore mon argent !

Il restait aussi les soins aux bestiaux qu'il fallait étriller pour leur ôter la bouse accrochée à la queue ou aux fesses pendant la nuit. De temps à autre les valets limaient la corne des pieds de nos vaches. Ces dernières années ils nettoyaient les pieds des boeufs et les frottaient avec une huile particulière rapportée de nos voyages à Dole chez Fanny.

Le fourrage a une importance capitale pour nous. J'exige que mon fermier fasse consommer par ses bêtes l'ensemble des pailles, des foins, regains, fourrages artificiels, et ce pour produire le plus d'engrais possible. Il ne peut en vendre sous aucun prétexte ; il en est de même pour le fumier. Tout doit rester au bétail et à la terre.

– Engraissement

A l'automne 1837, quatre vieux boeufs, ainsi que la jeune vache Baya mauvaise pour la reproduction, devaient être engraissés. Les boeufs achetés à Tupinier, maigres et fatigués par une campagne sans répit, avaient perdu 24 F depuis la foire du 19 mars précédent. Cette année-là, je voulais essayer une méthode d'engraissement plus longue, allant de décembre à mars. Changer les habitudes me conduisit à noter soigneusement le déroulement de l'opération, à en évaluer les coûts afin d'apprécier les résultats. Je vais vous livrer mon secret et vous raconter ce que ces cinq animaux mangèrent en décembre, premier mois d'engraissement. A chaque « pansement » (ou repas), un bovin reçut dans sa mangoire bien nettoyée une *livre* de la préparation ci-après : un mélange de tourteau d'huile (74%) et de farine de *gaudes* (26%). Puis vint la pâtée composée de pommes de terre et de raves cuites ensemble (6,5 litres) dans laquelle on ajouta de la farine de sarrasin moulue en gros (1,2 litre). Notre chaudière ayant une capacité d'un *tonneau* (environ 2 hl), dut être chauffée tous les deux jours et demi. Ces bêtes burent de l'eau grasse, c'est-à-dire additionnée de tourteau d'huile de navette. Les valets garnirent les râteliers de fourrage et leur en donnèrent comme aux autres, la paille exceptée. A partir de la mi-décembre les boeufs furent mis au foin seul (15 livres par jour et par bête). Nous les pansions ainsi deux fois par jour, matin et soir. Ceci me coûta 134 F par mois et les cinq bovins engloutirent mensuellement 325 livres de tourteau, 10 *tonneaux* de pommes de terre et de raves, 15 *boisseaux* de sarrasin, 3 *boisseaux* de *gaudes* et 1 125 *livres* de foin de plus que les autres animaux.

Tableau 53 : La Ranche, méthode d'engraissement long (4 mois)
deux paires de boeufs (01/12/1837 au 26/03/1838)

1) Gain sur les boeufs avant engraissement :			
	Prix achat	**Estimation**	**Gain brut**
1 paire (conservée 4 ans)	376	576	200
1 paire (conservée 1 an)	408	432	24
TOTAL =	784	1 008	224
2) Engraissement pendant 4 mois :			
	Recettes	**Charges**	**Marge brute**
Prix de vente	1 296		
Valeur avant engraissement		1 008	
Marge brute sur vente			288
Supplément fumier produit	250		
Marge brute réelle			538
Frais d'engraissement		473	
Frais div sur vente (foire,etc.)		10	
TOTAL =	1 546	1 491	
Gain net sur engraissement			55
Gain net global (224 + 55) =			279
3) Détails des charges d'engraissement (4 mois) :			
		1 mois	**4 mois**
Gaudes moulues		9,0	36,0
Tourteau de navette		15,4	61,4
Pommes de terre et raves		28,0	112,0
Sarrasin		27,0	108,0
Supplément de foin		27,6	110,4
Div (main-d'oeuvre, bois)		11,3	45,0
TOTAL =		118,2	472,8

Nb : retrancher 22 F sur la vente (le boeuf le plus gros s'étant ouvert le poitrail en revenant de la foire)

La vache Baya fut vendue au boucher Petit le 19 février et j'obtins, en sus du prix de 137 F, et après une âpre discussion, un *bouilli (*ou pot-au-feu). Quant aux quatre boeufs gras, ils partirent à la foire de Bellevesvre fin mars 1838. Vendus au sieur Lombard, marchand de boeufs gras, moyennant 54 louis anciens (1 296 F), il fallait les livrer trois jours plus tard à Saint-Germain-du-Bois. Le plus gras des deux gros boeufs s'ouvrit le poitrail en revenant de la foire. Le marchand remarqua évidemment cet accident et ne voulait pas l'emmener, car il prétendait qu'il ne pourrait jamais faire la route ! sauf... si je voulais bien admettre de perdre 22 F sur son prix. Que pouvais-je faire d'autre dans ces conditions ? Je dus m'y résoudre ! Après coup mon premier valet reçut ses quatre francs d'étrennes sur la vente. Et puis s'ajoutaient quelques dépenses de foire, notamment les repas, ainsi que les étrennes au garçon d'auberge qui avait gardé les boeufs pendant que nous mangions. Des mendiants me soutirèrent quelques pièces. Finalement ce système d'engraissement n'était pas mauvais malgré tout, car pendant cette période les boeufs produisirent mille *pieds* cubes de fumier de plus qu'ils n'en auraient fait au régime de boeufs de trait. Et puis cet engrais avait gagné un quart en qualité vu la quantité de tourteau d'huile, de grains et de pommes de terre consommés. Cependant, en raison des dépenses assez considérables d'alimentation pendant les quatre mois, le résultat s'avérait moindre par rapport à notre méthode courante.

Tableau 54 : La Ranche, méthode d'engraissement (2 mois) de deux paires de boeufs (Janvier-février 1839)

1) Gain sur boeufs avant engraissement			
	Prix achat	**Estimation**	**Gain brut**
1 paire (conservée 3 ans)	370	432	62
1 paire (conservée 16 mois)	288	330	42
TOTAL =	658	762	104
2) Engraissement pendant 2 mois			
	Recettes	**Charges**	**Marge brute**
Prix de vente	1 115		
Valeur avant engraissement		762	
Marge brute sur vente			353
Supplément de fumier produit	100		
Marge brute réelle			453
Frais d'engraissement		232	
Frais div sur vente (foire, etc.)		10	
TOTAL =	1 215	1 004	
Gain net sur engraissement			211
Gain net global (211 F + 104 F) =			315
3) Détails des charges d'engraissement (2 mois)			
			2 mois
Pommes de terre (26,7 tx à 4 F)			106
Bois et frais div (main-d'oeuvre)			26
Sarrasin (28 boisseaux à 2,65 F)			74
Etapes et criblures de blé			26
TOTAL =			232

Nb : 1 paire de boeufs achetée 288 F (animaux très fatigués)

Bien souvent nous engraissions nos bovins pendant deux mois pour les vendre au mois de mars. Pendant cette période de repos, une paire de boeufs pouvait avaler treize ou quatorze *tonneaux* de pommes de terre cuites à la chaudière, quatorze *boisseaux* de sarrasin, enfin trois sacs de *criblures* et *d'étapes*. Aucun supplément de foin ni de tourteau n'entraient dans ces compositions. Bien entendu j'obtenais des bêtes moins lourdes (donc moins chères) mais je gagnais davantage en raison d'un coût d'engraissement plus faible (115 F à 120 F par paire).

Dans l'élevage les risques sont importants. Vous vous souvenez des boeufs achetés au sieur Bugaud à la foire de Serrigny en mars 1838. Le plus gros périt au mois d'octobre suivant ; la vente de la peau à Lafferrière, équarrisseur, ne couvrit que les frais de vétérinaire et les remèdes. J'avais perdu 200 F. Le survivant (ou *impair)* ne donna rien de bon et fut engraissé avec deux autres pendant deux mois. Eh ! bien, malgré un repos complet et une excellente nourriture, il ne profita pas, et nous le conduisîmes à la foire de Mervans le 1er mars 1839. Quelle opération ! Voyez plutôt : vendu 168 F, moins le prix d'achat (de la paire) 360 F et 58 F de frais d'engraissement, soit une perte sèche de 250 F. Heureusement je n'ai eu à déplorer un tel désastre qu'une seule fois.

Engraisser des vaches en été n'entrait pas dans nos habitudes. Mais la grande sécheresse de 1836 entraîna un manque d'herbe, de fourrage, et bien entendu de lait. « La Brenotte et la Grande Baya », taries depuis le 1er juin, furent mises *au sec* à l'étable et vendues 227 F le 18 juillet à la foire de Navilly. Pendant cette période, elles consommèrent 10 doubles de *criblures* (15 F), et un ***millier*** et demi de foin (30 F). L'opération se montra néanmoins favorable, car vendues « au lait » avant engraissement, elles n'auraient valu que 120 F à cause de la situation. Finalement le gain s'éleva à 60 F au moins. Le domestique qui m'accompagna à la foire et le berger reçurent une petite étrenne pour leurs peines.

° *Rentabilité du troupeau*

Tout d'abord, je rappellerai que notre troupeau (hormis les veaux) est passé de quinze à dix-neuf bovins ces années dernières ; cet accroissement essentiel provient du nombre de vaches (huit au lieu de quatre).

En trois décennies (1836-1865) mes recettes totales d'exploitation ont augmenté de 55% et mes ventes de bovins de 107%. Ces dernières, qui représentaient autrefois 23% de mes encaissements, atteignaient 31% avant ma cessation d'activité.

En dehors des transactions sur les bestiaux, trois éléments jouent un rôle essentiel dans l'élevage :

- la production de fumier, engrais principal pour nos terres ; nous couvrions 85% de nos besoins ;

- la production de lait et de beurre, importante pour notre alimentation quotidienne, et dont le surplus vendu au marché assurait un revenu personnel à mon épouse ;

- le travail de nos quatre paires de boeufs de trait (charrois, labours, etc.). Chaque paire pouvait travailler environ 200 jours par an ; à 2,50 F par journée, cela faisait 500 F à la St-Sylvestre.

Finalement, ceci représentait les trois quarts du revenu d'élevage.

Au cours de cette période, le prix moyen d'une paire de boeufs de trait est passé de 377 F à 594 F (+57%), mais n'oublions pas de préciser que le poids d'une bête a augmenté de 15% (de 377 à 436 kg) en raison d'un changement de mode alimentaire. La valeur d'une paire de boeufs gras s'est accrue de 74% (938 F au lieu de 540 F), mais avec un poids par animal majoré de 31% (724 kg au lieu de 550 kg).

L'ouverture de la ligne de chemin de fer P.L.M. de Paris à Lyon (via Chalon) en 1854 a favorisé ce commerce, donnant un accès plus facile aux villes traversées, et surtout à celle de Lyon, débouché très important. Et puis il faut dire que la population d'agglomérations comme Chalon-sur-Saône ou Mâcon a crû de près des deux tiers en raison du développement industriel. Les habitudes alimentaires ont changé et la consommation de viande bovine s'est donc développée ces dix dernières années dans notre département de Saône-et-Loire (+20%), principalement dans la région de Chalon ; soulignons surtout la forte demande en viande de vache. Cependant dans notre arrondissement de Louhans, les besoins n'ont progressé que de 7%.

Tableau 55 : La Ranche, rentabilité de l'élevage bovin
(Moyenne annuelle de 1836 à 1839)

Rubriques		Revenus	Charges
I - LES REVENUS			
Ventes de bovins		968	
Production de fumier		845	
Production de lait et de beurre		350	
Rapport du travail des boeufs		2 000	
TOTAL DES REVENUS (1)		**4 163**	
II - LES CHARGES D'ELEVAGE	**Poids ou volume**	**Revenus**	**Charges**
Achats de bovins			565
Coût de main-d'oeuvre			230
Coût de l'alimentation			
1)Les céréales :			
.criblures et étapes (blé)	9,5 Hl		75
.seigle	0,7 Hl		12
.sarrasin	5,5 Hl		45
.maïs	2,9 Hl		35
Total des céréales = 167 F			
2)Fourrages et légumes :			
.Foin	20 t.		1 200
.Trèfle	10 t.		350
.Luzerne	3 t.		60
.Vesces	1,5 t		60
.Carottes	20 tx		60
.Betteraves	28 tx		98
.Raves	28 tx		70
.Pommes de terre	20 tx		75
3) Tourteaux (navette, chènevis)	500 kg		50
4) La paille (aliment. et litière)			
.paille de blé	15 t.		600
.paille de seigle (litière)	1 t.		30
.paille de maïs (panissets)			10
TOTAL ALIMENTATION ET LITIERE (2)			**2 830**
III - REVENU NET ANNUEL (1 - 2)		**538**	

NB : déduire des charges 180 à 200 F de nourriture du cheval.
Le revenu net réel peut être évalué à 720 F.
t = tonne ; tx = tonneau ; Hl = hectolitre

Le changement de mode alimentaire du bétail a modifié le poids des animaux qui ne consomment pas plus de grains qu'autrefois (1,24 hl /an et par bête) mais finalement plus de farine. Ainsi le maïs, qui supplanta principalement le sarrasin, grignota fortement *étapes* et *criblures*. Rappelons-nous aussi que le sarrasin moulu rend assez peu de farine (60% à 70%) et beaucoup de son ; le maïs produit peu de déchets (5%). Il en résulte que chaque bête absorbe 10% à 15% de farine en plus (1,04 hl au lieu de 0,92 hl), ceci après prélèvement du meunier.

Le prix de la viande de boeuf a augmenté de 35% en trois décennies. Ces dernières années les bouchers (ou marchands) payaient les boeufs sur pied 0,68 F le kilo et revendaient la chair 1,22 F. Ils y gagnaient, bien entendu, mais un boeuf, malgré les améliorations apportées, ne laisse environ que 65% de viande ; notez qu'il reste la peau, les morceaux de moindre qualité, et les os !

Le coût moyen annuel des céréales consommées par les bovins est passé de 170 F avant 1840 à 220 F vers 1860 (soit +30%) alors que le volume n'a progressé que de 16,6%, mais avec un troupeau plus important et les modifications alimentaires que vous connaissez. En réalité le coût par animal (11,40 F autrefois) atteint aujourd'hui 12,57 F (+ 10,2%).

Engraisser une paire de boeufs pendant deux mois revenait autrefois à 116 F. A régime équivalent, nous atteindrions actuellement un peu plus de 200 F à cause de la hausse importante du prix des pommes de terre et du tourteau. Le cours des céréales est resté stable (maïs +3%). Cependant je ne me plains pas car le bénéfice net (hors incidence du fumier), malgré une élévation très significative du coût réel d'engraissement (250 F minimum - voire 300 F) s'avère nettement plus intéressant : entre 90 et 140 F par paire de boeufs au lieu de 50 F autrefois. D'ailleurs, ne serait-ce qu'au niveau des céréales, la consommation des bovins absorbait 17,6% de mes ventes vers 1836 et 11,2% après 1860.

L'élevage rapporte bien, à condition de ne pas enregistrer de catastrophe. Il s'agit d'une activité spéculative et à risque. Notre troupeau, composé de bêtes de trait et « d'élève », pouvait rapporter 25 à 30 % l'an vers 1840, voire davantage de nos jours. Les ventes de bovins avaient cependant une part somme toute relativement faible dans cette activité, voyez plutôt :

– gain sur ventes	= 403 F (11%)
– le fumier	= 845 F (23%)
– lait et beurre	= 350 F (10%)
– travail des boeufs	= 2 000 F (56%)
Total	**= 3 598** F.

Je vous parle ici des années 1836-1840. Dans les dépenses, les céréales comptaient peu :

– céréales	= 167 F (6%)
– fourrage et litière	= 2433 F (86 %)

– main-d'oeuvre	= 230 F (8 %)
Total	**= 2.830 F**.

Le rapport d'élevage dépend donc de nombreux facteurs. Assurant nous-mêmes la quasi totalité de l'alimentation du bétail (hormis le tourteau), j'étais moins dépendant de l'évolution du cours des denrées, heureusement !

Le Comice Agricole de Pierre (fondé en 1839) estimait que nos bovins de race bressane avaient les os trop saillants et les côtes plates ; ces caractéristiques constituaient un handicap pour l'engraissement ! Dès la fondation de cette société, son président fit acheter trois taureaux charolais afin de développer les croisements, et finalement il obtint un certain succès, oh ! encore bien limité malgré tout. Fort de cela, il importa cinq vaches suisses de race « Schwik » (Schwitz) la plus renommée d'Europe après la Durham - paraît-il ! Ces bêtes, très bonnes laitières, bénéficient également de formes avantageuses. Et puis, l'association acheta un jeune mâle « Durhaux » (Durham) croisé et un autre de race nivernaise. Ainsi chacun pouvait choisir selon ses orientations : le lait ou la boucherie. Quant à moi, j'ai gardé ma race bressane, mais si j'y tenais, je la soignais avec une très grande attention. Finalement, cela me réussissait fort bien. Ah ! j'allais oublier de vous conter la mésaventure de M. Baron, de Pierre, celui qui me vendit autrefois une parcelle de bois qui porte son nom. A la St-Laurent 1833 il voulut participer au concours destiné à l'amélioration de la race bovine qui se tenait à Louhans, et pour lequel les autorités gouvernementales accordaient des primes. Sûr de lui, il présenta un magnifique taureau croisé au poil noir et blanc. Cette bête était issue d'une vache bressane et d'un taureau suisse. La beauté de l'animal fut unanimement reconnue, mais le jury ne l'admit pas, n'étant pas de race pure ! M. Baron, furieux et déçu, s'empressa d'écrire au préfet de Saône-et-Loire et protesta d'une manière véhémente, en argumentant que d'autres animaux croisés et issus de taureaux suisses, appartenant à M. de Thoisy à Joudes et à M. de Thiard à Pierre avaient été acceptés précédemment. Mais rien n'y fit et le jury accorda toutes ses primes aux bêtes de race bressane. Ainsi, les *fromentins* et les *coulombs* l'emportaient !

- Les porcs

  - *Elevage*

En dehors des bovins, qui vous sont familiers maintenant, je vais vous parler de notre élevage porcin. Tout d'abord, précisons qu'il a été sérieusement modifié au fil des décennies. Autrefois - vers 1840 -, je pratiquais l'élevage complet, possédant deux truies reproductrices. Chaque année elles mettaient bas des petits. J'en cédais une partie dès leur sevrage à deux mois ; les autres étaient vendus à l'âge de cinq ou six mois, ou bien engraissés et emmenés à la foire quand ils atteignaient dix-huit mois. Enfin, il nous fallait deux porcs chaque année pour la consommation familiale. Mais avant 1850 je me suis débarrassé des truies et j'achetais quelques porcelets à élever, surtout pour notre alimentation. D'ailleurs, quand j'ai repris l'exploitation à la fin du *grangeage* en 1854, nous n'engraissâmes que des porcs pour nos besoins, n'en faisant aucun commerce. Albert relança cette activité ; fin 1863 il acquit des animaux juste sevrés. Cependant, seuls les porcs gras l'intéressaient et il vendait des cochons pesant de 180 à 200 kilos.

Quand j'ai entrepris de tenir mes comptes à partir du premier janvier 1836, trois truies peuplaient nos soues, mais pas pour longtemps. Dès le 6 février, parmi les deux cochons abattus pour les besoins du ménage, figurait une femelle de deux ans ayant déjà fait trois portées, et qui pesait 280 *livres*. Il restait alors une jeune et une vieille. Cette dernière fut engraissée et vendue à la fin du mois d'octobre à Pierre Demaisières. Nous convînmes du prix : 45 centimes la *livre*, mais pesée corps vide, avec la tête et les pieds. Il me remit aussitôt dix francs d'arrhes. Trois jours après, au moment des comptes, la bête accusa le poids respectable de 274 *livres*, et je reçus 113,30 F pour solde. Quant à la jeune *porche*, la réussite n'était pas au rendez-vous. Sa seule et unique portée de six porcelets ne valait rien et je n'en ai trouvé que 7,50 F pièce à la foire de Pierre le 17 janvier 1837. Elle fut castrée en novembre 1836, engraissée et abattue au mois de février suivant ; vivante, elle ne devait pas dépasser 120 kilos.

Il me fallait maintenant reconstituer mon troupeau reproducteur. Berry, jardinier au chef-lieu de canton, tenait aussi des cochons. Vers la fin du mois de janvier 1837, il me vendit une truie de 18 mois, pleine depuis le 10 octobre. Comme il manquait de céréales, nous fîmes un échange évalué sur la base de 48 F. Je reçus donc cette femelle et lui ai livré 16 *boisseaux* de *gaudes,* nous étions quitte. Quelques heures après mon retour à la ferme, cette jeune mère mit bas neuf porcelets. Je recherchais une seconde femelle. Claude Petiot, des Grands-Champs à Pierre, se livrait à l'élevage des porcs et possédait aussi des mâles. Je connaissais ses animaux, y conduisant régulièrement des truies au verrat. Ayant repéré ce qui me convenait, mon choix se porta sur une mère de deux ans qui en était à sa troisième portée et venait de faire sept pourceaux depuis quatre jours, dont une femelle plus faible que les autres. Ces petits cochons, assez allongés, me paraissaient de bonne venue. L'ensemble fut évalué 104 F. Aussitôt l'accord conclu, je luis remis 5 F d'arrhes et 0,50 F d'étrennes à sa fille, puis repartis avec les bêtes. Il était convenu de verser encore 20 F en numéraire et le solde en grains de diverses espèces dont il avait besoin. Le 6 mars Claude Petiot reçut son dû : les espèces et 26 *boisseaux* ½ de céréales : du sarrasin, des *gaudes,* du seigle, du *turquis* vert, du blé et un quart de *turquis* d'Espagne pour semer. Moi j'avais de la graine et lui des cochons. Cet échange arrangeait tout le monde. Cette truie valait d'ailleurs mieux que « la Jardinière » (celle venant de Berry), je l'estimais 15 F de plus. L'affaire me convenait parfaitement et dès la foire du 20 avril suivant les gorets me rapportèrent 77 F.

Ces femelles mettaient bas généralement deux portées par an. Si celle de Petiot, toujours régulière, ne donnait chaque fois que sept petits, elle en prenait grand soin et n'en perdit presque jamais. Quant à « la Berry », elle pouvait en faire de neuf à douze, mais finalement avec 15% de perte. Elle en étouffa plusieurs, en tua deux ; et puis quand elle eut une portée trop nombreuse (12 en mars 1838), j'en fis retirer deux que je considérais comme perdus et qui furent donnés à l'autre truie. L'un d'eux n'a pas survécu.

Mais tout a une fin et ces reproductrices atteignant l'âge de cinq ans, je décidai de m'en séparer et les conduisis à la foire de Pierre le jour de la St-Antoine 1840 (le 17 janvier). Un particulier de La Chapelle-Voland (Jura) recherchait deux cochons à engraisser ; les miens lui convenant, il me les paya 203 F.

Aussitôt, j'ai alors sélectionné deux jeunes *porches* de mon élevage qui furent emmenées au verrat dès le mois de mars ; seulement elles n'étaient âgées que de six mois et demi. Le cycle repartait.

Les saillies avaient lieu deux fois l'an : en avril-mai et en octobre-novembre. Je n'ai jamais élevé de mâle, d'ailleurs assez peu de personnes le faisaient. Pierre Petiot demandait 0,50 F puis augmenta son tarif de 10 centimes en 1836. Ce prix ne bougea pas pendant des années.

Dès 1837 j'ai cessé d'aller à Pierre car quelques cultivateurs entretenaient des verrats dans notre commune : Pierre Conry à la Motte, Eusèbe Guillemin, voire Daumas. Un valet - ou le berger - emmenait donc la truie, le plus souvent à pied bien entendu. Oh ! cela ne marchait pas toujours au premier coup et il fallait alors recommencer. A la St-Martin 1837 le verrat de Pierre Conry dut renouveler ses exercices quatre fois de suite, mes truies ne donnant rien, c'est vous dire ! Mais globalement, je ne me plains pas, il n'y avait pas beaucoup de problèmes. La gestation durant 114 jours, les naissances arrivaient soit en mars-avril, soit en août-septembre, rarement à d'autres époques, car nous devions éviter les mois d'hiver, trop froids pour les porcelets.

Si le prix d'une jeune *porche* de dix-huit mois à deux ans allait de 40 à 60 F vers 1840, une femelle de cinq ans valait jusqu'à 100 F ; grasse, elle atteignait 120 F. En réalité, vivant, un porc gras se payait 7 *sous* la *livre* à la foire de Simard en 1836.

Tableau 56 : La Ranche - Inventaire de l'élevage porcin de 1836 à 1839

Années	Cheptel (1er janvier)	Achats	Naissances	Pertes	Ventes	Tués	Cheptel (31 dec)
1836	24	0	16	0	19	2	19
1837	19	10 (1)	31	6	33	2	19
1838	19	0	36	8	27	2	18
1839	18	0	31	2	15	2	30 (2)

(1) Achat de 2 truies (dont une avec 7 petits) + 1 cochon

(2) Inventaire au 1/1/1840 :

Une truie pleine = 66 F

0 petits cochons d'élève = 132 F

23 cochons de divers âges = 1.150 F

Nb : augmentation du nombre des porcs due à des "élèves" non vendus

en fin d'année (cédés à Pierre le 17.1.1840)

Les porcelets - tout au moins ceux qui survivaient car nous en perdions en moyenne 15%, quoiqu'on enregistrât des bonnes et des mauvaises années - se battaient dès leur naissance pour la meilleure place auprès de leur mère, cherchant la bonne mamelle et la gardant. La plupart du temps nos deux truies mettaient bas à un ou deux jours d'intervalle, car nous prenions soin de les faire couvrir en même temps ; ceci évitait un embarras trop important. Selon la situation, nous sevrions ces jeunes cochons à l'âge de 25 ou 30 jours, parfois plus. Ils commençaient à absorber un mélange de farine délayée dans du lait.

Quand les porcelets atteignaient environ 40 jours, il fallait les castrer. En raison des périodes de naissances, le *châtrou* (hongreur) venait chez nous deux fois l'an, en avril et en octobre le plus souvent. Emmanuel Guy travaillait bien, mais quel personnage ! Venu tardivement le 19 novembre 1836 pour castrer une jeune truie qui ne réussissait pas très bien, et que nous nous préparions à engraisser, il *coupa* aussi ses petits : trois femelles et trois mâles. Ces porcs, nés au début du mois d'août ne profitaient pas. Après coup, Emmanuel soupa avec nous et ne demanda qu'un franc pour la truie, ne voulant rien pour les cochonnets car, disait-il : « je paye ma soupe, et puis vous me coucherez bien à la grange » ! Je crois qu'il y passa la nuit, mais... je n'en suis pas certain. En tout cas, le lendemain matin, plus personne à l'hébergeage. Puis l'homme revint au début d'avril suivant. « Manuel » ne faisait payer que cinq *sous* pour les femelles (0,25 F) mais rien pour les mâles quand on lui assurait son repas. De 1837 à 1840 nous eûmes un dénommé Michelin (de Frontenard) et surtout les Robert père et fils (de Pierre). Nous faisions castrer tous les porcelets (95%), sauf les femelles que nous destinions à assurer la relève du troupeau, ou parfois un ou deux porcs réservés par quelque voisin voulant pratiquer l'élevage. En général, il y avait autant d'individus de chaque sexe mais certaines années, comme en 1837, étaient dominées par les femelles, et d'autres par les mâles (1838-39). A cette époque les hongreurs appliquaient les tarifs suivants :

- porcelets de 40 jours : femelles = 0,25 F,
- porcelets de 40 jours : mâles = 0,05 F à 0,10 F,
- jeunes *porches* (7 à 8 mois) = 0,75 F,
- truies adultes (12 à 14 mois) = 1 F.

Suivant les années, la qualité et la rapidité de croissance des animaux, nous vendions les deux tiers des porcelets (dont 80% d'avril à juin et le reste en octobre-novembre) à l'âge de 70 jours (de 60 à 80 j.). Mais il faut bien préciser qu'il existait une différence fondamentale. En ce qui concerne les portées de printemps, la quasi totalité (92%) était vendue à cet âge ; nous en gardions un pour le « lard », voire pour la reproduction. Quant à celles d'été, nous ne cédions qu'un tiers des pourceaux, près de la moitié n'étant commercialisée que l'année suivante ; 20% s'engraissaient pendant 16 à 18 mois pour le commerce ou pour nos besoins personnels.

J'emmenais quasiment tous mes petits cochons aux foires de la région, mais surtout à celles de Pierre (20 avril), de Mervans (1er mai et St-Martin), de Navilly ou de Mouthier (mi-juin). Des marchands ou des cultivateurs, voire des particuliers, venaient s'y approvisionner, recherchant des bêtes à engraisser. Ainsi à la foire du 1er mai 1838 à Mervans, plusieurs particuliers se groupèrent et m'achetèrent mon lot de cochons au prix de 23 F pièce. Ces jeunes animaux, qui avaient eu du lait mêlé à leur pâtée (farine de seigle, de sarrasin et de maïs par tiers), étaient bien blancs, de belle venue, seulement un peu courts. J'aurais pu les vendre 25 F sans ces dix femelles dans mon lot de quatorze ! - voire 27 F en étant bien plus « pairs » ! Après la foire je remis des étrennes à la servante qui s'en était occupé, ainsi qu'au domestique qui les avait conduits.

Les différences de qualité influent sur le prix. Ainsi, quelques mois plus tard, je me trouvais à la foire de la St-Martin à Mervans, y présentant un lot de neuf petits cochons d'élève. Un particulier, fort intéressé, ne me les paya finalement que 21 F pièce, car, disait-il - et avec juste raison - deux plus faibles ne valaient que 15 F. Il reconnaissait, bien entendu, que les autres valaient 24 F. Mais que voulez-vous ! Chacun ses affaires à la foire ! Ces porcelets étaient courts, râblés, gras et assez beaux pour leur âge (deux mois et demi).

D'ailleurs, un cochon trop petit faisait *mépriser* (déprécier) tout un lot, aussi, dans ce cas-là, valait-il mieux le garder à la maison et l'engraisser. C'est ce que nous fîmes au printemps 1838 car ce malheureux ne valait que 12 F, soit moitié moins que les autres. Il ferait un « lard » moyen pour l'hiver prochain !

Marie Robert, alors servante chez nous, voulait acheter un cochon et choisit un mâle qui fut évalué au même prix que ceux vendus à Navilly le même jour : 20 F. Elle s'engageait à le payer par les deux mois de service qui lui restaient à faire jusqu'à la St-Jean ainsi que par les journées qu'elle gagnerait à la ferme après cette date.

Le prix des porcelets, lié à la qualité, à la grosseur, à l'aspect général d'un lot, pouvait atteindre 25 F pour les uns et 20 F pour les autres à une même foire. Mais le prix moyen (11,50 F en 1836) passa à 13,36 F l'année suivante pour monter à 24,10 F en 1839. Tout ceci était lié à la hausse du prix de la viande de porc. Pendant la grande crise des années 1848-1851, et quand j'achetais des porcelets à élever, j'en trouvais à 16 ou 16,50 F en 1849. Au plus fort de la crise, Antoine Bailly m'en céda deux à 9 F pièce au mois de novembre 1851. Finalement le cours remonta pour aller à 25 F en 1863 et 29 F en 1865.

Près de 20 % des porcs nés à la ferme - appelés « élèves » - étaient vendus à l'âge de quatre à cinq mois à la foire de Pierre du 17 janvier. Des particuliers, voire des marchands de Franche-Comté, venaient y chercher des animaux à engraisser. Parfois, des négociants arrivaient dans nos villages, tel ce Bongain, de Rahon (Jura) qui m'acheta sept petits cochons de six mois le 14 février 1836, livrables le 19 du mois chez Monnot, aubergiste à Frontenard, lieu où il devait les rassembler. Nous nous mîmes d'accord à 14 F pièce, puis il marqua les pourceaux. Mais dès le 16 il vint les prendre à la maison et les emmena chez Baupoil, aubergiste à La Chapelle. Ayant reçu mon argent, je remis aussitôt dix *sous* d'étrennes à notre servante qui en assurait l'entretien. Il nous arrivait aussi de garder des bêtes jusqu'à la foire du 20 avril. Il s'agissait d'animaux de sept à huit mois, cédés à des particuliers. Ainsi le 20 avril 1840 un nommé Bouveret, de Navilly, emmena les deux plus beaux porcs qu'il me paya 50 F pièce ; quant aux deux autres, Victor Paget, peintre-paysagiste, les prit à 47 F.

Tableau 57 : La Ranche - Elevage porcin de 1836 à 1839

Porcs	1836		1837		1838		1839		Moyenne		Parts (en %) de	
	A	V	A	V	A	V	A	V	A	V	ventes	production
Porcs - 3 mois	0	115	41	294	0	534	0	261	10	301	46,8	36,3
Porcs 5 à 6 mois	0	125	0	45	0	82	0	0	0	63	9,8	7,6
Porcs gras (18-20 mois)	0	0	0	258	0	0	0	735	0	248	38,6	29,9
Truies	0	0	111	123	0	0	0	0	28	31	4,8	3,7
Total achats-ventes	0	240	152	720	0	616	0	996	38	643	100,0	77,5
Autoconsommation	0	161	96	160	0	210	0	212	23	186	-	22,5
Production totale	0	401	245	880	0	826	0	1208	61	829	-	100,0

Nb : Prix en Francs

A = achats ; V = Ventes

Répartition établie d'après les ventes de porcs

Ces *élèves* étaient toujours des cochons nés à la fin de l'été et que nous gardions ainsi plus longtemps. A l'automne les ventes de cette catégorie de bêtes intéressaient moins les acheteurs, car il faudrait nourrir les animaux pendant tout l'hiver pour les tuer un an après.

Mais finalement, j'en tirais un prix majoré de 15% à 25% par rapport à celui des porcelets. Le cours suivit celui de la viande, passant de 13,50 F pièce en 1836 à 27,50 F deux ans plus tard.

Autrefois je cédais pratiquement trois ou quatre porcs gras chaque année à la foire de la St-Antoine à Pierre. Des particuliers ou des charcutiers recherchaient ces animaux âgés en général de 16 à 17 mois, pesant de 140 à 160 kilos. Ainsi, les cinq vendus à la foire le 17 janvier 1839 au prix de 147 F pièce, de taille médiocre, n'avaient pas atteint tout le développement qu'on pouvait en espérer. Cela tient probablement à l'espèce. Quoique courts, ils étaient très épais, bien faits, bien doublés et assez gras. Cependant leur foie, très gros, les *méprisait* beaucoup. La foire s'avérait bonne et ils se négociaient couramment neuf *sous* la *livre* sur pied. Je crois avoir lâché trop tôt sur le prix et j'aurais pu les vendre au moins 6 F de plus.

L'année suivante, l'engraissement ne fut pas fameux, mal conduit, et puis la foire de Pierre n'était pas bonne. Celle de Bellevesvre du 13 janvier se montrait bien meilleure car fréquentée par des Lyonnais, et puis mieux achalandée, en plus grande quantité qu'au chef-lieu de canton. J'aurais pu gagner 50 F de plus sur tous mes lots de porcs vendus ce jour-là. Une autre année, j'y conduirai mes bêtes, me suis-je dit !

Nous vendions nos porcs gras au jugé quand il s'agissait de les céder à des particuliers, mais nous connaissions bien les cours évalués en *sous* par *livre.* Ainsi, de 1836 à 1840, le prix est passé de sept *sous* à dix *sous*, la hausse ayant eu lieu en 1837 (+40%). Quant aux charcutiers, ils agissaient d'une manière différente ; je vous ai déjà parlé de M. Demaisières payant une truie grasse à la *livre*, mais pesée corps vide. Après 1850 ces hommes-là traitaient au poids, même à la foire où ils portaient leurs propres balances. J'ai remis un cochon gras à la foire de Pierre le 17 janvier 1853 à Quentin, charcutier à Seurre (Côte d'Or), au prix de 0,96 F le kilo. L'animal accusa le poids considérable de 192 kg mais je dus consentir une remise de 2 kilos à l'acheteur. D'autres négociaient principalement au quintal ordinaire ou ancien (50 kg). La plupart du temps les charcutiers demandaient une réduction de huit *livres* par bête, à cause du sang disaient-ils ! Tenez, Baudran, charcutier, réserva deux cochons gras le 26 juin 1851 à 30 F le quintal ancien, sang déduit, c'est-à-dire qu'il devait les saigner avant de les peser. Ne souhaitant pas les abattre de suite au moment de la livraison à la mi-août, il me proposa de retrancher huit *livres* par bête pour le sang et j'y ai consenti.

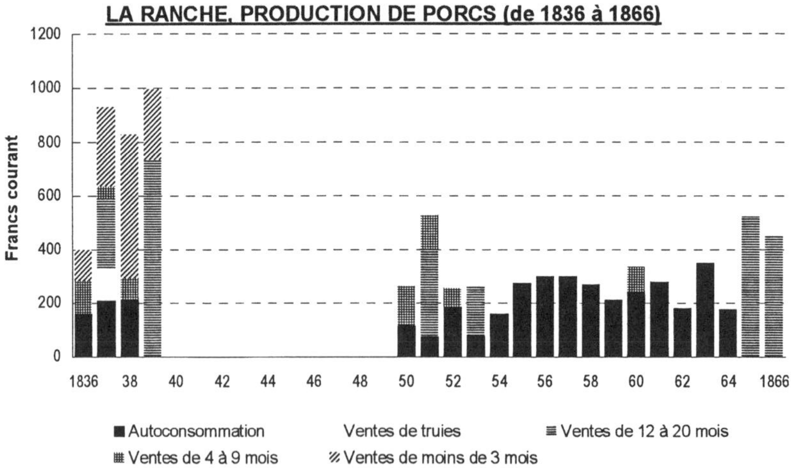

La commune de Pierre s'équipa d'une bascule, ce qui évita bien des inconvénients. Quand nous avons liquidé les trois cochons gras restant de l'élevage de notre pauvre Albert - c'était à la St-Antoine 1866 - ils pesèrent 1.070 *livres* et je dus acquitter 0,75 F pour ce service. M. Dorey, charcutier à Seurre, me remit 450 F.

De 30 F le quintal ancien en 1851, au moment où les cours étaient quasiment au plus bas, le tarif remonta à 48 F deux ans plus tard puis redescendit à 35 F en 1860. Les derniers vendus atteignirent 42 F les 50 kilos.

Quand nous pratiquions l'élevage complet, si le commerce des porcs gras ne représentait que 7% des animaux élevés, cela apportait environ 30% de nos recettes dans ce domaine.

Chaque année nous faisions tuer deux porcs gras dont le poids variait en fonction de nos besoins. Avant 1840, en général, nous abattions un cochon de 18 mois à deux ans (une truie ou une *coche* n'ayant pas bien réussi) et un autre d'un an (souvent le plus petit d'une portée, non vendable et engraissé). Les trois quarts de ces bêtes passaient de vie à trépas entre le 20 janvier et le 20 février, bien que ces dernières années nous retardions l'abattage jusque vers la mi-mars. Je pesais de temps à autre la viande pour me rendre compte de la qualité et du rendement. Certains donnaient plus de graisse ou plus de lard. Vers 1839-40, un cochon rendait 5% à 6% de graisse, la dépouille (déchets) représentait environ 22% et il restait les deux tiers de lard proprement dit, mis en quartier et salé. Je ne comptais la tête et les pieds qu'à moitié à cause de l'importance des os. Nos besoins en viande de porc s'élevaient à environ 180 kilos par an autrefois et atteignaient 230 kg ces dernières années, après avoir diminué des deux tiers pendant le *grangeage*. Quand j'ai stoppé l'élevage des porcs avant 1850, cela m'obligea à acheter des *élèves* âgés de quatre à cinq mois, au printemps, surtout au mois de mai. Je les trouvais essentiellement aux foires de Mervans. Il arrivait parfois quelques problèmes. Je me souviens d'une foire de Mervans du 2 mai 1859 où j'avais acquis quatre cochons d'*élève* à M. Vion de Devrouze pour 117 F. Ce marché me parut fort avantageux ; cependant la chaleur en fit périr un en route, probablement d'un coup de sang. Ces bêtes, liées sur la voiture, avaient souffert. Il faudra faire attention dorénavant, me suis-je dit !

Acheter un porc gras n'entrait pas dans nos habitudes, mais début 1855 je venais de reprendre l'exploitation en direct, et il me faudrait davantage de viande pour les hommes à nourrir. J'ai trouvé mon affaire à Pierre le 17 janvier où Madame Péchinot m'en céda un pour 159 F. J'étais accompagné de M. Baudran, charcutier, qui « visita » le porc à la langue. Voulant le récompenser, je lui ai offert un repas dans une auberge où nous mangeâmes, fort mal d'ailleurs. Puis nous bûmes un verre de kirsch avant de repartir.

Nous élevions puis engraissions ces animaux pendant huit à dix mois, selon leur âge et leur grosseur. Nous avions l'habitude de remettre un peu de viande au saigneur pour ses peines : deux ou trois kilos tout au plus. Jean Rolland, mon fermier, m'offrit de me céder la moitié d'un cochon l'année dernière. Nous l'évaluâmes au prix de vente de la foire de Simard, soit 50 centimes la *livre*. Il fit appel au boucher Richard, de Mervans, pour l'abattre, le partager et le saler. Rolland nourrit cet homme à midi et, pour ma part, je lui ai payé son travail : 1,50 F.

Le poids de ces porcs gras s'est élevé depuis trois décennies. Autrefois une bête de 16 à 18 mois pesait vivante de 140 à 160 kilos ; aujourd'hui nous en voyons plutôt de 180 kilos en moyenne (de 150 à 220 kg). Cependant au cours de cette période le prix sur pied n'a augmenté en moyenne que de 10%, voyez plutôt :

- 1837-1840 : 0,85 F le kilo,
- 1851-1853 : 0,71 F,
- 1855-1859 : 1 F,

– 1863-1868 : 0,94 F.

° *Alimentation et engraissement*

Les porcelets sevrés à environ un mois commençaient à manger une pâtée composée de farines de sarrasin, de seigle et de maïs réparties par tiers, et délayées dans du petit lait. Nous augmentions progressivement la ration. Il nous arrivait parfois de leur donner un peu de seigle cuit. Lorsque je les vendais, chaque pourceau avait avalé un double décalitre de graines moulues. Ces jeunes bêtes consommaient ainsi cinq hectolitres de céréales chaque année.

Quant aux *élèves*, ils s'habituaient progressivement à une nourriture d'adulte. Notre domestique ajoutait à la pâtée de sarrasin et de maïs : du son, des recoupes (2ème farine tirée du son) et un peu de pommes de terre.

Les porcs adultes dévoraient essentiellement un mélange de farines comprenant deux tiers de sarrasin et un tiers de maïs (dont la moitié en *gaudes*). Toutefois, cette règle n'était pas absolue et nous pouvions répartir sarrasin et *gaudes* à égalité, etc. Quand la soudure en *turquis* se faisait mal - comme en septembre 1838 - j'en achetais à des négociants de Pierre. Le son des différentes céréales et les pommes de terre complétaient cette alimentation. D'ailleurs chaque année je réservais jusqu'à 80 *mesures* (22 hl) de sarrasin et environ 60 *tonneaux* (120 hl) de pommes de terre pour notre élevage de porcs. Je prévoyais souvent trop large, mais ce n'était pas perdu !

Tableau 58 : La Ranche - Alimentation céréalière des porcs de 1836 à 1865 (moyenne annuelle en Hl)

CEREALES	1836-1839		1850-1854		1855-1859		1860-1865	
	Hl	%	Hl	%	Hl	%	Hl	%
BLE	**0,0**	**0,0**	**0,0**	**0,0**	**0,0**	**0,0**	**0,2**	**1,0**
dont "étapes"	*0,0*	*0,0*	*0,0*	*0,0*	*0,0*	*0,0*	*0,0*	*0,0*
dont "criblures"	*0,0*	*0,0*	*0,0*	*0,0*	*0,0*	*0,0*	*0,2*	-
SEIGLE	**0,8**	**3,2**	**0,0**	**0,0**	**0,0**	**0,0**	**0,0**	**0,0**
SARRASIN	**15,3**	**60,5**	**6,3**	**53,8**	**4,9**	**57,0**	**4,5**	**41,2**
MAIS	**9,2**	**36,3**	**5,4**	**46,2**	**3,7**	**43,0**	**6,2**	**57,0**
dont "turquis vert"	*4,7*	-	*2,2*	-	*1,0*	-	*4,8*	-
dont "gaudes"	*4,5*	-	*3,2*	-	*2,7*	-	*1,4*	-
TOTAL	**25,3**	**100,0**	**11,7**	**100,0**	**8,6**	**100,0**	**10,9**	**100,0**

NB : volumes de grains (chiffres issus de la mouture)

1836-1839 : élevage intense. Ajouter 0,9 hl de seigle cuit pour les porcelets soit un total de 1,7 hl donc une part de 6,5 %

et 1 Hl de maïs cuit pour les porcs à l'engrais.

1852-1854 : période de "grangeage"

1860-1865 : redémarrage de l'élevage de porcs gras fin 1863.

Les cochons allaient pâturer autour de la ferme ou dans les champs de trèfle (après la première coupe). Ils occasionnaient parfois bien des dégâts. Au cours de l'automne 1837 ils *champoyèrent* au champ d'Henry. Après la moisson du blé, le trèfle donna un peu de fourrage malgré des *étoules* épaisses. Ces bêtes maudites arrachèrent alors beaucoup de plants car elles n'avaient pas été ferrées (bouclées). Nous nous aperçûmes bien trop tard de l'ampleur du ravage.

Nos cochons gras étant souvent vendus à la St-Antoine (17 janvier), l'engraissement débutait habituellement après la Toussaint. J'ai cédé deux cochons de seize mois, deux mères truies de cinq ans et un jeune de onze mois à la foire de Pierre en janvier 1840. Nous avions gardé à ce moment-là deux porcs devant être abattus peu de temps après. L'engraissement n'avait commencé qu'à la mi-novembre 1839 car les pluies continuelles empêchaient de terminer les travaux d'automne, et faute d'avoir une chaudière convenable montée en temps utile pour la cuisson des pommes de terre ; je l'attendais des forges de Chalon et notre maçon Pierre Savy n'était pas prêt. D'autre part, un temps très humide régnait sur la contrée depuis septembre et ceci dura jusqu'en janvier. Enfin la personne chargée du pansage des animaux ne voulait écouter que son caprice et donnait tantôt moins, tantôt plus ; cette irrégularité contraria la croissance des bêtes. La base de leur alimentation était une pâtée formée de 4/5ème de pommes de terre cuites et de 1/5ème de farine (un tiers de *turquis* vert et deux tiers de sarrasin moulu en gros). Le premier mois les cochons eurent droit à deux repas par jour. Pendant le second ils en firent un troisième à midi où ils recevaient un seau de maïs cuit (10 litres pour 7 bêtes).

Malgré les soins et la dépense, ils n'étaient pas bien gras, surtout les gros. A cela s'ajouta une foire peu favorable, je vous en ai déjà parlé. Je revins malgré tout avec 550 F en poche auxquels s'ajoutèrent 180 F issus de la vente des cochons d'élève.

Quant aux deux porcs gras conservés, ils furent mis à mort le 16 février suivant. Depuis la foire de Pierre, leur engraissement fut achevé avec un mélange de farines de *gaudes* et de *turquis* vert. Ils se développèrent encore. Quoique bien en chair, ils n'étaient pas forts en graisse malgré leur apparence.

° *Rentabilité et divers*

La servante s'occupait régulièrement des porcs, aidée de temps à autre par le berger quand il manquait d'occupation en hiver. Les valets participaient parfois à ces tâches pendant l'engraissement, mais n'exagérons rien ! Je récompensais notre domestique au moment de la vente des cochons en lui donnant dix *sous ;* le garçon qui les conduisait à la foire n'était pas oublié. Cependant, ces étrennes... eh ! bien, je les faisais souvent verser par l'acheteur. Et puis la crise arriva, l'habitude se perdit et ne revint plus chez nous.

Nous n'employions jamais le fumier de porc dans les champs, à une exception près en juillet 1838 où il se trouvait mélangé à de la terre, épandue aux Chaintres où nous semions du sarrasin.

Si j'ai abandonné cet élevage, ce ne fut pas sans raison, vous le comprenez ! La maladie de la pomme de terre, apparue dans la région courant 1845, fit de grands ravages et les tubercules pourrissaient. Le rendement chuta fortement, entraînant une hausse très forte du cours qui passa de trois ou quatre francs le *tonneau* avant 1840 à huit francs vers 1850-1852. Pendant ce temps le prix du cochon sur pied, après une légère hausse, baissa considérablement et perdit, en moyenne, plus de 20% ; il descendit même à 0,58 F le kilo en 1852 alors qu'il était encore à 1 F en 1840. Dans ces conditions, comment ne pas abandonner ! Si je gagnais de 25% à 35% sur cet élevage autrefois, le résultat devint nul, voire négatif avant le *grangeage* A la reprise de l'exploitation, la situation était encore plus mauvaise malgré une forte reprise du cours du porc (+40%) car, hélas, le prix des pommes de terre ne permettait pas d'envisager une nouvelle expérience.

Puis, progressivement, tout alla dans le bon sens, après une nouvelle chute du prix du cochon passé de 1,05 F le kilo en 1858 à 0,70 F deux ans après ; il s'éleva assez vite et en 1862 il avait retrouvé une valeur satisfaisante. Cette année-là, Albert voyant le tarif des pommes de terre baisser de moitié depuis 1861 (de 6 F à 3 F le tonneau), cela l'incita à élever des porcs gras. Il n'eut pas de chance car les cochons engraissés, puis vendus en 1865-1866, furent cédés à 0,85 F le kilo. Et depuis ce temps-là, les cours ne cessent de remonter, c'est vous dire ! Mais comment prévoir l'évolution deux ou trois ans à l'avance ? Et avec tout çà, nous avions investi près de 450 F durant l'été 1862 dans la rénovation complète des *tects,* nous débarrassant du chaume pour le remplacer par de la tuile, changeant la charpente en mauvais état et inadaptée, ainsi que les carreaux, etc. Maintenant, je n'ai plus de cochons ! Et puis, Albert ... il nous a quittés pour toujours, beaucoup trop tôt ! J'en suis malade.

Tableau 59 : La Ranche - Rentabilité de l'élevage de porcs de 1836 à 1863

Rubriques	Vol.	1836-39 (1) F	%	1849-52 (2) F	%	1856-60 (2) F	%	1861-63 (2) F	%
I - PRODUITS									
Ventes nettes		*605*							
Abattus		*163*							
Total		**768**		**615**		**829**		**829**	
II - CHARGES									
Pommes de terre	**50 tx**	**187**	**24**	**400**	**65**	**650**	**78**	**400**	**48**
Céréales :	**27,2 hl**	**290**	**38**	**230**	**37**	**318**	**38**	**301**	**36**
dont seigle (farine)	*0,8 hl*	*11*		*8*		*12*		*11*	
dont seigle (cuit)	*0,9 hl*	*13*		*9*		*13*		*12*	
dont sarrasin (farine)	*15,3 hl*	*143*	*18*	*117*	*19*	*156*	*19*	*157*	*19*
dont maïs (farine)	*9,2 hl*	*111*	*16*	*87*	*16*	*124*	*16*	*109*	*15*
dont maïs (cuit)	*1 hl*	*12*		*9*		*13*		*12*	
Main-d'oeuvre		**18**		**16**		**18**		**20**	
Divers (bois,etc.)		**10**		**9**		**10**		**11**	
Total		**505**	**66**	**655**	**106**	**996**	**120**	**732**	**88**
III -RESULTAT NET		**263**		**-40**		**-167**		**97**	
% du produit			**34,2**		**-6,5**		**-20**		**11,7**
LES COURS									
porc vif	**1 kg**	**0,85**		**0,65**		**0,92**		**0,92**	
pommes de terre	**1 tx**	**3,75**		**8,00**		**13,00**		**8,00**	
seigle	**1 hl**	**14,00**		**10,36**		**14,69**		**13,88**	
sarrasin	**1 hl**	**9,36**		**7,64**		**10,18**		**10,27**	
maïs	**1 hl**	**12,06**		**9,51**		**13,50**		**11,90**	

(1) Chiffres réels établis d'après les registres de La Ranche

(2) Comparatifs calculés avec l'évolution des cours

NB : % par rapport au produit

1 tx = 1 tonneau (2 hl) et 1 hl = 1 hectolitre

F = Francs

Dans notre région, le Comice Agricole de Pierre introduisit des porcs étrangers. Vers 1840-44, des membres de cette honorable société possédaient des animaux curieux, des races du

Tonquin et anglo-chinoise. Vous savez aussi que nous produisons des cochons plus lourds maintenant. Disons que ceux de la race du pays - de très bonne qualité d'ailleurs ! - étaient souvent plus faibles, courts et râblés, se développaient moins vite et prenaient moins de poids.

Si la consommation de viande a bien augmenté depuis une dizaine d'années, dans notre département celle de bovin a enregistré une progression de 20% et celle de porc de 10% seulement. Il faut dire que cette dernière, malgré une réduction de prix, demeure plus chère (écart de 10% en Bresse). Et puis, dans les villes qui se développent, les gens se nourrissent différemment.

Autrefois la vente des cochons représentait plus de 15% de nos recettes globales (et 20% avec l'abattage). Naguère, elle n'atteignait plus que 5% à 6%. Mais il faut bien entendu ajouter à cela la consommation de lard, ce qui n'est pas négligeable pour nous. Et puis, quand cela marchait bien et que les frais de nourriture n'absorbaient que les deux tiers seulement du produit, il nous restait suffisamment. Nous en sommes bien loin aujourd'hui !

- Les moutons

  ° *Elevage*

Ayant réduit fortement l'élevage des porcs avant 1850 pour les raisons que vous connaissez, je me suis lancé dans celui des moutons, pas à cause du cours de la viande qui suit strictement la même ligne, mais en raison des frais de nourriture moindres.

Tableau 60 : La Ranche - Elevage de moutons
Rentabilité pendant le "grangeage" de 1852 à 1854

Opérations	Résultat		
	Global	Propriétaire	"Granger"
1ère année :			
Bénéfice	84	42	42
Rendement annuel brut	52,0 % (1)	26,0%	26,0%
2ème année :			
vente du troupeau	105		
valeur du troupeau de départ	160 (3)		
Perte sur troupeau	**55 (2)**	**27,5**	**27,5**
Bénéfice final	**29**	**14,5**	**14,5**
Rendement annuel	6,8%	3,4%	3,4%

(1) dont hausse du cours de la viande de 37 %

(2) plusieurs moutons ont péri

(3) troupeau composé de 15 mères et leurs suivants (valeur = 160 F)

A cette occasion, j'avais besoin d'un second berger car le premier - Joseph Cordelier - gardait déjà les bovins. Vers la fin mai 1850 je me suis mis d'accord avec les parents d'Anne-Marie Richard et de son frère ; ces enfants s'occupèrent des ovins jusqu'à la St-Jean, date à laquelle ils reçurent quatre francs pour leurs services. A ce moment-là, j'ai engagé Désiré Petit qui devait rester jusqu'à la St-Martin en touchant une somme de dix francs.

Je vendis mon premier mouton gras à M.Demaisières ; il le paya 16 F qu'il déduisit de notre compte de viande. Quelques accidents arrivaient parfois. Camille, qui avait reçu en cadeau une brebis au moment du *grangeage,* perdit un agneau au mois de septembre. Cette pauvre bête succomba en se battant avec un autre. Pour indemniser ma fille, je lui remis huit francs. Nous dépouillâmes l'animal pour sa viande ; la peau fut cédée au bourrelier Lafferrière qui versa 1,50 F.

La foire de La Balme est le principal centre d'échange de la laine dans notre région. Le 26 août 1850 nous avions chargé la cousine Simerey d'en vendre douze *livres* pour notre compte. Las ! elle se tint bien placée sur le champ de foire, mais personne n'en recherchait. Au bout de cinq heures elle abandonna. En reconnaissance, et pour ses peines, nous lui en laissâmes quatre *livres* pour six francs, à un prix bien inférieur au cours réel.

Des voisins ou journaliers me devant de l'argent payaient parfois en produits de leur petit élevage familial. Joseph Guénuchot était redevable envers moi pour du blé, du bois de bâtisse et un manteau de cheminée. Au mois de septembre 1851 il me remit, en contrepartie, un mouton (10 F) et 110 *pieds* cubes de fumier de brebis (18 F). J'ai revendu cette bête grasse un an après à la foire de St-Bonnet où le boucher Valet, de Seurre, m'en offrit 20 F. Mes enfants avaient aussi des brebis en *commende* chez les Guénuchot et ces derniers devaient, entre autre, la moitié des petits. En 1856 Camille et Noëmie reçurent donc 15 F pour leur part de deux agneaux vendus par la Vve Noirot née Guénuchot. Cette dernière me versa le reste pour payer le blé en compte.

J'en étais encore à mes débuts quand vint le moment du *grangeage* en février 1852. Je convins avec Louis Boissard de lui confier un troupeau ovin et bovin d'une valeur de 2 000 F. Il prit en charge quinze brebis et leurs suivants, soit vingt-cinq bêtes évaluées 160 F. Nous conservâmes une mère et son suivant (12 F), une *annège* présumée pleine (6 F) - jeune femelle d'environ un an - et le bélier (15 F) qui furent donnés aux enfants. Le *granger* s'occupait correctement de ses bêtes et la première année se montra des plus favorables. Nous décidâmes de vendre huit agneaux et brebis le 16 août 1853 à la foire de Lays ; Pierre Demaisières les paya 84 F. Cette somme, représentant le bénéfice, fut partagée. Le rendement brut dépassait la moitié du capital de départ, mais je précise que depuis l'année précédente, la viande de mouton avait augmenté de 37%. Finalement, la valeur du cheptel se trouvait accrue naturellement de 15%. Une bonne affaire ! me disais-je. Hélas cela ne dura pas. L'année suivante, le prix monta encore de 15%, mais la maladie survint au printemps et plusieurs bêtes périrent. Voyant cela, le *granger* voulait se défaire des moutons car il les croyait gâtés. D'un commun accord, nous prîmes la décision de nous débarrasser du cheptel au cours de l'été et de ne pas le remplacer. La première vente eut lieu le 1er juin 1854 à la foire de Pierre où le *granger* céda deux mères et cinq agneaux pour 60 F. Pierre Demaisières nous acheta les autres courant juillet, mais ne les paya que 7,50 F pièce parce qu'ils étaient effectivement gâtés. Finalement le troupeau se trouva liquidé pour 105 F et je reçus la moitié de la somme. Le remboursement du cheptel fut assuré par les bénéfices réalisés sur les bovins au moment des comptes définitifs de *grangeage* en novembre 1854, puisque à ce moment-là il n'y avait plus de moutons. Finalement, en 32 mois, le profit global s'éleva à 29 F qu'il fallut partager. La deuxième année avait anéanti la première et le rendement annuel brut n'atteignait que 6,80% pour nos deux ménages.

Les enfants gardèrent leurs brebis en *commende* chez les voisins, ce qui leur faisait un peu d'argent. Pour moi, ce fut terminé !

° *La laine*

Avant 1850 nous nous approvisionnions chaque année en laine à la foire de La Balme le lendemain de la St-Louis (26 août). Des femmes y vendaient de la laine brute, voire filée en pelotes. J'en trouvais aussi de temps à autre à La Chapelle chez quelques particuliers, comme la Vve Conry à La Motte, etc. Puis nous avons utilisé la provision issue de notre propre élevage comme vous le savez. Mais dès 1852 des marchands de Pierre (Richard-Richard, ou Hennequin) en fournirent. Et depuis quatre ou cinq ans la femme Bauchamp vend même de la laine de couleur.

Mais ce produit acheté brut doit être travaillé. Après lavage, etc., nous en confions à des femmes de journaliers de notre hameau : celle de Joseph Vieux, les épouses Rameau. Ainsi, en hiver, elles en filent deux ou trois *livres* pour notre compte. Cette laine brute - ou grise - servait à confectionner des bas de femmes. Autrefois on imperméabilisait le fil en le trempant (ou en le « graissant ») dans de l'huile, c'était plus efficace au cours de la mauvaise saison. Ces dames filaient également pour fabriquer de la *tridaine* (tiretaine), fil plus grossier destiné au tissage, mélangé au chanvre. Voici le tarif qu'elles appliquaient :

- filature d'une *livre* de laine pour bas : 0,90 F en 1836 ; 1,25 F de 1854 à 1861 ; 1,40 F de nos jours ;

- filature d'une *livre* de laine pour tiretaine : 0,40 F en 1837 ; 0,60 F en 1851

Mais la laine brute ne servait pas seulement à faire des bas, et Virginie Chevrot était experte pour la blanchir. Dans d'autres cas, nous faisions intervenir le teinturier de Pierre qui nous sortait la couleur souhaitée.

Pendant le mois de novembre 1853, ma femme craignait le froid et me relançait pour obtenir une bonne couverture de laine, bien chaude. Le marchand Richard dut lui en commander une à Lyon, mais ne me demandez pas le prix... 22 F !

Quant à Désiré Petit, toujours aussi imprévu, il se fit régler le solde de son gage en 1855 en réclamant sept *livres* de laine (22 F). C'est pour « la Fifine », sa soeur, m'a-t-il dit ! Je veux bien le croire !

Dans notre canton, l'élevage du mouton a diminué de moitié, oh ! pas à cause du cours qui, après l'importante baisse des années 1848-1852, a fortement remonté comme je vous l'ai dit, mais en raison de la mortalité plus importante que chez les autres bestiaux. Les bovins nous intéressent davantage ! Et puis les habitudes ont changé. Les femmes trouvent de la laine à tricoter ou à raccommoder, voire pour faire des chaussons, chez les marchands du chef-lieu de canton ou de notre village. Chez nous, mes filles entourent même des mouchoirs de franges faites de laine tapisserie. Quelle coquetterie ! Moi, je suis moins exigeant ; l'année dernière la cousine Simerey m'a encore confectionné une paire de gants au crochet, c'est chaud et agréable, et cela ne m'a coûté que 0,50 F.

• Les chevaux

Le cheval a toujours été pour nous le compagnon qui vous emmène au loin, permettant d'aller s'approvisionner et négocier plus rapidement dans les villes ou localités voisines :

Seurre, Verdun, Louhans, Dole, voire Chalon, etc. Notre jument tirait allègrement la voiture chargée de cendres, de charbon, de céréales et autres denrées.

Nous l'utilisions dans des cas bien précis pour quelques travaux agricoles, mais essentiellement lorsque les boeufs auraient abîmé des terres trop humides.

J'ai pratiqué assez peu l'élevage des chevaux, sauf avant 1852 comme vous le savez, je n'y reviendrai pas. Ces bêtes venaient surtout de Franche-Comté. Mais la chance n'était pas de mon côté car finalement Bichette, ma jeune pouliche de race, souffrait de vessigons ; de plus, vendue au plus mauvais moment à un maquignon peu scrupuleux, elle ne rapporta rien.

Quand notre jument rouge arriva à un âge avancé, nous envisageâmes d'en acheter une autre, tout en conservant ma préférée, vous pensez ! Me défaire de cette bête... jamais ! D'ailleurs elle est morte à la maison. L'écurie fut entièrement réparée, pavée de beaux carreaux rouges et blancs de la tuilerie de Varennes. Pierre Malherbe et son ouvrier y passèrent six journées. A cela s'ajoutèrent : un râtelier neuf en sapin du Jura, un nouveau poteau de mangeoire en chêne. C'était beau, propre... et pas très cher ! Soixante- dix francs suffirent. Alors... une nouvelle cavale comtoise pouvait faire son apparition chez nous.

Mes juments ! Nous en prenions grand soin. Les valets les brossaient régulièrement. En été lorsque l'orage menaçait, les taons les agaçaient. Elles secouaient leur émouchoir violemment et tout rentrait dans l'ordre. Après une grande course dans la région, une bonne couverture sur le dos leur évitait un refroidissement.

Ces bêtes consommaient beaucoup de foin et de l'avoine. Je cultivais cette céréale uniquement pour elles. Le surplus - s'il y en avait - partait au marché. Quand nous allions au loin, j'emportais les provisions pour la jument mais il arrivait de les oublier. Les patrons d'auberge ne demandaient pas mieux que de vous rendre service et vous soulageaient de 0,25 F pour un picotin d'avoine et de 0,30 F pour une demi-botte de foin. Et les entrepreneurs de battage ! Ils réclamaient jusqu'à deux doubles d'avoine par jour pour leurs trois chevaux qui mangeaient beaucoup, forcément ! Ma jument adorait aussi le son que je lui distribuais parcimonieusement.

Vous connaissez aussi notre déception quand nous voulûmes reprendre l'élevage des chevaux, et ce malgré la qualité des étalons agréés de M. Franon, de Charette. Ces mâles de trait léger, avaient été approuvés par M. Des Chizeaulx, inspecteur général des haras. Et pourtant... pas de poulain au bout du compte !

Dans notre région, il y avait autrefois beaucoup de petits chevaux de trait dans la vallée du Doubs - le *finage* - surtout à Frontenard, mais aussi de Lays à Fretterans, et je ne vous parle pas de la région de Seurre. Mais en terre bressane proprement dite, chaque village n'en possédait pas plus de trente à cinquante ; La Chapelle en comptait soixante-dix en 1836. Mais nous utilisions des boeufs pour les labours, pas de chevaux. En dehors de la race du pays, la comtoise dominait car très proche de chez nous. Le Comice Agricole de Pierre acheta un bel étalon de race percheronne au printemps 1842. Comme il coûtait une fortune – 1 188 F - M. Dromard en paya une bonne partie. La société lui confia la charge de ce précieux animal qu'il devait nourrir et entretenir ; en contrepartie il touchait le prix des saillies et devait en avoir la propriété pleine et entière au bout de sept ans. On souhaitait ainsi développer les chevaux de labour. A cette époque les propriétaires se plaignaient car le haras de Cluny n'envoyait à Pierre que des chevaux de selle et de cabriolet. C'est d'ailleurs M. Dromard qui me vendit la jument Coquette en 1842... ou en 1843 ? Je ne sais plus !

• Les volailles

º *Les poulets de Bresse*

Ce n'est pas mon affaire, car le revenu des marchés (beurre, fromage, volailles, oeufs) appartient à la maîtresse de maison. Néanmoins, je vous en dirai quelques mots, quoique je ne m'en préoccupais pas beaucoup, ayant autre chose à faire. Mais... fournissant le ***turquis***, je notais quand même quelques ventes en marge de mon grand livre ou en tenant une feuille à part, simplement pour voir !

Jusque vers 1850 nous ne tenions presque pas de volailles, mais à partir de cette époque mon épouse en éleva davantage ; nos filles, plus âgées, exigeaient un peu plus d'argent. Ce n'était pas considérable : quelques canards, plus une dizaine de poules auxquelles il fallait ajouter des poulets et le coq.

La plupart du temps la servante, voire ma fille Camille, vendaient les poulets au marché de Pierre le lundi matin où je les faisais conduire. L'un des valets attelait la jument, chargeait les cages sur le char à bancs et tout le monde s'en allait au chef-lieu de canton avant l'aube, car les transactions démarraient au soleil levant. Ce marché est fréquenté par des vivandiers venant de loin : Dijon, Dole, Besançon, Beaune, etc. Nous emmenions ainsi chaque fois douze ou treize poulets, quoique le nombre pût aller d'une demi-douzaine à vingt, voire à trente dans les cas extrêmes. Nous nous y rendions de sept à onze fois l'an selon la production. Chaque année nous avions une couvée de poulets gras cédés beaucoup plus chers, dont le prix variait de 2,20 F pièce à 2,50 F. Quant aux autres, le cours allait, par exemple en 1860, de 1,30 F à 1,60 F du printemps à la St-Sylvestre. Les principales couvées partaient surtout de mai à juillet (60%) et en novembre-décembre avant les fêtes de fin d'année. Le prix moyen est passé, en ce qui nous concerne, de 1,30 F vers 1855 à 1,50 F en 1860. Camille, qui s'occupe maintenant de la volaille, vendit ainsi le 9 avril 1866 douze poulets gras à 2,25 F et six ordinaires à 1,50 F. Mon épouse commercialisait de 80-90 poulets à 150 maximum chaque année, encaissant de 100 à 220 F, ce qui n'était pas rien. De temps à autre nous payions des journaliers du voisinage (Caroline Richard, voire Désiré Petit) pour aller vendre la volaille au marché pour notre compte. Ces dernières années, M. Toulouse, maître d'hôtel de la Poste à Pierre nous en retenait quatre ou cinq par an mais qu'il payait quand il le voulait, au bout de deux ans !

Le poulailler nécessitait parfois quelques réparations, surtout de toiture et de charpente. Cependant, en avril 1866, La Ranche était affermée à Jean Rolland qui avait la jouissance des *tects* et du gelinier. Cela nous obligea à faire des travaux de reconstruction d'un poulailler. J'ai alors investi plus de 400 F dans cet ouvrage. Il fallait bien occuper les filles ! Pour le bien-être des poules, nous recouvrons le sol de paille que nous changeons de temps à autre, bien entendu.

Ma fille Camille, la plus âgée de celles restant avec nous, avait le droit depuis longtemps de tenir des volailles pour sa bourse personnelle. Avec ses sous, elle s'achetait des toilettes, enfin... ce qu'elle voulait. Cela lui permettait aussi de faire quelques cadeaux, à Noëmie, sa soeur cadette, lui offrant une robe, etc. Quand des achats pour le ménage étaient payés sur le produit des marchés, je devais rendre l'argent à ma femme, car cela n'entrait pas dans mes recettes.

Ces volailles mangent essentiellement du maïs en grains, ou en farine avec laquelle la servante prépare la pâtée. Il en faut de deux à trois hectolitres par an. Seulement, maintenant, nous devons acheter ce *turquis* à la grenette de Pierre à 3,50 F le double ou chez des voisins.

Albert a disparu fin 1865. L'année suivante fut triste pour nous, et ma femme... Elle voulait faire rénover le tableau représentant son père, Denis Guillemaut, ancien juge de paix du canton de Saint-Germain-du-Bois. Nous connaissons de réputation M. Jolyet, artiste peintre au chef-lieu, et frère du notaire. Il accepta volontiers de vernir ce portrait mais ne voulut rien pour son travail. Que faire ? Nous ne pouvions laisser les choses en l'état. N'ayant pas de poulets à ce moment-là, Madame en trouva deux chez Monnot-Péguillet pour 3,75 F et les fit remettre au peintre qui accepta ce cadeau.

La Ranche, Ventes de Poulets
Moyenne mensuelle de 1855 à 1860

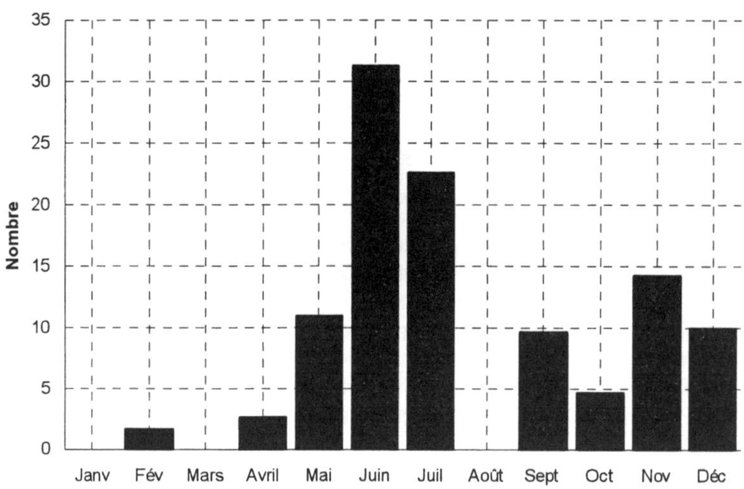

Depuis une dizaine d'années - et surtout depuis 1860 - le prix des volatiles est plutôt en hausse, on parle d'un tiers ! Mais à Pierre cela paraît moins élevé.

Nos poules pondent bien des oeufs, oh ! je n'ai jamais compté ! Nous en mangions beaucoup et il en restait peu pour le marché : de quelques douzaines à trente maximum par an au prix de 0,50 F. Nous en vendions seulement de février à mai-juin, avant les gros travaux.

Nous conservions une partie des poulets pour notre consommation personnelle lorsque nous recevions parents et amis. Ils s'en régalaient car Madame avait toujours de belles volailles que nous cédions un prix dépassant la moyenne.

° *Les autres volailles*

L'élevage du canard fut somme toute insignifiant et son commerce dérisoire pour nous. Je ne me souviens que d'une seule vente significative fin novembre 1851 à M. Renaud, vivandier à Dole. Il les paya 0,90 F pièce. De temps à autre mon épouse achetait un canard sauvage à des chasseurs du voisinage.

Quant aux oies, si fréquentes dans la vallée de la Brenne, à Torpes, à Montjay, etc., elles ne figuraient pas dans notre basse-cour. Et quand nous désirions en manger une, bien grasse, au moment des fêtes de Noël, nous l'achetions au marché de Pierre ou bien chez quelque journalier du village. Etienne Cretin, notre ancien domestique, nous en remit une pour Fanny à 2,50 F en décembre 1853. Le vivandier Renaud se chargea de la lui remettre. Quant à la plume et au duvet, la cousine Chapuis, de Torpes, ou des femmes du pays nous en fournissaient.

Au cours de l'été 1849 nous avions quelques pintades. L'une d'entre elles couvait dans un champ de blé, derrière les *tects*. Pour ne pas déranger cette femelle qui aurait vraisemblablement abandonné ses oeufs, nous laissâmes une large bande autour de son nid et attendîmes la naissance des petits. La moisson de ce dernier carré n'eut lieu que le samedi 21 juillet ; dix-sept gerbes avaient attendu, mais sauvé la couvée.

Les pigeons n'ont jamais peuplé notre ferme ; cependant dans la région, bien des manouvriers et petits cultivateurs en élèvent quelques paires.

⇒ *Maladies des bêtes et soins*

• Le vétérinaire M Rossignol

Vers ***la*** fin du mois de juin 1836, nous chargions du trèfle au Pontout. L'orage menaçait et nous ne vîmes pas que les boeufs baissant la tête régulièrement, avalaient ce fourrage goulûment. Arrivés a la ferme, au moment de *déplier* (dételer) l'un d'entre eux gonflait. Aussitôt un domestique prévint M. Rossignol, vétérinaire à Pierre, qui accourut. Il diagnostiqua le mal et ordonna une infusion de sureau, ou une bouteille de vin, avec autant d'eau tiède pour exciter la digestion ; après coup lui faire des lavements doux (ceux émollients semblaient préférables) enfin, qu'il boive de l'eau blanche salée passablement ! L'homme d'art ajouta : Si le mal résiste à ces moyens, donnez-lui une forte infusion de petit sauge et si cela ne suffit pas, prévenez-moi. La bête guérit et tout se termina bien.

Parfois ces indigestions - ou tout au moins ce que nous pensions être des indigestions - connaissaient des suites fâcheuses. L'un de nos gros boeufs souffrait, nous semblait-il, de cette maladie vers le 20 septembre 1838. M. Rossignol le visita chez lui puis à La Ranche, lui fit une saignée, administra de la poudre cordiale... Mais rien ne semblait arrêter ce mal ayant débuté par un gonflement qui passa plusieurs fois. La bête avala des tisanes aux betteraves chargées de farine, eut droit aux lavements, fut enherbée. Ces remèdes paraissaient bons, mais après trois jours de mieux M. Rossignol reconnut qu'il s'agissait d'une hydropisie de poitrine. Hélas le bovin n'en réchappa aucunement et périt le 25 octobre malgré tous les soins. La perte s'éleva à 200 F. La vente de la peau paya seulement le vétérinaire et les remèdes.

Les boeufs destinés au commerce, peut-être engraissés avec excès en hiver, souffraient parfois de problèmes de digestion entraînant une inflammation de l'intestin. Le vétérinaire les soulageait par une saignée, ajoutant de temps à autre du sel de nitre. Il demandait trois francs pour son voyage et un franc par saignée, quittant de temps à autre le prix de l'opération. Son travail était efficace. M. Rossignol intervenait, en cas de nécessité absolue, lorsque l'accouchement d'une vache se passait mal. Il prenait 8 F, ce qui « mangeait » la moitié du veau, mais... pouvait-on perdre la mère ? Face à des problèmes de peau, il faisait préparer des mixtures que nous allions quérir chez M. Bauchamp, pharmacien à Pierre. Je me souviens de l'un de ces traitements. C'était au cours de l'hiver 1856. M. Rossignol avait prescrit : 250 grammes d'onguent (sulfure de potasse), autant de fleur de soufre et 500 grammes de racines de gentiane. Il m'en coûta 2,75 F.

Le vétérinaire est un homme capital pour les soins aux chevaux. Malgré ses grandes qualités M Rossignol ne parvint pas à guérir ma jument Coquette des *éventrées* rouges (coliques) et elle périt le 11 septembre 1849 après des douleurs horribles. Elle s'agitait, frappait du pied, se roula et finit avec des fortes convulsions. Je n'en dormis pas de la nuit, me réveillant, et chaque fois ce spectacle revenait comme dans un cauchemar. Je savais que M. Rossignol n'avait quasiment aucune chance de la sauver, mais j'espérais

Les chevaux souffrent parfois de différentes maladies. Je vous ai parlé des vessigons de ma pouliche, nous essayons de la soulager en lui frottant les articulations avec de la pommade a 2 F le pot que nous fournissait M. Baucbamp. Dans d'autres cas M. Rossignol se chargeait, si nécessaire, de faire des saignées. Enfin ces bêtes, arrivées à un certain âge, boitaient mais que faire ? Abattre un vieux cheval à bout de force, M. Rossignol ne pouvait s'y résoudre. Quand cela arriva au mois de juillet 1866, nous fîmes appel à M. Chapoutot qui intervint et demanda 2 F pour ses peines. Jamais je ne voudrais revoir cet homme Et puis, je me dis maintenant : cette vilaine tâche, il faut bien des personnes courageuses pour l'accomplir. Exercent-elles avec goût ? Sûrement pas ! Tout au moins je l'espère.

Mais M. Rossignol a un rôle plus noble car il nous a toujours conseillés lorsqu'il fallait choisir une nouvelle jument. Il m'accompagna autrefois à la foire de Longwy, vous vous en souvenez ! Et moi je restais sceptique a ce moment là. Mais il connaît son affaire. En 1862-1863, il suivit Albert a La Balme, a la foire de Verdun, et enfin à celle de Lons-le-Saunier pour trouver une jument finalement achetée a un Franc-Comtois de la région d'Arinthod. Ainsi le vétérinaire visitait finalement la bête, regardait son aspect général et recherchait les vices rédhibitoires, s'il y en avait. Après, il servait de témoin, authentifiant le paiement. Nous préférions acheter à des particuliers, car les maquignons... vous les connaissez ! Alors, avec M. Rossignol, nous étions plus tranquilles. Nous lui payions ainsi ses frais, car en avril 1863, il avait fourni le cheval et sa voiture pendant deux jours... plus sa présence et ses précieux conseils.

M. Rossignol appliquait les tarifs suivants :

– une visite	= 3 F.
– une saignée	= 1 F.
– un accouchement	= 8 F.

Depuis I 836 il n'a pas augmenté ses prix Autrefois il venait en moyenne deux fois l'an mais avant l'affermage nous le recevions plutôt trois fois. Notez que cela restait très variable et dépendait des maladies, vous vous en doutez. Je lui payais ses honoraires, voire les remèdes de façon irrégulière, à peu près chaque année. Nous étions aussi en compte car il me vendait parfois le fumier de son cheval. Quant à moi, je lui livrais quelquefois de l'avoine.

- Autres soins et traitements

Nous avions de temps en temps recours a des soigneurs des environs. Ainsi je fis intervenir le jeune Ropîteaux, de Pierre, qui visita le pied d'un boeuf boiteux au printemps 1837.

Pour les porcs, nous n'allions pas quérir M. Rossignol. Marie Perron, de La Chaux, était réputé. Au mois d'avril 1840 il vint à la ferme et ne réclama que 0.50 F pour *pansement* d'un cochon malade. Nous faisions attention au charbon des porcs, raison pour laquelle le charcutier les visitait à la langue.

Quant a moi, je connais bien la manière de guérir les cochons atteints de la *clavalée* démarrant mal au renouveau. Je vais vous livrer mon secret puisqu'il ne me sert plus. Prenez de la poudre cordiale que vous délayez dans du lait. Vous la donnez à jeun, au commencement du printemps, attendu que le remède est peu efficace en hiver. Vous répétez l'opération pendant quatre jours de suite. Auparavant, passez le pourtour du *tect* et le plancher au lait de chaux vive un peu consistante, ce qui est facile avec un gros balai de paille de seigle. Vous avez suivi le rôle des hongreurs castrant les porcelets. Ils intervenaient parfois pour *châtrer* des taureaux issus de notre élevage et que nous destinions aux travaux d'attelage. En réalité, en une vingtaine d'années, le nombre des castrations n'a pas dû dépasser la quinzaine. Il faut dire que nous achetions la plupart des boeufs aux foires de la région. Emmanuel Guy, que vous connaissez, se chargeait de ce travail. Robert, de Pierre, le remplaça à partir des années cinquante jusqu'au jour où le nommé Louis Petiot, du chef-lieu de canton. prît sa place car il se contentait de 0,75 F au lieu de un franc par bête. La plupart du temps ces opérations se pratiquaient en plein été, de la St.-Jean au début du mois de juillet. Nous attendions que les taureaux aient atteint l'âge d'environ trente mois. Voici les tarifs qu'ils appliquèrent :

- Emmanuel Guy = 0,50 F en 1836,
- Robert, de Pierre = 0,75 F en 1850 puis 1 F de 1855 à 1857,
- Louis Petiot = 0,75 F en 1858-1859 puis 1 F en 1865

II - 4. 3 Les bois

Je possède 8,5 hectares de bois à La Chapelle - et encore faut-il soustraire le Bois Baron (93 ares) défriché. La majeure partie est située à La Ranche, principalement dans le Bois des Neiges au sud de notre ferme. Hormis la Grande Reppe (3,5 ha), le reste consiste en une multitude de parcelles d'une superficie moyenne ne dépassant pas 28 ares. Un tiers est classé en première catégorie et le solde en seconde. Il n'en va pas de même à Diconne où mon épouse détient près de 15 hectares en trois parcelles seulement : le Grand Taillis, le Bauvoisin et le Margueron.

Au cours de ces trente dernières années, je n'ai acquis que 1,8 hectare, surtout des biens vendus par des membres de la famille - des cousins - à l'issue de successions, voire de mécomptes pour certains.

Les bois ne représentent que 15% de mes propriétés (et 10% de l'imposition) au village mais ils atteignent 36% à Diconne ; dans cette commune il y a d'immenses forêts ; le Margueron et Malgrand ceinturent le château de la Marche à Villegaudin.

Tableau 61 : Propriété forestière de J-B Guerret

Lieux	Parcelles		Total
	Nbre	Superficie	
I - LA CHAPELLE-ST-SAUVEUR (1)			**8 ha 57 a 50 ca**
A - LA RANCHE			**7 ha 68 a 40 ca**
1-Bois de Question			72a 60 ca
Bois des Greubes	1	36 a 80 ca	
Le Chevrot	2	35 a 80 ca	
2-Bois des Neiges			6 ha 02 a 30 ca
Les Seunières	4	30 a 30 ca	
Les Millières	2	92 a 20 ca	
Les Bouleaux	2	43 a 20 ca	
La Grande Reppe	1	3 ha 46 a 00 ca	
La Reppe Benoit	2	54 a 60 ca	
Le Bois Ruiné	1	36 a 00 ca	
3-Bois Baron	1	93 a 50 ca	93 a 50 ca
B-LE BOURGNEUF			
1-Bois de Richard	3	89 a 10 ca	**89 a 10 ca**
II - DICONNE			**14 ha 71 a 10 ca**
Forêt de Diconne			14 ha 71 a 10 ca
Le Grand Taillis	1	4 ha 46 a 02 ca	
Le Bon Voisin	1	5 ha 88 a 80 ca	
Le Margueron	1	3 ha 71 a 10 ca	
TOTAL I + II			**23 ha 28 a 60 ca**

(1) Superficie en 1830 = 6 ha 79 a 20 ca

Achats de 1836 à 1868 = 1 ha 78 a 20 ca

Total = 8 ha 57 a 50 ca

Moins Bois Baron (défriché) = 93 a 50 ca

Superficie réelle en 1868 = 7 ha 63 a 90 ca

⇒ *Les bois de La Chapelle et de Diconne*

- Les ventes de coupes

  ° *Préparation des coupes*

Avoir des voisins, même dans une forêt, n'est pas forcément sans inconvénient. Madame Desbois, propriétaire jouxtant notre parcelle du Grand Taillis à Diconne, réclamait depuis un moment car, disait-elle, nous avions coupé une verne mitoyenne en 1836. Le 23 septembre 1839 je me trouvais sur place avec son fils Desbois « le jeune », Buatoy mon garde particulier, ainsi que Rolland. J'ai remboursé la moitié de la valeur de l'arbre. Nous convînmes que mon fermier se procurerait une borne en pierre et la placerait par le milieu de la racine de verne subsistant encore. Desbois promit de s'en tenir à cela. Encore conviendra-t-il de lui demander quittance !

Le géomètre Sassier intervint à ma demande au mois d'août 1859 car je voulais que ma fille Camille - ayant dans son lot le Bois de Ballerois - eût la paix car elle joignait Desbois.

Sassier, après-coup, établit un procès-verbal de bornage. J'ai payé ma part - soit la moitié - et il donna quittance au bas de son papier.

Il nous arrivait de ne plus connaître l'emplacement exact des bornes en bordure des fossés de bois, recouvertes de terre, de feuilles pourries. Récemment Albert demanda à M. Grizard, instituteur, de lui apporter son appui dans cette reconnaissance. Aussi était-il normal de lui offrir un repas au bourg.

L'arpenteur intervient parfois dans les coupes à diviser. Mon parent Guerret de Loisy nous rendit ce service au Bois des Vernes en décembre 1851. Pour le récompenser il reçut 50 gluis d'une valeur de 8 F. M. Sassier, qui se chargea d'arpenter le Bauvoisin divisé en trois lots de six *journaux* chacun, demanda un franc par *journal*. Il me montra le brouillon et promit de mettre son plan au net.

Tableau 62 : Bois - Prix du taillis à l'hectare de 1836 à 1868

ANNEES	DICONNE		LA CHAPELLE	
	11 ans (1)	14/15 ans (1)	17 à 20 ans (1)	
			1ère cat (2)	2ème cat (2)
1837	277	350	-	-
1839	291	418	-	-
1849	-	-	-	479 ***(462 à 538)***
1851	-	422 ***(390 à 465)***		-
1855	-	-	-	512
1859	-	-	605 **(558 à 671)**	435 ***(432 à 437)***
1862	204	-	-	-
1864	219	466 ***(400 à 508)***	-	-

(1) Age du taillis au moment de la coupe

(2) Catégorie de classement du sol au cadastre de 1830 :

1ère catégorie : Base fiscale = 12 F par ha

2ème catégorie: Base fiscale = 8 F par ha

A La Ranche nous étions sur place, mais à Diconne il fallait aller visiter la forêt avant d'entreprendre les coupes, ou de choisir du bois d'oeuvre. Au cours de l'été, ou au début de l'automne, nous allons voir les bois en compagnie de notre garde particulier qui en assure la surveillance permanente. Nous trouvons assez facilement des acheteurs, sauf en 1862. Nous avions négocié le bois de chauffage du Grand Taillis dès novembre 1861. Quant au reste, les opérations s'avéraient difficiles. Le garde Gaudillat fut chargé de publier la vente des chênes, des bouleaux et de trembles le 1er février 1862 dans plusieurs communes environnantes. La démarche se montra efficace car un mois plus tard nous passâmes les premiers contrats.

Au cours des semaines précédant la vente du taillis, nous allions marquer les arbres réservés, ou baliveaux, que nous badigeonnions au moyen de « couleur » achetée chez le cousin Guillemaut à Glairans. Mais en 1839 mon épouse ayant hérité du domaine et des forêts de Diconne, je devais en assurer seul la gestion pour son compte. Pour cela il me fallait un équipement minimum. Le serrurier Arveux me fabriqua une hache à marteler le bois avec les initiales G-G (ou Guerret-Guillemaut). Maintenant je pouvais marquer les baliveaux avec cet outil sans les abîmer et nul ne pouvait ignorer mon nom.

Quand je cédais une coupe d'un seul tenant à un acheteur unique, il fallait faire le balivage « à la couleur » et au marteau, mais aussi marquer les modernes et les anciens (gros arbres) à couper. Quand les ventes étaient séparées - taillis, chênes, bouleaux, etc. - cette opération se déroulait au fur et à mesure des travaux. Chacun savait différencier un baliveau d'une moderne, vu la différence d'âge et la grosseur.

Vendre un lot de chênes, ou bien de bouleaux... très bien ! Encore faut-il que l'acheteur sache quels arbres il doit couper. Afin d'éviter toute ambiguïté, après le marquage, chaque tronc à abattre est blanchi au flanc à la hache (entaille dans l'écorce). Ainsi, dans cet espace dénudé, propre et visible, s'inscrivent en creux les lettres G-G indélébiles, gravées dans le bois ; puis, à l'aide d'un crayon de papier, j'écris en lettres noires les numéros : 1, 2, ou 3, et ainsi de suite.

Ces inscriptions ne peuvent subsister longtemps. Aussi, le 20 février 1850 j'ai dû recomposer des nouveaux numéros au flanc des chênes à vendre dans le Bois des Millières car ceux de l'année précédente étaient effacés, n'ayant pas trouvé acquéreur de suite.

Parfois, au moment du recollement de la coupe, voulant abattre des mauvaises modernes rabougries ou gélives, comme celles du Grand Taillis en mars 1862, cela nécessitait de les blanchir des deux faces, de les frapper du marteau et de les numéroter afin d'éviter toute méprise. Mais si des troncs à couper s'avéraient trop chétifs, nous ne prenions même pas la peine de les numéroter, un coup de marteau dans la partie blanchie suffisait.

° *Taillis à couper*

Les ventes commencent en novembre et se terminent au plus tard en février. Les cycles séparant deux coupes atteignent onze années dans la forêt de Diconne (près de La Marche) où la plupart du temps le taillis est cédé en bloc avec le reste à des négociants achetant d'importantes superficies. Quant à La Chapelle nous coupons ce bois à l'âge moyen de dix-huit ans, mais cela peut varier de 15 à 20 années selon le cas. Au Bois Richard situé au hameau du Bourgneuf - et donc plus éloigné de la ferme - j'ai vendu à un âge moins avancé. Si les lots à exploiter vont de 4 à 6 hectares à Diconne, ils ne dépassent pas environ un *journal* (34 ares 28 ca) à La Ranche, et encore, partagé entre bien des acheteurs. Chaque lot de bois se mesure en *journaux* et en *perches* mais, de nos jours, je note en hectares tout en prenant soin de transcrire l'équivalence en *journaux anciens*. Je réserve habituellement vingt baliveaux par journal de taillis qui produiront les modernes à la seconde coupe et les anciens à partir de la troisième.

A Diconne la vente séparée du taillis et des chênes, etc. m'a conduit parfois à diviser les bois en lots numérotés, comme au Bauvoisin le 11 novembre 1858 où le sieur Boilliot, de St-Martin-en-Bresse, se porta acquéreur du troisième lot de 6 *journaux* 76 *perches* pour 559 F. Cinq propriétaires cultivateurs de Mervans, Diconne, etc. prirent les deux premières parties de 11 *journaux* 44 *perches* pour 960 F. A La Ranche, où nous n'avons pas de grandes forêts, je remets de petites parcelles que chacun connaît bien. Diviser ainsi n'est souvent pas nécessaire et peu pratiqué, sauf à la Grande Reppe où j'avais à négocier près de 4 *journaux* en février 1855. Ce taillis de 18 ans fut divisé en 8 lots, gardant le n° 3 pour notre usage personnel. Chacun mesurait de 20 à 30 ares maximum, mais les derniers ne dépassaient pas 7 à 8 ares. Ainsi, chaque partie était prise en commun par trois ou quatre ménages se groupant pour une telle opération. Notre référence commune était le demi-*journal (*ou 1/6ème d'ha) ; chaque chef de famille en prenait le tiers (soit 5 a 55 ca). Depuis une dizaine d'années, les ventes se font au *journal* à Diconne et au demi-*journal* à La Ranche. D'ailleurs une superficie mal évaluée au moment de la vente impose une négociation dans ces règles. Lorsque la coupe est achevée, nous mesurons d'une manière précise la pièce pour en définir le prix exact. Nous évitons ainsi toute contestation ultérieure. Il en allait ainsi en cas de partage d'une parcelle attribuée à deux acheteurs non solidaires.

Tableau 63 : Guerret-Guillemaut, Ventes de taillis de 1836 à 1868

Professions des acheteurs	Nombre		Superficie			Prix	
	Lots	Acheteurs	Totale	%	Indiv	Total	Indiv
I - LA CHAPELLE							
Propriétaires	1	2	2 ha 00 ca	22,5	1 ha 00 a	840	420
Prop-cultiv	2	2	1 ha 25,1 a	14,1	62,5 a	322	161
Fermiers	1	1	35,7 a	4	34,7 a	165	165
Cultivateurs	6	8	1 ha 25,1 a	14,2	15,7 a	550	68
Journaliers	16	40	3 ha 36 a	38	8,4 a	1620	40
Scieurs de long	1	1	36 a	4,1	36 a	182	182
Tonneliers	1	1	7,8 a	0,9	7,8 a	40	40
Huiliers	1	1	20 a	2,2	20 a	102	102
TOTAL	**29**	**56**	**8 ha 86,5 a**	**100**	**15,8 a**	**3821**	**68**
II - DICONNE							
Propriétaires	2	3	8 ha 17 a	24,8	2 ha 72 a	2163	721
Prop-cultiv	1	5	3 ha 81 a	11,5	76 a	960	192
Négociants	4	5	16 ha 19 a	49,5	3 ha 23 a	4564	912
Tuileries	1	1	4 ha 66 a	14,2	4 ha 66 a	934	934
TOTAL	**8**	**14**	**32 ha 63 a**	**100**	**2 ha 33 a**	**8621**	**615**

NB : Indiv = Achat moyen par catégorie d'acheteurs

A La Ranche peu de clients viennent des communes voisines (Pierre, La Chaux, etc.). Il s'agit essentiellement de journaliers ou de petits cultivateurs de La Ranche ou des hameaux voisins (Aloise, Boibe, Chavenne, etc.) ayant besoin de bois de chauffage pour l'exploiter eux-mêmes. Une seule affaire de négoce importante fut traitée avec mon cousin Jean Guerret de Loisy, associé pour la cause avec M. Bonnot-Massin en janvier 1837. Je leur ai cédé 4 *journaux* 315 *perches* à la Grande Reppe et 1 *journal* au Bois des Bouleaux pour 840 F dont 10 F d'étrennes à ma mère, le principal étant payable par effet à mon ordre. Après accord verbal, ils signèrent sur mon registre.

Les journaliers, que je connais bien, sont mes principaux clients (71%). D'ailleurs ils ont souvent travaillé pour nous comme domestiques ou manouvriers. Ils ne peuvent se livrer à des achats importants dont la moyenne ne dépasse pas 40 F. La plupart du temps, se groupant par deux ou trois du même hameau (Jean Chevrot, Etienne Cretin et Eusèbe Guillemin par exemple) ils se partagent leur demi-*journal.* Cela étant, ils demeurent solidaires et responsables du paiement intégral du lot acheté ensemble. Parfois, ils s'associent avec leurs enfants, voire le père âgé ou bien la belle-mère veuve et vivant avec eux. Quant aux propriétaires cultivateurs ou gros fermiers (celui des Parays) ils achètent davantage, devant faire face à des besoins plus importants de chauffage et pour la cuisson de la nourriture de leur bétail. Quant aux artisans du village, leurs acquisitions demeurent très modestes. Je vous parlerai plus loin du scieur de long. Un joli phénomène !

La Ranche n'attire que des particuliers devant se chauffer. Mais à Diconne le négoce joue davantage et des hommes d'affaires (négociants ou gros propriétaires) se chargent d'approvisionner un marché plus large, proche de la ville de Chalon mais aussi de la Saône. Et puis il y a les industries de cette région, mais également des tuileries comme celle de Mervans appartenant à M. Lavrand. Ce dernier se porta acquéreur de la coupe du Grand Taillis en 1861 : 4 ha 46 a pour 934 F. Mon cousin Jean-Baptiste Chaux à St-Bonnet, associé avec Charton, tous deux négociants, participaient à ce commerce ; sans oublier le sieur Bobet-Cottin, de Ciel, un marchand de bois avec qui j'ai eu quelques problèmes. Enfin des propriétaires cultivateurs comme Drapier et Chanut, de Simard, se groupaient pour prendre part à cette activité intense.

Tableau 64 : Coupes de 5 parcelles de taillis à La Ranche (5.12.1859)

N° de Parcelle	N° de lot	BOIS Acheteurs	Age du taillis	Sup	Nbre d'acheteurs	Prix à 1/2 jal	Prix à Ha	Prix total	Cat. cadastre
A 657	I	**REPPE BENOIT** Bailly Antoine Duvernoy Claude	20	20 a 60 ca	2	96	558	115	2ème
A 656	II	**REPPE BENOIT** Jacot J. C Lahaye Jean Guerret Denis	17	34 a 00 ca	3	96	558	190	1ère
A 652	III	**LES BOULEAUX** Sordet J C (2/3) Monnot Péguillet	?	12 a 84 ca	2	100	583	75	2ème
A 541	IV a	**LES GREUBES** Guillemin J. C Guillemin Fois	18	16 a 30 ca	2	115	670	108	1ère
	IV b	**LES GREUBES** Guillot Tupinier Petiot Ch	18	20 a 20 ca	2	110	642	130	1ère
A 644	V	**LES BOULEAUX** Conry Guerret Chaudat Léglise Guillot Euvrard	19	20 a 10 ca	3	75	438	88	2ème

NB : 1/2 jal = 1/2 journal soit 17 a 14 ca (appelé aussi 1/6ème d'ha (mesure approximative car 16 a 66 ca)

Le prix du taillis a varié, bien entendu, au cours de ces trente dernières années en fonction de la situation. A Diconne, les coupes de 11 ans passèrent de 280-290 F l'hectare avant 1840 à 200-220 F ces dernières années, le bois étant concurrencé par d'autres sources comme le charbon livré à Chalon, à Verdun, à Louhans. Par contre à La Chapelle les particuliers exploitent pour leur chauffage et les prix se tiennent mieux, les superficies étant moindres et l'usage différent. Seulement, le prix varie aussi selon les essences, la qualité du sol (classé et imposé suivant sa catégorie cadastrale), etc. Ainsi en décembre 1859 deux parcelles du Bois des Greubes (en 1ère catégorie) furent vendues l'une à 110 F le demi-*journal* et la suivante à 115 F. Dans les autres bois, en seconde catégorie, les transactions restèrent plutôt aux environs de 100 F ; seule la mauvaise parcelle des Bouleaux ne trouva preneur qu'à 75 F. La différence d'âge joue aussi bien entendu. Vers 1840 : 284 F à 11 ans, 384 F à 14-15 ans (+30%) et 480 F à 17-20 ans (+66%). L'écart s'est accentué ces dernières années.

Les coupes de bois faites en hiver sont généralement payables à la foire de la St-Martin (11 novembre) à Mervans où je fais domicilier les règlements dans une auberge, par commodité. Quant à La Ranche, la coutume veut que nous fixions cette date « au terme des bois » (à Noël), ce qui laisse pratiquement une année pour payer.

Parmi les journaliers, 11% des sommes dues se transformèrent en main-d'oeuvre. Pour le reste, 36% furent acquittées à peu près dans les délais convenus, et 53% au-delà d'une année. Précisons toutefois que parmi les retardataires la moitié ne dépassa pas les 13-14 mois et, en tout cas, les deux tiers des créances étaient soldées avant 18 mois. Seuls 10% excédèrent deux ans pour atteindre un maximum de quatre ou cinq années. Ainsi Monnot-Péguillet mit 4 ans ½ pour régler ses 25 F de la petite *pièce* des Bouleaux, versant des acomptes quand il le pouvait. Et Désiré Guillot traîna mais paya au bout de 20 mois, finissant par me remettre pour solde deux ruches d'une valeur de trois francs.

Avec les cultivateurs ou autres plus aisés, je n'avais pas de problèmes, ils respectaient les échéances correctement. Seul Denis Bon, l'un de mes voisins, peinait et il lui fallut trente mois pour acquitter ses 77 F.

° *Les bouleaux, trembles, etc.*

La vente globale d'une coupe de bois à un marchand qui se charge de l'exploiter nous simplifie la vie. Mais en présence d'opérations morcelées, pratique la plus courante dans notre village, nous cédons les bouleaux, trembles, etc. après la coupe du taillis, soit de février à mai ; l'activité est intense au mois d'avril. Les abattages d'automne sont rares, sauf quand le commerce n'a pu se réaliser à la date normale comme en 1862. Cette année-là, deux sabotiers s'étaient portés acquéreurs d'un lot important mais leur solvabilité paraissant douteuse, la vente fut annulée. Les arbres attendirent jusqu'au mois d'octobre et furent cédés à Messieurs Humbert et Gauthey, sabotiers réputés à Mervans.

Le 12 avril 1838 j'ai passé un marché avec Jean-Claude Miconnet, sabotier au bourg. Il s'engagea à prendre dix bouleaux pour 130 F, à ne les couper et enlever qu'après la façon des blés prochaine ; en outre je promis de lui en livrer quatre voitures, ce que demandaient parfois ces petits artisans. Après coup, il apposa sa signature sur mon registre. Le sabotier vient au bois, reconnaît les arbres marqués et numérotés ; il sait ce qu'il fait.

Ainsi les bouleaux sont achetés par les sabotiers de notre commune qui fabriquent des chaussures de bois pour les habitants des alentours ; ils ne prennent qu'une dizaine de troncs à la fois. Par contre les marchés sont tout autres à Diconne où, en dehors des négociants ou marchands de bois, les sabotiers de Mervans comme Jean Humbert et Claude Gauthey m'achètent chaque fois un lot de 80 à 100 arbres pour une somme dépassant 1 000 F. Mais ils fournissent un marché beaucoup plus large, approvisionnant les villes voisines : Chalon, Louhans, etc. Face à la demande croissante due au développement industriel, les prix montent et ce commerce est plus rémunérateur que chez nous.

Mon cousin Jean-Baptiste Chaux, négociant à St-Bonnet, avait acquis l'ensemble de la coupe du Grand Taillis en 1850. Les coupeurs de bouleaux abattirent un tremble compris dans les modernes marquées ; Benoist, sabotier à Chandelux, l'enleva par mégarde. En honnête homme il me fit remettre 1,75 F.

Tableau 65 : Guerret-Guillemaut, Ventes de bouleaux de 1836 à 1865

Dates	Noms	Acheteurs		Nbre	Prix	
		Adresses	Professions	Arbres	Total	Unité
		I - LA CHAPELLE				
1836	Cordelier E	La Ranche (1)	Sabotier	16,0	200,0	12,5
1837	Mauchamp H	La Chaux	Sabotier	15,0	75,0	5,0
1838	Miconet J-C	La Chapelle	Sabotier	10,0	130,0	13,0
1839	Miconnet	La Chapelle	Sabotier	3,0	15,0	5,0
1849	Miconnet J	La Chapelle	Sabotier	21,0	250,0	11,9
1851	Miconnet J	La Chapelle	Sabotier	11 (2)	60,0	5,5
1856	Cordelier E	La Ranche (1)	Sabotier	6,0	30,0	5,0
1857	Cordelier E	La Ranche (1)	Sabotier	12,0	55,0	4,6
1864	Cordelier J	La Ranche (1)	Sabotier	12 (3)	80,0	-
1865	Cordelier J	La Ranche (1)	Sabotier	14,0	135,0	9,6
			TOTAL	**120,0**	**1030,0**	**8,6**
		II - DICONNE				
1837	Lavrand	Diconne	?	120,0	1100,0	9,2
1839	Mercey	Thurey	Propriétaire	120,0	0 (4)	13,0
1850	Chaux J-B	St-Bonnet	Négociant	106,0	0 (5)	-
1854	Bobet-Cottin	Ciel	Md de Bois	40,0	0 (6)	-
1859	Humbert-Gauthey	Mervans	Sabotiers	105 (7)	1155,0	11,0
1862	Humbert-Gauthey	Mervans	Sabotiers	84,0	950,0	11,3
1865	Humbert-Gauthey	Mervans	Sabotiers	80,0	1150,0	14,4
			TOTAL	**655,0**	**-**	**11,2**

(1) La Ranche : commune de La Chapelle-St-Sauveur

(2) 5 bouleaux et 6 trembles

(3) 7 bouleaux, 3 trembles et 2 vernes

(4) 12 chênes et 120 bouleaux = 1800 F

(5) Jean-Baptiste Chaux associé avec Charton : 13 journaux de taillis, 106 bouleaux, trembles, cerisiers, et 36 chênes = 2750 F

(6) 11 journaux de taillis, 40 bouleaux, cerisiers, vernes, trembles et 20 chênes anciens = 1875 F

(7) Jean Humbert aubergiste et sabotier, et Claude Gauthey sabotier sont associés pour ces achats de bois.

Le tremble (ou peuplier tremble) est employé pour la fabrication des sabots, mais son utilisation demeure plus restreinte. Le prix d'un tronc va de 7 à 10 F pour les plus courants ; il peut atteindre 20 F pour les très gros, mais nous conservons ceux-ci pour notre usage. En vérité le tremble a son utilité dans la charpente. Madame Lahaye, de Pitour, m'en acheta un lot au prix de 24 F dans la coupe des Millières en 1849, pour faire des chevrons et remplacer sa toiture couverte de chaume. Si elle me régla la majeure partie normalement, j'ai dû attendre six ans pour le solde. Joseph Vieux réparant sa chaumière en 1837 en prit deux pour 10 F ; je lui ai promis les boeufs et la voiture pour les livrer. Même le curé de Diconne fut mon client en 1865 !

L'orme n'est pas important dans nos bois et se plaît mieux dans les buissons, je vous en reparlerai. Aussi les quelques arbres vendus partirent autrefois chez Denis Poigeaut, charron à Masse. Il s'agissait souvent de troncs cassés par l'orage, ou bien gélifs ; enfin, pas toujours ! Henri Bonnin, maréchal, et qui conduit aussi des machines à battre, me prend parfois des ormes, mais également des **frênes** dont il a besoin, sans doute pour ses batteuses !

Les bois fruitiers intéressent plutôt les menuisiers de la région. Benoît Barégnot, qui avait emmené quatre madriers de cerisier de 13 *pieds* de long (à 12 *sous* l'un soit 31,20 F) vers les années 1833 ou 1834, ne commença à me régler qu'à partir de 1836. Et je ne vous dis pas combien de temps je dus attendre ! Il y a quelques cerisiers sauvages dans nos bois, mais sans importance. Quant à M. Fleuriot, maître menuisier à Pierre, il est fort sérieux, je lui ai cédé un poirier de cinq *pieds* de circonférence (1,62 mètre) avec un lot de chênes.

° *Les chênes*

Nous cédons les chênes à abattre de décembre à avril. Les deux tiers des négociations interviennent en janvier-février, entre la coupe du taillis et la vente des bouleaux.

La composition de nos bois varie beaucoup. Chez nous les chênes occupent la première place avec plus d'un tiers des fûts ; par contre à Diconne les bouleaux et les trembles dominent largement avec près de la moitié des troncs. Mais cela varie également d'un bois à un autre ; le Bauvoisin (ou Balleroie) se rapproche davantage de ceux de notre village.

A Diconne j'ai toujours passé un marché avec les acheteurs, sauf bien évidemment lorsque je traitais avec mes beaux-frères Mercey ou Guillemaut. Au moment de leur vente, les arbres atteignent environ 66 ans. Hormis les négociants, je fournis maintenant Denis Cretin, maître charpentier réputé, de Mervans, qui entreprend des chantiers importants dans la région, notamment dans le domaine public (églises, mairies, etc.). Le prix du bois a augmenté d'environ 35 % depuis trente ans, mais la hausse est intervenue vers 1860, après une longue période de baisse depuis les années cinquante.

A La Chapelle, nous faisions abattre les chênes à un âge un peu moins avancé, vers 55 ans. Autrefois je fournissais quelques artisans du pays : des petits tonneliers (fabriquant des baquets, des *barils de botte*), ou des maréchaux ; et puis la demande vint des menuisiers du bourg : Jean-Baptiste Lory, ou mon parent Ferdinand Guerret. Mais ils avaient besoin d'arbres plus gros, plus vieux aussi, âgés de 70 à 80 ans. Depuis quelques années M. Fleuriot, maître menuisier à Pierre, vient s'approvisionner chez moi. Bien entendu, des arbres de cette qualité aux troncs imposants se vendent beaucoup plus cher, allant jusqu'à 70 F pièce.

Au village, je n'ai passé un marché sous seing privé qu'avec Claude-Denis Martin, un négociant de Montjay, que je ne connaissais pas suffisamment. En janvier 1837 il prit cinq chênes marqués et numérotés aux Seugnières pour 125 F et sept à la Grande Reppe pour 150 F. Je devais abattre ce second lot dans la saison, couper les fûts à 22 *pieds* de long (7,128 mètres) pour faire des solives. En contrepartie de cette tâche supplémentaire, il m'abandonnait les débris. Martin versa 5 F d'arrhes et promit de payer au 25 août (à la St-Louis). Il me remit un billet à ordre ; je l'ai négocié (escompté) chez Me Jolyet, notaire au chef-lieu de canton, mais la traite ne fut réglée que le 9 octobre suivant. Pierre Bonnamour abattit les chênes et reçut 3 F pour son travail ; tout se termina normalement.

Avec des gens que je connais, pas besoin de marché. Lorsque l'acheteur a vu les arbres, que nous sommes d'accord sur le prix, etc., il signe sur mon registre. Ainsi le 8 février 1860 j'ai vendu quatre chênes au Bois des Bouleaux et onze à la Reppe Benoît pour 710 F à Ferdinand Guerret et Jean-Baptiste Lory, tous deux menuisiers au bourg et solidaires dans cette opération. Nous convînmes qu'ils paieraient la moitié de la somme le 1er janvier 1861 et le reste le 20 avril suivant. Je leur ai donné la faculté de les arracher, mais en répondant des dommages que la chute des arbres pourrait causer à la réserve. Ils s'engagèrent à débarrasser la coupe avant le 15 mai et ils signèrent.

Tableau 66 : Guerret-Guillemaut, Ventes de chênes de 1836 à 1868

Dates	Noms	Acheteurs		Nbre	Prix	
		Adresses	Professions	d'Arbres	Total	Unité
I - LA CHAPELLE						
1837	Conry Ph	La Ranche (10)	Tonnelier	4	60	15,0
1837	Grand	Le Bourg (10)	Instituteur	3	72	24,0
1837	Martin Cde	Montjay	Négociant	12	275	22,9
1840	Guerret L	Le Bourgneuf (10)	Prop cultiv	19 (1)	340	
1851	Gauthey F	Le Bourg (10)	Maréchal	6 (2)	90	
1856	Lory J-B	Le Bourg (10)	Menuisier	32	625	19,5
1860	Guerret et Lory	Le Bourg (10)	Menuisiers	11	520	47,3
1860	Guerret et Lory	Le Bourg (10)	Menuisiers	4	190	47,5
1864	Fleuriot	Pierre	Menuisier	7	300	42,8
1864	Lory J-B	Le Bourg (10)	Menuisier	10	550	55,0
1864	Fleuriot	Pierre	Menuisier	9 (3)	630	70,0
			TOTAL	**117**	**3652**	**31,2**
II - DICONNE						
1837	Guillemaut C	Simard	Propriétaire	17 (4)	448	27
1839	Mercey	Thurey	Propriétaire	12	0 (5)	-
1850	Chaux et Charton	St-Bonnet	Négociants	36	0 (6)	-
1854	Bobet-Cottin	Ciel	Md de Bois	20	0 (7)	-
1859	Cretin D	Mervans	Charpentier	37	925	25
1862	Bouchard	Thurey	Propriétaire	36 (8)	1368	38
1864	Cretin D	Mervans	Charpentier	26	950	36,5
1865	Petiot			1 (9)	12	12
			TOTAL	**185**	-	-

(1) 19 chênes et modernes de différentes grosseurs
(2) 4 chênes et 2 frênes
(3) 8 chênes et 1 gros poirier
(4) 16 chênes et 1 grande verne
(5) 12 chênes et 120 bouleaux = 1800 F
(6) 13 journaux de taillis, 106 bouleaux, trembles, cerisiers et 36 chênes = 2750 F
(7) 11 journaux de taillis, 40 bouleaux, cerisiers, vernes, trembles et 20 chênes anciens = 1875 F
(8) 34 chênes et 2 charmes
(9) 1 petit chêne
(10) Commune de La Chapelle-Saint-Sauveur

Quelques particuliers ayant besoin de bois pour des travaux importants venaient à La Ranche. Le 23 avril 1837 M. Grand, instituteur au village, s'engagea à prendre trois chênes pour 72 F, payables « au terme des bois » et me demanda de les livrer à domicile. Quelques jours plus tard j'ai accepté qu'il s'acquitte de sa dette en donnant des cours particuliers à mes enfants, de six heures à huit heures du matin (sauf le jeudi et le dimanche) moyennant 2 F par mois et par élève ; au programme : lecture, écriture, arithmétique, grammaire, etc.

Les paiements ne m'ont jamais créé beaucoup de soucis, car plus de 80% des délais ont été respectés... à un mois près. Pour le reste, seul mon parent Guerret accusa un retard dépassant une année, mais sans gravité. Les règlements en nature, je n'en parle pas : insignifiants !

Quand nous avions besoin de chênes, inutile d'aller bien loin ! J'en faisais abattre quelques-uns qui servaient au charronnage, ou bien lors de travaux de construction, de réparations de bâtiments à La Ranche ou à la ferme de La Croix (un chartil, des mangeoires, des râteliers, etc.). Parfois Robert et Bourgeon, scieurs de long à Pierre les débitaient en planches que nous rangions soigneusement à l'abri.

° *Les marchés*

La vente d'une coupe de bois importante nécessite de prendre certaines précautions, d'où la passation d'un marché sous signature privée, habituelle dans les affaires de Diconne.

Le 17 janvier 1854 j'étais à la foire de Pierre où j'ai rencontré un nommé Bobet-Cottin, marchand de bois résidant à Ciel. Après la discussion sur-le-champ de foire au sujet de la coupe du Margrand, nous nous rendîmes à l'auberge de M. Prieur pour y dresser un acte convenable sous seing privé. Installés confortablement dans un coin de la salle, nous écrivîmes les conditions. Je lui cédais l'exploitation de onze *journaux* de taillis âgé de douze ans, quarante bouleaux et cerisiers, vernes, trembles, plus vingt chênes anciens tels qu'ils étaient numérotés et frappés du marteau, le tout pour 1 875 F. Il paierait le 11 novembre 1854, s'engageait à verser les étrennes habituelles au garde. La vidange de cette coupe serait faite au 15 juin. Chacun rédigea un exemplaire de cet acte qui fut signé par les deux parties, puis nous échangeâmes nos papiers. Il avait mon écrit et moi le sien. Cette affaire étant réglée, nous appelâmes M. Prieur et j'offris trois verres de cognac. Après coup, Eusèbe Guillemin pénétrant dans l'auberge, me demanda si je pouvais lui avancer cinq francs, ce que je consentis volontiers en présence de M. Bobet. Puis je remis encore cinq francs à M. Prieur qui voulait bien se charger de faire payer mon abonnement de trois mois au « Courrier de Saône-et-Loire ». Nous nous quittâmes et je m'en fus ailleurs terminer d'autres opérations dans les rues de Pierre.

Pour éviter tout problème - ou méprise quelconque de part et d'autre -, ces papiers somme toute assez simples, exigent malgré tout une rigueur et une clarté suffisantes quant au lieu de la coupe, à la superficie vendue, dans l'énumération de ce qui est inclus ou réservé, le prix bien entendu, les étrennes au garde, la date et le lieu de paiement, la période d'exploitation, ainsi que des particularités éventuelles. L'imprécision dans un marché peut entraîner des difficultés. Le 1er août 1839 mon beau-frère Mercey avait établi celui de la coupe du Grand Taillis pour mon compte. Ayant cet acte en main, je m'aperçus de sa légèreté et du manque de sérieux dans sa rédaction. Rien n'était expliqué, tant pour le balivage, que pour l'époque d'exploitation, les étrennes, les termes de paiements, etc. Voyant cela, j'éprouvais un agacement profond et sentais le risque de cette affaire. Je pris la décision de revoir mon beau-frère, de m'entendre avec lui pour passer un écrit de tout, correct cette fois ci !

Les négociations ont lieu le plus souvent à La Ranche, chez moi. Après accord sur l'ensemble des conditions - que je note aussitôt sur mon registre pour mémoire - nous convenons de dresser un acte de suite, ou ultérieurement, selon nos désirs.

Traiter les affaires par correspondance n'entrait pas dans les habitudes autrefois. Je me suis contenté de la lettre de mon cousin Louis Guerret en janvier 1840, lorsque je luis vendis la coupe du Bois de Richard, mais c'était mon parent ! Cette pratique, bien qu'encore restreinte, se développe quelque peu. M. Bouchard père, propriétaire à Thurey, achetant du bois, se mit d'accord avec Albert à la foire de Mervans le 1er mars 1862, savoir sur le prix, le nombre d'arbres. Pour les autres modalités, il promit de m'adresser un écrit par la poste et, en retour, je devais luis en envoyer un pareillement. Il s'agissait d'un échange de contrat à distance. Par contre, avec M. Lavrand, de Mervans, la vente eut bien lieu par correspondance. Le 7 octobre 1861 je lui ai adressé une lettre au sujet de la coupe du Grand Taillis : 13 *journaux* 130 *perches* de taillis, âgé de 12 ans, à 70 F le journal, soit 934,70 F, payables le 11 novembre 1862. Je passe sur les détails de mon écrit. Sa réponse intervint le 11 octobre et nous nous entendîmes au mois de novembre. J'ai reporté les conditions principales de cette transaction sur mon registre.

A La Chapelle, le marché sous signature privée n'a souvent pas de raison d'être, tout d'abord parce que les affaires y sont de moindre importance, et puis je traite avec des gens parfaitement connus. Mais, malgré tout, pour le négoce des gros arbres, j'inscris les principales clauses sur mon registre et les fais approuver par l'acheteur qui signe sur mon livre de comptes. Bien entendu, pour quelques troncs à couper, pas besoin de complications, les éléments essentiels, le prix, la date de paiement, puis de menus détails, le tout accompagné de la signature du sabotier... ou d'un autre, peu importe. Par contre, pour des opérations plus conséquentes, toutes les conditions générales et habituelles d'un contrat y figurent. Je notais le 9 mars 1864 :

« Coupe du Bois de Richard. Vente à Jean-Baptiste Lory, menuisier à La Chapelle-Saint-Sauveur, de dix chênes blanchis au flanc, numérotés de un à dix, et frappés du marteau de la maison, dont cinq dans la petite pièce et les cinq autres dans celle aboutissant de soir sur la rue et de matin sur la terre... , à exploiter de suite, moyennant 550 F, payables la moitié au terme des bois, l'autre moitié au 25 août de 1865, et a signé :

« Bon pour sain cent sainquante francs

Lory menuisier.»

Je ne reviendrai pas sur l'ensemble des ventes verbales de taillis, générales à La Chapelle, que je me contente d'inscrire au fur et à mesure sur mon registre, mais sans aucune signature.

Les arrhes et acomptes sur marché - appelés *étrennes* - sont rares dans nos transactions et d'un très faible montant (de 1% à 2% maximum).

En présence d'un client non connu, je prends des précautions. Bien souvent cet homme se fait assister d'une personne ayant déjà des relations avec nous. Ainsi, Maillenot fils, charron à Mervans, venant acheter un orme le 19 janvier 1860, me fut présenté par son cousin Jean-Claude Jacot, huilier à Boibe. D'autres fois, notre garde particulier de Diconne les accompagne, les connaissant personnellement ou ayant pris ses *assurances* sur place. Pour plus de sécurité, je peux exiger la caution d'un proche, ce qui fut le cas du fils Cretin se portant garant de son père, maître charpentier à Mervans, lors de la première transaction d'avril

1859. Après, la connaissance, le sérieux, évitent ces désagréments. Vous savez, j'ai gardé un mauvais souvenir de ma mésaventure avec M. Bobet-Cottin, je vous en reparlerai. Il faut aussi se méfier des acheteurs faciles, trop complaisants. Début 1862 le commerce des bois était difficile et le 16 mars j'ai reçu les nommés Ruet et Chalavéria, tous deux sabotiers à Simard. Ils s'engageaient à couper 84 bouleaux au prix de 12,50 F l'unité, ce qui représentait la somme importante de 1 050 F. Ils acceptaient même de verser 0,20 F par tronc au garde, ce que je ne pouvais plus obtenir. Soit ! La bonne affaire, me dis-je ! Mais, ne connaissant pas la responsabilité de ces messieurs, la vente ne serait définitive que lorsque mon beau-frère Guillemaut m'assurerait de leur solvabilité. Ils déposèrent dix francs sur la table en guise d'arrhes. Seul Ruet signa l'acte, l'autre ne le sachant. Peu de temps après, les renseignements obtenus ne me rassurant pas, le marché fut annulé et les arrhes rendues. Finalement Messieurs Humbert et Gauthey, sabotiers bien connus à Mervans, me les prirent, mais pas au même prix : 950 F après avoir encore quitté 16 F ; et pas question d'étrennes au garde ! J'étais retombé sur terre, mais avec des gens sûrs, pas de risque de paiement.

L'exploitation du bois a toujours lieu en hiver ou au début du printemps : le taillis, les chênes, puis les bouleaux et trembles. Tout doit être évacué - ce que nous appelons la vidange - avant la date butoir située entre la mi-avril et le 15 juin au plus tard. En réalité, les trois quarts des enlèvements se font courant mai. L'arrachage des chênes entraîne des risques pour leur entourage. Lorsque nous permettons ce mode d'exploitation, nous nous entourons de certaines garanties comme vous l'avez vu, et l'excavation ne doit pas dépasser plus d'un mètre autour du tronc.

A Diconne le terme des paiements est fixé la plupart du temps à la St-Martin (11 novembre), jour de la foire de Mervans, et domiciliés dans une auberge - chez M. Mercey. D'autres dates (1er décembre ou 1er janvier) sont plus rares. Les bouleaux se paient généralement en deux fois : la moitié à la St-Martin et le reste à Noël (parfois un peu plus tard).

A La Chapelle la majeure partie des paiements a lieu « au terme des bois » (à Noël). Ceci s'applique même aux bouleaux, bien que nous indiquions de temps à autre le 25 août, jour de la foire de La Balme. Si l'acquittement de la créance intervient en deux fois, cela va de la St-Martin à Noël, ou bien « du terme des bois » au 17 janvier (foire de la St-Antoine à Pierre). Finalement l'acheteur dispose d'un délai de dix à douze mois et règle en monnaie légale. La pratique des billets à ordre existait autrefois mais cela nous obligeait souvent à les négocier avec intérêts ; de plus nous demeurions solidaires de leur bonne fin.

Quant à l'évolution des prix, elle fut différente : un taillis en forte baisse à Diconne et plutôt stable chez nous pour les raisons que vous savez ; les bouleaux et les chênes en forte hausse depuis 1860. La crise des années cinquante entraîna une baisse assez sévère et des difficultés de vente. Le 30 avril 1851 j'avais douze modernes, un bouleau et deux trembles à céder. Je pensais en tirer 65 F mais, n'en trouvant que 43 F, je les fis abattre pour notre utilisation personnelle : charronnage pour le meilleur et *bois de moule* - ou de feu - pour le reste. Les calamités de l'année 1861 réduisirent la récolte de blé des deux tiers ; dans certains secteurs de notre département les ouragans ravagèrent le pays. Bref, ceci aggrava les difficultés du commerce des bois dès la fin de cette année et au printemps 1862.

A Diconne l'acheteur versait autrefois des *étrennes* à notre garde de bois qui l'accompagnait, le guidait, surveillait la coupe, etc. Ce dernier recevait 20 centimes par tronc abattu (chêne, bouleau), 5 centimes par pied de moderne, et 1 F par *journal* de taillis. Cependant cette habitude disparut vers 1860. Seuls mes deux sabotiers incertains avaient consenti à ce sacrifice en 1865, mais vous connaissez la suite. A La Chapelle, cette coutume n'existait pas mais, en 1864 j'ai essayé de l'instituer. Finalement il ma fallut donner les étrennes à Claude-Denis Guerret, mon garde particulier, car M. Fleuriot se faisait tirer l'oreille pour les verser.

° *Les paiements*

Je vous ai déjà parlé de la ponctualité des paiements, satisfaisante malgré quelques retards et difficultés pour le taillis, mais finalement ces gens se sont toujours acquittés. Tout se passe simplement, j'enregistre au fur et à mesure les règlements et les acomptes sur mon livre.

Pour les ventes traitées par acte sous signature privée, je note les sommes reçues, j'acquitte l'exemplaire du marché en ma possession et le rends à mon client qui repart tranquille avec une preuve en main. Si je reçois seulement un acompte, je le marque au dos du papier que je range soigneusement ; je ne restitue l'acte quittancé qu'au moment du solde définitif. Ainsi je conserve un bon moyen de pression et de recours en cas de problème.

M. Cretin, qui n'avait pas pu remettre la somme convenue le jour de la St-Martin 1860, la confia quatre jours plus tard à Madame Beaupoil, aubergiste au bourg. Cette dernière transmit les fonds à Albert qui mentionna au bas du marché avoir reçu les 960 F dus et laissa le papier à cette femme. Celle-ci promit de donner ce document au charpentier à la première occasion.

Dans les marchés verbaux, ou seulement inscrits - voire signés - dans mon livre de comptes, il est rare de délivrer une quittance, sauf si l'acheteur le demande expressément. La confiance réciproque règne.

Les petits différends sont assez rares et sans gravité. Oh ! voyez plutôt. M. Lavrand déduisit 1,35 F sur son achat de taillis car il compta 13 *journaux* 1/3 alors que j'avais écrit 13 *journaux* et 130 *perches*. M. Humbert, son voisin, sabotier que je connais bien, chargé de me verser l'argent, m'expliqua l'affaire. J'ai accepté, que voulez-vous ! Une telle différence par rapport aux 934,70 F... mais tout de même, c'était écrit ! Après avoir délivré quittance au sabotier, la mention de ce paiement fut portée sur la lettre de M. Lavrand et sur mon registre.

Connaissant mes clients, un retard raisonnable ne prête pas à conséquence ; certains éprouvent de la gratitude dans ce cas-là, étant conscients de ma patience. Ainsi Jean-Claude Jacot et son fils firent deux jours de battage à la mécanique en septembre 1862 et n'acceptèrent pas les quatre francs dus, en reconnaissance de l'attente que nous avions eue sur le règlement du taillis vendu en 1859, et qu'ils avaient soldé depuis peu de temps.

Jean-Baptiste Chaux et Joseph Charton-Bourgeois devaient 2 700 F au 1er janvier 1852. Ce dernier versa 1 000 F le 1er février suivant, mais son compère ne put s'acquitter qu'un an après. Je n'ai rien demandé à mon parent. En raison de ce retard, il nous fit don d'un *moule* d'ételles levé au bois de la Dame à Terrans dans l'une des coupes qu'il exploitait et appartenant à M. de Saint-Seine. C'était bien peu... mais, avais-je demandé quelque chose ?

Quant à Gauthey, sabotier associé à M. Humbert, ne pouvant respecter strictement son échéance du 1er mai 1866, il nous demanda de la reporter au 11 septembre, offrant de verser 5% d'intérêts, ce qui lui fut aussitôt accordé. Il s'acquitta à bonne date et nous lui fîmes grâce des intérêts. Il repartit avec le marché mentionnant les différents versements et cette affaire se trouva soldée.

Quand des clients décèdent avant la fin des affaires, nous nous retrouvons face aux héritiers, ce qui arriva en 1860 car Claude Pugeaut et Charles Chanut étaient morts avant d'avoir pu régler l'intégralité de ma créance. Les cinq acheteurs solidaires, malgré un versement représentant 80% du marché, demeuraient responsables de sa bonne fin. Gabriel Pugeault, frère de Claude, versa 60 F pour le compte des héritiers de Chanut le 1er mars 1860 et promit le reste à la fin du mois. L'engagement fut respecté et Albert remit « le sous seing privé » aux acquéreurs qui se trouvaient valablement libérés envers nous-mêmes.

Parfois un client se fait tirer l'oreille. M. Bouchard qui devait payer 1 478 F à la St-Martin 1862, ne donna que 1.430 F le 6 décembre. Le reçu délivré faisait mention d'une somme de 48 F restant due. Par la suite, il ne voulait pas régler le solde, tergiversa, traîna... fort longtemps ! Enfin, je lui ai envoyé mon garde Gaudillat à qui il consentit de payer sa dette en mars 1864. A cette occasion, ce dernier lui remit ma lettre pour quittance. C'était une affaire enfin terminée !

Vous connaissez mon aversion pour les recours en justice, j'en fus victime tout récemment... dans un moment de détresse où je crois pouvoir bénéficier d'excuse. En décembre 1863 je vendis une coupe de taillis (la parcelle joignant François Richard, de Boibe) au nommé Auber, scieur de long à Pierre, pour 182,50 F, payables « au terme des bois » (donc à Noël l'année suivante). Mais un an après l'échéance, je n'avais pas touché mon argent et cela devenait inquiétant, ce que confirmaient mes renseignements sur cet individu. Seulement, en décembre 1865, je venais de perdre mon cher Albert et ma santé n'était pas bonne, vous le comprenez ! Je me résolus enfin à confier l'affaire à M. Deschamp, huissier à Pierre. Ainsi le 19 de ce mois il s'en vint à La Ranche m'apporter les 182,50 F qu'il venait de récupérer après ses démarches fructueuses. J'étais content ! Mais il me réclama 9 F pour ses honoraires et charges de recouvrement. N'ayant pas forcé l'huissier à engager les poursuites d'usage, j'en fus pour mes frais, de sorte qu'au lieu de recevoir des intérêts pour une année de retard, c'est moi qui les réglais en donnant 5 centimes par franc (5%). Eh bien ! si l'occasion se représente d'avoir affaire à un mauvais payeur, il vaut mieux le faire poursuivre ! Mais, dans le cas présent, ne pouvant assister aux audiences de la justice de paix vu mon état, je me suis vu forcé de subir cette nécessité de dépenses pour être payé.

Face à une faillite, c'est autre chose ! Je ne pensais jamais me trouver pris dans une telle affaire lorsque je vendis ma coupe du Margrand à M. Bobet-Cottin, marchand de bois à Ciel. Et 1 875 F, c'est une somme ! Que faire ? Je devais participer à une assemblée de créanciers. Le 9 octobre 1854 je m'en fus à Louhans consulter M. Didier à qui j'ai payé 2 F pour ses services. A cela s'ajoutèrent les frais d'auberge chez Madame Lafaye, le café, les étrennes. En revenant, étant « poursuivi » par un orage violent, je me suis réfugié dans une grange au hameau du Montceau avant de pouvoir parvenir chez mon beau-frère à Simard où j'ai passé la nuit. Son domestique, qui prit grand soin de ma jument trempée, mérita bien mes étrennes. Dès le matin, je repartis directement à Verdun où avait lieu la fameuse réunion de créanciers. J'ai déjeuné chez Madame Lecroq, pris une tasse de café. L'assemblée était houleuse, chacun craignant pour ses affaires. Il fut confirmé que le débiteur ne pouvait faire honneur à ses engagements. Alors Monsieur et Madame Bobet-Revirard, les père et mère du failli, proposèrent un traité aux créanciers, s'obligeant à payer le montant des dettes sans intérêts, la moitié au 1er février 1855 et le solde dans un an à compter de ce jour en l'étude de Me Lalouet, notaire à Verdun, chargé de rédiger l'acte. Cet arrangement fut accepté. Ces malheureux parents ne voulaient sans doute pas voir leur nom sali dans la contrée, étant à coup sûr d'honnêtes personnes. Et finalement je fus intégralement remboursé. M. Copenet, le commis de mon parent Jean-Baptiste Chaux, eut la complaisance de retirer le produit de la 1ère échéance chez le notaire et de m'apporter les sous, m'évitant un voyage inutile. Quant à la seconde échéance, je l'ai touchée sur place, mais en dépensant encore cinq francs. J'avais eu chaud !

° *Recollement des coupes*

Après chaque coupe de bois, je me rends sur place afin de vérifier que tout a été respecté selon les conditions prévues. C'est aussi l'occasion d'apprécier la qualité de la réserve. A ce moment-là, je décide d'éliminer certaines modernes, voire baliveaux, chétifs ou bien gélifs qui, à coup sûr, ne donneront rien. Je charge fréquemment mon garde des transactions avec les fermiers ou les particuliers de la région qui en recherchent pour l'entretien de leurs domaines. Le prix des troncs va de 0,85 F à 1 F maximum.

Autrefois nous avions l'habitude de nous séparer de modernes de meilleure qualité mais à des tarifs tout autres, allant de 2,60 F à 2,90 F. Le 2 mars 1840, jour de la foire de Mervans, j'ai vendu 141 modernes frappées de mon marteau et numérotées, comprenant des chênes, des bouleaux, des fruitiers, des trembles, des *charmilles*, etc., à Claude Clément et à Michaudet-Badaut 380 F payables un an après. Ils devaient en outre 5 centimes par pied au garde, mais rechignèrent et ne lui versèrent que 5 F au lieu de 7 F convenus. J'ai désintéressé ce dernier.

A La Ranche je conserve ces arbres pour notre usage personnel.

Tableau 67 : Guerret-Guillemaut - Exploitation des Bois (hors taillis) en 22 ans

Types de bois	La Chapelle (7,5 Ha)				Diconne (14,7 Ha)			
	Nbre d'arbres		Répart	Age	Nbre d'arbres		Répart	Age
	Total	Par an/ha	%	moyen	Total	Par an/ha	%	moyen
Modernes et baliveaux	196	1,19	35,7	36	563	1,74	38,9	22
Bouleaux et trembles	130	0,78	23,7	36 (1)	692	2,14	47,8	44
Chênes	193	1,17	35,0	54 (2)	188	0,58	13,0	66
Divers	31	0,19	5,6		5	0,01	0,0	-
Total (hors modernes)	354	2,14	64,3	-	885	2,73	61,1	-
TOTAL	**550**	**3,33**	**100,0**	-	**1448**	**4,47**	**100,0**	-

NB : Age moyen des coupes de taillis = 11 ans à Diconne, 18 ans à La Chapelle

(1) Bouleaux : coupés à 36 ans, parfois à environ 45 ans (d'où des écarts de prix)

Age moyen = 40 ans.

(2) Chênes : coupés à 54 ans ; puis à 72 ans (1860-1864), voire à environ 80 ans, pour la menuiserie (d'où des écarts de prix)

Age moyen = 60 ans.

° *Ventes de produits secondaires*

Chaque année des personnes me demandent des fagots pour leur usage personnel. La plupart du temps l'importance de ma *pile* (ou tas) dans la cour, les prévisions de coupes à venir permettent de donner satisfaction à ces gens. Oh ! cela ne va pas très loin. Une centaine de fagots partent ainsi chaque année chez des veuves (la mère Robert ou « la Marie Fouillot ») ou chez des journaliers travaillant épisodiquement à la ferme, et avec qui nous nous arrangeons pour les paiements. Ils sollicitent la permission d'emprunter mes attelages pour les charrier.

Au mois d'avril 1865 mon parent Jean-Claude Guerret, boulanger au bourg, avait besoin de 300 fagots pour son four à pain. D'accord, lui dis-je, à 75 F le tout, mais nous ne pourrons les livrer dans ta cour qu'après « la façon des turquis ». Les fagots se vendent *au cent*, ou *au quarteron* de vingt-cinq. Le prix *au cent* a augmenté de 30% en trois décennies, mais de la manière suivante :

- 16 F en 1837 et 14 F deux ans après ;
- 16 à 17 F en 1850 et de 20 à 23 F l'année suivante, ce tarif se maintenant jusque vers 1860 ;
- 18 F en 1861 et 22 F en 1863-64.

Les cours s'envolèrent un an plus tard pour retomber à 20 F peu après.

Les tonneliers de Pierre ont besoin de cercles de coudrier pour mener à bien leur ouvrage, mais moi j'en ai rarement à leur offrir. Ils les paient aussi *au quarteron*. En 1850 les plus beaux destinés aux tonneaux valaient 1 F « le paquet » de 25 ; quant aux autres plus petits servant à relier *feuillettes et quartauts*, le tonnelier n'en offrait que 0,66 F. Au milieu du Bois des Millières il y a une mare sombre comme on en voit tant chez nous. Perdue au milieu du taillis, elle était encombrée de *vortes* trop vieilles pour faire des cercles. Que pouvais-je en faire ? Mes domestiques les coupèrent au printemps 1862, les lièrent et en firent 32 *paquets*. M. Bourdillon, tonnelier à Pierre, consentit à me les échanger contre deux *feuillettes* neuves de sa fabrique estimées 20 F. C'était équitable !

Au début de l'année 1850 nous coupions le Bois des Vernes, qui porte d'ailleurs bien son nom en raison de l'abondance des aunes dans cette partie de la Grande Reppe. Cette espèce est fort recherchée pour faire des *bauches* (perches) destinées à supporter le fourrage en hiver. Ainsi mes vernes intéressaient des marchands propriétaires de Pierre (comme l'épicier Richard-Richard), ou mon assureur Prosper Arveux, voire l'ancien notaire Me Guillemin, qui possèdent des fermes dans le canton. Mes *garçons* livrèrent ces *bauches* directement chez leurs fermiers et elles me furent payées 35 F le cent. A cette époque-là François Ozanon-Simerey devait réparer sa chaumière et recherchait une centaine de lattes en verne « à couvrir à paille » ; il trouva son affaire chez nous pour 18 F.

Mes ventes de fagots, de cercles, de *bauches*, ou de lattes n'ont qu'une importance limitée, ne représentant que 8 % de nos recettes de bois provenant de La Chapelle.

• L'entretien des bois

Lorsque la vidange d'une coupe est achevée, il faut s'assurer de la propreté des lieux et du système d'assainissement de la forêt ; vérifier que les fossés d'écoulement des eaux soient en état pour tenir jusqu'à la prochaine exploitation. Cependant l'entretien ne se fait que si nous le jugeons réellement nécessaire. Seul le Grand Taillis a fait l'objet d'un curage après chaque coupe.

Ces travaux sont réalisés de la mi-mai à la fin du mois de juin ; la plupart du temps seuls les fossés ceinturant nos parcelles bénéficient de ce nettoyage salutaire. Nous payons des journaliers qui se groupent par deux ou trois pour accomplir cette tâche (Jean-Baptiste Grapinet et Claude Euvrard-Petit). Ils demandent en temps ordinaire 0,10 F la *toise* de sept *pieds* et demi (dite *toise de Bourgogne*, mesurant 2,436 mètres). A Diconne nous employons des ouvriers du pays : Theveniaux et consorts (Ducet et Chambériat), etc.

Le 16 juin 1851 la vidange du Grand Taillis était quasiment achevée, Claude Bêche venait de terminer la réparation des rigoles autour de la coupe. Je me trouvais d'ailleurs à Diconne en compagnie de M. Ormière aîné, charpentier réputé de Saint-Germain-du-Bois, avec qui je choisissais des chênes à abattre pour différents travaux de réparations. J'en ai profité pour effectuer le mesurage des fossés qui indiqua 312 *toises* (760 m.), les deux entrées non comprises, celles-ci devant attendre que le bois soit entièrement débarrassé. J'ai payé les 31,20 F dus au nommé Bêche tout en lui témoignant le mécontentement que j'éprouvais. Les tranchées n'étaient pas *chamfrayées* ni d'un côté ni de l'autre et n'avaient généralement que 3 *pieds* 2 *pouces* (1,03 mètre) au lieu des trois *pieds* et demi (1,14 mètre). Mais la plupart du temps je ne me plains pas de ces hommes qui accomplissent un excellent travail, tel le sieur Bague, par exemple.

Des ouvrages très lourds étaient payés jusqu'à 0,20 F la *toise* (aux Millières en 1850), ou 0,10 F le mètre au Bois de Richard en mai 1864 car les fossés, pleins et garnis de bois, n'avaient pas bénéficié de réparations depuis de longues années.

L'humidité a conduit les hommes à creuser des fossés à l'intérieur de la forêt ; ainsi au Margrand deux saignées traversent la parcelle. Notre garde Gaudillat les nettoya convenablement au printemps 1855 et transporta la terre dans des trous de bouleaux arrachés. Cet assainissement s'avère indispensable.

Le 16 septembre 1857 Claudine Guillemin était à la maison et recevait un reliquat d'argent dû à son pauvre père mort au printemps. Peu de temps avant sa disparition il curait encore une rigole de la Grande Reppe. Nous y pensions tous les deux. J'ai compté 1,60 F à sa fille pour payer largement ce travail, voulant faire un geste en mémoire de cet homme courageux qui avait tant travaillé pour nous.

Le tarif de ces travaux a évolué ainsi :

- curage ordinaire : 0,10 F la *toise* (ou 4 centimes le mètre), stable jusqu'à nos jours, avec un maximum de 5 centimes le mètre pour des ouvrages marchandés;

- curage plus important : jusqu'à 0,20 F la *toise* (ou 8 centimes le mètre) et 10 centimes le mètre en 1864.

Ces frais d'entretien sont somme toute très modestes puisqu'ils sont inférieurs à 10 F par an et n'absorbent que 1 % de nos recettes de bois.

- Bois de chauffage

Nous avions besoin de bois pour chauffer la maison, le four, ainsi que pour la cuisson des aliments du bétail. Nous gardions le quart du taillis de La Ranche pour notre usage personnel et, de temps à autre, nous en exploitions un demi-*journal*, rarement plus. Chaque hiver l'élagage ou la coupe de nombreuses haies ceinturant les champs, l'émondage des arbres fruitiers, les débris des gros troncs abattus nous fournissaient une large provision de bois de chauffage

Nos domestiques fabriquaient le bois pendant la morte saison et assuraient les deux tiers de cette tâche. Nous faisions appel à des manouvriers pour le reste et les payions à la journée, à forfait ou « à la pièce » (*au moule*).

Le 24 mars 1836 je convins avec François Chateau qu'il couperait un demi-*journal* de taillis aux Vernes qu'il fagoterait, ainsi que deux autres demi-*journaux* déjà coupés par mes valets, en extrairait les perches et perchettes comme je lui indiquerais, moyennant 18 F, à valoir sur deux pièces de bois qu'il prendrait, et dont le prix serait fixé après la façon.

Tableau 68 : La Ranche, Exploitation d'un Ha de bois de chauffage

Années	Age	Production Bois de chauffage							Rentabilité	
		Fagots			Bois " de moule"			TOTAL	Rubriques	Francs
		Nbre	Cours	Montant (1)	Nbre	Cours	Montant (2)	(1+2)		
1839	12	2 400	14	336	6	14	84	**420**	Prod.brute	420
									Frais exploit	-37
									Prod.nette	383
									Val.taillis	-330
									Profit net =	**53**
									(en %)	16
1857	20	2 418	20	480	18	20	360	**840**	Prod.brute	840
									Frais exploit	-73
									Prod.nette	767
									Val.taillis	-600
									Profit net =	**167**
									(en %)	27,8
1868	18	1 500	20	300	30	20	600	**900**	Prod.brute	900
									Frais exploit	-124
									Prod.nette	776
									Val.taillis	-600
									Profit net =	**176**
									(en %)	29,3

Les cours : fagots ("au cent"), bois "de moule" ou "de feu" ("au moule")

1 moule = mesure de bois de 4 pieds de côté soit un cube de 0,3248 mètre X 4 = 1,2992 m.

soit 2,19 mètres cubes ou 2,19 stères

Frais d'exploitation : les ouvriers sont nourris ; déduction faite de la nourriture, la rentabilité descend à 22 % au lieu de 29 % en 1868.

Cette année j'ai marchandé l'exploitation d'un taillis de 18 ans dans la partie des Seugnières aboutissant sur le meix des Simerey (17 ares), pour une somme de 17 F, à Désiré Petit et consorts. Ils ont produit 250 fagots, 4 *moules* de *perches* et 6 vieilles écorces (cerisiers, trembles, charmes) soit sept *pièces* et demi d'une valeur de 150 F.

En 1853 Etienne Cretin demandait 1,75 F *la pièce* pour couper, fagoter et *mouler* le bois de la Grande Reppe. Lorsque ce travail est payé à la journée, le tarif rejoint celui des jours ordinaires selon la saison.

Au printemps 1839 ma réserve de bois de chauffage atteignait des proportions notables :

- 400 fagots de taillis à 14 F le cent = 56 F
- 200 fagots de *frâche* à 14 F le cent = 28 F
- 250 fagots de buissons à 10 F le cent = 10 F
- 100 fagots d'émondage d'arbres fruitiers = 10 F

- ételles d'abattage = 3 F
- ételles d'équarrissage = 15 F
- 2 *moules* et demi de *frâche* à 14 F = 35 F
- 1 *moule* de perches de taillis = 14 F
- pieds et branches d'arbres fruitiers = 14 F

Total =200 F.

Tableau 69 : La Ranche, Prix du Bois de chauffage de 1836 à 1868

Années	Fagots ("au cent")		Bois "de feu" ("au moule")	Etelles ("au moule")	Main-d'oeuvre de fagots (1)
	de Bois	de Haies			
1836	16	10,5 à 17	14	-	1,25
1837	-	10,8 à 20,9	12 à 16	-	1,75 (2)
1838	15	10 à 16	-	-	1,50
1839	14	10 à (?)	14	-	1,25
1850	16 à 17	-	-	-	1,50
1851	20 à 23	-	-	-	-
1852	20	-	18	-	-
1853	-	-	14	-	-
1854	-	-	-	-	1,50
1855	-	-	-	8,4	1,50
1856	-	-	20	-	-
1857	20	-	20	-	1,75
1858	-	-	-	-	-
1859	-	-	-	-	-
1860	-	-	-	-	1,50
1861	18	-	-	-	-
1862	15	-	-	-	1,50
1863		22	-	-	-
1864	25	22	-	-	2,00
1865	25	-	25	-	2,5 à 2,75
1866	-	-	-	-	-
1867	-	-	-	12	-
1868	-	-	20	-	-

(1) Main-d'oeuvre nourrie, payée au cent de fagots
(2) Ouvriers non nourris
1 "moule" = 2,19 stères

Au cours de la période 1836-1840 nous fabriquions environ 900 fagots par an, tant de taillis et de *frâche* de chênes ou modernes, que de buissons (diverses essences, épines, *frâche* de saule, etc.) mais c'était fonction des coupes. Les plus prisés viennent évidemment des bois de La Ranche, au prix de 16 F *le cent* en 1836 et 25 F en 1865. Ceux des haies, excellents et aussi chers quand ils se composent de branches de chêne, perdent de 10% à 40% lorsqu'il y a présence d'épines. Nous en marchandons le travail pour partie aux journaliers habituels de la ferme qui demandaient 1,25 F *le cent* il y a trente ans et jusqu'à 2,75 F maintenant. Vers les années cinquante, certains comme Etienne Cretin réclamaient 1,50 F pour ceux de taillis mais seulement 1,25 F pour ceux issus des buissons. Le coût de la main-d'oeuvre a augmenté plus vite que le prix du bois, passant de 8% ou 9% de sa valeur marchande à 10% ou 11%.

Rien ne se perd, et les ételles d'abattage ou d'équarrissage de chêne rentrées au *chartil* font un excellent feu, mais elles valent moitié moins que le *bois de moule*. Le prix de ce dernier est passé de 14 F le *moule* (2,19 stères) autrefois à 20 F cette année ; le cours suit à peu près celui *du cent* de fagots.

Quant aux arbres déracinés par le vent ou l'orage, voire abîmés par le verglas en hiver, ils sont débités. Le meilleur sert au charronnage et les débris alimentent notre foyer. Nous devons aussi fournir du bois au distillateur lorsqu'il fabrique notre eau-de-vie de gêne.

Nous rangeons le bois de chauffage dans le hangar. Quant aux perches, modernes et fagots, nous les abritons dans le *chartil* au bout de l'hébergeage, nos besoins actuels étant bien moindres.

- Le bois d'oeuvre

Je faisais abattre des arbres destinés au charronnage : des chênes, des charmes, des bouleaux, des poiriers sauvages, etc. Le charron fournissait seulement son travail et finalement j'y gagnais. Cela servait aussi à la confection d'outils, principalement de pelles à grain en charme.

Lorsque j'ai passé une convention avec Mignot le 21 avril 1837 pour la fabrication d'une armoire de 7 *pieds* de haut (2,27 m.) et de 4 *pieds* ½ de largeur (1,46 m.), il demanda 45 F pour la façon, plus 10 F pour un bois de lit. Je devais lui livrer du chêne pour près de 50 F, sous forme de plateau, de planche, *travon, lisse et redeau* Mais j'économisais un tiers au moins de la valeur de ces meubles.

La construction, l'agrandissement ou les travaux dans les bâtiments de nos domaines nécessitaient parfois de grandes quantités de bois. Ainsi en 1838 près de 50 arbres (des chênes, modernes et baliveaux) furent abattus pour la construction d'une grange, le déplacement du four, etc. Souvent un ou deux chênes suffisaient pour des mangeoires, un escalier. Le tremble est plutôt employé dans la charpente. Les perches ou *fouesses* se montrent indispensables pour creuser un puits neuf comme vous l'avez vu.

Dans une ferme comme la nôtre avec une domesticité nombreuse, il fallait beaucoup de sièges. Le 9 juin 1850 j'ai remis à M. Poisson-Dorier, tourneur à Pierre, un cerisier tout ébauché pour me faire six chaises. D'autres fois je fournissais à ces artisans du frêne tout aussi excellent. Et puis, pour la fabrication des *feuillettes*, *quartauts* et barils, apporter les merrains au tonnelier était avantageux et économisait de l'argent.

Vendre des bouleaux à un sabotier nous semble normal, mais faire venir cet artisan à la ferme pour exercer son métier est peu courant. Au mois de mars 1851 Emiland Cordelier vint à la maison et fabriqua 61 paires de sabots pour la famille, dont 22 provenaient d'un tremble gâté, le reste de trois petits bouleaux issus de la Grande Reppe. Je l'ai nourri et il ne demanda que 0,25 F par paire. Après coup, je fis des calculs pour me rendre compte :

- estimation du bois = 20,00 F
- fabrication (0,25 F X 61) = 15,25 F

Prix de revient = 35,25 F

- 15 paires pour hommes à 1 F = 15,00 F
- 46 paires pour femmes à 0,70 F = 32,20 F

Valeur totale = 47,20 F.

Supposant que les débris du bois valent la nourriture d'Emiland, j'ai économisé le quart du prix des sabots.

Tableau 70 : Les scieurs de long, tarif appliqué de 1851 à 1860

Années	Travaux effectués	Bois	Par pied
1851	Planches, plateaux	Tremble	3 ct
1853	Equarrissage	Chêne	5 ct
1854	Planches, "travons" Palissades	Chêne Chêne	3,75 ct 2 ct
1855	Plateaux, poteaux, traverses	Chêne	5 ct
1857	Traverses, arbalétriers, liens, bonshommes Chevrons, lisses, sablières,relevés, bordeneaux	Chêne Chêne	5 ct 3 ct
1858	Plateaux, "travons, seules" Barreaux	Chêne Chêne	5 ct 1,5 ct
1859	Equarrissage de "seule" (refendage)	Chêne	7,5 ct (1)
1860	Planches et redos Palissades Plateaux de 2 pouces (pour pelles)	Tremble Tremble Charme	4 ct 2 ct 10 ct

(1) Non nourris

NB : 1 pied = 32,48 centimètres

Palissades : 20 F "le mille" (ou 1.000 pieds)

Barreaux : 15 F "le mille" (en 1858)

Quant aux ouvriers travaillant dans le bois, il faut bien les payer. Eusèbe Guillemin demanda 50 centimes pour arracher un chêne en 1854. Martin et Vendême se firent régler 4 F pour couper 24 petits chênes et 6 trembles deux ans après (0,13 F par pied).

Les charpentiers (J-C Sordet) et les scieurs de long (Robert et Bourgeon) venaient à la maison exécuter leur pénible tâche mais nécessaire pour nous, débitant nos chênes principalement en plateaux, planches, *redeaux, travons, seules*, barreaux, etc. Ils sciaient aussi toute pièce nécessaire à la construction : chevron, sablière, arbalétrier, bonshomme... et j'en oublie ! Ils se faisaient payer *au pied* (0,3248 mètre) ou appliquaient un prix *au mille* (ou mille pieds) pour les parties plus petites comme les barreaux ou les palissades. Plus le bois est dur, plus le prix monte, ainsi :

- planche de tremble : 0,03 F le pied (1851) et 0,04 F (1860) ;

- planche de chêne : 0,0375 F (ou 3 *liards*) en 1854, puis 0,05 F ;

- plateau de charme : 0,10 F le *pied* (1860) ;

bien que parfois ils ne différenciaient pas le bois lorsque la quantité de l'un était faible. Nous les nourrissions à la maison. A l'extérieur, ils augmentaient leur tarif de moitié.

Faire abattre et débiter des arbres présente un avantage pécuniaire. Les deux chênes sciés par Robert et Bourgeon au printemps 1854 étaient estimés 20 F l'unité. On en tira 10 F d'ételles d'abattage et d'équarrissage ainsi que 15 F de *bois de moule* et de fagots. Le bois noble fut donc scié et conservé pour la provision de la ferme et on obtint :

- pour le premier chêne : quatre *travons* de 4 *pouces* carrés (10,82 cm) de 6 *pieds 8 pouces* de long (2,16 mètres), plus des palissades ;

- pour le second : des planches de 11 *pieds* (3,57 m.) dont un plot de 74 *pieds* et un autre de 58.

• Les gardes de bois

J'ai besoin d'hommes fiables et assermentés pour surveiller nos bois, surtout les plus éloignés comme ceux de Diconne qui, de surcroît, font partie du grand ensemble ceinturant le château de la Marche. Dans cette commune j'ai eu trois gardes : Buatoy en 1839, puis Gillet jusqu'au moment où il quitta cette localité fin 1854, et enfin Claude Gaudillat qui exerce encore. Quant à La Chapelle, je n'ai nommé un garde particulier qu'à partir de novembre 1850 et ce fut mon cousin Claude-Denis Guerret-Blanc qui resta en place jusqu'à fin 1866, époque où il partit résider à Lays. Il fut remplacé par Claude Euvrard-Petit, un journalier d'Aloise qui travaille pour nous depuis plus de dix ans.

Je désigne mes hommes de confiance, mais ils doivent prêter serment au tribunal à Louhans, chef-lieu d'arrondissement. Ceci entraîne chaque fois des frais de voyage. Ainsi Claude-Denis Guerret s'est « fait recevoir » à Louhans le 28 novembre 1850 ; je lui ai avancé cinq francs pour ses dépenses. Fin 1866 Claude Euvrard devint non seulement mon garde particulier pour les bois de La Chapelle et toutes les propriétés m'appartenant dans cette commune, mais aussi celui d'autres propriétaires du canton avec qui je me suis associé : Madame Baron (la veuve du « Conseiller Simerey » -ancien conseiller à la Cour Impériale de Dijon), M. Monniet (de Charette) et les frères Guillemin, héritiers de feu Maître Guillemin notaire à Pierre. La prestation de serment à Louhans coûta 25 F et j'en eus ma part.

Leur gage annuel était de 0,50 F par *journal* (déjà en 1839), mais il fut négocié à 1 F avec Claude Euvrard lors de sa nomination. Cela me coûtait donc 20 F à Diconne (40 *journaux*) où mon fermier Rolland l'avançait le plus souvent sur son fermage, et 10 F par an chez nous. En dehors de cette rémunération fixe, ils bénéficiaient comme je vous l'ai dit d'un complément au moment des coupes de bois : 1 F par *journal* de taillis et 0,20 F par tronc de gros arbre abattu. Mais cette gratification posa de plus en plus de problème et n'est quasiment plus versée depuis quelques années, d'où la hausse du gage fixe en 1866. Si j'estime que des services supplémentaires sont rendus gracieusement - comme par exemple Gillet, méticuleux, qui fabriquait des fagots avec des débris et cassures provenant de l'abattage des bouleaux, et ce sans obligation de ma part -, je leur donne des étrennes sous forme de bois de chauffage.

Les hommes assermentés ont donc le devoir prioritaire de surveiller l'ensemble des bois confiés à leurs soins. Cependant s'y ajoutent de nombreux travaux liés à cette charge. Ils nous accompagnent lors de la visite des coupes, préparent le balivage. Je les charge fréquemment de vendre les modernes à éliminer au moment du recolement, ils assurent parfois le *toisage* des fossés après le nettoyage, voire effectuent eux-mêmes ces travaux - en étant payés dans ce cas-là. Je leur confie aussi le soin de faire publier les coupes si nécessaire. Ils me fournissent des renseignements sur les acheteurs, ou me les présentent s'ils me sont inconnus, encaissent de temps à autre de l'argent pour mon compte, ou vont sommer les payeurs récalcitrants. Et puis quoi encore ? je ne sais plus. Ah ! oui ... assister l'arpenteur qui ne connaît pas bien le bois.

Mais je vais maintenant vous dire quelques mots sur mon parent Claude-Denis Guerret, nommé comme vous le savez en 1850. Oh ! ce fut un bon garde, puisque je l'ai maintenu pendant seize ans jusqu'à ce qu'il aille résider à Lays. Mais je devais toujours lui verser des acomptes et le payer avant l'échéance à cause de ses besoins pressants d'argent. D'ailleurs au printemps 1859 il reçut 5 F pendant sa maladie, quoi qu'il n'eût rien garder.. mais c'était mon parent ! Parfois le besoin devenait d'une extrême urgence, comme ce 1er mars 1854 où je le vis arriver, très soucieux et énervé : - « Mon cousin, j'ai besoin de cinq francs pour régler mon solde d'impôts, sinon le receveur m'envoie le *garnisaire* (chef des gendarmes) » - ... et il est parti aussitôt à Pierre, sans traîner, vous pensez ! Quatre ans après, l'acompte, cette fois-ci, m'a-t-il dit, servait à faire un voyage à Louhans à l'occasion de son procès avec M. Bruchon, le buraliste du village. Les printemps n'étaient pas bons pour lui car en 1860 l'huissier Chalumeau le pressait et il dut lui remettre sa pièce de 5 F. Mais n'allez pas penser que sa vie était ainsi ! car il a connu des périodes beaucoup plus calmes. En avril 1863 il maria sa fille ; cette dernière nous fit honneur en présentant à l'ensemble de la famille son futur mari, et en nous apportant une boîte de dragées. Après les bavardages d'usage, je m'en fus chercher dix francs dans ma bourse et les lui offris en cadeau de mariage, ce dont elle fut fort contente. Mais une cousine... cela ne s'oublie pas !

Mais, j'y pense subitement. Et Louis Sordet ! le père de Claude le charpentier. Louis fut aussi garde des bois de ma mère et des miens avant 1840, mais il était aussi l'un des deux gardes champêtres de la commune. Seulement, en février 1835 les habitants protestaient contre lui, le considérant comme un honnête homme, mais négligent et exerçant mal ses fonctions. L'année suivante il y eut des plaintes et les gens demandaient sa destitution, le disant dur d'oreille, s'occupant de culture et étant garde particulier de plusieurs propriétaires (dont nous-mêmes). Le préfet leur donna satisfaction en le révoquant le 1er juin 1836.

⇒ *Les haies de La Ranche et d'Aloise*

Les bois des Neiges et de Question servent, pour partie, de clôtures naturelles à bien des parcelles de notre ferme. Ce dispositif est complété par de nombreuses haies fermant les champs. Seuls le Chevrot et les Avenières offrent de grandes surfaces découvertes, divisées et séparées par des *contours*, mais comptant peu de buissons, sauf du côté de la desserte et de l'ancienne maison de Gros-Bois.

Chaque année aux mois de mars-avril nous procédons à la coupe de différents *plessis* en fonction de leur croissance et de nos besoins de bois de chauffage. Ainsi :

- en 1836 : haie du champ Jean Jacot et un *journal* ½ de taillis aux Vernes ;
- en 1837 : haies de la Queue de Balaye (Aloise), du champ de la Bobère, de Gros-Bois ;

- en 1838 : haie du champ d'Henry ;
- en 1839 : ½ *journal* de taillis au Bois Ruiné.

L'un dans l'autre, nous produisions pour environ 150 F de bois de chauffage chaque année, dont la moitié venait des buissons.

Nos haies se composent fréquemment de saules où alternent surtout des chênes, et des essences diverses du pays ; le remplissage entre ces arbres est fait d'épines noires et blanches. Nous en extrayons des perches, des ételles, des racines d'arrachage et de nombreux fagots dont 10% à 20% d'épines peu prisés et moins chers. En 1837 la coupe de plusieurs buissons a produit 1 285 fagots et deux *moules* de bon bois, le tout estimé 243 F.

A cela s'ajoute l'entretien annuel : nettoyage, élagage, d'où sortent encore des fagots, mais en quantités moindres.

Les saules sont étêtés régulièrement ; d'ailleurs dans le projet de bail avec Rolland, je me suis réservé la tonte de tous les saules autour des héritages, quand ils parviennent à la sixième année. Mais, vous savez, six ou sept arbres donnent une voiture de bois estimée 4 F. Ces branches servent à faire des clôtures.

Il y a également les buissons mitoyens, séparant deux propriétés distinctes et partagés au moment de la coupe. Dans son bail le fermier doit veiller aux abus éventuels et il en assume la responsabilité.

Le jardin et le verger sont entourés d'une magnifique haie vive que François Mauchamp vient entretenir chaque année. Elle a été faite par Joseph Vieux, le cartonnier, qui planta tout d'abord 52 perches sur deux rangs. Ce travail achevé, il fit la clôture tout autour des arbres en épines. Et au fil des années, tout cela se développa, formant une barrière infranchissable protégeant le jardin des intrus, surtout des volailles effrontées. J'avais fourni tout le bois nécessaire à ces travaux. Mais aujourd'hui je fais venir des épines de Dijon où M. Jacotot-Lieutet les vend un franc le paquet de cent, en ajoutant 1% de frais d'emballage.

⇒ *Mes pépinières de peupliers*

En 1839 j'avais alors deux pépinières près de la maison. Le 28 janvier je me trouvais à l'auberge à Pierre chez Madame Arveux-Mercier, en compagnie de M. Berry, jardinier de M. Agrom à Bellevesvre. La discussion s'engagea et je convins de lui céder mille plants de peupliers à choisir chez moi. Lorsqu'il les arrachera, je le ferai aider par les garçons de la ferme et le nourrirai. Mes voituriers les lui livreront à domicile mais il leur offrira à dîner. Nous arrêtâmes ainsi le prix global à 160 F et il déposa immédiatement 5 F d'arrhes sur la table. Je lui offris une bouteille de vin. Quelques jours plus tard Berry en rétrocéda 300 à Messieurs Guyennot-Noury aîné et Guerret de Loisy ; moi-même, après réflexion, j'en ai conservé 50 en accord avec l'acheteur. Le 22 février suivant mes hommes attelèrent les boeufs aux trois voitures chargées de 650 peupliers et partirent à Bellevesvre où ils reçurent la somme qui me revenait.

Deux mois après cette transaction Carlos, le jardinier, vint planter 161 peupliers au Champ de Maison, bien alignés et suffisamment espacés. Il me fit payer trois *sous* de fourniture et un *sou* de main-d'oeuvre par arbuste, soit 32 F. Aussitôt mes domestiques en plantèrent encore 130 petits entre les autres ; mais ces derniers ne me revenaient qu'à deux *sous* l'un, travail compris. Ce boisement promettait.

Certains de ces arbres furent abattus en 1861 et sciés par Claude Sordet qui en tira 589 pieds (191,3 mètres) de chevrons et un plot de palissades. Puis j'en fis élaguer à Claude Grapinet qui demanda 0,30 F par tronc. Rien n'est perdu ! D'ailleurs des peupliers entourent la cour et j'en ai gardé la jouissance.

⇒ *Les achats de bois*

Malgré l'étendue de mes forêts, j'achetais parfois du bois pour réaliser d'importants travaux dans nos bâtiments : rénovation de l'*hébergeage* de Diconne en 1853, construction de l'appenti-cave et du *chartil* en 1856, réparation de la toiture de la résidence juste après, un nouvel escalier extérieur en 1866.

Ainsi, dans ces cas-là, il me fallait plusieurs chênes, de grandes quantités de lattes, des *bauches* en verne, et ces besoins ne coïncidaient pas toujours avec nos possibilités du moment. Notre principal fournisseur est M. Mitaine à Pierre qui nous approvisionne surtout en bois de sapin que nous ne trouvons pas chez nous, essentiellement pour faire des lattes, à 5,50 F le paquet d'un demi-cent. Quant aux *riortes* de bouleau et perches de bois pour les toitures de chaume, je les trouve chez des particuliers.

En ce qui concerne le matériel, je n'avais besoin de bois que pour les chars et leurs équipements : des perches de sapin pour ridelles, des planches de voitures, des caisses à cendres, etc. Parfois c'était aussi pour équiper le *moucher*, faire un fruitier, et bien autre chose.

Et puis, planter une vigne ? Il nous fallait beaucoup de piquets en acacia, nous trouvâmes notre affaire dans la forêt d'Authumes. A noter que M. Lejeune, négociant à Pierre, en vendait aussi.

Encaissements des ventes de bois de 1837 à 1867

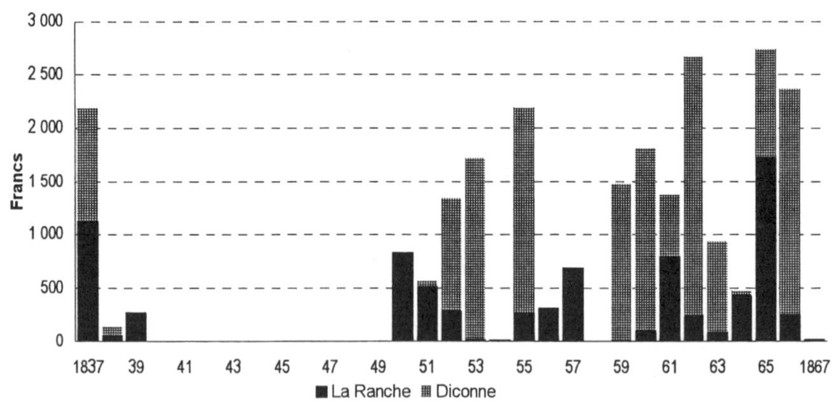

Quant au bois de chauffage me direz-vous, pas de besoin ? Eh bien, si, de temps à autre, pour les mêmes raisons. J'achetais alors deux *moules* de bois tout au plus, voire des ételles de chêne, de la *frâche* dans les coupes des forêts environnantes : le Bois de Question, celui des Quatre Seigneurs, etc. A ce propos, au printemps 1852, j'avais retenu deux *moules* de bois à M. Alexandre, régisseur du château de Terrans, quand il fit couper le Bois de Question tout près de chez nous ; l'un composé de taillis d'essences mêlées, l'autre de *frâche* de chêne et de charme, à 18 F pièce. Mais au moment d'en prendre livraison, des brigands m'en avaient volé, ce dont je me plaignis amèrement. M. Alexandre me remit quatre morceaux de *frâche* de chêne pour m'indemniser ; c'était correct. Finalement, en plus de vingt ans, je n'ai eu besoin que d'une dizaine de *moules*, vous savez pourquoi.

⇒ *La rentabilité*

Les ventes de bois représentent 17 % de nos recettes totales mais plus des deux tiers viennent de Diconne. Leur importance s'est même accrue dans ce village (passant de 31 à 42 %) alors qu'à La Chapelle nous assistons au phénomène inverse (de 10 à 7 %).

En trois décennies la hausse moyenne du prix du bois a été de 35 %, suivant l'évolution générale. Ainsi le revenu d'un hectare de forêt atteint environ 75 à 80 F ; la location de la terre ne rapporte que 60 à 65 F maximum.

Chez nous le chêne domine alors qu'à Diconne le bouleau est roi. Malgré cela, et un système d'exploitation différent (au niveau des coupes, de la clientèle, des débouchés), mes calculs m'ont permis de vérifier que le revenu moyen à l'hectare a été de 68 F pendant toutes ces années.

Mais en regardant cette affaire d'un peu plus près, le prix du taillis a augmenté de 20 % à La Chapelle et diminué d'autant là-bas pour les raisons que vous savez. Le rapport varie d'un bois à un autre et l'écart peut monter à 25 %. Au cours d'une même période, le Grand Taillis a donné 52,50 F et le Margrand 65,70 F.

Tableau 71 : Guerret-Guillemaut - Rapport global des bois de 1836 à 1867

	Taillis	Chênes	Bouleaux et trembles	Modernes et divers	Total (en Francs)	Rapport annuel / Ha
I - LA CHAPELLE (7,5 Ha)						
Produit (en F)	5 434,00	4 154,00	1 074,00	510,00	11 172,00	-
Répartition globale (en %)	48,60	37,20	9,60	4,60	1,00	
Répartition hors taillis (en %)	-	72,40	18,80	8,80	1,00	-
Rapport annuel par Ha (en F.)	**32,93**	**25,17**	**6,51**	**3,09**	**-**	**67,70**
II - DICONNE (14,7 Ha)						
Produit (en F)	8 080,00	5 493,00	7 627,00	956,00	22 156,00	-
Répartition globale (en %)	36,50	24,80	34,40	4,30	1,00	-
Répartition hors taillis (en %)	-	39,00	54,20	6,80	1,00	-
Rapport annuel par Ha (en F.)	**24,98**	**16,98**	**23,58**	**2,96**	**-**	**68,50**

Nb : Chiffres établis d'après les comptes des années 1836-1839 et 1850-1867 soit sur 22 années ; ils comprennent les ventes et le produit des utilisations personnelles (taillis et bois d'oeuvre).

Entre les années 1855-1865 nous avons eu tendance à couper les arbres plus vieux à La Ranche. Ce changement, qui freina nos recettes à ce moment-là, nous permit d'améliorer le rendement par la suite et nous en récoltons les fruits maintenant.

II - 4. 4 La vigne

La vigne n'a jamais eu une très grande importance dans notre région. Le cadastre de 1830 de notre village n'en mentionne que trois hectares produisant une centaine d'hectolitres de vin, ce qui ne couvrait pas les besoins. Dans notre canton seules des communes en bordure de la vallée du Doubs (Frontenard, Charette et Pierre) s'y intéressaient davantage mais cela ne dépassait pas un maximum de 30 hectares par localité.

Quelques treilles dans le jardin nous fournissaient un peu de raisin. Le prix du vin augmenta fortement jusqu'en 1856 puis retrouva un cours moins élevé, mais tout de même ! Et puis les journaliers exigeaient cette boisson plus souvent : au moment des moissons, des battages, etc. Finalement vers 1859-1860 j'ai planté dix ares de vigne dans le jardin. Au mois de juillet 1860 je m'en fus chez M. Noir dans le but d'acheter trois livres de soufre, ne voulant pas voir le mildiou chez moi. La vigne poussait. En septembre 1863 ma petite récolte de vin blanc ne remplit que la moitié d'une *feuillette* ; Claude-Denis Bailly me céda un *quartaut* de vin nouveau (à 15 F) pour compléter mon fût.

Maintenant il fallait consolider cette vigne, la soutenir correctement à l'aide de piquets en acacia, mais en trouver où ? Renseignements pris, Albert attela la jument et partit le 17 janvier 1864 en direction de la forêt d'Authumes. Deux mois plus tard trois voitures chargées de 200 piquets arrivaient dans la cour. Emiland Bon, acquéreur de la coupe ordinaire de M. d'Estampes, les avait vendus 0,35 F pièce en ajoutant encore 5%. Heureusement son gendre Thevenin, aubergiste dans ce village, en donna 17 en plus pour compenser d'éventuelles défectuosités. Nous trouvâmes trois rouleaux (15 kg) de fil de fer galvanisé chez M. Mittaine qui consentit à réduire le prix à un franc le kilo à cause de la mauvaise qualité. Seulement cela ne suffit pas et il en fallut deux fois plus pour ce premier fil. Albert avait aussi rapporté des raidisseurs de Dole, acquis à « La Flotte Anglaise » tenue par M. Besson-Janey ; hélas nous ne pûmes jamais nous en servir et le brave homme accepta de les reprendre. Des piquets plantés en ligne, un fil tendu malgré tout, cette vigne ne pouvait que prospérer. Cette même année M. Saule, balancier mécanicien à Lons-le-Saunier, nous livra son fameux pressoir à cylindre début septembre. Nous étions bien équipés, et tout allait pour le mieux. Au printemps 1865 un second cordon vint la soutenir davantage. Neuf bottes de 5 kg de fil de fer y passèrent mais je fis jouer la concurrence. Mittaine vendait son fil 3,50 F la botte et Cabot 3,375 F. Quant à Besson-Janey il affichait son fil galvanisé n°23-24 à 1,10 F le kilo. La prochaine récolte approchant, M. Cottard-Guichard, marchand au village, accepta de me remettre une tonne contenant trois *tonneaux* (6,84 hl). En novembre mon neveu Guillemaut, marchand de vin à Lessard, me livra un *tonneau* de vin rouge nouveau (à 50 F) provenant de Saint-Jean-de-Vaux, que nous mélangeâmes avec celui de notre récolte, ce qui fit une excellente boisson. En hiver mes domestiques installèrent des *panissets* contre la cave, le froid pouvait venir !

COURS DU LITRE DE VIN A LOUHANS (1856 - 1864)

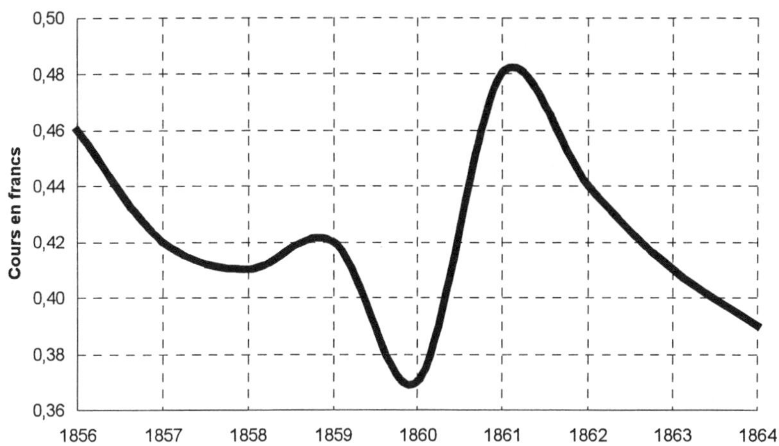

Le bonheur était chez nous à ce moment-là, avant le grand malheur qui vint nous frapper. Depuis 1866 je vends une grande partie de la récolte de vin blanc à des voisins ou à des connaissances : Marie Robert m'en prend un *quartaut,* Denis Henry une *feuillette*. Quelques cabaretiers des alentours sont intéressés : Longchamp, du Buisson-Jean-Chêne, et même Alix, cabaretier à Pierre. J'en obtiens 15 à 17 F la *feuillette* de 114 litres. L'an dernier six hectolitres s'en allèrent pour 82 F.

Tableau 72 : La Ranche, matériel et fournitures pour la vigne

MATERIEL	PRIX	ANNEES	VENDEURS	ADRESSES
Soufre (la livre)	0,40	1860	Noir	Pierre
Feuillette neuve	10,00	1862	Bourdillon	Pierre
Tâte-vin	0,40	1862	Deck	Pierre
Entonnoir (verre)	1,00	1862	Noir	Pierre
Chèvre (à tirer vin)	0,20	1864	Gauthey	La Chapelle
Fil de fer (botte 5 kg)	3,25	1864	Mittaine	Pierre
Pressoir à cylindre	120,00	1864	Saule	Lons-le-S
Raidisseur	0,28	1864	Besson-Janey	Dole
Piquet acacia (6 pieds)	0,35	1864	Bon	Authumes
Charrue à vigne	50,00 (1)	1864	Foucher	Terrans
Tonne (de 3 tonneaux)	15,00	1865	Cottard	La Chapelle
Fil de fer galvanisé (kg)	1,10	1865	Besson-Janey	Dole
Piquet acacia (6 pieds)	0,30	1865	Lejeune	Pierre
Echalas (6 pieds)	0,06	1865	Lejeune	Pierre
Robinet en bois	0,13	1866	Mittaine	Pierre
Robinet en fer	0,60	1866	Deck	Pierre
Tirette	0,25	1868	Noir	Pierre

(1) Prix : 50 à 60 F

M. Foucher, mécanicien renommé à Terrans, nous livra une charrue à vigne sans rouelles au mois de juin 1864, ce qui facilita le travail de préparation du terrain. Seulement, cela ne suffisait pas. Au mois d'avril le père Martin passa six journées à remplacer les plants manquants, à tailler. En fin de parcours, cinq autres ouvriers de La Ranche l'aidèrent à bâcher. Juste après la moisson le père Martin revint à la maison et travailla encore pendant trois jours à la vigne pour l'*ébougonner*. Et le cycle recommença l'année suivante. Mais au printemps 1866 j'étais bien seul et désemparé. Alexandre Mercey, l'un de mes neveux s'occupant de mes affaires, m'amena les frères Meulien, de Quain. Ils taillèrent la vigne vers la fin mars, la piochèrent début mai. Dans les premiers jours d'octobre les raisins étaient mûrs. La veuve Cretin et trois ouvriers étaient à pied d'oeuvre. Ils y restèrent deux jours. Après pressurage, j'avais cinq *pièces* et demie de vin nouveau ; ce vin fut mélangé à du rouge. Il restait la gêne. A la mi-décembre elle fut conduite au Chardenet à Terrans chez M. Bailly où le sieur Philippe, distillateur ambulant à Pierre, officiait. Il réclama 4,50 F pour son travail mais j'avais de la *goutte.*

II - 4. 5 Les abeilles (ou mouches à miel*)*

Nous avons des abeilles depuis très longtemps et ma mère les aimait ; leur miel nous enchante en hiver. Autrefois elles étaient logées fort modestement. A la fin de l'année 1839 Savy monta un *moucher* en briques qui fut garni de deux bancs destinés à recevoir les ruches en paille. La veuve Noirot ou la veuve Vincent, voire Joseph Vieux et les Simerey en confectionnaient et nous les fournissaient au prix de 1,25 F à 1,50 F.

Tableau 73 : La Ranche, ventes de miel de 1855 à 1867

ANNEES	ACHETEURS	PROFESSIONS	ADRESSES	POIDS (1)	COURS (2)	TOTAL
1855	Mme Belin	Vivandière	Besançon	41,00	0,50	20,50
1856	-	-	-	-	-	-
1857	Casimir	Boulanger	Pierre	32,50	0,65	21,10
1858	Mme Belin	Vivandière	Besançon	47,00	0,45	21,10
1859	Marquant	Vivandier	Dijon	60,00	0,50	30,00
1860	Casimir	Boulanger	Pierre	126,00	0,45	56,70
1861	Mère Chanussot	Vivandière	?	45,00	0,53	23,60
1862	Noir	Marchand	Pierre	89,00	0,40	35,60
1863	Mme Lavaud	Vivandière	?	55,00	0,35	19,20
1864	-	-	-	-	-	-
1865	-	-	-	-	-	-
1866	2 vivandiers	vivandiers	?	100,00	0,40	40,00
1866	Masson	Marchand	Pierre	14,50	0,30	4,30
1867	?	Vivandière	?	56,00	0,40	22,40
TOTAL	**-**	**-**	**-**	**666,00**	**-**	**294,50**
Moyenne	-	-	-	51,20	0,44	22,60

(1) Poids en livres

(2) Cours en francs la livre

Nous réussissions à appréhender des essaims et aussitôt il nous fallait des ruches avant l'été. Albert se passionnait pour ses abeilles et en 1854 il augmenta le nombre d'essaims. Dès 1861 l'ancien rucher s'avérait trop petit et vétuste. François Mauchamp, de la Boucharde, nous fit un *moucher* provisoire en attendant le nouveau. Nous trouvâmes des pierres brutes au marché de Bellevesvre pour l'entourage de la porte ainsi que pour le seuil. Pierre Malherbe construisit ce petit bâtiment et à la fin de l'année il ne manquait plus que la *chaînette* (chéneau) de 13 *pieds* que Deck posa au printemps. Les sept ruches bien abritées dans leur logis couvert de tuiles devaient prospérer.

Depuis 1855, en raison du développement donné à cet élevage, nous vendons une partie de notre miel au marché de Pierre à la fin de chaque hiver. Des vivandiers de Besançon, de Dijon, etc. nous en enlèvent une grande partie. Quand nous sommes d'accord sur le prix, ils chargent nos seaux de sapin remplis de ce nectar, voire des pots de terre ou de lourdes *trappes*, versent un acompte, et s'engagent à payer le reste à un prochain marché en rendant le récipient. Nous en fournissons environ 50 *livres* chaque printemps ; cela peut atteindre le double, et puis d'autres années... rien ! Le prix de la *livre* de miel est passé de 0,50 F en 1855 à 0,65 F deux ans plus tard. Cela n'a pas duré, le cours a chuté depuis et se stabilise à 0,35-0,40 F mais la moyenne se situe à 0,45 F.

Nous vendions parfois notre miel à Casimir, boulanger à Pierre, qui le prenait en dépôt et ne le payait que lorsqu'il avait tout écoulé. Nous préférons maintenant Elysée Noir, le marchand épicier qui nous règle au bout de deux mois seulement.

Les vivandiers ou M. Noir achètent aussi nos quelques *livres* de cire. Le prix a fortement augmenté : 1,40 F la *livre* en 1855 et 2,10 F de nos jours.

II - 4. 6 Le jardin et le verger

Le jardin et le verger (32 ares) jouxtant notre habitation constituent notre havre de paix. J'aime me reposer dans le pavillon de plaisance abritant aussi la cave. Je m'y retire de temps à autre, au milieu des fleurs aux senteurs inoubliables les soirs d'été. C'est aussi là que j'ai planté la vigne. Au fond les abeilles se tiennent un peu à l'écart. Nous rangeons les bêches, *fossous*, râteaux, arrosoirs sous le rucher. Une grande haie nous protège du vent, des poules, mais aussi des indiscrets. Et puis, tout au fond, la mare.

Nous apprécions beaucoup les bonnes choses et le jardin n'est pas seulement consacré aux légumes habituels. J'adore les asperges et j'en avais vu dans les jardins du château de Terrans. Là-bas je connais bien M. Grelley, le jardinier, qui promit de m'en remettre, ce qu'il fit à l'automne 1853. Il apporta donc les fameux plants d'asperges que je lui avais réclamés. Il déballa les *pattes* et les mit provisoirement en terre. Un carré de jardin soigneusement préparé fut réservé à cet effet. Deux ans après j'étais fier de ce coin pas comme les autres. Au printemps 1857 il fallait cependant se rendre à l'évidence : il manquait beaucoup de pieds. Je fis venir Bonardot, jardinier à Pierre, qui replanta 110 *pattes* pour combler les vides. Les asperges font depuis le régal de la famille et des invités. L'an dernier mon cousin Guerret, le briquetier, épandit deux voitures de sable dans les deux carrés pour leur redonner de la vigueur.

J'ai aussi quelques melons depuis trois ans. M. Noir m'a fourni les précieuses graines. A 0,40 F le melon chez Berry, ne vaut-il pas mieux les faire soi-même ? Nous cultivons aussi des radis et des *salsifs* (salsifis). Quant à la salade, nous y veillons, vous pensez ! Moi, j'aime la *pommache* (mâche). M. Noir ou M. Berry me vendent la graine.

Chaque année je vais trouver Berry, jardinier à Pierre, pour lui acheter plusieurs centaines de plants de choux à repiquer : des blancs, des frisés, des Milan, voire des choux d'York, on a le choix. Il en faut beaucoup pour la famille, les domestiques, les journaliers à nourrir chaque jour. Le tarif est passé de 0,50 F le cent à 0,40 F ces dernières années. J'ai aussi essayé les choux-fleurs depuis peu de temps : nous verrons les résultats. Le château de Terrans a un grand jardin comme vous le savez. J'y trouve parfois des nouveautés. Grelley, jardinier émérite, avec qui j'entretiens de bonnes relations, m'adressa une lettre au mois de juin 1854 pour m'avertir de l'urgence de prendre des choux. Le facteur me remit son papier dont la teneur suit :

« Terrans le 12 juin 1854

à M. Geiret Gilmot

à la Chapelle St Sr a la Ranches

Comme vous mavez demandes des choux de Miland, si vous ettes toujour dans le même desir, vous pouvez les faires prendres le plutot posible, votre dame mavez aussi demendes des petit onions pour replanter, vous pouvez les feires prendre tout ensemble le plutot que vous poures.

Monsieur je vous salu

Greley. »

Ah ! le brave homme, toujours à la disposition des autres.

Et les poireaux ? Ah ! la bonne soupe pour la maisonnée. Je trouvais mes deux ou trois paquets de cent *pourreaux* à replanter chez Berry ou chez François Combette à 0,20 F le cent. Quant aux carottes et aux pois, nous les cultivions dans le champ avec les pommes de terre.

Des journaliers et des femmes du voisinage viennent donner un coup de main pour le jardin, pas gratuitement bien entendu ! L'an dernier, après avoir levé la terre des côtés de la rue de La Ranche, les hommes l'ont épandue dans les carrés qui avaient grand besoin de reconstituant. Cela complète le fumier que nous y charrions en abondance chaque année. Mais le jardin, c'est tout un art. Je me suis documenté grâce à un colporteur de passage qui vantait un livre appelé « Le Bon Jardinier ». Il avait raison et la lecture n'en fut pas inutile.

Quand j'ai affermé La Ranche en 1866 je me suis réservé la totalité du jardin et de la vigne. Rolland doit me fournir toute la paille nécessaire à empailler et couvrir tout ce que nous devons garantir au jardin. Il doit aussi y transporter 33 mètres cubes de bon fumier.

Les fruits sont une richesse pour une bonne maison. Notre verger, quoique bien situé et spacieux, demeurait fort modeste. O ne croyez pas que nous étions en manque, mais tout de même. En septembre 1853 la récolte s'annonçait bien. Munis de paniers, nous nous rendîmes aux Vernes. Là, deux arbres de qualité donnèrent huit doubles de poires Martin ; un peu plus loin, trois poiriers sauvages en rendirent dix-huit. Les Guénuchot avaient aussi des poires Martin mais, ayant besoin d'argent, ils nous en cédèrent trois doubles et demi pour 5 F. Il restait à ramasser celles du poirier sauvage du buisson de la Bobère : 18 doubles ! une aubaine. Puis, au fil des jours, les valets remplirent encore trois doubles et demi de pommes. Que faire de tout cela ? Mon parent Nourry, le maire de notre village, possède une petite usine bien équipée, il pouvait donc nous arranger. Les domestiques chargèrent les fruits sur les voitures et partirent au bourg. Le cousin pressa notre chargement et les garçons revinrent avec quatre *feuillettes* de cidre. J'en ai donné une à mon granger Boissard qui me remercia chaleureusement. Cela assura la boisson des mauvais jours.

Deux ans plus tard la récolte fut vraiment exceptionnelle, ce qui permit de remplir deux *tonneaux* de bon cidre de poires (pour les trois quarts) et de mauvaises pommes. Mais il restait bien des fruits. Nous les vendîmes à M. Bulgniard, de Pierre : 37 doubles de pommes, 13 de poires et 2 de nèfles, le tout négocié à 1,25 F le double. Nous fîmes encore du cidre de temps à autre, mais jamais autant. Pour son travail mon cousin Nourry demandait 1 F par *feuillette* en 1853, puis 1,25 F et enfin 1,50 F en 1863.

M. Grelley avait greffé quatre pommiers, et Claude Moucaud nous apporta des plants de pêcher ... bien ! Mais tout cela ne suffisait pas à Albert qui voyait déjà un beau verger digne de ce nom à La Ranche. Dans la région rien ne pouvait combler ses désirs. Il s'en alla fort loin, à Givry près de Chalon où se trouvait un excellent horticulteur nommé Renaud, recommandé par des connaissances. C'était, je m'en souviens, le jour de la St-Sylvestre 1863. Albert visita sa pépinière qu'il trouva fort belle et y choisit quarante poiriers et quatre pêchers pour 31 F. Cependant il manquait encore quelques arbres pour terminer son oeuvre. Au printemps suivant mon fils demanda à M. Bidaut, marchand de vin à Givry (l'ex-associé de mon neveu Guillemaut), d'aller chez M. Renaud et de rapporter seize poiriers, dont douze sur *frane* à 0,75 F et quatre sur cognassier à 0,60 F. Tout était donc maintenant achevé. Ah ! le beau verger, en effet. Que d'espoir pour Albert... Le destin ne lui a pas permis de le voir grandir. Et il avait aussi acheté du lambris pour fabriquer un fruitier portatif comportant douze casiers qu'il mit à la cave. Cela me rend bien songeur maintenant !

II - 4. 7 Les mares : le poisson

Deux grandes mares au milieu des terres du Champ Ruget : des creux boueux entourés de roseaux et de nénuphars aux grandes feuilles étalées comme des plateaux. Ce sont aussi les repères de grenouilles énormes et verdâtres qui se gonflent les soirs d'été pour entonner leur chant monotone et répétitif : « croquas... croquas... » Je les maudis parfois. Et de plus une odeur de vase désagréable se dégage de ces trous sans fond.

Vers la fin février et au mois de mars arrivent les pêcheurs d'étangs qui vident les eaux de ces grands espaces bas et sauvages pour la récolte du poisson. Il y en a beaucoup autour de notre domaine et j'en profite pour acheter des carpes d'une bonne *livre,* tantôt à Rivai, tantôt à Chat, voire à Grosbois à l'étang de M. Baron. Je les paye généralement 0,40 F la *livre*, pas plus. Je les rapporte dans des seaux et les déverse dans nos mares ; je pense en retirer plus tard de beaux poissons jaunâtres bien gras.

Nous avons décidé - Albert et moi - d'empoissonner le grand fossé du jardin et du verger. Pour cela, il fallait attendre la pêche de l'étang des Loups au printemps 1862. M. Alexandre, du château de Terrains, nous vendit un *quarteron de carpailles* 2,50 F. Oh ! Elles n'étaient pas bien grosses, mais cela suffisait. Quant Guindé vida l'étang de Rivaye au printemps suivant, nous étions sur la levée pour y prendre encore une trentaine de *carpailles* qui rejoignirent les autres au grand fossé.

Nous pêchons généralement à l'épervier. C'est commode, et pas trop fatigant. Mais Albert pratiquait parfois la pêche à la ligne. Il avait trouvé de la ficelle et des hameçons à Pierre chez Cordelier. Quant à sa perche de noisetier, ne cherchez pas sa provenance ! Que de patience pour cet exercice ! Mais quand on a du temps libre, cela ne compte pas.

II - 5. Les échanges

II - 5. 1 La commercialisation des céréales

⇒ *Les ventes de blé*

Avant 1840 je vendais presque tout mon blé à la ferme (85%), principalement à des marchands du canton, et surtout à mon parent Chaux, de Saint-Bonnet, qui avait différentes activités : les céréales, le bois, le vin, etc.

Chaque année j'en remettais aussi quelques hectolitres à des journaliers du voisinage : les Guillemin, les Guénuchot, les Vorey, Philibert Roux, ainsi qu'à quelques familles de la commune. Ils en prenaient le plus souvent un ou deux *boisseaux,* rarement plus, et certains en semaient un peu près de leur maison dans un tout petit coin de terre à eux. J'avais éveillé la curiosité en 1856 avec mon blé étranger, vous vous en souvenez ? Tout le monde voulait marcher dans mes pas, même à la grosse ferme de Folnard - celle de M. de Loisy. Ce petit commerce dura jusqu'en 1861, puis chacun s'approvisionna autre part. Certains, comme les Guénuchot ou Marie Robert - et ce depuis les années 1857-1858 - en retenaient un sac complet en me demandant de le garder momentanément avant de le livrer aux voituriers des moulins qui leur rapportaient ainsi directement de la farine pour leur pain.

Tableau 74 : LA RANCHE - Les ventes de blé de 1836 à 1865

ANS	TOTAL	A LA FERME				AUX FOIRES ET MARCHES									
	(Hl)	Hl	%	Part (1)	Négoc (1)	Hl	%	P	B	LC	M	SG	LB	V	BS
1836-39	103,2	**87,4**	**84,7**	4,8	82,5	**15,8**	**15,3**	12,3	-	-	-	-	-	-	3,5
%	-	-	100	5,5	94,5		100	77,8	-	-	-	-	-	-	22,2
1850-54	84,4	**11**	**13**	9,0	2,0	**73,4**	**87**	18,6	49,4	-	-	5,4	-	-	-
%	-	-	100	81,8	18,2		100	25,3	67,3	-	-	7,3	-	-	-
1855-59	68,9	**12,3**	**17,8**	9,0	3,3	**56,6**	**82,2**		45,1	2,0	4,0	4,0	-	1,4	-
%	-	-	100	73,1	26,9		100		79,7	3,5	7,0	7,0	-	2,5	-
1860-65	139,8	**7,1**	**5,1**	7,1	-	**132,7**	**94,9**	33,7	46,8	-	-	32,0	20,0	-	-
%	-	-	100	100,0	0,0		100	25,4	35,3	-	-	24,1	15,0	-	-

(1) Particuliers et négociants (ventes en hectolitres)
P = Pierre ; B = Bellevesvre ; LC = La Chapelle-St-Sr
M = Mervans ; SG = St-Germain-du-Bois ; LB = La Balme (à Bouhans)
BS = Bletterans (Jura) ; V = Verdun-sur-le-Doubs (Saône-et-Loire)

Avec ces gens-là le prix était fixé selon le dernier cours connu des marchés de Pierre ou de Bellevesvre. Lorsque ma dernière vente se trouvait trop éloignée pour y faire référence, nous décidions d'un commun accord d'appliquer le tarif du prochain marché, car je ne vendais pas du blé tous les jours, vous le comprenez ! Alors le voisin repartait avec son petit sac de grain, mais nous étions en compte.

Le 6 décembre 1852 Marie Robert vint à la maison et réserva un sac de blé sans que le prix fût fixé. Huit ou dix jours plus tard elle accourut, voulant absolument payer les céréales 4,20 F le double car elle craignait la hausse, me dit-elle. Après coup elle me demanda de livrer la marchandise au voiturier du moulin de Chavenne. Parfois certains journaliers se trouvaient dans une situation fort délicate. Philibert Roux, qui avait reçu quatre doubles de *sement* à 7 F l'un au mois d'octobre 1856, connaissait une grande misère. L'année suivante, je lui fis savoir qu'en raison de son état, il n'avait qu'à me rendre la même quantité sur sa récolte. Il ne put même pas y faire face. Voyant cela je lui ai quitté 2,40 F par double ; son compte se trouva soldé par ses journées de travail à la ferme. Quant à Charles Vorey, c'est une autre histoire et j'eus bel et bien un doute à son sujet au mois d'avril 1859. Il fit mettre de côté six doubles que je devais livrer au voiturier du moulin de Ruffey. Peu de temps après il prétendit que le marché ne portait que sur cinq doubles, malgré les écritures dans mon livre de comptes. Nous acceptâmes bien que cela ne fût pas clair du tout ; une affaire à suivre... me dis-je !

LA RANCHE - VENTES DE BLE DE 1837 A 1867

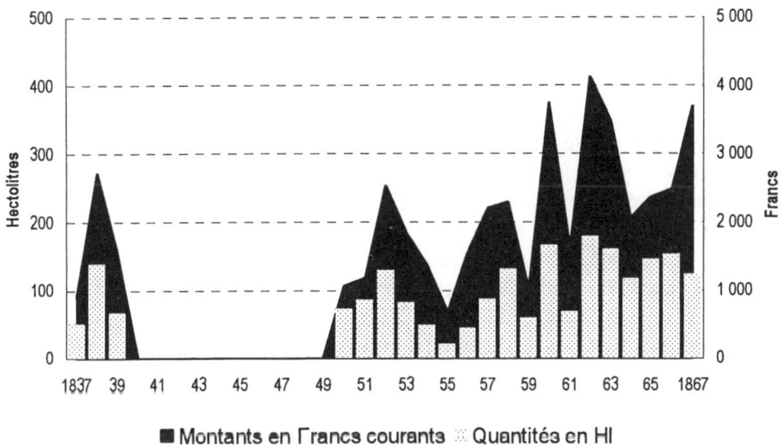

Les ventes à la maison, sauf aux particuliers, se réduisirent à néant - ou presque - après 1845, les affaires se traitant aux marchés aux grains de la région. La commune de Pierre avait obtenu l'autorisation de tenir un marché au blé sur la place de l'arbre de la liberté dès 1832 mais ne possédait pas de halle. Lorsque la pluie menaçait, les cultivateurs préféraient rester chez eux par crainte de perdre leur denrée. Les marchands, au fait de ce problème, s'abstenaient dans ce cas-là, ne voulant pas venir pour rien. Vers 1840 l'état des chemins de la région s'était nettement amélioré, ce qui facilita les transports et ouvrit les routes des départements voisins, surtout du Jura, naguère étranger pour nous. Les espoirs se tournaient principalement du côté d'Arbois et du Haut-Jura, ainsi que de la Suisse, régions manquant de blé, mais pouvant nous fournir du bois de sapin, des fers, de la pierre, et du fromage dit de Gruyère. Quant à Dole, nous n'en attendions pas grand chose car il y a trop de blé dans la vallée du Doubs, et cette ville peut s'approvisionner au port voisin de Gray (Haute-Saône) où arrivent des bateaux chargés de blé d'Alsace à meilleur prix par le canal Rhin-Rhône. Un marché au blé illégal se créa de lui-même à Bellevesvre chaque vendredi. Il faut dire que ce village est à la porte du Jura, proche de Bletterans, et dessert aussi Sellières, Lons-le-Saunier. Dès 1843 la commune construisit une halle pour la vente et l'entrepôt des céréales. Pierre protesta énergiquement et s'empressa d'édifier à la hâte une halle de fortune couverte en chaume, grâce au concours de ses habitants intéressés. Le premier marché s'y tint en décembre 1843 et démarra bien, mais c'était déjà trop tard, Bellevesvre ayant pris le pas. Commerçants et industriels du chef-lieu de canton se plaignirent amèrement et la construction de nombreux bâtiments à destination mercantile fût stoppée ; loyers et valeurs foncières chutèrent d'un seul coup. Dès 1845 Mervans et Saint-Germain-du-Bois eurent aussi leur halle au blé et leur marché ; Bellevesvre obtint une autorisation en bonne et due forme. Tout ceci bouleversa les habitudes antérieures. L'ouverture de la ligne de chemin de fer P.L.M.

va encore tout modifier, surtout lors de la jonction Chalon-Lyon en 1854. Par la suite des blés d'Orient arrivèrent de Marseille pour approvisionner le grand marché national de Dijon. Mais aujourd'hui rien n'est perdu et nous attendons la mise en service de la ligne Chalon-Dole, en cours de construction. Dans cette optique Pierre vient de construire une nouvelle grenette, fort belle et spacieuse. Bellevesvre, trop éloignée de cette nouvelle voie, perd actuellement du terrain, les espoirs sont ailleurs. Moi, je ne suis plus concerné par toutes ces transactions, que voulez-vous ? Mais je regarde ces bouleversements.

Avant la construction de halles au grain dans la région, nous ne fréquentions les marchés au blé que deux fois l'an tout au plus ; vers 1850 nous nous y rendions plus souvent : 5 à 6 fois, vendant ainsi de 6 à 25 hectolitres par marché (en moyenne) et parfois beaucoup plus. Vers 1857-1858 nous étions quasiment tous les mois à Bellevesvre avec un chargement de six ou sept sacs. Par la suite nous avons continué notre manège mais en espaçant nos sorties, je vous en reparlerai. La plupart de ces transactions avaient lieu du printemps au mois de juillet, et surtout en mai-juin, quoique ce ne fût pas une règle absolue. La majeure partie de notre chargement était achetée par des négociants ; les particuliers n'intervenaient que pour de petites quantités, quelques doubles, au maximum un sac entier, et pas souvent ! Après 1860 je ne traitais d'ailleurs qu'avec des marchands, c'était plus commode.

Avant 1840 seule Bletterans avait une halle où je me rendais parfois : les employés prélevaient 3 *sous* ½ par sac (0,175 F) de frais de magasin. Bellevesvre demandait 3 centimes par double après 1850, puis abaissa son tarif à 2 centimes. D'ailleurs St-Germain affichait 8 centimes par hectolitre et 3 si l'on entreposait d'un marché à un autre. Les communes avaient équipé leurs halles de sapines (ou cuviers de sapin), de doubles, de demi-doubles (1 décalitre), de racloirs, etc. , mais il fallait payer le service.

- Les marchands de blé

Les négociants rencontrés aux marchés de la région venaient surtout du Jura. Il s'agissait généralement de commissionnaires intervenant pour des grands moulins de la région de Dole, de Bletterans, et du Haut-Jura. Certains de ces marchands alimentaient aussi la Suisse, et d'autres pays, que sais-je ? Mes principaux acheteurs ont été :

- Lenoir, commissionnaire de M. Lombard (moulin de Parcey, Jura), 1851-1852 ;
- Olivier, marchand à Bellevesvre, 1851-1859 ;
- Lami, commissionnaire de M. Meuneret à Dole, 1857-1865 ;
- Jean-Pierre Germain, marchand à Villevieux (Jura), 1858-60 ;
- Miseraie, négociant et commissionnaire de moulin, à Villevieux, 1857-1865 ;
- Gelot père et fils, négociants en grains à Louhans (Saône-et-Loire), 1860 et 1863.

Quelques marchands du canton achetaient pour d'autres régions (Lyon), acheminant leurs denrées par la Saône (à Verdun) ou par la Seille (Louhans). Les marchandises vendues directement au marché (de 6 à 7 sacs) étaient livrables et payables de suite. Mais les transactions les plus importantes se traitaient *à la montre* (ou sur échantillon).

Parlons maintenant du « vieux » temps d'avant 1840. Je vendais alors quasiment tout aux négociants du canton, et surtout à mon parent Chaux, de St-Bonnet. Je le rencontrais au marché de Pierre, ou bien il venait à la maison. Nous arrêtions le prix et la quantité cédée : de 100 à 200 *boisseaux* à livrer chez lui, voire au port de Verdun (sur la Saône) ou à Frontenard chez le sieur Robert, aubergiste, chez qui il faisait entreposer. Dès accord il me versait un acompte, variable selon le marché et mes besoins. Puis à sa demande mes garçons effectuaient plusieurs voyages aux lieux indiqués ; mon parent prenait en charge une partie des dépenses d'auberge. Mes domestiques rapportaient du vin au retour. En 1836-1837 j'ai fait bien des déplacements au loin pour vendre mon blé. L'acquéreur nous fournissait les sacs et nous mesurions à Frontenard à « la mesure de Verdun ». Mon cousin m'avançait parfois de l'argent en cas de besoin, à valoir sur du blé non battu, livrable à sa convenance. Ainsi le 24 novembre 1837 il me prêta 600 F et j'ai signé une reconnaissance sur papier libre. D'autres fois, c'était pour payer mes impôts ; qu'importe... nous étions en compte régulièrement.

Tableau 75 : LA RANCHE - Ventes de blé de 1836 à 1865 (l'origine des marchands)

Ans	Total	Saône-et-Loire				Jura							Côte d'Or	Inconnue
		Total	P	SG	L	Total	A	BS	D	LS	R	S	S	
1836-39	98,2	**93,2**	93,2	-	-	**2,1**	-	-	1,7	0,6	-	-	**0,0**	**3,0**
%	-	94,9	-		-	2,1	-	-	-	-	-	-	0,0	3,0
1850-54	71	**14,3**	14,3	-	-	**52,9**	-	8,5	39,3	2,0	-	3,1	**0,0**	**3,8**
%	-	20,1	-	-	-	74,5	-	-	-	-	-	-	0,0	5,4
1855-59	55,8	**11,8**	11,8	-	-	**39,7**	-	29,5	-	2,1	-	8,1	**0,9**	**3,4**
%	-	21,1	-	-	-	71,1	-	-	-	-	-	-	1,6	6,1
1860-65	131,2	**46,9**	11,7	-	35,2	**83,1**	11,9	50,7	13,7	-	6,8	-	**0,0**	**1,2**
%	-	35,7	-	-	-	63,3	-	-	-	-	-	-	0,0	1,0

Chiffres en hectolitres

Les cantons indiqués :

Saône-et-Loire : P = Pierre ; SG = St-Germain-du-Bois ; L = Louhans

Jura : A = Arbois ; BS = Bletterans ; D = Dole ; LS = Lons-le-Saunier ; R = Rochefort

et S = Sellières

Côte d'Or : S = Seurre

D'autres négociants du chef-lieu de canton intervenaient dans ces affaires de céréales : Jean Chevriaux-Louis, Boiteux, Claude Monnot (marchand de vin et de grain) ; je leur confiais quelques opérations.

Quand j'allais au marché de Bletterans (Jura), j'y conduisais quelques sacs de blé, mais aussi des *gaudes*, du sarrasin, etc. J'en profitais pour rapporter du vin de Comté, des planches, voire de l'outillage, et bien d'autres choses dont je ne me souviens plus.

Ne croyez pas que tout ce commerce se déroulait sans problème. Le 10 décembre 1849 je dus me résoudre à ramener mes 60 doubles du marché de Pierre, rien ne se vendait. Enfin ! Nous dînâmes, Albert et moi, chez Prieur, puis je m'en fus solder ma cote d'impôts chez le receveur municipal : 161, 40 F ; enfin, j'ai réglé 5 F à M. Baron pour le rouissage de 5 *rets* de chanvre dans son étang.

Des différends survenaient de temps à autre avec les marchands, mais ne pensez pas que c'était habituel, cela fait partie des affaires. Le 17 décembre 1852 je vendis « à l'échantillon » 400 doubles à 3,90 F l'un (plus 5 F d'étrennes) à P. Lenoir, d'Asnans (Jura) qui me dit agir pour M. Lombard, meunier à Parcey (Jura). Nous convînmes de mesurer les céréales dans ma grange le jeudi 23 décembre, et j'avais exigé d'utiliser mon double ou un que j'accepterais. D'abord Lenoir ne vint que le lendemain avec ses sacs.Nous devions charrier le blé chez Monnot, boulanger à Pierre. Il s'était engagé à payer après le mesurage. La première livraison fut donc effectuée et payée de suite ; le reste attendrait quelques jours. Le 30 décembre Albert arriva chez Monnot avec les 27 *saches (*190 doubles) convenues dans ce marché. Lenoir n'était pas au rendez-vous et mon fils, embarrassé, fit monter les sacs au grenier du boulanger, avec instruction à ce dernier de livrer la marchandise et d'encaisser les fonds. Cependant Monnot exigea un écrit l'autorisant à recevoir l'argent ou bien à refuser de remettre les grains si l'acheteur souhaitait les lever sans le sou. Finalement Lenoir prit le blé et versa 755 F, devant encore les 5 F d'étrennes qu'il ne voulut jamais acquitter, soutenant qu'il ne les avait pas promis. Je ne désirais pas plaider avec cet homme de mauvaise foi, j'en fis l'abandon après l'avoir mis en demeure de me payer. C'en était fini avec lui !

Un marchand de Pierre ne me réglait pas mes 50 doubles vendus à la foire de La Chapelle en novembre 1858. Le 8 décembre suivant, perdant patience, j'ai dépêché mon premier valet François Chalumeau ; le négociant, contraint et forcé, lui remit l'argent sur-le-champ.

Bachelet, marchand de son à La Chassagne (Jura), ne respecta pas scrupuleusement le terme de paiement d'un marché à un autre convenu à Bellevesvre en juin 1857. Il me fit attendre jusqu'au mois d'octobre pour toucher le reliquat de 57 F. Les affaires s'arrêtèrent là avec ce commerçant incertain.

L'an dernier mon neveu Alexandre Mercey, qui s'occupe de mes affaires, me prévint par lettre le 25 novembre qu'il venait de vendre le restant de mes blés de 1864 et de 1865 à M. Picard, négociant à Saint-Germain-du-Bois, au prix de 6,10 F le double. Le marchand me confirma par écrit son engagement verbal puis me fit envoyer 25 *saches* pour une première livraison de 250 doubles. Picard paya correctement à mon neveu. Le 8 décembre mon fermier Rolland chargea encore plusieurs voitures de blé et les convoya au magasin de M. Picard. Ce dernier accusa réception des 321 doubles en remettant un papier à Rolland. Cependant dans sa lettre il prétendait avoir acheté 500 doubles à peu près, 20 de plus ou 20 de moins. Comme il en reçut 52 de plus et qu'entre temps les prix baissaient, il entendait payer mon blé moins cher ! Je fus fort étonné de son attitude et me suis informé auprès de mon neveu. Finalement Picard respecta le prix convenu. Non mais ! En tout cas, il avait tenté de réduire mon dû, je m'en souviendrai.

• Les transactions

Lorsque nous battions encore au fléau, nous vendions beaucoup de blé en août-septembre (38% de la récolte) peu avant les semailles et afin d'obtenir de l'argent liquide, puis en décembre-janvier (23%) à la fin des grands battages d'hiver. Vers 1850 la moitié du blé partait en mauvaise saison et le quart juste avant la moisson. Mais depuis bien longtemps déjà les affaires s'échelonnaient tout au long de l'année ; et puis il y a suffisamment de marchés et de grenettes dans la région.

Les ventes « à l'échantillon » - dites aussi *à la montre* - sont fréquentes chez nous et portent sur des quantités importantes : de 100 à 600 doubles en ce qui me concerne. Je me souviens des marchés de Pierre en 1843 ; nous avons vu affluer quantité d'acheteurs venant de la Suisse, pays où il manquait beaucoup de blé cette année-là. Ils ne purent pas s'approvisionner correctement sur nos marchés *à la montre* qui n'étaient pas dans leurs convenances et dans leurs habitudes. Autrefois cette forme de vente était moins courante malgré tout car de nombreuses affaires se traitaient directement à la ferme où l'on voyait toute la marchandise. Cependant aller au marché avec de grosses quantités de céréales comporte des risques : la pluie peut tout gâcher. Et puis les marchands ne sont pas forcément équipés pour repartir avec autant de sacs ce jour-là. Aussi nous portions un ou plusieurs petits sacs de blé que nous montrions à l'acheteur. Le prix était donc fixé selon les cours du moment.

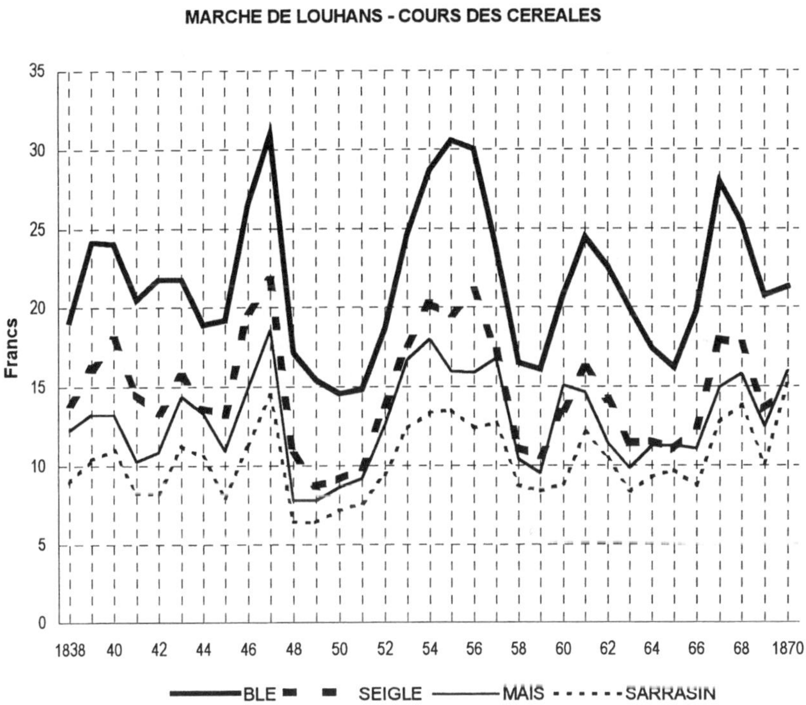

Le 17 février 1840 je vendis 80 *doubles boisseaux* au marché de Bellevesvre à M. Coock, agent de M. Duvanois, un marchand de Franche-Comté, sur la base de 5,90 F, à mesurer à l'usage de Comté. Le commissionnaire prit la *montre* et ne donna pas d'arrhes. C'était curieux. Je devais livrer le 26 du mois chez Nouvelot, aubergiste à Bellevesvre. Finalement l'usage de Comté, qui consistait à mesurer *racle* (à raz), me convint parfaitement car il me fit gagner un *boisseau*. J'en fis don à Nouvelot qui m'avait aidé à mesurer. Si dans les années cinquante cette forme de vente représentait déjà la moitié de mon négoce au marché, elle chuta par la suite car je vendais de plus petites quantités. Depuis la forte reprise de mon activité (à partir de 1858) nous négociions 70% du blé « à l'échantillon », ce qui portait sur de très grosses quantités allant de 20 à 120 hectolitres par opération. Les transactions avaient lieu aux foires de notre canton (Bellevesvre ou Pierre) et de celui de Saint-Germain-du-Bois ; la livraison du blé suivait quelques jours plus tard, la plupart du temps dans une auberge, lieu servant d'entrepôt provisoire. Les marchands avaient des circuits de ramassage bien organisés. Les négociants de Dole faisaient livrer à Pierre (à l'Hôtel du Parc), ceux de Bletterans ou du Haut-Jura demandaient naturellement Bellevesvre ; enfin ceux de Louhans préféraient Mervans. Lorsqu'en hiver le dégel menaçait, ils avançaient la date convenue. S'ils avaient une confiance totale, ils ne mesuraient qu'un sac ou deux.

Autrefois nous vendions nos céréales au *double boisseau* (1/4 d'hl), ou à la « mesure » de Pierre (27,4 litres), voire au *bichet* ancien (228 litres) dont seul le souvenir subsistait ; ces mesures furent supplantées par le double (double décalitre ou 20 litres) après 1840 et il reste fort prisé dans la région. J'ai réalisé ma première vente de blé au poids le 1er mars 1858 à la foire de Mervans : 100 « doubles à l'échantillon » à Jean-Pierre Germain, au prix de 23 F les 100 kilos, livrables à Bellevesvre le 5 mars. Mon blé pesa 16 quintaux métriques, soit 16 kilos le double (ou bien 80 kg/hl) ; après coup, j'ai évalué ma vente à 3,66 F le double pour m'y retrouver. Par la suite il y eut bien d'autres affaires importantes au poids et, de 1860 à 1865, elles atteignaient le tiers du négoce au marché. Il s'agissait d'ailleurs toujours de transactions « à l'échantillon » portant sur de très grosses quantités : de 40 à plus de 90 quintaux par opération. Moi, je pensais que cette nouvelle forme de vente était irréprochable, je n'en suis plus aussi sûr. Le 27 août 1860 Albert se trouvait à la foire de La Balme (Bouhans) et y vendit 600 doubles moitié 1858 et moitié 1859 à M. Mercey, commis de M. Gelot, négociant à Louhans, à raison de 30 F les 100 kilos, livrables à Mervans chez Guilleaud. Le 2 septembre nous avons emprunté la bascule de M. Casimir (boulanger à Pierre). L'acheteur voulait des sacs de 110 kilos. Pour nous, il fallait 142,66 litres par contenant. Au cours de cette journée 60 sacs furent livrés chez François Guilleaud. La deuxième livraison suivit immédiatement, et j'ai compté : 84 *saches* de 110 kg, soit 9 240 kg, à 0,30 F le kilo pour un montant de 2 772 F. Mais j'ai poussé mon calcul à la dernière rigueur : au poids de 15,42055 kg par double, soit un total de 9 252 kg et 33 grammes, cela faisait 2 775,69 F. l'acheteur déduisit un sac complet pour compenser les emballages et Albert revint avec 2 747 F. J'étais content, avec un double estimé à 4,62 F. Cependant, au mois d'avril 1863, mon opinion changea, ayant encore cédé du blé à M. Gelot. Nous avons pesé nos sacs sur la bascule de M. Noir. L'acheteur amena sa propre bascule à Mervans, lieu de livraison, et finalement nous perdîmes un kilo par sac. Curieux ! Albert se débattit et n'y consentit qu'en raison de la promesse faite par Mercey, le commis, de vérifier à son retour sur une autre bascule à Louhans. Il devait en rendre compte à la prochaine foire de Pierre du 20 avril. Nous n'avons rien touché et finalement la perte s'éleva à 18,70 F. Cela me montra que, malgré de grandes précautions, on peut perdre aussi bien au poids qu'à la mesure.

Notre production de blé ayant beaucoup augmenté ces dernières années, dès 1860 nous pouvions nous permettre d'en conserver une partie que nous cédions avec quelques mois ou une année de décalage. Ces opérations n'ont guère amélioré nos recettes à cause de la volatilité des cours.

Les paiements étaient effectués au comptant en pièces d'or et d'argent dès la livraison. Gelot, négociant à Louhans, fut le premier à nous payer différemment le 6 septembre 1860 après la vente de La Balme. Il devait 2 747 F. Albert reçut un billet de banque de 1 000 F et le reste en pièces d'or de 20 F ainsi qu'en monnaie pour l'appoint. Les habitudes changeaient rapidement. Miseray, qui me devait 687 F de blé en décembre 1865, fit déposer cette somme chez M. Mittaine-Sergent, négociant (et banquier) à Pierre qui la porta à mon crédit puis m'adressa un récépissé par la poste. Il fit de même l'année suivante. Le 20 avril dernier, nous donnâmes l'ordre au négociant de verser l'argent du blé, soit 2 676 F, chez Maître Jolyet, notaire à Pierre, qui les garde provisoirement en dépôt, nous verrons.

Le cours du blé évolue rapidement. De 17,70 F l'hectolitre en 1837 il passa à 24 F en 1840 pour redescendre à 18,87 F quatre ans plus tard. Il connut une flambée en 1847 au moment de la crise, approchant 35 F. L'année 1848 fut mauvaise pour nous : 17 F ! Deux ans plus tard, il était à 14,50 F ; alors les salaires et les prix baissèrent, ce qui rééquilibra la situation. La remontée fut lente, jusqu'à 30 F en 1855-1856. Cela n'a pas duré, la baisse nous frappa au moment même où nous venions d'augmenter les domestiques qui réclamaient fortement, vous vous en souvenez. En 1859 le blé avait perdu la moitié de sa valeur. Alors maintenant cela reprend : 25 F cette année, mais je ne suis plus concerné directement. En dehors des fortes évolutions périodiques, les cours changent d'un marché à un autre. Tenez, en 1865 : 3,55 F le double à Bellevesvre le 7 avril, 3,35 F à Mervans le 2 mai, et 3,15 F à St-Germain le 21 décembre. Nous essayions bien de vendre au mieux, mais allez prévoir dans de telles conditions ! Et quand on sait que le commerce du blé représentait 40% à 50% de nos recettes, c'était énorme.

⇒ *Les ventes de céréales secondaires*

Le maïs n'a jamais fait l'objet d'un grand commerce qui, en année ordinaire, ne dépassait guère un hectolitre, et encore ! Il passa malgré tout du quart de la récolte à près de la moitié pendant le *grangeage* (1852-1854) pour tomber aussitôt et finir à 3% ces dernières années. Une misère !

Nous fournissions des *sements* à quatre ou cinq journaliers ou habitants du voisinage dès l'arrivée du printemps. Chacun n'en demandait qu'un double, voire un demi. Et puis ils prenaient des *gaudes* et un peu de *turquis* vert à moudre. Mais quand le petit commerce des *gaudes* finit en 1856, cela ne changea pas grand chose. D'ailleurs nous avions besoin de tous nos grains pour les bêtes.

Tableau 76 : La Ranche – Ventes de céréales secondaires de 1836 à 1865

Périodes	Maïs		Sarrasin		Seigle		Avoine		TOTAL	Blé (1)
	Hl	%	Hl	%	Hl	%	Hl	%	Hl	Hl
1836-1839	**10,4**	76,5	**0,8**	5,9	**2,4**	17,6	**0**	0	**13,6**	103,2
1850-1854	**13,3**	56,4	**5,3**	22,5	**0**	0	**5**	21,1	**23,6**	84,4
1855-1859	**1,7**	34,7	**3,2**	65,3	**0**	0	**0**	0	**4,9**	68,9
1860-1865	**0,7**	12,7	**4,8**	87,3	**0**	0	**0**	0	**5,5**	139,8

(1) Ventes moyennes annuelles de blé indiquées pour mémoire

1852-1854 : période de "grangeage"

Moyenne annuelle 1836-39 (hors années 1837 exceptionnelle)

0,9 hl de maïs au lieu de 10,4 hl

Bien sûr, il y eut quelques années pas comme les autres, pour diverses raisons. En 1837 je voyais beaucoup trop de *gaudes* au grenier et elles avaient déjà deux ou trois ans. Qu'en faire ? Elles pouvaient perdre toute leur valeur. Soixante-quatorze *boisseaux* partirent à la grenette de Bletterans, quelques sacs furent livrés pour payer l'achat de truies ; je fis un échange contre des pommes de terre, mes beaux-frères vinrent à mon secours et puis, le père Vernanchet qui faisait la quête en reçut un demi-*boisseau* (des bonnes de l'année précédente). Au printemps 1852 les valets quittant mon service pour cause de changement de mode d'exploitation reçurent du maïs et des *gaudes* en guise d'indemnités. Mais après, n'ayant plus de domestiques et peu de journaliers à nourrir, je pouvais vendre partiellement ma part de récolte remise par le *granger*. Une grande partie s'en allait au marché de Bellevesvre où je le vendais au détail, voire à quelques marchands du Jura. Secrétan, négociant à Lons-le-Saunier, fut mon principal acheteur à ce moment-là, mais cela ne dépassait pas les dix hectolitres. En 1854 j'ai liquidé le surplus conservé dans mon grenier. Le 16 juin je vis arriver Claude Richard-Cordelier qui me demanda trois doubles de *gaudes* de gros *turquis*. Il avait en poche un bon de huit francs que lui avait donné M. le curé du village. Il obtint satisfaction et le prêtre me paya le jour du 15 août.

Au printemps 1866 il me fallait bien écouler le turquis. Qu'en faire maintenant ? Blanchot, le gendre du père Nouvelot de Bellevesvre, me débarrassa d'une partie des *gaudes* ; des particuliers étaient intéressés, et mon voisin Claude Richard, fermier de M. Druard, en prit 55 doubles. Dès le début du mois d'août je n'avais plus rien à vendre, ayant encaissé 397 F depuis le 1er janvier.

Le cours du maïs a suivi celui du blé, avec des hauts et des bas, mais avec un écart négatif de 40%. Cela n'avait pas grande importance car sa part est passée de 2,6% de nos recettes avant 1840 à 0,2% en 1860.

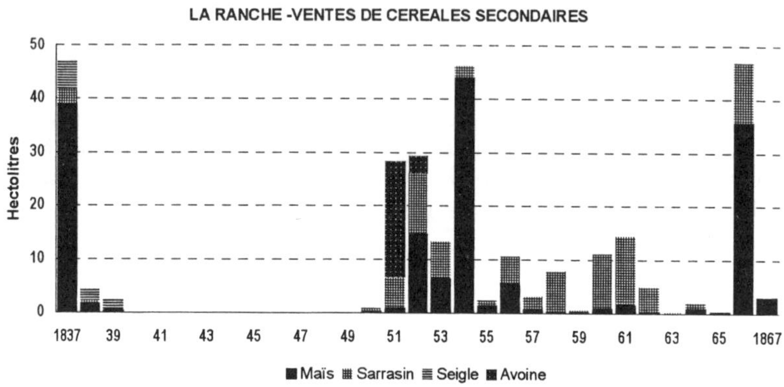

La production du sarrasin a fortement régressé depuis trois décennies. Avant 1840 nous n'en vendions pour ainsi dire jamais, sauf les 2,7 hl de 1837. La part du sarrasin dans le commerce des céréales monta ainsi de 0,7% à 4% ces dernières années tout en ne dépassant pas 5 hl par an.

Chaque année nous en cédions un ou deux hectolitres à trois ou quatre journaliers : Marie Robert, les Guillemin, les Chevrot, les Petit. Ils en demandaient un ou deux doubles chacun, pas plus, pour semer ou en compensation de journées de travail. L'ex-notaire Maître Oppepin vint à la maison au mois de juillet 1854 et en réclama trois doubles pour semer. Au printemps 1858 ce fut un déferlement jusqu'à la fin avril, les gens venaient s'approvisionner car les prix avaient fortement baissé; je vis aussi arriver M. le curé de La Chapelle qui en acheta deux sacs pour moudre. Dans les années de fort excédent dû à des événements particuliers (*grangeage* ou fermage), la majeure partie était écoulée aux marchés de Pierre et de Bellevesvre, vendue au détail le plus souvent car ce commerce intéressait moins les marchands. Au mois de mai 1862 M. Rossignol, négociant à Pierre, m'en prit 16 doubles à 1,50 F l'un ; il me versa en outre deux francs pour les *saches* qu'il avait expédiées à Montereau à un client de M. Hipolite ; c'était exceptionnel. Retenons aussi que le sarrasin vaut moitié moins cher que le blé.

Le seigle, dont j'ai arrêté la culture avant 1850, était consommé à la ferme. Les deux hectolitres pris annuellement par les journaliers étaient gagnés à la sueur de leur front.

Quant à l'avoine destinée aux chevaux, sa culture fut de courte durée chez nous et prit fin avec le *grangeage* en 1852. Le solde servit à M. Prieur-Arveux qui tenait un hôtel à Pierre. L'excédent partait aux marchés ou bien chez ceux qui tenaient des chevaux pour leurs affaires : le vétérinaire Rossignol, ou Louis, marchand de vin.

⇒ *Les ventes diverses*

Les ventes de céréales - et surtout de blé - étaient essentielles pour nous. Cependant d'autres produits apportaient quelques recettes supplémentaires : les pommes de terre, la navette, les haricots, les vesces et la graine de trèfle. J'encaissais ainsi en moyenne 200 F par an avant 1840 et 320 F ces dernières années, de quoi payer le salaire de deux domestiques. Finalement, ce n'était pas négligeable ! En réalité, la navette représentait 70 % de ces accessoires et la graine de trèfle 13%, le reste s'avérant peu important et irrégulier.

Tableau 77 : La Ranche – Ventes diverses de 1836 à 1868

Années	Pommes de terre	Navette	Haricots	Vesces	Graine de trèfle
1836	2,1	0,0	0,0	1,3	0,44
1837	0,1	13,7	0,0	0,0	1,04
1838	0,0	9,6	0,0	0,0	0,22
1839	0,0	11,0	0,0	0,0	0,00
Moyenne	**0,5**	**8,6**	**0,0**	**0,3**	**0,42**
1850	0,2	10,6	0,0	0,0	0,69
1851	0,8	13,6	0,0	0,4	0,00
1852	11,8	7,2	1,4	2,8	0,00
1853	0,0	2,9	2,4	0,0	0,00
1854	0,0	0,0	0,8	0,0	1,63
Moyenne	**2,6**	**6,9**	**0,9**	**0,7**	**0,46**
1855	0,0	2,4	3,9	0,0	0,00
1856	0,6	4,6	0,0	0,0	0,00
1857	0,0	10,6	1,2	0,0	0,29
1858	0,0	0,0	0,0	0,0	2,32
1859	0,0	25,8	0,0	2,9	2,12
Moyenne	**0,1**	**8,7**	**1,0**	**0,6**	**0,95**
1860	6,6	6,3	1,4	0,0	3,45
1861	0,6	0,0	0,0	0,0	0,00
1862	18,5	10,0	7,9	0,0	0,00
1863	0,6	17,2	0,0	0,0	0,00
1864	1,7	2,4	4,8	6,2	0,00
1865	4,0	8,6	0,0	5,6	0,43
Moyenne	**5,3**	**7,4**	**2,3**	**2,0**	**0,64**
1866	101,4	3,0	7,9	6,8	145 kg
1867	0,0	0,0	0,1	0,1	0,00

Nb : chiffres indiqués en hectolitres

II - 5. 2 La commercialisation du bétail

La vente des boeufs n'avait quasiment jamais lieu à la ferme mais aux foires de la région : anciennement à celles de Lays, de Mervans ou de Serrigny ; après 1850 nous en écoulions les trois quarts à celles de Pierre et le reste à St-Germain et Serrigny. Autrefois ce commerce concernait principalement des agriculteurs recherchant des bêtes de trait au printemps, ainsi que quelques marchands de bétail. Mais lorsque l'élevage s'est développé après 1850, je vendais les deux tiers de mes boeufs gras à des marchands dont la plupart venaient du Mâconnais et du Lyonnais, oeuvrant pour l'approvisionnement de la ville de Lyon. L'ouverture du tronçon Chalon-Lyon de la ligne de chemin de fer P.L.M. en 1854 favorisa ce développement. Des maquignons du Dijonnais et de Franche-Comté intervenaient sur ces marchés mais en quantité moindre. Je connaissais la plupart des acheteurs.

Les vaches partaient aux foires de Pierre et de Mervans (pour les deux tiers), cédées à des inconnus (sauf certains négociants franc-comtois). Génisses et taureaux, vendus à Pierre, intéressaient essentiellement des agriculteurs en quête de jeunes bêtes « d'élèves ».

Tableau 78 : La Ranche – Les ventes de bovins de 1836 à 1865

Bovins	Périodes	Nbre par an	A la ferme	Ventes au foires				
				Total	Pierre	St-Germain	Louhans	Verdun
Veaux	1836-39	2,5	1,3	1,3	1,3	-	-	-
	1850-54	1,0	0,4	0,6	0,6	-	-	-
	1855-59	3,4	0,8	2,6	1,2	0,2	-	1,2
	1860-65	5,8	3,5	2,3	1,3	0,7	-	0,3
Boeufs	1836-39	2,8	-	2,8	1,0	1,8	-	-
	1850-54	1,6	0,4	1,2	0,8	0,4	-	-
	1855-59	2,6	-	2,6	2,4	-	0,2	-
	1860-65	3,8	-	3,8	2,7	1,1	-	-
TOTAL	1836-39	7,3	1,5	5,8	3,3	2,0	-	0,5
	1850-54	3,0	1,0	2,0	1,6	0,4	-	-
	1855-59	8,4	0,8	7,6	4,8	1,4	0,2	1,2
	1860-65	12,4	4,0	8,4	5,5	2,6	-	0,3

Nb : les chiffres indiquent des ventes moyennes annuelles (en nombre de bovins).

1852-1854 : période de grangeage

Canton de Pierre : Bellevesvre, Pierre, Lays, La Chapelle-St-Sr

Canton de St-Germain-du-Bois : La Balme (Bouhans), Mervans, Sens-sur-Seille, St-Germain et Serrigny

Canton de Louhans : Châteaurenaud

Canton de Verdun-sur-le-Doubs : Navilly.

Le marché des veaux était différent. J'en vendais la moitié directement à la maison et le reste aux foires de Pierre (et de Navilly depuis 1855), le plus souvent à des bouchers, notamment de Pierre - surtout à M. Demaisières. Quelques agriculteurs agissaient sur ces marchés.

Globalement je peux vous dire que seulement 20% du bétail (surtout des veaux) trouvait preneur à la maison. Ce commerce se faisait essentiellement aux foires des cantons de Pierre et de St-Germain ; en ce qui me concerne, quelques bêtes partirent à Châteaurenaud et à Navilly.

20% des porcs étaient vendus à la ferme et les autres aux foires de Pierre (pour les deux tiers), voire de Simard pour les gras. Je ne connaissais pas la moitié des acheteurs, les autres étaient des bouchers de Pierre et de Seurre (18%), des agriculteurs, des marchands de Franche-Comté recherchant des bêtes « d'élève ». Les porcelets allaient à Pierre, à Mouthier, à La Marche et à Navilly, intéressant des particuliers de la contrée, du Val de Saône, etc.

Dans notre région, la plupart des foires sont anciennes et souvent antérieures à la Révolution, remontant parfois au Moyen-Age. Mais le nombre a encore augmenté et les autorités préfectorales ont fait de nombreuses enquêtes ces dernières années pour en connaître l'importance et surtout l'utilité. Ce grand nombre de manifestations entraîne une dispersion effectivement néfaste et de trop grandes pertes de temps. Il est vrai que certaines foires sont devenues insignifiantes alors que d'autres ont pris de l'ampleur. Il y a une vingtaine de foires par an dans notre canton et autant dans celui de Saint-Germain-du-Bois. Les plus nombreuses ont lieu de mars à septembre, sauf en mai (au moment des travaux de printemps) et en juillet (moissons). Les plus actives sont en mars-avril au moment des échanges de boeufs de trait, au mois de juin (anciennes foires dites « chaudes » ou d'été) et en août-septembre (entre deux saisons).

Tableau 79 : La Ranche – Origine des acheteurs de bovins de 1836 à 1865

Bovins	Périodes	Nbre par an	Achet. inconnus	Agricult	Bouchers	Marchands de bétail			
						Bresse	Mâcon-Lyon	Dijon	Fr.Comté
Veaux	1836-39	2,5	1,0	-	1,5	-	-	-	-
	1850-54	1,0	-	-	1,0	-	-	-	-
	1855-59	3,4	1,4	-	2,0	-	-	-	-
	1860-65	5,8	2,2	-	3,6	-	-	-	-
Boeufs	1836-39	2,8	1,3	1,5		-	-	-	-
	1850-54	1,6	-	0,8	0,8	-	-	-	-
	1855-59	2,6	-	0,6	0,4	-	1,2	-	0,4
	1860-65	3,8	1,0	0,5	0,3	-	1,7	0,3	-
TOTAL	**1836-39**	**7,3**	**3,8**	**1,8**	**1,8**	-	-	-	-
	1850-54	**3,0**	-	**1,0**	**2,0**	-	-	-	-
	1855-59	**8,4**	**2,8**	**1,0**	**2,6**	**0,2**	**1,2**	-	**0,6**
	1860-65	**12,4**	**5,0**	**1,0**	**4,1**	-	**1,7**	**0,3**	**0,3**

Nb : Nombre moyen annuel de bêtes vendues. Total= l'ensemble des bêtes vendues(dont vaches,etc.)

Bouchers : de Pierre, de Seurre en Côte d'Or

Marchands de bétail : du Mâconnais et du Lyonnais (de Feillens, Ain ; de Romanèche-Thorins et de la ville de Lyon)

Autrefois je me chargeais de la totalité des transactions, puis mon fils Albert prit le relais, au fur et à mesure de ses connaissances ainsi que de son expérience grandissante. Parfois le premier valet vendait quelques doubles de céréales (maïs, vesces) ou de haricots - et pas souvent. Quant au bétail, les domestiques n'y touchaient pas, ou exceptionnellement pour aider lorsque nous présentions plusieurs bêtes à une même foire, agissant sous notre surveillance directe bien évidemment. Généralement les serviteurs conduisaient le bétail à la foire à pied, moi je suivais en voiture. Les valets recevaient alors quelques sous pour leurs peines, ce qui leur permettait d'aller se restaurer à midi. Oh ! ils ne mangeaient pas comme nous, bien entendu ; la dépense s'en trouvait allégée de moitié. Le premier domestique touchait des étrennes sur la vente du gros bétail ; la servante était concernée par les cessions de porcs gras, vous le savez. Je ne reviendrai pas sur le marquage des animaux à la foire, vous en connaissez les raisons. Notez qu'il arrivait parfois de boire une chopine de vin avec l'acheteur, mais je n'en faisais pas une généralité, loin s'en faut ! Cela n'entrait pas dans nos habitudes.

En trois décennies, le prix de la viande de boeuf passa de 0,94 F le kilo (1837-1840) à 1,23 F (1860-1865) soit une augmentation supérieure à 30 % ; quant à celle de porc, la hausse fut inférieure à 10% (de 1,31 F à 1,43 F). Je ne vous reparlerai pas des raisons conduisant à cette évolution.

II - 5. 3 Evolution des modes d'échanges et entraves

Lorsque j'ai entrepris de tenir mes comptes en 1836 après avoir pris seul la direction de nos domaines, je vendais mes céréales au « boisseau » (1/4 d'hl) appelé communément « double boisseau ».Mais la « mesure » (celle de Pierre, de 27,4 litres) était encore d'un usage répandu chez nous. Il m'arrivait même à cette époque de ma vie d'utiliser le « bichet » (de Pierre, de 2,28 hl) pour les ventes importantes, mais je le dénommais « bichet ancien » car devenu peu courant dans nos échanges. « Bichets et mesures » étaient convertis en « boisseaux » pour suivre l'évolution, mais je finissais par en perdre la véritable contenance, c'est vous dire !

Tableau 80 : Foires du nord de la Bresse en 1858

Communes	Canton	Mois												
		Janv	Fév	Mars	Avril	Mai	Juin	Juill	Août	Sept	Oct	Nov	Déc	Total
Bellevesvre	P	13	S (1)	L (2)			30							5
La Chapelle	P					12						21		2
Lays	P			19			20		16	22				4
Mouthier	P				25		16			2				3
Pierre	P	17			20		1			4			L (3)	5
St-Bonnet	P							22 (4)			4			2
Bouhans	SG								26 (5)					1
Devrouze	SG				27			5						2
Diconne	SG						15			6				2
Frangy	SG				25						10			2
Mervans	SG			1		2			1			11		4
St-Germain	SG	S (6)			S (6)		Trin (7)			18				4
Sens	SG			23			7		6					3
Serrigny	SG			30					16					2
Châteaurenaud	L						11		11					2
Louhans	L	L (8)	L (9)	L (10)	L (10)	L (11)		L (10)		L (10)	L (10)	L (10)	L (10)	15
Saillenard	B			17		27		17		1		17		5

Cantons : P = Pierre ; SG = St-Germain-du-Bois ; L = Louhans ; B = Beaurepaire.

(1) Premier samedi ap.les cendres ; (2) 4ème lundi de Carême ; (3) 2ème lundi ;

(4) lundi ap.le 22 juillet ; (5) Foire de La Balme (env 3 jours) ;

(6) Premier samedi ; (7) Lendemain de Trinité ; (8) Premier du mois et premier lundi, puis le 16 et 17 (étalons)

(9) Premier et 2 (étalons) et premier lundi du mois ;

Finalement, le double (ou double décalitre soit 0,20 hl) remplaça progressivement ces anciennes mesures de notre pays vers 1840 ; le développement du commerce du blé aux marchés aux grains de la région (et non plus à la ferme) à partir de 1843-1845 avec l'apparition des halles consacra définitivement ce récipient universel et moderne. C'était une bonne chose pour nos échanges. Avant, une même mesure n'avait cours que dans quelques communes. Tenez, le *bichet* de Pierre (2,28 hl) se trouvait inconnu dès qu'on approchait de Verdun où ils utilisaient leur *bichet* mais de 2,14 hl. Et je ne vous parle pas de la Franche-Comté ! Et puis les affaires évoluant avec l'arrivée du chemin de fer, des négociants prirent l'habitude d'acheter du blé au poids (par 100 kilos) à partir de 1858. Notez qu'une bonne partie des ventes importantes se traitent encore au double qui demeure d'un usage très courant tant dans les affaires locales qu'avec les marchands de blé de Comté et de Bresse.

Le double supplanta aussi le *tonneau* (2 hl) après 1840 dans le commerce des pommes de terre. Dans d'autres domaines (le bois, le vin, les engrais, les fourrages) nous avons conservé nos mesures habituelles.

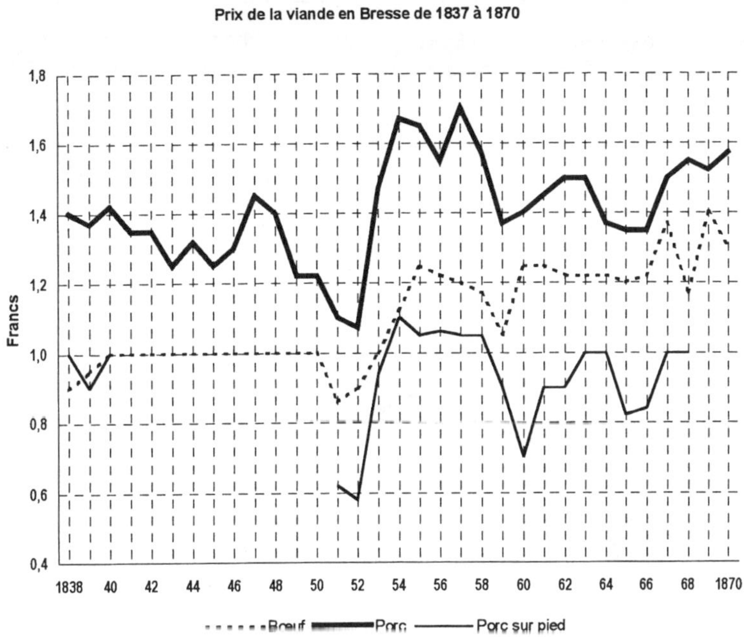

Quant à la monnaie, j'ai pris l'habitude depuis fort longtemps de tout inscrire en francs, car les affaires se font ainsi ! Notez qu'il m'arrivait parfois - oh ! pas souvent, et seulement pour des ventes de boeufs, d'en négocier le prix en « louis » (louis d'or ancien valant 24 F). Nous nous servons fréquemment des pièces d'or de 20 F et de 10 F. Et puis, de temps à autre, je comptais en *sous* (5 centimes), voire en *liards* (1,25 ct) pour des opérations moindres. Mais c'était sans grande importance. D'ailleurs l'usage s'en perd depuis une dizaine d'années. Quant au *denier* (0,4 ct), ne m'en parlez pas ! Mais au fait... 20 *sous* valent 1 franc, 4 *liards* valent 1 *sou*, et le *denier* ? Ah ! oui... un *sou* équivaut à 12 *deniers*. C'est bien loin tout ça. Quant aux billets de banque, les premiers que je reçus - des billets de 100 F, et même de 1 000 F - me furent remis en 1860 par mes marchands de bétail de Lyon (un nommé Jouberd) et de la région mâconnaise (Lombard à Feillens) ainsi que par un négociant en grains de Louhans (Gelot) ; mais ils payaient partiellement en billets et le reste en monnaie d'or de 20 F. Puis d'autres grands marchands de bétail de Dijon et d'ailleurs suivirent, cependant beaucoup d'affaires se règlent encore en or et en argent. Il faut avouer que bien des opérations sont d'un faible montant, ce qui ne nécessite pas l'usage du billet. Les pièces suffisent largement, et puis on les aime bien !

Les bovins se vendent au jugé la plupart du temps. C'est l'habitude. Mais j'ai commencé à peser mes boeufs à Folnard - pour voir - en 1860. Quelques marchands des grandes villes se sont mis à acheter au poids (par 100 livres ou par 50 kilos) dès 1862. Alors les communes disposant de foires pensèrent à s'équiper de bascules publiques car les administrés réclamaient. Les porcs se vendent aussi au jugé. Seuls les bouchers achètent les porcs gras au poids (au quintal ancien ou par 50 kilos) depuis fort longtemps. En 1837 François Demaisières me paya une truie 9 *sous* la *livre* après l'avoir tuée et vidée de son sang.

Tableau 81 : La Ranche – Mesures anciennes utilisées de 1836 à 1868

PRODUITS	Mesures anciennes	Equivalence	Contenance ou poids	Dates d'utilisation courante						
				1836	1840	1850	1855	1860	1865	1868
CEREALES	Bichet (1)		2,28 Hl	Anc (2)	Anc (2)					
	Mesure (1)		0,274 Hl	X	Anc (2)					
	Boisseau		0,25 Hl	X	X					
	Double		0,20 Hl		X (3)	X	X	X (4)	X	X
BOIS										
de chauffage	Moule		2,19 stéres	X	X	X	X	X	X	X
fagots, cercles	Quarteron	1/4 de cent	25 unités	X	X	X	X	X	X	X
VIN	Tonneau (5)		2,28 Hl	X	X	X	X	X	X	X
	Feuillette	1/2 tonneau	1,14 Hl	X	X	X	X	X	X	X
	Quartaut	1/2 feuillette	0,57 Hl	X	X	X	X	X	X	X
CENDRES	Tonneau	(ou Pièce)	2,5 Hl	X	X	X	X	X	X	X
et CHAUX	Feuillette	1/2 Pièce		X	X	X	X	X	X	X
	Demi-Hl		0,5 Hl			X	X	X	Hl	Hl
FUMIER	Pied cube	cube 1 pied	0,03427 m3	X	X	X	X	X	X	X
POMMES	Tonneau		2 Hl	X	X					
de TERRE	Double					X	X	X	X	X
FOURRAGE *(foin, trèfle, paille)*	Millier de livres	1 000 livres	489,5 kg	X	X	X	X (2)	X	X	X
POISSON	Quarteron	1/4 de cent	25 unités	X	X	X	X	X	X	X
MATERIAUX	Millier	1 000	1 000 unités	X	X	X	X	X	X	X
(tuiles, briques)	Cent	100	100 unités	X	X	X	X	X	X	X
FOSSES	Toise (6)	7,5 pieds	2,436 m	X	X	X	X	X	X	X
	Mètre		1 m					X	X	X
BOIS de SCIAGE	Pied de roi	12 pouces	0,3248 m	X	X	X	X	X	X	X
POINTES	Ligne	12 points	0,22 cm	X	X	X	X	X	X	X
TISSUS	Aune (8)		1,19 m	X	X	X	X	X		
	Mètre		1 m						X	X
SUPERFICIE										
Terre ou bois	Journal (6)	360 perches	34 a 28 ca	X	X	X	X	X (7)	X	X
	Perche (6)		9 ca 52	X	X	X	X	X		
Pré	Soiture (6)	360 perches	34 a 28 ca	X	X	X	X	X	X	X
POIDS	Quintal ancien	100 livres	48,9505 kg	X	X	X				
	Livre	16 onces	0,4895 kg	X	X	X	X	X	X	X
	Once	8 gros	30,59 gr	X	X	X	X	X	X	X
	Gros	72 grains	3,8242 gr	Pour mémoire						
	Grain		0,0531 gr							

(1) Mesure de Pierre-de-Bresse (NB : le bichet de Louhans = 2,44 Hl, celui de Verdun = 2,14 Hl celui de Chalon-sur-Saône = 1,79 Hl)

(2) Mesure "dite" ancienne : n'est plus utilisée régulièrement et souvent convertie en mesure plus "moderne"

(3) Le "double" (ou double décalitre) apparaît timidement à partir de 1840

(4) A partir de 1858 le blé se vend "au double" ou au poids (au quintal métrique)

(5) Tonneau identique à celui de Beaune, de Chalon ; celui de Mâcon vaut 2,13 Hl

(6) Journal, perche et soiture de Bourgogne ; toise de 7 pieds 1/2 ou toise de Bourgogne.

(7) A partir de 1860 la terre se négocie à l'hectare ou à l'are et non au journal mais celui-ci demeure d'un usage courant dans le langage et les usages agraires

(8) L'aune est identique à celle de Paris, mais à La Ranche on utilise l'aune de 1,22 mètre ou aune du marché de gros de Paris.

L'amélioration des routes et des chemins vers 1840 fut une bonne chose pour nous. Il faut dire qu'une loi de 1836 allait dans ce sens, alors le préfet proposa de classer en chemin de grande communication celui de Pierre à Mervans, ce qui facilita nos communications avec

Louhans, notre chef-lieu d'arrondissement. D'autres routes (Verdun-Saint-Germain par Mervans, Louhans-Bellevesvre, etc.) furent classées et bien empierrées. Tout ceci ouvrit ou améliora nos échanges avec le Jura, la vallée de la Saône... Ainsi, nous sommes à proximité de deux routes impériales : la n° 83 bis Chalon-Strasbourg par Navilly, la n° 78 Nevers-St-Laurent du Jura par Chalon et Louhans. Quant aux routes départementales, que vous dire :

- la n° 2 : Tournus-Lons-le-Saunier (Jura) via Louhans ;
- la n° 6 : Dijon-St-Amour (Jura) par Frontenard, Mervans, Louhans ;
- la n° 7 : Chalon-Lons par Lessard, Saint-Germain-du-Bois ;
- la n° 12: Verdun-Lons par Pierre, Bellevesvre.

Et puis viennent nos chemins de grande communication :

- le n° 13 : Mervans-Pierre par La Chapelle ;
- le N° 23 : Louhans-Dole (Jura) par Frangy, Bellevesvre, Mouthier ;
- le n° 24 : Verdun-St-Germain-du-Bois par Mervans ;
- le n° 29 : Pierre-Neublans (Jura) ;
- le n° 35 : Chalon-Mervans par Saint-Martin-en-Bresse ;
- le n° 39 : Louhans-St-Germain-du-Bois par Saint-Usuge.

Et vous vous étonnez ? Un tel réseau ne pouvait qu'engendrer un développement des affaires en nous reliant à la Franche-Comté et à la vallée de la Saône, n'est-ce pas ?

Et le chemin de fer ? On en parle, certes, et même beaucoup ! La ville de Chalon fut reliée à Paris (via Dijon) en 1851 et à la ville de Lyon en 1854 (ligne P.L.M.) ; quant à la ligne de Lyon à Besançon (via Bourg-en-Bresse, Cuiseaux et Lons-le-Saunier) elle n'est en service que depuis 1864. Celle de Chalon-Dole par Verdun, Saint-Bonnet, Pierre, sera bientôt achevée, mais cela fait quinze ans qu'on en entend parler. Pierre l'attend avec impatience. Elle devrait nous apporter de grands avantages pour la vente de nos céréales et du bétail et faciliter nos approvisionnements en amendements, en houille, pierre, plâtre, vin, que sais-je encore ? Certains demandent un embranchement en direction de Lons-le-Saunier mais notre conseil municipal, bien que reconnaissant l'utilité du projet, a refusé d'y participer car la commune doit réparer les bâtiments communaux, l'église, les chemins, etc.

Les péages sont rares dans notre région et le seul pont où nous devons acquitter un droit de passage est celui de Neublans (Jura) lorsque nous allons à Dole ou bien à la foire de Longwy. Nous déboursons ainsi de 0,80 F à 1 F aller-retour. Les autorités préfectorales dénoncent le temps perdu aux foires. Moi, il y avait longtemps que j'en tenais compte ; déjà en 1836 j'estimais avoir perdu 5 F en me rendant à la foire de Sens pour y acheter une paire de boeufs. Quand les domestiques fréquentaient ces manifestations, leurs journées étaient payées, mais, après tout, ils ne s'y rendaient pas tous les jours ! Toutes ces foires coûtent cher quand même : manger à l'auberge, les rencontres d'amis ou bien de relations d'affaires, le cheval à l'écurie avec sa ration de foin et d'avoine, les étrennes à ceux qui aident à la foire, voire aux pauvres qui mendient dans la foule. Avant 1840 je comptais 77 F par an, déjà 104 F en 1850 et 170 F ces années dernières. Il fallait non seulement se rendre à la foire pour vendre le bétail, les céréales, mais bien souvent livrer la marchandise quelques jours plus tard. Cela augmentait bien nos frais et nos peines !

Tableau 82 : Les droits de foire sur le bétail en 1867

Animaux	Pierre [3]	Bellevesvre [4]	St-Germain [5]
BOVINS			
Boeuf, vache et taureau de + d' 1 an	-	0,15	0,15
Veau (de - d' 1 an)	0,10	0,10	0,10
Vache et son veau	-	-	0,2
Boeuf, taureau	0,20	-	-
Vache, génisse	0,15	-	-
PORCS			
Cochons gras (de + d'1 an) et truie seule	0,10	0,10	0,10
Cochon ordinaire (de - d'1 an)	0,05	0,05	0,05
Truie suitée (maxi 5 cochons)	-	0,15 [1]	-
Truie suitée (+ de 5 cochons)	0,40 [2]	0,30 [1]	0,30 [2]
CHEVAUX			
cheval	0,25	0,15	0,15
jument et son suivant	-	-	0,20
âne	0,15	-	0,10
DIVERS			
Mouton	0,05	0,05	0,05
Chèvre	0,05	0,10	0,05

(1) Tarif plus élevé au-dessus de 5 porcelets à Bellevesvre

(2) Truie suitée (quel que soit le nombre de porcelets)

(3) Pierre-de-Bresse : droits mis en place le 1er avril 1867

(4) Bellevesvre : droits mis en place le 5 mai 1867

(5) St-Germain-du-Bois : il s'agit du tarif du 12 mai 1867 mais les droits furent institués en novembre 1864.

Les communes avaient déjà réinstallé les droits de place (supprimés pendant la Révolution) sur les marchands installés les jours de foire ; elles les étendirent aux jours de marchés quand ceux-ci prirent davantage d'importance. Lorsque le commerce des céréales fut bien ancré dans les bourgs équipés de halles, des droits sur les ventes apparurent. Puis l'élevage se développant, on vendait donc beaucoup plus de bêtes aux foires de la région. Alors pourquoi ne pas faire payer ? Cela ferait des recettes supplémentaires dont chacune avait fort besoin. La commune de Saint-Germain-du-Bois institua donc des droits de place sur les bovins et autres animaux en novembre 1864 ; et même un centime sur chaque volaille vendue ! Les autres localités comprirent très vite tout l'intérêt de cette nouvelle taxe et depuis l'an dernier (en 1867) on paie partout : à Pierre, à Bellevesvre, etc.

II - 5. 4 Concours et expositions agricoles

Le Comice Agricole du canton de Pierre fut fondé en septembre 1839, regroupant à cette époque une vingtaine de membres. Il était alors présidé par M. Louis-Thomas Dromard, propriétaire apparenté à la famille Baron ; il avait pour vice-président M. Ernest Carrelet de Loisy, propriétaire au château de Terrans. M. Pierre-Eugène Fresne, avocat, en était le trésorier et M. Pierre-François-Claire Guyenot, maire de Pierre, secrétaire. Dès sa création le Comice oeuvra pour introduire des machines (batteuses, tarares, trieurs, charrues Dombasle, etc.) et des animaux de qualité : taureaux Durham, Charolais, Schwitz, Comtois, ainsi qu'un étalon percheron et des cochons du Tonkin. Il essaya de modifier les modes d'exploitation en réduisant la jachère par l'introduction de cultures fourragères (trèfle), fit venir du maïs d'Espagne, enfin bien d'autres choses : le drainage, que sais-je encore ? Les propriétaires, membres du Comice, achetaient ces nouveautés, les essayaient pour en montrer tout l'intérêt. Moi, je suivais cela et j'avais bien des relations avec M. Dromard, mais aussi avec M. de Loisy. Mon fils Albert fut admis au Comice en septembre 1865 et il paya sa première cotisation annuelle de 3 F à M. Paul Gey, trésorier.

Au printemps 1857 M. le Ministre de l'Agriculture accorda au Comice une subvention de 200 F pour établir un concours agricole en vue de l'amélioration des races bovines et ovines. Le premier concours eut lieu le 6 septembre 1857, jour de la fête du pays ; le conseil municipal avait voté 100 F pour offrir des réjouissances et attirer le plus de monde possible. Quel spectacle !

En 1862 M. de Loisy, qui avait succédé à M. Dromard (décédé en 1857), présidait ; M. Philippe Druard était secrétaire. Le concours de cette année obtint un beau succès et on ne dénombrait pas moins d'une bonne centaine d'animaux (dont une trentaine de chevaux, et des bovins). Le règlement s'avérait fort strict : les éleveurs devaient être propriétaires de leurs bêtes depuis six mois et s'engageaient à les conserver jusqu'à l'été suivant pour le saut. Les animaux bien alignés dès huit heures du matin sur la place du parc attendaient la visite des membres du jury ; les prix furent remis à la maison commune en présence de M. le sous-préfet de Louhans.

Au concours de 1865 sept juments suitées étaient là. Un nommé Perrot, de La Chaux, remporta le premier prix et reçut une charrue fouilleuse d'une valeur de 100 F. Isidore Franon, de Charette, se trouvait second ; par contre son poulain obtint la palme - devant les douze candidats - et l'heureux propriétaire eut droit à une charrue valant 50 F. Quant aux pouliches (15 têtes), les deux récompenses allèrent à mes cousins Guerret et Nourry de La Chapelle. Un premier prix, selon les catégories, fut décerné pour les bovins de race bressane :

- sur 10 vaches, à celle de Rebouillat, de Lays (40 F) ;
- sur 5 taureaux, à celui de Cuzey, de Lays (50 F) ;
- sur 10 génisses, à celle de Claude Ryon, de La Chaux (50 F).

Quant aux bovins de races croisées, furent primés :

- sur 7 vaches, celle de Pusset, de Pierre (30 F) :
- sur 3 taureaux, celui de Monnot, de Pierre (30 F) ;

- sur 5 génisses, celle de Gibot fils, de Pierre (30 F).

Et puis, pour les porcs :

- sur 3 verrats, le prix unique alla à Vallot, de Bellevesvre (30 F) ;
- sur 3 truies suitées, celle de Guillot, meunier à Pierre (20 F).

Cette année-là, le Comice avait institué des gratifications pour les meilleurs instruments de culture. Bourgeois, maréchal à Pierre, fut consacré pour ses charrues (40 F) et Fouchey, maréchal à Terrans, classé second (30 F) ; mais ce dernier remporta le prix unique des instruments divers (40 F). Et puis on récompensa aussi les serviteurs ruraux fidèles et dévoués. Pierre Picard, domestique depuis 65 ans dans la même exploitation, reçut le premier prix : une médaille d'argent et la somme de 40 F. Claude Petiot eut droit à la médaille de bronze et à 30 F (pour 35 ans de service). Deux servantes se trouvèrent ex-aequo pour 11 ans de bons et loyaux services : Anne Mercey et Marie Prince ; elles emportèrent 25 F chacune.

Dans ces concours on voyait de belles bêtes de race bressane de couleur froment. Mais y figuraient aussi des bovins de races croisées : schwitz-bressane (froment clair) ; et puis des vaches de race fémeline pure (à la robe froment). Des chevaux de race bressane percheronne au poil gris fer furent primés. Parmi les matériels modernes offerts aux lauréats figuraient des trieurs Pernollet (de Paris), des tarares d'Agen (Pialou) et de Dijon ; des charrues Meugniot (de Dijon). Mais on voit aussi des trieurs d'Allemagne, des tarares Plissonnier (de Bresse), des égreneuses à maïs (de Tavaux, Jura), des fouilleuses et des buttoirs Meugniot, des coupe-racines. D'ailleurs le Comice a l'intention d'acheter une faucheuse Wood.

II - 6. Les moyens financiers

II - 6. 1 Les emprunts

⇒ *Emprunts à moyen ou long terme*

Pour financer des achats immobiliers, voire des besoins de fonds durables, il nous fallait bien emprunter. Ainsi en 1836 nous devions une somme de 6 400 F à Madame Gauthier, de Dijon. Maître Jolyet, notaire à Pierre, servait d'intermédiaire et nous ne connaissions que lui. En 1832, comme nous n'avions pas l'utilité de tout cet argent, le notaire nous aida à remployer 2 000 F auprès d'un propriétaire cultivateur de Fretterans, avec des intérêts à 5%, équivalents à ceux de notre propre emprunt. L'acte indiquait un capital de 2 140 F au terme des six ans. Nous étions confortablement garantis par cinq hectares de « terres de fin » et un complément sur une maison de ce village. Chaque année le notaire encaissait les intérêts payés par nos débiteurs et ne nous réclamait que le solde dû à la dame Gauthier, auquel il ajoutait de menus frais de port de lettre et d'argent. Après coup M. Larché, l'homme d'affaires de cette femme, adressait un reçu à Me Jolyet. Mais en avril 1836, désirant apurer d'autres emprunts plus coûteux, j'ai cédé ma créance hypothécaire de 2 140 F à mon notaire ; il ne restait plus que deux ans à courir. Il accepta bien volontiers, connaissant la garantie, mais moyennant une remise de 15 F sur le capital et de 40 F sur les intérêts à venir ; il me revenait 2 085 F. A ce moment-là je devais à Me Jolyet un effet à son ordre de 982 F, échu depuis octobre (avec intérêts à 6%), ainsi que le solde d'intérêts de Mme Gauthier. Après décompte, il restait 845 F en ma faveur. J'étais également redevable d'un effet de 2 000 F à M. Philippe Donzel. Maître Jolyet accepta de me prêter la différence au taux de 6 % en établissant un bon à première réquisition, ce qui me permit de solder une créance coûteuse.

Quand ma mère fut décédée, j'ai remboursé la dame Gauthier et maintenant je ne dois plus rien.

Quand je voulus acheter le Bois Baron, un petit bois d'à peine un hectare enclavé dans nos terres, M. Baron n'y consentit qu'au prix de 1 000 F. Nous établîmes un acte sous seing privé et le vendeur me donna quatre ans pour payer, mais avec des intérêts, bien entendu. Je réussis à rembourser cette dette dès janvier 1837 en remettant à M. Baron du papier tiré sur Me Jolyet, ce dernier venant de m'escompter des effets (provenant de ventes de bois) au taux de 7%. Au mois d'octobre suivant le notaire rédigea l'acte de vente officiel. J'étais propriétaire et libéré valablement.

Les époux Mauchamp, avant de quitter le village, avaient hypothéqué des biens, dont le Petit Champ de Grosbois qui me fut vendu 220 F en octobre 1855. En raison de ces circonstances, je ne devais m'acquitter qu'entre les mains de la créancière - une dame Vincent, de Chalon - mais pas avant la date prévue, soit le premier mai 1859, et en lui versant des intérêts au taux de 5% l'an. Finalement cette dame mourut avant terme et je pus me libérer de cette somme dès janvier 1858. Maître Moissenet, de La Chapelle, paya pour mon compte son homologue de Louhans chargé de la succession, et demanda 13 F pour ses peines.

⇒ *Emprunts à court terme*

En dehors de ces dettes durables, j'avais besoin d'argent pour régler des factures diverses, le percepteur, et tant d'autres choses. Seulement les rentrées ne coïncidaient pas toujours avec ces dépenses. Que faire ? Eh bien, j'empruntais pour de courtes durées. Vous vous souvenez de mon parent Chaux-Bourgeois, de St-Bonnet, qui m'avançait de l'argent sur du blé à lui livrer, ou bien qui me faisait six mois de crédit gratuit pour payer une paire de boeufs. En janvier 1838 il me devait de l'argent sur du blé et moi je me trouvais redevable de 214 F envers M. Bichon, marchand de cendres à Seurre. N'ayant pas de monnaie disponible, j'ai émis un bon en faveur de ce marchand, payable à la caisse de M. Chaux. Nous nous trouvions quitte.

J'avais recours à la famille. En 1836 mes belles-soeurs Mercey et Reine Guillemaut, de Quain, me laissèrent 200 F en dépôt, ce qui m'arrangeait bien, et il n'était pas question d'intérêts, vous pensez ! Je rendis le tout progressivement ; quand il ne resta plus que 30 F, Reine Guillemaut m'intima l'ordre de donner des étrennes du jour de l'an à mes deux filles en pension qui reçurent ainsi 5 F chacune. Mon épouse et mes jeunes enfants participaient à ces avances en prenant dans leurs cassettes personnelles. Je m'acquittais promptement de ces petites dettes, mais il y a bien longtemps que je n'ai plus recours à ces procédés.

Un domestique peu dépensier pouvait laisser une bonne partie du solde de son gage échu à la St-Jean. C'était rare, tout de même ! Jean-Baptiste Gras, dans les années 1836-1838 me confia parfois plus de 100 F. Quand cela dépassait une année d'arriéré, j'ajoutais 5 à 6 F d'intérêts (de 3,70% à 4,30% en taux annuel). Mais pour une durée inférieure, on ne parlait pas d'indemnités.

Cela ne suffisait pas toujours et le recours à des prêteurs s'avérait souvent indispensable. Des négociants, marchands, notaires, me vinrent en aide le moment venu, ce qui coûtait cher. Ainsi le 1er janvier 1836 je devais de l'argent, emprunté par billets :

- 650 F à M. Louis Adenot (époux Druard), négociant, marchand de toile, épicier, à Pierre ;

- 2 000 F à M. François Donzel (époux Philippe), marchand de vêtements à Pierre ;
- 860 F à M. Philippe Druard (époux Philippe), négociant à Pierre ;
- 982,55 F à M. Antoine Jolyet (époux Druard), notaire à Pierre.

Ces prêteurs faisaient payer les intérêts d'avance, voire les calculaient et les ajoutaient au principal de l'effet. Ces crédits par billets étaient d'une durée de quatre à cinq mois avec échéance fin de mois. Nous ne respections pas forcément le terme mais qu'importe, l'intérêt courait toujours ! Puis je m'acquittais, ou bien le billet était renouvelé, totalement ou partiellement, avec les intérêts en sus.

En 1836 ces avances se faisaient à des taux annuels de 8,50% à 10,50%. C'était lourd, quand même ! Le notaire Antoine Jolyet prêtait à meilleur marché. M'ayant déjà racheté ma créance hypothécaire qui ne me rapportait que 5% l'an pendant que j'empruntais à des conditions bien plus élevées, il me permit de me libérer de la dette Adenot et de ne payer que 6% d'intérêts. Voyant cela et appréciant cette opération, dès le mois de janvier suivant je décidais qu'il ne serait plus que mon seul créancier (hormis Mme Gauthier). Il m'escompta des effets, il remboursa tout le monde. Par la suite ces dispositions favorables furent maintenues, tout au moins avant 1840. Les taux diminuèrent. Ernest Richard-Richard tenait un commerce de tissus à Pierre et il était aussi l'un de mes fournisseurs. Il m'avait d'ailleurs dépanné de 300 F en mai 1839 pour payer des cendres et du blé à semer ; une simple reconnaissance de dette, mais nous ne parlâmes pas d'intérêts ! En 1849 je venais de marier ma fille aînée Fanie ; son contrat de mariage stipulait que 1 400 F provenant d'un legs de son grand-père Guillemaut lui revenaient. J'avais utilisé ces fonds pour mes besoins courants et finalement la trésorerie faisait défaut. Ernest Richard me prêta donc cette somme au taux de 5% l'an. Nous étions en affaires, je versais des acomptes au moment des rentrées issues de coupes de bois. Finalement tout fut remboursé dès janvier 1853. La Ranche était exploitée par le *granger* Boissard et j'avais cette fois-ci de l'argent disponible. Alors pourquoi payer des intérêts ?

Mes prêteurs négociaient parfois mes billets (et d'autres, sans doute !) pour récupérer des fonds et travailler encore plus. Ainsi le 16 septembre 1836 j'étais chez M. Adenot pour renouveler un billet de 650 F échu au 31 août. J'appris alors que le papier, négocié ailleurs, n'était pas revenu. Que faire ? M. Adenot m'établit une quittance provisoire en me demandant de la lui restituer au retour de ce titre. Une autre fois M. Druard me fit établir un effet payable à Lyon. Pourquoi, me demandais-je ? Il était sûrement en affaires avec des négociants ou des banquiers de cette ville ! Le notaire créait souvent des billets sur papier libre (et non timbré), ce qui évitait des frais.

Lorsque je vendais des coupes de bois, certains me remettaient parfois des traites payables dans huit ou dix mois. Maître Jolyet accepta d'escompter ce papier ; en janvier 1837 il prit plusieurs traites et me retint des intérêts d'escompte au taux de 7% l'an. Cela me permit de me débarrasser d'autres dettes plus coûteuses, ainsi que de solder l'achat du Bois Baron. Mais je m'étais engagé à suivre le bon déroulement des opérations. Le 7 août M. Biard régla l'un des effets escomptés chez Me Jolyet et anéantit le papier devant moi, ce qui me tranquillisa ! Quant à l'autre effet négocié et tiré sur Mercey, mon beau-frère, je ne voulais pas embarrasser ce dernier car à l'échéance il n'avait pas encaissé la totalité des bois vendus au Bauvoisin. Je m'en fus trouver Me Jolyet et lui ai versé le solde dû à la place de mon parent. Peu de temps après, Mercey ayant tout récupéré, je lui rendis les effets remis par le notaire et il les déchira aussitôt.

Mais il y a aussi des usuriers ! Dans les années cinquante des négociants de Pierre furent condamnés pour délit d'usure.

Emprunter... c'est bien, mais cela doit rester modéré. Ainsi avant 1840 je payais 353 F d'intérêts par an (surtout à Madame Gauthier), ce qui absorbait 8,50% de mes recettes. Je devais alors 10 892 F - dont 6 400 F à long terme - ce qui représentait tout de même 31 mois de mes revenus, mais il me restait encore cette créance hypothécaire de 2 140 F. Je n'emprunte plus du tout depuis 1853 ; aujourd'hui je place mon argent, c'est mieux

II - 6. 2 Les prêts et les placements

⇒ *Les prêts à court terme*

Le 12 septembre 1851 j'étais avec Albert au marché de Bellevesvre ; j'avais déjà vendu 41 doubles d'avoine lorsque le nommé Bachelet fils, de La Chassagne, m'acheta 42 doubles de navette à 3,75 F soit un total de 157 F. Cependant il ne disposait plus que de 50 F sur lui et demanda crédit pour le reste. Que faire ? Je ne le connaissais pas. Voyant Jean-Jean Monnot-Jourdey, boulanger à Pierre, je lui fis part de mon embarras. Il me rassura aussitôt. Bachelet, devant plusieurs témoins, s'engagea à verser les fonds à Monnot le 16 à Bletterans et au plus tard le 19 septembre au prochain marché de Bellevesvre. Le boulanger avait également accepté de remettre l'argent à M. Prieur-Arveux à qui je devais des sous en raison de l'achat de fumier. Après coup j'ai dîné à l'auberge en compagnie d'Albert ; d'ailleurs nous nous offrîmes une bonne bouteille de bon vin. Ah ! j'oubliais mon tabac. Le garçon d'écurie reçut ses étrennes habituelles et la jument prit la route de La Chapelle.

Martin, de Montjay, me paya des chênes en me livrant deux *feuillettes* de vin de Comté (30 F) et en me remettant un effet de 225 F au 25 août, traite qui fut escomptée chez Me Jolyet comme vous le savez. Cependant le 5 octobre le notaire m'envoya son clerc pour me prévenir qu'il n'était pas encore réglé. Grand Dieu ! me dis-je. J'ai signé, répondant du remboursement jusqu'au 8 octobre. Maintenant il me fallait prévenir cet homme, menacé de protêt. Martin se rendit chez Me Jolyet le 9, tard dans la soirée, et s'acquitta. Ouf !

A différentes reprises j'ai avancé des sommes de 30 à 40 F à mon maréchal pour l'aider à acquitter un mandat à l'huissier Pernot, ou d'autres factures moins pressantes. Mais nous étions en compte, je me trouvais remboursé quand il m'apportait son mémoire ; mais pas question d'indemnités !

Vendre une bête à crédit ne justifiait pas d'intérêts, sauf si la durée atteignait ou dépassait une année. D'ailleurs, cette pratique demeurait peu courante.

Quant à mon *granger* Boissard, il me fallait parfois lui avancer de l'argent : 300 F pour payer un remplaçant à son fils - ce qui ne servit à rien puisqu'il tira un mauvais numéro -, ou pour régler ses impôts ; et encore 50 F lorsque Denis, le fils aîné malchanceux, partit à l'armée. Tout se passa fort bien.

Des voisins m'empruntaient parfois ; j'acceptais en les faisant signer sur mon registre, puis je donnais quittance au moment du remboursement. Ces avances, de très courte durée, ne donnaient pas lieu à intérêts.

La famille m'avait rendu service autrefois, alors... à mon tour ! Le 2 novembre 1858 je vis arriver François Brenot, le domestique de mon neveu Alexandre Mercey, qui me remit aussitôt une lettre de son maître. Alexandre me demandait 400 F. Bien ! Mais je ne disposais à ce moment-là que de 350 F en caisse que je remis aussitôt au sieur Brenot. Ce dernier recompta les pièces d'or : une, deux, trois... et finalement quinze de 20 F et cinq de 10 F ; il les mit aussitôt dans sa bourse. Après son départ, la lettre fut rangée avec les mémoires et les factures de l'année. Par la suite, Alexandre me sollicita de temps à autre et il signait sur mon livre de comptes. Il me remboursa toujours comme convenu du capital et je ne lui demandais rien d'autre. Entre parents !

Tableau 83 : La Ranche – Emprunts à court terme aux négociants de Pierre de 1836 à 1837

Dates	Opérations	Billets souscrits	Rembt ou renouvt	Encours	Intérêts payés	Taux annuel
à M. Louis ADENOT (époux Druard), négociant,marchand (toile, épicerie,etc)						
1 janv 1836	Encours au 1er janvier 1836 :	-	-	667,5	-	(?)
	1) Billet 19/10/35 au 28/2/36=500 F	-	-	-	-	-
	2) Emprunt (sans billet) oct 35 =167,50F	-	-	-	-	-
08-avr-36	Payé reliquat	-	17,5	-	-	-
	Renouvt billet du 8/4/36 au 21/8/36	650	650	650	-	-
	Intérêts payés d'avance	-	-		27,2	10,50%
16-sept-36	Renouvt billet du 31/8/36 au 31/1/37	650	650	650	-	-
	Intérêts payés d'avance	-	-		26,6	9,75%
21-janv-37	Me Jolyet solde billet (escompte 7 %)	-	650	0	-	-
à M. François DONZEL (époux Philippe), marchand de vêtements, etc)						
01-janv-36	Encours au 1er janv 36 effet échéance	-	-	2 000	-	-
	15/4/36, intérêts payés d'avance	-	-	-	-	-
08-avr-36	Soldé par bon sur Jolyet (prêt 6 %)	-	2 000	0	-	-
à M. Philippe DRUARD (époux Philippe), négociant						
01-janv-36	Encours 1er janv 36 : effet 860 F (int comp)	-	-	860		
	du 26 nov 35 au 31 mars 1836	-	-	-	-	-
08-avr-36	Renouvt effet 31/7/36 (payable à Lyon)	860	860	860		
	Payé intérêts sur nouveau billet	-			23,35	8,60%
21-janv-37	Me Jolyet solde effet Druard (éch 31/7/36)	-	860	0		
	plus intérêts depuis 31/7/36	-	-	-	22,85	5,50%
	(suite escompte effets à 7 %)	-	-	-	-	-
à M. Antoine JOLYET (époux Druard), notaire						
01-janv-36	Encours 1er janv 36 (effet 24/8/35 échu)	-	-	982,55	-	-
08-avr-36	Rembt effet (rachat créance hypoth)	-	982,55	0	36,85	6,0%
	Souscris nouvel effet échéance 8/10/1836	1 155	-	1 155	-	6,0%
16-sept-36	Soldé partiellement effet	-	655		-	-
	Souscris effet 31/1/37 (avec int échus)	535,4	-	535,4	35,4	6,0%
09-oct-36	Souscris effet au 31/1/37 (sur papier libre)	150	-	685,4	-	6,0%
21-avr-37	Soldé effet échu au 31/1/37	-	535,4	-	-	-
	Payé intérêts du 16/9/36 à ce jour	-	-	-	19,45	6,0%
	Soldé effet échu 9/10/36	-	150	0	-	-
	Payé intérêts du 9/10/36 à ce jour	-	-	-	4,9	6,0%

Je prêtais aussi à des journaliers qui travaillaient pour moi. Oh ! généralement des sommes peu importantes : une fois pour aller à la foire ou pour la fête du village, voire pour régler des arriérés. Ils m'ont toujours rendu, en numéraire et en main-d'oeuvre, sauf ce pauvre Vorey qui se trouvait dans la misère la plus complète. Quand il mourut, sa veuve me remit deux voitures de mauvais fumier, ce qui ne compensa la dette que partiellement. Tans pis !

Depuis que La Ranche est en fermage (en 1866) je dispose d'argent dans les banques et chez le notaire Jolyet. Alors, des cultivateurs de La Ranche et d'Aloise me sollicitent pour des emprunts allant de 100 à 300 F, d'une durée d'un an. Je donne ordre à M. Mittaine, banquier à Pierre, de leur remettre les fonds, ceci après avoir fait signer un billet stipulant des intérêts à 5%. Je range soigneusement ces reconnaissances avec les autres dans le tiroir des titres. Au moment du remboursement je rends le billet en encaissant capital et intérêts au taux convenu. Il arrive parfois de prolonger la durée d'un an. Ainsi le 30 août dernier, mon voisin Henry me demandant cela, nous convînmes de notre accord en l'écrivant au dos du billet et il signa. Avant de repartir il n'oublia pas de me remettre les intérêts échus.

Tableau 84 : La Ranche – Escompte de traites par Me Jolyet, notaire à Pierre en 1837

Dates	Effets escomptes			
	Créances sur	Montant	Taux	Intérêts
21-janv-37	Guerret de Loisy et	830	7%	-
	Bonnot-Massin	-	-	-
	(vente de bois)	-	-	-
21-janv-37	Biard (vente chambre	376,66	7%	-
	de four de Diconne)		-	-
21-janv-37	Mercey (vente de bois	1 060,80	7%	-
	à Diconne)	-	-	-
	Total =	2 267,46	7%	139,11
	Emploi des fonds			**Montant**
21-janv-37	Objet			-
	1) Rembt billet Druard échéance 31/1/37			860
	plus intérêts depuis 31/7/36			22,85
	2) Payer billet Adenot			650
	3) Payer les intérêts d'escompte			139,11
	4) Reconnaissance à ma disposition			595,5
	(remise à M. Baron - achat de terrain)			-
			Total =	2 267,46

Nb : effet Martin escompté aussi à 7 %

Le prêt le plus important fut accordé à mes fermiers Rolland au mois de décembre 1866 : une somme de 4 000 F au taux de 5% l'an... mais j'y pense, je crois bien vous en avoir déjà parlé. Bon, n'y revenons pas ! Quand les Rolland me remboursèrent, l'argent fut confié à Me Jolyet.

Finalement, en deux ans, 5 000 F partirent ainsi chez des cultivateurs de mon entourage et des fermiers, mais toujours à 5% l'an, pas plus !

⇒ *Les placements*

- Chez Messieurs DRUARD frères, négociants et banquiers à Chalon

Depuis l'automne 1860 je disposais de sommes importantes à la maison allant de 5 000 F jusqu'à plus de 7 000 F, principalement des pièces d'or et aussi quelques billets de la Banque de France. C'était le fruit de bonnes ventes de blé, de bovins, de bois à Diconne et je percevais mon fermage dans cette commune. Il fallait en placer une partie, ne pouvant garder autant chez nous. J'avais bien acheté un peu de terre, mais la terre... nous en possédions déjà 90 hectares. Et puis, je ne souhaitais pas investir tout mon argent de cette manière.

Je connaissais de longue date la famille Druard, une famille d'agents de change, de négociants, de prêteurs, installée à Pierre depuis fort longtemps. Ne m'avaient-ils pas avancé de l'argent autrefois ? Henry et son frère tiennent un commerce de tissus et de banque dans l'île de Saint-Laurent-les-Chalon. Ces gens-là m'inspiraient confiance. Le 16 octobre 1861 mon épouse s'étant rendue chez eux pour compléter le trousseau de nos deux filles restées à la maison, elle leur fit part de mon désir de placer une somme de 4 000 F pour une année entière, voire plus. Ils promirent aussitôt un intérêt de 5% l'an et, de suite, lui signèrent une reconnaissance de 4 200 F à l'échéance du 31 octobre 1862, intégrant lesdits intérêts. Leur confiance en notre famille était totale et remarquable puisque ma femme ne se trouvait pas en possession d'une pareille somme ce jour-là. Ils lui demandèrent de déposer l'argent chez Claude Cordelier, l'un de leurs *grangers*, ce qui fut fait quelques jours plus tard bien entendu. Cette affaire se trouvant réglée, ma femme emmena ses filles dans la ville de Chalon, une bien grande ville, avec des maisons de toute beauté, et des magasins... Mais elles pensaient à des achats avantageux. Noëmie trouva un beau manteau pour 50 F chez Madame Gras-Picard, rue du Port-Villiers. Madame acheta une éponge et des bougies pour la voiture chez M. Prieur, place Saint-Vincent. Et puis elles ne résistèrent pas en voyant trois mantelets de coton chez M. Foret fils qui leur demanda tout de même 8,75 F. Arrivée à la maison, mon épouse me fit part de sa conversation avec M. Druard, puis j'ai rangé la reconnaissance dans un petit portefeuille de cuir jaune, placé dans un tiroir du bureau où sont les actes de propriété. L'année suivante mon fils Albert se rendit chez M. Druard, portant une somme de 3 800 F bien cachée. Il y avait un billet de la Banque de France de 1 000 F mais aussi 138 pièces d'or de 20 F et quatre de 10 F. C'était, je m'en souviens, la veille de Noël 1862. Et le titre initial se trouvait échu depuis la fin du mois d'octobre. M. Druard nous devait donc des intérêts en sus. Mais il ne compta que 64 jours alors que, pour moi, c'était 76, donc à partir du 16 octobre 1861. Mais lui, il calculait à partir du moment où il recevait l'argent. Ah ! il savait compter, cet homme. C'était sûrement normal ! Albert lui rendit aussitôt le titre de 4 200 F et il reçut en échange un nouveau de 8 436,75 F. L'année suivante je le fis accompagner de M. Grizard, notre instituteur. Ils poursuivirent leur voyage jusqu'à Givry d'où ils rapportèrent de beaux arbres fruitiers pour le verger. Et j'ai continué à placer. Mais fin 1864 le taux d'intérêts descendit à 4,50 %. Quand je perdis Albert, des gens du pays allèrent à Chalon pour me rendre service et s'occuper des mes opérations : le cousin Jean-Claude Sordet boulanger, ou bien Pierre Malherbe mon maçon qui avait des affaires à régler là-bas, et puis mon neveu Alexandre Mercey. En décembre 1866, j'entendais bien arriver à 12 000 F de placés et j'ai expédié 444 F en pièces d'or par l'intermédiaire de M. Vantard qui demandait 1,10 F pour ses peines ; mais je m'étais trompé dans mes calculs. Aussi le titre ne fut que de 11 959 F. Cette année-là M. Philippe Druard, propriétaire à Pierre, devait se charger de mes opérations et me faire rapporter la reconnaissance par M. Noir-Arveux le premier samedi de janvier ; ce jour-là ils emmenaient leurs enfants au collège de Chalon. Finalement, ils ne purent s'y rendre et j'ai décidé d'adresser mon bon par la poste. La directrice fit payer 40 centimes pour l'affranchissement, 50 ct pour un bâtonnet de cire d'Espagne usé et encore 20 ct pour le reçu. Mais il fallait bien prendre des précautions pour cette lettre chargée.

Depuis l'année dernière (1867) les frères Druard ne veulent plus capitaliser les intérêts. Ils ont répondu qu'ils le feraient l'année prochaine, s'il y a lieu. Pourquoi ? Je n'en sais rien. Mais ils devraient bien vérifier leurs papiers car le nouveau titre porte l'échéance du 31 décembre 1869 (et non 1868). Il faudra d'ailleurs leur faire rectifier, car ce serait une année de perdue.

Mais depuis quelques mois je me sens fatigué. Aussi au début du mois de juillet (1868), mon épouse et moi-même souhaitions faire l'abandon de l'argent en dépôt chez les frères Druard à nos trois filles. Cette somme, placée à 4,50%, peut être retirée à tout moment, totalement ou partiellement, à condition de prévenir le banquier quinze jours à l'avance. Nous écrivîmes aussitôt à notre fille aînée, mariée, et qui habite à Dole. Fannie avait besoin d'argrent et souhaitait recevoir 4 000 F en numéraire ; ses soeurs, quant à elles, garderaient ces économies chez M. Druard. Mon neveu Mercey, chargé de l'opération, se rendit à Chalon le 6 août. Les frères Druard consentirent à lui remettre 4 000 F en or, mais ne comptèrent les intérêts qu'à 4% sur ladite somme, car le remboursement avait lieu avant une année pleine. Quant au reste, ils voulaient bien verser 4,50%. Ils remirent donc l'argent et les nouveaux titres à Alexandre. Mes deux plus jeunes enfants avaient ainsi 4 130,60 F chacune.

Tableau 85 : Banque Druard frères à Chalon – Compte de M. J-B Guerret

Dates	Opérations	Retraits	Dépôts	Intérêts		Solde ou Titre
				Montant	Taux	
20/10/1861	Dépôt en espèces	-	4 000,00	200,00 (1)	5,0%	4 200,0
24/12/1862	Dépôt (billet Banque et or)	-	3 800,00	436,75 (1)	5,0%	8 436,8
31/12/1863	Dépôt complém en espèces	-	1 089,00	474,25 (1)	5,0%	10 000,0
23/12/1864	Renouvellement du titre	-	-	450,00 (1)	4,5%	10 450,0
25/12/1865	Dépôt complémentaire	-	76,35	473,65 (1)	4,5%	11 000,0
31/12/1866	Dépôt en pièces d'or	-	444,00	515,00 (1)	4,5%	11 959,0
31/12/1867	Renouvt titre (int à échéance)	-	-	0,00 (2)	4,5%	11 959,0
6/8/1868	**Partage des biens entre**	-	-	-	-	-
	les trois filles :	-	-	-	-	-
	retrait pour Fannie (en or)	4 000	-	-	-	-
	intérêts des 4 000 retirés	-	-	93,30	4,0 % (3)	-
	(du 1/1/1868 au 31/7/1868)	-	-	-	-	-
	intérêts du solde 7 959 F	-	-	208,90	4,5%	-
	(du 1/1/1868 au 31/7/1868)	-	-	-	-	-
	Titre à Camille :4 130,60 F	-	-	-	-	-
	Titre à Noëmie :4 130,60 F	-	-	-	-	8 261,2

NB : La Banque DRUARD frères est alors à St-Laurent-les-Chalon ; les trois membres de la famille s'associent en Nom Collectif le 22/6/1865 au nom de "DRUARD frères" ; ils sont aussi négociants en gros en tissus.

(1) Intérêts calculés d'avance sur la somme versée et ajoutés au nominal du titre

(2) Les intérêts seront comptabilisés à l'échéance.

(3) Intérêts calculés à 4 % au lieu de 4,50 % car la durée du placement est inférieure à un an.

Mais nos filles restées à la maison nous sont d'un grand secours et nous rendent de précieux services. Nous leur avions déjà placé de l'argent à la suite de ventes de blé importantes :

- Camille : 2 600 F (à 4,50%)
- Noëmie : 1 500 F (idem)

Les voilà à la tête de solides économies bien placées.

- Chez M. François-Laurent MITTAINE-SERGENT, négociant et banquier à Pierre

François Mittaine, natif de Fretterans, a épousé la fille du coutelier Sergent, une famille venant de Lorraine. Peu après 1850 il développa à Pierre un gros commerce de fer, quincaillerie, bois d'oeuvre et de charronnage, d'équipement de la maison, de sel, de plâtre et de son, etc. Ses affaires sont maintenant prospères. Il exerce aussi la profession de prêteur, d'escompteur, enfin de banquier depuis la même époque. J'étais l'un de ses clients depuis 1856 pour le fer (roues de chars), le fil de fer de vigne, le bois de sapin, l'outillage, mais pas de sa banque, tout au moins jusqu'en 1865.

J'eus à traiter avec lui en septembre 1864 car M. Déglise, marchand à Aiserey (Côte d'or), l'avait chargé d'encaisser pour son compte une facture de fournitures de cendres.

Tableau 86 : Banque Mittaine-Sergent à Pierre – Compte de M. J-B Guerret

Dates	Opérations	Taux d'intérêts	Retraits	Dépôts	Solde ou Titre
30/12/1865	Dépôt de M. Miseray (vente de blé)	5 % (1)	-	1 000	1 000
9/1/1866	Dépôt (Billet Banque et pièces or)	5 % (1)	-	2 200	3 200
15/1/1866	Dépôt de M. Miseray le 13/1/1866	-	-	-	-
	à Bellevesvre (vente de blé)	-	-	587	3 787
31/1/1866	Dépôt	5 % (1)	-	2 000	5 787
18/3/1866	Retrait (ordre du 16/3)	-	500	-	5 287
	Ordre payer impôts au receveur	-	200	-	5 087
20/4/1866	Retrait (construction poulailler)	-	300	-	4 787
16/6/1866	Ordre du 11/6 de payer au rece-	-	-	-	-
	veur concession d'Albert	-	600	-	4 187
9/11/1866	Retrait par Jean Rolland	-	-	-	-
	(prêt à 5 %), ordre du 9/11	-	3 000	-	1 187
20/11/1866	Retrait (pour pension Fanny)	-	400	-	787
26/7/1867	Retrait (ordre de ce jour)	-	300	-	487
30/8/1867	Retrait par Claude Henry	-	-	-	-
	(prêt à 5 %), ordre du 29/8	-	200	-	287
16/12/1867	Versement pour pension Fanny	-	-	600	887
	Fonds remis à Fanny par Mittaine	-	600 (2)	-	287
	Commission de M Mittaine pour	-	-	-	-
	cette opération	-	1,5	-	285,5

(1) Intérêts à 5 % pour une année entière et à 4 % si durée inférieure.
(2) Fonds vraisemblablement versés à Fanny par le Comptoir d'Escompte de Dole, correspondant de M. Mittaine.
Autres correspondants à Chalon (Lagadrillier et Meulien, Garnier et Cie, Poulet et Cie, de La Valette, Druard frères, Menand Suchet), à Chagny (Prosper Mittaine), à Dijon (Dard et fils), à Tournus (Comptoir de Tournus).
NB : Mittaine-Sergent fera faillite le 3/5/1873 ; la famille GUERRET avait encore 171 F et récupérera 11 F lors de la liquidation.

Fin 1865 je souhaitais connaître les conditions de placements qu'offrait Laurent Mittaine, désormais bien installé dans le canton. Dans sa lettre du 12 décembre, j'appris qu'il me paierait 5% d'intérêts s'il jouissait des fonds pendant une année entière et 4% si je retirais l'argent de ses mains avant la fin de l'année. Cela me convenait parfaitement. M. Miseray, de Villevieux, venait de m'acheter du blé ; il reçut l'ordre de déposer l'argent chez M. Mittaine. Le 30 décembre, accompagné de Désiré Petit agissant pour mon compte, il se rendit chez le banquier et versa 1 000 F. M. Mittaine remit un titre à Désiré ; il confirmait bien les taux offerts précédemment.

Le 9 janvier suivant, étant à Pierre et voulant encore placer des disponibilités, je suis entré au magasin de Laurent Mittaine. Il me fit passer aussitôt dans une chambre jouxtant sa boutique ; il y tient son commerce de banque. Il s'assit immédiatement derrière un grand bureau de sapin où se trouvaient quantités de bouteilles d'encre, un pèse-lettre, une pile de factures et de traites. Dans un coin une presse à copier les lettres ; un nombre important de livres de comptes de toutes sortes encombraient un rayon. Nous étions en hiver et son poêle marchait bon train. Tout à coup une pendule - dite coucou - indiqua dix heures du matin. Une cage à oiseau, vide, n'attendait qu'un occupant. Des sacs de plâtre à fumer les terres, des sacs de sel, garnissaient tout un mur ; un autre était occupé par un lit garni et une table de nuit. Dormait-on ici ? Peut-être, car il y avait même une cuvette en fer blanc avec sa monture en sapin. Après un court instant, je m'assis sur l'une des chaises et lui fis part de mon intention de placer 2 200 F. Il renouvela ses propositions précédentes et je sortis aussitôt un billet de 500 F de la Banque de France ainsi que 85 pièces d'or de 20 F. Il les compta et les rangea dans son tiroir, puis m'établit une reconnaissance en bonne et due forme.

Tableau 87 : Me Philippe Jolyet, notaire à Pierre – Compte de M. J-B Guerret

Dates	Opérations	Taux d'intérêts	Retraits	Dépôts	Solde ou Titre
29/11/1867	Dépôt suite rembt prêt par Jean Rolland	-	-	-	-
		-	-	3 000,0	3 000,0
3/2/1868	Dépôt (fermage de La Ranche)	-	-	-	-
		4,0% (1)	-	1 000,0	4 000,0
8/3/1868	Retrait (prêt à Albert Petit à 5 %)	-	-	-	-
		-	150,0	-	3 850,0
10/4/1868	Dépôt par Miseray (vente de blé)	-	-	-	-
		-	-	2 676,0	6 526,0
13/5/1868	Retrait (dont 892 F pour Fanny)	-	-	-	-
		-	1 076,0	-	5 450,0
5/7/1868	Retrait (lettre du jour)	-	300,0	-	5 150,0
29/8/1868	Retrait (reliquat dû à Fanny)	-	-	-	-
		-	89,7	-	5 060,3

(1) Taux 4 % l'an, avec facilité de retirer totalement ou partiellement selon les besoins du ménage.

J'ai encore effectué d'autres dépôts ; à la fin de janvier M. Mittaine détenait presque 6 000 F, cela faisait beaucoup. N'était-ce pas risqué ? Au cours des discussions, j'appris qu'il pouvait se charger d'opérations de banque pour mon compte. Sur mon ordre écrit, il paya le receveur municipal : des acomptes d'impôts, la concession d'Albert au cimetière, etc. Chaque fois il confirmait par lettre ce qu'il faisait et gardait les quittances du receveur M. Boitard. Quand j'avais besoin de numéraire, j'envoyais un valet ou un voisin, muni d'une lettre et le banquier lui remettait aussitôt la somme demandée. Quand je prêtais de l'argent à des connaissances, ils portaient mes ordres à M. Mittaine et empochaient l'argent leur revenant.

Au mois de décembre de l'année dernière (1867) je devais envoyer 600 F à ma fille Fanny pour sa pension annuelle. Sa soeur Camille se rendit chez Laurent Mittaine, déposa l'argent, et lui demanda de le faire parvenir à Fanny. Pas de problème, lui répondit-il, elle pourra le retirer à Dole dans deux jours. Seulement, il lui fit verser 1,50 F pour sa commission.

Aujourd'hui il ne me reste même pas 300 F chez M. Mittaine. Tout a été retiré pour les besoins du ménage et de la famille, et surtout pour prêter ailleurs au taux de 5%. Il vaut mieux répartir son argent !

- **Chez Maître Philippe JOLYET, notaire à Pierre**

A la fin du mois de novembre dernier (1867) Jean Rolland me remboursa 3 000 F ; n'ayant pas l'emploi immédiat de cet argent, je le fis déposer par Antoine Bailly chez Me Jolyet, notaire à Pierre. Ce jour-là il était absent mais son frère, clerc dans son étude, se chargea de recevoir les fonds et de délivrer une reconnaissance. Le notaire offrait 4% l'an, mais je pouvais retirer totalement ou partiellement sans pénalité. Cela me convenait en attendant d'autres placements plus avantageux. Voyant cela, j'ai encore déposé et y fis verser de l'argent issu de ventes de blé. Mais dès que je trouve une occasion, je retire pour prêter à 5%, répartissant ainsi mon capital. Finalement Me Jolyet détient encore plus de 5 000 F. J'espère dénicher preneur ailleurs, mais finalement, ce notaire est un homme sûr.

Opérations financières diverses

M. Jean-Baptiste Guerret : activités financières (décembre 1835 - décembre 1867)

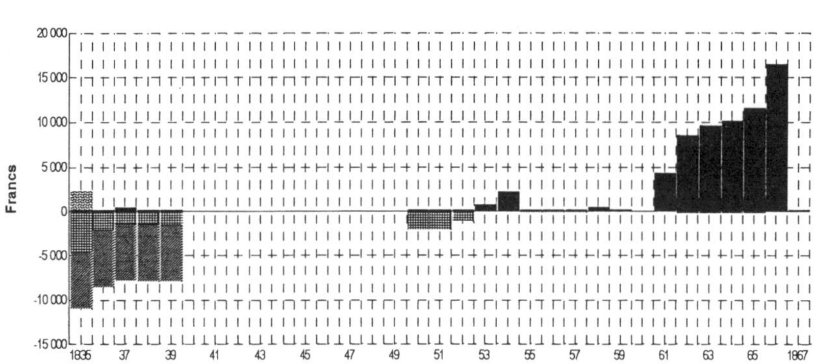

Emprunts Court terme ✱ Emprunts Moyen terme ■ Prêts & Placements Court terme ※ Prêts & Placements Moyen terme

L'une de mes voisines - une pauvre femme - hérita 60 F quand son frère mourut. Etait-elle capable de les gérer ? En tout cas le 22 juin 1857 je vis arriver Philibert Roux et les frères Grapinet qui m'expliquèrent la situation, me demandant de garder les douze pièces d'argent de 5 F et de ne les lui remettre que selon ses besoins. J'ai accepté pour rendre service, notant cette opération dans mon livre de comptes en ajoutant une feuille pour les retraits. Oh ! cela ne dura pas très longtemps. Elle réclama pour payer ses frais de moisson, ses impôts et les droits de succession de son frère (10 F), etc. Finalement le 27 mars 1859 je lui ai rendu les 15 F qui restaient, ceci en présence d'Antoine Bailly, bien entendu ! C'était une affaire terminée.

Le 26 janvier 1854 l'une de mes parentes, fort mal en point, me demanda de conserver 300 F, toutes ses économies. Pouvais-je refuser ? Non. Je lui ai signé une reconnaissance.

Cette somme fut isolée et soigneusement rangée à part. Deux ans après l'état de cette femme s'aggrava et il fallut l'interner à l'hôpital de Bourg (Ain), où personne n'entrevoyait son rétablissement. Fatigué de garder cet argent, je rendis visite à Claude Cordelier à qui elle avait confié mon papier avant son départ. Nous discutâmes longuement de l'emploi de ce dépôt. Finalement j'ai demandé à Maître Guichard, notaire à La Chapelle, de le placer avec une garantie hypothécaire. Le 23 mars 1857 il établit un acte de prêt avec les dénommés Poulet, de Dampierre. Ce jour-là j'étais avec Claude Cordelier chez Me Guichard, assistant à l'opération, et j'ai apposé ma signature au bas de l'acte. Cordelier, voyant cela, me rendit la reconnaissance de 1854. Poulet devait venir à la maison chercher les 300 F. Il ne parut que le 3 mai et m'apprit que le notaire lui avait avancé la somme depuis le 29 avril, dès le retour de l'acte du bureau des hypothèques. Il me faut donc rembourser le notaire ! lui dis-je. Mais aussitôt j'ai demandé à cet homme de signer une note où il reconnaissait avoir reçu les fonds de Me Guichard. Après coup Albert se rendit au bourg et déposa donc les 15 pièces d'or de 20 F. Trois ans après Marie revint au village, elle va mieux maintenant. De temps à autre je lui vends un peu de sarrasin, de blé ou du maïs pour son usage personnel.

II - 7. La gestion des domaines

II - 7. 1 Mon livre rouge : première approche des comptes (1827-1835)

J'étais marié depuis quelques mois lorsque ma mère me laissa la gestion de tous nos domaines – c'est-à-dire des terres héritées de mon père en 1814, de celles provenant des achats ultérieurs, et des siennes. Elle me loua pour neuf ans l'ensemble de ses biens propres (sauf les bois) et nous convînmes d'une pension annuelle de 400 F à laquelle s'ajoutaient des fournitures en nature (blé, etc.). Elle avait bien une vingtaine d'hectares et si cela peut sembler bon marché, je devais en outre assurer seul le paiement d'environ 5 000 F de dettes contractées avec elle pendant notre communauté de biens. Nous établîmes donc un bail sous seing privé le 21 juin 1823.

La Ranche fut d'abord mise en fermage et amodiée à Guillemeney qui y resta trois ans (1823-1826). Ce dernier ne donna pas entièrement satisfaction car il avait surchargé les terres – il paya d'ailleurs 250 F d'intérêts de mauvaise culture à son successeur. Il fut remplacé par le père Claude Bon avec qui nous passâmes un bail notarié pour 3-6 ou 9 ans chez Maître Donzel, s'appliquant à la St-Martin 1826.

J'avais été nommé maire de La Chapelle par le préfet de Saône-et-Loire à partir du 1er janvier 1826. J'administrais donc une commune de 2 000 habitants, ce qui me permit de me familiariser avec les affaires publiques. Et puis, je disposais de suffisamment de temps. Le fermier, qui exploitait La Ranche pour mon compte, me versait 1 600 F par an, plus six *bichets* de blé, du sarrasin, de la laine, du beurre, douze poulets, etc. (soit une valeur de l'ordre de 2 000 F), sur lesquels je ne reversais que 400 F à ma mère. Et puis mon épouse avait aussi sa part de revenus à Diconne et ailleurs.

Ayant quelque expérience maintenant des affaires, je voulais tenir les nôtres correctement. A partir de 1827 j'ai enregistré les opérations importantes au travers d'un grand livre à la couverture rouge (qui deviendra le livre des domestiques plus tard) :

- les baux fermiers – avec ma mère (pages 15-16), avec le père Bon (p. 5 à 10), avec les Rolland de Diconne (p.79 à 81) ;

- les ventes de coupes de bois de Diconne (biens propres de mon épouse, alors en indivision avec son frère et sa sœur), p. 26 à 31, p. 34 à 36, etc ;

- mes emprunts (1831-1832, etc.) p. 151 à 154 ;

- les opérations immobilières (1831-1833), p. 13 et p. 154-155 ;

- les affaires de famille de mon épouse née Guillemault (1831) page 150.

Après la révolution de 1830, le préfet confirma ma charge de maire de La Chapelle. Cependant, plus tard, il me reprocha certaines dépenses festives consacrées à cet événement, et pour lesquelles il n'avait pas donné son accord préalable. Je résolus de démissionner au printemps 1832, tout en restant membre du conseil municipal.

Me trouvant cette fois-ci avec beaucoup de temps disponible, le bail de La Ranche fut modifié. En avril 1832 Claude Bon accepta de ne conserver qu'une vingtaine d'hectares à mi-fruits, et je prenais la direction du reste, ceci à partir de la St-Martin 1832 pour une durée de trois ans. Pour ce faire, je décidais de réserver d'autres pages dans mon registre pour noter :

- les recettes et les dépenses importantes (1832-1835) ;

- des méthodes culturales (semailles) mais aussi des achats d'engrais, etc. ;

- les comptes détaillés des domestiques (1832-1834).

C'était une position d'attente pour moi car j'avais d'autres vues bien plus importantes que La Ranche. Je voulais gérer les domaines du château de Pierre appartenant à M. le comte de Thiard (le général Auxonne-Marie-Théodose de Thiard). Je trouvais que l'éparpillement de ses fermages nuisait à lui-même (faible rentabilité) et à ses fermiers (qui survivaient à peine). Connaissant ses opinions, ses vues grandes et généreuses, je pensais que cela ne pouvait que lui plaire. Il était aussi amateur de bonne agriculture, ami des progrès sociaux, et je me disais : « Il souffre de tout cela ! » Evidemment, le défaut d'argent empêchait les fermiers d'investir correctement. D'autre part, les capitaux fuient l'agriculture et se portent sur d'autres industries plus rentables et plus sûres. Placer son argent dans une ferme, c'est s'exposer à tout : lutter journellement contre la mauvaise foi et la mauvaise volonté de la main-d'œuvre ; lutter contre les maladies (des hommes et des bêtes), les intempéries. D'ailleurs, en louant moi-même mes biens, j'estimais ma perte à 4 300 F en trois ans. Il fallait donc un fermier capable de faire les avances de culture nécessaires et M. Arveux, l'homme de confiance de M. le comte, assurait que son maître serait disposé à la faire dans ces conditions. J'étais prêt et donc candidat. Cependant, je voulais jouir d'une grande liberté d'action : un bail sortant de la vieille routine pour entrer dans la voie du nouveau système pour ne pas gêner tous ses développements, un fermage et des avances d'argent à un taux modéré.

Finalement, tout cela n'aboutit pas, butant sur un certain nombre de modalités, si bien qu'à la St-Martin 1834, je rompis le bail à mi-fruits de La Ranche et en pris seul la direction effective. Pour cela il me fallait embaucher des domestiques supplémentaires, prendre des journaliers le moment venu, et suivre le tout. Si depuis 1832 je relevais certains actes de recettes dépenses qui me semblaient importants, mes comptes devinrent plus abondants en 1835. Voyant que je ne pourrais pas gérer dynamiquement les vastes domaines du château de Pierre, je décidais d'appliquer mes méthodes à La Ranche. Aussi, j'assurerai un vrai suivi de mes affaires ! C'est la raison d'être de tous mes livres de comptes dont je vais vous parler maintenant. Quant à ce premier registre, il ne servira plus alors que de livre des domestiques, car il ne faut rien perdre !

II - 7. 2 Les livres comptables (à partir de 1836)

La tenue d'une bonne comptabilité n'est pas simple et demande une rigueur extrême. Je me sers de différents registres et brouillards qui s'avèrent fort utiles :

- le grand livre : le plus important de tous ;
- le livre de caisse, ouvert le 2 juillet 1838 ;
- le livre de *grangeage* (1852-54) pour Louis Boissard-Cordelier ;
- le livre de fermage de Diconne pour la famille Rolland ;
- le livre des domestiques (mon ancien registre de comptes servant maintenant à cet usage) ;
- le brouillard des journaliers.

Chacun de ces registres permet de s'y retrouver plus facilement, mais toutes les opérations sont reportées au grand livre.

J'établis de temps à autre des comptes sur des feuilles annexes et volantes pour suivre plus précisément le déroulement de certaines opérations, en évaluer la rentabilité ou le coût :

- des états de battage : décompte précis des journées employées et des salaires, du prix de revient de la nourriture, du charbon, enfin… du coût réel ;
- des feuilles de saillies des vaches ;
- des évaluations de récoltes de gerbes par champ pour estimer les rendements, l'efficacité des engrais, etc. ;
- des journalisations détaillées de mouture afin de vérifier notre consommation et les ventes réalisées ;
- des comptes de moissons minutieux par journées et par parcelles ;
- des feuilles des marchés de Pierre (ventes de beurre, d'œufs, de volailles, de fromage et puis du beurre fondu, vendu ou donné) pour voir ;
- des relevés d'amodiations de *terres à turquis*.

Quant à mes quittances et factures, je les classe par années dans un tiroir. L'ordre règne chez nous, comprenez-moi !

Les livres annexes permettent de connaître rapidement la situation de tel ou tel domestique, ou bien d'un journalier régulier avec qui je suis en compte. Le grand livre est le reflet des affaires au jour le jour.

Tenir cette comptabilité occupait mes soirées... mais, maintenant, je dispose de beaucoup de temps. Je travaille encore fréquemment sur mon secrétaire en chêne installé dans la salle. Il est d'ailleurs surmonté d'une bibliothèque bien remplie ; les trois tiroirs inférieurs sont encombrés de papiers et d'actes. Je trouve toutes mes fournitures (de l'encre, du papier à lettres, des enveloppes, des plumes métalliques, etc.) à Pierre, principalement chez M. Noir et chez M. Cordelier, mais j'achète aussi ailleurs, voire à des marchands ambulants. Quant à mon dernier registre M. Masson l'a fait venir exprès de Dole : un bien beau livre, mais cher... 5,25 F ! Pour plus de commodité, je viens de m'équiper d'un écritoire en verre qui me donne toute satisfaction.

Le grand livre ! Depuis 1836 j'en suis arrivé au neuvième registre. A la première page j'ai inscrit de ma plus belle plume : « Neuvième livre ou cayer faisant suite aux écritures commencées le premier janvier 1836, le huitième a été terminé le 31 décembre 1862. Il contient 350 pages. »

Chaque page blanche étant soigneusement numérotée, restait à tracer les traits à l'encre noire : à gauche la marge pour les annotations éventuelles, au centre les articles détaillés avec les dates, à droite les deux colonnes des dépenses et des recettes. Au début je n'utilisais qu'une seule colonne pour toute somme inscrite. Quand je revois ce registre, je me dis : « Ce n'était pas suffisamment clair ! » Mais je débutais. J'avais d'ailleurs signé le premier feuillet « Guerret Guillemault », pour lui donner toute son importance. Mes habitudes d'ancien maire de la commune se perpétuaient ainsi. Et puis, dès 1852, je compris l'intérêt de préciser les choses, totalisant recettes et dépenses au bas de chaque page et les reportant à la suivante, si bien qu'à la fin de l'année, je connaissais leur importance. Les faces internes des couvertures servaient aussi à noter des remèdes, ou des méthodes de soins aux animaux, voire les saillies des vaches...

Mais à quoi bon écrire toutes ces pages ? Vous le pensez sûrement ! Et cela ne l'enrichit pas ! disent certains. Bien entendu ! Chaque jour – ou presque – j'enregistre les opérations concernant notre maison. Les rentrées et les sorties, évaluées en argent, reflètent la vie quotidienne s'égrenant au fil des saisons. Au cours des premières années (1836-1840) je me suis évertué à noter soigneusement les méthodes culturales en usage à La Ranche, les engrais et amendements employés, leur efficacité, l'incidence climatique, et puis finalement mes succès et mes échecs. A quoi bon tout cela ? En fin de compte, ce travail est précieux car il s'agit de la mémoire couchée sur le papier. Alors, à tout instant, je puis m'y référer et éviter de recommencer des erreurs passées, ou bien améliorer certaines méthodes de travail, que sais-je encore ?

Une récolte est-elle bonne ou bien médiocre ? Il suffit de voir la meule, ou de visiter le grenier ! Bien sûr, on peut voir les choses ainsi. Mais cela, à mon goût, ne suffit pas. Aussi, de temps en temps, j'effectuais des calculs. Après avoir inscrit le nombre de gerbes par *pièce,* je marquais toutes les dépenses : la valeur locative de la terre, le coût de préparation des sols (labours, hersages, main-d'œuvre), les engrais utilisés, le prix de revient des moissons, du battage. Alors, j'obtenais le prix de revient exact d'une gerbe, et après il suffisait de compter. Cela me tranquillisait. Et je faisais la même chose pour calculer la rentabilité de l'engraissement des bœufs, ou bien le rendement de mes bois sur de longues périodes. Enfin, j'évaluais le succès de telle ou telle méthode. C'était pratique et instructif.

Quant aux domestiques, chaque embauche enregistrée avec toutes les conditions accordées permettait de s'y retrouver. Au fur et à mesure je marquais les paiements, mais aussi les désaccords, les sanctions prises ou bien j'écrivais quelque remarque concernant un valet, cela servait toujours. Les comptes des journaliers demandaient beaucoup d'attention, car ils venaient épisodiquement au fil de l'année ; ils prenaient du grain, ou du bois, louaient des *terres à turquis*, enfin, bien des choses. Quand j'établissais leurs comptes de temps à autre, chacun devait pouvoir toucher son dû.

Tableau 88 : La Ranche – Tenue du grand livre

	Première page		
	Du Premier Janvier 1862		
	Etrennes données par Mme à divers	3	
	Du 4 dudit		
	Reçu de Monnot-Péguillet pour 3 DD de blé du 3 juillet 1861 (voir date au livre rouge)		14,7
	page 19		
	Report	2555	3223
	Du 1er mai		
	Terres pour semer du turquis amodiées à :		
Payé le 2/11/18	RAMEAU Claude : 24 éconces du Chevrot joignant le chemin au soir (1/2 journal) = 25 F		
	etc		
	Total recettes et dépenses à reporter	2981	3988
	Du 2 novembre 1862		
	Reçu de Claude Rameau pour amodiation d'1/2 journal de terre où il a récolté du turquis cette année, pour solde		25

Nb : il s'agit d'exemples d'articles comptables
A gauche : marge pour les annotations ; au centre les articles ;
A droite : les deux colonnes Dépenses et Recettes

N'importe qui a son lot d'observations si nécessaire : le marchand qui m'a trompé sur la quantité ou la qualité, l'artisan ayant rusé pour toucher plus, voire des journaliers ou des femmes aux pratiques déshonnêtes. Eh bien, je note tout, ainsi je m'en souviendrai, et puis mes enfants aussi. Et le curé qui fit des remarques injustes et vexantes à notre égard à la messe du dimanche ! Il fallait bien l'écrire, tout de même.

Je suivais aussi méticuleusement les entrées et sorties de grain, de fourrage, de bestiaux, en indiquant les prix. Quant aux meuniers, je m'étais fait avoir à plusieurs reprises ; depuis ce temps-là, ils méritent toute mon attention, car je connais les usages et ce qu'ils doivent me rendre en farine et en son.

De temps à autre, un événement particulier surgit : un procès, ou une histoire pas ordinaire. Je relève les faits avec tous les détails. Après tout, une bonne mémoire peut servir pour l'étape suivante, si une preuve peut faire pencher la balance. Quant à ma bien aimée et regrettée Delphine, le chagrin… il reste en moi, gravé à jamais. Alors, je ne veux pas risquer de relire les détails des dépenses de son enterrement. Une feuille volante collée sur l'article évite de rouvrir des plaies mal cicatrisées.

Au fil des années des changements dans les affaires sont intervenus : les anciennes mesures qui disparaissent progressivement, la vente au poids, les moyens de paiements qui évoluent (avec l'arrivée du billet de banque, les pièces d'or qui remplacent celles d'argent). Tout cela modifie notre vie, et il faut bien s'y retrouver ; alors, au début, je note les équivalences, c'est plus prudent.

Mais le grand livre sert aussi à officialiser des contrats de prêts, voire des ventes à crédit ou simplement payables à terme (comme les coupes de bois). Dans certains cas, le débiteur signe directement sur le registre, c'est mieux ainsi. Et puis, je pourrais prouver, s'il y avait contestation. Lors du règlement, je raye l'article par une belle croix tracée à la plume et annote le paiement en marge.

Certains articles sont comptés en recettes et en dépenses :

- la mouture des céréales (produites à la ferme et consommées par les animaux et les gens de la maison) ;

- les amodiations de *terres à turquis* acquittées en journées de travail ou bien, à l'inverse, les salaires payés partiellement en fournitures de blé, de pommes de terre, ou bien encore de taillis, etc. ;

- les porcs élevés à la maison et abattus pour les besoins du ménage.

Les achats de terre coûtent cher. S'ils font partie des charges de l'année, je les considère comme des dépenses extraordinaires ; il s'agit d'un bon placement, n'est-ce pas ?

Enfin, certaines opérations figurent dans mon livre pour mémoire, pour nous simplement :

- les placements et prêts d'argent, les versements et retraits à la banque ;

- les « vaches au bœuf » depuis que l'on ne paie plus pour ce service ;

- les récoltes brutes (non totalisées en recettes dépenses) ;

- l'argent des marchés.

Evidemment, toute dépense concernant le ménage a sa place dans ce registre et j'inscris soigneusement le nom du marchand, les quantités, les prix, etc. Je sais tout ce qui se passe ; je vois mieux les tarifs et ce que nous achetons. Oh ! ne croyez pas que je suis parfait car j'oublie quelques articles parfois. Et puis, tout n'est pas consigné : tenez, par exemple, la consommation du lait ou de la crème, une partie du bois de chauffage, et quoi d'autre encore ?

Le livre de caisse, annexe du grand livre, sert à enregistrer les entrées et sorties effectives de monnaie (pièces d'argent, d'or, voire billets). Mais la caisse n'est vérifiée que très épisodiquement, tout au plus une ou deux fois l'an, et bien souvent pas du tout. Notez quand même que depuis 1863 je m'applique à le faire à la fin de chaque année, après avoir totalisé les recettes et les dépenses. Quand cela me prend, je regarde. Je me souviens d'un jour d'août 1854, revenant du marché de Bellevesvre, je voulus vérifier ma caisse. Oh ! une idée, et je voulais savoir. Ayant vidé le contenu sur la grande table et empilé les pièces en les différenciant, j'ai trouvé une somme de 1 118,45 F en pièces d'argent, plus une pièce de 20 F et une autre de 10 F en or, que j'ai mises de côté pour ne pas les mélanger.

Mais le solde de caisse ne correspond pas toujours à ce qu'il devrait être d'après les registres, alors je réfléchis. Après tout, je dois commettre – sans doute – des erreurs d'additions, quelques oublis, sûrement. Et puis, il y a l'argent des marchés. Il ne fait pas partie de mes recettes, mais ma femme le dépose dans ma caisse. Elle en verse et en reprend, elle donne de l'argent à ses filles. Tout ceci peut bien motiver les différences qui existent. D'autre part les ventes de biens immobiliers appartenant en propre à Madame n'entrent pas non plus dans mes recettes. Si elle apporte, il faut bien lui rendre ce qui lui appartient personnellement. C'est juste !

Depuis la fin de l'année 1852 je totalise les recettes et les dépenses de l'année, mais ce n'est pas toujours régulier, ne l'ayant pas fait entre 1859 et 1863, ne l'estimant pas nécessaire ; puis j'ai repris de bonnes habitudes. Mais 1852 était une année particulière car La Ranche était en *grangeage* et je ne savais pas quel allait être le résultat, devant partager charges et revenus avec Louis Boissard. Une attention accrue paraissait nécessaire. Finalement les rentrées dépassèrent les sorties de 323 F. Au premier janvier 1852 j'avais 138 F en caisse ; il aurait dû me rester 461 F au 31 décembre et il s'y trouvait 800 F. Madame avait encore mis son argent de marché ! Mais, je vous avoue mon inquiétude cette année-là, je peux le faire à présent. Si les recettes se trouvèrent supérieures aux dépenses jusqu'au 6 septembre, la situation s'inversa jusqu'au 22 décembre. Finalement, de bonnes ventes de fin d'année rétablirent la situation. J'étais sauvé ! L'année suivante, je fus encore plus attentif et je crois bien avoir vérifié mes comptes au moins sept fois : au fil des mois, au trimestre, au semestre, c'est vous dire ! Finalement tout se passa bien. Au cours des premières années de reprise d'activité directe (1856-1857) les dépenses excédèrent les rentrées de 1 063 F et ce sans emprunt. Pas de doute, l'argent des marchés avait évité d'y recourir. Mais attention, il fallait bien rendre à Madame ce qui lui appartenait, ne vous y trompez pas !

La Ranche est maintenant en fermage – pour toujours certainement – et à mon âge, mes forces s'en vont tout doucement, je le vois bien. Mais j'essaie de tenir soigneusement mes comptes. Ce n'est plus la même chose, domestiques et journaliers n'y figurent plus – ou presque plus – mais cela m'évite aussi bien des soucis de gestion, ce serait trop lourd pour moi. A d'autres maintenant tout cela.

II - 7. 3 L'évolution des recettes et des dépenses

Je tiens correctement nos comptes depuis bien des années, je contrôle ce qui se passe, suivant de près l'équilibre car les recettes doivent toujours dépasser les dépenses. Le solde de la caisse devrait permettre de vérifier l'exactitude, mais je ne vous en dis pas plus, vous le savez.

Au cours des premières années de gestion directe et personnelle (1836-1839) je payais 400 F de pension annuelle à ma mère ; d'autre part mon endettement important (10 000 F) chargeait nos comptes. Tout cela amputait fortement nos disponibilités. Heureusement Madame percevait sa part de revenus sur les biens de feue sa mère, mais qu'elle partageait alors avec son frère et sa sœur (biens en indivision). Ce fut aussi l'époque des travaux importants chez nous : rénovation, agrandissement de la ferme. Ma mère mourut en 1846, j'étais seul héritier. Puis La Ranche passa en *grangeage* (1852-1854). Cette dernière période se montra finalement assez bonne malgré mes craintes et puis cela permit de vider le grenier de la réserve de céréales, augmentant ainsi les recettes. Je partageais les produits avec Louis

Boisard mais mes frais étaient bien plus faibles. Finalement... rien à dire ! Seulement, au cours des deux premières années de redémarrage de l'exploitation, j'ai enregistré, à mon grand désespoir, du déficit. Force était de constater que les dépenses dépassaient les recettes de 613 F en 1855 et encore de 453 F en 1856. Cela m'inquiétait quelque peu. Mais les années qui suivirent furent bonnes et tout rentra dans l'ordre. En réalité, il fallait bien reconstituer et développer le troupeau de bovins avant de réaliser de bonnes ventes. Quant au blé, j'ai dû partager la récolte de 1855 avec Louis Boissard (issue des dernières semailles du *grangeage*), mais les frais d'exploitation m'incombaient entièrement. L'année suivante la récolte de blé fut très mauvaise (moins de 100 hl). Dans ces conditions, des recettes amoindries, des dépenses normales, pouvait-on gagner de l'argent ? Sûrement pas ! Et puis tout changea : des récoltes successives de blé excellentes (sauf en 1861 mais c'était général), des ventes de bœufs conséquentes. Tout ceci explique mes placements dans les banques.

La Ranche - Recettes et dépenses d'exploitation

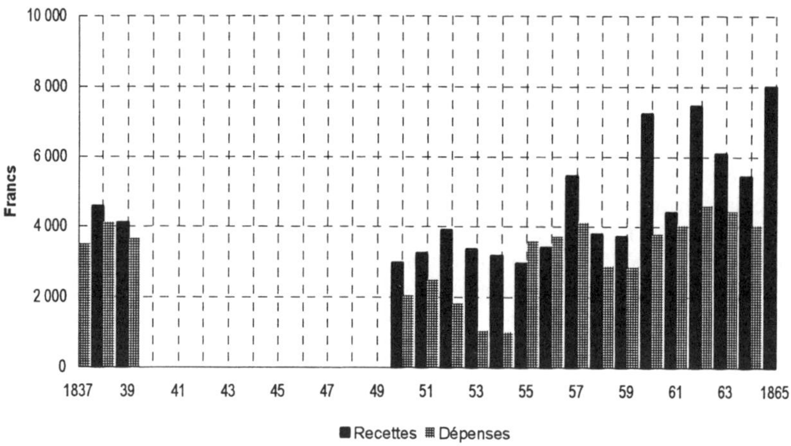

Notre exploitation ne vendait au commerce qu'une partie de sa production (42%) car les céréales secondaires, les engrais, etc. servaient au fonctionnement normal de la ferme. Notre famille consommait une partie de ce que nous produisions (10%) et il fallait bien nourrir les salariés (5%).

Avant de prendre la direction personnelle de La Ranche, j'estimais avoir un manque à gagner de 1.400 F par an en louant le domaine à un fermier. En assumant la responsabilité directe de l'exploitation, je n'ai pas atteint les résultats escomptés mais ils furent améliorés de plus d'un tiers. Malgré cela, la terre ne rapportait que 5% l'an. D'autres industries s'avéraient bien plus rentables. Heureusement, le prix du foncier a augmenté de plus de 30 % depuis 1836.

Que vous dire du temps passé (1836-1839) et de ces dernières années (1860-1865) ? Les recettes de La Ranche ont progressé de près de moitié (+48%) grâce aux ventes de blé et de bovins. La superficie en blé est passée de 9 à 12 ha, avec un rendement accru, ce qui permit d'en offrir beaucoup plus au commerce (+36% en volume), mais avec une faible évolution du prix moyen (+3%). Comme nous consommions davantage de pain blanc à la ferme, cela freina les ventes. Quant au bétail, nous avons abandonné l'élevage des porcs après 1850 pour le reprendre ces années dernières, mais de manière différente et moins conséquente. La forte demande de viande de bovins entraîna notre élevage vers des sommets jamais atteints et nos bœufs engraissés et plus lourds apportaient bien plus d'argent. Ajoutons à cela une hausse du prix de la viande de 30%. Tout allait bien, en somme !

Tableau 89 : La Ranche – Comptes d'exploitation de 1836 à 1865

	1836/39		1850/54		1855/59		1860/65	
	Montants	%	Montants	%	Montants	%	Montants	%
RECETTES								
Céréales	**1 901,0**	**45,5**	**1 932,0**	**57,8**	**1 668,0**	**43,1**	**2 879,0**	**44,6**
dont blé	*1 769,0*	*42,4*	*1 605,0*	*48,1*	*1 584,0*	*41,0*	*2 809,0*	*43,6*
Bétail	**1 606,0**	**38,5**	**739,0**	**22,1**	**1 307,0**	**33,8**	**2 097,0**	**32,5**
dont bovins	*963,0*	*23,0*	*486,0*	*14,6*	*1 307,0*	*33,8*	*1 994,0*	*30,9*
dont porcs	*643,0*	*15,5*	*170,0*	*5,1*	*0,0*	*0,0*	*103,0*	*1,6*
Bois	**384,0**	**9,2**	**335,0**	**10,0**	**255,0**	**6,6**	**565,0**	**8,7**
Locations	**38,0**	**0,9**	**0,0**		**195,0**	**5,0**	**219,0**	**3,4**
Diverses	**243,0**	**5,8**	**306,0**	**9,1**	**442,0**	**11,4**	**417,0**	**6,5**
Intérêts	**0,0**		**26,0**	**0,8**	**0,0**	**0,0**	**267,0**	**4,1**
Total =	**4 172,0**	**100,0**	**3 338,0**	**100,0**	**3 867,0**	**100,0**	**6 444,0**	**100,0**
DEPENSES								
Achats	**1 125,0**	**27,0**	**510,0**	**15,3**	**1 338,0**	**34,6**	**1 770,0**	**27,4**
dont bétail	*626,0*	*15,0*	*173,0*	*5,2*	*633,0*	*16,4*	*1 046,0*	*16,2*
dont divers	*61,0*		*24,0*		*24,0*		*49,0*	
dont aliments	*82,0*		*67,0*		*161,0*		*127,0*	
dont engrais	*356,0*	*8,5*	*246,0*	*7,4*	*520,0*	*13,4*	*548,0*	*8,5*
Autres charges externes	**1 070,0**	**25,6**	**418,0**	**12,5**	**956,0**	**24,7**	**991,0**	**15,4**
dont ent.bâtim	*354,0*	*8,5*	*37,0*	*1,1*	*235,0*	*6,0*	*261,0*	*4,0*
dont battage	*0,0*		*33,0*		*80,0*		*140,0*	
dont locations	*410,0*	*9,8*	*49,0*	*1,4*	*66,0*	*1,7*	*24,0*	*0,4*
dont mat/outill	*135,0*	*3,2*	*115,0*	*3,4*	*320,0*	*8,2*	*270,0*	*4,2*
dont assurances	*59,0*		*55,0*		*103,0*		*103,0*	
dont auberges	*77,0*		*104,0*		*133,0*		*165,0*	
dont divers	*35,0*		*25,0*		*18,0*		*28,0*	
Impôts fonciers	**302,0**	**7,2**	**255,0**	**7,6**	**318,0**	**8,2**	**329,0**	**5,1**
Personnel	**736,0**	**17,6**	**452,0**	**13,5**	**803,0**	**20,7**	**1 179,0**	**18,3**
dont alimentation	*75,0*		*50,0*		*90,0*		*114,0*	
dont domestiques	*369,0*	*8,8*	*177,0*	*5,3*	*350,0*	*9,0*	*442,0*	*6,8*
dont journaliers	*290,0*	*6,9*	*225,0*	*6,7*	*363,0*	*9,3*	*623,0*	*9,7*
Intérêts	**353,0**	**8,5**	**53,0**	**1,6**	**0,0**	**0,0**	**0,0**	**0,0**
Total =	**3 587,0**	**86,0**	**1 686,0**	**50,5**	**3 415,0**	**88,3**	**4 269,0**	**66,2**
Gain	**586,0**	**14,0**	**1 650,0**	**49,5**	**452,0**	**11,7**	**2 175,0**	**33,8**

NB : les chiffres en francs indiquent des moyennes pour les périodes concernées.

Période 1850-1854 : le "grangeage" 1852-54 influence les résultats et %.

Les % sont calculés par rapport aux recettes enregistrées.

Heureusement, les dépenses globales progressèrent moins rapidement (+32%), ce qui contribua à améliorer notre gain. Ces résultats furent atteints malgré une forte augmentation des charges de personnel (+60%), des engrais (+54%), des achats.

Finalement, des ventes de blé et de bovins plus conséquentes, la pension de ma mère en moins, la disparition des charges d'emprunts remplacées par des intérêts issus de mes placements, tout ceci conjugué amena de bons résultats. Nous aurions pu être heureux mais, hélas, le sort en a décidé autrement.

Tableau 90 : La Ranche – Rentabilité réelle de l'exploitation

	1836/39	1850/54 (1)	1855/59 (2)	1860/65
Ventes totales	4 172	3 312	3 867	6 177
Achats	-1 125	-510	-1 338	-1 770
Marge brute	**3 047**	**2 802**	**2 582**	**4 407**
Charges externes	-1 070	-418	-956	-991
dont pension de la mère	*410*	0	0	0
Valeur ajoutée	**1 977**	**2 384**	**1 573**	**3 416**
Impôts fonciers	-302	-255	-318	-329
Personnel	-736	-452	-803	-1 179
Résultat d'exploitation	**939**	**1 677**	**452**	**1 908**
Financier	-353	-27	0	267
dont produits	*0*	*26*	*0*	*267*
dont charges	*-353*	*-53*	*0*	*0*
Résultat net	**586**	**1 650**	**452**	**2 175**
Réintégration des consommations de la famille GUERRET				
Résultat d'exploitation	939	1 677	452	1 908
Revenu des marchés	250	300	350	400
Consommation familiale	760	885	970	1 005
Résultat d'exploitation réel de la ferme	1 949	2 862	1 772	3 313
Surface de l'exploitation (bois compris) en Ha	45	47	49	51
Résultat exploit / Ha	43	61	36	65
Résultats rectifié (avec pension de la mère) /Ha	52	61	36	65

Nb : Ces calculs ne prennent pas en compte les charges ou revenus financiers.

(1) Résultats influencés par le "grangeage" de 1852 à 1854.

III - LA FAMILLE. SON MODE DE VIE

III - 1. La famille

III - 1. 1 Les ancêtres

Les Guerret ont toujours été laboureurs à La Chapelle. Louis, né « au temps » de Louis XIII (vers 1625) demeurait au hameau d'Aloise ; il eut au moins onze enfants, dont Emiland (né en 1670). A cette époque l'orthographe de notre nom de famille a varié, suivant les humeurs du copiste : GUERAY (1657), GAIRE, GUERREY ou GUERRET (1680), etc.

Louis (né en 1715), petit-fils du précédent, épousa Marie Santenet en 1737, une fille de laboureurs du Bourgneuf, autre hameau du village, et partit s'installer là-bas. Il est mort en l'an IV, l'année de ma naissance ; finalement, je ne l'ai pas connu, mais j'en entendais parler. Mon grand-père Jean « l'ancien », en se mariant à Sébastienne Thibert en 1761, une fille de laboureurs de Chavenne, doubla quasiment son patrimoine car elle apporta une maison d'habitation et grangeage, 34 *journaux* de terres, prés et bois à La Chapelle et à Pierre. Parallèlement à son activité agricole il exploita avec mon père et ses frères une quincaillerie pendant le Premier Empire.

Quant à Jean « le jeune », né en 1770, il épousa ma mère Françoise Bouchard le 22 novembre 1791. Cette dernière, alors âgée de 16 ans, avait aussi du bien au hameau de La Ranche. Orpheline de père à l'âge de quatre ans, elle fut élevée par sa mère Jeanne-Baptiste Cordelier et par son oncle paternel Jean Bouchard ; celui-ci, mort célibataire le 3 pluviose an XIII, lui légua tous ses biens dont cinq hectares de terres et de prés. Maman perdit son mari le 1er avril 1814 et sa mère quelques mois plus tard, la veille de Noël. Elle éprouva beaucoup de chagrin. Malgré une situation confortable ma mère connut bien des malheurs : veuve à 39 ans, elle avait vu mourir mon frère Pierre-François le 12 thermidor an onze à l'âge de 16 mois, puis ma sœur Claudine le 6 messidor an XIII (à 6 ans). Finalement, n'ayant plus que moi à la maison, elle me couvrit de toute son affection et prit grand soin de mon éducation. Je n'avais même pas vingt ans lorsque j'héritai 14 hectares à La Ranche et ailleurs. Ainsi, maman et moi détenions 34 hectares à la fin du Premier Empire. Dès 1830 nous avions 45 hectares et maintenant 50,9 ha à La Chapelle. Je ne vous parle pas des biens de mon épouse. Ma mère, en mourant en 1846, me laissa 29 hectares car elle ne résista jamais au désir d'acquérir des terres depuis la disparition de mon père. Cela la tenait tellement fort qu'elle achetait encore peu de temps avant sa disparition.

La famille Bouchard était donc dans le domaine des Riaux à La Ranche depuis le mariage de Balthazard Bouchard, laboureur à Aloise – et illettré – avec Denise Riaux. Mes arrière-grands-parents convolèrent en l'année 1740 et moururent jeunes : grand-père à 54 ans et grand-mère à 41 ans.

Les Riaux résidaient à La Ranche depuis très... très longtemps ! Philibert, laboureur, y est mort en 1704 à l'âge de cent ans. Il avait donc vu le jour sous le règne du roi Henri IV. Son fils mourut avant lui en 1699.

Mon arrière-grand-père Louis Guerret (mort l'année de ma naissance) était illettré et son épouse connaissait le même sort ; mais leurs enfants signaient couramment. Il en était de même de mes arrière-grands-parents maternels. Ainsi, seuls mes ancêtres nés vers 1740-1750 purent s'occuper mieux de leurs affaires, et des écritures.

Quant à la famille de ma femme, je ne vous en dis que quelques mots car je connais moins ses aïeux, bien entendu ! Mon épouse Marie Guillemaut perdit sa mère Françoise Monnot toute jeune ; son père Denis Guillemaut était greffier de la justice de paix du canton de Mervans lorsqu'elle vit le jour. Il devint d'ailleurs juge de paix du canton de Saint-Germain-du-Bois jusqu'à sa mort en 1838. Les Guillemaut étaient des propriétaires cultivateurs installés au hameau de Voitte à Devrouze. Quant aux Monnot, aussi propriétaires cultivateurs, ils demeuraient à Diconne. Ces derniers avaient donc des domaines dans ce village, dont la ferme de La Croix que mon épouse recueillit dans sa part successorale (40 hectares).

Mes beaux-parents possédaient divers domaines d'une étendue d'environ 120 hectares dans les communes de Devrouze (Quain et Chandelux), de Diconne (la Croix, la Villeneuve), de Simard (la Chaux). A sa mort, mon beau-père n'avait conservé que onze hectares de terres et de prés à Devrouze et à Diconne. Camille Guillemaut exploitait le domaine de la Chaux, Mercey faisait valoir Quain et Chandelux. La Villeneuve et La Croix se trouvaient amodiés.

En janvier 1835 mon « père » Denis Guillemaut me confia son testament olographe qu'il avait soigneusement placé dans une enveloppe revêtue de son cachet en cire d'Espagne, signée et paraphée de sa main. J'étais bien embarrassé, mais aussi fier d'une telle confiance. Aussitôt j'ai déposé ce précieux document dans la cachette gauche de mon bureau. Lorsque Denis décéda, je remis l'enveloppe à Me Mathey, notaire à Thurey, ceci en présence de mes beaux-frères. Le notaire devait le présenter au président du tribunal de Louhans qui procèderait à l'ouverture. Je n'en avais plus la responsabilité. Finalement, ce testament favorisait deux de ses petits-enfants, dont ma fille Fanny qui recevait ainsi la somme de 1 400 F.

III - 1. 2 Ma famille actuelle

Je suis né à La Ranche (La Chapelle) le 6 frimaire an IV à 5 heures du soir. Le lendemain matin, dès 7 heures mon père Jean assisté de son père – Jean l'ancien – laboureur au Bourgneuf, et de ma grand-mère maternelle Jeanne-Baptiste Cordelier, allèrent déclarer ma naissance à Denis Dumatrat, agent municipal de la commune. Je fus donc emporté à la mairie et montré à cet homme qui ainsi, me voyant, dressa le constat de ma présence nouvelle dans le village.

Mon épouse Marie Guillemaut est née le 7 frimaire an VI à 8 heures du soir au hameau de Voitte à Devrouze. Le lendemain elle fut aussi présentée à Jean Joseph Guillemaut, agent municipal de Devrouze, canton de Mervans. Son père Denis, accompagné de Claude Guillemaut, propriétaire cultivateur, et de Marie Monnot, se chargea des formalités obligatoires.

Le matin de notre mariage, dès les 10 heures du matin, Maître Bonaventure Mathey, notaire, vint chez mon beau-père Denis Guillemaut à Thurey , pour lire les clauses du contrat de mariage, conditions qui avaient été préalablement discutées, vous vous en doutez ! Nous adoptions le régime de la communauté, mais les biens et les dettes antérieurs au mariage demeuraient propres, ainsi que d'éventuelles successions arrivant pendant cette communauté de vie. Lors du décès de l'un d'entre nous, le survivant prélèvera de préciput et avant partage les habits et linges servant à sa personne et en outre un lit garni et garde robe, le tout à son choix. A l'occasion de notre mariage j'offrais à ma future des bagues et joyaux d'une valeur de 200 F, biens qui resteraient propres à mon décès. Bien entendu ma mère et le père de mon épouse assistaient à la lecture en donnant leur consentement, mais de nombreux membres de nos familles présents dans la grande salle donnèrent leur agrément, scellant cette union, puis ils signèrent l'acte. De mon côté Jean-Claude Guerret (mon oncle), Benoiste Geobreux (veuve de mon oncle Louis Guerret), et mes cousins germains Jean-Claude et Jean Guerret ; du côté de ma future épouse : son frère germain Camille-Bernard Guillemaut et Claudine Chaux son épouse ; sa sœur Reine, son oncle Claude Guillemaut, sa tante Marie Monnot (du côté maternel) épouse de Pierre Jannin ; son cousin Gabriel Jannin, sa cousine germaine Marie Jannin (sa filleule), et l'une de ses amies, demoiselle Thérèse Desbray. Deux propriétaires cultivateurs voisins assistaient aussi : François Emonnot et Antoine Petiot. Le mariage civil eut lieu à 11 heures à la mairie de Thurey. Maître Mathey officia car il était aussi maire de la commune. Deux témoins, de chaque côté, signèrent l'acte.

Nous avons eu six enfants :

- Fanie, l'aînée, qui vit le jour à La Chapelle le 16 avril 1824, et qui épousa François-Romain Fourneret, propriétaire cultivateur à Dole, elle a trois enfants ;
- Camille, née le 1er septembre 1825, célibataire ;
- Albert, né le 2 septembre 1827 à Quain (Thurey) car mon épouse se trouvait à ce moment-là chez son père ; nous avons eu la douleur de le perdre le 29 novembre 1865 ;
- Justin, né le 28 juillet 1829 et mort à l'âge de 12 ans le 17 juin 1841 ;
- Delphine, née le 17 juillet 1831 et disparue le 7 mai 1851 au moment où elle allait avoir 20 ans ;
- Noëmie, née le 16 novembre 1836, notre dernière, un peu étourdie, elle n'a pas encore trouvé de mari !

III - 1. 3 La parenté

Mon épouse a une sœur et un frère : Reine et Camille-Bernard Guillemaut. Lorsque Reine se maria à Jean Mercey en 1831, elle alla résider chez ses beaux-parents au hameau de Diombe (Devrouze). Peu de temps après la noce, mon beau-père nous adressa une lettre, et ma femme partit aussitôt chez son père à Quain. Ce dernier, en lui faisant certaines confidences, lui remit 480 F. Avant son départ à Diombe, Reine voulait nous confier cette somme jusqu'à ce qu'elle en eût éventuellement besoin, mais elle avait ajouté : « Je veux que le secret le plus inviolable soit gardé à mon mari. » D' autre part, si elle mourait sans postérité, l'argent reviendrait à notre fille Reine-Camille, sa filleule. Si elle laissait des enfants, nous devions nous engager à remettre ces fonds quand nous jugerions l'occasion favorable, ou bien le capital serait placé à « intérêts composés » et versé aux dits enfants à leur majorité. Ma femme me conta tout cela avec émoi et j'en fus quelque peu surpris. Pourquoi tant de mystères ? Sa sœur ne demandait aucune reconnaissance écrite ni intérêts de notre part. Baste ! … me voilà bien embarrassé maintenant. Je lui dis quand même de réclamer, à première vue, une déclaration de dépôt, on ne sait jamais ! Ainsi, j'aurais un papier justifiant cette opération un peu délicate. Après, j'ai utilisé les fonds pour verser un acompte à M. Baron sur l'achat de sa pièce de bois. Et les choses demeurèrent en l'état. Le 7 février 1835 mon « père » nous convia à un repas à Quain ; les Mercey étaient là. Reine, discrètement, me demanda de l'argent sur ses avoirs. Je lui remis les 15 F que j'avais sur moi. Nous convînmes également que je lui ferais venir de la Montagne, par M. Ninot, marchand de vin à Rully, une *feuillette* de vin blanc vieux à mettre en bouteilles, de bonne garde et au plus bas prix possible. Mais comment faire ? Et son mari ! Finalement, le vin serait adressé à mon beau-père qui le ferait embouteiller et dirait à Mercey qu'il lui en faisait cadeau pour sa femme. Tout se déroula ainsi et M. Ninot reçut 22 F pour sa livraison, pris sur le dépôt secret. Peu de temps après, Reine me fit savoir par un ouvrier qui avait travaillé à Diombe, et qui partait à Quain où je me trouvais à cette époque, qu'elle désirait me voir. Je m'en fus donc aussitôt là-bas avec de l'argent, prévoyant qu'elle m'en demanderait. Mais je fus tellement accaparé par la famille Mercey qu'aucune occasion ne se présenta. Je ne pus lui parler qu'une seconde pour lui dire que je laissais 50 F chez son père. Quelque temps après les choses se compliquèrent par la faute de ma belle-sœur. Au mois de juin, ayant dit à son mari et à la famille Mercey que je lui offrais à emprunter chaque fois que je la voyais, cela provoqua un malentendu. Cette ridicule imprudence me gêna beaucoup. Je lui fis savoir par son père qu'elle pouvait prendre les 100 F que me devaient les Mercey ; ceux-ci s'empressèrent de s'exécuter et elle obtint gain de cause. Tout rentra dans l'ordre. Le 13 février 1840 la somme entière était remboursée. Finalement, je me trouvais débarrassé de ce fardeau !

Camille-Bernard Guillemaut, frère de ma femme, habite la Grande Chaux à Simard. Il est maire de sa commune et fut d'ailleurs conseiller général du canton de Simard en 1851 ; il conserva ce poste pendant quelque temps. Son fils Denis-Camille (notre neveu) s'associa en 1856 avec un nommé Bidaut, de Lessard ; ils fondèrent une société en nom collectif, « Bidaut et Guillemaut », pour exploiter un commerce de vin, d'eau-de-vie et une fabrique de liqueurs. Elle fut dissoute en 1861. Mon neveu conserva son commerce et Bidaut partit s'associer avec Favre, un négociant de Givry. Il nous a fourni des boissons assez régulièrement, je vous en reparlerai.

Mais notre neveu préféré est Alexandre Mercey qui réside à Quain. Il était très lié avec Albert et depuis la mort de notre pauvre fils, il nous rend d'inestimables services. Heureusement que nous l'avons.

Ma femme avait aussi sa tante Marie Monnot, épouse de Pierre Jannin, à Saint-Christophe (en Bresse). Voyez-vous, quand nous nous rendons dans ces contrées, nous avons coutume de dire que nous allons chez nos parents de la Bresse.

III - 1. 4 Les relations d'affaires avec la famille

Lorsque les biens de feue ma belle-mère étaient encore dans l'indivision, mes beaux-frères s'occupaient des bois de Diconne pour compte commun. A l'occasion d'opérations particulières ils me prévenaient par lettre et nous nous donnions rendez-vous chez le sieur Rolland à la ferme de La Croix. Ainsi nous allions marquer les mauvais arbres ou ceux cassés par le verglas, etc. Mercey vendait les coupes. Je recevais la part revenant à ma femme, soit en argent, soit en billets à ordre que je pouvais escompter si bon me semblait. Nous avions l'habitude de nous appeler « mon frère », ou bien « ma sœur Reine ». Quant à mon beau-père, c'était bien sûr « mon père ». Le vouvoiement s'avérait obligatoire dans nos correspondances. Je leur vendais parfois des *gaudes*, de la graine de trèfle incarnat, du *turquis* d'Espagne (4/1837), voire du matériel fabriqué dans ma région : un araire, un coupe-racines. Le moment venu, je les mis aussi en relation avec M. Richard-Richard, marchand à Pierre, lorsqu'ils eurent besoin d'argent ; ce dernier leur prêta chacun 2 000 F. Et puis, je dois une fière chandelle à Camille qui me renseigna utilement sur deux acheteurs de bois de Simard, ce qui m'évita un sérieux mécompte.

Notre neveu Denis-Camille Guillemaut, marchand de vin à Lessard, nous fournit des vins de St-Jean ou de St-Denis de Vaux, mais aussi de Givry, de Rully. Nous lui achetons parfois des barils d'eau-de-vie – dont celle de Béziers -, des bouteilles de cognac, de kirsch ou de cassis. Albert lui rendait visite de temps à autre, surtout pour la chasse, et rapportait des tonneaux de vin. Mais Denis-Camille vient aussi à la maison, chargé de bonnes pièces de rouge ou de blanc. Nous lui faisons confiance et le prix n'est fixé, bien souvent, qu'au paiement, lors de sa prochaine visite. A la fin du mois d'octobre 1866 nous demandâmes à Désiré Petit de se rendre exprès à Lessard et de nous ramener deux fûts de vin rouge 1865 et un baril d'eau-de-vie. Quand il rentra, il ignorait le tarif ; celui-ci ne fut connu que lorsque notre neveu vint assister au service-anniversaire d'Albert et dîna à la maison.

Quant à Alexandre Mercey, ce n'est pas pareil ! Nous entretenons depuis longtemps des relations amicales assidues. Albert et nos filles y faisaient des séjours réguliers, il nous rend visite avec sa petite famille. Il y avait aussi la chasse. Et puis, de nombreux événements ont contribué à développer ces fréquentations : son mariage, les baptêmes de ses filles, voire sa fête, que sais-je encore ? Il nous héberge chez lui lorsque nous nous rendons au loin. Je lui ai prêté deux fois de l'argent, sans billet et sans intérêts, bien entendu ! Jamais de problème avec lui. Alexandre nous voyant dans une infinie détresse depuis la disparition d'Albert, il ne savait pas quoi faire pour nous rendre service. Voulant m'éviter des voyages devenus impossibles pour moi, il se rendit à différentes reprises chez le banquier Druard à Chalon pour y placer de l'argent, renouveler un titre. C'est encore lui qui se chargea de la transaction du partage anticipé que nous venons de faire. Alexandre nous fait venir du vin rouge du vigneron de Quain, ou de St-Marc de Vaux ; il prend soin de notre vigne, liquida mes réserves de blé, ce qui me soulagea de fastidieuses transactions et des tracas. Mais Alexandre nous rend service … pour rien ! et ne veut rien ! Pis, les premiers jours du mois de mars 1867 il nous apporta une pièce de vin vieux que j'estimais au moins 100 F, dont il a obstinément refusé le paiement. La veille de Noël (1867) il nous versa le produit de la vente de blé à M. Picard, soit 3 489 F, et porta 3 000 F à M. Druard à Chalon. Nous avons tenté une nouvelle fois de lui payer sa pièce de vin. Rien à faire, il maintint sa position. Nous en vînmes donc à un compte. Je lui remis 18 doubles décalitres de blé inférieur d'une valeur de 81 F, il le ferait consommer par ses domestiques. Il déclara qu'il ne demanderait pas plus du tonneau et que nous étions quitte. Mais il nous restait à le récompenser pour tous les services rendus, comme nous le pourrions. Mais comment s'y prendre ! Eh bien, nous lui offrirons un cadeau pour ses peines.

Nous avons de nombreux cousins dans la commune et dans la région. Nous entretenons des relations amicales et d'affaires avec certains, surtout avec les négociants, les marchands, les artisans.

Nos parents Chapuis, de Torpes, nous approvisionnent en plume et en duvet ; la vallée de la Brenne abonde en oies renommées. Ils servent parfois d'intermédiaires lorsque nous recherchons des servantes.

Le parent Louis Guerret-Burette, journalier, travaillait chez nous de temps à autre – pas souvent il faut le dire -, venant pour les moissons ou pour curer des fossés. Il trouvait chez nous du blé, des pommes de terre. Albert a été parrain de l'un de ses enfants.

Jean-Baptiste Chaux, de St-Bonnet, et Joseph Charton-Bourgeois, de Frontenard, étaient négociants de bois. Ils s'associèrent en 1850 pour acheter ma coupe du Grand Taillis à Diconne. La date de paiement non respectée les amena à me donner un *moule* d'ételles pour m'avoir fait attendre plus d'un an, mais j'étais serein … entre parents ! Jean-Baptiste Chaux me vendit aussi des chênes, des ételles, issus des coupes de M. Dromard ou de M. de Loisy.

Il était aussi un marchand de blé très actif et fut l'un des mes principaux acheteurs jusqu'après 1840. Son commerce allait en direction de la Saône via Verdun. Il trafiquait aussi sur la navette et le colza. Non content de cela, il vendait du vin et je lui prenais du mâcon, du demigny, etc. Nous étions en compte. Son fils François reprit son commerce de vin en 1848 et j'ai donc continué nos relations jusqu'en septembre 1855, date où il fit faillite.

Notre cousine Clotilde Guerret (épouse Cordelier) exploitait une mercerie en 1857 ; deux ans après elle se voyait acculée à la faillite, elle aussi ! Nous lui prenions bien des articles : des coiffes, du fil, des aiguilles, des chaussons. Elle vendait aussi de la vaisselle de terre, du sel, du poivre, des clous de sabots, etc.

Le parent Jean-Claude Sordet, de La Ranche, travaillait au village tout jeune, nous entretenions d'ailleurs quelques relations d'affaires. Il partit à Chalon après les années cinquante et y exerçait le métier de boulanger. Il revint s'installer au pays en 1855. A ce moment-là, nous chauffions encore couramment le four, mais trois ans plus tard, nous prîmes l'habitude d'aller chez lui chercher du « pain de boulanger » et du levain, assez régulièrement il faut le dire. D'ailleurs pendant tout le mois de janvier dernier (1868) les grands froids nous empêchèrent de cuire notre pain. Heureusement Jean-Claude chauffait son four pour nous… et pour ses clients. Nous l'invitons à veiller et réglons nos comptes. Son commerce s'est bien développé et depuis 1860 il a ajouté d'autres activités, dont la mercerie (fil, épingles, tresses, coton ou laine à tricoter), l'épicerie (café en grains, sucre, riz, sel, épices), les ustensiles de cuisine (poches en bois, vaisselle de terre, casseroles), les légumes à repiquer (des choux), les allumettes, les balais, le bleu pour la lessive, le bois de Brésil, etc. Il nous préparait le gâteau de moisson (brioche) quand nous voulions marquer le *tue-chin*, et le pain bénit quand c'était notre tour au village. Il sert aussi d'intermédiaire pour nos achats de plume à des femmes de Torpes ou du village. Il me demande des fagots pour son four. Finalement, nous entretenons des relations cordiales et assidues.

Pierre Cordelier-Poigeaut, huilier à Chavenotte (La Chapelle) me fabriquait de l'huile de navette et me cédait du tourteau pour le bétail, mais il y a bien longtemps ! C'était vers 1840. Le parent Joseph Nourry trafiquait déjà sur la graine de trèfle à la même époque et me dépannait. Dans les années cinquante il me fournissait du tourteau mais cela dura peu de temps car il avait de multiples activités. Il me prépara de l'olivette, et surtout du cidre de poires (1853), vendait du sable dans la commune et depuis quelques années relie des vases à abreuver ou des tonneaux. Nous avons une grande confiance en lui. Adjoint au maire en 1837, il devint maire de La Chapelle au mois d'août 1852. Il dut démissionner après la faillite de François Chaux car il fut mêlé, bien malgré lui, à cette triste affaire, affreusement trompé, car c'est un honnête homme, je vous le jure. Notre famille lui a conservé toute l'estime et le respect auxquels il a bien droit. Quant au parent Basile Thibert, il nous livre du *matton* de navette, de l'huile de chènevis mais fait aussi du cidre depuis 1859. Le cousin Claude Thibert-Guerret, qui m'avait vendu le champ de la Maison Brûlée, exerce aussi ce métier d'huilier. Au mois d'avril 1848 il fut nommé secrétaire du Comité Républicain et devint adjoint au maire au mois de septembre. Maire de notre commune depuis le mois de mai 1864, il vient de démissionner pour raison de santé.

Le parent Ferdinand Guerret (qui épousa la cousine Zoé Guerret), exerce le métier de menuisier au pays. Il paya une partie d'un lot de chênes sur sa part de succession de feu Joseph Guerret, son oncle. Le cousin Joseph Thibert-Guerret, menuisier à Masse, travaille beaucoup pour nous depuis que La Ranche est en fermage, car nous aménageons notre intérieur. Il a fait un escalier de bois à l'extérieur pour notre usage et celui du fermier, séparé le grenier pour notre tranquillité, barré les volets à l'intérieur pour notre sécurité. Et puis, il a installé des placards derrière la porte ainsi qu'un placard à vêtements. Il est adroit, capable de réparer la couronne ou la flèche d'un lit, de poser un devant de cheminée, une fenêtre… Joseph est aussi tourneur (chaisier).

Il y a des briquetiers dans notre famille ; ils fabriquent des carreaux et les cuisent dans des *fourneaux au large* - ou fourneaux champêtres. L'un d'eux, installé au hameau du Borgeot, est le fils de mon cousin Louis Guerret ; il a épousé une demoiselle Boissard. Quant au parent Guerret-Guillemin, briquetier à La Chapelle, son activité s'avère plus conséquente et je lève de nombreux carreaux à son *fourneau de campagne* pour les travaux de construction (le *chartil* en 1857) ou de réparations importants (la chambre à four en 1864, etc.). Il vend aussi du sable, me dépannait parfois en charbon lorsque nous battions « à la mécanique ». Et puis, il tient un cabaret au bourg. Bref ! un bon cousin … mais sa femme, ce n'est pas pareil. Cette effrontée mangea indûment une boîte de dragées qui nous était destinée. Pis, le 30 avril 1866, je fis envoyer 115 F à mon cousin, par l'entremise de Jean-Claude Sordet, pour lui payer ses briques et du sable utilisés pour la construction du poulailler. Mon parent se trouvant absent, il demanda une quittance à sa femme … et pour cause ! Juste avant ce règlement, je reçus la visite de son ouvrier briquetier porteur d'une lettre me réclamant cette somme. L'écriture m'étant inconnue, j'eus un doute. Claude Euvrard, présent à ce moment-là, ne la connaissait pas non plus. O, cela ne me semblait pas clair du tout ! J'ai renvoyé cet ouvrier sans les fonds ; aussitôt, en présence d'Euvrard, la servante porta l'argent à J-C Sordet afin d'éviter toute surprise.

Et puis, vous vous souvenez de mon cousin Claude-Denis Guerret-Blanc, garde de mes bois de La Chapelle. Il avait toujours besoin d'argent. Quant à Jean Guerret de Loisy, géomètre, il devint agent voyer du canton en 1838. Nous étions en affaires très souvent. Il me fournissait parfois du bois, des lattes, je lui vendais des peupliers, lui remettais du tourteau d'huile, etc. Il arpentait mes coupes de bois de temps à autre et ne voulait rien. Je le récompensais en nature. Des relations amicales suivies, en somme ! Quand j'étais maire de La Chapelle, il exerça différentes fonctions : m'assistant aux assemblées cantonales pour préparer la répartition des impôts fonciers, mais aussi chargé de lire le recueil administratif, etc. Lors de mon dernier mandat, il devint mon adjoint et me succéda lorsque j'ai donné ma démission de maire en 1832. Enfin, au mois d'avril 1848, il fut nommé au Comité Républicain.

Avec les parents Simerey, de La Ranche, nous échangeons différents services. Les enfants venaient de temps en temps participer aux travaux de binage et de repiquage du colza, les hommes aidaient lors des moissons ou du battage. On s'arrangeait pour les droits de passage. Pierre Simerey-Gaziau est membre du conseil municipal, il le mérite bien.

J'hésite maintenant à vous parler de la triste affaire de mon parent François Chaux. Faire faillite... ce n'est pas rien, mais sa banqueroute frauduleuse me fit une peine considérable. Jamais... vous m'entendez, je n'aurais imaginé cela de sa part. Nous apprîmes ce malheur au mois d'octobre 1855. La vérité, incroyable tout d'abord, éclata au grand jour, et me contraria profondément. Nous ne savions pas qu'il se trouvait dans une position embarrassante. Il avait repris l'affaire familiale depuis sept ans, mais avec trop peu d'apport, seulement du vin, sans avance d'argent. Alors il dut emprunter énormément à court terme à des taux trop élevés, et escompter des billets auprès des banquiers de Louhans, de Chalon, de Pierre ou de Verdun. Subissant la concurrence des grands négociants de Chalon, mieux placés que lui pour leurs achats de vin de Bourgogne, et qui offraient aussi des meilleurs prix à des clients plus fortunés, François Chaux devait se satisfaire d'une clientèle à qui il fallait consentir de longs délais. Alors, ne sachant que faire, il commit la faute irréparable d'escompter de faux billets et se lança dans une cavalerie sans fin. Voyant ses affaires de plus en plus mauvaises, pensant être découvert, il s'empressa de récupérer de l'argent, de fabriquer du faux papier, s'enfuit dans le Midi, mais il fut arrêté à Grasse. Il a été condamné à huit ans de prison pour faux en écritures et banqueroute frauduleuse. Mais le pire ne s'arrête pas là car il compromit son parent Joseph Nourry, maire de notre commune. C'est inadmissible. La veille de sa fuite, Chaux, par une manœuvre condamnable, fit venir chez lui Joseph qui était aussi son parent. Joseph pensait être appelé chez Chaux père avec qui il était autrefois en affaires dans le commerce de bois. En réalité, il fut dirigé chez le fils où il apprit, à son grand étonnement, l'état des ses affaires. Chaux voulait un passeport pour, disait-il, partir deux ou trois mois, le temps de rétablir la situation. Joseph refusa plusieurs fois. Le beau-frère de Chaux était greffier de la justice de paix du canton et il assurait qu'il n'y avait aucun risque, mais Joseph persistait dans son refus. Alors les femmes se mirent à pleurer, ils invoquèrent les liens de parenté, d'amitié. Finalement Joseph céda, d'autant plus que le greffier rédigeait le passeport sans souci apparent ; et il signa donc le document et y apposa le cachet de la mairie. Hélas, il apprit peu de temps après la banqueroute frauduleuse. Non seulement François Chaux avait fabriqué du faux papier, mais il avait aussi détourné du vin en partant. Joseph comprit l'étendue de la méprise. La justice s'en mêla et il fut bien ennuyé. En fin de compte, lui, si droit, qui exerçait des fonctions municipales depuis 18 ans, dut abandonner son poste de maire de La Chapelle. Mais, pourquoi je vous raconte tout cela ! Je me sens soulagé car cette affaire me trouble encore.

L'incapacité pose des problèmes et des tracas. Tenez, mon parent Joseph Guerret se trouvait interdit en raison de son état mental. Son frère Louis était son « tuteur à conseil de propriétaire ». J'ai donc traité avec ce dernier pour l'amodiation du pré de l'Etang Neuf depuis la St-Martin 1847. Joseph et Louis moururent presque en même temps et les six enfants de celui-ci me vendirent l'Etang Neuf en 1861.

La parenté vous oblige à soutenir les membres défaillants. Souvenez-vous de Marie Guillot, enfermée à Bourg pendant plusieurs années.

III - 1. 5 Les relations amicales et les brouilles

Nous fréquentons mes beaux-frères, bien sûr, mais assez irrégulièrement ; la coutume exige de donner quelques étrennes à leurs domestiques qui s'occupent de la jument.

Mais nous attendons surtout les visites du neveu Alexandre Mercey. Il nous apporte joie et réconfort. Quand nos enfants allaient chez lui, c'était toujours très gai. Et ces parties de cartes ! Albert et ses sœurs gâtaient les petites d'Alexandre, surtout Marie, par de menus cadeaux : des bonbons ou des dragées fines ; parfois en leur offrant une poupée, voire de petits couteaux, cela les ravissait. Quant à mon neveu il avait droit à du tabac, et plus rarement à des cigares. Je me remémore l'une de ces visites, c'était au mois d'août 1857. Alexandre, sa femme et nos enfants décidèrent d'aller à Pierre et y dégustèrent des gâteaux et des boissons. De retour à la maison ils nous contèrent la merveilleuse visite du parc du château de M. d'Estampes, héritier de M. le comte de Thiard. Ils étaient enchantés : des arbres magnifiques, des étangs bien entretenus, et même une colonne appelée obélisque. Et puis des animaux fabuleux ! des zébus, des cerfs, des daims. Enfin, une bien belle promenade. Mais c'est déjà si loin, maintenant. Tant de souvenirs…

Je n'aime pas les brouilles et les ai toujours évitées. Mais quand mon beau-père mourut, le règlement de la succession amena un différend entre mes deux beaux-frères Jean Mercey et Camille Guillemaut. Le jour du service anniversaire de la mort de mon « père », en décembre 1839, il y avait, comme le voulait l'usage du pays, un repas à la maison du défunt. Les frais furent partagés entre Mercey et nous car Camille refusa d'y participer et emmena quelques parents chez lui à Simard. Nous fûmes attristés de son attitude, mais qu'y faire ? Tout s'arrangea par la suite.

III - 1. 6 Relations avec Fanny et sa famille

Le 9 juillet 1848 Me Oppepin, notaire à La Chapelle, vint à La Ranche pour un acte fort important : le contrat de mariage de Fanny, notre fille aînée ; elle épousait Xavier-Romain Fourneret, propriétaire cultivateur demeurant à Dole (Jura). Jean Guerret de Loisy (géomètre), Joseph Nourry (adjoint au maire), Alexandre Moissenet (juge de paix du canton) et Philibert Roux (cultivateur), témoins, écoutaient très attentivement la lecture de l'acte ; François et Jean-Claude Peusset (propriétaires cultivateurs au Poiset, faubourg de Dole) oncles maternels de notre futur gendre, étaient aussi présents. L'article 4 stipulait que nous nous engagions à verser une pension annuelle de 300 F à notre fille, et ce jusqu'à notre mort ; d'autre part Fanny apportait une somme de 1 400 F léguée par son grand-père Guillemaut. Le mariage eut lieu le lendemain.

Le remboursement de ce legs devenait donc obligatoire, car j'avais utilisé l'argent de Fanny. Ce fut aussi pour nous le prétexte d'un voyage à Dole. Quant au premier terme de la pension, il attendit le 25 janvier 1850, jour du baptême de notre petite-fille Marie-Charlotte Fourneret. Ah ! cette pension… que de tracas. Si nos enfants le demandaient, nous leur versions un acompte ; comme les affaires s'avéraient difficiles dans les années 1852-1853, cela les aida à démarrer. Mais notre gendre est un original et, depuis une dizaine d'années, il refuse fréquemment de donner quittance de la pension de sa femme. Original… oui ! Tenez, en septembre 1859, mon épouse venait de lui remettre ses 300 F ; au moment du départ, il prétexta qu'il avait oublié de signer le reçu et annonça qu'il enverrait le papier par un prochain courrier. Mais rien… et j'attends toujours. Fanny, peinée, signait une reconnaissance, en réalité un simple renseignement pour nous car elle n'était pas autorisée par son mari. Il fallait bien s'en contenter en attendant de trouver une autre solution pour le forcer à signer.

Fourneret cultive du blé dans la riche plaine de Dole, exploite aussi un verger et quelques vignes. Cependant, vous vous souvenez de l'année 1861, très mauvaise pour la récolte de blé. Notre gendre ne fit pas exception et il se trouvait quelque peu dans la gêne. A la fin du mois de février 1862 il séjournait chez nous avec sa petite famille. Nous voulions lui faire cadeau de 50 F mais, connaissant son originalité – pour ne pas dire plus -, nous étions perplexes et il fallait trouver une idée pour lui faire accepter ce don. Alors, nous lui fîmes croire que cette somme était offerte à ses enfants par l'oncle et les tantes. Peu de temps après, notre petite-fille faisait sa communion solennelle et les Fourneret se trouvaient à court d'argent. L'avance sur pension pallia ce décalage gênant. Cependant un événement aggrava considérablement leur situation. Dans la nuit du 18 au 19 octobre 1862 une trombe dévasta leur maison et leurs arbres. Quelques jours plus tard, Albert se rendit chez sa sœur pour constater les dégâts. Mon fils, pour leur venir en aide, versa le solde de la pension et offrit une année d'avance. Fourneret, désemparé et dans le besoin, donna quittance pour les différents versements. Mais il y avait Fanny. Nous avions prévu une somme de 100 F, un supplément pour les aider à réparer leur maison. Puis Albert se tourna vers sa sœur et lui donna personnellement 30 F qu'elle utiliserait à sa guise.

A partir de cette époque – oh ! même déjà un peu avant – les Fourneret connurent des difficultés permanentes et nous avancions continuellement la pension, d'une année entière et plus. Nous donnions de l'argent à notre fille. Le 11 avril 1866, face à l'état de gêne où se trouvait Fanny, je réunis ma femme et mes enfants : Camille et Noëmie. Nous discutâmes longuement des problèmes et ne pouvions laisser les choses en l'état. Nous décidâmes, d'un commun accord, d'abandonner – donc d'en faire cadeau – l'avance d'argent d'une année. A partir du 11 novembre 1865, nous verserions 500 F par an au lieu des 300 F prévus par le contrat de mariage. Notre ami M. Pascal, venu nous rendre visite ce jour-là, accepta de porter 500 F à Fanny car il repartait le lendemain à Dole. Mais à l'avenir cette somme sera payée par Claude Rolland, le fermier de Diconne. Malgré son originalité, Fourneret devra lui donner quittance.

Finalement, notre fille reçut le double – au moins – de ce qui lui était dû par son contrat de mariage. Et puis, elle eut sa part comme ses sœurs sur les ventes de blé ; elle vient de recevoir 4 000 F sur les fonds placés chez M. Druard. Elle a besoin d'argent et ne peut donc faire d'économies pour le moment. Mais il faut le dire, Fanny n'est pas heureuse. Sa mère, soucieuse, l'aide souvent : pour s'acheter un manteau ou une robe, ou bien pour une fête, que sais-je encore ? Sans compter la vache de Bresse que nous venons de lui donner car elle manquait de lait à la maison depuis de nombreux mois. J'espère que les 6 000 F dont elle a bénéficié depuis un an résoudront ses difficultés. Reste le bonheur ! Maintenant, j'ai trouvé la solution pour Fourneret. Depuis l'an dernier, je lui fais remettre la pension par un banquier de Dole, via M. Mittaine-Sergent, de Pierre. Le banquier ne lui délivrera pas l'argent sans signature ! C'est mieux ainsi.

Nous rendions visite à Fanny au moins trois fois l'an, bien que ces voyages se soient amoindris ces dernières années, et puis c'est très irrégulier. Albert s'y rendait le plus souvent, parce qu'il aimait beaucoup sa sœur, et il conduisait la famille. Camille y faisait parfois des séjours prolongés et en profitait pour visiter de nombreux magasins de mode, car elle est très coquette et exigeante. Quant à Noëmie, elle n'allait pas souvent à Dole et pouvait rester plusieurs années sans faire le voyage ; mais elle vient d'y passer un mois. J'aimais beaucoup cette ville, mais à mon âge les déplacements aussi longs sont trop fatigants. Je n'y suis pas retourné depuis une dizaine d'années et Madame ne fait guère mieux. Ces voyages avaient lieu le plus souvent entre mars et novembre, à la bonne saison ; nous évitions les mois des gros travaux : juillet à cause des moissons, et octobre en raison des semailles d'automne. 1851 fut très sombre pour nous avec la disparition de Delphine ma bien aimée. Aussi, nous fîmes au moins huit voyages à Dole cette année-là. Chacun connut un vide affectif, alors nous partions quelques jours pour nous évader et oublier. Fanny n'échappa pas à ce malheur et avait besoin de réconfort, nous devions la consoler. De notre côté, le moral oscillait entre les hauts et les bas… les bas le plus souvent. Et depuis, Albert s'en est allé aussi… pour toujours. Les voyages de Dole ont cessé, nous sommes vieux et en deuil. Mais les filles se languissent et depuis cette année (1868) elles vont à Pierre chez M. Franon ; il les emmène à Dole où il se rend régulièrement.

Quant à Fanny, elle ne vient pas souvent à La Ranche, espaçant ses visites de plusieurs années. Au début de son mariage, tout allait bien. A la Trinité 1850, c'était le jour de la fête du village. Nous partîmes à Longwy à la rencontre des Fourneret et de son oncle, invités à célébrer comme il se doit notre patronne. L'année suivante Fanny et son mari séjournèrent pendant quinze jours chez nous jusqu'à la fin septembre, en attendant les semailles. Mais c'est loin… et les petites grandissent.

Nous utilisions, jusque dans les années soixante, les services des vivandiers de Dole – surtout M. Renaud – fréquentant le marché de Pierre. Ils acceptaient de porter quelque « commission » jusque chez Fanny qui habite les faubourgs de cette ville ; ils ne demandaient qu'une petite rétribution ne dépassant pas 0,30 ou 0,40 F. Ainsi nous pouvions correspondre avec notre fille ou lui adresser quelque présent. Albert lui fit tenir un beau lièvre, produit de sa chasse ; une autre année elle bénéficia d'une oie d'Etienne Cretin pour fêter Noël. Mais maintenant M. Franon va régulièrement à Dole ; il se charge des petits colis et veut bien transporter de l'argent.

Et puis la vie familiale vous offre tout de même des moments de joie intense, heureusement ! En janvier 1850 Albert et Camille s'en furent à Dole car c'était le baptême de notre petite-fille Marie-Charlotte Fourneret, née en décembre. Albert avait été parrain en mon nom, ne pouvant m'y rendre à ce moment-là. Camille en profita pour s'acheter des robes, des châles, un tablier, des gants, enfin tout ce qui peut servir à une femme. Une seconde petite-fille naquit le 3 novembre 1855 et le baptême eut lieu une semaine plus tard. Albert et Camille furent parrain et marraine de leur nièce. A cette occasion Albert offrit à sa sœur Fanny un pain de sucre de 14 *livres* avec les dragées et fit les dons d'usage à l'église.

Les premières années du mariage de notre fille se passant bien, notre gendre nous rendait quelques services et nous faisions de même. Au cours du mois de juillet 1850 je lui conduisis un char commandé chez Denis Poigeaut, m'arrêtant aussi à Neublans (Jura) pour récupérer un banc à trois places fabriqué par un nommé Guillot. Une autre année il se chargea de nous apporter un évier fait à Dole. Mais depuis… rien ! Quant à Fanny, elle effectuait quelques achats pour notre compte dans les magasins.

Fanny avait besoin de fil, d'étoupe et de toile de chanvre. Elle faisait filer de l'*œuvre* par des femmes du village : Marie Robert, la veuve Noirot ou bien Philiberte Guillemin. François Simerey, tisserand au hameau d'Aloise, travaillait régulièrement pour elle. Nous servions d'intermédiaires pour toutes ces opérations. Fanny s'était aussi engagée à trouver du duvet et de la plume d'oie pour les Dames de la Charité de Dole où se trouvait la sœur Peusset. Dans notre région, pas de problème, les oies sont abondantes.

De temps en temps nous voulions gâter Fanny, pas trop heureuse en ménage, et lui offrions de la vaisselle de terre, un filtre à café en fer blanc, tantôt des choses plus conséquentes : un matelas garni de crin. Et puis, à l'occasion, lors de nos visites, nous lui portions des gâteries, selon ce que nous pouvions trouver en route : un brochet acheté à un pêcheur au pont de Longwy, ou bien une livre de chocolat. Ces menus cadeaux font toujours plaisir.

Depuis juillet, nous avons décidé, ma femme et moi-même, de partager l'argent placé chez Druard et de le donner à nos trois filles. Aussitôt, nous prévînmes Fanny de notre décision :

« Je te préviens, ma chère Fanny, qu'à partir de ce jour, la somme de 11 959 F placée dans la Maison Druard frères, négociants à Chalon-sur-Saône, avec les intérêts à 4,5% non compris dans la somme, courant du 1er janvier dernier au 31 décembre, nous t'abandonnons ces fonds pour le tiers, tes sœurs auront les deux autres tiers. Cette somme peut se retirer à volonté, en tout ou en partie, en prévenant les détenteurs 15 jours à l'avance. Nous sommes très disposés à vous relâcher de suite la jouissance de vos propriétés respectives. Mais nous croyons utile, avant de le faire, de partager la succession de ton frère, qui nous fait retour. Pour cela, il faut un expert (que nous ne savons pas encore où prendre, on s'informera de suite), qui fera les lots, à la formation desquels on vous invitera, que vous tirerez au sort avec tes sœurs. On passera immédiatement l'acte de partage, où sera mentionné notre renonciation à la jouissance des deux fermes, que vous administrerez chacune pour votre compte et comme vous l'entendrez. On stipulera aussi dans cet acte que pour notre pension alimentaire, nous prélèverons sur les fermages une somme qui sera ultérieurement fixée, de même que nous nous réservons la jouissance des bois, comme par le passé. »

Nous avons deux petites-filles : Marie Charlotte et Marie Eugénie Fourneret ; sans oublier notre cher petit-fils Louis Eugène Fourneret. Ah ! nous ne manquons pas de les gâter chaque fois que nous le pouvons, notamment au moment des étrennes du Jour de l'An où ils reçoivent chacun une ou deux pièces de cinq francs en argent. Lorsque Camille et Albert se rendaient à Dole, les enfants réclamaient la promenade dans la vieille ville car ils savaient qu'une friandise viendrait immanquablement. Camille les gavait de petits gâteaux d'amande ou de pain d'épice. Albert voulait les initier au dessin et se rendait chez un marchand pour leur faire plaisir, mais ils voulaient aussi des massepains dont ils raffolaient. Ne croyez pas que Noëmie demeurait insensible à leurs charmes, elle leur faisait parvenir des joujoux et des bonbons car elle adorait ses petites nièces. Le 25 mars 1864 Albert partit à Dole pour ramener les enfants venant passer les vacances de Pâques à La Ranche ; ils en repartirent le 11 avril. Camille les conduisait partout, mais ils aimaient fouiner dans le magasin de Jean-Claude Sordet. Chez nous, on a coutume d'offrir des petits couteaux aux enfants et ils le savaient bien, les bougres ! Va pour les couteaux. Mais ils grandissent. Marie Charlotte va bientôt avoir 19 ans. C'est déjà une bien belle jeune fille.

III - 2. Le cadre de vie intérieur

III - 2. 1 Mobilier, ameublement, décor

Notre fermier Rolland occupe les trois pièces composant l'ancien logement de feue ma mère, dans la partie nord de l'habitation. Nous nous sommes réservés les sept pièces, côté sud. Un vaste couloir, que nous appelons « corridor », sert habituellement de cuisine, avec son poêle à quatre marmites, une table recouverte de toile cirée sur laquelle les femmes préparent les repas, l'armoire, la cuve à huile, la boîte à sel, des ustensiles de cuisine, etc. Nous nous tenons généralement dans une grande pièce à côté. Nous avons vendu la grande table en chêne devenue inutile. Une table carrée en chêne et cerisier ainsi qu'une trentaine de chaises sont bien suffisantes pour la famille et accueillir amis ou invités. Deux tables rondes permettent quelque intimité ou servent lors des travaux à la veillée. L'antique cheminée, accompagnée de sa crémaillère, du grand chenet et des outils usuels, fonctionne de temps à autre ; cependant nous utilisons habituellement le poêle à trois marmites, plus commode. Mais j'aime mon fauteuil de velours tout près de la cheminée, je m'y sens bien installé en soirée. Une grande armoire et une ancienne commode permettent de conserver divers linges, des nappes ou des bonnets. Pour moi, le plus utile est bien mon secrétaire bibliothèque ; j'y passe des heures et des heures, assis, pensif, ou bien affairé. L'horloge interrompt ces longs moments, coupant les journées en parties égales et monotones en hiver. Les deux fusils de chasse demeurent accrochés au mur, silencieux et froids, bien inutiles maintenant. Et puis, mon vieux fusil à un coup et mes deux pistolets … simples décors d'aujourd'hui ! La lampe modérateur illumine la table … enfin, si j'ose dire, mais c'est un progrès.

Aujourd'hui, chacun dispose de sa propre chambre. Camille occupe celle « des filles », côté jardin, où sont encore les deux lits *bateau* surmontés de rideaux blancs, séparés par une table de nuit ; contre les murs, les deux armoires de « mariage » de Camille et de Noëmie, et une commode. Une table ronde garnit le milieu de la pièce, supportant des chandeliers. Noëmie a décidé de s'installer dans la chambre de son frère Albert pour sa tranquillité et son indépendance ; et puis, il y a tant de souvenirs en ce lieu. Simplement meublée d'un lit *bateau* avec rideaux bleus, d'une armoire et d'un secrétaire, elle plait beaucoup à Noëmie ; trois petites glaces égayent l'ensemble. Dans une pièce, côté cour, deux bois de lits *bateau* sans literie, une commode et un petit poêle n'attendent plus que d'éventuels visiteurs : Fanny ne vient pas souvent … et ma bien chère Delphine, n'en parlons plus maintenant. J'occupe avec mon épouse une grande chambre près du corridor, côté jardin, que nous chauffons sans modération en hiver. Un lit surmonté d'une couronne et de rideaux, deux grandes armoires contenant beaucoup de draps (43 paires), des nappes aussi bien grandes que petites, des serviettes, de la toile, des couvertures, des chemises, etc. Et dans un coin, un petit lit de fer, que Fanny nous a rapporté de Dole pour y coucher son petit garçon, équipé soigneusement et garni de beaux rideaux.

Reste enfin l'évier, rempli de vaisselle de terre et de faïence, de verres en cristal et d'ustensiles de cuisine, mais nous en reparlerons.

Tableau 91 : La Ranche : le mobilier de Jean-Baptiste GUERRET en 1868

Meubles	Bois	Caractéristiques	Valeur
Dans la salle principale, ou de séjour			
Table ronde		4 pieds, avec toile cirée	10 F
Petite table	Chêne	Ronde, avec 1 pied	6 F
Secrétaire	Chêne	Bibliothèque dessus, 3 tiroirs	20 F
30 chaises			50 F
Fauteuil	?	Rembourré, velours	10 F
Commode ancienne	Chêne et fruitier	à 2 tiroirs	12 F
Table carrée	Chêne et cerisier	à 4 pieds	4 F
Armoire	Chêne et cerisier	à 2 portes, fermant à clefs	40 F
Horloge	Chêne	avec sa caisse	30 F
Cabinet, ou chambre "des filles"			
Table ronde	Chêne	table "à bascule"	10 F
Commode	Noyer et fruitier	à 3 tiroirs, dessus marbre	30 F
Lit "bateau"	Chêne	avec literie, flèche et rideaux	110 F
Lit "bateau"	Noyer	avec literie, flèche et rideaux	90 F
Armoire (1)		à Camille ; coût neuve	150 F
Armoire (1)		à Noëmie ; coût neuve	150 F
Dans un petit cabinet			
Table	Chêne et frêne	à 4 pieds	6

Nb : document établi d'après l'inventaire après décès de J-B Guerret en 1868
(1) Deux armoires dites "de mariage" appartenant aux deux filles célibataires, fabriquées en 1862 par M. Henry DESBEUT, menuisier à Pierre

Ne croyez pas que nous avons acheté tout cela ! Bien sûr, des menuisiers fabriquèrent des lits ou des armoires, mais en réalité, j'ai hérité les meubles de feue ma mère en 1846 et mon épouse reçut le tiers du mobilier de feu son père en 1839. Tout cela facilita grandement notre équipement.

Nous dormons tous dans des lits *bateau*, la plupart en chêne et un seul en noyer. Dans notre région les antiques lits *à colonnes* entourés de rideaux rouges le plus souvent, dit aussi lits *à quenouilles* ou *à la duchesse* ont gardé la préférence des cultivateurs ; certains adoptent tout doucement le lit *bateau*. Cependant, en délaissant des anciennes couches, nous avons conservé l'usage des rideaux enveloppant les lits, ce qui nous protège de la poussière et du froid. Si le nôtre est surmonté d'une couronne accrochée au plafond, les autres furent équipés de flèches – ou bâtons de bois – fixées aux murs, servant de support aux deux rideaux : blancs pour les filles, bleus pour les garçons. En avril 1837 il nous fallait un lit supplémentaire après la naissance de Noëmie. J'ai alors passé une convention avec le menuisier Mignot qui me demanda 10 F pour son travail, fournissant moi-même les planches de chêne ; il ajouta le « vice » et les deux rosaces.

Nous trouvons le tissu de rideaux chez les marchands de Pierre qui le font venir d'ailleurs. Au mois de novembre 1860, M. Noir en commanda à Chalon, mais dut le renvoyer ; cette étoffe n'avait qu'une lisière et mon épouse refusa la marchandise.

Tableau 92 : La Ranche - le mobilier de Jean-Baptiste GUERRET (suite) en 1868

Meubles	Bois	Caractéristiques	Valeur
Cabinet (ex-chambre des deux autres filles)			
Lit "bateau"	Chêne	sans literie	25 F
Lit "bateau"	Chêne	sans literie	15 F
Commode	Noyer et cerisier	plaquée, à 4 tiroirs	12 F
Cabinet (chambre du fils)			
Secrétaire			15 F
Lit "bateau"	Chêne	avec literie, sommier élastique et rideaux	80 F
Malle			8 F
Armoire	Bois et fruitier	à 2 portes, fermant à clefs	40 F
Chambre des parents (J-B Guerret)			
Table	Chêne et fruitier	à pieds	15 F
Armoire	Chêne et noyer	à 2 portes, fermant à clefs	60 F
Petit lit	en fer	avec literie et rideaux	70 F
Armoire (1)			?
Lit garni (1)			?
Dans le "corridor" (ou cuisine)			
Table	?	à 4 pieds; avec toile cirée	5 F
Armoire	Chêne et fruitier	à 2 portes	30 F
Sur le grenier			
Grand placard	Bois (?)	à 6 portes	15 F
Lit		avec partie de literie	30 F
Meubles vendus en 1866 (vente mobilière)			
Bois de lit			8,75 F
6 chaises			0,75 F
Grande table			13,00 F
2 ciels de lit			2,90 F

(1) Meubles du défunt réservés par l'épouse et n'entrant pas dans la succession

La paillasse demeure d'un usage courant chez nous, et ce dans toute la contrée. Cependant, le sommier élastique commence à se répandre fort timidement en raison de son coût élevé dépassant 50 F. Au printemps 1865 nous décidâmes d'en équiper le lit de Noëmie ; effectivement le prix de revient peut en rebuter plus d'un :

- Mittaine, quincaillier à Pierre : 40 ressorts d'un poids de 19,5 kg à 0,90 F le kg = 17,55 F,
- Besson-Janey – « A la Flotte Anglaise » - à Dole : 20 kg d'élastique à 0,60 F le kg = 12 F,

– Noir, marchand à Pierre : indienne pour meuble de literie : 7,20 mètres à 1,10 F = 7,92 F,

– Fleuriot, maître menuisier à Pierre : fourniture du cadre et montage du sommier = 18 F,

soit un total de 55,47 F. Mais je viens de lui passer une nouvelle commande, la qualité et le confort justifiant cette dépense.

Le « lit » de plume installé sur la paillasse reste fort prisé à cause de sa chaleur, de sa moiteur tant appréciées en hiver. Nous achetons la toile chez les marchands de Pierre. Quant à la plume d'oie, nous la trouvons dans les fermes du pays ou au village de Torpes. Il en faut 8 à 10 kg – voire davantage – pour un « lit » neuf. Nos petites-filles Marie et Eugénie viennent d'en bénéficier. Et puis, comptez encore un kilo de duvet pour chaque édredon.

Un matelas de crin, c'est ferme et confortable mais l'usage en demeure limité. Une femme Barbier, de Grandmont (Pierre) était fort réputée pour cet exercice et nous en confectionna deux en 1854 ; le crin venait de chez Lafferrière, bourrelier au chef-lieu de canton. Les marchands en fournissent couramment de nos jours. Le matelassier Vilfroy les *rebat* de temps à autre, ce qui les prolonge assez longtemps.

Autrefois nous faisions fabriquer des couvertures piquées aux tailleuses de la région, mais il fallait leur livrer la laine ; M. Richard-Richard à Pierre vendait de l'indienne nécessaire à 30 *sous* (1,50 F) *l'aune*. Il faisait également venir des couvertures de Lyon à 22 F pièce. Mais M. Druard, négociant et banquier à Chalon, en vend maintenant de très belles en laine blanche à 25 ou 30 F l'une. Elles sont fort chaudes – un peu trop en été – et, à la belle saison, nous en installons d'autres en coton, plus légères et mieux appropriées. Quant aux domestiques, ils se contentaient de couvertures en *étoupe*, beaucoup moins chères.

Une maison bien « assise » doit disposer d'une bonne pile de draps. Nous en avons 28 paires neuves (à 10 F) et encore 15 déjà usagées (à 4 F).

L'armoire est devenue chez nous un meuble important pour conserver non seulement le linge de la famille, mais aussi les nombreuses paires de draps, les nappes, etc. Dans ma jeunesse, la plupart n'étaient fabriquées que dans une seule sorte de bois : le chêne ; cependant, on utilisait aussi le bois fruitier, le *foyard* (hêtre), voire le sapin. On les retrouve aujourd'hui, devenues vieilles, parfois reléguées dans quelque pièce secondaire, ou servant à ranger des outils.

Donc, dans notre région, l'attirance pour les deux tons de bois est manifeste. Le chêne garde la préférence pour l'armature principale, mais les portes sont le plus souvent en cerisier ou en noyer ; parfois en frêne ou en bois fruitier. Et puis, il y a des exceptions, il en faut ! A La Ranche, nous suivons la même orientation.

Le 21 avril 1837 j'ai passé une convention avec Mignot l'aîné, menuisier à Authumes. Il devait me confectionner, convenablement, une armoire de 7 *pieds* de hauteur (2,27 m.), 20 *pouces* de profondeur (0,54 m.), et 4 *pieds* et demi de largeur (1,46 m.). Je m'engageais à lui fournir le bois et il demandait 45 F pour la façon. Fin 1838 il me livra ce fameux meuble, bien fini ma foi, et nous fîmes nos comptes un an après seulement car il avait effectué des travaux de menuiserie :

– main-d'œuvre de Mignot = 45 F,

– chêne fourni (évaluation)	= 35 F,
– sapin pour les rayons	= 6 F,
– noyer pour les portes	= 8 F,
– « fermentes » (serrures, etc.) chez Bonjean	= 7 F.
Prix de revient de l'armoire	= 101 F.

Mais avec tout le bois livré, il fabriqua non seulement cette armoire, mais aussi un bois de lit et un pétrin :

– 29 *pieds* de plateau de chêne à 10 *sous*	= 14,50 F,
– 80 *pieds* de planches à 6 *sous*	= 24 F,
– 24 *pieds* de *travons* à 4 *sous*	= 4,80 F ,
– 18 *pieds* de *lesse* à 3 *sous*	= 2,70 F,
– 14 *pieds* de *redeau* à 5 *sous*	= 3,50 F.
Valeur totale du chêne fourni	= 49,50 F.

La façon du bois de lit se trouvait à 10 F et celle du pétrin à 6 F ; pour ma mère il demanda 4 F pour une table de nuit et 2 F pour son dévidoir.

En 1862 Camille (37 ans) et Noëmie (26 ans) étaient en âge d'avoir un époux, nous préparions cette éventualité. Henry Desbeut, menuisier réputé à Pierre leur fabriqua deux belles armoires pour 300 F ... en fournissant tout, naturellement ! Quelles pièces magnifiques ! Mais nos deux filles attendent toujours.

De nos jours, la mode va aussi aux placards. Mon cousin Joseph Thibert-Guerret vient d'en installer un dans le corridor, un autre dans la cuisine et enfin un pour pendre les vêtements, le tout pour 80 F.

Dans notre région, les tables à quatre pieds sont la plupart du temps en chêne, parfois avec un tiroir. La juxtaposition de bois s'avère moins fréquente et lorsqu'elle apparaît, chêne et sapin ont la préférence. Nous aimons ces mélanges de différentes essences, alliant le chêne avec le frêne, le cerisier ou tout bois fruitier. Quant aux tables rondes, elles demeurent moins prisées.

Le menuisier Burdin avait réparé notre table ronde, de 3 *pieds* et demi de diamètre (1,14 m.) en la garnissant d'une feuille de chêne et d'une toile cirée peinte. Jean-Jean Poigeaut vient d'y coller une toile cirée et de garnir le tour d'une bande de frêne ciré. C'est propre et commode. Mais ailleurs, seule la table du corridor (cuisine) en bénéficie. Quand on a des invités, les femmes sortent les belles nappes, encore plus agréables.

Dans la quasi totalité des maisons, les chaises paillées sont d'un usage général. Cependant chez les Dury, à la ferme des Parays, appartenant à M. de Saint-Seine, une grande table avec ses deux bancs ainsi qu'un lit garni avec ses rideaux jaunes meublent la cuisine où les fermiers se tiennent habituellement.

Des journaliers (Denis Guerret), des tonneliers (Philippe Conry), voire des menuisiers, raccommodent et rempaillent les vieilles chaises pour 0,30 F, mais il faut leur apporter les joncs.

Tableau 93 ; La Ranche – Le mobilier : évolution des prix de 1836 à 1868

Type	Unité	1837	1839	1850	1852	1854	1858	1859	1861	1864	1866	1868
FOURNITURES DE LITERIE												
Toile de matelas	L'aune	2,0	2,1	-	-	-	-	-	-	-	-	-
Crin	La livre	-	-	-	-	1,8	2,1	-	-	-	2,3	-
Plume	La livre	-	-	-	-		-	-	3,4	-	3,3	3,3
Taie d'oreiller	Pièce	-	-	-	-	1,0	-	-	-	-	-	-
Duvet	La livre	-	-	-	-	-	-	-	7,8	-	6,5	7,0
Etoupe (couvertures)	La livre	-	-	-	-	-	-	-	-	0,2	-	-
MAIN-D'ŒUVRE D'AMEUBLEMENT, DE LITERIE, MOBILIER												
Cardage de laine	La livre	-	-	-	-	-	-	0,1	-	0,1	-	-
Façon couverture	Pièce	-	-	-	2	-	-	-	-	-	-	-
Façon matelas	Pièce	-	-	-	-	1,25	-	-	-	-	-	-
"Rebattage" matelas	Pièce	-	-	-	-	1,50	1,55	-	1,55	-	-	-
Façon de chaise	Pièce	-	-	0,75	-	-	1,00	-	1,00	1,25	-	-
Rempaillage chaise	Pièce	-	-	0,28	-	-	-	-	-	-	0,30	-
Façon armoire	Pièce	45,0	-	-	-	-	-	-	-	-	-	-
Façon bois de lit	Pièce	10,0	-	-	-	12,00	-	-	-	-	-	-
Façon table de nuit	Pièce	-	4	-	-	-	-	-	-	-	-	-
Façon pétrin	Pièce	-	6	-	-	-	-	-	-	-	-	-
Façon dévidoire	Pièce	-	2	-	-	-	-	-	-	-	-	-
Menuisier (nourri)	La journée	-	-	-	-	-	-	-	-	-	-	-
	Octobre à avril	-	-	-	-	-	1,25	-	-	1,25	1,25	-
	Mai à septembre	-	-	-	-	-	1,50	-	-	1,50	-	-

A Pierre, des tourneurs fabriquent et réparent les chaises ; la plupart du temps je leur remets le bois nécessaire : du cerisier ou du frêne. Ils les livrent cirées ou peintes, au choix, et demandent 1,25 F pour leur travail. En 1857 Berthaud exigeait 1 F de main-d'œuvre pour fabriquer, 0,50 F pour réparer et rempailler ; et 1,75 F pour une chaise neuve en frêne, blanche, en fournissant tout.

Maintenant, j'apprécie mon fauteuil, bien rembourré et recouvert de velours. Claude-Denis Bailly nous l'avait prêté au début du mois d'octobre 1865 lorsque presque toute la famille était malade. Et puis, il voulut bien me le laisser pour 47,50 F.

Les commodes (en chêne et fruitier, ou en noyer et fruitier) ne sont pas très courantes dans le canton. Le vaisselier – ou dressoir – figure plus souvent dans les maisons du voisinage ; il est à un ou deux tons de bois. Quant aux horloges avec leur caisse en chêne, elles sont devenues beaucoup plus fréquentes, bien que de nombreuses familles n'en possèdent pas encore.

Le pétrin en chêne est un meuble présent dans la quasi totalité des maisons car chacun fait son pain.

Ah ! ces horloges. Autrefois, elles connaissaient souvent des problèmes. Cornu l'avait à peine décrassée en avril 1838 qu'il fallut faire appel à Olivier l'année suivante car elle marchait fort mal, ce qui me valut 1,50 F de frais. Mieux ! moins d'un an après … la même chose. Cette fois-ci, je m'en fus chez Rossignol, à Pierre, qui la décrassa, changea une ficelle de poids et souda le timbre fêlé ; et avant de s'en aller me fit payer 3,50 F … C'est beaucoup trop cher ! me dis-je. Mais finalement son travail fut efficace. Depuis les années cinquante l'horloger Ardin vient la nettoyer tous les trois ou quatre ans et demande invariablement 3 F pour ses peines, mais je n'ai plus d'ennuis comme auparavant.

A l'occasion des changements de mode d'exploitation, l'arrivée ou le départ d'un métayer ou d'un fermier dérangeait notre vie et nous obligeait à changer de place dans cette grande maison. Lorsque le *granger* Boissard partit fin 1854, nous demandâmes au menuisier J-B Lory de transférer des meubles dans d'autres pièces et de les cirer. Les menuisiers – que nous nourrissons – demandent 1,50 F par jour de mai à septembre et 1,25 F seulement le reste de l'année car les journées sont plus courtes ; et ce, depuis plus de dix ans.

Les femmes aiment les fleurs, vous le savez fort bien, et elles en mettent jusqu'à l'intérieur des maisons, les surveillent et les arrosent minutieusement. Cependant, l'hiver, c'est plutôt triste. Mais vers les années cinquante, elles dénichèrent du fil de fer et des grains à Dole ou à Chalon ; avec cet attirail, elles préparaient soigneusement des fleurs artificielles, durables, et qui se maintenaient toute l'année. De jolis vases en verre mat, ou de couleur, complétaient ces ensembles décoratifs et de bon goût. Perrot, marchand de vaisselle à Pierre vendait des fleurs artificielles toutes prêtes (1,25 F) ou bien à monter (0,95 F) en 1856. Cependant la durabilité n'évite pas la poussière ! Que faire ? Malherbes, maçon fort ingénieux, nous construisit une cage vitrée pour couvrir le beau vase de fleurs artificielles en grains … et adieu la poussière ! Mais au fil des ans, certaines perdent de leur superbe. Ce marchand a toujours le dernier mot et il dispose de plaques de vermillon pour les teindre. Ah ! ce commerçant, il connaît toutes les astuces et les nouveautés.

Les fleurs artificielles, c'est bien à la mauvaise saison, mais je préfère encore les fleurs naturelles. En juin 1860 M. Louis fils me trouva des greffes de rosiers. Je m'en fus alors chez Lory, le menuisier, lui commander des caisses en chêne pour ces fleurs précieuses. Ainsi, nous pouvons les déplacer sans risque, selon la saison.

Le potier de Pierre fabrique des pots ordinaires pas chers (0,20 F), les marchands en vendent aussi de plus beaux (0,70 F) mais si vous voulez quelque chose d'extraordinaire, vous allez à la foire de La Balme, fréquentée par des camelots venant de loin. C'est là que j'ai offert deux magnifiques vases dorés à mon épouse, mais ne me demandez pas le prix !

Depuis trois ans nous trouvons des graines de fleurs en sachets chez M. Noir. Il les fait venir de Paris, ou d'ailleurs, je ne sais pas trop. Vous avez alors de plus grandes variétés, et de bonne qualité.

Mon épouse a conservé amoureusement le portrait de son père Denis Guillemaut, qui fut juge de paix du canton de Saint-Germain-du-Bois. Depuis que le peintre Jolyet a changé le vernis, il a retrouvé toutes ses couleurs et trône dans la grande salle. Madame y tient beaucoup.

La peinture … oui ! Mais, maintenant, j'ai une grande nouveauté à la maison : une photographie. Cependant, s'il faut la montrer, il est nécessaire de la protéger par un joli cadre de verre. Le progrès entre dans nos maisons, il faut l'accueillir !

Oh ! remarquez, je ne me lasse pas pour autant de ces estampes encadrées, accrochées aux murs, belles images qu'Albert avait rapportées de Dole un soir de janvier 1855. Je m'y attarde parfois, partant dans de brefs moments de rêve et de délassement.

III - 2. 2 Chauffage et éclairage

Comme vous le savez, l'abondance de nos forêts, de nos haies, l'élagage des arbres fruitiers, tout cela suffit à nous procurer le bois nécessaire au chauffage de la maison et à la cuisson des aliments de la famille et des animaux.

Dans notre grande salle, la cheminée reste bien équipée et entretenue, avec son grand chenet, sa crémaillère, ses pelles à feu, la paire de pincettes et le grappin ; et puis, tout au fond, la lourde platine venant de chez Moreau à Bletterans (1840).

Nous nous servons de poêles depuis fort longtemps : avant 1850 ; d'ailleurs, celui à quatre marmites, installé maintenant dans le corridor, remonte à une date antérieure. Le poêle à trois marmites, dans notre salle habituelle, fut acheté à Dole en novembre 1849 lors d'un voyage chez Fanny. Arrivés à la fabrique de M. Vuillamy – dit Fleury – nous choisîmes donc ce bel appareil équipé de ses trois marmites, de deux cercles pour faire tenir les deux petites à la grande, et de sa grille de four. C'était moderne et fort beau ma foi ! Soixante francs me dit le marchand. Mais il faudra 9 *pieds* et demi de tuyaux en tôle forte à 1,20 F le kilo, ce qui fait encore 11 F. Vous avez un coude double et une soupape de réglage. Nous fîmes affaire pour l'ensemble. Parcourant le magasin, nous demandâmes aussi une casserole en fonte avec son couvercle (2 F). Le tout fut chargé sur notre char et véhiculé jusqu'à La Ranche.

De nos jours les marchands de Pierre en vendent assez couramment et Cabot m'en céda un neuf pour 35 F au cours de l'hiver 1863. Il faisait froid et nous voulions chauffer notre chambre. Deck, le ferblantier, vint donc à la maison poser les tuyaux (pour 14 F). Et puis, en décembre 1865, Noëmie était fragile... et venait de perdre son frère adoré. Bref, Mittaine, banquier et quincaillier, nous procura un joli fourneau ; d'ailleurs il vend ceux de la Maison Baudin.

Autrefois la fonderie de Dole rachetait les vieux poêles et anciennes marmites en fonte au prix de quatre centimes la *livre,* ce qui me permit de me débarrasser de ces ustensiles usagés. Gauthey (maréchal) ou Deck (ferblantier) assurent l'entretien des fourneaux et la fourniture d'accessoires.

Maintenant, étant âgés, nous craignons davantage le froid, et un bon cruchon en fer blanc rempli d'eau bouillante, bien calé sous les pieds, nous permet de maintenir une activité normale au cours de la soirée.

De temps à autre nous voyons arriver des ramoneurs. Ce sont toujours des Savoyards parcourant notre région et allant de maison en maison. Mais ils ont augmenté fortement leur tarif, passé de 0,15 F (1837) à 0,80 F de nos jours.

Actuellement, la plus grande partie des fermes sont équipées d'appareils de chauffage, le plus souvent des poêles à deux marmites d'un prix peu élevé, surtout chez ceux disposant de moyens réduits. Ils sont généralement installés dans la *chambre du poêle*, celle où l'on se tient la nuit en hiver et où l'on reçoit les invités ou amis. Dans les vastes cuisines, lieux habituels de la vie journalière, la grande cheminée est demeurée en usage malgré tout. Chez les Dury, à la ferme des Parays, ils ont un poêle en fonte à quatre marmites.

Autrefois, quand le feu était éteint, nous avions besoin d'amadou ; nous achetions aussi du soufre en bâtons chez M. Poirier pour faire des allumettes. Mais depuis les années cinquante, nous utilisons de manière courante des allumettes chimiques, vendues par les buralistes ou les épiciers, surtout Cordelier à Pierre. Ce n'est pas très cher … les douze paquets pour trois *sous*.

Nous avons conservé notre ancienne lampe *à queue*, deux lampes *à bascule* (à huile) ainsi que cinq chandeliers. Des lanternes servent aussi la nuit pour aller veiller, que sais-je encore ? Deck, ferblantier à Pierre, bien approvisionné en ustensiles d'éclairage, est tout à fait capable de transformer une lanterne et de l'adapter *à quinquet* (1838), de réparer la lampe modérateur pourtant fragile et délicate, mais ô combien agréable et efficace pour le bien-être des soirées hivernales.

Tableau 94 : La Ranche – Chauffage et éclairage de 1836 à 1868

Dates	Fournisseurs	Adresses	Descriptif	Prix
			ACHATS D'APPAREILS DE CHAUFFAGE	
28/11/1849	Vuillamy	Dole	Poêle de cuisine à 3 marmites	60 F
			Tuyaux en tôle, à 1,20 F le kg	11 F
12/1/1863	Cabot	Pierre	Un poêle	35 F
20/1/1863	Deck	Pierre	Tuyaux (fourniture et pose)	13,65 F
18/12/1865	Mittaine	Pierre	Fourneau avec tuyaux	31,75 F
17/11/1865	Deck	Pierre	Cruchon plat en fer blanc	4,50 F
			ACHATS DE LAMPES ET D'ACCESSOIRES	
11/5/1857	Deck	Pierre	Une lanterne	3,50 F
5/12/1857	Deck	Pierre	Une lampe modérateur	10,50 F
29/12/1858	Deck	Pierre	Une lanterne de voiture	3,75 F
1/6/1866	Deck	Pierre	Une lanterne	1,25 F
28/11/1849	?	Pierre	Un globe de lampe	0,50 F
18/11/1851	Burdin	La Chapelle	Vitrage complet lanterne	0,50 F
25/10/1855	Cordelier	Pierre	Un verre de lanterne	0,15 F
23/2/1859	Deck	Pierre	Un verre lampe modérateur	0,50 F
23/1/1863	?	Pierre	Un verre à quinquet	?
8/12/1852	Guyennot	Pierre	Un litre huile à quinquet (1)	1,15 F
22/4/1859	Cordelier	Pierre	Une livre de bougie (2)	1,30 F

(1) Prix d'un litre d'huile à quinquet : 0,90 F (1850) , 1,20 F (1853), 1,40 F (1854) et 1,35 F (1862).

(2) Prix d'une livre de bougie : 1,30 F (1859), 1,50 F (1861), 1,25 F à 1,40 F (1865)

Notre récolte de navette suffisait à assurer nos besoins en huile, tant pour l'alimentation que pour l'éclairage. Cependant, pendant le *grangeage* nous dûmes nous résoudre à acheter de l'huile *à quinquet* chez Cordelier épicier à Pierre ou chez d'autres marchands, peu importe. Ils nous dépannaient quand les mèches – ou cotons – faisaient défaut, les vendant à la douzaine (de 0,20 à 0,30 F) ou à la demi-douzaine.

Nous avons équipé notre char suisse et le char à bancs de lanternes modernes mais cet éclairage demande au moins un kilo de bougies chaque année … et attention de ne pas vous faire surprendre au loin. Ces quelques incidents nous arrivèrent parfois à Seurre ou à Louhans, ce qui nous obligea à rechercher un marchand en toute hâte pour pouvoir rentrer de nuit.

Dans la plupart des maisons, les lampes en cuivre, voire l'antique lampe *à queue*, ont conservé la préférence, mais il faut le dire, l'éclairage demeure faible.

III - 2. 3 Hygiène et entretien de la maison

Ne me parlez pas des femmes … toujours occupées à briquer les poêles avec de la mine de plomb, ou bien voulant transformer nos meubles en miroirs, les enduisant de temps à autre de cire d'abeille. Et le balai ! constamment utilisé à toute occasion. Nous avons ce qu'il faut de ce côté-là car nous semions toujours un ou deux sillons de « balais » (du millet) près des pommes de terre. Mais pour en trouver un de qualité chez les épiciers, il ne faut pas compter moins de un franc … un peu cher, n'est-ce pas ? Depuis une dizaine d'années, ces dames ont pris l'habitude de manipuler des éponges, en long, en large, et ainsi de suite, mais tout aussi coûteuses que les balais. Que voulez-vous ! j'aime aussi une maison bien tenue.

<u>Tableau 95 : La Ranche – Achats d'ustensiles de cuisine de 1836 à 1868</u>

Dates	Marchands	Adresses	Ustensiles	Prix
30/7/1840	Mme Petit (1)	La Chapelle	Chaudron cuivre rouge	5 F
20/6/1836	Bonjean	Pierre	Petite marmite n° 4	?
31/1/1853	Gauthey	La Chapelle	Couvercle de marmite	0,50 F
5/12/1836	Arveux-Sassier	Pierre	Petite casserole faïence	0,30 F
27/4/1839	Giraud	Pierre	3 casseroles en terre	0,45 F
28/11/1849	Vuillamy	Dole	Casserole en fonte avec couvercle	2,00 F
3/2/1860	Masson	Pierre	Casserole en terre	0,25 F
23/10/1865	au marché	Pierre	Casserole	0,25 F
17/11/1865	Masson	Pierre	3 casseroles à couvercles	1,20 F
24/1/1867	Cordelier (2)	Pierre	2 casseroles en faïence	1 F
16/12/1852	Sergent	Pierre	Poêle à frire	1,70 F
9/1/1837	Giraud	Pierre	Terrine en faïence	0,50 F
3/2/1840	Giraud	Pierre	Pot au feu en terre	0,55 F
20/11/1864	Gauthey	La Chapelle	Plat long en terre pour aller au four	0,50 F
21/4/1836	un Savoyard	Savoie	Poche et cuillère à pot	0,40 F
9/1/1837	Deck	Pierre	Passoire	0,60 F
12/3/1838	Deck	Pierre	Ecumoire	0,25 F
1/4/1856	Ducordeau	Pierre	Passoire (3)	1,75 F
3/2/1862	Deck	Pierre	Râpe	1,20 F
23/10/1852	Deck	Pierre	Filtre à café	2,75 F
26/4/1865	Deck	Pierre	Brûloir à café	6,00 F
26/4/1865	Deck	Pierre	Fourneau portatif	12,00 F

(1) Mme Petit, cuisinière à La Ranche (La Chapelle) : chaudron d'occasion

(2) Le prix d'une casserole en terre va de 0,15 F à 0,25 F.

Principaux fournisseurs : à Pierre (Giraud, Cordelier, Masson) et des marchands ambulants ; à La Chapelle (Sordet, 1863 ; Thibert-Miconnet, 1868).

(3) Le prix d'une passoire va de 0,30 F à 1,75 F selon le modèle chez les ferblantiers de Pierre : Deck et Ducordeau.

Les nuits brumeuses d'automne ou glaciales en hiver, ce n'est pas très bon. Se relever la nuit quand un besoin pressant vous tenaille nécessite d'avoir constamment un vase de nuit en faïence à portée de la main. Cordelier nous en fournit à 0,60 ou 0,80 F pièce et nous les remplace tous les cinq ou six ans, pas plus !

Voici l'été revenu, la chaleur et les mouches … un fléau pour l'alimentation. Elles se posent aussi sur le nez, ou bien courent sur votre bras. Ah ! ce n'est pas possible. Avant 1860 nous achetions du papier tue-mouches chez M. Noir, épicier à Pierre, mais depuis quelques années nous préférons utiliser du quassia amara , un produit que nous trouvons chez le pharmacien Bauchamp à 0,40 F l'once. Les mouches n'ont plus qu'à s'en aller ou mourir.

Tableau 96 : La Ranche – Inventaire de la vaisselle de J-B GUERRET en 1868

Nombre	Pièces de vaisselle Dans l'évier	Valeur [1]
100	Pièces de vaisselle de terre et de faïence (dont soupières, cafetières, tasses, trappes, pots à eau et divers, bols, cruches, bures)	10,0 F
100	Assiettes en faïence	15,0 F
11	Tasses à café	3,3 F
12	Cuillers en ruolz	-
12	Fourchettes en ruolz	70,0 F
12	Cuillers à café en ruolz	-
1	Pochon	15,0 F
100	Cuillers en fer	-
100	Fourchettes en fer	-
9	Verres en cristal	-
15	Verres ordinaires	5,5 F
12	Couteaux de table	5,0 F
2	Huiliers et porte-huiliers	2,0 F

(1) Valeur estimative d'après l'inventaire après décès de J-B Guerret en décembre 1868

Au printemps 1840 nous subîmes une invasion de punaises. Les femmes n'aiment pas ça et moi non plus. Un colporteur de passage, à qui nous achetions des drogues et autres denrées, nous conseilla de l'huile *d'aspa,* ce fut assez efficace. Depuis, nous y veillons attentivement et gardons à portée de main de l'onguent gris.

Reste maintenant les rats. Ils ne sont pas dans les chambres, mais voyagent au grenier la nuit. On les entend trottiner sur le plancher, ce qui m'agace parfois quand ils font des va-et-vient trop nombreux. Les chats s'activent mais n'en viennent pas toujours à bout. Nous sommes équipés de *ratières*. Autrefois nous nous en débarrassions avec de l'arsenic fourni par le pharmacien.

III - 3. L'alimentation

III - 3. 1 Ustensiles de cuisine et vaisselle

Les fourneaux se sont bien améliorés au fil des années ; celui acheté à Dole en 1849 est équipé d'une grille de four ; une soupape au tuyau règle le tirage. Un chaudronnier de Pierre nous fabriqua une tôle à mettre au four, ce qui permit de cuire les aliments dans de meilleures conditions. Tout cela sans compter les petites modifications : cercles plus perfectionnés. Notre dernière nouveauté est un petit fourneau portatif (ou réchaud) en fonte pour tenir la nourriture au chaud, à feu doux.

Tableau 97 : *La Ranche - Achats de vaisselle et de couverts de 1836 à 1868*

Dates	Marchands	Adresses	Vaisselle et couverts	Prix
8/12/1839	Richard	Pierre	2 douzaines d'assiettes plates	4,0 F
16/12/1852	Cordelier	Pierre	10 assiettes à 0,10 F	1,0 F
			6 assiettes à 0,20 F	1,2 F
4/4/1864	à la foire	Pierre	3 assiettes en terre (à 0,13 F)	0,4 F
4/9/1867	à la foire	Pierre	6 assiettes creuses (à 0,12 F)	0,7 F
			2 douzaines d'assiettes (0,26 F)	6,3 F
26/6/1837	?	Pierre	1 douzaine verres communs	1,2 F
10/4/1854	Cordelier	Pierre	8 verres (à 0,10 F)	0,8 F
13/5/1856	Cordelier	Pierre	6 verres poli double	?
19/7/1858	Noir	Pierre	1 douzaine verres communs	1,2 F
19/7/1862	Noir	Pierre	6 verres (à 0,10 F)	0,6 F
21/2/1863	Chavaleret	Dole	12 verres en cristal (à 0,60 F)	7,2 F
31/1/1859	Deck	Pierre	6 cuillers et 6 fourchettes	1,8 F
21/2/1863	Martin Alex	Dole	12 couverts d'orfèvrerie Christophe	
			"Alfinide anis" (12 fourchettes et 12 cuillers)	75,0 F
			12 cuillers à café (même qualité)	20,0 F
16/8/1836	Sergent	Pierre	1 couteau pour moi	0,7 F
10/10/1836	Sergent	Pierre	1 petit couteau pour Delphine	0,3 F
15/5/1837	?	Bletterans	3 couteaux enfants à 0,60 F	1,8 F
			1 couteau enfant à 0,40 F	0,4 F
14/8/1838	?	Bletterans	2 couteaux pour Mesdames	1,9 F
17/9/1838	Sergent	Pierre	1 couteau de poche	1,0 F
17/1/1853	Sergent	Pierre	1 couteau pour Albert	0,9 F
5/6/1854	Ducordeau	Pierre	6 couteaux de table (0,50 F)	3,0 F
16/12/1854	?	Chalon S/S	2 couteaux (à 1 F)	2,0 F
13/9/1858	?	Dole	1 couteau de poche	1,8 F
27/3/1864	Sordet	La Chapelle	3 petits couteaux enfants (0,30 F)	0,9 F
8/6/1864	Mittaine	Pierre	1 couteau	0,7 F

Couteaux d'enfants : de 0,30 F à 0,60 F à Pierre, Bletterans, La Chapelle

Couteaux de femmes : 0,80 F à Bletterans

Couteaux d'hommes : de 0,60 F à 1 F (à 1,75 F de luxe) à Pierre, Chalon, Dole

Couteaux de table : 0,50 F à Pierre

Nb : ce tableau ne représente pas la totalité des achats

Les femmes préparent les repas dans le corridor où se trouvent le gros poêle à quatre marmites et la table de travail. Elles disposent de tous les outils nécessaires : un hachoir, deux couperets, etc. , avec la boîte à sel et la salière à proximité ; sans oublier ce beau chaudron en cuivre rouge, ainsi que la grande cuve en fer blanc où nous conservons l'huile. Une vieille bassinoire en cuivre, peu utilisée de nos jours, reste la plupart du temps accrochée au mur. Par commodité, toute la vaisselle est juste à côté, dans une petite pièce que nous avons coutume d'appeler l'évier, où l'on peut voir le bassin en cuivre jaune et une poêle à frire. Les ustensiles servant occasionnellement ont été remisés au grenier : le vieux tournebroche, le gaufrier, le grand chaudron en cuivre rouge, des poêles à frire, quatre casseroles et un autre chaudron en rosette.

En dehors des grands récipients traditionnels, les femmes se servent d'une batterie de casseroles en terre, en faïence (voire en fonte), qu'elles achètent chez les marchands du chef-lieu de canton ou sur la place du marché les jours de foire. Elles y trouvent aussi des terrines en faïence ou autres ustensiles indispensables : écumoires, passoires, râpes, etc.

Deck, ferblantier, est notre principal fournisseur pour tout ustensile en métal : fer blanc ou fonte. Giraud nous approvisionnait en casseroles et autres plats en terre ou en faïence ; depuis bien des années Cordelier puis Masson ont pris la suite.

Dans une ferme comme la nôtre, il fallait un équipement conséquent en vaisselle ordinaire car nous avions parfois plus de trente personnes à nourrir lors des grands travaux d'été. Autrefois nous en achetions les trois quarts à Pierre, dont la majeure partie (55%) chez les marchands du chef-lieu de canton, et le supplément auprès des forains venant aux foires. Et puis, j'allais de temps à autre à Bletterans et à la foire de La Balme.

Au fil des années nos achats de vaisselle furent plus fréquents et les dépenses passèrent de 10 F à 25 F par an, ce qui, somme toute, demeurait raisonnable ; ceci sans parler bien entendu de quelque folie pour des objets de luxe. Nous trouvions un choix plus large à Pierre. Au cours de nos voyages à Dole nous en profitions pour visiter les magasins bien achalandés de cette ville. Depuis les années soixante-deux ou soixante-trois, des commerçants du village (Sordet et Thibert) vendent de la vaisselle, en quantité limitée, mais au détriment de ceux du chef-lieu. Malgré tout, près du tiers des achats se fait aux foires et marchés tout proches.

Cela étant, nos principaux marchands attitrés furent :

- Cordelier à Pierre (1852 à 1856 principalement), puis en parallèle avec Noir (1858-1863) ;
- Masson à Pierre (1860-1865) ;
- enfin ceux du bourg de notre commune : Sordet (1863) et Thibert-Miconnet (1865).

Nous mangeons dans des assiettes plates, ou creuses (pour la soupe) en terre ou en faïence le plus souvent. Depuis 1854 ma femme a pris l'habitude de servir la soupe dans une soupière, mais il nous en faut pratiquement une chaque année vu la fragilité. Quant aux verres, nous en cassons beaucoup ; heureusement le prix n'a pas varié, demeurant à dix centimes pièce. Cuillers et fourchettes en fer battu posent peu de problèmes. Les tasses à café, moins utilisées, résistent mieux ; quant aux cafetières en terre ou en faïence, ce n'est pas pareil, un rien et il faut les remplacer. Les bols n'ont fait leur apparition qu'en 1854, mais nous prîmes l'habitude de ces récipients que cinq ans plus tard … tout change, même l'alimentation.

Quant aux pots à eau ils figurent ordinairement sur la table pour les femmes et la modération de la boisson. Mais quand nous recevons des invités, nous sortons les carafes, beaucoup plus élégantes.

Tableau 98 : La Ranche – Achats de vaisselle et de couverts de 1836 à 1868

Dates	Marchands	Adresses	Vaisselle et couverts	Prix
24/1/1836	Guyennot	Pierre	3 tasses en terre (0,05 F)	0,15 F
21/2/1863	Chavaleret	Dole	12 tasses à café et leurs soucoupes (à 0,50 F)	6 F
17/4/1855	Cordelier	Pierre	Pot en faïence	0,40 F
12/12/1856	Cordelier	Pierre	Pot en grès	0,60 F
2/2/1857	Mme Putin	Pierre	9 pots en terre pour miel	0,90 F
3/2/1860	Cordelier	Pierre	Pot en terre	0,35 F
20/8/1860	Masson	Pierre	Pot à eau	0,40 F
31/12/1865	Thibert	La Chapelle	Pot en faïence	0,40 F
16/9/1866	Thibert	La Chapelle	Pot en grès	0,40 F
21/7/1860	Masson	Pierre	Cruche en terre	0,70 F
18/2/1861	Cordelier	Pierre	Cruche en grès	1,20 F
5/12/1836	Arveux	Pierre	Cafetière en faïence	0,30 F
23/3/1854	Cordelier	Pierre	Petite cafetière faïence noire	0,15 F
23/7/1860	Cordelier	Pierre	2 cafetières (à 0,55 F)	1,10 F
13/3/1865	Masson	Pierre	Cafetière	0,20 F
14/1/1866	Thibert	La Chapelle	Cafetière	0,85 F
4/3/1867	Masson	Pierre	Cafetière	0,25 F
21/1/1854	Cordelier	Pierre	Soupière	?
13/2/1858	?	?	Soupière en faïence	0,70 F
3/2/1860	Masson	Pierre	Petite soupière avec couvercle	0,40 F
21/11/1865	Masson	Pierre	2 soupières (à 0,70 F)	1,40 F
22/5/1836	Guyennot	Pierre	1 trappe	?
27/11/1854	?	?	1 trappe	0,50 F
4/12/1854	Cordelier	Pierre	2 trappes (à 0,40 F)	0,80 F
26/8/1859	à la foire	La Balme	1 poche	0,85 F
12/5/1862	à la foire	La Chapelle	1 poche en bois	0,30 F
4/7/1862	Noir	Pierre	1 bocal en verre	0,75 F
19/7/1862	Noir	Pierre	1 bocal en verre noir	0,75 F
2/2/1863	Cordelier	Pierre	1 bure en grès	1 F

Chez nous, chacun a son couteau de poche qu'il sort spontanément au moment des repas. Nous en achetons plusieurs chaque année pour la famille chez Sergent, Cordelier ou bien dans les villes voisines : Dole, Chalon ou Bletterans. Même les enfants avaient leurs petits couteaux et des canifs, voulant imiter les plus grands. D'ailleurs l'habitude de leur offrir ces petits couteaux demeure, marquant déjà la fin de leur tendre enfance. On peut se laisser tenter par des pièces magnifiques et les belles vitrines de Dole attiraient souvent Albert qui ne résistait pas à la tentation. Mais en 1854 nous avons aussi acheté des couteaux de table chez Ducordeau … pour les invités – ou plutôt pour les invitées.

Nous entretenons une grande amitié avec M. Pascal, banquier à Dole, mais qui réside fréquemment dans sa propriété au hameau de Boibe (La Chapelle). Au début de l'année 1863 nous avons décidé, d'un commun accord avec ma femme, de nous équiper de beaux couverts, dignes de notre Maison ; l'envie tenaillait particulièrement Madame, et puis mes filles la poussaient. Madame Pascal voulut bien se charger d'une telle opération et, de retour à Dole, se rendit dans les boutiques de la ville le 12 janvier où elle acheta pour notre compte :

- douze couverts (cuillers et fourchettes) d'orfèvrerie Christophe « Alfinide anis » (75 F), douze cuillers à café de même orfèvrerie (20 F) chez M. Alex Martin, 26 Rue de Besançon ;

- une douzaine de verres à boire en cristal (7,20 F), douze tasses à café et leurs soucoupes (6 F), un huilier (7 F), un sucrier (2,25 F) chez M. Chavaleret, Place Royale.

Elle acquitta les factures pour nous et l'orfèvrerie nous fut livrée le 17 janvier à la foire de la St-Antoine à Pierre par M. Meneret, marchand de blé à Dole, avec qui nous étions en affaires ; son commis M. Poset nous apporta le reste la semaine suivante. Nous demeurions débiteurs de 117,45 F envers M. Pascal que nous remboursâmes un mois plus tard. A chaque grande occasion ma femme exhibait ses magnifiques couverts en ruolz de la « Maison Christophe ». Malheureusement, il manque déjà trois verres en cristal, victimes de l'inattention des femmes au moment de la vaisselle.

Par commodité, ces dames désiraient un évier pour faire la vaisselle, mais nous n'en trouvions pas dans la région. Près de Dole il y a de belles carrières. Mon gendre Fourneret voulut bien se charger de commander et de faire fabriquer une pierre à évier à Dole (10 F) qu'il nous apporta lors d'un voyage au mois de décembre 1854. Seulement, cinq ans plus tard, nous dûmes appeler le maçon Malherbes pour réparer l'évier et poser une nouvelle pierre. Ah ! la qualité …

Il nous manquait aussi un garde-manger pour conserver les aliments à l'abri des mouches ou des souris. Nous le fabriquâmes avec du fil de fer acheté chez Gauthey (1857).

De temps à autre Jean le chaudronnier s'arrêtait à la maison pour étamer cuillers et fourchettes (pour 1 F à 1,50 F), ou bien pour « raccommoder » un chaudron, voire un bassin en cuivre (de 0,20 F à 0,25 F). Oh ! il en passait bien d'autres, tels Gérard le chaudronnier ou certains que nous ne connaissions que par leurs prénoms.

Jean le chaudronnier était capable de *raccommoder* la vaisselle, des *carreaux* de vitres, voire un soufflet, que sais-je encore ! Mais, malgré tout, remettre en ordre la vaisselle brisée reste l'affaire de spécialistes que nous appelons aussi *chaudronniers* ou *magnins*, tels Bertrand, ou encore un Auvergnat qui réclama 2,50 F pour ses 100 brides à 2 *liards* utilisées pendant son séjour chez nous en janvier 1866.

Quelques *passants* s'arrêtent pour rémouler des rasoirs, des lames de couteaux. Notez que M. Sergent le faisait aussi à la demande.

III - 3. 2 La nourriture

⇒ *Le pain et les céréales*

Autrefois le pain cuit à la maison était essentiellement à base de blé et de seigle. L'abandon quasi total de la culture de ce dernier avant 1850 modifia évidemment nos habitudes, car ces deux catégories représentaient alors plus de la moitié (57%) des besoins alimentaires de la famille et des salariés occupés à La Ranche. La part du froment doubla au fil des années pour atteindre les deux tiers.

Nos besoins en maïs ne cessèrent d'augmenter jusque vers 1860 mais j'ai constaté une baisse depuis sept ou huit ans. Quant au sarrasin, il a chuté des deux tiers en trente ans.

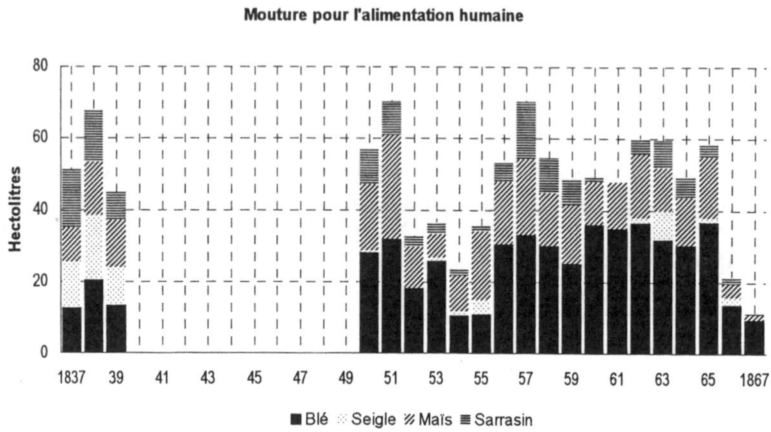

Malgré ces changements dans notre mode de vie, la consommation globale de céréales demeura relativement stable – aux environs de 50 hectolitres par an -, sauf au cours des années 1852-54 (*grangeage*) et depuis 1866 (fermage). La mouture d'orge reste tellement marginale que je ne vous en dirai rien de plus.

Cela étant, la consommation annuelle moyenne par personne progressa jusque vers 1850-55, puis chuta pour retrouver un niveau semblable à celui que nous connaissions en 1836, mais avec une très forte poussée du blé. Chacun veut davantage de bon pain, et aussi moins de bouillies.

Chaque membre de la famille mangeait autant de céréales qu'un domestique ou un journalier (5,5 hl par an en 1850). Cependant, nous nous réservions davantage de blé (3,1 hl au lieu de 2,6 pour un employé) afin d'avoir plus de pain de froment et de meilleure qualité. Le sarrasin, nous le laissions un peu de côté (0,4 hl l'an au lieu de 0,9 pour un valet). Il en était de même du maïs sec (0,5 hl contre 1,3 hl), mais, il faut le dire, nous adorions les *gaudes*, beaucoup plus odorantes (1,3 hl au lieu de 0,6 hl pour un serviteur). Chacun ses goûts !

Et maintenant, comment gérer une ferme employant de nombreux ouvriers ? et les cours des céréales qui fluctuent sans arrêt ! Si notre consommation globale de blé augmenta beaucoup dans les années cinquante, c'est aussi en raison du prix très bas (15 F l'hectolitre). Bien entendu, une remontée des cours nous incitait à en modérer l'usage et à le remplacer – en partie tout au moins – par du maïs moins cher. Mais ces dernières années, malgré des hausses de prix, nos serviteurs voulaient surtout du blé et moins de maïs. Ils s'habituaient aux bonnes choses !

Tableau 99 : La Ranche – Mouture moyenne annuelle pour l'alimentation humaine

Périodes	Consommation	Blé supérieur	Blé inférieur	Blé Mélangé au seigle	Blé Total	Seigle Mélangé avec blé	Maïs sec	Maïs Gaudes	Maïs Total	Sarrasin	Total
1836-39	Globale	3,5 [1]	0,0	13	16,5	11,5 [2]	4,6	6,6	11,2	10,3	49,5
	%	-	-	-	**33,4**	**23,2**	-	-	**22,6**	**20,8**	**100**
	à l'unité	-	-	-	1,52	1,06	0,42	0,61	1,03	0,95	4,56
1850-54	Globale	16,7	5,5	0,6	22,8	0,5 [3]	7,7	7,3	15	5,4	43,7
		-	-	-	**52,5**	**1,1**	-	-	**34,4**	**12,3**	**100**
		-	-	-	2,71	0,06	0,92	0,87	1,78	0,64	5,2
1855-59	Globale	22,3	2,6	0,8	25,7	0,8	9	8,9	17,9	8	52,4
	%	-	-	-	**49**	**1,5**	-	-	**34,2**	**15,3**	**100**
	à l'unité	-	-	-	2,17	0,06	0,76	0,75	1,51	0,67	4,42
1860-65	Globale	32,2	2,0	0	34,2	1,8	5,8	8,2	14	3,8	52,8
	%	-	-	-	**63,6**	**3,3**	-	-	**26**	**7,1**	**100**
	à l'unité	-	-	-	2,82	0,15	0,48	0,68	1,16	0,31	4,36 [4]

NB : à l'unité = consommation de céréales par personne

Les chiffres sont en hectolitres

(1) dont 0,2 Hl de blé divers

(2) dont 0,8 Hl non mélangé

(3) dont 0,1 Hl non mélangé

(4) ajouter 0,05 Hl d'orge soit un total par personne de 4,41 Hl

Avant 1840 près de 80% du blé moulu pour la maison était mêlé avec du seigle par le meunier, et ce à notre demande, bien entendu ! Cela nous donnait un bon pain de ménage qui se conservait bien. En 1836 nous mélangions deux tiers de blé et un tiers de seigle ; à partir de l'été 1837 nous modifiâmes en équilibrant les deux céréales car les prix remontaient. A cette époque le bon blé moulu seul était réservé à notre famille, pour le pain blanc et la préparation de gâteaux ; cela évolua considérablement dans les années cinquante. La farine la plus fine – dite *pour fleur* ou pour pain blanc – atteignait 6,5 hectolitres par an (21,7% du blé) et celle destinée au pain bis (c'est-à-dire contenant davantage de son) 22,6 hl (soit 75%), le mélange blé seigle devenant insignifiant. Ce dernier réapparut toutefois la première année de reprise d'exploitation (1855) car le métayer nous avait laissé notre part des deux céréales et il fallait bien utiliser ce seigle. Il ne nous intéressait plus – sauf peu après 1861 en raison de cette triste année où la récolte de blé fut réduite des deux tiers. Maintenant, tout le monde veut manger du bon pain de froment.

Autrefois il nous arrivait de faire moudre un sac de maïs à mettre dans la farine de blé pour faire du pain. Mais notez que ce n'était pas très fréquent. La combinaison blé seigle maïs fut encore plus rare. En tout cas il s'agissait de maïs séché – voire de blanc nouveau passé au four. Cette pratique, fort marginale, a disparu depuis bien des années.

Chez le meunier il fallait bien indiquer ce que nous voulions : mouture de blé *pour fleur*, pour pain blanc, pour pain bis, ou bien mélange de blé et de seigle. Ainsi le ou les sacs à moudre *pour fleur* étaient mis de côté.

Nous commencions à faire du pain blanc (pour nous) avec le blé nouveau vers le 20 septembre ; le pain bis (issu de la même récolte) apparaissait une quinzaine de jours plus tard.

Ce pain blanc provenait de froment supérieur, mais on mélangeait aussi par exemple du blé blanc de l'année précédente et du rouge à peine sec, peu importe. De même le pain bis était issu parfois de vieilles *étapes* (blé de moins bonne qualité), de blé nouveau blanc et de mélanges. Il n'y a pas de règle absolue, tout dépend principalement du type de mouture. Quoique rien ne vaut un bon froment supérieur moulu *pour fleur*, il vous donne un pain blanc d'une qualité exceptionnelle. Mais quand on a de nombreux serviteurs, il faut bien procéder autrement, c'est du moins ce que nous faisions autrefois. Quant au pain de seigle, cela demeura assez rare chez nous.

Nous sommes bien équipés pour faire le pain à la maison. Dans la *chambre de four* se trouvent le pétrin, les outils, ainsi que les corbeilles achetées généralement à la foire de La Balme. C'est un travail de femmes, moi je n'y touche pas.

Autrefois nous n'achetions pas souvent du pain chez les boulangers du chef-lieu de canton : un ou deux pains longs à quatre *sous* (0,20 F) par an chez Vivier, sauf au cours de l'année 1837. Et puis nos achats devinrent plus fréquents et plus importants vers 1850 (29 kg/l'an) pour arriver à 50 kg par la suite ; mais ils retombèrent à 38 kg dès que nous trouvâmes du levain chez mon parent Jean-Claude Sordet à La Chapelle. Le prix de la *livre* de pain blanc passa de 0,18 F en 1850-52 à 0,26 F en 1856 puis à 0,15 F en 1860. Actuellement le prix remonte et atteint 0,24 F. Il suit le cours du blé. En réalité nos achats étaient faibles et ne représentaient que l'équivalent de 0,3 à 0,4 hectolitres de grain par an. Le pain bis valait un peu moins cher : 0,15 F quand l'autre coûtait 0,175 F. Les boulangers faisaient aussi des *miches* (pains ronds) allant de 4 à 6 *livres*. En 1852 un nouveau boulanger (Mauchamp) s'installa au bourg mais notre approvisionnement se faisait plutôt à Pierre (chez Gey, Baucrit, Gaudillière, etc .). Lorsque mon parent Jean-Claude Sordet revint au pays, nous allâmes naturellement chez lui … parenté oblige ! Il acceptait aussi de nous céder du levain (à 0,20 F), ce qui permettait à nos femmes de préparer un pain de bien meilleure qualité. Pour cette raison, les besoins d'un boulanger devenaient moindres.

Ce pain blanc acheté était réservé à la famille, vous vous en doutez ! Nous en rapportions à l'occasion du marché de Pierre ou bien parfois pour un repas important (l'offerte d'un an de ma pauvre Delphine). Nous payions ces commerçants comptant mais il arrivait aussi d'être en compte. Cet artisan marquait au fur et à mesure puis, un beau jour, il établissait une note ; aussitôt acquittée, l'homme de l'art barrait notre compte dans son grand livre.

La consommation du maïs augmenta jusque vers 1860 puis diminua progressivement comme vous le savez. En réalité, les *gaudes* (maïs passé au four – ou grillé – avant la mouture) représentaient près de 60% de nos besoins. Le petit *turquis* blanc était davantage apprécié : les fameuses *gaudes* blanches. Cette farine, délayée dans de l'eau, légèrement salée, et cuite à la marmite, vous donne une odeur et un goût alléchants. Quelques cuillerées de lait froid dans l'assiette ajoutent une qualité certaine. Et puis, cela tient bien au ventre et on mange moins de pain.

⇒ *La viande et le poisson*

Chaque année nous abattions un ou deux porcs entre janvier et mars, afin d'assurer la provision de viande indispensable à la bonne marche de notre ferme. Quelques jours auparavant nous achetions tout le nécessaire pour cette opération : le sel, les épices, le salpêtre, le poivre, à Pierre le plus souvent.

Selon le poids total de viande, nous utilisions de 20 à 30 kg de sel dont la majeure partie était étalée sur les rangs des quartiers de lard dans le saloir ; le reste servait le cas échéant à saler les os et la dépouille (les côtes, l'échine) mis dans un baquet de bois. Nous ne comptions que la moitié du poids de la tête et des pieds à cause des déchets importants. Le sang permet d'obtenir un excellent boudin. Quant au pain de graisse, il sert à la préparation de la cuisine, comme le beurre et l'huile de navette.

Nous possédons encore le saloir traditionnel en bois cerclé, relégué au grenier. En 1864 nous avons passé commande à M. Panillet, tailleur de pierre à l'Abbaye Damparis (près de Dole), pour la fabrication d'un saloir en pierre. Il nous le fit livrer le premier janvier 1865. Nous nous acquittâmes des 45 F demandés le jour de la foire de la St-Antoine à Pierre où il se tient. Finalement, était-ce bien nécessaire ? Nos besoins de viande ont considérablement diminué depuis deux ans !

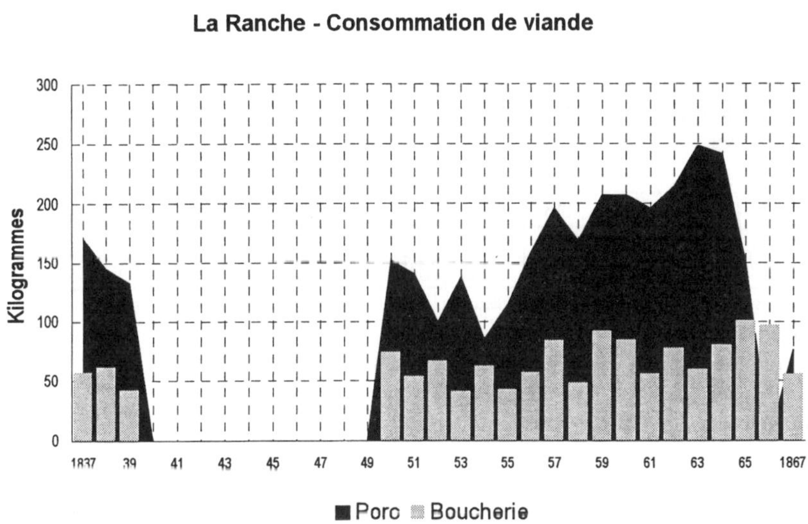

L'abattage des cochons est aussi le moment où l'on dispose de bonne chère : du boudin, des abats, des côtes, etc., qui doivent disparaître rapidement. Alors, le repas de boudin réunit famille et amis autour de la table, mais je vous en parlerai plus tard.

La consommation de porc à La Ranche a énormément augmenté depuis trois décennies (+38%), surtout à partir de 1857-1858 ; dans notre canton, la progression a dû atteindre 20% ces dix dernières années, malgré une légère diminution de la population (-2,50%).

Disons tout de même que cette évolution est due au personnel de la ferme, devenu plus exigeant depuis les réclamations de hausses de salaires en 1857, et aussi à cause des modifications du mode de vie dans notre région. Autrefois nos serviteurs ne mangeaient guère plus de 70 kilos de lard par an (11,5 kg par personne) et encore bien moins dans les années cinquante. Avant la mise en fermage de La Ranche, il leur en fallait au moins 115 kilos chaque année (16,7 kg par personne), c'est vous dire !

Maintenant, abattre un porc de 75 kg nous suffit amplement, étant âgés tous les deux, et puis, deux filles à la maison, ce n'est pas pareil !

Cela étant, il ne faut pas exagérer. Les membres de la famille en mangeaient régulièrement et beaucoup plus que les ouvriers qui n'en profitaient qu'occasionnellement.

Nous achetions régulièrement de la viande de boucherie pour notre famille seulement. Notre préférence ? Eh bien ! le bœuf, le veau nous conviennent parfaitement. Le mouton n'apparaît sur la table que de temps à autre : du gigot, de l'épaule. Quant au porc, nos rares achats se limitaient à de la chère fraîche lorsque le lard salé arrivait presque à sa fin et devenait plus saumâtre, alors nous avions envie de viande nouvelle, douce et agréable.

Nous adorons aussi le *bouilli,* le jarret de veau, la poitrine, et puis aussi le rôti. De temps à autre, des pieds de veau sont les bienvenus, cela change les habitudes.

Tableau 100 : La Ranche – Consommation moyenne annuelle de viande de 1836 à 1865

Périodes	Porc (autoconsommation)			Viande de boucherie			Total		
	Kg	Francs	%(1)	Kg	Francs	%(1)	Kg	Francs	Evolution (2)
1836 / 1839	152	185	72,6	57,2	46	27,4	209,2	231	0
1850 / 1851	146	102	69,5	64,2	50	31,5	210,2	152	0,50%
1852 / 1854 (3)	107	113	65,3	56,8	43	34,7	163,8	156	-21,70%
1855 / 1859	169	251	72,2	65,1	60	27,6	234,1	311	11,90%
1860 / 1865	210	240	73,3	76,6 (4)	77	26,7	286,6	317	37%

(1) Répartion en % du poids total de viande consommée

(2) Evolution en poids par rapport à 1836 / 1839

(3) Période de "grangeage" : la famille Guerret n'emploie plus que 0,8 personne

(4) dont 5,8 Kg (repas de fin de moisson, battage "à la mécanique" ;

consommation familiale = 70,8 Kg par an.

NB : à la consommation de porc, ajouter celle de la dépouille (abats, boudin, côtes, etc).

La famille Demaisière, à Pierre, est depuis très longtemps notre boucher attitré. Autrefois, il y avait aussi Jean-Claude Petit, installé au Bout d'Amont (à Pierre), sans grande importance. Depuis 1851 nous achetons de temps en temps chez Thibert-Guillemin, aubergiste et boucher au bourg de La Chapelle ; cela demeure accessoire.

Baudran exerce le métier de charcutier au chef-lieu de canton. Nous trouvons chez lui du saucisson cuit mais ces folies sont finalement bien rares car il est très cher (1 F la *livre* en 1852), le double du prix de la viande de bœuf. Nous sommes restés bien des années sans y mettre les pieds , nous y retournons depuis 1860, et encore… pas tous les ans ! Le prix du saucisson est passé de 1,10 F la *livre* à 1,50 F cette année. Ses saucisses valent le même prix que le bœuf, mais ce n'est pas pareil !

M. Toulouse, aubergiste à Pierre, vend du pâté 1 F la *livre* pour des occasions bien particulières. Il prépare aussi d'excellents repas à domicile, sur commande seulement. Cependant il faut l'avouer, toutes ces spécialités entrent fort peu dans notre alimentation et ne sont qu'occasionnelles, nous n'avons pas l'habitude de toutes ces choses.

La famille Demaisière, je la connais depuis les années 1830-35, depuis son arrivée au chef-lieu de canton. François Demaisière, qui venait de Santenay (Côte d'Or) était en affaires avec moi lorsque j'ai repris la direction effective de La Ranche. Il m'achetait du bétail : porcs, veaux, bœufs ou vaches, et il me vendait de la viande, bien entendu, mais aussi son fumier de cheval, etc. Depuis 1851 Pierre Demaisière officie et son fils Joseph-Napoléon le secondait. Ce jeune homme est mort, le pauvre, l'année dernière, à 39 ans… une fatalité, comme chez nous. Pierre fait de la charcuterie depuis peu de temps.

Autrefois, la *taille* de viande n'était payée qu'au bout de longues périodes. Le 22 juillet 1837, lorsque François Demaisière en fit le compte, je lui devais 340 *livres* de viande à 8 *sous* (136 F), du 29 mars 1835 au 22 juillet 1837. Je luis avais livré pendant ce laps de temps quatre veaux valant 66 F. Le 23 mai 1836, un aperçu de la *taille* indiquait déjà 167 *livres*. Puis, après coup, j'ai payé comptant pendant plusieurs années. Vers 1850 nous retrouvâmes l'habitude de la *taille* réglée une ou deux fois l'an, en soustrayant les ventes d'animaux. Le 5 février 1851 Pierre Demaisière, venu à la maison pour régler les comptes, oublia ses *tailles* chez lui. Qu'importe, il fut réglé. Dès 1853 le boucher changea ses habitudes et établit des notes – ou mémoires – sur du papier, acquittées au moment du règlement, ce qui avait lieu environ quatre fois l'an. Il m'arrive encore d'appeler ces notes des *tailles* de viande, mais c'est si loin ! La famille Demaisière est honnête et nous entretenons d'excellentes relations. Oh ! il n'y eut qu'un petit problème avec le fils Joseph-Napoléon venu chercher un veau, et qui apportait aussi la note de boucherie établie par Madame sa mère. Je lui fis remarquer qu'elle avait indiqué une somme que lui-même encaissa le 23 février au moment de la livraison d'un veau chez nous ; d'ailleurs Joseph avait acquitté la note au crayon. Par contre, je devais deux livres de bœuf… oubliées ! Pas de problème, tout rentra dans l'ordre aussitôt. Ah ! la jeunesse. Joseph-Napoléon était bien comme notre pauvre Albert, un peu étourdi. Autrefois, près de la moitié de la viande s'achetait « en compte » ; aujourd'hui près des trois quarts figurent sur les notes de M. Demaisière. Dans les négociations avec les bouchers nous réclamions de temps en temps des *étrennes* consistant en des dons de viande au moment de la vente d'une bête : un *bouilli* de vache, un rôti de veau, voire un jarret *pour bouillon*.

La famille seule mange de la viande de boucherie régulièrement. En trois décennies, nos achats personnels ont augmenté d'un quart mais les enfants, devenus adultes, demandent davantage. Il faut dire que c'est un phénomène général dans le canton depuis une dizaine d'années, et nous suivons les habitudes. Remarquez, nous consommons encore plus de porc (60 %) que de viande de boucherie. Par contre, les serviteurs ne connaissent que le lard – ou presque – et encore épisodiquement. Depuis les années soixante nous achetions parfois de la viande pour le repas de fin de moisson ou de battage *à la mécanique* : bœuf, veau, mouton. Mais c'était exceptionnel car habituellement nous servions du lard.

A la maison les grands repas familiaux demeurent assez rares. Seule la fête patronale (à la Trinité) donne occasion à des réjouissances et à des achats de viande conséquents : de 12 à 15 *livres*, surtout du bœuf et du veau. Et puis, il y a des moments durs dans la vie. La coutume veut que l'on organise un grand repas de famille le jour d'une messe offertoire ; on y consomme beaucoup de viande, mais je vous en parlerai plus tard.

En dehors du porc, de la viande bovine ou ovine, nous mangeons aussi des volailles grasses, surtout des poulets provenant de notre élevage ; parfois quelques canards, voire un pigeon. Quant aux oies, nous en achetons au marché de Pierre ou à quelques journaliers des environs.

Et puis, de temps à autre, un chasseur nous procure un canard sauvage ou une sarcelle, tués à la fin de l'hiver. Mais il y a aussi les braconniers, tel ce pêcheur de grenouilles qui nous vendit une cane sauvage fraîchement tuée début mars 1864, ou le fils d'un voisin qui nous apporta un lièvre au mois de mai. Albert était un excellent chasseur… nous en reparlerons. Alors le gibier, il n'y avait pas lieu de le chercher ailleurs !

Quant au poisson, comme vous le savez, les carpes élevées dans nos mares nous suffisent amplement, surtout depuis qu'Albert avait décidé d'empoissonner le grand fossé du jardin. Exceptionnellement un brochet venant du Doubs nous sortait de l'ordinaire, mais si peu…

Le 16 décembre 1857 nous avions organisé un bon repas de famille et M. Prieur, aubergiste à Pierre, nous livra deux plats de poisson de mer tout accommodés (3,50 F)... délice suprême et rare chez nous ; puis après ce ravissement, de la viande de veau, du fromage de Troyes, des marrons, des gâteaux, le tout arrosé de vin rouge de Bourgogne, le café et l'eau-de-vie de Comté pour finir. Les enfants se régalèrent de bonbons.

Une seule fois nous achetâmes de la morue chez M. Noir. Finalement, nous restons fidèles à nos poissons d'eau douce que nous connaissons beaucoup mieux.

⇒ *Le vin et autres boissons, les alcools*

Autrefois une partie de notre approvisionnement en vin se faisait aux principales foires de la région : Pierre, Mervans. Des négociants les fréquentaient et nous les rencontrions le plus souvent à l'auberge où ils officiaient. Dès 1830 – et même avant – M. Arveux Mercier, aubergiste et négociant en vin au chef-lieu de canton, travaillait pour le compte de la Maison Ninot Occanot, de Rully (près de Chagny). Ainsi, une commande de deux *feuillettes* de vin rouge, prise après discussion à la foire de Pierre du 4 septembre 1836, fut d'abord expédiée de Rully à Chalon-sur-Saône au cours de la deuxième quinzaine de septembre ; de là, chargée par M. Baudot, messager habituel assurant la liaison Chalon-Pierre, elle arriva chez M. Mercier (gendre de M. Arveux) qui exerçait aussi la charge de greffier de la justice de paix. Après la livraison, j'ai versé sept francs à M. Baudot pour frais de transport et congé. Quant à M. Ninot, il fut réglé chez Arveux le jour de la foire du 1er juin 1837.

Des commandes importantes se traitaient parfois différemment. Le 29 juillet 1833 je devais 265 F à M. Ninot, payables le 3 septembre suivant au domicile de M. Sarrasin, aubergiste à St-Laurent-de-Chalon. Je ne voulais pas manquer la date d'échéance à cause du risque de protêt. Finalement, j'ai rencontré mon fournisseur le 4 septembre à la foire de Pierre ; lui remettant un acompte de 200 F, il me rendit le billet. Il restait un reliquat de 64 F – en fait du vin commandé par moi-même pour le compte de la commune – que je promis de solder au bout de quelques jours.

M. Mercier vendait aussi d'autres vins ; je lui faisais remplir une *feuillette* de rouge, lui fournissant le fût. Mais il donnait aussi quittance pour le compte de M. Ninot. C'étaient leurs affaires !

M. Baudot se chargeait aussi du transport de marchandises pour d'autres négociants de la Côte chalonnaise. Ainsi en avril 1832 l'ami Philibert Verpiot, de Jamble, me promit après discussion à la foire un *tonneau* de vin rouge vieux dit de 1827 à 80 F et un autre dit de 1831 à 60 F. Seulement, pendant la conversation, j'avais oublié de demander si le congé était en plus ou bien compris. J'ai réglé 7,50 F à M. Baudot pour sa voiture. Une autre fois ce dernier livra à Pierre une *pièce* de vin rouge dit de 1837 que M. Lhuillier, commis de M. Raymond Laboulay, négociant à Buxy, me vendit à la St-Martin 1838, jour de la foire de Mervans, au prix convenu de 65 F, transport de Chalon à Pierre et congé à ma charge. Le 26 novembre je reçus une lettre facture par la poste m'annonçant la livraison : paiement au commis lors de son prochain passage dont je serais prévenu. Ainsi, M. Lhuillier se présenta à la foire de la St-Antoine à Pierre et me remit quittance après paiement.

Mais à cette époque, j'achetais près de la moitié de ma boisson chez M. Chaux à St-Bonnet, parent avec qui j'étais en compte pour du blé qu'il faisait livrer à Verdun, etc. Et puis, d'autres marchands de la région intervenaient, mais sans grande importance. D'autre part, je me rendais de temps en temps au marché de Bletterans (Jura) et rapportais une ou deux *feuillettes* de vin de Comté (Vincelle, etc.) prises chez des négociants du pays (Bourguignon,

Brantu, etc.) ou auprès de vignerons fréquentant ce lieu. Parfois, j'allais directement chez des producteurs du Jura, à Ruffey-sur-Seille (près d'Arlay et de Château-Chalon). J'acquittais les droits, puis je rentrais au village, ma charrette lourdement chargée.

Par la suite, mon cousin Chaux Bourgeois ayant repris l'affaire de ses parents, devint mon fournisseur quasi exclusif, et ce jusqu'à sa faillite en 1856. Je l'ai remplacé par M. Louis fils, négociant à Pierre, et partiellement par mon neveu Guillemaut, de Lessard-en-Bresse, d'abord associé avec M. Bidaut dont il se sépara pour diriger seul son commerce de vin et de liqueurs.

La Ranche - Achats de vin

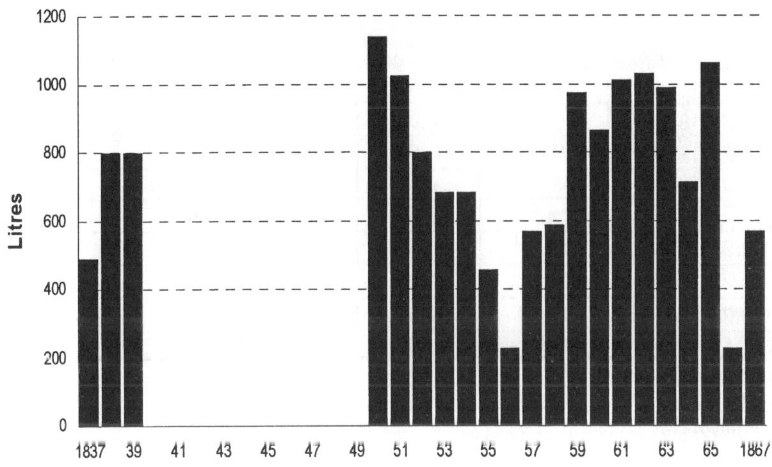

M. Prieur Arveux, que je connais bien puisqu'il tint pendant des années une auberge à Pierre, partit s'installer à Chalon – 11 place Ronde – pour y exercer la profession de marchand de vin en gros. Il revenait au pays, aux foires du chef-lieu de canton, où je luis demandais du vin rouge qu'il faisait livrer par le messager Guillot, puis m'adressait une lettre facture ; finalement il nous rendait visite plusieurs mois après pour recevoir son argent et enregistrer une nouvelle commande.

Quant à M. Bidaut, l'ancien associé de mon neveu Guillemaut, il s'en alla à Givry et se mit en affaires avec un nommé Favre. Il fréquentait aussi les foires de Pierre et tenait séance chez M. Gaudillière. Je lui ai commandé un fût de 57 litres d'un vin rouge fameux : du Givry « Clos Salomon ». Oh ! fort cher… 50 F le fût (soit 100 F la *feuillette*), mais un vrai délice.

La majeure partie des marchands de vin (80%) en relation avec nous étaient installés dans notre canton, agissant en direct ou servant de relais à des négociants du Chalonnais ; les autres achats provenaient de Bletterans-Arlay (Jura). La famille Chaux, de St-Bonnet, nous convenait parfaitement ; François, dans les années cinquante, achetait du vin à Chalon ou dans la Côte chalonnaise (St-Denis–de-Vaux, Barisey, etc.), à Rully, à Beaune et dans sa proche région, voire était en affaires avec des négociants de Lyon. Après sa déconfiture malheureuse, Louis fils, de Pierre, nous approvisionna à hauteur de 60%. Depuis 1864 M.

Cottard Guichard, marchand en gros installé au bourg de notre village, nous fournit quelques *feuillettes* de rouge ; il va fréquemment à Lons-le-Saunier pour son travail. Depuis la mort d'Albert, notre neveu Alexandre Mercey s'occupe aussi de nos achats de vin.

Les transactions directes chez des vignerons ont toujours été faibles (de 3% à 5%), sauf entre 1859 et 1862 quand nous allions en Comté (à Ruffey-sur-Seille, à Quintigny) ou bien en achetant à M. de Loisy, au château de Terrans, qui a des vignes à Auvillard près de Cîteaux.

Tableau 101 : La Ranche – Consommation journalière moyenne de vin

Périodes	Consommation journalière de vin (en litres)				Prix moyen d'un litre (en francs)
	Qualité inférieure	Qualité moyenne	Vin fin	Totale (litres)	
1836 / 1839 (3)	0,46	1,42	0,16	2,05	0,23
1850 / 1851 (3)	0,46	2,30	0,16	2,96	0,16
1852 / 1854 (1)	0,00	1,98	0,00	1,98	0,30
1855 / 1856	0,00	0,93	0,00	0,93	0,58
1857 / 1858	0,46 (4)	0,96	0,16	1,58	0,40
1859 / 1861	0,85 (4)	1,19	0,56	2,60	0,36
1862 / 1865	0,87 (4)	1,21	0,52	2,60	0,31
1866 / 1867 (2)	0,15	0,63	0,31	1,09	0,39

NB : consommation d'après les achats réalisés.

(1) Période de "grangeage"

(2) La Ranche en fermage ; le fils Albert décédé

(3) 1836/1839 : les enfants sont très jeunes ; 1850/1851 : le fils Albert est devenu adulte

(4) Incidence du vin "de moisson" et de "battage" : 0,15 litre (1857/1858) 0,20 litre (1859/1861) et 0,39 litre (1862/1865).

Notre approvisionnement auprès de parents marchands de vin atteignit 90% à l'époque de François Chaux, puis retomba à moins de 20% avec notre neveu Guillemaut, installé à Lessard-en-Bresse, donc assez éloigné.

Nous achetions au *tonneau* de 228 litres (ou *pièce*), à la *feuillette* de 114 litres, au *quartaut* de 57 litres appelé aussi fût ou barrique, voire au petit fût de 28,5 litres. Si la futaille provenant des négociants respectait bien les mesures habituelles de Beaune et de Chalon, celle fabriquée par des tonneliers de notre pays s'avère plus aléatoire. Ainsi certaines de nos *feuillettes* vont de 118 à 126 litres, des *quartauts* contiennent plus souvent de 64 à 67 litres que les 57 réglementaires, ce qui pose quelques problèmes lorsque nous allons chez les marchands. A Bletterans, ils ont l'habitude du *barral* (58,4 litres) et de la *pinte* (1,27 litre). Ainsi, en 1837 chez Bourguignon, il fallut 4 *barraux* et 11 *pintes* pour remplir mes deux *feuillettes* de vin de Vincelle.

Ces négociants emploient souvent des *garçons* (ou commis cavistes) chargés d'effectuer toutes les opérations matérielles. L'habitude de leur donner une *étrenne* (pourboire) demeure encore peu répandue, sauf pour quelques services particuliers.

Pour voiturer du vin, il faut un laissez-passer (ou congé) établi la plupart du temps par le buraliste le plus proche, comme Charton à St-Bonnet ou Billot à Pierre, document obligatoire très strict, ne vous laissant que le minimum de temps pour rentrer, en suivant la route ordinaire sans pouvoir s'en écarter. Mais il vous en coûte, en moyenne, 2,75 F pour un *tonneau*, 1,60 F pour une *feuillette* et 0,90 F pour un *quartaut*. Le tarif a augmenté de 10 à 20 % en trois décennies.

Tableau 102 : La Ranche- Prix d'une feuillette de vin de qualité de 1832 à 1867

Vignoble	R-B	1832	1835	1836	1837	1838	1840	1855	1859	1860	1861	1862	1864	1865	1867
Vins fins de BOURGOGNE															
	Saône-et-Loire														
Rully	R	40	-	30	-	28	35 (1)	-	-	-	-	-	-	60	-
Rully	B	-	22	-	-	22	-	-	-	-	-	-	-	-	-
Mâcon	R	-	-	30	-	-	-	-	-	-	-	-	-	-	-
Demigny	R	-	-	20	-	-	-	-	-	-	-	-	-	-	-
Givry	R	-	-	-	-	-	-	-	-	-	80	-	-	-	-
Givry		-	-	-	-	-	-	-	-	-	-	-	-	-	-
("Clos Salomon")	R	-	-	-	-	-	-	-	-	-	-	-	-	100	-
St-Jean-de-Vaux	R	-	-	-	-	-	-	-	-	-	-	-	-	25	-
St-Denis-de-Vaux	R	-	-	-	-	-	-	-	-	-	-	-	-	35	-
St-Marc-de-Vaux	R	-	-	-	-	-	-	-	-	-	-	-	-	-	45
Jamble	R	30 (2)	-	-	-	-	-	-	-	-	-	-	-	-	-
	Côte d'Or														
Meursault	R	-	-	-	-	-	-	60 (3)	-	-	-	-	-	-	-
Pommard	R	-	-	-	-	-	-	-	70	-	-	-	-	-	-
Auvillard	B	-	-	-	-	-	-	-	-	-	29	-	-	-	-
Vins du JURA (ou de COMTE)															
Vincelle	R	-	-	-	14,5	-	-	-	-	-	-	-	-	-	-
Ruffey S/Seille	R	-	-	-	14	-	-	-	16,7 (4)	-	-	-	-	-	-
Quintigny	R	-	-	-	-	-	-	-	-	-	-	29,8	-	-	-
de Comté	R	-	15	-	-	20	15	-	-	-	-	-	28,5	-	-

R = rouge et B = blanc

(1) vin vieux "Grand ordinaire"

(2) Vin nouveau ; le vieux = 40 F la feuillette ;

(3) Vin nouveau ; le vieux = 70 F ;

(4) Autre vin de Ruffey = 20,85 F la feuillette ;

NB Prix des vins blancs "de pays" : Montjay = 8,50 F (1834) ; Charette = 11 F (1833) ; Terrans = 15 F (1863) ; Duchaud = 18 F (1863) ; La Ranche (à J-B Guerret) = 16 F en 1866-67 ;

Prix des vins rouges "de pays" : Thurey = 23 F (1867).

La plus grande partie du vin acheté vient de Bourgogne (des environs de Beaune au Mâconnais) ; la Côte chalonnaise occupe une grande place : Rully, Givry, Buxy, la vallée des Vaux. Les vins de Comté sont représentés par la région de Bletterans à Arlay Château-Chalon.

Il nous fallait 750 litres par an avant 1840. Notre consommation passa même à 1 000 litres dans les années cinquante en raison de la forte baisse des prix (0,16 F le litre au lieu de 0,23 F) et de mon fils devenu adulte. Dès 1852 La Ranche étant mise en métayage, nos besoins se réduisirent ; ce fut aussi le début d'une forte hausse qui culmina en 1856 (0,60 F le litre en moyenne) ; alors je n'achetais plus qu'une *pièce* de vin par an et nos domestiques n'en bénéficiaient plus. Heureusement les tarifs diminuèrent, mais avec des à-coups et aujourd'hui le prix moyen se situe à 0,38 F le litre. Avant le fermage, 950 litres suffisaient. Cependant il faut vous dire que le rouge a toujours eu la préférence (de 80% à 85%).

Face à une telle situation, comment gérer ces changements ? Nos achats de vin de qualité inférieure, essentiellement pour notre personnel, passèrent de 160 litres par an autrefois à néant en 1855-56 au moment le plus fort de la crise, puis retrouvèrent leur niveau antérieur dès 1857-58. Par la suite ils doublèrent, mais c'est une autre histoire. Il faut vous dire qu'à partir de 1858 je dus offrir chaque année une *feuillette* de vin rouge « de moisson » à nos ouvriers qui réclamaient cette boisson et suivaient les habitudes du pays. Alors ! pourquoi pas eux ? Et puis, dès 1862 il fallut ajouter une autre *feuillette* pour le battage à la mécanique à vapeur seulement, en raison du travail pénible pendant de longues heures. Lorsque nous battions avec une *machine à chevaux*, pas besoin de tout cela car le rythme était moindre et le personnel fort réduit.

Pour remédier à la demande grandissante du personnel, nous avons acheté davantage de vin blanc, bien moins cher que le rouge, quitte à les mélanger. Et puis, face à ce phénomène, nous décidâmes de planter dix ares de vigne ; depuis l'automne 1864 nous produisons du vin blanc. Mais, maintenant, qu'en faire ? Il n'y a quasiment plus de salariés... et Albert s'en est allé à jamais ! Alors je le vends aux alentours, comme vous le savez déjà.

Les besoins de la famille variaient selon sa composition et l'évolution des prix. C'est ainsi que nos achats baissèrent de moitié en 1855-1856 pour remonter par la suite, mais ils n'atteignirent jamais ceux de 1850, au moment de la forte dépression. Aujourd'hui il nous en faut moins d'un litre par jour. Cependant nous buvons trois fois plus de vin de grande qualité, des grands crus de Bourgogne, si fameux !

Je me souviendrai toujours de ce *quartaut* de vin rouge vieux de Pommard, et puis de ces *feuillettes* de Meursault ! Que vous dire du Givry « Clos Salomon » ? voire du Rully. Tous ces crus merveilleux, nous les servions au cours des repas de famille, et puis, j'en buvais aussi avec Albert... oh ! pas tous les jours, vous vous en doutez. Pour les conserver, j'avais acheté 225 bouteilles vides chez Thibert Guillemin, aubergiste au village. Il restait à trouver les bouchons et la cire à cacheter. Progressivement, j'ai affiné : machine à boucher les bouteilles, entonnoir en verre, tâte-vin pour le goûter, puis panier à bouteilles pour le transporter. Enfin... tout pour bien faire. En 1859, nous nous sommes même payés le luxe des plus grands vins de Bourgogne, des bouteilles à 1,25 F l'une, bien sûr fort cher. Tranquillisez-vous, cela demeura exceptionnel. Et en avril 1862 Moreau, vigneron à Quintigny (Jura) nous proposa des bouteilles de vin mousseux à 1,50 F. Cinq firent l'affaire. C'était nouveau pour nous.

Les négociants de la région vendaient aussi du bourgogne un peu moins cher : vallée des Vaux (Chalonnais) et puis d'autres dont j'ai oublié le nom. Quant aux vins du Jura, ils étaient moitié moins chers que ceux de notre province.

Des vignerons produisent des petits vins de pays – surtout du blanc – en des lieux surélevés longeant la vallée du Doubs : Frontenard, Charette, Pierre. J'en vends maintenant : 16 F la *feuillette*. Autrefois le petit Pierre, vigneron au chef-lieu de canton, proposait du vin doux pour faire des confitures (à 3 *sous* la livre), nous avions essayé pour voir.

Des périodes de vin cher ! dures pour les maîtres, mais aussi pour les domestiques. Heureusement nos arbres fruitiers connurent des années d'abondance qui nous sauvèrent, notamment en 1854 et en 1856. Le pressurage des pommes et des poires donna trois ou quatre *feuillettes* de bon cidre, bien venu à ce moment-là. Même dans des temps moins difficiles, cette boisson apportait un complément à bon marché. Un double décalitre de fruits rend environ huit litres de jus ; même en les achetant et en payant les frais de fabrication, une *feuillette* revenait à 12,20 F en 1860. A cette époque le vin « de moisson » valait 22 F, c'est vous dire ! Et puis, je possédais les fruits ! Un *tonneau* en 1860, un autre en 1863, cela limita les achats de vin... et d'autre part nous attendions les premiers résultats de notre vigne.

Les huiliers de Pierre ou du village vendent des boissons désaltérantes : de l'avoine ou de l'orge mondée (à 0,30 F le litre). Nous en consommons fort peu il est vrai.

Servir un café à la fin d'un repas de famille ou lors d'une visite qui vous fait plaisir témoigne d'une reconnaissance certaine envers vos invités. A vrai dire, nous en achetions depuis longtemps, deux ou trois *livres* chaque année, principalement chez quelques épiciers du chef-lieu de canton (Cordelier, Richard, Noir), voire de La Chapelle. Quand le prix baissa dans les années cinquante (de 1,70 F à 1,35 F la *livre*), nous eûmes tendance à faire moins attention, à en boire davantage ; lorsque le cours remonta, nous revînmes à plus de sagesse. Aujourd'hui nous le payons 1,60 F. Ce café vert en grains, torréfié par l'épicier, vous caresse le palais et vous attire. Moi, j'adore le « Martinque » (de la Martinique). Quand nous avons fait les frais d'un superbe service à café « Christophe », l'épicier Cordelier nous vanta son meilleur cru et nous en remit deux *onces* pour 0,30 F, du cher… mais fameux.

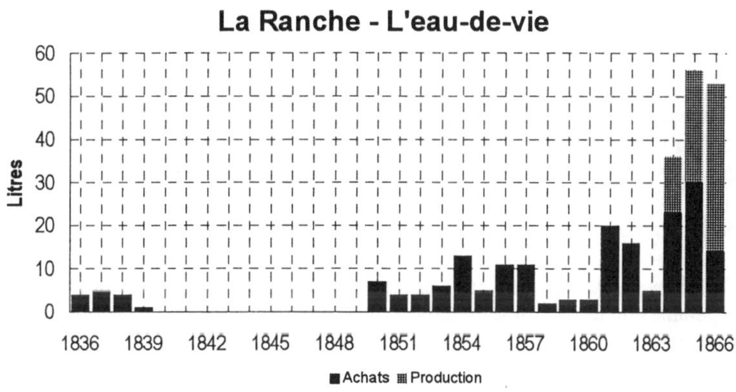

Quant au thé vert ou noir, il entre peu dans nos habitudes et d'ailleurs Cordelier le vendait 0,75 F l'*once* en 1854. C'est une marchandise d'exception que nous rapportâmes deux ou trois fois en trente ans… de Dole ou de Chalon.

Autrefois nous consommions fort peu d'eau-de-vie (3,5 litres par an). Des colporteurs souvent inconnus, ou familiers comme Billard ou Pierre Cretin, passaient de temps à autre pour nous proposer de l'eau-de-vie de Comté. Il faut vous dire qu'à ce moment-là, au prix de 0,50 F le litre, elle était moitié moins cher que celle venant du commerce. Mais cette différence s'estompa rapidement et déjà en 1840 l'écart ne dépassait pas 25%. Nous nous approvisionnions chez les marchands de Pierre, surtout auprès des épiciers, et parfois chez les aubergistes. Cependant depuis 1856 notre neveu Guillemaut, de Lessard, nous fournit des barils de *goutte* et son ex-associé Bidaut nous fit découvrir l'eau-de-vie dite de Béziers en 1864.

Les marchands vendent des alcools issus de la distillation de la gêne. Certains particuliers nous en procurent aussi mais à moindre prix. Quant à la *blanche* (de fruits), bien que nettement moins coûteuse, elle nous intéresse moins.

Offrir la *goutte* à la fin du repas de fête patronale fait partie des usages. Parfois, lors des veillées, nous *jouons la goutte* aux cartes, mais moi je perds plus souvent que je ne gagne !

Notre consommation a doublé car Albert, devenu grand, aimait bien son verre d'alcool chaque semaine, pas plus ! Finalement, sept litres nous suffisaient chaque année. Depuis 1861, comme pour le reste, l'habitude de servir de l'eau-de-vie aux domestiques, voire aux journaliers de temps en temps, nous a contraints à des achats bien plus conséquents, limités depuis 1864 par notre production (30 à 40 litres) issue de la distillation de notre gêne.

Le prix de l'eau-de-vie chez les marchands s'est maintenu à environ 1,10 F jusqu'en 1851 ; il a suivi l'évolution du cours du vin, atteignit 2 F en 1856 puis redescendit progressivement à 1,30 F en 1865.

Quant aux liqueurs ou autres alcools, nous avions pris l'habitude de les déguster dans les auberges les jours de foire. En avoir à la maison ? Vous n'y pensez pas ! Ces produits firent timidement leur apparition dans notre foyer à partir de 1854 – disons même trois ans plus tard. Nous commençâmes par la crème de menthe (à 2,50 F) chez Cordelier épicier, puis par la genévrette ; vinrent ensuite le cassis et le kirsch (à 3 F) pris chez notre neveu Guillemaut, le rhum (2,50 F), le cognac (1 F), et enfin le ratafia. Cependant nous ne sommes pas fidèles à chacun de ces produits. Comme une bouteille – deux tout au plus – fait l'année, elle ne sort pas souvent de l'armoire. Mais cela fait tant plaisir aux invités, ravis de ces nouveautés.

⇒ *Fruits et légumes, divers accompagnements*

Les pommes de terre représentent pour nous le plat de légumes par excellence, figurant tous les jours sur la table. Il nous en fallait 40 hectolitres chaque année, soit un grand seau par jour, quand nous employions du personnel. Nous avons connu les printanières jaunes, les ordinaires, les violettes, puis la chardon, aux qualités et goûts différents. Chacun apprécie les unes ou les autres.

Les haricots, dans la soupe ou accommodés de manière différente, étaient aussi à l'honneur à côté des pommes de terre. Notre préférence allait aux blancs, plus savoureux que les gris. Puis venaient les choux de toutes sortes : des blancs, des frisés, des *Milan* ou d'*York*. Nous en consommions plusieurs centaines par an. Et les choux-fleurs ? Ils sont à l'essai. Quant aux poireaux, deux ou trois cents dans le jardin suffisaient à peine pour boucler l'année ; ils parfumaient la soupe quotidienne. Les carottes accompagnaient le tout.

En dehors de ces légumes ordinaires, nous mangions aussi des pois lorsque la saison le permettait, un peu de radis ou des salsifis, mais tout cela demeurait bien secondaire. Quant aux raves, il y a bien longtemps qu'elles ne paraissent plus chez nous. C'est comme les courges, elles nourrissaient plutôt le bétail... enfin presque, car mes femmes en réclament maintenant.

Que vous dire des asperges ? Un régal pour nos invités le moment venu, mais aussi pour nous-mêmes ; cependant la saison ordinaire dure peu de temps. La salade – la royale, ou la mâche, voire la chicorée – sert de rafraîchissant et égaie les plats. De la verdure dans son assiette, n'est-ce pas agréable ?

La soupe ordinaire aux légumes c'est bien, mais en mars 1836 j'ai voulu essayer du vermicelle ; M. Arveux Sassier en avait une toute petite réserve qu'il offrait à 40 centimes la *livre*. Nous avons goûté... puis nous n'y pensâmes plus pendant vingt ans. Madame en demande une ou deux *livres* à M. Noir, mais pas tous les ans. Oh ! il en existe différentes catégories dont le prix va de 0,30 à 0,65 F l'unité. Finalement, les légumes ont encore plus de goût !

Nous avons testé la *semouille* (semoule) depuis fort longtemps, sans exagérer me direz-vous, une fois tous les quinze ans. Depuis peu M. Noir nous propose du tapioca ; enfin, nous verrons à l'usage. Et c'est chez Claude Henry, du hameau de Boibe, que nous trouvâmes du *panis mondé-* dit *pilet* – à 0,35 F le litre ; l'huilier offrait du gruau d'orge ; mais tout cela ne passait guère.

Nous connaissons le riz et l'apprécions, de temps à autre. Dix ou douze *livres* faisaient l'année à l'époque où les femmes en préparaient pendant la moisson pour le personnel. Son prix, depuis trente ans, a oscillé entre 0,27 et 0,45 F la *livre,* avec des hauts et des bas. La farine de riz, bah ! un marchand de Louhans nous la vanta autrefois ; qu'elle reste donc chez lui !

Les fruits les plus courants à La Ranche sont les pommes et les poires, abondantes dans le domaine. Le verger, planté récemment par Albert, promet de belles récoltes, même de pêches. Les cerises sont plus rares, ce qui nous obligeait à en acheter de temps en temps chez M. Baron ou chez M. Dromard à Pierre, voire au marché, pour faire de la confiture ou pour le dessert. Nos fermiers nous en envoyaient aussi de Diconne. Ce fruit, trop saisonnier, se conserve mal. Nous nous procurions des groseilles pour nos réserves de confitures et de gelée, conservées maintenant dans des pots de verre. Les néfliers de la propriété apportent un bien maigre secours à la maisonnée, et les nèfles nous intéressent moins.

En période de vin cher, que faire ? Du cidre si la récolte le permet. Et encore ! Au cours de l'automne 1854 nous nous apprêtions à reprendre la direction de la ferme. Voyant ce redémarrage arriver, nous devions prendre des précautions pour la boisson puisque le vin était hors de prix. Des journaliers (les Guillemin, la Vve Fouillot) ramassaient des prunelles le long des haies des étangs et les vendaient 0,60 F le double. 3,4 hectolitres furent ainsi livrés à la maison, ce qui nous permit de préparer la *piquette* pour l'année suivante. Cette initiative nous fut bénéfique car le prix du vin monta encore davantage.

Des journaliers cueillaient aussi des noisettes. J'en prenais pour les donner aux petits enfants qui s'en régalaient. Les épiciers proposaient des noix à 0,20 F le demi-cent. Quant aux oranges, c'est un fruit peu commun que je trouve depuis une quinzaine d'années à Pierre. Nous en achetions quelques-unes pour les offrir vers le Jour de l'An. Les citrons se trouvaient autrefois chez le pharmacien Naudin (à 0,15 F pièce) puis les épiciers prirent le relais ; un ou deux citrons pressés dans de l'eau vous désaltèrent mieux que tout autre chose. Les figues restent un fruit apprécié depuis longtemps, mais rare tout de même.

Les marrons et les châtaignes, entre novembre et janvier, égaient la monotonie de nos hivers brumeux et humides. La plupart du temps ils étaient vendus aux foires et marchés par le jardinier Berry, ou bien par des marchandes de châtaignes comme « la Teunotte », ou encore par la Vve Biotey en quête de modestes revenus pour adoucir son ordinaire. Il faut bien distinguer les catégories : les marrons, bien plus beaux, sont aussi plus chers (de 0,30 à 1 F le cent) ; quant aux châtaignes – surtout celles de Cuiseaux – elles valent de 0,15 à 0,40 F. Chaque année j'en rapportais plusieurs *cents* de Pierre et de Mervans pour les enfants et toute la famille. Depuis quelques années, cette habitude se perd un peu, en tout cas nous en mangeons bien moins.

Dernier régal : nos melons semés dans le jardin. Vers la foire de La Balme, ils atteignent un excellent degré de maturité. Lorsque vous posez le nez sur leur enveloppe légèrement chauffée par le soleil montant, leur arôme vous met en appétit.

⇒ *Les fromages*

Notre production de lait suffisait amplement à assurer la majeure partie de nos besoins de fromage : blanc en été et fort de l'automne au printemps. D'ailleurs offrir un pot de fromage fort fait toujours plaisir à son destinataire. Maintenant, Marie Robert nous en fournit à 0,35 F la *livre*. Quand les femmes vendaient le beurre, les volailles, voire quelques œufs au marché de Pierre, elles emportaient exceptionnellement ce bon fromage, en mottes d'une demi-*livre*.

Nous avons toujours acheté un peu de fromage chaque année chez les épiciers du chef-lieu de canton, ou parfois de Bellevesvre un jour de foire. Ces dépenses en accompagnaient d'autres, en général à l'occasion de la préparation d'un repas de famille, de la fête patronale, ou bien à cause d'une envie, tout simplement. Les changements de mode d'exploitation de La Ranche nous privaient parfois de bétail, donc de lait, ce qui nous contraignait à des achats un peu plus conséquents, mais ne dépassant pas neuf à dix *livres* par an.

Nous avons apprécié les fromages :

- de Franche-Comté : vachelin (1836) une pâte molle à 0,70 F la *livre* ; Septmoncel (1837) veiné ; fromage de Gruyère (1838) à 0,65 F ;
- de Langres (1851) ;
- de Turcy (1853) ;
- de Troyes (1857) à 0,80 F, et *d'Ericet* (1853 – Les Riceys, département de l'Aube) à 1,20 F ;
- du Cantal : un fromage dit « Tête de moine » (1860).

Tous ces produits sont bien plus chers que notre fromage fort, évidemment ; leur prix, selon les années et leur renommée, allait de 0,60 à 0,90 F la *livre,* sauf exception le justifiant.

⇒ *Gâteaux, desserts, pâtisseries et sucreries diverses*

En dehors des gaufres et des crêpes préparées à la maison assez régulièrement, le boulanger Gaudillière, de Pierre, nous faisait de la brioche – que nous appelons *gâteau* - au moment des fêtes diverses : Pâques, la foire de La Balme, la fin des moissons appelée *tue-chin*. Nous lui fournissions ordinairement le beurre et les œufs ; il facturait la farine et son travail.

Lorsque les enfants étaient encore très jeunes, nous leur achetions du pain d'épices chez Cordelier à 0,10 F l'*once*, ceci à l'occasion d'une foire, après avoir correctement vendu les bœufs et les porcs. Depuis ce temps-là nous y pensons beaucoup moins, mais nous en rapportons épisodiquement de Chalon (à 1,50 F la *livre*) ou d'ailleurs. Quand les enfants de Fannie grandirent, mes filles ou Albert les emmenaient en promenade ; ils réclamaient ce fameux gâteau, voire d'autres : des massepains, des pâtisseries qu'ils trouvaient chez les Suisses installés à Dole.

Nous avons toujours eu une attirance particulière pour les biscuits, et ceci depuis fort longtemps ; je ne me souviens même plus de la date. Mais le prix nous retenait un peu et notre gourmandise se limitait le plus souvent à un quart (de *livre)* à 0,50 F. Le goût pour cette friandise, je l'ai encore malgré le poids des années.

Avec cela, nous aimons les *carquelins* (ou craquelins) au beurre ; puis ce furent surtout les *maspins* (massepains) aux amandes pilées et au sucre dans les années cinquante, les petits gâteaux aux amandes à un *sou* pièce (1854), les échaudés (cuits dans de l'eau bouillante), les croquets.

Le 3 février 1865 nos parents Charton, de Frontenard, nous firent apporter de la meurette et un gâteau de Savoie. C'était nouveau, mais un vrai délice. L'année dernière, la mère « Didine » Chanussot nous prépara un *pain de chossons* (chaussons), du jamais vu chez nous, nous lui en réclamerons plus souvent !

M. Monnot, confiseur à Pierre, vend différents gâteaux, dont les fameuses nonnettes (petits pains d'épices ronds). Fin septembre dernier cet homme habile nous fit l'honneur d'un grand dessert pour achever un repas de famille mitonné spécialement par la femme Bon, de Grandmont, une bonne cuisinière. Les pâtisseries de M. Monnot sont raffinées, mais assez coûteuses tout de même. Son magasin est rempli de dragées, de pralines et de bonbons, de fruits confits, de chocolat, etc. Il y a aussi du café, du thé vert ou noir, du sucre de qualité en pains ou au détail, du tapioca ; des flacons de fleur d'oranger, de Rosières ; des pots de confitures, des topettes de sirop, des liqueurs, des boîtes et des cornets de bonbons ; du pain d'épices. Sur sa banque il a étalé des cartes indiquant son adresse qu'il remet pour faire de la réclame. Sur un rayon, des mesures en fer blanc pour le vinaigre et l'huile. Il vend bien évidemment des épices de toutes sortes, du *tripoli* , des noix de Galles, de la cire, de la colle Girais, de la gélatine, du riz, des nouilles, du vermicelle, des pâtes d'Italie... enfin, beaucoup d'autres choses dont je ne me souviens plus.

Les femmes de la maison font de la pâtisserie de temps à autre : des gâteaux aux amandes, aux noisettes, aux raisins secs, à la pâte d'orge, ou bien parfumés à la fleur d'oranger ; et même aux fèves de cacao !

Nos sept ruches d'abeilles sont largement suffisantes pour nos besoins de miel puisque nous en vendons chaque année aux vivandiers fréquentant le marché de Pierre.

Le 16 décembre 1854 je me trouvais à Chalon, étant juré à la cour d'assises de Saône-et-Loire. Je ramenai un bien précieux paquet, nouveau pour nous : une *livre* de chocolat payée 3 F. Ce fut une joie intense à la maison et chacun se disputait pour avoir sa part. Deux ans plus tard, j'en trouvais chez les épiciers de Pierre à 2,50 F. Depuis, nous en achetons une *livre* chaque année, pas plus, mais cela fait toujours plaisir.

Les bonbons ! C'est une friandise d'enfants me direz-vous, mais cela n'exclut pas les grands. A cinq sous l'*once*, que voulez-vous, c'est cher ; alors, il n'y en a pas tous les jours. Et puis, nous en offrons aux petits-enfants, aux neveux lors de visites, ou bien à quelqu'un qu'on veut récompenser et qui ne veut rien ; ses enfants en profiteront toujours, j'en suis sûr. Albert, que je soupçonnais d'avoir des attentions délicates pour Henriette, la fille du docteur Curé, lui en avait donné une boîte. Je pensais... où veut-il en venir ? Et ma foi, rien d'autre ne survint.

Les dragées sont plutôt réservées aux baptêmes où il est coutume d'en offrir, mais nous en reparlerons. Depuis quelques années, des filles à marier vous font cadeau d'une boîte de dragées en vous annonçant l'heureux événement.

Les papillotes ! L'habitude est fort ancienne chez nous. C'est à la fin de l'année que ces achats ont lieu. Le sucre d'orge et la gomme, aussi anciens, apparaissent bien moins souvent. Nous aimons beaucoup les pastilles (à 0,15 F l'*once*). Il y a aussi des pastilles à la menthe ; celles de Vichy nous sont familières depuis deux ou trois ans. Quant au réglisse en bois, nous l'apprécions ; cela fait saliver et sont goût agréable entraîne notre fidélité à ces petites tiges mâchées tranquillement au cours de la journée.

⇒ *Faire la cuisine... oui, mais avec quoi ?*

Chaque année nous conservions 110 à 120 *livres* de beurre pour les besoins de la maison (cuisine, repas de famille, etc.). A cause de quelques fêtes où le gâteau abondait, nous remettions jusqu'à vingt *livres* de beurre au boulanger pour préparer notre fournée spéciale. Et, de temps en temps, des gâteaux tout autres agrémentaient le menu. Mais aujourd'hui nous sommes bien seuls ; une bonne vingtaine de *livres* de beurre suffisent amplement pour préparer les repas. Finalement, ce produit n'abondait pas tous les jours pour le personnel, malgré la grande consommation de pommes de terre, cuites plus souvent dans la soupe que frites.

Chaque jour 3,5 litres de lait (y compris le crème fraîche) étaient nécessaires pour la maisonnée (famille et serviteurs). Il faut dire que nous mangions beaucoup de *gaudes* accompagnées de lait froid, des gaufres, de la bouillie de maïs ou de sarrasin, des plats au four, etc.

Les deux porcs tués chaque hiver nous laissaient une quinzaine de kilos de graisse – ou panne – fort utile pour la préparation des repas habituels.

Chaque année je gardais huit doubles de graine de navette pour la maison. L'huilier, après avoir prélevé sa part, nous livrait une trentaine de litres d'huile que nous conservions dans un grand récipient en fer blanc appelé *bure*, logée dans le *corridor*. En 1852 j'avais porté 1,75 double d'olivette à mon parent Nourry pour la transformer en huile ; je n'ai pas recommencé. Etait-ce utile ? Quand on a payé la marchandise et la fabrication ! Mais la famille apprécie l'huile d'olive achetée 1,40 F la *livre* chez les épiciers de Pierre. Cependant il faut fournir les bouteilles, et comme ces récipients ont une contenance fort variable, le marchand pèse ce qu'il vous vend ; le poids varie ainsi de 750 à 825 grammes. L'homme est méfiant, c'est normal. Moins de deux *livres* nous suffisaient chaque année. Seulement, en 1860, j'avais appris que notre médecin – le docteur Curé – en faisait venir un fût pratiquement tous les ans des pays de production et qu'il en rétrocédait à plusieurs familles de Pierre. Il consentit à nous faire participer à cet arrivage et depuis cette date il nous en remet à peu près neuf *livres*. Nous n'y gagnons pas grand chose car elle vaut 1,25 F, mais c'est du premier choix.

Ah ! j'allais oublier les œufs, indispensables pour le *gâteau* et autres pâtisseries, ou bien pour la cuisine tout simplement ! Nous les gardions pour la maison car c'est un bien précieux. Au besoin, quelques douzaines partaient au commerce. Vous vous souvenez sans doute du domestique que nous avions dû renvoyer car il volait des œufs. On ne peut tolérer un tel geste, car cela commence par des produits de la ferme, et puis après... L'exemple d'une famille honorable doit rester intact, sa renommée aussi, n'est-ce pas ?

Chaque année nous avions besoin de 80 à 100 kilos de sel – du blanc ou du gris – que nous trouvions chez les épiciers de Pierre ou de La Chapelle. Seulement, la conservation de la viande de porc en absorbait environ le quart. Au moment de l'abattage des cochons, j'allais en chercher un *quintal ancien* (100 *livres)*. Il en fallait beaucoup pour la soupe, le pain, les *gaudes*, que sais-je encore ? Avant 1840 nous le payions quatre sous et demi (22,5 ct). Depuis les années cinquante, le prix s'est stabilisé à dix centimes. Pour conserver la viande de porc, nous devions aussi nous procurer des épices (à 0,30 F l'*once*), du salpêtre et du poivre en grains (à 2,40 F la *livre*). Pour le porc, cela n'allait pas loin malgré tout. En dehors de cette obligation, nous ne consommons pas beaucoup de produits forts.

Si les épices apparaissent peu dans notre cuisine, il faut bien relever les mets malgré tout. Nous achetons un peu de *gérofe* (clous de girofle) ; un *sou* par-ci, un *sou* par-là. Quant à la moutarde, que nous connaissons depuis fort longtemps, c'est pareil. Un petit pot à 0,50 F suffit largement chaque année. Depuis quelque temps nous trouvons de la graine de moutarde blanche de Didier ; l'aubergiste Toulouse nous a montré la voie, c'est un fin cuisinier.

Le vinaigre blanc ! Quelques bouteilles (à 0,40 F) suffisent en été pour la salade, etc. Depuis une bonne dizaine d'années la famille est devenue plus exigeante et demande du vinaigre de Mollerat (à 2,75 F) ou de Pouilly (à 2,25 F). Il est bien meilleur, mais beaucoup plus cher. Alors une bouteille de temps à autre, utilisée avec parcimonie, cela agrémente la verdure.

La cannelle, la noix de muscade, cela existe, bien sûr, mais paraît peu sur notre table.

Autrefois nous nous procurions des pains de sucre pesant jusqu'à douze ou treize *livres*, valant de 21 à 23 *sous* la *livre*. Pour l'appoint, l'épicier en cassait et le vendait au détail. Dans les années cinquante, malgré une baisse de prix de 10%, notre consommation se réduisit quelque peu, nous achetions aussi par petites quantités ; puis nous retrouvâmes nos bonnes habitudes. A partir de 1856 l'épicier vendit au kilo ou à la *livre* et depuis les années soixante, il nous propose des pains de sucre bien plus gros, pesant de 8 à 10 kilos, voire plus. Il faut dire que depuis 1863 nos achats ont fortement augmenté, passant de 45 à 75 *livres* par an. Le prix du sucre a chuté de 25% en trois décennies, revenant de 1 F à 0,75 F la *livre* ; cette baisse est régulière, malgré quelques à-coups.

Le jour de la St-Jean de l'année 1860 je me trouvais chez M. Noir, épicier à Pierre. Je pris trois *livres* de sucre à 0,85 F qu'il débita dans un pain posé sur sa banque. Aussitôt il en vendit à 0,80 F à Antoinette Dury... du sucre issu du même pain ! Je fus fort mécontent. Qu'avait-elle de plus que moi ? Pourquoi cette faveur ? Ah ! je le maudissais cet homme à ce moment-là. Il y a peut-être autre chose, me suis-je dit. Maintenant, je n'y pense plus.

En dehors de nos besoins habituels, depuis une quinzaine d'années les parrains et les marraines offrent un pain de sucre le jour du baptême. C'est aussi un cadeau apprécié lors de services rendus.

Quant à la cassonade, bien que moins coûteuse (-20%), nous ne l'avons utilisée que pendant trois ans (1855-1857), au moment où le prix du sucre remonta de 0,90 à 1,05 F, ceci avant de retomber à 0,88 F en 1858 ; mais ces achats ne dépassaient pas quelques *livres*.

⇒ *Quelques métiers*

Organiser un repas important (fête du village, offerte d'un an, etc.) dépasse parfois les compétences de la maison ; recevoir parents et amis impose à Madame une grande disponibilité nécessaire à la bienséance. Nous demandons à des femmes de la région, réputées, de faire la cuisine à domicile : Madame Petit à La Ranche, Madame Mignot, ou bien la femme Bon, de Grandmont (Pierre). Quelques hommes jouissent d'une bonne réputation, comme Baveux (de Diconne) ou bien M. Toulouse, maître d'hôtel à Pierre, que nous connaissons bien. Ils viennent généralement deux jours ; les hommes reçoivent 5 F pour leurs peines, et les femmes 3 F.

Les épiciers exercent la plupart du temps une activité complémentaire :

- café (Bateau à Pierre, Fèvre-Baulier à La Chapelle) ;

- négoce de vin et de grains (Claude Monnot à Pierre, 1836) ;
- marchand de toile et de mercerie (Adenot à Pierre, 1836) ;
- habillement, mercerie, vaisselle (François Monnot à Pierre, 1837) ;
- prêteur d'argent (Adenot, Ernest Richard à Pierre) ;

Des artisans ont parfois donné une extension à leur métier de base :

- Masson, cordonnier à Pierre, devenu aussi marchand de vaisselle, épicier, mercier ;
- Félix Cornier à La Chapelle, tailleur d'habits (1837), a ajouté l'épicerie et le tabac (1849).

Je ne vous parlerai cependant que de mes principaux fournisseurs en épicerie, installés au chef-lieu de canton :

- Ernest Richard-Richard (1837-1853) dont l'activité principale était l'habillement (vestes, chapeaux, souliers, toile, bonnets, etc.) et la mercerie, mais qui vendait également de l'épicerie, un peu de vaisselle, le nécessaire pour les enterrements, des fournitures de bureau, et prêtait de l'argent ;
- Cordelier (1837-1868), de père en fils, avec qui nous eûmes d'importantes relations de 1852 à 1859. Son domaine essentiel était l'épicerie, mais il vendait un peu de vaisselle, de l'habillement, de la quincaillerie, du savon, des vases de nuit, de la ficelle et des hameçons, etc. ;
- Noir, puis son fils Noir-Arveux (1836-1868). Il est devenu notre principal épicier depuis 1857. Il a aussi de la mercerie, des vêtements, des fournitures de chasse et de bureau, vend aussi des timbres-poste, sert d'intermédiaire pour les abonnements. Je lui fournissais de la cire d'abeille, de la graine de trèfle.

Depuis 1853 nous achetons une partie des marchandises à crédit que nous soldons de temps à autre. L'épicier inscrit les articles sur son registre et les reporte soigneusement sur notre carnet spécial qu'il acquitte en bonne et due forme lorsqu'il reçoit son argent. Pour les achats au comptant le marchand établit une facture sur laquelle il indique le règlement. Il y a parfois des oublis mais tout s'arrange. Fin décembre 1861 M. Noir nous réclamait une note déjà payée depuis la St-Jean , heureusement nous détenions la facture acquittée ; il avait également oublié certains achats. Il s'agissait donc d'un oubli ou d'une erreur. Entre gens de bonne foi, pas de problème !

Des jardiniers cultivent de modestes lopins de terre à Pierre et écoulent leurs produits aux marchés de la région. Je connais Bonardot, Bourardot, Jannin, etc., mais Berry demeure essentiel pour moi. Ces jardiniers vendent toutes sortes de légumes (salades, poireaux, choux, salsifis, pois, radis, asperges), des melons, des marrons, des graines potagères. Berry élevait des cochons autrefois et négociait de la graine de trèfle pour mon compte au marché de Dijon. Quant à Grelley, installé au château de Terrans, c'est différent ; nous entretenons d'autres relations car il connaît les arbres fruitiers, les fleurs, etc.

Nos achats alimentaires ont augmenté de moitié en trente ans, passant de 382 F à 569 F. Les dépenses de vin, qui occupent la place la plus importante (56%) ont presque doublé (319 F au lieu de 166 F) ; celles de viande de boucherie ont crû des deux tiers (46 à 77 F) mais leur part est demeurée stable et modeste (13%). Finalement, nous dépensions 170 F par an en achats alimentaires divers (part passée de 45% à 30%).

III - 4. Le corps humain

III - 4. 1 Beauté et soins du corps

Nous allions chez le perruquier Moniot à Pierre lorsque nos cheveux commençaient à nous gêner, oh ! pas plus de trois ou quatre fois l'an. En avril 1836 j'y avais emmené mes deux petits garçons Albert et Justin ; comme ils se tinrent très bien chez le coiffeur, je leur offris avant de repartir des *grillons* de maïs. Nous profitions parfois d'une foire pour nous rafraîchir : taille de cheveux et barbe. Albert s'y rendait régulièrement, mais sans en abuser. Moi, à mon âge, je n'y vais plus guère.

Notre perruquier applique des tarifs variant en fonction de son travail :

- Taille simple = 0,20 F
- Taille simple enfants = 0,10 F
- Barbe seule = 0,15 F
- Taille + benzine = 0,25 F
- Taille simple + barbe = 0,30 F
- Taille + barbe + benzine = 0,35 F.

Entre temps un léger coup de peigne le matin suffit amplement. Albert se brossait légèrement les cheveux, il y tenait. Nous trouvons tous ces instruments à Pierre, à Dole, à Louhans, à des prix allant de 0,30 F à 0,60 F. Evidemment les femmes de la maison en usent plus que nous, elles ont même des peignes à fourchette !

Se faire raser occasionnellement par le barbier, je ne dis pas, mais j'aime mieux effectuer ce travail moi-même car je possède une série de rasoirs à la maison ; je les fais *repasser* de temps en temps lorsqu'un rémouleur ambulant passe à la ferme : Galet, Pomelle, ceux de Saint-Germain-du-Bois. Ils demandent 0,25 F mais leur tarif baisse régulièrement. Ils vendent des rasoirs (3 F), affûtent aussi toutes sortes d'outils : les canifs, les ciseaux. Avant de me raser, j'ajuste le miroir, j'affine la lame en la passant sur le cuir, je prends soigneusement mon pinceau à barbe, l'enduis de savon spécial que je fais mousser. Mon visage barbouillé de blanc est méconnaissable, mais je suis prêt. Attention aux accidents, une coupure, cela vient très vite. Le perruquier Moniot vend tout le nécessaire : des pinceaux à 1,60 F, des savonnettes à 0,80 F, et même des flacons d'essence de savon à 0,75 F. Bien entendu, il en a pour toutes les bourses.

Le pharmacien Naudin préparait des poudres de dentifrice onéreuses (2 F à 2,50 F) ; dans ces conditions nous n'en n'abusons pas. Quant à la brillantine, c'est pareil.

Se payer le luxe d'une baignoire n'entre pas dans nos habitudes. Seule la location temporaire peut nous convenir, uniquement en cas de maladie d'un membre de la famille, et si le praticien conseille des bains. M. Deck, ferblantier, nous en loua une en fer blanc pendant six mois et la reprit le 1er septembre 1853. A 3 F par mois, c'est cher ! Il fit le tour de l'appareil pour s'assurer de son état après usage, et encaissa aussitôt ses 18 F. Il nous avait vendu du charbon de bois pour chauffer, mais moitié plus cher que Pusset, qui pourtant n'a pas bonne réputation. Quatre ans après, Madame étant bien malade, le médecin préconisa les bains. Cette fois-ci, je ne me fis pas avoir. James Hennequin, marchand avec qui nous sommes en relation, m'en prêta une à titre gracieux. Seulement, avant de la lui rendre, j'ai demandé à M. Deck de la remettre en état, voulant dédommager mon obligé.

Je ne vous parlerai pas des femmes. Je ne m'occupe pas de leurs affaires de beauté, de soins. Madame prend sur son argent personnel, pour elle et pour ses filles ; je n'ai rien à voir dans ces dépenses et ne demande pas de compte.

III - 4. 2 Médecine et pharmacie

⇒ *Les médecins*

Nous avons eu deux médecins attitrés : M. Alexandre Massin, de La Chapelle, jusqu'en 1851-52 ; depuis cette date, M. Henri Curé, de Pierre, a pris le relais. Trois autres praticiens – dont le Dr Eugène Guillemaut, de Louhans – ne sont intervenus qu'à l'occasion de maladies importantes.

Trois médecins exerçaient autrefois au chef-lieu de canton : Claude Péchinot, Amédée Paget et Antoine Curé (le père d'Henri). M. Massin fut médecin cantonal des indigents pour les communes de La Chapelle, La Chaux, Montjay et Dampierre. Il quitta notre village en 1857 pour des raisons familiales et ne revint que deux ans plus tard. Son secteur avait été rattaché à celui du Dr Curé. Dès que les habitants de La Chapelle eurent connaissance du retour de M. Massin, ils réclamèrent pour obtenir sa nomination car ils disaient que le Dr Curé, trop éloigné, ne pouvait pas toujours se rendre auprès de tel ou tel indigent, étant déjà occupé dans d'autres localités. A la suite d'une loi de 1850 et de deux circulaires du préfet de Saône-et-Loire, le conseil municipal nomma une commission chargée de reconnaître les logements malsains. Le conseil se faisait prier car il n'y avait pas beaucoup de logements loués chez nous. Finalement, le Dr Massin (qui avait épousé Adélaïde Guillemaut, de Louhans) y participa, aux côtés de Jean Noury-Thibert, membre du bureau de bienfaisance, de Pierre Malherbe, maître maçon à La Chaux, etc.

Les honoraires des médecins varient. Ainsi, le Dr Muzeau, de St-Bonnet, demandait déjà 5 F pour venir à la maison en 1839. M. Massin, peu éloigné il est vrai, prenait 3,50 F. Quant au Dr Curé, il compta 4 F jusqu'en 1861 (venant de Pierre, soit 7 km) puis passa son tarif à 5 F. Le Dr Guillemaut exige maintenant 20 F pour venir de Louhans (à 27 km). En général, ces hommes se déplacent beaucoup, car bien souvent le malade ne peut se rendre au cabinet du médecin, trop éloigné du domicile. Ainsi M. Curé réclamait moitié moins quand il officiait chez lui.

Autrefois nous payions M. Massin à peu près chaque année, mais ce n'était pas régulier, cela dépendait de bien des choses. A cette époque (avant 1840) le docteur fournissait la majeure partie des médicaments, alors qu'aujourd'hui le médecin établit son ordonnance et le pharmacien délivre la quasi totalité des remèdes. En réalité je réglais ses honoraires en fournitures de blé (pour son pain), de *turquis de sement* pour son champ, et le solde en numéraire. M. Massin indiquait mon paiement sur son mémoire, puis croisait les écritures dans son livre, nous étions quitte jusqu'à la prochaine fois. Quant au docteur Curé, je lui achetais parfois son fumier de cheval, je lui livrais sa provision de beurre, moitié en mai, le reste en septembre, qu'il déduisait de ses notes.

En 1861 les domestiques eurent l'audace de nous faire payer le médecin quand ils allaient le consulter. Cela n'a pas duré car je les prévins que cela ne se passerait pas ainsi. Mais où allons-nous ?

Le docteur Curé habite une bien jolie maison , fort spacieuse, le long de la grande route départementale n° 12. Il y vit avec son épouse (Madame Madeleine Antoinette Souchon de Loubières), leur fille Henriette, et deux domestiques. Sa passion du bois l'a conduit à installer chez lui un véritable atelier de menuiserie. Un jour, lui rendant visite, il me fit d'abord entrer dans son cabinet de chirurgie et me pria de m'asseoir en face de son bureau ; nous engageâmes une longue conversation. Mais j'observais tout et rien, machinalement. Il y avait un bahut garni d'ustensiles de médecin : des forceps, des bistouris, des seringues, des ventouses, une boîte à amputation, des cautères, etc. Contre le mur se trouvait une immense bibliothèque garnie de plusieurs centaines de livres, surtout de médecine : les œuvres de Fabre (« Médecin praticien »), de Broussais (« Traité de physiologie »), de Sabatier (« Encyclopédie médicale ») ; à côté, des ouvrages d'histoire naturelle (de Cuvier, de Buffon, de Chenu), de chirurgie (de Bell, de Pott, de Sculette, etc.), de chimie (Ségala, Sanson), un « Traité de physique » de Biot. Enfin, le docteur Curé disposait d'une collection des « Mémoires de la Société d'Emulation du Doubs ». D'ailleurs sa famille d'origine jurassienne habitait Bletterans ; lui-même y naquit et son père se retira dans cette petite ville. De temps en temps mon regard partait instinctivement en direction de ces magnifiques ouvrages, si bien rangés. Tout près de la bibliothèque le docteur avait déposé ses deux fusils et tout son matériel de chasse, objets de toutes ses passions, tout comme notre pauvre Albert. Au bout d'une demi-heure, nous passâmes au salon où j'ai salué Madame Curé et me suis assis sur le grand canapé de velours rouge, les pieds bien calés sur le tapis. Tout près de moi, une petite table à jouer. Madame Curé apporta une liqueur sur un plateau et nous bavardâmes de choses et d'autres, du pays, du temps maussade qui n'en finissait pas. Le temps passait et la pendule indiquait déjà six heures. Je pris congé poliment puis, ayant attelé ma jument, je me suis confortablement installé dans mon char suisse et nous revînmes au galop ; la pluie fouettait et les giboulées de mars redoublaient, laissant apparaître quelques rayons de soleil au moment d'une éclaircie.

⇒ *Les pharmaciens*

Pierre ne dispose que d'une officine de pharmacie, située dans la Grande Rue. Gaspard Beauchamp, originaire du pays (ses parents tenaient une auberge) remplaça tout naturellement Etienne Naudin avant 1850. M. Beauchamp vit avec son épouse (Marie Clair), ses trois enfants et sa belle-mère. Ses deux fils sont élèves pharmaciens. Nous eûmes recours à des apothicaires de Louhans (Langeron, Alix), de Chalon (Gonneaud) ou de Paris (Marinier) pour des fournitures particulières.

Autrefois, comme je vous l'ai dit, le pharmacien ne fournissait en direct qu'assez peu de médicaments. Aujourd'hui, ses mémoires sont aussi élevés que ceux des médecins – voire plus – soit de 70 à 80 F par an. Précisons toutefois que l'achat de bas élastiques pour ma femme, certaines maladies lourdes, pèsent davantage dans la balance.

Nous payons comptant un tiers des remèdes ; le reste, inscrit, est réglé épisodiquement, environ tous les ans car M. Beauchamp nous connaît bien et nous fait confiance.

En dehors des médicaments prescrits par le médecin, il vend toutes sortes de denrées : des drogues pour tuer les rats, les punaises, les vers, les mouches ; des pommades pour les chevaux et les bœufs ; des remèdes pour les chiens ; des pastilles de Vichy ou de menthe, du dentifrice, des produits chimiques pour blanchir le fil. Il sert d'intermédiaire pour des spécialités : ceintures en caoutchouc, bas élastiques « Le Perdriel » à Paris. Il propose aussi des produits d'épicerie : du chocolat, du vinaigre, des citrons, du réglisse en bois, des raisins secs, etc.

Entrer dans l'officine de Gaspard Beauchamp m'a toujours impressionné, mais sans attirance… et puis, toutes ces odeurs étranges. Dans un coin, un alambic ; sur ses banques, une dizaine de mortiers en pierre et en métal, des tamis, des bassines, le trébuchet pour les pesées délicates, les balances ; à côté, ses livres de pharmacie. A chaque visite, mon regard se porte instinctivement sur ses quantités de pots en porcelaine décorés, à extraits, côtoyant des flacons à étiquettes vitrifiées. Il dispose de centaines de flacons poudriers et à fleurs, de fioles de différentes grandeurs. Pour satisfaire sa clientèle, il a dans son officine toutes sortes de sels (d'arsenic, de mercure, de magnésie, etc.), de l'opium, du laudanum, des baumes, des bromures, de la quinine, du quinquina, des élixirs (de Guillet, etc.), des onguents, des pommades, du savon, des emplâtres, des huiles, des sirops variés. Il vend des spécialités d'eaux minérales. Et toutes ces fleurs, ces feuilles, ces fruits, ces racines, et même de la mousse, cela me dépasse ! De la farine de lin ou de moutarde, je connais, le camphre aussi. Mais il doit, avec tout cela, préparer de nombreux médicaments ordonnés par les médecins. Il distille, il écrase, il mélange, il pèse soigneusement ! En dehors de tous ces produits, Gaspard fournit des appareils pour allaitement, des sondes, des seringues, des clyso-pompes, des bandages, des pessaires et des bas à varices. Bah ! je n'y vais pas trop souvent et j'y envoie plutôt un domestique.

⇒ *Traitement des maladies*

La Bresse demeure une région humide, brumeuse, malsaine ; ses nombreux étangs – surtout dans notre village – entretiennent les brouillards froids et apportent beaucoup de maladies de gorge, de bronches, des fièvres de toutes sortes. Le sirop pectoral, les infusions de « quatre fleurs » (mauve, violette, pied de chat, coquelicot), les gommes, vous soulagent. Quand les enfants eurent la coqueluche, le docteur leur ordonna du sirop et de la pâte de guimauve.

Nous connaissons de temps en temps quelques problèmes de digestion et d'autres plus difficiles à cerner. La magnésie calcinée (que nous prenons depuis quatre ou cinq ans) est bonne pour l'estomac, l'intestin ; le charbon de Belloc nous fut aussi conseillé. Le bicarbonate de soude facilite la digestion. Il faut aussi parfois se purger pour rétablir l'ordre des choses. L'eau sédative (surtout en 1856-1857), l'eau de Sedlitz (moins fréquente), l'aloès, la limonade purgative, le sel de Glauber, ou la poudre de rhubarbe « de Coleutie » (en sachets) conviennent très bien. Et puis, nous avons recours très occasionnellement aux lavements avec le clyso-pompe que le Dr Curé nous fit acheter chez M. Deck, mais qu'il faut réparer fréquemment. Les vers nous font parfois des misères et c'est très désagréable ; le semen contra, que nous faisons pulvériser pour le rendre plus économique, donne toute satisfaction ; de temps à autre nous prenons un produit appelé « mort aux vers ».

Pour le bon fonctionnement du cœur, les pilules digitales ou la digitaline (très récentes) sont efficaces. Dans certains cas, pour purifier le sang, le médecin a recours aux sangsues, ce qui nous arriva au mois de juin 1849. Gaspard Beauchamp les vendait 15 centimes pièce. Ces neuf bêtes sur le corps… pouah ! Mais cela évite les saignées, paraît-il. Autrefois, de petites entailles dans la peau maintenues écartées à l'aide de pois d'iris permettaient d'évacuer les humeurs. Il y a bien longtemps que ce procédé a disparu chez nous.

On dit que les feuilles de fraisiers, la reine des prés, résolvent les problèmes diurétiques.

Des traitements par application sur la peau sont très fréquents. Autrefois, nos enfants souffraient d'irritations de la peau à cause de l'urine ; nous leur frottions les cuisses à l'aide de poudre de lycopode. Quand les filles grandirent, quelques boutons sur les joues, de l'acné, les gênaient ; un peu de couperose et cela passa. Les cataplasmes de farine de lin, de moutarde sont d'un usage courant, ainsi que toutes sortes de vésicatoires et des pommades. Nous utilisons fréquemment l'eau-de-vie camphrée. Il existe maintenant des mouches de Milan, du papier *épispatique*, appliqués sur les plaies ou traitements, c'est pratique.

La Ranche - Dépenses de santé

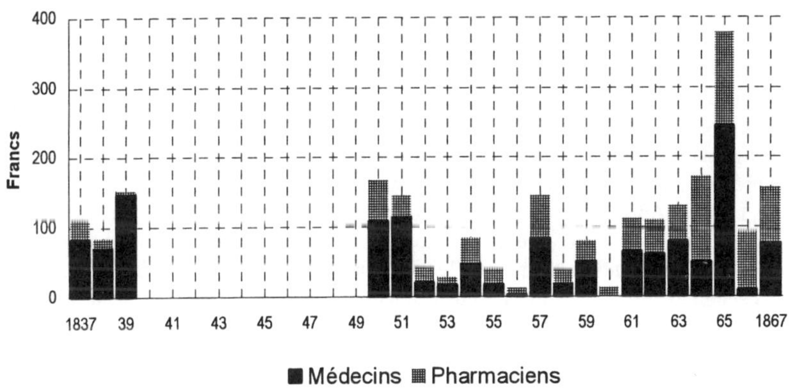

Des douleurs ! chez nous, quoi de plus naturel ; le cochléaria, dit le docteur ! Pour notre bien-être, nous buvons des tisanes de feuilles d'oranger, de fleurs pectorales, ou prenons de l'eau de laurier-cerise. Par contre, de temps en temps un bon fortifiant ne fait pas de mal, surtout après un long hiver : du quinquina pulvérisé ou du vin de quinquina, de la quinine, vous aident à retrouver votre élan naturel. Mais quand l'appétit fait défaut, attention ! Que faire ? Prendre de la gentiane, du vin amer. Il y a quatre ans, nous avions entendu parler d'un excellent tonique que vendait M. Gonneau, pharmacien à Chalon. M. Dion, conducteur du courrier de Pierre à Chalon, s'en allant dans cette ville, nous rapporta deux bouteilles de vin toni nutritif de Bugeaud qu'il paya 8 F. Et quand on se sent défaillir, faiblir, un peu d'eau de mélisse vous aide à passer le cap.

En réalité, nous faisions un usage important de pommades (sauf pendant le *grangeage)* à cause des coups, des problèmes de peau, des saletés naturelles. A partir de 1850 le camphre fut utilisé régulièrement pour de nombreux problèmes de santé, bénins ou un peu plus sérieux. Nous connaissons l'eau-de-vie camphrée depuis bien plus longtemps. Enfin, l'eau sédative à des moments particuliers, la magnésie, voilà nos principaux remèdes ; le reste ne sert qu'occasionnellement.

Le pharmacien n'est pas infaillible. Nous dûmes lui reporter un pot de pommade au mois d'octobre 1858, non conforme à l'ordonnance du médecin. Tranquillisez-vous, cela n'arriva qu'une fois car Gaspard bénéficie d'une bonne réputation. L'un de ses fils, élève pharmacien, lui donne parfois un coup de main ; un jour ce dernier nous vendit la magnésie calcinée 1,20 F l'*once* alors que son père la comptait toujours à 1 F. Un simple rappel et tout rentra dans l'ordre.

Personnellement, je n'ai connu qu'une maladie sérieuse, c'était au mois de mars 1839. Mon médecin, le docteur Massin, n'arrivant pas à trouver l'origine de mon mal, nous fîmes appel au Dr Muzeau, de St-Bonnet, qui me visita six fois de suite. Un moment donné, je me trouvais tellement mal, que Madame demanda au Dr Pastorine, de Seurre, un praticien fort réputé, de venir d'urgence. Il demeura pendant 36 heures à mon chevet, étant fort inquiet pour moi (il m'en coûta 45 F). Enfin, au bout d'un mois, grâce à tous ces soins, j'ai retrouvé mes forces. Par contre, les enfants étaient soignés pour la coqueluche. Et puis, au mois de janvier 1852, le moral faiblissait : Delphine disparue depuis quelques mois, Albert encore trop jeune pour s'occuper de La Ranche, mon dos qui me causait des ennuis et il me fallait porter un corset ; face à cette situation, je me suis très vite décidé à mettre La Ranche en *grangeage*.

La fin de l'année 1850 et 1851 furent exécrables pour nous. Albert, Noëmie, Delphine et Madame, presque toute la famille connut des moments difficiles et le médecin franchit souvent le seuil de notre maison. Quant à ma pauvre Delphine... Elle était déjà fragile depuis son plus jeune âge. Elle n'avait même pas deux ans lorsque nous dûmes appeler d'urgence le docteur Guillemaut, de Louhans. Et elle se languissait. Le Dr Massin n'y pouvait plus grand chose. Fin février 1850 je partis avec le prêtre de notre paroisse trouver M. Brun, curé de Montpont, qui nous remit un remède que lui seul connaissait. Il ne voulut rien, le brave homme. Après coup il envoya encore une bouteille « verraud » par M. Rolland, le courrier de Louhans à Pierre. C'était en désespoir de cause. Ce fut aussi la valse des médecins. M. Guillemaut vint plusieurs fois, les docteurs Curé et Muzeau lui firent des ponctions, nous consultâmes le Dr Caucal, elle eut beaucoup de médicaments, tout cela servit à rien. Elle s'éteignit le 7 mai 1851, juste avant ses vingt ans. Nous eûmes un chagrin immense. Que pouvions-nous faire ? face à une telle impuissance !

Madame eut sa part de misère au début de l'année 1857 quand elle tomba malade le 7 janvier. Pendant presque un mois M. Curé n'arrêta pas. Il lui ordonna des lavements, lui fit prendre des bains, elle absorba beaucoup d'eau sédative, finalement dut acheter une ceinture en caoutchouc que M. Beauchamp fit venir de Paris. Depuis cinq ans, elle souffre de varices et porte des bas élastiques qu'elle change presque chaque année. Ces bas « Le Perdriel » viennent de la pharmacie Marinier, boulevard Montmartre à Paris. Ils coûtent 30 F mais lui permettent de passer des moments plus agréables et moins fatigants. Dernièrement, le 17 mai, elle chuta fort mal et se cassa un bras. Philibert Roux partit à travers champs chercher le médecin qui officia aussitôt. Elle va beaucoup mieux.

Quant à cette triste année 1865, ne m'en parlez pas. Des fièvres s'abattirent sur toute la famille et chacun – sauf Camille – connut ces tourments, à tour de rôle et à des degrés divers. Noëmie fut la première à en pâtir ; le Dr Guillemaut la visita début juillet. Il revint d'urgence au mois d'octobre pour Madame, ayant envoyé Désiré Petit le quérir. Le Dr Curé venait sans cesse soigner, ordonner des médicaments. Tout le monde s'en tira, sauf Albert. Sa maladie commença fin octobre et la fièvre muqueuse l'emporta ; il s'en est allé le 28 novembre. Quelle tristesse, tous nos espoirs partis en fumée !

Les domestiques souffraient aussi de certaines maladies, parfois mortelles. Vous vous souvenez de Claude Denis Hugonnot, mort d'une fièvre pernicieuse en décembre 1855, et de François Chalumeau, décédé d'une fluxion de poitrine en janvier 1864. Les fièvres sont bien le principal fléau de notre région. Cela les prenait la plupart du temps au mois d'août, les garçons comme les filles, pendant les grosses chaleurs. Le premier jour, se sentant mal, ils restaient au lit, puis essayaient de travailler, mais ne pouvant rien faire, s'en allaient chez leurs parents pour se rétablir. D'autres connurent les panaris, ou bien les maux de reins ; dans ce dernier cas, seul un bandage pouvait les soulager. Parfois, ils demandaient de l'argent sur leurs gages pour aller consulter le docteur Curé. Quant à Claudine Bouvier, elle avait sans cesse des névralgies qui l'ennuyaient pendant de longues heures.

Les journaux – « Le Courrier de Saône-et-Loire » - publient régulièrement des réclames de différentes maisons sûres, vantant les mérites de la « Pommade de châtelaines », des injections « Thézet » contre les écoulements, de la pâte « Degenetais » à Paris, efficace pour les rhumes. J'ai lu le 3 décembre 1858 que le Dr de Grammont, 18 rue Joubert, chaussée d'Antin à Paris, consultait tous les jours à 4 heures et guérissait toutes sortes de maladies : les tumeurs, les loupes, les dartres, les ulcères variqueux, les polypes, etc. ; la présence des malades étant bien sûr de nécessité absolue. L'abbé Jean-Baptiste Galopin me transmit un extrait du journal « L'Univers » du 8 janvier 1851 dans lequel M. Obriot, curé de Trémilly (Haute-Marne), s'adressait à l'Académie des Sciences pour la prier de faire connaître à l'Académie de Médecine l'usage utile, presque infaillible selon lui, de la reine-des-prés (Spiraee ulmaria) dans la guérison de l'hydropisie. C'est un secret de famille avec lequel il guérit en neuf jours. On fait infuser une poignée de cette plante dans un litre d'eau et on boit trois fois par jour. Pouvait-on faire confiance ? Je n'ai pas essayé ! J'ai reçu une réclame de la revue « La Santé Universelle », 39 rue de Grenelle à Paris, proposant le « Guide médical des familles, des curés de campagne, des instituteurs, des dames de charité et des personnes bienfaisantes », revue dirigée par le Docteur Henri Cotin. Chaque numéro parle de la santé, de spécialités, de pharmacie, de recettes utiles pour l'agriculture, et dispose même d'un chapitre consacré aux récréations. Je n'ai pas donné suite. Il fallait payer 24 F pour quatre années.

⇒ *Autres ennuis de santé*

Albert souffrait terriblement d'une dent au mois de décembre 1852, juste après les fêtes de Noël. Le Dr Curé l'ayant examiné à la maison en conclut, en prenant un air grave, qu'il fallait l'extraire sur-le-champ ; il s'attaqua aussitôt à cette tâche délicate. Après coup, il compta sa visite ordinaire et ajouta 2 F pour la fameuse dent objet de tant de contrariété. Albert poussa un soupir de soulagement. Noëmie profita de son séjour à Dole au mois de juin dernier pour consulter un dentiste sur place, je la comprends !

Fin 1855 Madame ne voyait plus assez clair ; elle peinait pour tous les petits travaux délicats, pour lire, enfin… elle n'y tenait plus et bougonnait sans cesse. Je lui dis : « Va donc voir M. Emile Ardin, l'horloger de Pierre, il a tout ce qu'il faut. » En effet, elle revint du chef-lieu de canton satisfaite de son achat qu'elle montra à tout un chacun. J'eus enfin la paix ! Pour 3 F ce n'était pas la peine d'attendre. Mais un jour il fallut changer la monture pour un franc, puis finalement renouveler cet achat en 1866. Il y a deux ans je voyais mal ; comme je lis et écris beaucoup, je ne pouvais pas laisser les choses en l'état. Le 22 janvier M. Ardin vint à la maison, apporta quatre paires de lunettes pour que je choisisse et me les laissa. Deux jours après mon choix se fixa sur une paire à 1,50 F, c'était bien suffisant me suis-je dit.

III - 5. L'habillement

III - 5. 1 Les costumes d'enfants

Vers l'âge de quatre ou cinq ans nos deux garçons, Albert et Justin, portaient un habillement de drap gris retourné, d'une seule pièce, les jours de sortie. Peu après, Legey, tailleur d'habits à Pierre, les vêtit à ma demande comme les grands, c'est-à-dire d'une veste ronde, d'un gilet et d'un pantalon. Ils avaient des ensembles d'été et d'hiver en raison des écarts de température. Je me souviens avec émotion du printemps de l'année 1836 lorsque Albert (10 ans) et Justin (8ans) essayèrent leurs costumes d'été chez M. Legey :

- une veste ronde en circassienne (laine croisée) bronze, le pantalon vert foncé, le gilet de couleur marron,
- une veste bleu clair, un pantalon de toile bleu et un gilet couleur aventurine (jaune doré).

Tableau 103 : La Ranche – Habillement des enfants (1832-1840)

Dates	G-F	Age	Habillement	Coût
11/1832	G	5	Façon pantalon à corsage	0,8
9/1833	G	4	Façon habillement 1 seule pièce (drap retourné)	2,5
5/1834	G	5 à 7	Façon veste ronde, pantalon et gilet (1)	1,5
8/1834	G	5 à 7	Façon d'un pantalon (2)	0,4
7/1837	G	8	Façon 1 caleçon (avec fil, boutons en os)	0,5
2/1838	G	9 à 11	Façon et fourniture blouse ouverte (coton bleu)	1,95
4/1839	G	10 à 12	Façon d'une veste	1,4
6/1838	F	14	Façon d'une robe	1,6
3/1837	F	12	Achat 1 coiffe en indienne	0,75
6/1838	F	14	Achat de bonnets (de 3,50 à 5 F)	5
7/1838	G	?	Achat 1 toque en paille	3,75
4/1840	G	13	Achat chapeau en palmier	2,25
2/1837	F	12	Achat de chaussons en ratine	1
1/1838	F	13	Achat 1 paire de bas	0,35
5/1836	G	7 à 9	Sabots	0,5
2/1838	F	7	Sabots (0,40 F) et courroies (0,30 F)	0,7
5/1840	F	15 à 16	Sabots garnis de courroies	1,05
2/1838	F	2	Souliers	2
2/1838	F	6 à 14	Souliers	3,25
5/1838	G	9	Souliers	5 à 6

NB : G = garçons ; F = filles.

(1) Façon ensemble 3 pièces = 1,90 F en 1836 (âge 7 et 9 ans)

(2) Façon 0,50 F en 1836 (âge 9 ans)

Ils étaient magnifiques, marchaient de long en large, se regardaient, à notre plus grande joie aussi ! L'année suivante et ce pour éviter deux habits d'été, M. Legey confectionna à chacun une veste ronde à collet droit royale brune, un gilet rayé croisé et deux pantalons : l'un en coutil gris clair, l'autre en toile bleue. Ainsi, selon le temps, ils pouvaient s'adapter aisément. En hiver, il fallait des vêtements plus chauds : veste ronde de drap retourné, pantalon en ratine brune ou en droguet gris, et gilet.

Une petite chemise et puis, sous le pantalon, un caleçon en toile adoucie avec des boutons blancs en os. Tout jeunes, nous les coiffions de bonnets en escot ; un gland argenté agrémentait le tout. L'été, un chapeau en écorce de palmier ou une toque en paille les protégeaient du soleil ardent. Albert, le plus âgé, eut droit à son premier chapeau de feutre blanc à l'âge de neuf ans, une veille de fête patronale. Ne me demandez pas qui était ce jeune homme fringant et paradant ainsi le jour de la Trinité.

A la maison, ils se chaussaient de petits sabots cloutés que nous renforcions à l'aide d'une bande de fer pour éviter qu'ils ne les cassent en courant trop vite. Le dimanche ou les jours de sortie, des souliers de cuir préparés par le cordonnier Meunier complétaient mieux le fameux habit de fête.

Enfin, une blouse ouverte en coton bleu les protégeait de la poussière et des saletés les jours ordinaires.

Quant à mes filles, Madame y tenait beaucoup plus la main et je n'intervenais guère. Vêtues de robes, elles portèrent des coiffes d'enfants en indienne jusqu'à l'âge de douze ans. Cependant, à quatorze ans, Fanny devenait coquette et avait ses petites exigences. Madame lui fit venir de Chalon un magnifique bonnet coûtant 5 F ! Quand il faisait froid, elles mettaient un mantelet sur leurs épaules, ce qui les protégeait suffisamment. Des bas, des chaussons de ratine en hiver, des sabots cloutés garnis de courroies de cuir, ou de jolis petits souliers le dimanche, voilà à peu près ce dont je me souviens.

III - 5. 2 Les costumes des grands et les métiers

⇒ *Les costumes de femmes*

Les femmes portent des robes de drap (de laine) en hiver ; à la période estivale, elles préfèrent des tissus plus légers : indienne, cotonne, calicot, etc.

Le 6 août 1839 je venais d'encaisser le produit d'une importante vente de blé. Je me rendis à Seurre pour payer le docteur Pastorine qui m'avait soigné. Voulant faire plaisir à ma femme et déambulant tranquillement dans la rue principale, le magasin d'une dame Clergé me parut bien achalandé ; après quelque hésitation, je suis entré, demandant conseil à la patronne en lui expliquant mon affaire. Aussitôt elle étala plusieurs pièces de tissu sur ses banques ; mon choix s'arrêta sur une étoffe de couleur noire, appelée stoff, à 6 F l'*aune*. Cher ! mais très beau. – « Il vous en faut quatre *aunes* et demie ! me dit-elle, cela fait 28 F. » J'acquiesçai, elle plia soigneusement le tout et je déboursai aussitôt la somme demandée. Mon paquet sous le bras, j'entrai dans le magasin d'un épicier nommé Petit-Chevagon où je pris du sucre, de l'amadou et une pipe pour moi. L'heure avançant, l'estomac creux, j'ai déjeuné à l'auberge de M. Morisot où ma jument se trouvait depuis le matin. Pensez à mon retour ! Ma femme explosa de joie en voyant le tissu. D'emblée elle s'enquit de rendre visite à Mlle Suisse, ouvrière en robes à Pierre.

De l'indienne ? C'est bien moins cher ! Sept francs suffisent pour une robe d'été, mais comptez encore deux francs de façon plus les fournitures : le fil, les boutons, la gance, les bordures. En 1861 Camille et Noëmie convoitaient un beau tissu pour leurs vêtements d'hiver ; Mlle Florentine Tournier, modiste au chef-lieu, leur fit venir de Chalon cette fameuse popeline bleue : 16 mètres pour 52 F. Mon épouse, âgée et en deuil, porte maintenant des robes de laine noir chiné.

Autrefois nous avions coutume d'appeler « corsets» les corsages que les femmes fermaient au moyen d'un lacet en fil *d'osselle*. Elles revêtent habituellement la chemise en toile de chanvre. Depuis quelque temps les filles sont plus douillettes ; nous achetons de la toile fine chez M. Noir pour faire des cols, ce qui les rend plus agréables. Maintenant Camille et Noëmie les veulent en toile avec des manches en coton pour les jours ordinaires. Mieux encore, elles exigent des chemises en calicot pour leurs sorties.

Les manches des robes étant courtes, les femmes ont ajouté depuis fort longtemps (1838) des manchettes (autrefois en indienne, aujourd'hui plus luxueuses) couvrant l'avant-bras en grande partie. Parfois des *mittes* ou gants cachent les poignets et une partie des mains. Quand il fait froid, un manchon évite les gelures.

Des cols – ou *collets* ou *colletins* - garnissent et embellissent le cou. Achetés auparavant à Chalon, nous en trouvons maintenant à Pierre. Des buscs (1852) permettent de gonfler les chemises et de les maintenir en forme. Lorsque les robes sont trop décolletées, des guimpes (venant de chez Hennequin) masquent la gorge des filles : des jolis bijoux d'or ou autres sont mis en valeur sur ces plastrons blancs.

Depuis un ou deux ans la mode change. En 1866 j'ai donné six francs à Fanny pour rapporter de Dole une crinoline destinée à Noëmie ; ces sortes de jupons gonflent les robes de manière curieuse et embarrassent ces dames, mais que voulez-vous ! Elles viennent d'ailleurs d'adopter des corsets et des caracos faits par Mme Favier-Panset, ouvrière en robes.

De temps à autre, elles revêtent une jupe (1854), en peluche l'hiver, mais malgré tout, elles préfèrent les robes, plus saillantes.

Une bande en coulisse laisse passer un cordonnet, serrant l'habit à la taille, assez haut, juste sous la poitrine. Les robes sont agrémentées de fioritures : bordures, galons, tresse, tulle, de la dentelle (plus rarement), voire de frivolité (fleurs en fil) ; tout ceci pour rehausser le vêtement, surtout les jours de fête.

Les pèlerines, fort amples, qu'elles jetaient sur leurs épaules, les protégeaient efficacement des intempéries. Cependant, des nouveautés apparurent : des manteaux de beau drap coûtant de 45 à 50 F ; Madame eut le sien en 1857 et Camille trois ans plus tard. Quant à Noëmie, ces dames profitèrent d'un voyage à Chalon en octobre 1861 pour l'équiper chez Gras-Picard, rue du Port-Villiers. Maintenant, il y a aussi des vareuses.

Avant 1840, de grands mouchoirs carrés en mérinos (à 5 F) ou en indienne (à 2 F), repliés en pointe sur les épaules et fixés sur le corsage au moyen d'une belle broche, évitaient les chauds et froids. Ils sont parfois agrémentés de frange en laine « tapisserie ». Cependant, en 1850, la mode était au châle, beaucoup plus grand et bien plus cher. Les premiers vinrent de Dole. Les plus courants (de 10 à 15 F) trouvés à Pierre, sont encore d'un prix raisonnable, mais ceux venant de Chalon ou de Dole atteignent plus de 20 F. Depuis cette époque, les femmes protègent aussi leurs épaules au moyen de mantelets faits par les ouvrières en robes. Le prix va de 1,50 F pour les plus simples à 2,50 F pour ceux en coton ; un beau mantelet en soie acheté à Chalon vaut 20 F. De la même période sont issues les écharpes en *mirnois*, ou bien noires, peu coûteuses.

En 1837 Madame s'était fait confectionner un tablier en toile cirée, efficace et d'un entretien facile, mais habituellement les femmes utilisent des tabliers en chanvre, tissés par François Simerey, et teints gris bleu. Pour les sorties, elles recouvrent leurs robes d'un tablier de cotonne, fixé à la ceinture à l'aide de cordons. Pour les grandes sorties, ils sont beaucoup plus beaux.

Autrefois, de pauvres femmes du pays se chargeaient de graisser de la laine pour faire des bas d'hiver. En 1836 j'ai donné à la femme Vieux deux bouteilles d'huile pour deux *livres* de laine, et 0,50 F pour ses peines. De temps à autre, nous portions des bas au teinturier, choisissant ainsi la couleur désirée. Dès le printemps ces dames les voulaient en coton, bien moins chauds. S'il nous arrivait de nous procurer du coton auprès d'un colporteur pour les fabriquer, la plupart du temps ils étaient achetés chez les marchands de Pierre. Ne croyez pas que ces dépenses nous ruinaient car cela n'arrivait pas tous les jours. Pour les fêtes, les femmes préfèrent les bas blancs, le gris fer étant réservé aux sorties moins importantes. Des journalières, un peu habiles, les raccommodaient ou les *rentaient* (remplaçaient le pied) pour 0,50 F la paire. A partir de 1852, les femmes prirent l'habitude d'acheter de la jarretière tricotée pour les serrer. Madame, qui vieillit et craint davantage le froid, s'est fait tricoter une paire de grands bas par Camille Richard qui a demandé deux francs pour son travail.

Les chaussons de ratine frisée « couleur de la bête », acquis ou fabriqués, sont prisés depuis fort longtemps et conservent tout leur attrait les jours de sortie. Ils sont agrémentés de bordure ou de galon que l'on prend à part chez les commerçants. Les chaussons de laine, que nous faisons teindre au chef-lieu de canton, ont aussi tout leur intérêt dans notre région.

Les mouchoirs de poche ordinaires sont en coton ou en indienne, mais il en existe aussi en madras, en soie ou en grenadine.

Lorsque l'on part en voyage, un parapluie peut s'avérer indispensable. Le prix va de 4 à 10 F mais peut monter à 15 F pour un beau en soie venant de Chalon. De temps en temps il est nécessaire de les réparer ; un chaudronnier ou M. Deck s'en chargent lorsque le mécanisme pose problème ; M. Noir s'avère de grande utilité quand le tissu connaît quelque ennui. On emploie souvent de la lustrine brune pour les recouvrir. Par beau temps, ces dames se protègent du soleil ardent au moyen d'ombrelles.

• Les ouvrières en robes et les couturières

Les ouvrières en robes confectionnent les vêtements de femmes les plus importants : robes, pèlerines, mantelets, et maintenant des caracos, des vareuses, des corsets et des *talmas*. Elles habitent au chef-lieu de canton et sont souvent femmes – ou filles – d'artisans, de petits commerçants, etc. Mlle Jeannette Suisse, qui travailla pour nous en 1838-1839, ressemelait même des petits souliers d'enfants ; elle venait avec son ouvrière Mlle Rigolier. Mlle Rosalie Lafferrière – de la famille des bourreliers – (1848-1853) se faisait amener à La Ranche par son frère. Quant à cette pauvre Rose Rivière (1853-54), elle décéda très jeune et j'ai soldé son dû à son beau-frère M. Baverit, boulanger à Pierre, qui me raconta toute la tristesse qu'éprouva sa femme. Mlle Varlemon (la fille d'un coiffeur) ... ne m'en parlez pas ! Elle travailla seulement deux jours à La Ranche, les 9 et 10 novembre 1854, perdit deux robes qu'elle emporta chez elle pour les refaire. Finalement, je lui ai payé son ouvrage et les fournitures qu'elle devait encore à M. James Hennequin. Mlle Julie Ropitot prit la suite pendant deux ans. Mlle Sassot cousait fort bien, mais nous dûmes la quitter rapidement car elle faisait trop attendre. Mlle Victorine Jourdey (1857-1860) employait plusieurs ouvrières ; elle en amena jusqu'à cinq à la maison. Depuis 1860 nous employons Mme

Favier-Panset, une femme fort sérieuse qui a su s'adapter aux nouveautés, ce qui plait forcément à nos filles.

Tableau 104 : La Ranche – Tarif forfaitaire de couture de 1836 à 1868

Années	Vêtements	Chez elles (non nourries)	A domicile (nourries)
OUVRIERES EN ROBES			
8/1837	Façon capote	1,40	-
10/1839	Façon robe	2,25 (3)	-
9/1860	Façon "talma"	1,00	-
12/1867	Façon caraco	1,00	-
12/1867	Façon robe	2,00	-
12/1867	Façon vareuse	2,00	-
12/1867	Façon corset	2,50	-
1/1868	Façon vareuse	2,50	-
COUTURIERES			
10/1849	Façon tablier	0,65	-
6/1850	Façon "rouillière"	1,00	-
5/1857	Façon blouse	0,75	-
4/1852	Façon chemise (1)	0,75	-
1/1864	Façon chemise homme	1,00	-
1/1868	Façon chemise femme	1,25	0,75 (2)

(1) En 1857-59 : chemise de femme ou d'homme = 1 F, (idem en 1864) ;

(2) Tarif déjà appliqué en 1867 ;

(3) Même tarif en 1852

Les ouvrières en robes occupent généralement une employée. Elles travaillent chez elles, ou oeuvrent à domicile car cela facilite les essayages et les retouches. Nous achetons les tissus chez les marchands ; elles apportent les petites fournitures : fil, boutons, qu'elles prennent à crédit chez les merciers de Pierre. Elles sont aussi en relations d'affaires avec les marchands de tissus qui leur procurent du travail à la demande. Lorsqu'elles viennent à la maison, elles demandent (étant nourries) :

- pour elles : 0,60 F (de 1838 à 1856), puis 0,75 F (1857) ;
- pour leurs ouvrières : 0,50 F (1837, 1856, 1858).

Les couturières travaillent autant pour les hommes que pour les femmes et confectionnent des chemises, des blouses, des tabliers, des *rouillières*, voire effectuent quelques retouches à des robes, réparent les habits … enfin, elles cousent ! La plupart du temps elles viennent à La Ranche, mais accomplissent aussi quelques besognes chez elles, selon le cas. Elles sont souvent filles – ou femmes – de journaliers, de petits agriculteurs du village. Jusqu'en 1855, chacune n'intervint qu'une seule fois car nous les employions rarement : Claudine Simerey,

Reine Mauchamp, Mlle Poigeaut (de Boibe), etc. Après nous eûmes fréquemment Mlle Virginie Chevrot (la fille de la mère Chevrot), qui épousa un dénommé Fauterelle et partit résider à Montjay ; mais elle continua à travailler pour nous jusqu'en 1859. Elle faisait des journées de couture, blanchissait de la laine, etc. Jeanne-Marie Pugeaut, femme Bailly, de Chavenne, prit la succession pendant neuf ans. C'est une couturière fort habile, qui fabrique des sacs chez elle, peut doubler une robe ou en retourner une, voire bâtir un pantalon. Elle a d'ailleurs cousu la robe et le *talma* de notre servante Joséphine Ozanon. C'est presque une ouvrière en robes. Elle vient de nous quitter depuis le mois de mars. Marie Chanussot fut servante chez nous pendant deux ans, mais sa mère et ses sœurs confectionnaient des robes ; elle prit la fibre et vient de temps en temps coudre à la maison, tout comme Marie Henry. Mais il y a de la concurrence. Au mois d'août 1864, Claudine Guillemin nous offrit ses services à domicile pour 0,25 F par jour (nourrie, bien entendu !) alors que les autres exigeaient déjà 0,40 F. Oh ! elle le fit pendant quelques mois puis ajusta son tarif sur celui de ses compagnes.

Le tarif journalier d'une couturière (nourrie) est passé de :

- 0,20 F (1838) à 0,30 F (1859-1860) ;
- 0,35 F (1861-62), puis à 0,40 F (1863-1867) ;
- 0,45 F de nos jours.

Lorsqu'elles oeuvrent chez elles, ces filles demandent 0,50 F de plus par jour pour leur nourriture. Notons que certains habits sont facturés à la pièce. Elles apportent fréquemment les boutons et le fil, payés à part. Depuis quelques années, elles concurrencent malgré tout les ouvrières en robes car certaines accomplissent de multiples travaux d'entretien. Si autrefois elles ne passaient qu'une journée par an à La Ranche - et ce jusqu'en 1856 - elles font bien une à deux semaines maintenant. Cela égaie nos vieux jours.

- **Les marchands, modistes, colporteurs**

Les marchands de tissu du chef-lieu de canton sont bien approvisionnés. Ils vendent essentiellement des cotonnades, des indiennes, du coutil, des doublures, un peu de mérinos, de bougran, de stoff et de drap. Cependant les étoffes les plus luxueuses viennent de Chalon, de Dole, etc.

Mes principaux fournisseurs furent : M. Richard-Richard (1836-1852), puis M. James Hennequin-Poirrier (1853-1858) et sa nièce Anastasie Richard. M. Elysée Noir nous fournit l'essentiel depuis 1858 ; son fils Amédée s'occupe davantage de l'épicerie confiserie. Madame Noir avertit mon épouse quand elle reçoit des échantillons de robes, de toile de coton, offrant même des réductions. Ce marchand fait fabriquer de la toile d'*étoupe* pour les besoins courants ; comme nous sommes de bons clients, Mme Noir nous les propose à prix coûtant, soit à 1 F le mètre.

Autrefois la quasi totalité de nos achats de tissus et de mercerie venaient de Pierre (93%), le solde provenant de la ville de Seurre (chez Curtet ou Carley, etc.). Depuis que Fanny s'est mariée et réside à Dole, nos visites nous entraînent forcément chez les marchands de cette ville, surtout chez ceux qui vendent des nouveautés pour les femmes. Malgré tout, de nos jours, 80% de l'approvisionnement vient de Pierre, le reste étant acheté à Chalon (7%), à Dole (10%) ou dans quelques foires, dont La Balme.

A Chalon ces spécialistes de l'habillement sont nombreux. Nous connaissons : Gras-Picard, Foret (qui fait venir de la dentelle d'Yssingeaux en Haute-Loire, vend de la bonneterie, des broderies, du tulle, des rubans, de la quincaillerie), M. Druard (négociant en tissus et banquier) ainsi que d'autres dont j'ai oublié le nom. A Dole nos filles – surtout Camille – adorent aller chez Henri Petit, mais elles rendent visite aussi à MM. Guyot-Nardel, Gaillot-Guinot, Grémence, etc.

Les achats réalisés en ville portent essentiellement sur des robes, des châles, des jupons, des gants, des tabliers, etc., enfin, plutôt sur de l'habillement plus luxueux destiné aux festivités : baptêmes, noces, grandes sorties. Il faut avouer que l'élégance et les goûts de Camille dépassent la normale, elle est d'ailleurs responsable pour partie de ces dépenses ; chaque fois qu'elle passe quelques jours chez sa sœur Fanny, elle revient avec un monceau de vêtements qui encombrent les armoires. Heureusement, elle élève des volailles dorénavant et paie une partie de ses toilettes.

Les marchands assurèrent quasiment les deux tiers de nos besoins de vêtements jusque vers 1860. Depuis, leur part a diminué d'un tiers. Autrefois ils vendaient même des souliers, des chapeaux, beaucoup de bonnets de femmes, etc. Actuellement, ils s'en tiennent davantage aux tissus et à la mercerie. Les cordonniers s'occupent des chaussures, les chapeliers des chapeaux, chacun son affaire ! En réalité, ils sont principalement concurrencés par les modistes, autrefois inexistantes, mais qui prennent de plus en plus de place, surtout depuis 1857. Vers les années 1850-1855, Mlle Perrot, puis Florentine Tournier, qui a épousé le libraire Mazoyer, vend des châles, des cols, des manchettes, des gants, des écharpes, des garnitures, et fait venir de magnifiques tissus de Chalon. Alors Mme Noir contre-attaque, s'étant mise en rapport avec Mme Arragon, une modiste réputée de Chalon qui prépare de beaux bonnets. Ce métier, très en vogue, se développe à toute vitesse et Florentine Tournier est elle-même concurrencée depuis deux ans par trois autres modistes : Mlle Joséphine Gallier, Fanny Ardin (la fille de l'horloger), Mme Ronoblet ; sans compter celles des villes environnantes.

Tous les marchands de tissus vendent aussi de la mercerie. Quelques commerçants en font une activité complémentaire, aussi bien à Pierre qu'à La Chapelle (le boulanger Sordet, ou bien Thibert-Miconnet). Nos achats de mercerie portent principalement sur les aiguilles, les épingles, le fil, le coton et la laine, la tresse ; les autres denrées étant occasionnelles. Ajoutons l'amidon pour l'empesage.

La monnaie a bien changé et nous nous sommes habitués aux francs et aux centimes, petit à petit. Il y a peu de temps, j'ai retrouvé un mémoire d'une marchande du pays, daté du 17 août 1839. Tout était compté en *livres* et en *sous* ; cela m'a rappelé bien des souvenirs.

Les colporteurs n'ont jamais eu une très grande importance car les commerçants de Pierre sont bien achalandés. Cependant, de temps à autre – mais de moins en moins souvent – ces marchands ambulants se présentent à notre porte, vantant leurs produits : du coton, des bretelles, des coiffes en indienne, des mouchoirs, de la mercerie. Nos domestiques les attendaient avec plus de curiosité et d'intérêt que nous, il faut le dire, demandant même des acomptes pour satisfaire leurs envies ou leurs besoins. Certains colporteurs nous étaient totalement inconnus. D'autres, plus fidèles, comme Antoine qui venait depuis 1837, prirent un nom de famille petit à petit. Ainsi, Antoine, c'était un nommé Antoine Rostin ; nous ne l'apprîmes qu'au bout de quelques années. Début janvier 1837 Rol, marchand colporteur venant de Tarentaise (Savoie), offrait du drap magnifique à 15 F l'*aune* et de la lustrine à 1,15 F. Il proposa le paiement de la marchandise dans trois mois, lors de son prochain passage. En effet, il revint le 21 avril et reçut ses 53,50 F. M. Rol a épousé une fille du canton et s'est installé dans la région.

⇒ *Les costumes d'hommes*

Nous avons l'habitude d'avoir deux habits : d'hiver et d'été.

Autrefois dès l'automne nous revêtions la veste ronde de drap bleu ou gris (voire en circassienne), accompagnée d'un pantalon d'étoffe identique ou en ratine et d'un gilet en piqué imprimé couleur nankin (jaune) ou broché bleu clair, voire en drap.

Tableau 105 : La Ranche – Dépenses d'habillement (moyenne annuelle) de 1836 à 1865

Professions		1836/1839		1850/1854		1855/1859		1860/1865	
		Montant	%	Montant	%	Montant	%	Montant	%
Vêtements	*Marchands*	193	62,9	286	64,0	353	65	172	42,3
	Tailleurs	4	1,3	22	4,9	35	6,4	51	12,5
	Couturières (2)	13	4,2	12	2,7	23	4,2	15	3,7
	Divers (1)	45	14,6	55	12,3	20	3,7	7	1,7
Modistes		0	0,0	14	3,1	48	8,8	82	20,1
Chapeliers		8	2,7	17	3,8	16	3	14	3,4
Chaussures	*Sabotiers*	11	3,6	10	2,3	16	3	18	4,4
	Cordonniers	33	10,7	31	6,9	32	5,9	48	11,9
TOTAL		307	100,0	447	100,0	543	100	407	100,0

(1)Les divers comprennent : les ouvriers travaillant le chanvre (peigneurs, fileuses, tisserands); les teinturiers, bourreliers, blanchisseuses, ravaudeuses, etc.
L'activité de peignage, filature, disparaît à partir de 1854, celle des tisserands en 1860 en raison de l'abandon de la culture du chanvre.
(2) Comprend les "ouvrières en robes" et les couturières.

Pendant la période chaude nous choisissions un habit plus léger : veste ronde à collet droit en coutil gris clair, pantalon de même, gilet rayé tout fil, parfois des guêtres boutonnées en coutil rayé bleu.

Le tailleur sait retourner complètement un habit, voire transformer une grande veste en veste ronde. Nous profitons ainsi plus longtemps de ces vêtements coûteux.

Depuis les années cinquante, je portais plutôt la grande veste au goût du jour, puis ce fut le paletot qu'Albert adopta en 1856 et moi-même peu de temps après. Mais de nos jours bien des hommes ont conservé l'ancienne veste ronde.

Il est vrai que se vêtir correctement entraîne des dépenses élevées, surtout à cause du tissu car le coût de la main-d'œuvre demeure raisonnable. Tenez, pour un beau pantalon d'hiver, il faut compter 15 à 25 F de drap ; en été 6 à 7 F de coutil suffisent. Mais si à l'automne vous désirez un ensemble, prévoyez 60 à 70 F pour le marchand et environ 10 F pour le tailleur. Dans ces conditions, nous changeons peu souvent de tenue complète et achetons fréquemment un pantalon ou un gilet que nous adaptons à une veste de même type, cela nous convient parfaitement. D'ailleurs, cela me revient subitement, il y a bien dix ans, peut-être plus, que ne j'ai pas fait les frais d'une veste car je réassortis le reste. Albert réclame peu souvent des vêtements, il est peu exigeant dans ce domaine et cela l'intéresse moyennement. Il se passionne davantage pour la chasse. Oh ! il a bien un bel habit : paletot, gilet, pantalon, mais il préfère la *rouillière* qui l'embarrasse moins. Moi, je suis resté plus attaché à mes habitudes, en adoptant malgré tout quelques nouveautés.

- Les tailleurs d'habits

Autrefois nous achetions du tissu chez les marchands et le remettions au tailleur. Félix Cornier, tailleur d'habits à La Chapelle, fournissait aussi un peu de drap ; il vendait également de l'épicerie, des paniers. Il confiait une partie du travail à Jean-Jean Richard – dit « Parisien » - installé au hameau du Bois-Brûlé, qui oeuvrait pour lui. Mais dès 1838 nous entrâmes en relation avec le « Parisien » qui venait à la maison. C'était un tailleur très habile, vous pensez ! Et puis Félix, il prit la régie de tabac du village et devint adjoint au maire en 1855.

Depuis les années cinquante – et même avant – Pierre Legey devint notre tailleur attitré ; nous ne lui avons pas fait d'infidélité. Il est installé au chef-lieu de canton depuis 1830 et travaille maintenant avec son fils Joseph ; son petit-fils Charles apprend déjà le métier.

Les tailleurs font concurrence aux marchands depuis quelques années en fournissant directement du tissu. Auparavant, ils n'assuraient que les petites fournitures : fil, voire boutons, etc.

Leur tarif a évolué ainsi :

- en travaillant chez eux (non nourris) : une veste ronde = 3 F (1836) ; une grande veste, avec fournitures et doublure = 8 F (1851-1855) ; un gilet = 1,50 F (1836) et 2 F (1856) ; un pantalon = 1,50 F (1833 à 1855) ;

- en travaillant à domicile (nourris) : une veste ronde = 1,50 F (1834) ; un gilet = 0,75 F (1838) ; un pantalon = 0,75 F (1834-1837).

Des tailleurs d'habits du village effectuent quelques travaux : gilets, pantalons ; certains, comme Henry Miconnet, sont capables de transformer une veste. D'autres, comme Claude-Henry Beaupoil, du Buisson-Jean-Chêne de Terrans, travaillent occasionnellement, s'occupent de vêtements simples, cousant un pantalon, voire un gilet, mais pas plus. D'ailleurs, nous amodions de la terre à *turquis* à Beaupoil, mais pour être payé, que de temps ! Lui-même et sa femme faisaient des journées de moisson, son épouse lavait, épandait le fumier, et lui, pour régler le solde, cousait quelques habits.

Ces petits tailleurs de village venant œuvrer à la maison (nourris) demandent :

- 1,90 F (1853) pour transformer une grande veste en veste ronde ;

- 0,40 F (1852-59) et 0,75 F (1862) pour un gilet ;

- 0,60 F (1852-59) et 1,05 F (1862) pour un pantalon.

Quant aux marchands de tissus, c'étaient les mêmes que pour ces dames.

- Autres éléments des vêtements d'hommes

Albert portait fréquemment la *rouillière* - ou *blouse* -, vêtement ample et léger en toile fine bleue claire ; moi je ne la revêtais qu'occasionnellement, pour aller à la foire. Une couturière prenait un franc de main-d'œuvre (chez elle, en 1850) ou 0,75 F (à domicile, en 1857), mais en général cela faisait partie de ces travaux de couture payés à la journée.

La chemise de toile est de rigueur. Autrefois j'arborais une belle cravate en soie noire, voire en *mousselinette* ou en tissu *à quadrille* fond blanc (bien moins chère). Oh ! j'aime encore cette soie, noire et blonde, qui me sied, mais la petite cravate est devenue plus fréquente et à bien meilleur marché. De nos jours on en trouve même en laine tricotée. En janvier 1850 Albert voulut une cravate foulard rouge pour suivre la mode.

En hiver, j'enfile un caleçon en toile de coton, voire en coton tricoté que nous achetons chez les marchands. Cela me protège du froid et je peux affronter les intempéries, ne craignant plus la bise glaciale pour aller au loin. Parfois, un gilet de dessous en tricot de laine fine blanche garantit la poitrine. Des chaussons en ratine frisée ou une paire de grands bas de coton gris fer complètent l'équipement hivernal.

Pour éviter les salissures de la ferme, rien de mieux qu'une grande peau d'Ain ou basane (à 3 ou 4 F) achetée chez le bourrelier ou le plus souvent à la foire de La Balme, enveloppant nos vêtements ordinaires.

Nous n'avons pas l'habitude de mettre des gants mais lorsque je fus convoqué au tribunal de Chalon au mois de décembre 1854, étant membre du Jury de la Cour d'Assises de Saône-et-Loire, je me vis dans la quasi obligation d'en porter une paire que je choisis de couleur noire. A la ferme, des mitaines en *étoupe* tricotées par quelque femme du village nous suffisaient.

Les dames possèdent de beaux mouchoirs ; les nôtres, en fil, nous conviennent parfaitement. De temps à autre Albert s'en allait fièrement, une canne à la main. Il s'était offert cette petite folie de peu d'utilité en passant à Dole. Chacun ses tentations !

Les colporteurs venant de temps en temps à La Ranche offrent des cravates, des bretelles, que sais-je encore !

III - 5. 3 Les coiffures

Les femmes portent des coiffes ordinaires (de 0,70 à 0,90 F) ou des bonnets (indienne, marceline) achetés à des colporteurs venant à domicile, voire parcourant les foires, ainsi qu'à quelques marchands de la région. Autrefois, lorsqu'elles désiraient s'habiller luxueusement, elles faisaient venir de Chalon de magnifiques bonnets brodés agrémentés de dentelle, par l'intermédiaire de Madame Richard-Richard, à des prix allant de 5 à 7 F. Puis apparurent les modistes que vous connaissez déjà, qui demandaient 0,20 F de main-d'œuvre et autant pour une bordure simple, mais il fallait leur fournir les fonds de bonnets. Maintenant elles s'occupent de tout, quelle que soit la qualité recherchée.

Anciennement il y avait des capotes napolitaines ou en stoff uni.

Dès que l'été arrivait, Camille arborait un joli chapeau de paille, parfois noir et blanc – plutôt noir maintenant. Noëmie en était beaucoup moins friande ; elle préférait le blanc qui lui allait à ravir.

Quant à moi, j'ai toujours voulu des chapeaux de feutre, noirs, gris ou blancs, selon les circonstances, dont le prix est passé de 5 F à 8 ou 10 F de nos jours, suivant la qualité ou la fantaisie. Pour les cérémonies, j'ai porté pendant très longtemps le chapeau de soie ; le dernier, acheté 10 F en 1856, était encore au même prix que vingt ans plus tôt. M. Giraud fut à peu près notre seul fournisseur jusqu'en 1860, puis d'autres le remplacèrent : Simonot, Théophile Plessis. Ces chapeliers vendaient, mais ils retapaient aussi toutes sortes de chapeaux, voire les teignaient pour leur rendre leur blancheur. Immédiatement après la disparition d'Albert, M. Simonot repassa mes deux chapeaux et y ajouta un crêpe, indiquant ma situation, peu enviable du reste !

Albert avait déjà adopté la casquette à visière en 1850 ; j'attendis deux ans de plus pour en faire autant car ce n'était pas dans mes habitudes. Finalement, depuis cette époque, mon fils et moi-même portions autant la casquette que le chapeau, selon les occasions, bien sûr ! Cette coiffure nouvelle coûte de 3 à 4 F.

En été, le chapeau de paille est de rigueur. Nous adorons aussi ceux en palmier ou en écorce de palmier qui tiennent bien au frais. Le dimanche Albert mettait un magnifique chapeau de paille noir. Il y tenait tellement qu'il n'hésita pas à dépenser pour le faire réparer.

Les domestiques avaient plus l'habitude du bonnet. Cela me rappelle une histoire bien banale, mais qui finalement me fit rire après coup. Au mois de septembre 1836 François Doussot, domestique, posa son bonnet vers le puits. L'une de nos vaches vint à passer et, voyant cette curieuse coiffure à sa portée, s'en empara, la mâcha longuement et l'avala. Nous en fûmes pour nos frais mais François prit une colère mémorable contre le malheureux animal.

Moi, je ne supporte les bonnets blancs de coton que la nuit, et encore !

III - 5. 4 Les chaussures

⇒ *Sabots et sabotiers*

Toute la famille porte des sabots à la ferme ou pour aller au bourg, voire à quelque foire des environs. Lorsque nous exploitions le domaine en direct, il nous en fallait près de vingt paires par an car ils s'usent vite ou se cassent. Parfois nous en commandions jusqu'à 40 paires et puis, d'autres années, nous vivions sur les réserves.

Il y a des sabotiers dans la plupart des communes. Autrefois j'achetais parfois chez Beauchamp à Pierre mais depuis 1836 la famille Cordelier, de La Ranche, nous a fourni l'essentiel des besoins.

Je vendais fréquemment des lots de bouleaux, voire de trembles, parfois de vernes, aux sabotiers du village, et de Mervans où cette industrie est prospère. Oh ! on utilise bien d'autres bois (noyer, saule) mais c'est plus rare, car le bouleau a la préférence dans notre région.

Emiland Cordelier, installé depuis longtemps, forma ses trois enfants à ce métier : Joseph, Emiland et Henri, qui succédèrent à leur père. Ils sont célibataires et vivent avec leur domestique Marie Pacaud. Joseph me disait récemment qu'ils en fabriquent environ 700 paires par an. J'étais en compte avec eux, leur fournissant des troncs d'arbres, leur louant quelques sillons de terre pour cultiver leur maïs, des pommes de terre ; je leur prêtais mes attelages et ils me rendaient ce service en journées de travail.

Ils fabriquent chez eux et vendent aux gens du pays. Ils travaillent aussi à façon quand un client leur apporte le bois. Ils oeuvrent aussi à domicile, ce que fit Emiland chez nous en 1851 en débitant des troncs pour me confectionner 68 paires de sabots.

Voici le prix des sabots tout faits :

- hommes : 1 F (1851) ; 1,05 F (1860) ; 1,20 F (1865) ;
- femmes : 0,70 F (1851) ; 0,80 F (1860) ;
- petits enfants : 0,40 F à 0,50 F ;
- bergers : 0,75 F à 0,80 F (1860) ;
- bergères : 0,45 F à 0,60 F (1860).

Ce sont des prix moyens car le tarif varie quelque peu selon la taille mesurée en *pouces*, la teinture le cas échéant.

Hommes et femmes portent des sabots couverts en bois naturel ou teints en noir. Les femmes demandent souvent des sabots découverts garnis de courroies en cuir (achetées chez les marchands au prix de 0,30 F). Il en va de même pour les enfants chaussés la plupart du temps de sabots noirs.

Quand les frères Cordelier travaillent à façon chez eux, ils demandent :

- 0,30 F pour une paire de sabots « rouges » (en bois naturel) ;
- 0,40 F pour une paire teinte en noir.

Cette différence se retrouve lors d'un achat.

Albert portait parfois des sabots vernis. Pour se protéger de la boue, il s'était fait fabriquer une paire de *bottes à sabots* (sabots bottes) chez Chalumeau, cordonnier à Mervans, qui lui prit 6 F en 1850 ; quatre ans plus tard, Sagetat les faisait payer 10 F. Il faut beaucoup de cuir… alors !

Les sabots s'usent très vite. Pour les économiser, nous les ferrons au moyen de clous spéciaux. Remarquez que cela évite aussi les glissades malencontreuses.

Autrefois bien des valets réclamaient au moment de s'engager, outre de l'argent, trois paires de sabots, etc. Après 1852, ce salaire en nature disparut presque complètement chez les garçons mais subsista chez les filles.

⇒ *Les chaussures en cuir*

Les femmes se chaussent de souliers légers (escarpins à 3 F) ou plus lourds (à 5 ou 6 F) de l'automne au printemps. Les *bamboches* (babouches) ont été remplacées par les pantoufles en 1850 ; la première paire vint de Dole, mais depuis les marchands de Pierre ont un choix suffisant. L'année dernière Camille se fit faire des bottines rehaussées de jolis boutons, qu'elle paya 17 F. Notez que cela lui va très bien.

Les hommes ont des chaussures de cuir légères en été (à 8 F) et de gros souliers en hiver (de 12 à 15 F pour des brodequins). Albert, plus jeune, portait de belles bottes (à 18 F) mais il aimait les souliers vernis, très élégants.

Les cordonniers fabriquent des chaussures aussi bien pour les enfants que pour les adultes. Ils assurent les ressemelages complets (3 F), voire effectuent de petits raccommodages, remontent entièrement des bottes, etc. Autrefois ils étaient concurrencés par les marchands du chef-lieu de canton, mais depuis une bonne dizaine d'années ces derniers n'offrent que des pantoufles, des lacets, du cirage.

III - 5. 5 L'entretien et métiers divers

Je ne vous reparlerai pas du travail du chanvre : des peigneurs, des fileuses et des tisserands ; de la laine : cardeuses, fileuses ; vous connaissez bien leur activité.

Le chanvre et la laine étaient bruts. Nous faisions teindre de la toile et du fil de chanvre pour notre usage personnel chez les teinturiers de Pierre : les David, les Baillard. Ces gens-là teignaient aussi toutes sortes de vêtements, des chaussons, des bas, etc. Lorsque mon « père » Denis Guillemaut est décédé en 1838, mon épouse porta des robes, des *mouchoirs* (carrés) chez M. David afin de les adapter à sa situation. Mais depuis, on ne change plus guère la couleur lors d'un deuil, on porte autre chose.

Pour exercer leur métier, ils demandent :

- fil de ménage : 0,50 F la *livre* (1838) ; 0,575 F (1868) ; et 0,05 F pour une pelote (1838) ;
- toile de ménage : 0,50 F l'*aune* (1837) ;
- bas d'enfants : 0,30 F la paire (1836) ;
- bas d'adultes : 0,40 F (1840) ;
- chaussons de laine : 0,15 F (de 1838 à nos jours) ;
- teinture de robe : 2 F à 2,40 F (1839) ;
- grand *mouchoir* (ou carré) : 1,25 F (1839) ;
- petit mouchoir : 0,65 F (1839).

En mai 1838, j'avais acheté chez le pharmacien Naudin deux *onces* de chlorure de chaux liquide et douze *grains* d'acide sulfurique pour blanchir du fil à coudre ; je n'ai pas recommencé.

Les David exercent de père en fils depuis plus de 30 ans ; ils sont installés rue de l'Eglise. Quant aux Baillard, à la Tuilerie, ils font de même : Jacques, qui succéda à Vincent, est décédé depuis trois ans. Le pauvre bougre n'eut pas de chance. Sa première épouse, Elisabeth Cuaboz, mourut en couches, lui laissant un fils Vincent, qui est actuellement militaire en Afrique ; il se maria peu de temps après avec Pierrette Carmentrant, une femme bien plus jeune que lui, dont il eut deux enfants. Il vivait fort modestement, tuant son cochon, élevant trois vaches, faisant son pain. On le voyait toujours dans la rue portant la *rouilllière*. Un jour, entrant dans son atelier pour retirer des chaussons, je vis une vieille banque sur laquelle se trouvaient des pots de terre et des corbeilles d'osier. Deux crochets pour peser le fil, l'un de 8 kg et l'autre de 50 kg, étaient suspendus. Et puis, des tonnes servant de cuves à indigo. Dans un coin, une chaudière, un mortier où il écrasait ses couleurs, une bassine pour la trempée ; enfin, tout son matériel : des pots, des assiettes, des *trappes,* des cuillers et des fourchettes, un tamis, une chaise de bois blanc foncée de jonc. Il se reposait sûrement là de temps à autre car il avait installé un vieux lit de sapin garni de literie sur lequel traînait un ancien chapeau noir en forme basse. Il rangeait de l'acide sulfurique et du bois d'Inde dans une petite pièce annexe. Pour les travaux importants, il allait dans sa grange où étaient alignées deux chaudières de cuivre. Maintenant, je vais aussi chez Guillot, installé depuis quelques années.

Les blanchisseuses (Thérèse Decrète ou Mlle Chrétien) paraissaient très rarement à la maison autrefois. Nous laissions aux modistes l'entretien et le tuyautage des bonnets de ces dames. Depuis cinq ou six ans Clarisse Badet vient chez nous deux ou trois fois l'an pour remettre en forme ce linge fin et délicat. Ces femmes travaillant à domicile (nourries) comptent pour leur journée :

- 0,30 F (1840) et 0,40 F (février 1863) ;
- 0,50 F (octobre 1863 à 1865) et 0,55 F actuellement.

Des femmes du pays allaient raccommoder et *renter* les bas d'hommes et de dames, mais il y a bien longtemps de cela !

Les bourreliers fabriquaient et réparaient les *basaines* (grands tabliers de cuir) mais on préférait les acheter à la foire de La Balme à cause du choix bien plus grand.

Les femmes aiment beaucoup les travaux d'aiguilles. Elles tricotent des bas, des chaussons, etc. Pour ce faire, elles achètent du coton - qui a d'ailleurs beaucoup augmenté (2,75 F la *livre* en 1856 et 5 F en 1863) ; le prix de la pelote est passé de 0,40 F en 1852 à 0,80 F en 1865. Le coton à raccommoder se vend par petits paquets à un *sou.* Elles se servent fréquemment de laine pour les mêmes travaux. Autrefois nous en achetions à La Balme à des femmes venant exprès. Depuis les années cinquante les marchands en offrent couramment (1 F la pelote en 1857 et 0,70 F en 1865) ; la laine de couleur vaut plus cher. Ces dames font aussi du crochet.

Le canevas et la broderie sont aussi à l'honneur chez nous. D'ailleurs, il y avait tellement de coton, de fil, que les femmes réclamaient une corbeille à ouvrage. Je leur dis d'aller à la foire de La Balme, fréquentée par de nombreux camelots venant de partout. Effectivement, elles en dénichèrent une, fort belle ma foi ! Camille est la plus acharnée, elle se passionne pour ces travaux fins. L'année dernière Mademoiselle Berry, institutrice au village, lui fit venir un beau filet à broder. Alors, cela n'en finit pas, mais, finalement, j'y ai trouvé la paix.

Enfin, il y a la couture ! Que d'achats d'épingles, de fil : du rose, du blanc, du noir, du fil de Limoges, d'Osselet, en pelotes ou en écheveaux. Mais il faut beaucoup d'accessoires pour les vêtements de femmes : de la dentelle, du tulle, de la soie, de la tresse, de la frivolité, de la ganse, du *padoue* (ruban), sans vous parler des galons, de *l' orléanse*, que sais-je encore !

Dans un domaine où vivaient de nombreuses personnes (famille et domestiques), il fallait beaucoup de linge car la lessive n'était pas faite tous les jours, vous vous en doutez ! Bien qu'autrefois on lavait plus souvent, par petites quantités, en se contentant d'employer une seule personne pour cette besogne, généralement une femme du hameau venant *faire la bue*. Mais vers les années cinquante, cela a bien changé. Depuis cette époque, la grande lessive a lieu à peu près quatre fois l'an : deux tournées au début de l'année ; la première en janvier-février, puis la deuxième en mars-avril, selon les circonstances et les besoins. De juin à octobre, toute la maisonnée était bien trop occupée à d'autres travaux, sauf peut-être courant août au moment d'une accalmie entre les moissons et les semailles. Ces grands nettoyages reprenaient en novembre puis en décembre. A part cela, quelques petites interventions en cas d'extrême urgence.

La Ranche - Dépenses d'habillement

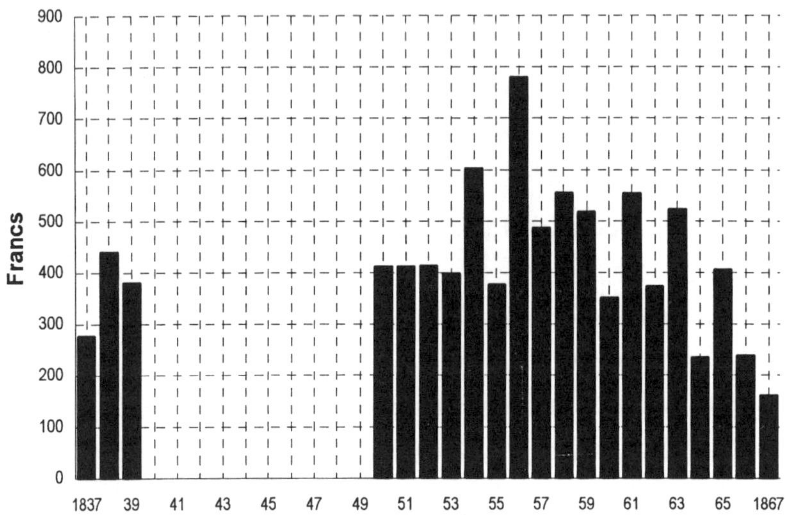

Préparer une grande lessive était tout une histoire. La première journée une femme ayant bonne réputation venait préparer le cuvier en le garnissant soigneusement de linge, chauffer l'eau, la verser à différentes reprises sur le drap garni de cendres recouvrant le baquet. C'était la *trempée*, elle *coulait la lessive*. Caroline Richard avait un don pour ces choses. Le lendemain, deux ou trois autres femmes du hameau arrivaient dès le grand matin pour laver : Marie Robert, Marie Roux, la femme Rameau. Bien d'autres firent ce travail chez nous. Il fallait installer les *selles de bue* (planches) au bord de la grand mare toute proche. Elles empilaient le linge trempé dans des baquets de bois, prenaient le savon, et s'en allaient gaiement au bord de l'eau. Le soir, harassées, elles rapportaient le tout, mais souffraient souvent du mal de dos. C'était un travail rude. Comme on change beaucoup plus souvent de vêtements, cela fait bien plus à laver au domaine. Le nombre de journées consacrées à ces travaux a doublé, la consommation de savon aussi ! Nous sommes devenus bien plus exigeants maintenant. En 1836 les femmes demandaient 0,40 F par jour (nourries) ; cela a duré jusqu'à l'été 1856 où le tarif est passé à 0,50 F, puis à 0,75 F depuis 1864. Nous n'employons quasiment plus de personnel, mais les femmes du hameau viennent encore, à quatre ou à cinq, quand le besoin s'en fait sentir.

Autrefois nous achetions le savon par petites quantités : une ou deux *livres* à la fois ; progressivement, les besoins augmentèrent. En 1856 Joseph Bruchon – un ancien du pays – marchand à Bletterans (Jura), revenait souvent dans la région faire du commerce et approvisionner les gens qui le connaissaient. Il nous offrait des bandes de savon de Marseille pesant de 3 à 4,5 kilos qu'il vendait au kilo (et non à la *livre* comme c'était l'habitude). Un jour, Marie Chanussot, notre servante, rapporta un morceau de savon acheté chez M. Noir à Pierre. En vérifiant la note, quelle ne fut pas ma surprise ! 1,25 F pour un savon ne pesant guère que 600 grammes, le double du prix ordinaire. Je lui dis : « Ma fille, tu vas le reporter lundi en allant au marché et t'expliquer avec le marchand, note à l'appui. » Non mais !

Le prix du savon a baissé d'un quart en trente ans, passant progressivement de 0,65 F la *livre* à 0,50 F.

Après la lessive, les femmes repassaient pendant plusieurs jours. Elles utilisaient du bleu pour adoucir certains tissus rebelles au fer, malgré des mains aguerries. Oh ! nous en achetions très peu, car c'était fort cher : 0,40 F la demi-*once* (13 F le kg). Et puis, il fallait aussi amidonner les cols, etc. Les marchands le vendaient trois *sous* le demi-quart.

Nous avons peu utilisé d'autres produits : le bois de Brésil, l'indigo. Ce n'était guère nécessaire !

III - 5. 6 Les bijoux

Mon seul luxe est une montre en argent ; j'y tiens énormément. Quant à ma femme, je lui avait offert, en l'épousant, des bagues et des joyaux d'une valeur de 200 F ; ces biens lui resteront propres après ma mort, selon les termes de notre contrat de mariage. Mais les femmes ont beaucoup plus d'exigences et d'envies que nous à ce sujet. Madame aimait aussi arborer une jolie broche servant à maintenir correctement son châle. Et puis, un jour d'avril 1840, elle voulait une nouvelle bague en or. Comme nous nous rendions chez le docteur Guillemaut, nous en profitâmes pour visiter les magasins de la ville de Louhans. Nous entrâmes tout d'abord chez M. Guillemaut-Lachize, orfèvre. Ce dernier étala tout un assortiment en nous voyant si intéressés. Après bien des hésitations, des regards, des interrogations, elle choisit enfin la bague qui lui convenait. Le bijoutier lui racheta son ancienne bague en or et demanda 5,25 F *en retour* (différence). Les emplettes continuèrent sous les grandes arcades bien agréables quand il fait beau. Madame acquit un livre de prières, des vases dorés, cela prit bien tout l'après-midi. Nous soupâmes chez Bartholomey avant d'aller coucher à Simard chez mon beau-frère.

Nos filles portent de magnifiques boucles d'oreilles et des croix en or, ces dernières mises en valeur par le blanc impeccable de leur chemisier. Tous ces bijoux viennent de Chalon, de Dole évidemment. Mais cela ne suffit pas, il leur faut aussi des bagues en argent, voire des colliers fantaisie, ceux-ci à bon marché, j'en conviens ! mais tout de même. Et tout récemment Camille rapporta des boucles d'oreilles en jais qu'elle venait d'acheter chez Ronoblet, horloger à Pierre. Je parierais que sa femme, modiste, a fort bien su l'attirer dans le magasin de bijouterie, ce que je lui fis remarquer. – « Mais il faut changer, père » -, me dit-elle ! Que voulez-vous, c'est ainsi maintenant.

Albert aimait surtout les belles montres. Je lui en avais offert une en or quand il était tout jeune. A l'automne 1853, il en vit une magnifique chez M. Ardin, horloger au chef-lieu de canton. N'y tenant plus, et par curiosité, il finit par entrer, voulant simplement un renseignement. C'était ma foi une fort belle montre *à l'épine* (Lépine) en argent. Elle valait tout de même 70 F. Le marchand acceptait de lui reprendre la sienne – en or – pour 50 F. Bien entendu, Albert remercia M. Ardin. Il finit par m'en parler, me vantant la beauté, la qualité, ne sachant comment aborder le sujet. Ayant tout compris, je lui dis : - « Achète-la si elle te fait plaisir ; de plus, je te donne le *retour* de 20 F ». Il ne traîna pas longtemps et s'en fut à Pierre pour concrétiser et assouvir son désir. Il fallait aussi payer la chaîne, la clef en argent. Albert ajouta de son argent personnel les 10 F nécessaires.

Mon fils portait une vieille bague en or au doigt, fort usée il est vrai. Le bijoutier lui en vendit une nouvelle (8 F) en reprenant la vieille (2,25 F). Chacun y trouvait son compte.

Emile Ardin, horloger, vendait et nettoyait les horloges, les montres ; sans oublier les lunettes ! Il prenait 2 F pour *décrasser* une montre (3 F maintenant). Seulement ces appareils sont fragiles ; une fois on casse le verre, une autre on perd la clef. Heureusement, Emile a tout ce qu'il faut. Cet homme a aussi du génie. Il cherche tout le temps. Avec son ouvrier Jean-Pierre Arveux, il a inventé un mécanisme pour la chasse, dit « tireur de ficelle pour miroirs aux alouettes ». Il a rempli les formalités exigées par la loi pour protéger son invention et obtenu de M. le Ministre de l' Agriculture et du Commerce un brevet d'invention valable dix ans. Voulant développer la vente de son engin, il se mit en rapport avec M. Michaud, fabricant d'horloges à Morez (Jura). Ce dernier devait se charger des mécanismes. Malheureusement, il ne respecta pas les délais, faisant manquer la saison ; de plus la fabrication était défectueuse. Maintenant ils sont en procès.

III - 6. L'enseignement, l'information, la Poste

III - 6. 1 L'enseignement

Lorsque j'étais enfant, Denis Chevaux, recteur d'école au village, enseignait à une soixantaine d'enfants : à lire, à écrire, à chiffrer tout au plus pour les meilleurs. A Pierre, ils apprenaient en plus le calcul, la grammaire, mais il aurait fallu davantage pour accéder à l'Ecole Centrale.

Par la suite, nous ne manquions pas forcément d'ambition, mais d'argent. En 1829 l'école de garçons était en ruine ; la religieuse institutrice n'avait rien touché depuis deux ans. Peu de temps après, le conseil municipal se posa des questions sur l'instituteur Douairet. Exerçait-il convenablement ? Cela correspondait-il aux souhaits des parents ? Il était de toute manière trop âgé et fut renvoyé. François Grand le remplaça, bénéficiant d'un traitement annuel de 250 F, de la jouissance d'un logement et d'un jardin ; à cela s'ajoutaient des rétributions scolaires. Il devait cependant admettre chaque année quinze enfants indigents, gratuitement, désignés par le maire ; enfin... chanter à l'église. Les enfants fréquentant l'école payaient 0,50 F par mois pour apprendre seulement à lire ; des suppléments renchérissaient la note : 0,50 F en plus pour écrire, 0,75 F en y ajoutant l'arithmétique et 1 F pour la grammaire. En somme, pour posséder ces quatre bases importantes, il en coûtait 1,50 F par mois aux parents.

Vint aussi le temps des choix fondamentaux. En novembre 1833 le conseil se réunit pour débattre du mode d'enseignement. Après des discussions animées et quelques divergences, neuf voix se portèrent sur l'enseignement simultané, plus traditionnel, et deux seulement sur l'enseignement mutuel ; voyant cela, j'ai refusé de signer !

En avril 1834 un Comité local de surveillance des écoles fut créé, dont j'étais membre, mais je vous en reparlerai. Un nouveau maître devait produire un brevet de capacité, un certificat de moralité, avant d'être choisi, agréé par le conseil municipal, par le Comité local d'instruction qui le présentait au Comité supérieur d'arrondissement à Louhans, ceci avant admission par le ministre de l'Instruction Publique.

Peu de temps auparavant, au mois de janvier, le Comité supérieur de Louhans institua un règlement, affiché dans chaque école : classe tous les jours, sauf le jeudi, le dimanche et jours fériés ; à 9 heures du matin en hiver et à 8 heures de mars à octobre. Le maître veille à la propreté des enfants, aux retards, et les réprimande en cas de récidive. Aussitôt rentrés, les élèves doivent respecter un profond silence. La classe est ouverte et terminée par la prière. Sur un registre figurent les éloges, mais aussi les punitions infligées.

Au mois de mai 1835 la commune acheta des bancs, des tables, des tableaux noirs et d'arithmétique ainsi que de dessin linéaire cartonnés, des fournitures pour les élèves indigents. Le conseil refusa cependant de payer une allocation à l'instituteur pour suivre les cours de l'Ecole Normale de Mâcon, ouverte depuis peu, et de régler l'abonnement au journal des écoles primaires : « L'Agriculteur ».

En 1836 Albert avait neuf ans, Justin deux de moins et Delphine se trouvait juste assez grande pour apprendre. Il fallait équiper nos enfants pour cela, ne rien négliger. M. Grand nous fit venir le fameux livre de lecture intitulé "Simon de Nantua » qui bénéficiait d'une bonne renommée ; s'ajoutèrent aussi des tableaux de lecture (8 F) avec la tresse pour les suspendre, et deux morales en action à 38 *sous* l'une. Pour compléter le tout, je m'en fus à Seurre chez Trameau, libraire, qui me procura trois petits livres de lecture, une paire d'heures. M. Billot, instituteur à Pierre, nous remit trois ardoises accompagnées des crayons et porte-crayons adéquats. Il manquait les écritoires garnis de liège que nous trouvâmes chez Bonjean à Pierre, ainsi que les fournitures courantes : encre, plumes métalliques à trois *sous* la demi-douzaine et les cahiers à six *sous*. M. Grand nous commanda des tableaux d'arithmétique (18,80 F) chez M. Escalle, libraire à Lons-le-Saunier. Bien équipés, ils devaient découvrir toutes les matières indispensables.

Pour aider davantage ces jeunes esprits, le 30 avril 1837 j'ai passé une convention avec M. Grand. Nos enfants iraient chez lui de 6 heures du matin jusqu'à 8 heures, sauf les jeudis et dimanches, pour y recevoir des leçons particulières de lecture, d'écriture, d'arithmétique, de grammaire, etc. moyennant 2 F par mois pour chacun. M. Grand bénéficiait d'une très bonne considération, son école était fort bien tenue, il souffrait cependant d'infirmités. Il recevait jusqu'à 120 élèves en hiver, mais seulement 30 en été, à cause des travaux des champs. Albert et Justin fréquentaient l'école communale de garçons ; Delphine allait chez les religieuses institutrices du village.

Fannie, l'aînée, alla en pension chez Mlle Martineau, institutrice laïque à Pierre, qui la prit moyennant 32 F par mois, 3 F pour le bois de lit une fois donné. Elle se chargeait de la nourrir et de l'instruire. Cette demoiselle était très capable, son école jouissait d'une bonne réputation dans le canton. Mlle Martineau pratiquait l'enseignement simultané, élémentaire : la bible, la grammaire, l'histoire de France, la géographie, etc. Elle s'occupait d'une quarantaine de filles.

Fannie (15 ans) et Camille (13 ans) grandissaient. Le 18 avril 1839 nous décidâmes de les mettre en pension chez les sœurs institutrices de Pierre. Nous rendîmes visite à sœur Gertrude, la supérieure. Elle acceptait nos deux filles moyennant 500 F par an, payables en quatre termes, en ajoutant le bois de lit avec les couches, ainsi qu'une commode. J'ai donné 2 F pour les crayons, plumes, encre, aiguilles, épingles, etc. Elle leur apprendrait : la lecture, l'écriture, l'arithmétique, l'histoire, la géographie, la langue. Cette année-là ma mère me quitta 100 F sur son fermage pour participer à l'éducation de ses petites-filles. Dès le 1er septembre elles étaient en vacances pour un mois. Cependant la rentrée n'eut lieu que le 10 octobre. Cinq jours après, nous fûmes appelés d'urgence. Camille ne voulait plus rester à Pierre, le temps lui durait trop. Elle revint à La Ranche pendant trois semaines puis repartit chez les sœurs. Finalement sœur Gertrude convint, en raison de toutes ces absences, de ces retards, de quitter un mois sur la pension annuelle. Ma femme lui offrit deux superbes vases en porcelaine dorée et peinte qu'elle avait achetés à Louhans.

M. le curé de La Chapelle disposait d'une bonne bibliothèque. Il consentit, moyennant un abonnement de 0,50 F, de prêter des livres à Camille, ceci pour l'aider. Nous gardâmes de bonnes relations avec les sœurs institutrices et achetions des billets de loterie destinés à venir en aide aux petites filles pauvres.

Au mois d'octobre 1851, M. Etienne Grizard accepta de donner des leçons particulières à La Ranche, deux fois par semaine, à Albert (24 ans) et à Noëmie (15 ans), à raison de 6 F par mois. Albert suivit cet enseignement jusqu'à l'été suivant ; quant à Noëmie, elle reçut ces compléments d'instruction pendant deux ans. Cependant M. Grizard n'était pas assidu et manquait souvent, ce que je lui fis remarquer au bout de quelques mois en lui signifiant que j'en tiendrais compte si cela continuait ; finalement il retint la leçon. Il leur apprenait différentes choses, mais aussi la géométrie et des problèmes de réservoir que l'on remplit, de pièces de vin, de litres d'eau, etc. Ah ! je me souviens d'un exercice concernant le tissage : « Avec 12 kg de fil, on a tissé une toile de 27 mètres de longueur sur 75 centimètres de largeur. Combien de mètres de long aurait une toile de 80 centimètres, tissée avec 15 kg du même fil ? »

M. Grizard nous rend de nombreux services depuis plus de quinze ans. Nos relations avaient pourtant mal commencé. Lorsqu'il fut nommé instituteur communal en janvier 1844 j'avais refusé de voter pour lui. Né à Charette, il était alors âgé de 22 ans et possédait un brevet supérieur. Il jouit d'une bonne considération, mais il est parfois impatient, alors il s'emporte. Il a été réprimandé autrefois car il s'occupait trop de politique, ce qui ne plaisait guère. Il nous a aidés dans des périodes difficiles, au moment de la disparition de Delphine, et surtout quand Albert est mort. Comme je me trouvais en froid avec le curé du village, M. Grizard servit d'intermédiaire, m'apporta la note de frais et se chargea de remettre les fonds au curé Neuzeret. Il s'occupa aussi de solder les gages des domestiques lorsque La Ranche fut mise en *grangeage* en 1852 ; il arpentait les *pièces* que j'achetais, recherchait les bornes de bois perdues dans les feuilles mortes, débrouillait les problèmes d'impôts fonciers, me portait des lettres. Au mois d'octobre 1861 il vendait des billets de loterie pour les grêlés de l'Autunois.

L'école de garçons de La Chapelle, après sa construction, fut soigneusement équipée en 1848. Le maître, bien installé à son bureau pupitre, surveille de près les élèves assis sur des bancs derrière les grandes tables inclinées. Aux murs sont les tableaux noirs, les tableaux de lecture, de maximes religieuses et morales, de système métrique, des cartes de France, d'Europe, une mappemonde, le règlement des écoles primaires ; un crucifix en mauvais état et le buste de l'Empereur sont là pour rappeler s'il le faut les autorités principales du pays. Le poêle ne fonctionne qu'en hiver, bien évidemment.

Il subsiste cependant bien des problèmes, car il y a beaucoup trop d'élèves en hiver et pas assez en été. Les chemins, en mauvais état au moment de grande affluence, nuisent à l'école, au catéchisme, à l'agriculture et à la santé des enfants. On faisait payer 0,25 F par mois de novembre à février pour le chauffage ; bien des élèves n'apportaient pas le bois nécessaire. En 1847 le conseil décida de fournir le chauffage des écoles, mais le préfet interdit d'augmenter la rétribution scolaire. Au mois de mai 1848 on dut se résoudre à renvoyer la sœur institutrice. Mon parent, le citoyen Guerret de Loisy, alors maire, proposa de retirer le traitement et le logement de sœur Marie Stanislas, de la Congrégation de Chagny, à cause d'un grand nombre de plaintes : obligeant les enfants à apporter du bois (contre la décision du conseil), ne respectant pas le règlement de rétribution, exigeant des filles des travaux d'aiguille pour son compte et dont elle faisait un commerce, refusant le coton, la laine, le fil, les aiguilles non achetés chez elle. Pis ! des enfants pauvres, dont les parents n'avaient même pas de bois pour se chauffer, furent aperçus, apportant des pieux ou autres troncs pris dans les haies mortes pour satisfaire aux exigences de cette dame et éviter de vifs reproches. Sans bois, elle les mettait à la porte ! et en hiver. Elle fut remplacée par sœur Cœur de Marie, de l'Ordre de la Sainte Famille. En 1862 l'Etat demandait l'établissement d'une bibliothèque scolaire ; la commune ne put satisfaire ce vœu qu'au printemps suivant. La rétribution scolaire passa à 2 F par mois pour tous les élèves, et ce sur décision de l'autorité supérieure. Des familles réclamèrent début 1864 et des enfants restèrent à la maison. Il y a deux ans, le conseil trouva que la sœur institutrice ne possédait pas assez de connaissances, qu'elle n'avait aucun principe de démonstration, que du mécanisme, et de plus prolongeait ses vacances au-delà du temps normal ; la commune voulait une institutrice laïque, sous contrôle de l'inspecteur. Le traitement de sœur Marie fut retiré ; seulement on était brouillés avec les religieux. Alors on finit par trouver Mademoiselle Maria Berry, installée depuis novembre 1866, après avoir prêté le serment d'usage. Il y a aussi des cours pour adultes, depuis deux ans seulement. La commune paie l'éclairage et le chauffage de la salle, mais ne peut rien verser au maître. Désiré Petit suit ces cours et s'en trouve, ma foi, fort satisfait.

III - 6. 2 L'information (les journaux et les livres)

Autrefois je lisais épisodiquement « Le National ». Puis, au fil des années vint « La Semaine », dont je payais l'abonnement trimestriel au facteur ou bien à Madame de Tournemire, directrice des Postes à Pierre, une brave femme. Je décaissais 7,50 F plus le port et le timbre. Ce journal parisien me tenait informé des nouvelles financières et diverses, les plus importantes pour moi. Quant à « La Presse », je le recevais en sous-abonnement de M. Thibert-Guillemin aubergiste au village : 3 F par trimestre dans les années 1853-1854 ; mais finalement je ne l'ai payé que deux fois. C'était le journal d'Emile de Girardin, un affairiste, qui détestait semble-t-il « Le National ». Il a dû cesser de paraître. Et puis, « La Patrie », en 1859, un trimestre seulement, c'est peu, mais cher : 16 F. Pourquoi continuer ? Certaines rubriques ne me concernaient sûrement pas ! M. Bailly, capitaine en retraite à Terrans me passa en sous-abonnement « L'Opinion Nationale » en 1862. Je n'en ai payé que la moitié (8,25 F par semestre).

Début octobre 1849 j'appris que M. de Lamartine publiait un journal intitulé « Le Conseiller du Peuple ». Cela me parut intéressant. Je remis 6,22 F au facteur qui voulut bien adresser mon argent 85 Rue de Richelieu à Paris. Je reçus les huit numéros déjà parus et j'en attendais encore quatre autres pour la fin de l'année. Finalement j'ai renouvelé l'abonnement début 1850. Je lus attentivement ses écrits dans lesquels il défendait la République, la démocratie, tout en appelant à la modération (au sage, tel Fénelon !). Il déplorait le manque d'enseignement au peuple qui vivait, disait-il, de catéchisme et de chansons, d'histoires de crimes sinistres racontées en vers atroces… leur bibliothèque ! Mais la Révolution de 1848 n'avait pas changé grand chose. Le peuple réclamait un droit de vote plus large que le Roi refusa. Lamartine voulait donc une République démocratique et non socialiste, défendant deux principes : la famille et la propriété. Il demandait le suffrage universel (au lieu du cens), le maintien du drapeau tricolore, la suppression de l'échafaud politique, l'affranchissement de l'esclavage avec indemnisation des colons, l'abolition du timbre (impôt de la pensée), l'augmentation du salaire des instituteurs primaires, l'institution d'écoles professionnelles d'agriculture appelées à reverser les bienfaits de la science sur nos campagnes, la création de colonies agricoles pour les familles d'ouvriers dans les plaines d'Algérie, l'organisation de comptoirs d'escompte, la réunion des banques départementales à la Banque de France pour centraliser le crédit, la réduction des billets de banque en coupures de 100 F pour activer les échanges, etc. Le 10 décembre 1848 Louis Napoléon Bonaparte obtint 5 300 000 voix au suffrage universel, Cavaignac 1 400 000, Ledru Rollin 400 000, Raspail 36 000 et Lamartine 20 000.

Le 17 janvier 1854 je me suis abonné au journal « Le Courrier de Saône-et-Loire » à Chalon-sur-Saône : 20 F par an, ou 11 F par semestre, ou 6 F par trimestre. C'est un bon journal que j'ai gardé jusqu'à présent, sauf une courte interruption d'une année. Depuis 1865 je verse 22 F par an. Notez que la direction est très tolérante car je règle souvent avec un retard de plusieurs mois. A un moment donné je ne payais plus depuis un an et je recevais encore le journal. Tranquillisez-vous, je ne leur dois rien. Le voiturier de la maison « Prieur et Compagnie » à Pierre se chargeait de régler mon abonnement moyennant une petite commission de 0,25 F (qui a doublé depuis). Parfois un déplacement à Chalon m'entraînait rue Fructidor, au siège du « Courrier ». Et puis, des anciens du pays, revenant de temps à autre, me rendaient le service de renouveler mon abonnement, m'évitant des voyages inutiles : Jean-Claude Sordet quand il était ouvrier boulanger à Chalon, ou bien Marie Mauchamp, qui a épousé un dénommé Maubut. Elle vient chaque année début septembre à la fête patronale de Pierre, chez ses beaux-parents. Ce journal de quatre pages paraît le mercredi et le samedi. Félix Sordet, rédacteur en chef, fait autorité. Le propriétaire gérant se nomme M. de Montalan. On y parle de tout : des affaires internationales, des décrets et annonces officielles, des nominations militaires, des nouvelles locales et faits divers, des domaines et du mobilier à vendre. Les femmes se passionnent pour les feuilletons. Tenez, en 1854, il y avait celui de « L'Abbaye de la Maison Dieu ». Quant à la réclame ! Cela n'en finit pas. Le chocolat Menier offre ses produits, avec une gamme invraisemblable, chacun ayant son papier : du blanc, du jaune, du rose, etc. Le plus cher est le type vanille, à 4,50F le demi-kilo, au papier bleu glacé. La pharmacie Vacher vante ses pâte et sirop balsamique pectoral (rhumes, etc.) ; M. Raymond, négociant, propose de l'huile d'olive du Midi de la Terre des Baux ; M. Chaillet, ferblantier lampiste rue Fructidor, installe l'éclairage pour des soirées magnifiques, etc.

Et puis, nous avons été abonnés au « Voleur Illustré » pendant trois ans : 8,50 F à l'année. Ce journal offrait une prime de réabonnement en septembre 1864 : un numéro de dixième d'obligation du Crédit Foncier de France, participant au tirage des lots du 22 septembre. C'était tentant : 1er lot 100 000 F, 2ème lot 50 000 F. Une belle somme ! Si l'on renouvelait avant le 20 septembre, on recevait en plus le deuxième volume du « Trésor du Foyer ». Finalement je n'ai envoyé mes sous que le 22 octobre, donc pas de tirage ! Puis nous eûmes aussi le « Journal des Familles » que proposait M. Noir, épicier à Pierre. Madame n'a pas résisté à l'offre.

Le mendiant dit « Polonais » proposait aussi un abonnement le 10 novembre 1860, je ne sais plus ce que c'était, mais je lui remis 0,50 F plus une vieille chemise pour le satisfaire. Je reçois aussi des réclames du « Progrès » (Echo de Paris), journal politiquc, littéraire et financier, sous la direction de M. Aristide Bouinais, avocat, mais je n'ai pas donné suite.

Au mois de février 1836 je désirais acheter le « Musée des Familles », soit l'année 1834 ou bien 1835 coûtant 6 F. J'ai remis l'argent à M. Baudot voiturier assurant la liaison Pierre-Chalon, qui demanda 0,40 F pour cette commission l'obligeant à se rendre chez Mlle Rosier, libraire à Chalon. Au retour il me dit : « Le volume est relié, et non broché, cela fait un franc de plus. » Tans pis, je ne pouvais faire autrement.

Trois ans plus tard j'assistais à la vente mobilière de feu M. Poncet, curé de La Chaux, qui possédait une bonne bibliothèque. Quand le crieur annonça « Le Théâtre » de Destouches, en cinq volumes, j'ai misé et emporté le lot pour 3 F. J'aime bien le théâtre, et puis, cela pouvait intéresser toute la famille. D'ailleurs Albert y prit goût. Un jour, un colporteur de passage à la maison montrait les « Œuvres de Molière » en deux volumes. Mon fils ne put résister, par curiosité. Il ajouta « La Maison Rustique » qui nous concernait tous. L'intérêt pour l'histoire de notre pays me poussa à prendre « Le siècle de Louis XIV » (en trois volumes) au marché de Bellevesvre. A côté de cela, tout ce qui traite des maladies, des soins, ne nous laisse pas indifférent ; le livre de Raspail, déniché chez un libraire de Louhans, entra dans notre bibliothèque au mois d'octobre 1854.

La politique m'attire également, comme vous le savez, aussi ai-je souscrit aux « Discours, proclamations, etc. de l'Empereur » en juillet 1861 ; le facteur me demanda un franc pour cela. Que dire encore des nouveautés ? Passant au bureau du « Courrier de Saône-et-Loire » au mois d'août 1862 pour mon réabonnement, j'y ai trouvé par hasard une brochure intitulée « Essai sur la mutualité », au prix de un franc, d'un certain Jules Seurre. On en parlait. Finalement, je voulais en savoir un peu plus sur ce système de protection.

Tableau 106 : La Ranche – Abonnements aux journaux de 1849 à 1868

Journaux	Adresses	Abonnement		Contenu - Type
		Début	Fin	
La Semaine Financière *(tirage 3 400)*	Paris	Avant 1849	22/02/1852	Journal financier, apparenté aux Rotschild. Classé orléaniste et libéral
Le Conseiller du Peuple *(fondé en 1849)*	Paris	5/10/1849	Fin 1850	Journal fondé par Lamartine (girondin du temps présent)
La Presse *(tirage 21 000 en 1858)*	Paris	01/06/1853 16/03/1854	31/12/1853 16/06/1854	Progressiste (d'Emile de Girardin), modéré. Classé indépendant (1851) plus oscillant que le Constitutionnel.
Le Courrier de Saône-et-Loire	Chalon S/S	17/01/1854 15/02/1865	15/12/1863 encore 1868	Journal politique et judiciaire
La Patrie *(tirage 22 904)*	Paris	15/05/1859	15/08/1859	Lié aux milieux d'affaires, à la spéculation. Journal impérialiste.
L'Opinion Nationale *(tirage 1 750)*	Paris	16/10/1862	15/04/1863	Journal progressiste (défend la cause italienne pour l'Empereur, ouverture à gauche).
Le Voleur Illustré *(tirage 23 500 en 1866)*	Paris	03/01/1863	01/11/1866	Presse populaire, non politique
Le Musée des Familles *(tirage 22 000)*	Paris	04/03/1867	?	Presse non politique

Les colporteurs offrent fréquemment toutes sortes de brochures, mais il s'en trouva une qui m'intéressait plus particulièrement : « Le bon jardinier » ; à 75 centimes, je n'en risquais rien. Quant à l'agriculture proprement dite, je possédais ou avais lu différents ouvrages intéressants : la « Chimie agricole », le « Cultivateur français », les « Domestiques » (l'art de former de bons serviteurs), « Bouviers et zoophiles », le « Cultivateur forestier », « Assolement, jachère et succession de cultures » par M. Yrart ; tous ces livres venant de la « Librairie Encyclopédique de Ruret » à Paris. M. Barral, chimiste, directeur du « Journal d'Agriculture pratique » avait publié un « Manuel de drainage » (824 pages, 233 gravures sur bois, 7 planches) fort instructif. Et j'en oublie !

Les femmes ont besoin de livres de prières que l'on trouve chez Déclet à Louhans, ou chez d'autres libraires à Dole, à Chalon, voire à la foire de La Balme. Noëmie se trouvant à Pierre dans les derniers jours de mars 1865, entra chez M. Mazoyer, libraire installé depuis peu. Elle y choisit un paroissien à fermoir, doré sur tranche, un magnifique livre religieux coûtant 5 F. Elle le rapporta précieusement, le cacha dans son armoire, puis le ressortit le jour de la fête de Camille, l'offrant ainsi à sa sœur, ravie de ce beau présent.

Entrer dans une grande librairie chalonnaise est pour moi un ravissement que je ne peux réellement expliquer, en voyant des centaines, des milliers d'ouvrages, de brochures de toutes sortes, alignés sur de nombreux rayons ou pêle-mêle sur des banques du magasin. Des personnes, assises sur des chaises, feuillètent ce qui peut les intéresser, ou simplement par curiosité. Madame voulait un livre de prières, un beau, et demanda conseil à la libraire. Moi, je m'extasiais et mes yeux parcouraient les murs du sol au plafond. Des livres de grammaire, d'arithmétique (de Bézout), de géographie (de Loye), de théâtre, d'histoire de France, des dictionnaires (de Chaptal, de Soulié). Je voyais aussi des traités d'agriculture, des brochures de Limoges, des contes, des fables (de Florian), toutes sortes de livres de lecture et de nombreux ouvrages religieux (catéchismes, testaments, doctrines chrétiennes, paroissiens, mois de Marie). La dame tenant cette librairie vend aussi des fournitures scolaires, des tableaux de lecture (Pégnier), des cartes géographiques, des alphabets, des livrets d'ouvriers, des lithographies, des feuilles d'images et de bons points, des registres copies de lettres, du pain à cacheter, etc. Sous des vitrines, elle a disposé des objets précieux ou qu'elle veut présenter correctement : des christs (en buis, en ivoire), des chapelets variés. Enfin, au bout d'un long moment d'attente, Madame trouva enfin un livre de prières à sa convenance, fort beau ma foi ! Je sortis de ma bourse les 5,50 F demandés et nous quittâmes ce lieu fort agréable pour aller faire d'autres achats.

III - 6. 3 La Poste et le facteur rural

Autrefois le facteur rural, faisant sa tournée à pied, portait nos rares correspondances (4 ou 5 par an) au bureau de poste installé à Pierre. Il réclamait pour ce service 20 centimes, tout au moins pour des lettres envoyées dans la région. Les frais de port devenaient plus onéreux (30 ct) pour des missives partant au loin (Dijon, etc.) ou diminuaient (10 ct) pour celles restant dans la commune. Le tarif fut augmenté au cours de l'été 1850, passant à 0,25 F pour la région (Chalon, St-Germain-du-Bois) ; depuis 1854 on paie 0,30 F de port au facteur.

En 1849 les timbres-poste sont apparus, ces petits carrés de papier aux cinq couleurs différentes facilitant la reconnaissance du prix : vert (5 ct), bistre (10 ct), bleu (20 ct), orange (40 ct) et rouge (80 ct). Je n'ai finalement acheté mes premiers timbres bleus à la poste de Pierre que le 17 janvier 1850, jour de foire de la St-Antoine. Depuis, d'autres personnes en vendent : les buralistes (1855), le facteur (1858), les épiciers (1861), ce qui en facilite la diffusion et l'utilisation. Il me faut surtout des bleus, les bistres demeurant d'usage moins courant en ce qui me concerne. Evidemment, affranchir une lettre coûte un tiers de moins que de la donner au facteur. Malgré cela, nos habitudes ont surtout changé à partir de 1857 et aujourd'hui quasiment toutes les lettres sont timbrées.

Nous écrivons à la famille, aux amis, mais surtout pour nos affaires et ce beaucoup plus qu'autrefois ; une trentaine de lettres partent chaque année. Notez que la poste, c'est pratique, car en dehors des correspondances ordinaires, on peut payer certaines choses en timbres (des billets de la Loterie Lyonnaise), régler les abonnements aux journaux (0,15 F pour le port d'argent plus l'affranchissement), adresser des lettres chargées pour dénoncer des contrats devenus inutiles, voire envoyer un titre de placement à MM. Druard frères, banquiers à Chalon, pour le renouveler : « 1,10 F ! dit Madame de Paulet de Tournemire, directrice des postes à Pierre (0,40 F d'affranchissement, 0,50 F pour le bâton de cire d'Espagne et 0,20 F pour le reçu). » On peut commander des marchandises à Paris (bas élastiques). Le banquier Mittaine, chargé d'encaisser des créances de négociants, les fait payer via le facteur, ce qui en facilite le recouvrement… et sans frais pour nous !

Le facteur Masuer a œuvré pendant longtemps au village. De temps à autre je buvais un verre de vin blanc avec lui chez Beaupoil, aubergiste au bourg ; j'apprenais ainsi bien des « secrets ». A la fin du mois de décembre 1859, le brave homme était fort chargé. Quelle ne fut pas ma surprise ! Il m'offrit, pour la première fois, un bel almanach des Postes, gratuit ! Que pouvais-je faire ? Je m'en fus chercher quelques pièces et lui remis une bonne étrenne. Et puis, il nous rend des services, apportant parfois un brochet, etc. ; mais il ne passe pas pour rien car nous le récompensons pour ses peines.

La Ranche - Lettres envoyées

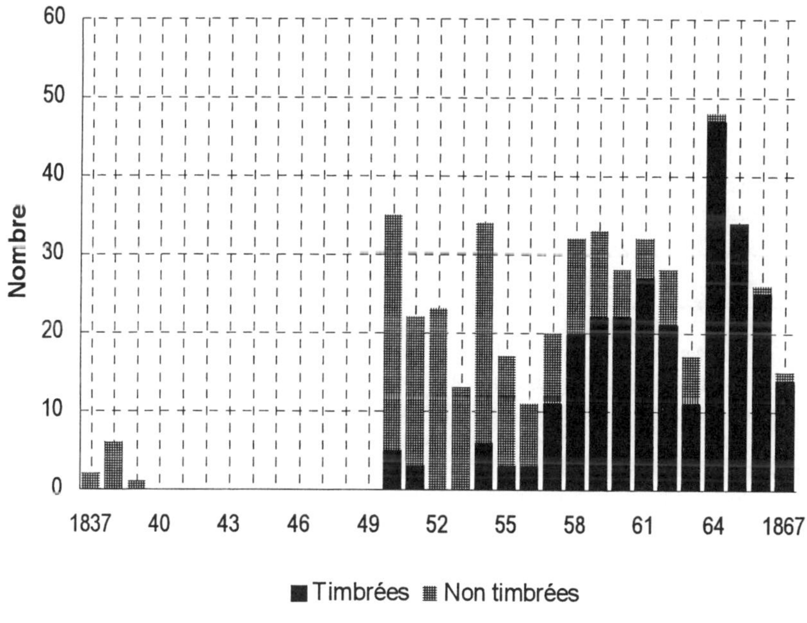

Dans la région il y a des bureaux de poste à Pierre, à Mervans, à Saint-Germain-du-Bois. Un facteur rural, rattaché au bureau de Pierre, dessert les communes de La Chapelle, de La Chaux et de Montjay. Son service est devenu journalier en 1842. Joseph Nourry voulut bien fournir moyennant redevance un local officiel au facteur en novembre 1860, celui-ci ayant maintenant un point d'attache dans notre commune. Seulement des plaintes arrivaient fréquemment à cause des retards de trois à quatre jours dans la distribution. Sa tournée est trop étendue et fort pénible : 50 hameaux, 5 000 hectares pour 3 000 habitants. Il faut ajouter que le nombre de dépêches ne cesse de croître de jour en jour. Depuis 1861 le conseil municipal réclame un facteur de relais pour La Chaux et Montjay, mais n'a jamais pu obtenir satisfaction, malgré l'appui de M. Chagot, député de Saône-et-Loire. La Poste, après enquête, voudrait rattacher ces deux dernières communes au bureau de Mervans, prétendant que son employé gagnerait une heure et demie. Tout le monde a refusé et nous ne sommes pas d'accord avec cet argument ; d'ailleurs des membres du conseil ont mesuré les distances de clocher à clocher et ils savent de quoi ils parlent. La seule solution proposée fut d'activer la marche du facteur en portant son traitement de 510 F à 570 F par an. Mais donner 60 F de plus à cet homme ne changerait rien : ni les kilomètres, ni le nombre de lettres augmentant sans cesse. On va simplement l'user plus vite ... et après ! Sans oublier les mauvais chemins de terre en hiver où il patauge dans la boue. Seul un facteur de relais pourrait solutionner cet épineux problème. En attendant, les réclamations s'accumulent à cause des retards grandissants, ce qui cause des préjudices. Certains disent même que des lettres ne sont jamais remises ! A voir... moi je n'y crois pas.

Je connais bien le facteur Henri Cortot. Il ne recule pas devant la tâche. Le jour où il encaissa le mandat de M. Mittaine, je lui offris un verre. Il ne semblait pas trop pressé ce jour-là. Nous bavardâmes de choses et d'autres, mais au cours de la conversation, il voulut me raconter sa prestation de serment, je ne sais pas pourquoi ! – « Voyez, Monsieur Guerret, c'était, je m'en souviens fort bien, le 28 décembre dernier (1863), cela fait presque un an déjà. J'avais reçu ma commission de facteur rural, délivrée par le préfet, mais je devais prêter serment au tribunal avant de pouvoir exercer. Je me suis présenté à la justice de paix à Pierre un jour d'audience ordinaire. Le juge Naissant et le greffier Nicolas Rey, examinant mon papier, m'ont demandé de rester debout, devant eux, la main droite levée. Je n'étais pas habitué à ce genre d'exercice, vous pensez ! J'ai répété, à haute voix, en chevrotant un peu tout de même : je jure obéissance à la Constitution et fidélité à l'Empereur ; je jure en outre de remplir fidèlement mes fonctions, de garder et observer exactement la foi due au secret des lettres et de dénoncer aux tribunaux toutes les contraventions qui viendraient à ma connaissance. Puis ils m'ont demandé de signer leur papier. Maintenant, tout va bien, à part des critiques de temps à autre ! »

III - 7. La vie religieuse, les curés, la fabrique, les fêtes

Autrefois, seulement dix-sept familles du village (dont la mienne, les Massin, les Chaudat – de Boibe -, etc.) avaient un grand banc à dossier à l'église pour lequel elles acquittaient une redevance annuelle de neuf francs à la fabrique. Quelques paroissiens bénéficiaient d'une chaise ; quant à la grande majorité, elle se contentait de petits bancs sans dossier dont la location ne coûtait que 25 centimes par personne.

Nous avons conservé le grand banc à quatre places réservé à notre famille (y compris à ma mère jusqu'à sa mort) pour lequel je paie huit francs depuis fort longtemps. Lorsque Fannie et Camille devinrent plus grandes, il fallut leur réserver des chaises dans l'église (1 F). Fannie se maria et Camille alla dans le banc de Maître Oppepin, alors notaire au village. Depuis la disparition de Delphine elle est revenue auprès de nous. Albert, qui chantait à l'église, siégeait au premier rang à la tribune (0,75 F par an). Nous avons toujours eu l'habitude de payer la place de notre servante (0,60 F) qui s'installait à côté de voisines ou de journaliers du pays.

La fabrique gère les biens temporels de l'église paroissiale. Elle encaisse les locations des bancs, le produit des sonneries, des offrandes, une partie des redevances casuelles. En contrepartie, elle paie le chantre, le sacristain – appelé vulgairement marguillier -, le balayeur, les sacristaines et divers frais de fonctionnement.

Si l'ensemble de ma famille fréquente assidûment l'église, j'y mets les pieds de temps à autre, mais je n'en fais pas mon ordinaire. Oh ! pas que je sois fâché avec la religion, mais c'est ainsi. Et puis, j'ai tant de choses à faire. L'une des fêtes les plus importantes pour nous est la Toussaint, jour de la commémoration des morts. Je n'oublie jamais de donner de l'argent aux femmes de la maison qui vont mettre mes cinq ou six francs dans le tronc où l'on dépose les offrandes destinées aux prières pour les défunts. Tranquillisez-vous, je m'en occupe moi-même de temps à autre. A partir de ce jour-là, le curé prend ses horaires d'hiver (office dominical à 9 h ½) et ce jusqu'à Pâques. Après les vêpres des morts et le lendemain à l'issue de la messe, les fidèles déposent les honoraires des grand-messes sur l'autel de la sainte Vierge et ceux du Libera sur celui de saint Joseph. Le prêtre doit réciter en son particulier autant de Libera qu'il y a de sous, à moins de faire dire des messes basses. Cet usage ancien se perd un peu tout de même et depuis quelques années nous donnons nettement moins. La quête de Carême à l'église est respectée, un peu moins il faut le dire ; elle n'a plus la même importance pour nous.

Mis à part ces deux offrandes principales, le curé organise des quêtes pour les pauvres de la paroisse, ou bien à l'occasion d'événements particuliers : pour aider des incendiés, des aveugles, de jeunes mères en difficulté peinant pour leur nourrisson. Il en fait aussi pour le séminaire, pour la décoration de la chapelle de Notre-Dame de Pitié à Charette au bord de la rivière du Doubs.

Le prêtre présente la statue de sainte Catherine le 25 novembre, jour où mes filles déposaient une obole en l'honneur de cette sainte. Il montre aussi celle de sainte Barbe le 4 décembre, avec un succès moindre. Une messe est célébrée chaque année en l'honneur de saint Nicolas (6 décembre).

Madame respecte beaucoup la religion mais personne n'est exempt d'un oubli, devenu péché. Il y a très longtemps elle fit gras, par mégarde, un jour défendu. La voyant contrariée, je lui remis deux francs qu'elle porta aussitôt à la fabrique ; un don pour s'acquitter de sa grande faute.

Les redevances casuelles de la fabrique variaient autrefois selon la condition de chacun. Depuis le début du siècle les paroissiens étaient divisés en quatre classes : les personnes vivant de leurs revenus, celles vivant de leur état, les artisans, les cultivateurs et manouvriers. Le règlement fut modifié en avril 1853, tout au moins en ce qui concerne les sépultures. Depuis cette date il subsiste trois classes :

- la première : les propriétaires ayant une bonne charrue et au-dessus, paient 4 F pour la fosse et le service ;

- la deuxième : les fermiers, les gens d'état et petits propriétaires : 2,50 F ;

- la troisième : tous les manouvriers : 1,50 F.

Le tarif est réduit de moitié pour les enfants défunts.

Le premier dimanche de janvier 1827, étant alors tout jeune maire de la commune, je présidais aussi le conseil de fabrique qui avait un grave problème à résoudre. L'année précédente Jean-Baptiste Rosier, fondeur, se laissa persuader par quelques habitants d'augmenter le poids de la nouvelle cloche en préparation et commandée récemment. Lorsque le conseil eut connaissance de ce changement imprévu, il convoqua l'homme de l'art ; mais le moule étant déjà prêt, l'obliger à revenir au poids prévu aurait retardé l'opération de plusieurs mois et mis cet artisan de bonne foi en difficulté. On dut se résoudre à accepter cet état de fait. Monsieur le marquis de Saint-Seine et Madame d'Arcelot de Loisy, généreux donateurs, furent remerciés et on les pria d'être parrain et marraine de la grosse cloche pour ce geste fort appréciable. Mais cela ne suffisait pas et une souscription publique mise sur pied boucla le budget. Cependant, l'argent rentrait mal. Certains ne respectaient pas leurs engagements ; d'autres, visiblement, ne contribuaient pas selon leurs vraies possibilités. Que faire pour accélérer les rentrées ? Nous adoptâmes le vœu des souscripteurs les plus scrupuleux : ne pas faire sonner la petite cloche pour un membre d'une famille (ou maison) n'ayant pas souscrit selon ses facultés ou ne respectant pas sa promesse. Le marguillier reçut l'ordre de passer chez le receveur de la souscription lors de chaque décès pour vérifier s'il devait sonner ou pas du tout. Au mois d'avril 1861 on avait béni deux nouvelles cloches, fondues par Morel, de Lyon. La grosse (1 700 livres) eut pour parrain et marraine Monsieur le marquis de Saint-Seine et Madame de Loisy ; la petite (900 livres) fut parrainée par Monsieur le docteur Massin et par Mademoiselle Lucile Dumatrat.

De temps immémorial, chaque maisonnée ayant un banc ou des chaises à l'église doit offrir le pain bénit à tour de rôle à la messe paroissiale des dimanches et jours de fête. Le règlement ancien prévoyait d'ailleurs de faire sortir les bancs et chaises des familles se soustrayant à cette obligation – sauf en cas d'indigence. Ainsi nous fûmes astreints à plusieurs reprises à cette offrande afin de satisfaire à la tradition : en 1840 ; en 1855 M. Gaudillière, boulanger, fit livrer 14 *livres* de pain blanc à cet effet. L'année dernière Jean-Claude Sordet porta pour notre compte le pain traditionnel à l'église. Le marguillier le découpe avant la messe, puis passe dans l'assistance après le sermon, portant sa grande corbeille remplie de petits carrés odorants et bénits ; chacun en prend un ou plusieurs morceaux, les tendant à ses voisins éloignés de l'allée.

Quand j'étais jeune homme on célébrait encore une messe anniversaire le 21 janvier pour le service du roi Louis XVI guillotiné pendant la Révolution. La messe de Noël, à cette époque, me fascinait particulièrement à cause d'une vingtaine de bougies, au milieu de l'église, illuminant la nef ; on célébrait la venue du Christ sur Terre.

Dans la paroisse, de nombreuses fêtes religieuses marquent encore le cours de l'année. Le vendredi saint le prêtre présente la croix à la Table Sainte après l'office du matin aux enfants et aux hommes d'abord qui sortent lentement par le clocher et le chœur.

Les mères de famille font bénir leurs petits enfants le dimanche de Quasimodo pendant les vêpres.

De nombreuses cérémonies ponctuent le cycle agricole, très important chez nous. Le dimanche après le deux mai chacun apporte des croix de noisetier à l'église ; le prêtre les bénit après le dernier évangile, puis elles sont placées dans les *héritages* afin d'assurer la prospérité. Le jour de la St-Jean (24 juin) et lors de la Visitation (2 juillet) : messe « pro fructibus terros » ; on célèbre une grand-messe pour demander à Dieu la conservation des biens de la terre ; à celle du 2 juillet, les paroissiens remercient le Seigneur de les avoir épargnés de la grêle qui ravagea plusieurs communes avoisinantes vers 1820. Lorsque les blés sont récoltés, on assiste à une messe d'action de grâces. Puis le cycle recommence par la bénédiction des semences le dimanche après la Ste-Croix (14 septembre).

Une procession a lieu pendant les vêpres de l'Ascension. Le jour de la Fête-Dieu, le prêtre expose le Très Saint-Sacrement entre la messe et les vêpres.

La Trinité est marquée chez nous par la fête patronale. Il y a messe basse à 7 heures, puis grand-messe à 10 heures. Quant aux vêpres, elles commencent vers 3 h ½, voire 4 heures de l'après-midi. Des réjouissances tout autres égaient cette journée importante.

Le jour de l'Assomption (15 août), les fidèles renouvellent la liste de la confrérie du Très Saint-Sacrement ; celui du Saint Rosaire a lieu au mois de mai.

La Nativité de la Vierge (8 septembre) est célébrée par une messe pour les besoins spirituels et temporels de la paroisse. Lors de la fête de l'Immaculée Conception (8 décembre), des prêtres du voisinage viennent confesser les fidèles en ce jour de dévotion solennelle, auquel s'ajoute une neuvaine.

Des familles très pieuses font parfois des dons substantiels à l'Eglise. Mon épouse se souvient fort bien d'avoir entendu le curé Poirot annoncer en 1845 que les héritiers de la famille Richard, de Boibe, venaient d'offrir deux chasubles pour honorer le souvenir de leur père Denis et de leur sœur Anne : l'une en drap d'or fin, l'autre en velours rouge avec des broderies d'or fin ; à cela s'ajoutait un magnifique lustre placé à l'église, à côté de la lampe. En reconnaissance, disait le prêtre, ils auront droit aux prières et services annuels, comme les autres bienfaiteurs : les anciens curés Gabet, Bouchard, etc. Denis Richard, que je connaissais très bien, avait été membre du conseil municipal, puis trésorier de la fabrique. Il faisait partie des plus imposés de la commune.

L'installation d'un nouveau curé est toujours un événement accompagné d'une cérémonie inhabituelle. Je me rappelle de celle du curé Nicolas Poirot en février 1835. Devant les membres du conseil de fabrique, en présence de mon parent Jean Guerret de Loisy, maire, et de M. Pierre Gauthier, curé de Pierre, M. Poirot exhiba l'acte de son institution canonique et demanda au conseil des marguilliers de l'installer officiellement ; Monseigneur l'évêque d'Autun, ne pouvant y assister, avait donné une procuration à cet effet. Le conseil le conduisit à l'autel qu'il a baisé avec respect, puis aux fonts baptismaux qu'il encensa, au confessionnal où il s'assit, et enfin à la chaire d'où il adressa des paroles d'édification à la foule assemblée pour cette circonstance. Ce prêtre remplaçait le curé Millot, nommé à Saint-Germain-du-Bois. Ce dernier avait toujours bénéficié de toute ma considération, un homme d'une grande charité chrétienne, un esprit conciliant mais au zèle sans faille envers Dieu. Les paroissiens de La Chapelle le regrettent toujours.

J'ai toujours entretenu des rapports cordiaux avec les prêtres de la région. Je leur fournissais du blé, du sarrasin, voire du bois. Ils me communiquaient des renseignements. D'ailleurs, avec le curé Joseph Neuzeret, arrivé dans la paroisse en 1855, après un passage à Dommartin-les-Cuiseaux, tout commença fort bien. Je l'approvisionnais comme les autres, et puis, un jour, tout bascula. Car c'est un prêtre d'une sévérité extrême. Lorsqu'il monte en chaire, il combat avec une véhémence effroyable la fréquentation des auberges, la vie dissipée, deux causes, dit-il, de ruine pour les familles et les âmes. Il est très dur pour le paiement des redevances casuelles. Et la confession ! Que de longues pénitences en sortant du confessionnal. Certains s'en plaignent et vont se confesser ailleurs. Oh ! il n'a pas forcément tous les défauts, visitant régulièrement les malades, donnant aux pauvres. Nous ne nous entendions déjà plus quand notre pauvre Albert disparut, mais dorénavant, je ne peux plus lui pardonner son attitude intransigeante et partisane. Au début du mois de mai dernier (1868), Camille assistait à la messe dominicale comme à l'accoutumée, bien assise dans le grand banc de la famille. Le curé Neuzeret monta en chaire ; tout le monde attendait son sermon habituel, ses fulminations que chacun connaissait par cœur. Il annonça une quête le dimanche suivant pour les pauvres d'Algérie. Jusque-là, rien d'anormal. Tous les généreux donateurs pourraient lui porter leurs dons ce jour-là, mais, tout à coup, il tint un langage outrageant et inacceptable, parlant de ceux qui préféraient garder des amas de blé, en mettaient le produit dans les pierres, plutôt que de donner aux malheureux... faisant allusion à la concession perpétuelle de notre pauvre Albert, à sa pierre tombale. Ses paroles étaient si claires que tout l'auditoire put reconnaître la maison en son discours. Nous ne donnerions rien, d'après lui… c'était sûr ! Il en dit tant que chacun se montrait gêné, voire outré. Il fallait nous poursuivre, nous exterminer tous, jusqu'au dernier. L'entendant débiter tant de malice et de méchanceté, Camille prit des palpitations de cœur dont elle a été très fatiguée. Faut-il être mauvais pour faire de la chaire de vérité le théâtre de ses vengeances. J'ai rencontré pas mal de méchants au cours de ma vie déjà longue, mais celui-ci… Sa haine envers moi et ma famille ne cessera jamais. Quand j'étais jeune, on m'enseignait le pardon des injures. Ce prêtre croirait-il à cette maxime ? Il n'y paraît pas ! Son procédé est un guet-apens. La vengeance est son Dieu. Il ne doit pas vénérer d'autres divinités, mais seulement l'argent. En tout cas, je ne veux plus en entendre parler. En cas d'extrême urgence, je lui fais porter son dû, pour ne pas le rencontrer.

III - 8. Les joies et les peines

III - 8. 1 Les baptêmes, la communion

Autrefois beaucoup d'enfants mouraient quasiment à la naissance, ou tout au moins fort jeunes. Cela diminue un peu maintenant. Aussi, a-t-on toujours eu le souci de baptiser les nouveau-nés immédiatement ou au plus tard dans les quarante-huit heures, ce que nous fîmes d'ailleurs pour les nôtres. Notez que les filles de Fanny, à Dole, reçurent le sacrement du baptême dans le mois qui suivit l'accouchement de leur mère. Jeanne Baptiste Cordelier, ma grand-mère maternelle (morte en 1814), évoquait encore le souvenir, rapporté par ses aïeux Riaux, d'oncles qui furent baptisés le jour de leur naissance, ayant été ondoyés à la maison auparavant car on craignait pour leur vie.

Tableau 107 : Baptêmes des enfants de J-B GUERRET et de Marie GUILLEMAUT

Ans	Etat Civil	Prénoms Baptême	Usuel	Parrains		Marraines	
				Noms	Liens	Noms	Liens
1824	**Fanie** Denise Marie Jeanne Baptiste	**Françoise** Denise Marie Jeanne Baptiste	**Fanny**	Guillemaut Denis	Grand-père maternel	Bouchard Françoise	Grand-mère paternelle
1825	Reine Camille	Reine Camille	**Camille**	Guillemaut Claude Camille	Oncle maternel	Guillemaut Reine	Tante maternelle
1827	Claude Albert	Claude Albert	**Albert**	Guerret Jean Claude	Grand-oncle paternel	Monot Marie	Grand-tante maternelle
1829	Emiland Justin	Emiland Justin	**Justin**	Corcelle Emiland	?	Faivre Claudine	?
1831	Louise Françoise Delphine	Louise Delphine	**Delphine**	Guerret Claude Louis	Cousin	Guerret Françoise (1)	Sœur
1836	Camille Noëmie	Camille Noëmie	**Noëmie**	Guerret (2) Claude Albert	Frère	Guerret (3) Reine Camille	Sœur

(1) GUERRET Françoise Denise Marie Jeanne Baptiste, sœur (7 ans), représentée par sa grand-mère et marraine Françoise BOUCHARD ;

(2) GUERRET Claude Albert, frère (9 ans) représenté par Claude SIMEREY, un cousin ;

(3) GUERRET Reine Camille, sœur (11 ans) représentée par Emiland HENRI, un voisin.

Au temps de mes ancêtres, on ne portait généralement qu'un seul prénom : celui de son parrain pour un garçon, celui de sa marraine pour une fille. Cela a bien changé et nous suivîmes comme tout le monde l'évolution. Nos enfants en ont tous plusieurs. Cependant l'Eglise se montre assez stricte ; notre fille aînée appelée Fanie à la mairie devint Françoise à l'église, comme sa marraine et grand-mère Françoise Bouchard. De nos jours, le deuxième petit nom est souvent le prénom usuel, le premier demeurant celui du parrain ou de la marraine, bien que ce ne soit pas une généralité.

Traditionnellement l'enfant aîné a pour parrain et marraine ses grands-parents (un membre de chaque famille) ; notez que ces derniers sont parfois décédés, alors cela bouleverse les habitudes. Les suivants ont droit à des oncles et tantes – voire à des grands-oncles et grands-tantes -, à des cousins. Puis, au fur et à mesure des naissances, les premiers enfants ayant grandi parrainent leurs petits frères et sœurs ; mais s'ils n'ont pas encore fait leur première communion, des adultes de la famille les représentent à l'église.

Le baptême le jour de la naissance ne permet pas d'organiser des réjouissances. Aussitôt la famille (sauf la mère), les parrain et marraine s'en vont au bourg à l'église paroissiale. Pendant la cérémonie le marguillier carillonne puis sonne au moment de la sortie de ce nouveau chrétien. Il demande plus cher (0,75 F) s'il doit prolonger son travail au-delà du quart d'heure réglementaire. Généralement les parrain et marraine paient le curé, la fabrique, les enfants de chœur le cas échéant.

Albert a été parrain à différentes reprises, étant sollicité fréquemment par des cousins, la plupart du temps des journaliers travaillant au village ; il le fut aussi d'enfants de voisins avec qui nous entretenons de bonnes relations, de sa nièce Marie Charlotte Fourneret. Tous les membres de la famille ont parrainé des petits.

Après 1850 l'habitude d'offrir un pain de sucre à la mère le jour du baptême de son enfant se développa au fil des années. Le 11 janvier 1853 Albert était parrain du petit Claude Albert Guerret, fils du cousin Guerret-Burette. Il paya les frais à l'église à tout un chacun, remit un pain de sucre de six *livres* et demie à Denise, la jeune maman ; il sortit les dragées fines et demi-fines de leurs boîtes adéquates, enfin … 13 F de dépenses ! Pour d'autres il se contenta d'apporter les rubans, le bouquet et les dragées… sans oublier toutes les *étrennes* au curé, au marguillier, voire à la sage-femme. Maintenant les pains de sucre atteignent des poids extravagants… jusqu'à 13 ou 14 *livres* !

Au début du siècle les femmes allaient à l'église après leurs couches pour recevoir la bénédiction du curé, ce qui devait les purifier. Elles portaient à cette occasion un cierge qu'elles laissaient au prêtre.

Offrir un cadeau à un filleul – sauf pour son mariage – reste tout à fait exceptionnel : quelques pièces, voire des habits (une blouse, un gilet, etc.).

La première communion a lieu généralement vers fin février ou début mars. Les filles communient dans leur treizième année. Elles apportent un cierge à l'église ; un membre de la famille leur donne une image pieuse encadrée pour mémoriser l'événement. En dehors de la cérémonie religieuse, aucune manifestation particulière ne marque cette journée.

III - 8. 2 Les mariages

L'annonce d'un prochain mariage met toute la maison en effervescence. Les femmes se soucient de leurs toilettes. « Qu'allons-nous mettre ? » disent-elles. C'est toujours comme ça ! Finalement, elles n'ont pas tort et chacun en profite pour renouveler sa garde-robe. Après il faudra préparer le repas de noce, voir les autorités civile et religieuse, penser aux invitations, n'oublier personne. Quel souci ! J'ai connu ces moments intenses lorsque Fanny épousa Fourneret, cet original qui nous fait souvent beaucoup de peine.

La mairie affiche les épousailles, le curé publie les bans au prône de la messe dominicale, afin que nul ne l'ignore. Il commence toujours ainsi : « Il y a promesse de mariage entre... » et n'oublie pas de demander un franc pour son service.

Le notaire a préparé le contrat selon la volonté des deux familles ; la signature a lieu le matin de la noce, ou peu de temps auparavant. Autrefois une partie notable de la famille assistait à la lecture du contrat, pouvait donner son avis, et tout au moins son consentement ; aujourd'hui cette participation se restreint. Généralement la mariée apporte un trousseau conséquent ainsi qu'une armoire et un lit. Fanny reçut en dot une pension annuelle de 300 F. D'autres pères de famille laissent parfois la jouissance d'un pré, d'une terre, etc. Le futur offre des bagues, des bijoux s'il en a les moyens. Au moment du décès de l'un des époux le survivant pourra prélever avant partage : ses linges et hardes, un lit garni et une armoire. Quand je pense à Camille et à Noëmie ! Les quantités de draps, de toile, etc. qui dorment dans leurs armoires de toute beauté, tout cela préparé en vue d'un futur mariage ! Enfin, rien n'est perdu.

Le parrain (ou la marraine) offre à son filleul (ou à sa filleule) de l'argent lors de son mariage : une pièce de dix francs, voire un beau louis. A La Chapelle on avait coutume de donner des comestibles à un parent se mariant. Au mois de novembre 1852 je fis don de cinq francs à notre cousine Victorine Thibert à cette occasion, contrairement à l'usage ancien du pays. Lorsqu'il s'agit d'un très proche membre de la famille, le cadeau devient beaucoup plus important. Madame acheta à Dole un beau verre en opale (12 F) à son neveu Guillemaut en 1853 ; trois ans plus tard elle fit venir de Chalon deux magnifiques chandeliers plaqués d'argent (12,50 F) pour Alexandre Mercey. Quant aux voisines, aux anciennes journalières ou domestiques faisant part de l'heureux événement, leur donner quelques verres, de la faïence, les comble toujours de plaisir.

Au mois d'avril 1863 la fille de mon cousin Claude Denis Guerret se mariait et nous apporta une boîte de dragées. C'était tout nouveau et inattendu. Elle repartit avec une belle pièce de dix francs. Quoi de plus normal ? L'année suivante, il nous arriva une drôle d'histoire. Anne Marie Mauchamp, ancienne servante habitant alors Chalon, avait conservé d'excellentes relations avec la maison ; elle aimait beaucoup mon épouse. Au mois d'août elle fit adresser à Madame une boîte de dragées pour lui annoncer son mariage avec un garçon de Pierre travaillant là-bas. La fameuse boîte arriva donc à l'épicerie du village, la commerçante devant nous la remettre immédiatement. Cependant l'épicière se trouvait à ce moment-là en compagnie de la femme de l'un de mes parents briquetier et aubergiste au pays. Qu'est-ce qui leur prit ? quelle folie les gagna ? Allez savoir ! Toujours est-il que ces deux femmes indélicates mangèrent toutes les dragées. Sans aucun remord ni gêne elles nous firent apporter la boîte quatre jours plus tard par le garde champêtre Bobey. Voyant cela, nous refusâmes le paquet sans y toucher et le garde repartit avec la boîte vide. Nous n'en sommes pas encore revenus. Le 5 septembre Anne Marie Mauchamp nous présenta son futur mari, un dénommé Maubut ; ils venaient à la fête de Pierre. Nous lui contâmes la mésaventure dont elle se montra fort surprise et peinée. Nous lui offrîmes une pièce de cinq francs en guise de cadeau et de remerciement, lui souhaitant tout le bonheur possible.

Le matin de la noce, après la signature du contrat, le cortège s'en va tout d'abord à la mairie, puis à l'église pour la cérémonie religieuse. Les frais varient selon le luxe souhaité par les familles : autels ornés comme aux jours de fête ou non, le voile d'or ou celui de soie, quatre ou six enfants de chœur, etc.

Un repas copieux et joyeux commence l'après-midi et se termine tard dans la nuit. Si le musicien joue bien, nous lui donnons des étrennes. Ah ! je me souviens de celui qui *mena la noce* de ma filleule Jeanne Baptiste Cordelier qui épousait Henri Borgeot au printemps 1838. Je m'en fus vers cet homme de talent et lui offris un franc pour la joie qu'il nous apporta ce soir-là.

III - 8. 3 Les décès

Le 28 novembre 1865 notre fils Albert, qui souffrait d'une fièvre depuis un mois, perdait des forces très rapidement. Voyant son état s'aggraver d'heure en heure, je donnai l'ordre à Désiré Petit d'atteler la jument et d'aller chercher le curé Millot, ami de la famille, à Saint-Germain-du-Bois ; il le ramena en fin de matinée. Le prêtre pria longuement auprès d'Albert. Je lui remis cinq francs pour des messes qu'il ferait dire de suite par son vicaire afin d'obtenir la guérison de notre fils ; puis il repartit dans son village.

Hélas, cela ne semblait pas porter ses fruits. Quelques heures plus tard nous fîmes mander le curé Neuzeret qui vint aussitôt à la maison et administra les derniers sacrements. A sept heures du soir Albert nous quittait pour toujours, emporté par cette maladie qu'il ne réussit pas à vaincre, malgré sa longue résistance. La première veillée commença par les visites incessantes de voisins venant nous soutenir en cette pénible circonstance. Le lendemain après-midi Désiré Petit et Xavier Simerey furent chargés de déclarer le décès à la maison commune où Claude Thibert, maire, les attendait pour rédiger l'acte. Après coup Désiré Petit partit à Quain annoncer notre grand malheur à la famille. Joseph Vendême, domestique, porta plusieurs lettres à Madame la directrice des Postes, missives adressées aux parents les plus éloignés. Pendant ces deux journées personne n'eut le courage ni l'idée de s'occuper des repas ; l'aubergiste Thibert-Guillemin nous apporta, moyennant finance, quatre plats tout cuits et deux litres de café ; il fallait bien tout cela pour surmonter notre désespoir. Nos deux domestiques, Vendême et Messager, ne savaient plus que faire, voulant nous aider. En récompense de leur complaisance infinie, ils reçurent chacun une pièce de cinq francs.

Il fallut se procurer très rapidement des habits de deuil chez M. Noir à Pierre, en attendant d'en faire confectionner d'autres plus tard. Celui-ci fournit aussi le luminaire, toutes les bougies pour la cérémonie ainsi que le tissu du drap mortuaire.

Joseph Vendême se rendit chez son oncle Jean-Baptiste Lory, menuisier, pour lui commander un beau cercueil en planches de chêne ; puis il donna les instructions à Jean-Baptiste Rameau chargé de creuser la fosse. Elisabeth Miconnet, couturière, vint rapidement à la maison ; elle prépara et confectionna le drap de mort ; elle voulut bien se charger des dispositions funéraires, de la distribution du luminaire.

Le marguillier sonna le glas aux angélus et ajouta plusieurs sonneries extraordinaires afin que chacun soit convenablement informé.

Le jour de l'enterrement M. le curé Neuzeret vint à la maison assister à la levée du corps. Il était accompagné des enfants de chœur en aube, du marguillier et du chantre. Après les prières et aspersions d'usage, le cortège s'ébranla dans la cour, lentement et péniblement. La sortie de la maison de notre bien cher Albert fut l'un des moments les plus pénibles, toute la famille pleurait abondamment. La gorge serrée par tant de chagrin, je marchais en silence derrière le char funèbre. A l'église le cercueil était entouré de bougies qui vacillaient sans cesse et dégageaient une odeur des mauvais jours. Le curé en fit le tour, bénit le corps, l'encensa ; une petite fumée bleuâtre sortit de l'encensoir et s'éleva tout doucement, il en resta un parfum indéfinissable. Tout près de nous le curé Millot et son vicaire avaient voulu nous marquer leur soutien dans ces durs moments. Le chantre égrenait ses chants funèbres, sinistres et monotones, en latin… nous ne comprenions pas tout, loin s'en faut. Albert fut enterré au nouveau cimetière à la sortie du bourg car l'ancien, autour de l'église, était devenu interdit.

Tableau 108 : Frais d'enterrement d'Albert GUERRET (1865)

Dates	Noms	Professions	Notes	Francs
28/11/1865	Millot	Curé (1)	Messes (guérison d'Albert) et frais de voyage	5,80
30/11/1865	de Tournemire	Postière	Timbres	1,20
	Petit Désiré	Journalier	Frais de voyage (prévenir la famille)	0,45
17/12/1865	Thibert	Aubergiste	Fourniture de 4 plats et deux litres de café	8,00
4/12/1865	Miconnet E.	Couturière	Façon drap mortuaire,etc	7,00
4/12/1865	Neuzeret	Curé (2)	Droits du curé, fabrique, 6messes, marguillier,etc	83,75
4/12/1865	Millot	Curé (1)	Assistance enterrement avec son vicaire	12,00
4/12/1865	Noir	Marchand	Luminaire,frais de deuil	285,85
4/12/1865	Lory JB	Menuisier	Façon, fourniture cercueil	32,00
4/12/1865	Rameau JB	Ensevelisseur	Fosse	7,50
4/12/1865	Messager	Domestique	Don pour services rendus	5,00
4/12/1865	Vendême	Domestique	Don pour services rendus	5,00
7/12/1865	6 femmes (3)	Lavandières	Main-d'œuvre de lessive	7,85
18/12/1865	Legey	Tailleur	Habits deuil JB Guerret	132,00
9/1/1866	Simonnot	Chapelier	Repassage et crêpes à deux chapeaux	2,50
9/4/1866	Mazoyer	Modiste	Crêpe	1,25
		TOTAL =		**597,15**

(1) Le curé MILLOT : curé de Saint-Germain-du-Bois

(2) Le curé NEUZERET : curé de La Chapelle-Saint-Sauveur

(3) Les lavandières : Caroline Richard (4 jours), Femme Vorey (2 jours), Femme Valentin (1 jour), Femme Rameau (1 jour), Femme Cretin (1 jour), Femme Petit (1 jour 1/2).

Quelques jours plus tard je fis payer toutes les notes occasionnées par la disparition d'Albert, voulant me délivrer de ce lourd fardeau. Le 3 décembre je vis arriver M. Grisard accompagné de M. Cottard, adjoint au maire. Ils venaient passer la veillée avec nous et apportaient la note du curé de La Chapelle. J'examinai ce papier. Il y avait les droits du desservant, ceux de la fabrique, les annuels de grâce, ainsi que six messes pour le repos de l'âme de notre enfant. M. Grisard reçut l'argent et se chargea de le porter à M. Neuzeret. Mais quelques jours plus tard il m'informa que le marguillier – qui était aussi le domestique du curé – réclamait des étrennes supplémentaires pour la sonnerie. Je consentis à satisfaire cette demande et cinq francs sortirent de ma bourse pour cet homme. Quant à M. le curé Millot, il ne voulut rien pour lui ; finalement il accepta un don pour ses pauvres.

Après un deuil, on a coutume de faire la grande lessive et de nettoyer la maison de fond en comble. Certains brûlent la paillasse du défunt. Six femmes du hameau passèrent près de deux journées chez nous pour tout remettre en ordre.

Maintenant, nous étions bel et bien en deuil. Il me fallait de nouveaux vêtements adaptés et M. Legey oeuvra longuement pour moi. Le chapelier Simonnot repassa mes deux chapeaux et leur ajouta un crêpe pour bien marquer mon état. Les femmes trouvèrent tout le nécessaire chez le marchand. Autrefois dans de telles circonstances on faisait teindre de nombreux habits ; les ouvrières en robes confectionnaient aussi de nouvelles robes et pèlerines de deuil. Ah ! cela a bien changé.

Le 18 janvier 1866 M. Neuzeret célébra le service funèbre dit *offerte de six semaines* en mémoire d'Albert. Cette cérémonie religieuse prolonge la messe dominicale. Elle fut rehaussée par la présence des curés de Terrans et de La Chaux qui reçurent chacun vingt francs à cet effet. Une assistance nombreuse défila longuement dans l'église à cette occasion. Un grand repas de famille a lieu à la maison du défunt. M. Toulouse, maître d'hôtel à Pierre, vint spécialement préparer le dîner où la viande abonda. Le 5 décembre suivant toute la famille se retrouva au service anniversaire d'un an à l'église puis à La Ranche. Nous étions vingt-cinq à table et M. Toulouse eut fort à faire pour satisfaire cette grande tablée.

Nous souhaitions une concession perpétuelle pour Albert. Le 4 mai 1866 j'ai signé l'acte ; M. Thibert, maire, représentait la commune. Deux mètres carrés coûtaient 600 F à verser à M. Boitard, receveur municipal, ce que fit sur mon ordre le banquier Mittaine-Sergent. La commune encaissa les deux tiers de l'argent, le solde alla au bureau de bienfaisance qui devait placer les fonds en rente sur l'Etat, ceci au profit des pauvres. Il est interdit, rappelait l'acte, de faire graver sur la pierre tombale des inscriptions contraires à la morale et à l'ordre public. Je ne me sentais pas concerné par tant de précautions. Quelques jours plus tard M. Grisard paya pour mon compte 27,60 F à l'enregistrement plus deux francs pour le papier timbré. Maintenant, restait le monument. M. le curé Millot se chargea des démarches et commanda une pierre tombale à un dénommé Pernot, de Lons-le-Saunier (Jura) qui demanda 100 F et 25 F de frais de transport. Lorsque cette pierre fut livrée au village, les maçons de Pierre Malherbe la réceptionnèrent, la mirent en place, firent les caniveaux ; après coup ils allèrent déjeuner avec le voiturier chez M. Thibert-Guillemin, tout ceci à mes frais, bien entendu. Je me fis conduire au bourg ; en voyant ce monument, cela me rappela bien des souvenirs, tout défila très vite dans ma tête encore bouleversée. Je me remémorais la pierre tombale de mon beau-père Denis Guillemaut, un beau monument livré par M. Morel, de Louhans. Ma mère et Delphine durent attendre la fin de l'année 1858 pour bénéficier de pierres tumulaires venant de chez Gaivot à Dole ; l'ensemble avait coûté 90 F.

A différentes reprises M. Millot accepta de dire des messes pour les défunts de la famille, notamment pour notre cher Albert. Quant au curé de La Chapelle, il célébra aussi quelques messes, pas plus ! Nous lui payons seulement les annuels de grâce. Une voisine ou Camille lui porte l'argent à la sacristie.

En 1858 nous avions fait donation-partage à nos enfants. La part d'Albert nous revenait donc de droit. Maître Guichard rédigea l'acte de succession. Quand il eut fini, il demanda 279 F pour les frais et les droits.

Les conscrits avaient coutume de passer à la maison lors du tirage au sort. Début mars 1866 j'ai chargé Joseph Vendême, domestique, de donner deux francs à ses camarades ; cette somme devait être versée à la *masse* (leur caisse). Je les priais ainsi de ne pas venir chez nous cette année à cause de notre grand malheur. Ils comprirent fort bien notre situation.

Autrefois les anciens avaient l'habitude de « coucher » sur leur testament quelques personnes qu'ils aimaient bien, voulant leur assurer une reconnaissance après leur mort. Mon « père » Denis Guillemaut, en dehors d'un legs de 200 F aux pauvres de Devrouze, eut une pensée pour sa servante Marie Bonnin, il faut dire qu'elle le méritait bien. Elle reçut des gratifications exceptionnelles, dont un lit garni d'une valeur de 200 F.

Perdre trois enfants dans sa vie, dont ses deux garçons, n'est-ce pas abominable ? Un enfant de douze ans, et puis Delphine, ma bien aimée, ravie à vingt ans… maintenant c'était le tour d'Albert. Ce fils, l'espoir de la famille. Quel sens aura notre vie ? et mes filles, me direz-vous ! Peut-être, mais qui transmettra notre nom ? qui gèrera notre patrimoine ? Nous sommes vieux et faibles. Ah ! ma Delphine. J'ai tellement eu de chagrin que j'ai collé une feuille en pelure sur mon livre de comptes à l'endroit où se trouvent toutes les mentions de ce malheur. Je rabâche, pensez-vous. Un vieillard qui répète tout le temps la même chose ! C'est bien là mon triste sort dorénavant.

Malgré cela, j'avais noté toutes les dépenses occasionnées par la disparition d'Albert :

- l'enterrement = 597 F,
- les deux services anniversaires = 311 F

  dont 125 F à l'Eglise,

  82 F pour les deux repas,

  et 10 F pour le luminaire,
- la concession perpétuelle au cimetière = 629 F,
- la pierre tombale, le transport et la pose = 148 F,
- les messes et annuels de grâce = 78 F,
- les frais de succession = 279 F,

soit un total de 2 042 F. Le curé Neuzeret ne put le supporter. En avait-il le droit ? Etait-ce une raison pour s'acharner publiquement sur notre famille ? Je vous laisse juge.

III - 9. Les loisirs

III - 9. 1 Les foires et marchés

Autrefois je fréquentais les foires et marchés en moyenne une fois par mois pour y vendre les bovins, les porcs, voire les moutons, et un peu de blé. Ces dernières années nous nous y rendions une vingtaine de fois l'an, surtout aux foires, beaucoup plus attractives et considérables. L'activité la plus importante avait lieu en janvier (porcs gras), en mars (bœufs de trait ou engraissés), courant juin et août. Les mois creux correspondaient aux gros travaux (moissons et semailles) ainsi qu'à une partie de la période hivernale.

Les modes d'échanges ont évolué, vous le savez, surtout en ce qui concerne le blé. Les besoins nouveaux des grandes villes, l'amélioration des communications (chemins de fer, routes), etc., ont modifié l'organisation des marchés et des circuits. Les ventes de bétail sont mieux échelonnées, surtout au printemps ; le blé part régulièrement vers le Jura, la Suisse, via Bellevesvre. Cette dernière localité, qui avait pris un essor remarquable dans ce domaine au détriment du chef-lieu de canton, tend à perdre de son importance ; Pierre reprend une position plus normale grâce à sa nouvelle halle aux grains, à l'arrivée prochaine de la ligne de chemin de fer Chalon-Dole tant attendue depuis bien des années. St-Germain-du-Bois se développe et concurrence Mervans.

Tableau 109 : Evolution de la fréquentation des foires et marchés

Lieux	1836/1839		1850/1854		1855/1859		1860/1865	
	F	M	F	M	F	M	F	M
Canton de Pierre	**55**	**44**	**70**	**100**	**52**	**100**	**57**	**87**
dont Pierre	33	44	27	26	29	18	32	35
dont Bellevesvre	14	0	20	74	14	82	12	53
Canton de St-Germain	**34**	**0**	**25**	**0**	**36**	**0**	**36**	**13**
dont Mervans	23	0	13	0	19	0	17	0
dont St-Germain (2)	0	0	3	0	5	0	8	13
Divers Bresse et Verdun	**11**	**0**	**5**	**0**	**12**	**0**	**6**	**0**
Département du Jura	**0**	**56** (1)	**0**	**0**	**0**	**0**	**1**	**0**
TOTAL =	100	100	100	100	100	100	100	100

(1) Marché de Bletterans
(2) Saint-Germain-du-Bois
Nb : les chiffres sont exprimés en %
Ces foires et marchés ne concernent que celles et ceux où Jean-Baptiste Guerret vend du bétail (bovins, porcs, etc.) et des céréales (blé et divers). Sont exclus les marchés où l'on vend de la volaille (affaire des femmes) et où l'on se rend pour approvisionnement courant.
Nb : F = foires ; M = marchés.

Autrefois il y avait un marché au fil très important à la foire de Bellevesvre, mais qui obstruait la voie publique, gênant les marchands de drap et de quincaillerie ; il a été établi rue de l'ancien château. Dans ce village, les foires rassemblent une foule considérable venant de tous les environs, beaucoup de curieux, tant maîtres que valets. On ne peut plus circuler. Des cris, des odeurs... tout envahit le bourg. Des marchands officient dans des échoppes installées dans la grande rue ; d'autres exposent sur des bancs en plein air, quelques-uns offrent leurs denrées mises dans des paniers posés sur des brouettes. Les marchands de haches montrent leurs outils restés dans les sacs à même le sol. Certains divaguent sur la place publique, vous arrêtent, proposent de la mercerie, des ratières, des percerettes, que sais-je encore ? Et puis, des forains, confortablement installés au bout de leurs voitures à deux ou à quatre roues, vendent à l'encan, débitant des boniments à n'en plus finir pour appâter le chaland. Au milieu de la foule, des herboristes, des charlatans, des oculistes, tous plus adroits les uns que les autres, arrivent à passionner le public ébahi et un peu trop crédule. Que vous dire des distributeurs d'eau de Cologne, de thé de Suisse, d'élixir « Beaume », des pommades de toutes sortes ? Des colporteurs accostent les buveurs attablés tranquillement, offrant des livres, des images, des chansons, des complaintes ou des récits ; certains sont spécialisés dans les bonnets ou les habits. Ils ont bien du mal à retenir l'attention et à détourner les conversations qui vont bon train. Dans la grande rue, les marchands de fruits ou d'autres denrées de consommation s'affairent avec grand bruit pour écouler leurs produits délicats présentés dans des paniers. Ils côtoient des rémouleurs attentifs et figés sur leurs meules. Par terre on trouve de la faïence, de la *terraille,* des chaises, des sabots, des roues à filer, etc. Les débitants de vin et autres boissons, établis sous des bâches, connaissent une affluence considérable. Les mendiants tendent la main. Enfin, les curiosités, cachées dans des tentes attirent la foule par le mystère supposé ou la rareté ; les ménageries aux bêtes terrifiantes, les danseuses de cordes ou celles faisant d'autres exercices passionnent les hommes. Tout ce brouhaha dure la journée entière jusqu'à ce que chacun, rompu par la fatigue ou bien lorsque la bourse a connu quelques dégâts, s'en aille lentement retrouver son univers habituel.

Les foires de Pierre connaissent aussi ces moments fébriles. Des marchands de poterie et de verrerie s'installent place de la maison commune. Les chapeliers, les marchands de draps, les merciers, cordonniers, cloutiers sont dans la grande rue, rassemblés par métiers ; ceux vendant des meubles, des seaux, des baquets ont été placés devant le champ de M. Paget. Les jeux, les roulettes, les quilles, le *rabat*, les tirs, font leurs affaires. Salles de danse et chevaux de bois fixent la jeunesse venue chercher amusement ou compagnon. Charlatans et somnambules étonnent le public en quête de divertissements. Les domestiques – surtout les garçons – demandaient souvent des acomptes sur leurs gages pour aller à la foire, prétextant le besoin de vêtements, mais en profitant aussi pour se divertir, rencontrer des connaissances et les jeunes du canton.

Le marché de Pierre se tenait trop tôt le lundi matin. Cela obligeait les gens venant des autres communes à se lever au milieu de la nuit pour arriver à l'heure au chef-lieu de canton afin d'y écouler les volailles, le beurre, les œufs, le fromage, etc. En 1846 notre conseil municipal décida d'intervenir auprès du maire de Pierre afin de modifier les horaires, surtout en hiver. De nombreuses personnes étaient malades – ou mouraient – à la suite d'un refroidissement occasionné par les longues marches nocturnes par tous les temps, en empruntant parfois des chemins boueux et impraticables. De plus des voleurs, des maraudeurs, des braconniers tiraient profit de la faveur de la nuit pour vendre les fruits de leurs injustices à des personnes de connivence. Pire ! les mœurs étaient atteintes car des jeunes personnes, profitant aussi de l'obscurité, donnaient rendez-vous aux libertins qui ne manquaient pas de s'y rencontrer.

Mais la plus grande foire de l'année demeure bien celle de La Balme à Bouhans (près de Saint-Germain-du-Bois). Elle a perdu beaucoup d'importance au niveau du commerce des blés de Bresse à cause des changements de circuits, et ce depuis une vingtaine d'années, car La Balme n'a lieu qu'une fois l'an le 26 août et jours suivants, en plein air, sans halle aux grains. Autrefois elle était le principal centre de transactions concernant le blé de toute la région, car fréquentée par les grands négociants lyonnais venant pour l'approvisionnement de leur ville. Si ce commerce a bien diminué, les autres activités demeurent importantes : la plume, le duvet, la laine, et même le bétail. Nous y venons tous les ans, la plupart du temps en famille. Chacun s'y divertit, regarde cet immense marché bigarré où l'on trouve toutes sortes de marchandises les plus inattendues, et surtout de la vaisselle, de la vannerie, des cuirs, des livres. Maîtres et amis vont déjeuner ensemble après avoir réglé quelques affaires, pendant que les domestiques s'égaient ailleurs, à leur guise. Albert allait voir jouer la comédie, et bien d'autres choses. Les filous sont encore à La Balme, ne manquant aucune occasion propice à cause de cet immense rassemblement favorable aux tire bourses.

Quand j'étais jeune, La Balme m'attirait fortement, à cause du spectacle et des amusements. Des centaines de marchands de toute la France se rassemblaient sous les grands arbres séculaires. Des halles aux draps, des maisons de bois décorées de guirlandes de fleurs, des comptoirs brillants appâtaient la foule ; le sourire du marchand ne gâtait rien, ses bons mots faisaient le reste, surtout auprès des femmes. Comment résister ? Les métiers étaient regroupés par allées portant le nom de rue de la dentelle, des juifs, des jeux, de la *quincaille*, des orfèvres, de la laine, ou dans des places tout aussi spécialisées où l'on vendait de tout : des vêtements, de l'alimentation, des articles en métaux, de la vannerie, de la poterie, des bijoux, des livres, que sais-je encore. Il y avait la place des bateleurs, de la comédie. Six jeux de quilles, le jeu « de la mort » (ou « gobiotte ») retenaient les hommes acharnés par la soif du gain apparemment facile, mais gare aux déceptions. Des bouffons faisaient des grimaces grossières pour attraper les nigauds, les sauteurs de corde s'agitaient ; les voleurs, voyant les spectateurs fort attentionnés, soulageaient les insouciants de leur bourse. Des charlatans en habits magnifiques vendaient des produits miracles qui guérissaient de tous les maux... oui, de tous les maux, disait-ils. Etonnant ! n'est-ce pas. Les jeunes allaient au bal champêtre retrouver les filles et danser au son de la musette. Tard dans la soirée, quelques mères de famille se perdaient dans le bois de la Lune en cherchant leurs filles égarées, du moins faisaient-elles semblant de le croire ! Sur le champ de foire, mille taureaux beuglaient, les porcs criaient, les moutons bêlaient. Les oiseaux avaient fui ce coin, d'habitude si solitaire, soudain envahi par un vacarme épouvantable où l'on se bousculait, voire où l'on se faisait piétiner. A midi, beaucoup de gens mangeaient à même le sol, posant leur nourriture sur une nappe blanche, étalant la viande sur la tranche de pain, ignorant l'assiette et la fourchette. Finalement, La Balme est restée la même aujourd'hui, si ce n'est son commerce du blé.

Avant 1840 les femmes ne fréquentaient pas les foires où seuls les maîtres – et parfois les valets – oeuvraient pour le compte de la maison. Depuis les années cinquante, mon épouse ou mes filles – surtout Camille – vont de temps en temps à la foire de Pierre, profitant de la voiture, mais cela demeure exceptionnel, une ou deux fois l'an tout au plus. Elles y achètent de la mercerie, de l'épicerie, des vêtements, de la vaisselle. Depuis une dizaine d'années Albert y emmenait la servante, ce qui pour elle devenait un événement attendu ; elle se chargeait de menues courses domestiques. Lorsque mon fils ou moi-même avions réglé les affaires de commerce sur le blé, le bétail, nous en profitions pour faire des achats indispensables pour la ferme ou pour le ménage. Nous nous rendions chez les commerçants, les artisans, le médecin, ou bien chez le receveur municipal pour nous acquitter de notes qui grossissaient, et aussi rapporter tout le nécessaire pressant. Après les cafés, venait le tour de l'auberge où nous déjeunions. C'était un lieu où les femmes de la maison n'entraient quasiment jamais lorsqu'elles nous accompagnaient à la foire. Les dames avaient plutôt la responsabilité des affaires du marché : les volailles, le beurre, le fromage, les œufs ; revenus personnels de la maîtresse de maison. Oh ! ces ventes étaient surtout faites par la servante – voire par une journalière - qui rapportait non seulement l'argent, mais aussi quelques provisions de bouche ou de menues emplettes.

III - 9. 2 Les auberges et les cabarets

Ces années dernières les dépenses dues à nos déplacements étaient passées à 171 F au lieu de 77 F vers 1840.

La fréquentation des auberges et des cabarets a considérablement augmenté, passant de 40 fois l'an après 1836 à 50 avant la mise en *grangeage*, à 65 vers les années soixante pour finir à 75 en 1865. Depuis la disparition d'Albert, je me déplace très peu, ce n'est plus pour moi ! Et qu'y ferais-je ? n'ayant plus guère de raison d'aller nulle part. Les trois quarts de ces sorties étaient dues aux foires (25%) et aux affaires courantes de la ferme (achats, ventes, approvisionnement). Les trois quarts des voyages ne dépassaient pas les limites de notre canton de Pierre et 13% celles de Saint-Germain-du-Bois. Le reste concernant une zone allant de Louhans à Chalon, Verdun (Saône-et-Loire), Seurre (Côte d'Or), Dole et Lons-le-Saunier (Jura) s'avérait réduit malgré tout. En somme, nous ne nous écartions pas souvent au-delà de dix à quinze kilomètres de la maison. Finalement c'était à Pierre ou au bourg de notre village que se déroulaient ces journées où nous trouvions, en dehors des obligations, quelques divertissements salutaires.

Nous avions coutume d'aller au cabaret lors de la signature d'un acte d'achat de terre, offrant des boissons aux vendeurs en attendant le notaire. Je retrouvais les amis lors de ventes mobilières, payant mon écot : une bouteille de vin blanc avec du gâteau. Une autre fois c'était la fête au village ou dans d'autres communes, ou bien en rencontrant des parents ; parfois un retour de chasse fructueux occasionnait quelques libations. Au mois de mai 1840, Doussot avait été *pris* (accidenté) à la gravière communale. Les gendarmes lui rendirent visite chez Beaupoil, aubergiste au bourg ; je les ai honorés par quelques bouteilles ; quant à Doussot, un peu d'eau-de-vie et de *l'eau sucrée* (limonade)lui firent le plus grand bien.

Autrefois nous buvions des bouteilles de vin (50% de notre consommation) – essentiellement du blanc -, et de la bière (29%). Après 1850 le vin perdit de son attrait pour nous (22%) au profit du café (24%). Quant à la bière, servie aussi en bouteilles d'un litre, elle conserva sa place dans nos habitudes. Les alcools… oui, nous en consommions depuis longtemps, mais assez peu il faut le dire : de l'absinthe, de l'anisette, du kirsch et bien entendu de l'eau-de-vie (la *goutte*) ; cette dernière progressa plus que les autres.

Nous sirotions de petits verres de *mélange* ; je découvris progressivement le cognac (1851), le ratafia et le vermouth (1853), le punch (1854), le cassis (1856). Certains breuvages firent leur apparition à la ferme ; d'autres ne passèrent jamais le seuil de la maison : la bière, l'*eau sucrée* (limonade), l'absinthe, le vermouth et le punch. Finalement, à y regarder de près, le vin, la bière et le café sont nos principales boissons au cabaret (les trois quarts).

Nous nous attablions, lors de nos sorties, avec de nombreux propriétaires cultivateurs de la région pour y parler du travail, de choses et d'autres. Mais nous y retrouvions aussi les négociants, les commerçants, les artisans avec qui nous étions en affaires, sans oublier le géomètre, le notaire, les meuniers, les amis, la famille, etc. Parfois, dans des occasions bien particulières mais néanmoins rares, je commandais une bouteille de bon vin, beaucoup plus chère (1 F) pour faire la conversation avec mon parent Chaux, négociant, avec Richard, de Boibe, ou encore avec Moissenet, ancien notaire et assureur.

Fréquentation des auberges et cafés

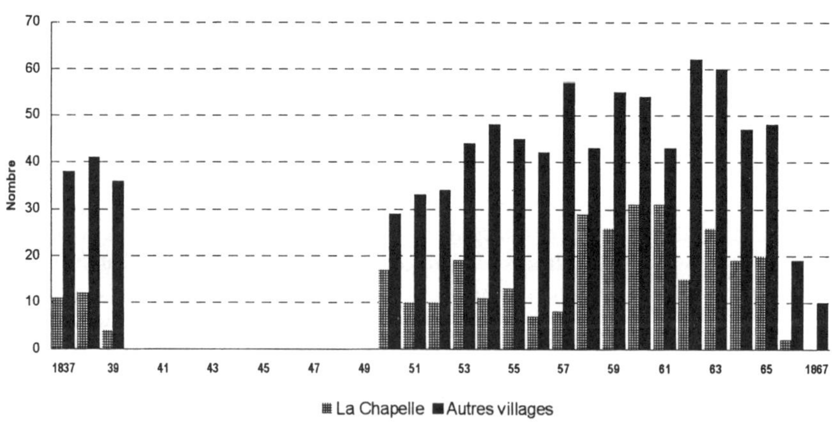

Le prix de la bouteille de vin blanc (0,20 à 0,30 F) augmenta fortement vers 1855-1856 à cause de la hausse des cours, puis retrouva un prix normal. Nous commandions aussi des vins de qualité supérieure (0,75 F). Le prix de la bière demeura assez stable (0,40 F) ; celui du café baissa, suivant l'évolution des tarifs marchands. Quant aux alcools, de 0,10 à 0,25 F le verre, ils sont plus onéreux.

Nous allions surtout chez Beaupoil ou chez Thibert-Guillemin au village, chez Charles Arveux ou chez Prieur à Pierre. A Mervans, il y avait le « Café de la Treille » et celui du « Levant ».

La fréquentation des auberges a doublé en trois décennies, passant à une trentaine de fois l'an. Nous déjeunions le plus souvent à Pierre, à l'Hôtel du Parc, chez Prieur, ainsi que dans des établissements plus éloignés, lors des foires ou autres déplacements dus à nos activités. Je mangeais avec des parents, avec mon fils Albert ou son cousin Alexandre Mercey que j'aime bien, mais aussi avec le vétérinaire, le maire, le notaire, etc. Le prix des repas ordinaires a bien augmenté, passant de 1,25 F avant 1840 à 1,50 F dans les années cinquante pour atteindre 2 F depuis 1855. Parfois nous nous offrions de très bons déjeuners, plus copieux et plus onéreux lors de grosses ventes de blé, ou à l'occasion de rencontres particulières avec Albert, mais nous n'en faisions pas une exagération, loin s'en faut. Parfois, un simple goûter composé de pain, de fromage et de vin blanc suffisait.

Tableau 110 : Prix des boissons au cabaret de 1836 à 1867

Boissons	Mode de vente	Av 1840	1850	1852	1856	1858	1865	1867
Vin blanc	Bouteille (1)	0,20 à 0,30	0,20	0,20	0,55	0,30	-	-
Vin rouge	Bouteille (1)	0,30 à 0,40	0,30	0,30	-	-	-	-
Bon vin (2)	Bouteille	1,00	1,00	1,00	1,0	-	-	-
Bière	Bouteille (1)	0,40 à 0,50	0,40	0,40	0,4	0,40	-	-
Café	Tasse	0,40	0,40	0,30	0,3	0,30	-	-
Anisette	Verre	0,15	0,15	0,15	-	-	-	-
kirsch	Verre	-	0,10	0,15	-	-	-	-
Eau sucrée (3)	Verre	0,25	-	-	-	-	-	-
Eau-de-vie	Verre	0,10	0,15	0,10	0,1	0,10	-	-
Mélange	Verre	-	0,15	0,15	0,15	-	-	-
Cognac	Verre	-	0,15	0,15	0,15	-	-	-
Vermouth	Verre	-	-	-	0,2	-	-	-
Ratafia	Verre	-	-	-	0,15	-	-	-
Absinthe	Verre	-	-	-	0,15	-	-	-
Punch	Verre	-	-	-	0,25	-	0,30	0,25
Cassis	Verre	-	-	-	0,15	-	-	-

(1) Bouteille : il s'agit en fait d'un litre.
(2) Bon vin : il s'agit de vin de Bourgogne de bonne qualité ; en réalité, il se vend des vins de Bourgogne beaucoup plus chers, selon la provenance, les années, etc.
(3) Eau sucrée : c'est de la limonade.
Nb : prix du vin dit ordinaire : variable selon la qualité et les cabarets ; le prix peut atteindre 0,75 F pour une qualité supérieure, proche d'un bon vin.
Notons aussi la hausse du vin en 1856

Les femmes ne dînaient quasiment jamais à l'auberge. Je crois que Madame a dû m'accompagner deux ou trois fois. Elle mangeait avec moi lorsque nous couchions à Louhans ou à Chalon, ne pouvant pas faire autrement.

Les domestiques venaient avec nous aux foires de la région, conduisant le bétail à pied, pendant que nous nous y rendions en voiture. A midi, nous leur donnions un peu d'argent (0,75 F) pour aller se restaurer car nous ne déjeunions pas avec eux. Ils avaient droit à cette indemnité lorsqu'ils se déplaçaient seuls pour aller au loin chercher des cendres à Seurre, ou bien du sable, du gravier, voire du charbon pour la *machine*, en livrant des bêtes ou du blé vendus précédemment. Notez qu'ils étaient devenus beaucoup plus exigeants depuis 1862 et nous leur versions quasiment le double pour satisfaire leurs besoins. Lorsque nous engagions un domestique à la louée de Pierre ou dans d'autres villages, nous les emmenions au cabaret après les négociations et leur offrions une bouteille de vin ainsi que du tabac pour sceller nos accords.

Albert fréquenta les auberges quand il accomplit ses premières démarches pour la maison, surtout aux foires de la région. Lorsque nous reprîmes La Ranche en gestion directe fin 1854, mon fils se chargea de la majorité des déplacements et me remplaça la plupart du temps, me soulageant de ces voyages parfois fatigants. Cependant, en dehors de quelques affaires dont j'avais conservé la gestion à cause de son manque d'expérience (finances, forêts), j'ai continué d'assurer la représentation de notre maison au bourg jusqu'à la fin de l'année 1857 ; je tenais ma place dans les auberges auprès de nos relations d'affaires ou publiques, tout en emmenant Albert avec moi afin de le familiariser avec les pratiques habituelles. A ce moment-là mon fils était capable de mener à bien toutes les opérations. Et puis, il devint conseiller municipal. Le dimanche il passait fréquemment son après-midi dans l'un des cabarets du village pour jouer ou se divertir avec des amis. Je n'avais plus à le surveiller. Auparavant je lui demandais des explications plus détaillées sur ses frais ; depuis qu'il dirigeait réellement le domaine, il se contentait de m'annoncer le chiffre global pour la bonne tenue de mon livre de comptes.

Les villes que nous avons fréquentées le plus souvent à cause de nos affaires furent Seurre (Côte d'Or) pour l'approvisionnement en cendres – surtout à partir de 1856 -, Louhans (chef-lieu d'arrondissement) pour des achats divers, ou bien pour vérifier les hypothèques, consulter des hommes de lois, voire le médecin. Quant à la ville de Dole (Jura) la présence de notre fille Fanny nous incitait à y aller de temps en temps pour lui rendre visite et régler les affaires de famille ; nous en profitions pour rapporter différentes choses que nous ne trouvions pas forcément sur place. Nous allions à Verdun-sur-le-Doubs, recherchant quelques engrais ou amendements, parfois du charbon pour la *machine à battre*, ou voulant acheter un nouveau cheval. Autrefois Bletterans (Jura) fut pour nous un lieu de marché aux céréales mais aussi d'approvisionnement en bois de sapin, en vin du pays, etc., mais qu'y faire maintenant ? et ce depuis belle lurette ! Quant à Chalon-sur-Saône, cela demeurait un voyage assez rare, lié à des occasions importantes : gérer nos placements à la banque Druard, assister à des séances de la Cour d'Assises, constituer un trousseau pour nos filles, etc. Des déplacements aussi longs nous imposaient de manger et de coucher sur place : chez Lafay ou chez Bartholomey à Louhans. Il fallait aussi héberger la jument à l'écurie, lui donner sa pitance. Tout ceci entraînait quelques dépenses supplémentaires.

L'auberge est aussi un lieu où nous nous rendions avec les membres du conseil municipal après nos séances habituelles pour y boire des bouteilles de vin blanc ou de bière tout en poursuivant nos conversations diverses. J'y rencontrais aussi le maire, l'adjoint, voire l'instituteur. A l'occasion d'élections l'aubergiste nous servait un repas chaud à la chambre commune, à nos frais, mais nous ne pouvions pas quitter nos places.

Les cabarets ont souvent mauvaise réputation. Je me souviens encore d'une vieille histoire survenue lorsque j'avais, je crois, douze ou treize ans, dans le café tenu par Jean Beaupoil. Des jeunes avaient bu pendant toute la journée du dimanche et le cabaretier leur servit des boissons toute la nuit, malgré l'interdiction du préfet. Cette jeunesse, échauffée par l'alcool, conçut le triste projet d'assassiner un garçon venant du Jura. Pourquoi ? Je n'en sais rien. Il paraît même que ce malheureux avait un comportement irréprochable. Il reçut un tel coup sur la tête qu'il perdit l'usage de la parole. Cette malheureuse affaire amena une enquête. On reconnut que le cabaretier servait à boire pendant les offices divins et la nuit à des jeunes gens qui y trouvaient la débauche, le scandale public et la dépravation des mœurs. Le maire prit un arrêté draconien interdisant aux cabaretiers du village de servir à boire après le coucher du soleil (sauf aux voyageurs étrangers), pendant l'office divin des dimanches et jours de fêtes religieuses sous peine de poursuites. Ils ne pouvaient souffrir ni rassemblements pour jeux, danses, ou toutes autres causes après la nuit tombée. Un nouvel arrêté de septembre 1851 confirma cette rigueur, ajoutant qu'on ne devait pas y admettre les gens ivres, les enfants de moins de seize ans, ni les femmes de mauvaise vie. Fermeture des établissements à dix heures du soir ! De plus, des circulaires préfectorales y interdisaient les lectures publiques de journaux ou autres écrits politiques, les chants désordonnés, les discussions politiques, les clubs et même les banquets. Le garde champêtre étant chargé de l'application de cet arrêté devait dresser des procès-verbaux en cas de non respect de ces dispositions.

M. Toulouze, maître d'hôtel à Pierre, tient avec son épouse Jeanne une très belle auberge où il peut recevoir de nombreux voyageurs grâce à ses chambres bien équipées. Nous y déjeunions de temps à autre avec Albert. La maîtresse de maison nous accueillait et nous conduisait à la salle à manger bien chauffée en hiver grâce aux grosses bûches flambant dans la vaste cheminée. Nous prenions place le plus souvent à l'une des deux tables carrées de la pièce quand l'affluence ne nous obligeait pas à aller nous installer à la grande table ovale, côtoyant ainsi des gens de la région ou des négociants de passage, venus à la foire. De beaux couverts en ruolz trônaient sur une commode pétrissoire ; à côté, des pots de fleurs adoucissaient l'atmosphère. Midi et demi... la pendule nous rappelait qu'il était temps de passer aux choses sérieuses car nous avions grand faim après une matinée fatigante. Dans une vaste salle à côté, au levant, des marchands menaient grand bruit, installés autour d'une table immense. Dans la cuisine, le maître s'affairait près d'un énorme fourneau qui m'impressionnait toujours, car seules de telles maisons en possèdent. On entendait des casseroles que l'on agitait rapidement, des tintements, parfois une cuillère qui tombait, des ordres qui fusaient. Des odeurs alléchantes venaient jusqu'à nous et aiguisaient notre appétit. Je voyais tout à coup la coiffe de la servante, une image fuyante bougeant sans cesse et se reflétant dans une glace accrochée au mur. Enfin, nous allions connaître les délices d'une bonne table, bien assis sur nos chaises paillées. La vaisselle de porcelaine et les verres de cristal bien disposés sur la nappe blanche attendaient que le serviteur veuille bien œuvrer pour nous. Albert avait déjà la serviette autour du cou, prêt à toute éventualité. Enfin, la servante apportait les premiers plats aux clients arrivés avant nous. L'auberge offrait un choix complet, de quoi satisfaire les plus exigeants :

- apéritifs (vermouth, absinthe, etc.),
- soupes aux légumes,
- pâtés,
- viandes (à la broche, grillées, poêlées ou en sauce) et des volailles de Bresse,
- poissons de rivière, d'étang, voire de mer (au court-bouillon, grillés, etc.),
- légumes, salade,

- fromages (blanc fait maison ou bien d'autres pays),
- desserts (pâtisseries, millets, crèmes, gaufres, etc.),
- café,
- liqueurs ou alcools (eau-de-vie, kirsch, cognac, etc.).

Evidemment, nous nous contentions de quelques plats, mais en nous limitant tout de même. La serveuse apportait la corbeille de pain, prenait notre commande et en informait le maître queux. Nous avions choisi une bouteille de bourgogne de bonne qualité. A côté, des négociants se régalaient avec des grands crus de Beaune, beaucoup plus chers ; les affaires étaient sûrement bonnes ce jour-là ! Après le pâté, venaient les légumes, la viande en sauce, le dessert et nous terminions avec une bonne tasse de café, ne voulant pas ajouter d'eau-de-vie car les occasions ne manquaient pas un jour de foire à Pierre.

Si nous avions quelque peu modifié nos habitudes au cabaret, beaucoup de clients conservaient l'usage du vin – surtout du blanc -, la bière demeurant moins prisée.

III - 9. 3 Le tabac, les étrennes

Autrefois nous avions coutume de donner des étrennes aux personnes à qui nous souhaitions manifester notre satisfaction pour bons et loyaux services. Certains domestiques recevaient une gratification lors de la vente de gros bétail ou de porcs, vous vous en souvenez ! Cette pratique, qui régressa fortement dans les années cinquante, reprit à cause des doléances du premier garçon, mais ne retrouva pas sa place d'antan. Les serviteurs de mon beau-père, de mes beaux-frères, s'occupaient de notre jument lorsque nous rendions visite à la parenté. Ils prenaient grand soin de la bête, la bichonnaient, voire lui donnaient à manger. Le maître de maison n'aurait pas accepté un dédommagement, aussi nous glissions quelques pièces de monnaie aux valets ou bergers ; la servante qui préparait un excellent repas n'était pas oubliée. Cependant comme nous vieillissons, nous sortons beaucoup moins, même dans la proche famille et ces domestiques y ont perdu quelque chose. Restaient les garçons d'auberge, à ne pas oublier si nous voulions un bon service pour le cheval à l'écurie. Nous respections scrupuleusement cet usage.

Depuis fort longtemps les garçons tuiliers, les chaufourniers ou mesureurs des fours à chaux, qui aidaient à charger les voitures, se voyaient récompensés par une petite obole. Après 1850 nous prîmes l'habitude d'offrir quelques étrennes au farinier ou au voiturier du moulin, au « tonnelier » du marchand de vin, aux ouvriers huiliers, au palefrenier ; enfin, à tous ceux qui apportaient leur concours. Ceci s'est fortement développé depuis une bonne dizaine d'années.

Vinrent aussi les étrennes du Jour de l'An, mais je vous en reparlerai. On donnait aussi pour les mariages, les baptêmes, et même aux conducteurs de la *machine à feu* quand nous étions satisfaits de la qualité du battage. Le facteur offrant un calendrier bénéficia de ces gratifications ; notez qu'il rendait d'autres services.

Les jours de foire, des hommes acceptaient volontiers de surveiller le bétail, aidaient à décharger et à porter les sacs de céréales ; ils méritaient une juste rémunération. Quand on allait à la grosse ferme de Folnard faire peser les bœufs avant de les vendre, quelques sous faisaient plaisir aux domestiques car le maître ne voulait rien. Venaient enfin les oboles aux mendiants parcourant les rues pendant les foires, profitant d'un grand rassemblement. Quand nous « faisions la fête » dans un village ou à l'occasion d'un mariage, enfin pour quelque chose d'inhabituel, nos largesses augmentaient. Tout le monde bénéficiait des réjouissances.

Le tabac ! un plaisir que j'ai connu pendant plus de vingt ans, et qui disparut subitement. C'était au début du mois de juin 1839 ; je venais de me remettre d'une longue maladie lorsque l'envie du tabac me prit réellement. Je rentrai à La Ranche avec une *once* (30,6 gr) de cette herbe odorante et une pipe en terre à un *sou*. Ainsi commença ce que certains appellent un vice. Il fallait un peu d'amadou. Au bout de deux mois, mes trois pipes nécessitèrent l'achat d'un porte-pipes en métal chez Curtey à Seurre. Une *once* de tabac partait en fumée chaque semaine. Vers 1850 j'achetais au détail, en général pour quatre *sous* (25 gr), voire parfois de plus petites ou de plus grosses quantités à la fois ; le débitant me voyait souvent. Le paquet de 200 grammes valait 1,60 F. Ma consommation hebdomadaire s'intensifia fortement et passa à 60 ou 70 grammes vers 1856. A partir de ce moment-là, seuls les gros paquets pouvaient satisfaire mes besoins.

Le prix du tabac, à 4 F la livre (ou 5 *sous l'once*) augmenta subitement d'un quart le 25 octobre 1860 et passa à 5 F. C'était considérable, mais après tant d'années de stabilité, que dire !

J'en trouvais dans différents villages. A Pierre M. Billot succéda à M. Boulanger en 1859. Au bourg de La Chapelle M. Bruchon remplaça M. Cornier en 1854.

Le tabac est un cadeau fort apprécié des domestiques que l'on veut honorer. On en offre en famille, pour la fête, ou bien en buvant au cabaret.

Et les pipes ! Elles ne duraient pas très longtemps ; il en fallait à peu près quatre par an. Heureusement, à un *sou*, cela pouvait aller. On en voyait de fort belles. La plus coûteuse atteignit un franc tout de même ; rien à voir avec les autres, mais je ne la fumais pas tous les jours. Le marchand fournissait du caoutchouc pour le tuyau ; j'avais aussi un *bauquin* (tuyau) en corne de bonne qualité et agréable. Un jour M. Bruchon me dit : « Essayez donc les pipes androgynes ! » Après tout, pourquoi pas ! Cela changeait un peu, mais que vous dire du goût ? Rien de particulier.

Les cigares à un *sou*, je me suis hasardé pour voir en 1857. Après coup, quelques-uns me suffirent amplement, mais nous les fumions plutôt entre amis et parents à la fin du repas de fête.

Finalement, après bien des années, je n'y trouvais plus le plaisir d'antan. L'âge avançant, l'envie s'en alla comme elle était venue et disparut totalement au mois d'octobre 1861. J'y ai gagné 25 F par an.

III - 9. 4 Les fêtes calendaires et de famille

Le premier janvier des enfants du hameau viennent souhaiter la bonne année, attendant les quelques pièces de monnaie que mon épouse leur donne en guise d'étrennes. Nous achetons aussi divers objets que nous offrons aux membres de la famille, voire à quelques personnes méritant une récompense. Fanny et ses enfants bénéficient parfois d'une somme beaucoup plus conséquente à cette occasion. Depuis 1859 le premier garçon de ferme (Chalumeau) avait droit à deux francs d'étrennes ; les autres domestiques attendirent 1863 pour en bénéficier et empochaient chacun un franc. C'était aussi à cette période que nous prenions un almanach à un ou deux *sous* à Pierre, voire auprès d'un colporteur. Nos enfants recevaient des papillotes, puis vinrent les oranges (1854). Ce jour-là nous ne travaillions pas et passions une partie de la journée à jouer aux cartes.

La fête patronale le jour de la Trinité est la principale manifestation de l'année. Depuis longtemps la commune amodie les places aux camelots et celle où l'on danse en plein air. Les gardes champêtres et les gendarmes veillent à la tranquillité puis vont souper à l'auberge. Tous les ans – ou presque – après la messe traditionnelle, nous recevions parents et amis pour nous retrouver autour d'une bonne table. Nous mangions parfois du potage aux vermicelles et surtout beaucoup de viande de boucherie (veau et bœuf), des légumes du jardin, de la salade, des biscuits, des massepains, le tout arrosé de vin, voire de bon vin ; pour finir, café de qualité et eau-de-vie. Puis nous allions au bourg retrouver les connaissances du village. Il y faisait grand bruit : la musique, les jeux, les cris de joie, les conversations animées. Les uns jouaient aux quilles ou aux cartes, les jeunes dansaient. Les cabarets ne désemplissaient pas, le vin et la bière coulaient à flot. Nous donnions quelques pièces à nos enfants qui se précipitaient auprès des camelots prêts à les servir, à vrai dire n'attendant que cela. Les domestiques demandaient souvent des acomptes pour fêter l'événement. Le 2 juin 1860 nous offrîmes un franc aux jeunes qui plaçaient les images du patron paroissial à l'occasion de la fête du village. En 1862 Cretin et Vorey abattirent un veau et une vache, vendirent la viande à leur entourage, ne pouvant la garder entièrement pour eux ; cela leur permit aussi de fêter dignement la Trinité.

Nous allions parfois à la fête dans d'autres villages proches, mais surtout chez les parents à Devrouze, à Quain. Albert courait aussi quelques fêtes aux alentours : Pierre, Terrans, Saint-Bonnet, etc. , voire partait chez son cousin Guillemaut à Lessard. La ville de Dole organise des festivités magnifiques pour la Pentecôte. Les enfants s'y rendirent au mois de mai 1853, passèrent plusieurs jours chez leur sœur Fanny, et revinrent émerveillés par tant de faste.

Depuis quelques années la commune – comme bien d'autres – marque la fête de l'Empereur le 15 août par des illuminations.

Noël n'est pas une journée de grands festins. On respecte la messe. Bien souvent Albert passait son après-midi au cabaret avec ses amis.

En dehors de ces manifestations nous recevions parfois parents et intimes ou leur rendions visite cinq ou six fois dans l'année. Nous fréquentions surtout mon beau-père Denis Guillemaut, ainsi que les frère et sœur de mon épouse, voire des neveux. Autrefois nous aimions bien aller à Dole chez Fanny pour y passer un moment, voir les enfants, les emmener promener et visiter les magasins. Maintenant nous n'avons plus de goût à rien et la vieillesse n'arrange pas les choses.

III - 9. 5 Les jeux et les loteries

Mes deux garçons étant tout jeunes adoraient jouer aux billes dans la cour ; ils ne manquaient pas de réclamer quelques sous pour en acheter. Ils possédaient aussi un petit char d'enfants ; Albert, plus âgé, transportait Justin, parfois à vive allure ; ils riaient de bon cœur, effrayant les poules qui se sauvaient en caquetant bruyamment. Et j'ai perdu mes deux fils, vous le savez. Le petit char, qui traînait dans un coin, partit chez Rolland lors de la vente mobilière, ne servant plus à rien chez nous, hélas ! J'achetais aussi des *amusettes* à Delphine, une fille si fragile ; quand je revenais avec des joujoux, la joie explosait à la maison. Camille et Noëmie, devenues grandes, offrent ces jouets et des poupées à leurs nièces ou à Marie, la fille d'Alexandre Mercey.

Les hommes ont un grand engouement pour les cartes. D'ailleurs on offre des jeux pour faire plaisir. Les domestiques se passionnaient aussi pour ces cartons imagés ; certains demandaient de temps à autre un petit acompte pour assouvir leur passion. Cela occupait bien des soirées de la Toussaint jusque vers la fin février. On jouait aussi un jour de fête entre parents et amis, au cabaret le dimanche après-midi ou bien après les affaires de la foire. En général, je perdais... oh ! pas des sommes énormes, quelques sous, mais je perdais ! La chance n'était sûrement pas de mon côté, mais cette répétition de faits m'intriguait. Albert adorait aussi les cartes. Charles Arveux, cabaretier à Pierre, vendait un jeu de 0,60 à 0,75 F selon la qualité. De temps en temps, au plus fort de l'hiver, nous jouions ainsi l'eau-de-vie à la maison, mais croyez-moi, je payais la *goutte*. Que voulez-vous !

En dehors des cartes, nous nous passionnions quelquefois pour les échecs ou le loto, des jeux que j'avais trouvés il y a fort longtemps en passant à Seurre. Et puis, à côté de cela, il existe des loteries organisées par les dames patronnesses, les sœurs institutrices, pour les malheureux ou les petites filles pauvres. Elles vendent des billets à deux ou à cinq *sous* pièce. Nous achetons parfois par correspondance des billets de la Loterie Lyonnaise ; les bureaux de tabac en offrent aussi à 50 centimes. Nous n'en abusons pas. Au mois d'octobre 1861 M. Grizard passa à la maison. « Je vends des billets de loterie au profit des grêlés de l'Autunois, il faut participer. » Nous aimons bien M. Grizard, et puis tous ces malheureux !...je sortis un franc de ma bourse pour cette œuvre de charité. Maintenant, certains trouvent des astuces ; François Bon mit sur pied une loterie à son profit dans laquelle il offrait un veau au gagnant. C'était en février 1864, il faisait froid et nous nous tenions bien au chaud près du feu. Il entra et nous fit part de son commerce. Un voisin, cela se respecte. Je lui pris deux billets pour dix *sous,* voulant surtout lui faire plaisir.

III - 9. 6 La chasse

Par la loi du 3 mai 1844 l'Etat réglementa davantage la chasse, instituant l'obligation de posséder un permis pour se livrer à cette passion ; auparavant il fallait seulement une autorisation de port d'armes coûtant 15 F par an. Les autorités nationales voulaient créer des ressources aux communes, assurer la reproduction du gibier, réprimer les abus envers l'agriculture (délits divers, chasse sur des terrains couverts de fruits), enfin... mieux protéger la propriété. Le permis était alors « à la carte » : 5 F pour les oiseaux de passage, et 5 F par « auxiliaire », le maximum pouvant atteindre 25 F. Seulement, cette possibilité officielle de tuer les oiseaux, moyennant une redevance accessible, en augmenta la destruction et priva davantage les indigents de nourriture. Rapidement un seul permis à 25 F vit le jour. Cela eut pour conséquence de réserver ce plaisir à des gens suffisamment aisés. Bien des cultivateurs ne pouvant s'offrir ce luxe abandonnèrent ; d'autres n'eurent plus la faculté de vendre le gibier légalement ; certains braconnèrent, d'où un grand nombre de poursuites.

Malgré cela, le nombre de permis augmenta au fil des années dans notre département (5 150 en 1865 contre 1 380 au départ). Dans l'arrondissement de Louhans il passa de 314 en 1858 à 465 de nos jours ; le canton de Pierre en compte une cinquantaine et notre commune trois ou quatre tout au plus. Les familles nobles (d'Estampes, de Truchis, Carrelet de Loisy) ont conservé cette longue tradition. Il y a maintenant bien des personnes aisées (Dromard, Druard le banquier, Courcenet), le vétérinaire Rossignol, le docteur Curé, le percepteur Boitard, l'assureur Forgeot, des marchands (Cornu, Richard, Cabaud). A La Chapelle je peux citer mon cousin Thibert, Jean Miconnet, Thibert-Guillemin, mon ami Pascal Bouchard (banquier), sans oublier mon fils Albert.

En juin 1862 le maire Beaupoil prit un arrêté pour la conservation des petits oiseaux utiles à l'agriculture (sauf ceux de proie) qui mangent les chenilles, les insectes. Il faut dire qu'ils étaient la cible favorite des enfants ou des bergers que les parents ne surveillaient guère, voire ne s'en souciaient pas du tout. Défense de détruire les nids, et attention au garde champêtre !

Le braconnage existe de temps immémorial et s'amplifie. Les gardes redoutent les braconniers ou bien ferment les yeux. Il faudrait également surveiller l'écoulement du gibier et interdire la chasse de nuit.

Le développement des prairies artificielles (trèfle) entraîne la destruction de nombreux nids, surtout de perdrix, au moment de la première coupe.

Je détiens encore deux fusils à deux coups à piston et un long fusil à un coup. A côté de cela, il reste un vieux pistolet à pierre et un autre que Perdreaux, serrurier à St-Germain, transforma en pistolet à piston l'année dernière. Nous avions fait fabriquer une belle caisse en bois pour ranger nos fusils le cas échéant. Albert, grand chasseur s'il en fut, s'était bien équipé et possédait un très beau sac de chasse en cuir confectionné par le bourrelier Lafferrière ; il tenait beaucoup à sa poudrière en cuivre. De temps en temps il fallait réparer les cheminées, voire le tambour de ces armes. L'horloger Ardin se montrait fort habile, lui qui inventait des miroirs aux alouettes mécanisés, vous vous en souvenez !

La poudre venait surtout de Louhans (rapportée par le voiturier allant de Pierre au chef-lieu d'arrondissement) ou de Dole, bien que Billot à Pierre en vendait, mais fort peu. Nous utilisions « l'ordinaire » à 4,75 F la *livre,* cependant Albert préférait la « super fine », plus chère (passée de 5 F en 1850 à 6 F cinq ans plus tard) et plus efficace. En cas de besoin le vétérinaire Rossignol nous dépannait. Nous en cédions parfois à Philibert Roux qui n'avait pas de permis de chasse mais possédait un fusil ; il nous remboursait en journées de travail.

Nous achetions des boîtes de 25 capsules (amorces) nécessaires pour enflammer la poudre. Quant aux projectiles, nous employions de la fonte à 0,25 F la *livre* et surtout du plomb dont le prix variait selon la grosseur, allant de 0,35 F à 0,45 F (pour le n° 4). Les marchands de Pierre n'en manquaient pas. Chaque année il nous fallait une bonne *livre* de poudre, trois de plomb et deux de fonte, sans oublier les capsules.

L'Etat institua une taxe municipale sur les chiens en 1855. Notre conseil municipal, voulant éviter la destruction de la moitié de ces bêtes, vota un impôt assez modique : deux francs pour les chiens d'agrément ou de chasse et un franc pour ceux de garde. Il ne fut pas suivi par les autorités préfectorales sur ce tarif et finalement je payais 13,50 F par an lorsque nous en avions trois à la maison.

Albert possédait un chien courant, mais cela ne lui suffisait pas. Au mois de mai 1854 il fit venir une chienne d'arrêt payée 20 F à un dénommé Limoge, du Bout d'Amont, dont le père venait de mourir. Notre fils adorait ces animaux ; peu de temps avant sa disparition, il acheta un petit chien loup (3 F) à la femme Millet. Maintenant mon épouse, plus âgée, éprouve un besoin de tendresse. Elle a trouvé moyen d'obtenir un tout petit chien auprès de Claudine Guillemin. Laquelle a persuadé l'autre, je n'en sais rien, mais cette bête est maintenant chez nous. Remarquez que je l'aime bien malgré tout. En cas de maladie, le pharmacien Bauchamp conseillait du *caloncélas* ; pour quelle affection ? je ne sais plus du tout !

Ah ! ces chiens de chasse. Un jour je vis arriver Philippe Conry, furieux ; c'était, je crois, vers la mi-août 1853, il faisait chaud avec un temps orageux. « Le chien courant d'Albert vient de tuer trois petits cochons de trois jours... et il les a mangés ! Il faudra réparer les dégâts. Ma foi, de si beaux pourceaux ! » Que dire ? Je n'en revenais pas. Bon, si sa réclamation était vraie, elle me paraissait fondée. Après coup, il prétendit les faire payer au prix des autres lorsqu'ils auraient deux mois et demi. Je ne pouvais accepter une demande aussi injuste mais il ne voulait rien savoir. Cela dura un certain temps. Voyant cela, je l'ai forcé à nommer des experts, sinon il fallait l'appeler en justice, ce que je répugnais. Il choisit Henry mais s'entendit avec lui pour réclamer 12 F pièce. M. Bruchon, mon expert, intervint auprès de son confrère et finalement Albert dut verser 22 F pour le tout. Chacun son dû ! Une autre fois, la femme de Baptiste Vorey affirma que Palma, énervée paraît-il, l'agressa et lui fit une déchirure à son jupon. N'ayant pas assisté à la scène et ne voulant pas d'histoire avec des voisins, je lui remis 50 centimes. Je ne vous parle pas de la chienne d'Albert qui, une fois entrée dans un magasin de Pierre, s'affola, fonça directement dans les vitres du magasin, en brisa plusieurs avant de s'enfuir très loin dans la rue principale, au grand dam des clients.

Albert était un bon chasseur, un homme acharné qui ne manquait guère l'ouverture générale. Dès le mois d'août il faisait sa demande sur papier timbré et versait 25 F au receveur municipal. Le maire attestait qu'il résidait bien à La Chapelle, joignait son signalement, la quittance du percepteur et adressait le tout au sous-préfet. Il faut dire qu'il revenait 10 F à la commune sur chaque permis. Le prix n'a pas varié depuis une vingtaine d'années. Le préfet décide de la date d'ouverture qui a lieu entre le 20 août et le début du mois de septembre. La chasse au gibier d'eau démarre un peu plus tôt pour aller jusqu'au début du mois d'avril ; celle à la bécasse connaît sa propre réglementation. Mais attention au permis qui peut être réclamé à tout moment par le garde ; le perdre vous oblige à verser 25 F supplémentaire. On ne peut chasser au filet, à l'aide d'engins, d'appeaux ou à la glu. Seuls le furet ou la bourse à prendre les lapins sont autorisés. Pour l'alouette, le chasseur peut utiliser le miroir et tirer, le préfet a défendu le *tombereau* (sorte de cage). Il faut aussi l'accord des propriétaires pour chasser sur autrui, alors on s'arrangeait sinon cela réduisait considérablement le territoire. Parfois il fallait museler les chiens ou les tenir en laisse.

Lorsque l'ouverture approchait, les chiens s'énervaient et aboyaient beaucoup. Le jour dit, Albert les détachait et ils fonçaient comme des fous, tournant en rond, courant, remuant la queue avec vigueur. Mon fils préparait soigneusement son fusil, vérifiait ses munitions. Il connaissait déjà les bons coins giboyeux. Au loin on entendait des cris d'encouragement, il sortait parfois son sifflet pour les rappeler et les contrôler. Que d'aboiements répétés lorsque le lièvre était débusqué. Commençait alors une très longue poursuite qui pouvait durer des heures, couronnée de succès de temps en temps. Dans la région on chasse aussi la perdrix, la bécasse, les canards sauvages, que sais-je encore ! Maintenant on peut les vendre au marché de Pierre. Albert allait parfois à la chasse chez ses cousins à Thurey ou à Simard, il participait à des parties qui pouvaient durer plusieurs jours. Il emmenait aussi le « capitaine », un militaire retraité habitant Terrans, avec qui il était très ami. Quant à moi, je n'ai pris un permis qu'en 1854. Ce n'était plus de mon âge. Courir les champs, les bois, traverser les haies ou attendre, non ! Du côté du Doubs M. Baron chassait les canards sauvages à l'aide d'une canardière, un fusil énorme coûtant fort cher mais très meurtrier.

Au mois de janvier 1852 Albert partit chasser le renard du côté du Buisson-Jean-Chêne. La bête se défendit admirablement, ayant les gardes Michau et Conry à sa poursuite. Mon fils tira le premier et abattit l'animal exténué. Les chiens, l'écume à la gueule, s'acharnaient sur la pauvre bête devenue inoffensive. Après coup, les hommes se reposèrent et burent trois litres de vin chez Brunet-Lahaye qui tenait un cabaret. L'aubergiste donna de la *flamusse* aux chiens pour les récompenser, ce qui les rassasia et les remit de leur longue course.

III - 10. Transmission du patrimoine

III - 10. 1 La donation-partage

En 1858 Albert avait 31 ans. Il était désormais capable de gérer nos domaines, cependant il fallait assurer son avenir. D'autre part nous voulions éviter toute contestation entre nos enfants. Notre gendre Fourneret est tellement bizarre ! on ne sait jamais. Enfin, garder la bonne harmonie familiale nous préoccupait. Pour être sûr de notre fait, nous fîmes inclure dans l'acte de partage une clause prévoyant que celui ou celles qui viendraient à critiquer cette donation faite de notre vivant se verraient privés de la quotité disponible ; le supplément dégagé serait réparti entre ceux qui n'auraient émis aucune contestation. Cette mesure suffisamment dissuasive doit éviter tout problème !

A cette époque nos deux domaines de La Chapelle (48 ha) et de Diconne (41 ha) étaient fort différents à cause des vastes forêts du Bauvoisin, du Margueron, etc. Nous devions partager équitablement, constituer des lots homogènes et non disloqués par des divisions abusives contribuant à en amoindrir la valeur future. J'ai demandé à M. Claude Sassier, géomètre à Pierre, d'arpenter ce qui pouvait prêter à discussion. Il demandait un franc par *journal* pour les terres, les bois. Il effectua ainsi un gros travail à La Ranche (60 *journaux* vérifiés) et dans les bois de Diconne (18 *journaux*). Le 5 février 1858 il nous présenta un brouillon ; voyant cela, je lui remis un acompte substantiel, puis il dressa les plans définitifs, fit l'estimation d'une partie des biens et établit les divisions nécessaires. Ce travail fastidieux était indispensable.

Tableau 111 : Donation-partage des époux GUERRET-GUILLEMAUT(1858)

Enfants	Lieux	Terres	Prés	Bois	Divers	Total
Albert	La Chapelle	14 ha 55 a	3 ha 33 a	3 ha 35 a	75 a [(1)]	21 ha 98 a
	%	27,40%	26,80%	16%	35%	24,80%
Noëmie	La Chapelle	14 ha 81 a	3 ha 43 a	3 ha 51 a	60 a [(1)]	22 ha 35 a
	%	27,80%	27,60%	16,80%	28%	25,20%
Camille	La Chapelle	1 ha 72 a	0	0	0	1 ha 72 a
	Diconne	10 ha 04 a	2 ha 93 a	7 ha 03 a	58 a [(2)]	20 ha 58 a
	Total	11 ha 76 a	2 ha 93 a	7 ha 03 a	58 a [(2)]	22 ha 30 a
	%	22,10%	23,60%	33,60%	27,20%	25,20%
Fanny	La Chapelle	1 ha 72 a	0	0	0	1 ha 72 a
	Diconne	10 ha 33 a	2 ha 72 a	7 ha 03 a	21 a [(2)]	20 ha 29 a
	Total	12 ha 05 a	2 ha 72 a	7 ha 03 a	21 a [(2)]	22 ha 01 a
	%	22,70%	22%	33,60%	9,80%	24,80%
TOTAL	La Chapelle	32 ha 80 a	6 ha 76 a	6 ha 86 a	1 ha 35 a	47 ha 77 a
	Diconne	20 ha 37 a	5 ha 65 a	14 ha 06 a	79 a	40 ha 87 a
	TOTAL =	53 ha 17 a	12 ha 41 a	20 ha 92 a	2 ha 14 a	88 ha 64 a

Les % sont calculés par rapport au total des terres, des prés, des bois, etc.

(1) Albert et Noëmie reçoivent les bâtiments de la ferme de La Ranche à La Chapelle-St-Sr

(2) Camille et Fanny reçoivent les bâtiments de la ferme de La Croix à Diconne.

Maître Guichard, notaire à La Chapelle, fut chargé de rédiger l'acte de donation-partage qu'il termina le 15 avril. Depuis la veille Albert se tenait au bourg, prêt à lui fournir tout renseignement de dernière minute. L'officier ministériel vint à La Ranche pour nous lire la teneur de cet acte et recueillir les signatures. J'avais autorisé mon épouse pour ce faire comme le veut la loi. Fanny, mariée, était représentée par son mari ; ils donnèrent procuration à M. Bailly, de Terrans, chargé d'agir pour le compte de ma fille aînée.

L'ensemble des bâtiments de La Ranche, la cour, le jardin, le verger furent divisés en deux parties dont l'une échut à Albert (côté sud) et l'autre à Noëmie (partie nord, avec les *tects,* le four). Les terres, prés, bois de La Chapelle étaient attribués aux mêmes ; Albert hérita le champ Ruget, les champs d'Henry et de la Bobère, pour ne citer que les principaux ; Noëmie reçut les Avenières, le Chevrot, etc. Cela leur faisait des parcelles bien groupées, importantes... de belles terres, en somme ! Nous voulions surtout éviter de partager les *pièces* pour les réduire à l'état de minuscules bandes difficiles à exploiter.

Les bâtiments de La Croix à Diconne, la cour, le jardin, furent aussi divisés en deux parties. Camille eut la moitié nord des constructions (avec les *tects*) et Fanny reçut le reste, côté sud. Elles se répartirent les terres, les prés, et surtout les grands bois de ce village. Seulement, pour équilibrer les parts, elles eurent en outre chacune 1,72 ha au Piochis et au Grand Clouzeau à La Chapelle. Chaque lot comprenait donc 22 hectares et une demi-ferme.

Maintenant il restait à fixer certaines clauses indispensables. Mon épouse et moi-même gardâmes l'usufruit de la totalité des biens inclus dans cet acte, avec la possibilité de les administrer, de couper les taillis ainsi que les vieilles écorces des bois. Si Madame venait à partir la première, les quatre enfants se partageraient les revenus de Diconne (biens propres de mon épouse). Si je mourrais avant elle, ils bénéficieraient de ceux de La Chapelle (les miens), Madame conservant la jouissance des logement, *hébergeage*, cour, jardin, verger et dépendances correspondant à la part d'Albert. Lorsque nous serons morts tous les deux, une estimation amiable, ou par experts, des bois taillis et de haute futaie des deux domaines, ainsi que des cheptels y attachés, sera faite. Les enfants se partageront la *croissance* (plus-value depuis la donation-partage).

Lors de son mariage en 1848 Fanny reçut de sa mère une pension annuelle et un trousseau évalué 900 F. Pour ne pas désavantager les autres, nous nous réservâmes la possibilité de leur attribuer l'équivalent. Si la mort nous surprend avant d'avoir réalisé ces donations, ils prélèveront avant tout partage les sommes correspondantes sur les valeurs mobilières , Albert aura sa part principalement en matériel de culture.

Pour éviter à notre fils d'effectuer son service militaire, le paiement d'un remplaçant nous coûta 1 200 F. Dans cet acte les autres enfants renonçaient à réclamer quoi que ce soit en compensation.

Les donataires souffriront les servitudes actives et passives, paieront les impôts dès leur entrée en jouissance réelle. Le puits de chaque ferme restera indivis. Les cours seront partagées par des palissades établies à frais communs. Des dessertes, bien indiquées dans l'acte et sur les plans, sont prévues pour celui qui n'a pas un accès direct à la rue. Des rigoles servant à écouler les eaux éviteront de gêner qui que ce soit. On a tenu aussi à rappeler l'existence des dessertes en vigueur de temps immémorial dans les champs et les prés ; et interdiction de détourner les eaux !

Les biens donnés furent estimés 72 000 F, avec un revenu annuel de 3 600 F (5%), tenant compte de notre réserve d'usufruit.

Maître Guichard lut lentement et à haute voix chaque clause de l'acte afin que nul n'en ignore, s'arrêtant de temps à autre pour s'assurer du consentement de chacun. Il n'y eut pas de contestation. Tout correspondait à nos désirs d'équité. Il invita alors les deux témoins (M.

Claude Sassier, géomètre, et M. Moissenet, ancien notaire) ainsi que chaque membre de la famille à apposer sa signature au bas de la minute.

Le coût de l'opération atteignit 1 279 F :

- droits (1%) = 720 F,
- droits d'enregistrement (10 F + 73 F) = 83 F,
- frais d'arpentage, d'évaluation, de division, = 175 F,
- frais d'acte notarié = 301 F.

III - 10. 2 Les successions

Lorsque mon père Jean le jeune mourut le 1er avril 1814, j'étais seul héritier. A cette époque il possédait deux bâtiments agricoles au Bourgneuf en indivision avec son frère Jean-Claude. Il détenait aussi 14 hectares à La Chapelle (dont 6 ha 17 a de terres, 2 ha de prés et 5 ha 85 a de bois). Le tout évalué 7 500 F me fit payer 1% de droits de succession soit 75 F. En arrivant à La Ranche il avait apporté des meubles qu'il mit en commun avec ceux de ma mère et de ma grand-mère Jeanne-Baptiste Cordelier ; sa part valait 1 178 F sur laquelle je dus acquitter 0,25% pour en devenir le propriétaire légitime. Ma mère, selon les clauses de son contrat de mariage établi par Me Chanite le 16 novembre 1791, retira par préciput un lit estimé 100 F et ses bagues d'une valeur de 150 F sur lesquels elle paya 0,625% de droits plus les accessoires.

Dans mon contrat de mariage en 1822 ma mère m'assurait la totalité de ses biens au jour de son décès. Elle disparut le 6 août 1846 sans faire de testament. J'étais le seul survivant de ses enfants. Le 5 février suivant je m'en fus au bureau de l'Enregistrement à Pierre pour déclarer la succession ; je leur remis un état estimatif des meubles lui appartenant, d'une valeur de 1 350 F, sur laquelle j'ai payé 0,25% de droits. J'avais aussi dressé la liste de ses propriétés, tant maisons, que terres, prés, bois, d'une superficie de 29 ha 21 a, valant 27 527 F sur lesquels je devais 1% au receveur. A cela s'ajoutaient les frais habituels.

Pour amoindrir notre capital lors de notre décès, nous venons de léguer à nos filles une somme de 12 261 F placée à la banque Druard à Chalon.

Après la disparition de notre regretté Albert, ses biens nous firent retour en tant que parents. Le 13 mai 1866 j'ai donné une procuration sous seing privé à Me Guichard, notaire, ainsi qu'un acompte de 280 F pour s'occuper de cette affaire, n'en ayant plus la force. Les 22 hectares de mon fils et sa demi-part de ferme de La Ranche furent évalués 24 300 F. Le 24 mai 1866 Me Guichard porta la liste des biens au receveur de l'Enregistrement, acquitta pour mon compte 243 F de droits de succession ; à cela s'ajoutèrent 36,65 F pour l'Enregistrement et ses propres frais. Nous envisageons maintenant de partager les biens d'Albert entre ses trois sœurs, d'abandonner la jouissance des deux domaines (sauf celle des bois) en demandant seulement une pension alimentaire.

Les impôts établissent le revenu de chaque parcelle de terrain, estiment qu'elle rapporte 5% l'an, déterminant ainsi la valeur des biens concernés. En réalité, l'administration s'adapte à l'évolution des cours depuis plusieurs décennies, toutefois en restant dans un prix moyen légèrement au-dessous de sa valeur locative réelle.

III - 11. Comptes privés de la famille

Mon grand livre de comptes sert aussi à enregistrer toutes nos recettes et nos dépenses liées à la vie de la famille, car je ne tiens qu'une seule caisse.

Le bénéfice dégagé par La Ranche, qui était grevé avant 1846 par la pension que je versais à ma mère et par les intérêts de mes emprunts, s'améliora sérieusement pendant le *grangeage* grâce à la hausse du prix du blé. Les années 1855-1856 furent difficiles avec le redémarrage de l'exploitation, période où les dépenses dépassèrent les recettes ; heureusement les bons revenus issus des propriétés de Diconne permirent de passer le cap en attentant la reprise. Nous connûmes par la suite de bonnes années.

Les biens de mon épouse, restés dans l'indivision jusqu'au décès de son père, n'apportaient à Madame que le tiers du revenu. Depuis le partage nous encaissons des sommes assez conséquentes.

Tableau 112 : Famille GUERRET – Dépenses familiales annuelles

RUBRIQUES	1836/39		1850/54		1855/59		1860/65	
	Montant	%	Montant	%	Montant	%	Montant	%
ALIMENTATION	915,0	51,8	1 031,0	47,2	1 156,0	51,7	1 255,0	52,0
dont achats (5)	*305,0*		*296,0*		*361,0*		*450,0*	
dont laitages (1)	*80,0*		*85,0*		*100,0*		*115,0*	
dont céréales (1)	*300,0*		*450,0*		*425,0*		*410,0*	
dont porc (1)	*130,0*		*100,0*		*150,0*		*150,0*	
dont divers (1) *(volailles, p.de terre,etc)*	*100,0*		*100,0*		*120,0*		*130,0*	
CHAUFFAGE (1)	150,0	8,5	150,0	6,8	175,0	7,8	200,0	8,3
DONS ET QUETES	40,0	2,3	65,0	3,0	42,0	1,9	48,0	2,0
EDUCATION / ECOLE	105 (2)	5,9	20,0	0,8	1,0		1,0	
ENTRETIEN MENAGE	59,0	3,4	145,0	6,6	56,0	2,5	74,0	3,0
EGLISE	9,0	0,5	32,0	1,5	14,0	0,6	11,0	0,5
HABILLEMENT	309,0	17,5	447,0	20,5	543,0	24,4	407,0	17,0
MEDECINE/PHARMACIE	103,0	5,9	107,0	5,0	68,0	3,0	156,0	6,5
USTENSILES CUISINE	10,0	0,5	14,0	0,5	12,0	0,5	46,0	1,9
MOBILIER	36,0	2,0	42,0	2,0	12,0	0,5	67,0	2,8
DIVERS	31,0	1,7	136,0	6,1	159,0	7,1	146,0	6,0
TOTAL (avec autoconsommation)	**1 767,0**	**100,0**	**2 185,0**	**100,0**	**2 238,0**	**100,0**	**2 411,0**	**100,0**
TOTAL (dépenses réelles)	1 007,0		1 304,0		1 268,0		1 406,0	
Dép EXCEPTIONNELLES	0,0		91 (3)		28,0		264 (4)	
TOTAL =	1 007,0		1 395,0		1 296,0		1 668,0	

(1) Chiffrage de l'autoconsommation (produits de la ferme de La Ranche)
(2) Dépenses annuelles 1836/38 = 30 F ; en 1839 = 362 F (pension des filles Fanny et Camille)
(3) Solde du compte de "grangeage" avec Louis Boissard en 1854 = 453 F.
(4) Armoires de "mariage" des filles Camille et Noëmie = 300 F en 1862 ; dépenses décès d'Albert en 1865 = 570 F ; solde = dons à Fanny.
(5) 20 % des achats ont été retranchés à cause du personnel employé à La Ranche (sauf pendant le "grangeage" de 1852 à 1854).

Finalement, depuis les années soixante, nous bénéficions d'une période favorable – tout au moins au plan financier – grâce aux bonnes ventes de blé et de bovins à La Ranche, ainsi qu'à d'excellentes coupes de bois à Diconne. Notre revenu net global a doublé. Ceci nous a permis de placer de l'argent à la banque Druard à Chalon, voire dans d'autres maisons à Pierre, etc.

Quant à nos dépenses ordinaires (les sorties réelles d'argent), elles ont progressé d'environ 40 % en trois décennies. Il est vrai qu'avant 1840 nous n'avions que des enfants qui, depuis, ont bien grandi, et coûtent plus cher, forcément ! Le domaine de La Ranche nous fournissait plus de 40 % de nos besoins, dont les deux tiers de l'alimentation et la totalité du chauffage.

Les frais de nourriture dépassent la moitié des charges familiales (et le tiers de nos achats). C'est surtout la consommation de vin qui absorbe 60% de ces sorties d'argent ; la viande de boucherie seulement 14%. L'habillement représentait le quart de nos frais ; un peu moins depuis quelques années car nos filles utilisent des revenus annexes personnels (volailles, etc.). Finalement l'alimentation et les vêtements sont les deux fardeaux d'un budget, atteignant près des trois quarts de nos dépenses.

Tableau 113 : Famille GUERRET – Revenu et dépenses familiales

		1836/39	1850/54	1855/59	1860/65
	REVENU NET				
LA RANCHE	Bénéfice net	586	1650	452	2175
	Recettes brutes	**559**	**1 778**	**1 978**	**2 638**
	dont fermage (de La Croix)	*273 (1)*	*1 218*	*1 300*	*1 522*
	dont coupes de bois	*286 (1)*	*560*	*678*	*1 099*
	dont divers	*0*	*0*	*0*	*17*
	Dépenses	**8**	**548**	**350**	**378**
	dont impôts	*0*	*272*	*252*	*293*
	dont travaux	*0*	*266*	*76*	*50*
	dont divers	*8*	*10*	*22*	*34*
DICONNE	Bénéfice net	551	1 230	1 628	2 260
Rentrées div	exceptionnelles	387 (2)	0	0	0
REVENU NET		1 524	2 880	2 080	4 435
	DEPENSES FAMILIALES				
Dép courantes		1 007	1 304	1 268	1 406
Dép except		0	91	28	262
Dép diverses		268	389	473 (3)	617 (4)
	dont achats terres	*191*	*389*	*203*	*437*
Pension Fanny		0	360	300	400
TOTAL =		1 275	2 144	2 069	2 685
Pour mémoire	Revenu des marchés	250	300	350	400

(1) En 1836/39 : les biens de Diconne sont en indivision entre les enfants Guillemaut (Mme Guerret, née Guillemaut, en a le tiers)
(2) Ventes immobilières : moyenne de 156 F ; dons de Denis Guillemaut père de Madame Guerret = 161 F, etc.
(3) Frais de donation-partage (en 1858)
(4) Trousseaux des filles (en 1861), dons aux enfants.

Nous avons toujours investi dans la terre, moins qu'auparavant, mais tout de même ! Ainsi nous placions plus de 10% de notre revenu net pour accroître notre domaine. Remarquez, lorsque La Ranche connut des moments plus difficiles (1855-56) notre faim de terre chuta mais ne s'arrêta pas pour autant.

Le reste de nos économies fut entamé par la constitution du trousseau des filles (linge, draps, armoires), les frais de donation-partage en 1858, ceux occasionnés par la disparition de notre cher Albert (environ 2 000 F). Malgré cela nous avions, lorsque notre fils s'en alla pour toujours, 11 444 F à la banque Druard et 1 000 F à la banque Mittaine.

La mise en fermage de La Ranche en 1866 libéra toutes les réserves de blé et autres céréales. Cela nous rapporta plus de 10 000 F. Face à ces arrivées massives de liquidités non utilisées, nous donnâmes tout d'abord 2 604 F à Camille et 1 500 F à Noëmie l'année dernière, sans compter le partage des 12 000 F chez M. Druard. Nos deux filles célibataires ont encore de l'argent dans cette banque chalonnaise. Camille dispose maintenant d'un titre de 6 734 F et Noëmie de 5 630 F. Quant à Fanny, elle a tout pris en numéraire.

Ainsi, avant tous ces partages récents, notre fortune pouvait être estimée à 138 450 F, si je n'oublie rien :

– biens immobiliers (donation-patage + achats)	= 110 000 F,
– titre à la banque Druard	= 12 000 F,
– titres des deux filles (dons)	= 4 000 F,
– titre chez Maître Jolyet	= 5 000 F,
– prêts à des particuliers du pays	= 1 450 F,
– biens mobiliers (meubles, matériel, bovins)	= 6 000 F.

Quant à l'argent des marchés, Madame l'a toujours dépensé à sa guise. Notez qu'elle ne dilapide pas forcément car elle donne des sous à ses filles pour leurs besoins personnels. Mais je n'en contrôle pas l'usage.

IV - LA RANCHE
DANS SON ENVIRONNEMENT

IV - 1. L'environnement économique

IV - 1. 1 Le commerce

Pierre, notre chef-lieu de canton, est bien pourvu de commerces en tout genre, et ce depuis fort longtemps. Le nombre des marchands tend, me semble-t-il, à augmenter encore ces dernières décennies. Il faut voir l'importance des auberges, l'activité dans l'habillement ou tout ce qui touche à l'équipement des ménages. Cela explique nos voyages fréquents, nous évitant d'aller au loin ; notez que nous profitons cependant de quelques déplacements dans les villes de la région pour dénicher des articles particuliers et pour voir autre chose.

Saint-Germain-du-Bois, chef-lieu de canton voisin, n'était encore qu'une bourgade très modeste vers 1830, ne formant pas une unité, ni au point de vue des bâtiments dans le centre, ni des commerces disparates. Il y avait peut-être trois fois moins de marchands qu'à Pierre, sauf en ce qui concerne les auberges. Mais ce bourg s'est énormément développé, surtout depuis la création de son marché aux grains, fort actif, et grâce à l'essor de ses foires et marchés aux volailles. De nos jours, il y a vraisemblablement autant de boutiques que dans notre chef-lieu de canton, mais moins malgré tout, dans l'alimentaire, l'habillement, etc.

A côté de ces deux places commerciales, facilement accessibles pour nous, il en existe d'autres mais d'importance moindre. Bellevesvre, qui ne comptait qu'une quinzaine de marchands il y a trente ans, a doublé ses équipements grâce à son marché aux grains depuis les années quarante-cinq ; mais ce sont surtout les auberges et cafés qui ont fleuri dans cet ancien bourg, ainsi que des voituriers en raison du trafic. Quant à Mervans, dans le canton voisin, son poids dépasse sans doute celui de Bellevesvre, mais n'a pas suivi l'élan du secteur, subissant vraisemblablement le développement rapide de Saint-Germain.

Notre village, qui compte pourtant presque autant d'habitants que son chef-lieu de canton, n'a jamais vu son commerce se développer ; en dehors de quelques cafés et auberges fort modestes, on n'y trouve qu'une boulangerie (aux activités diverses et complémentaires), un bureau de tabac, un peu de quincaillerie, un marchand de vin. Bien peu de choses pour une population qui a frôlé 2 000 habitants. C'était déjà ainsi quand, tout jeune enfant, je fréquentais le bourg. Mon père et mes oncles vendaient d'ailleurs de la quincaillerie. Il faut dire que notre village se trouve en dehors des grandes routes et que seule une petite foire a démarré ; il nous manque un marché.

Pour revenir au noyau commercial de Pierre, le nombre de cafés, auberges, hôtels n'a cessé de croître au fil de ces dernières décennies car on bouge davantage, on va forcément consommer, mais aussi discuter de ses affaires, vous le savez ! Bien des marchands ont plusieurs activités, ce que je vous ai déjà dit, alliant aussi bien la vente des tissus, de mercerie, d'épicerie, que sais-je encore ! Si certains se contentent d'une spécialité, d'autres voient grand, veulent tout avaler. Des métiers nouveaux sont apparus chez nous, comme les charcutiers, les modistes, les confiseurs, les marchands de cendres ; certains ont périclité ou se sont fondus dans des domaines divers : les cloutiers et couteliers ; les négociants en grains, après avoir subi le contrecoup de l'ouverture des marchés organisés et l'arrivée de concurrents jurassiens ou d'ailleurs, reprennent du poids de nos jours. Vous vous souvenez des modistes ou des cordonniers se développant au détriment des marchands. Quant aux activités d'approvisionnement du bâtiment et de l'équipement (fer, quincaillerie, bois et planches, l'outillage), elles sont devenues florissantes.

Tableau 114 : L'état du commerce de 1836 à 1861

Commerces		Pierre			St Germain		
		1836	1851	1861	1836	1851	1861
Marchands	Non identifiés	14	4	11	8	6	12
Alimentation	Auberges [(1)]	9	14	13	10	15	14
	Bouchers	4	4	3	2	4	2
	Charcutiers	0	1	2	0	1	1
	Boulangers	4	6	4	1	2	3
	Confiseurs	0	2	1	0	0	0
	Epiciers	1	2	2	0	0	1
	Huiliers	1	2	2	1	2	1
	Mds de vin	2	4	2	0	4	3
Habillement	Chapeliers	4	2	4	0	1	1
	Cordonniers	3	5	5	2	3	5
	Drapiers/merciers	8	7	2	0	2	2
	Modistes	0	0	2	0	0	0
Ménage	Art.de table [(2)]	5	5	2	2	2	7
Bâtiment	Matériaux	0	0	1	0	1	1
	Quincaill/cloutiers	5	4	3	0	0	0
	Tuiliers	1	1	1	1	3	2
Négoce	Céréales	3	3	2	0	2	4
Transport	Messagers	0	1	1	0	6	6
Amendement	Mds de cendres	0	4	4	0	0	0
Soins	Perruquiers	2	2	2	1	2	2
	Pharmaciens	1	1	1	0	1	1
Divers	Banquiers	1	1	1	0	0	0
	Horlogers/Bijout.	2	3	3	0	2	3
	Tabac/pipes	1	1	2	0	2	1
	TOTAL =	71	79	76	28	61	72

NB : sources = "dénombrements" aux archives de S-et-L, plus notes personnelles
Chiffres indiqués avec les réserves d'usage en raison de l'imprécision de certaines activités et des commerçants non identifiés.
(1) Auberges : comprend les cafés, auberges, hôtels.
(2) Ménage : vaisselle, potiers, couteliers.
En 1884 Pierre comptera 129 commerces et St-Germain-du-Bois 124. En réalité Pierre gardera la suprématie du commerce alimentaire (28 contre 21) et de l'habillement (30 contre 23).

Beaucoup de commerçants travaillent en famille et embauchent peu de personnel ; sauf la présence d'un valet. De gros négociants, comme Cabaud ou Mittaine-Sergent, n'ont que deux domestiques pour les aider. Notez que M. Cabaud dispose de ses trois filles, célibataires et suffisamment âgées pour le seconder ; son fils Joseph est vétérinaire à Pierre.

Les foires et marchés représentent un enjeu important pour le commerce, les foires surtout, car elles drainent une foule considérable venant vendre des produits, mais aussi acheter et se divertir. L'ouverture du marché aux grains de Bellevesvre en 1843 avait porté un coup sérieux à Pierre qui vit le nombre de ses marchands régresser mais retrouva rapidement son équilibre. Ces concentrations notables de céréales (blé surtout) dans les halles pèsent énormément car cette activité représente la moitié des affaires de la région. L'extension de l'élevage, en raison de débouchés accrus et d'une demande en hausse, a aussi activé les foires aux bestiaux. Plus d'argent, donc davantage de possibilités d'achats, d'où le développement du commerce.

La période de 1848 à 1852 ne fut pas très bonne en raison des incertitudes politiques et surtout de la forte baisse des cours des céréales. Même celui des bovins sur pied chuta alors que le prix de la viande demeura à peu près stable dans les boucheries. Les revenus de la région étant d'origine agricole (cultures et élevage), l'argent se fit plus rare, portant atteinte au commerce, d'où un nombre de difficultés, voire de faillites en hausse. Les années 1847-1848 furent particulièrement sombres, surtout le deuxième semestre de cette dernière année. Il y eut sûrement des commerçants qui profitèrent aussi des événements pour se faire tirer l'oreille.

La plupart des marchands (58%) sont natifs du canton. Il en vient aussi du reste du département de Saône-et-Loire, du Jura, et un peu de Côte d'Or (28%). Une minorité a une origine plus lointaine, souvent d'anciens colporteurs de Savoie qui ont trouvé une épouse chez nous et sont restés : Rol (drapier), Rostaing (marchand ambulant) ; d'autres arrivent des Ardennes (Rebaudingo, cloutier ambulant, qui résidait chez la veuve Maubut). En ce qui concerne les marchands, les Sergent venaient de la Meuse ; les Ardin, horlogers, du Jura ; les Hennequin, de Morbiez ; les Demaizière, bouchers, de Santenay (Côte d'Or) ; les Loiseau, de Bletterans ; les Adenot, de Givry, et les Prieur, de Mercurey (Saône-et-Loire).

Les deux tiers des marchands descendent de parents commerçants, ou l'ayant été, et devenus propriétaires ; assez peu (13%) sont issus d'artisans, et encore moins de cultivateurs. Ils épousent en majeure partie des filles issues du même milieu professionnel (31%), de propriétaires (28%), d'artisans (18%) et de cultivateurs (14%). Oh ! si ces alliances se font ainsi, c'est surtout dû à des rapports de fortunes familiales. Il faut dire que la plus grande partie des marchands sont beaucoup plus aisés que les artisans, besogneux et assez peu rémunérés. Après coup, les enfants de commerçants suivent la voie familiale (46%), ou se contentent de vivre de leurs rentes (25%) ; quelques-uns exploitent des terres ; très peu deviennent artisans (4 %). Autrefois les garçons convolaient à 28 ans, les filles aux environs de 24 ans. Aujourd'hui les fils se marient à plus de 30 ans. Cet âge au mariage, qui avait tendance à s'abaisser après 1850, a repris depuis quelques années.

Il existe chez les commerçants une certaine hiérarchie liée à leur fortune. Les plus importants sont d'abord les banquiers (Messieurs Druard, Guyenot ancien maire et conseiller général), puis viennent les gros marchands de fer, de quincaillerie, de matériaux : Messieurs Cabaud et Mittaine-Sergent. D'autres sont plus modestes (tissus, aubergistes, épiciers, etc.) mais disposent toutefois d'un patrimoine honorable. Derrière eux sont, en général, les boulangers, les bouchers et charcutiers, les petits commerces divers, etc. ; ils n'ont pas la même influence, se rapprochant un peu des artisans peu argentés.

Les banquiers ont une bonne assise foncière dans la région. Quant aux gros marchands, ils investissent dans la terre, mais préfèrent davantage les affaires, servent de prêteurs à de nombreux particuliers ; quelques-uns furent d'ailleurs condamnés autrefois pour délit d'usure. Les commerçants ayant ainsi développé leur situation bénéficient d'une meilleure considération dans le canton ; avant le suffrage universel de 1848, davantage de marchands et négociants faisaient partie des électeurs payant plus de 200 F de cens.

Les Druard font partie des vieilles familles pierroises, installés dans le négoce (tissus principalement) et dans la banque, nous en avons déjà parlé. Ils possèdent des centaines d'hectares de terres dans tout le canton, surtout à Pierre, La Chapelle, La Chaux, etc. L'une des filles a épousé Me Antoine Jolyet, notaire ; une autre a convolé avec M. Adenot. Toute la famille est liée aux négociants de Seurre, Chalon, Pierre, etc. Leur activité principale s'est maintenant tournée vers les tissus en gros et la banque à Chalon où ils occupent une bonne place dans cette ville importante.

Tableau 115 : L'activité de Chalon-sur-Saône en 1866

Branches d'activité	Chiffre d'affaires
COMMERCE	
Les céréales	20 000 000 F
Vins et spiritueux	4 000 000 F
Tissus en tout genre	14 000 000 F
Mercerie	3 500 000 F
Epicerie	5 000 000 F
Fers, quincaillerie	2 500 000 F
Chiffons en gros	1 000 000 F
TOTAL =	**50 000 000 F**
INDUSTRIE	
Atelier constr.métallurgique	3 500 000 F
Sucrerie et raffinerie	2 300 000 F
Féculerie	500 000 F
Stéarinerie	100 000 F
Savons	350 000 F
Bière (3 usines)	1 000 000
Verrerie	350 000 F
TOTAL =	**8 400 000 F**

Il s'agit des principales activités de la ville.
Sources : archives S-et-L : M. 3 099
La ville compte 19 300 âmes
1 670 patentes (dont 51 épiceries et 41 vins et spiritueux,commerces de gros) paient 38 612 F

Pierre-François-Clair Guyenot, ancien maire de Pierre et conseiller général, disparu en 1860, était le petit-fils de Me Pierre-François Guyenot, notaire qui exerçait encore quand j'étais enfant. Cette famille pratiquait cette profession depuis très longtemps. Pierre, d'abord avocat, se livra aussi au métier de banquier avec son frère Prosper (décédé très jeune), puis la politique le gagna. Il était le cousin germain de l'avocat Pierre-Eugène Fresne, qui fut adjoint au maire. Claude-Edmont Paillot, ancien conseiller de préfecture de Haute-Marne, épousa Nelly, fille de Pierre-François Clair Guyenot, et succéda à son beau-père à la mairie de Pierre et au Conseil Général de Saône-et-Loire.

La famille Sergent vient de la Meuse. François, coutelier, épousa une demoiselle du pays et resta chez nous. Son fils Jean-Louis épousa une fille Hennequin ; entreprenant, il a bien développé ses affaires dans le commerce du fer, de la quincaillerie, etc. Il avait une nombreuse famille ; l'une de ses filles, Adélaïde, convola avec François Mittaine, un propriétaire natif du *finage* qui prit la suite de son beau-père ; il ajouta le commerce de banque. C'est une maison très prospère maintenant.

La famille Cabaud est installée à Pierre depuis moins longtemps, venant de Charette. Joseph Cabaud jouit de la réputation d'un homme très actif dans le commerce des matériaux de construction, du bois, du fer, de l'outillage, des poêles, etc. Il est à la tête d'une belle fortune, du moins on le dit. Son fils Joseph, vétérinaire, a épousé Adélaïde Sergent, une nièce de Jean-Louis, marchand de fer et concurrent.

Les Hennequin viennent de Morbiez (Jura). Victor se maria avec Denise Arveux, fille d'un cafetier. Son fils Jean-Baptiste, que nous appelons James, prit pour épouse Jeanne-Françoise Oudenot, dite Poirrier, marchande drapière, dont le père avait été officier sous le Premier Empire. Cette femme décéda assez jeune, laissant son mari avec sa nièce Anastasie Richard. Il gouverne bien ses affaires de tissu, épicerie.

Notre commerce local, aussi actif qu'il puisse être, ne peut se comparer à celui d'une grande ville comme Chalon (1 670 patentes ; Pierre = 120). Il faut voir l'activité qui règne dans la ville, le long de la Saône. Tout le monde s'affaire, discute, charge, décharge. C'est bien une ville de transit, de liaison, de négoce, fort bien placée, importante pour le commerce des blés, des vins et spiritueux, de l'épicerie. Des maisons de gros travaillent avec le grand commerce de Paris ;d'autres ont un rayon d'action plus restreint. En 1848, Chalon a connu de sérieuses difficultés à cause de l'arrêt ou de la stagnation des affaires. Un Comptoir National d'Escompte fut créé cette année-là pour sauver les négociants car les banques ne voulaient plus prendre de risques nouveaux, connaissant de gros problèmes de rentrées ; certaines se trouvaient déjà en état de cessation de paiements. L'arrivée de la ligne de chemin de fer P.L.M. bouleversa bien des choses. Les négociants en vin de Paris vinrent s'approvisionner directement à Chalon, à Mâcon. Mais les Chalonnais voyaient loin, demandant une liaison Chalon-Dole devant mettre la ville en communication avec l'Est par la ligne Dijon-Mulhouse via Auxonne, Dole et Besançon. On craignait d'ailleurs la concurrence d'une voie Strasbourg-Lyon via Lons-le-Saunier. Chalon-Dole devait économiser 50 kilomètres, évitant de remonter à Dijon. On entrevoyait une ligne Gray-St-Dizier, reliant celle de Dijon à Besançon, ce qui devait ouvrir le commerce aux pays du Nord, à la Belgique. On projetait de plus une liaison allant de la Nièvre à la Saône, mettant en communication l'Ouest, le Centre aux pays de l'Est. Il faut dire que de tout temps, paraît-il, le commerce d'Allemagne, d'Alsace au Midi, se fait par la vallée de la Saône. Alors il faut bien défendre ses intérêts.

La ville de Louhans, notre chef-lieu d'arrondissement, vit surtout de son gros commerce local, de ses foires et marchés si importants pour les transactions sur les céréales, le bétail, les volailles ; elle est suspendue aux cours des produits agricoles. L'industrie y est faible. Autrefois les blés partaient vers Lyon et le Midi ; depuis trente ou quarante ans, ils s'orientent plutôt vers le Jura qui connaît des besoins importants. Quant au bétail (bœufs, porcs gras) il approvisionne surtout le marché lyonnais. Les volailles grasses, le beurre, les œufs s'en vont jusqu'à Paris, à Strasbourg, à Besançon, à Dijon. Les événements de 1848 ont contrarié l'activité sur le bétail ; le manque de travail a entraîné la baisse de la demande de viande. Le prix du bœuf sur pied a chuté de 20%, peut-être plus. Et puis il y a la concurrence de la Suisse, de l'Allemagne qui produisent, paraît-il, moins cher que nous, c'est ce que l'on entend. Que faire ?

Si tout ce commerce fut activé après les années cinquante, c'est, me semble-t-il, grâce au développement des lignes de chemin de fer (P.L.M., etc.) abaissant les frais de transport et les délais des livraisons, à l'amélioration assez générale des routes. Les villes se développent au détriment des campagnes surpeuplées, mais cela a entraîné pour nous des fortes hausses de salaires à cause de la raréfaction de la main-d'œuvre. Toutefois, cela a permis aux gens de vivre mieux, d'acheter un peu plus. On mange davantage de viande, on boit plus de vin qu'autrefois, on s'habille mieux. L'influence des villes et surtout des gens partis travailler revenant de temps à autre au pays ont contribué à changer bien des habitudes.

IV - 1. 2 L'artisanat

Une multitude d'artisans sont occupés dans la région, surtout dans tous les métiers liés à l'habillement (couturières, tisserands, etc.) et au bâtiment (maçons, charpentiers...). Vient ensuite tout ce qui touche à l'alimentation, aux transports (charrons, forgerons, voituriers, etc.).

Les artisans du bâtiment et des transports – uniquement des hommes – travaillent seuls la plupart du temps ; très peu emploient des ouvriers (25%). Par contre, dans l'habillement, beaucoup occupent des salariés (plus de la moitié) dont une majorité de femmes. Notons dans ce domaine l'importance des saboltiers de Mervans, installés principalement route de Louhans, qui exportent essentiellement vers les villes voisines et font travailler bien des gens dans leurs ateliers.

Les chefs-lieux de canton, en raison de leur population, disposent d'un bon quart des effectifs ; quoique Mervans, dans ce domaine, soit plus fort que Saint-Germain, surtout dans le bâtiment. Dans notre canton, seuls notre village très peuplé, Bellevesvre et Saint-Bonnet tiennent une place notable.

Plus de la moitié des artisans sont originaires de notre pays de Bresse ; une grande partie vient du reste de la Saône-et-Loire ou des départements voisins. D'autres (16%) ont parcouru beaucoup de chemin, venant d'Auvergne, du Limousin, voire de plus loin.

Les couvreurs à paille sont installés dans la région depuis très longtemps à cause de l'abondance des toitures de chaume (les deux tiers des maisons). Par contre, les scieurs de long arrivent presque tous du Puy-de-Dôme (MM. Veyret, Forestier, Aubert), sauf Rebourgeon né à Genouilly (S-et-L). Beaucoup se sont mariés avec des filles de chez nous. De nombreux maçons étrangers viennent du département de la Creuse : Savy, Perra Blancha, etc. Ces fils de cultivateurs, voulant tout d'abord travailler temporairement, se sont fixés au pays en épousant des Bressanes. Certains font venir des ouvriers de chez eux ; ces derniers, venant pour la saison, restent parfois dans le canton. En dehors de ces deux métiers particuliers, il vient quelques étrangers, des menuisiers de Franche-Comté, voire de Bohême (Empire d'Autriche), des charpentiers de Charente, des plâtriers peintres italiens (Matéi, Jourdan), tous acclimatés maintenant au pays. Oh ! il y en a bien quelques-uns dans l'habillement, mais fort rares : l'Alsacien Lentz (tailleur d'habits) ou le Suisse Kouhn (cordonnier).

Les artisans se marient essentiellement dans leur milieu (48%). Certains épousent des filles de petits cultivateurs ou de journaliers ; assez peu trouvent une compagne issue de parents marchands (11%) pour les raisons que vous savez. Les deux tiers des fils d'artisans suivent la voie familiale ; les plus chanceux reprennent un petit commerce.

Ces hommes ne parviennent guère à une aisance correcte, tout au plus constituent un patrimoine maximum de quelques milliers de francs. La plupart sont bien au-dessous, les plus pauvres étant souvent les scieurs de long et les couvreurs à paille. L'un de ces derniers vient de mourir au village : un mobilier dérisoire, un dressoir pitoyable, une vieille table, une *maie*. C'est à peu près tout, sauf deux ou trois poules dans sa cour, ainsi qu'un peu de *turquis* et de *gaudes* pour son hiver. Pas de quoi aller bien loin !

Tableau 116 : Commerce et « industrie » en 1851 (répartition des effectifs)

Activités	Canton de Pierre								Canton de Saint-Germain							
	Total		Maîtres		Ouvriers		Femmes		Total		Maîtres		Ouvriers		Femmes	
	N	%	N	%	N	%	N	%	N	%	N	%	N	%	N	%
Bâtiment	270	21,9	211	**78,1**	59	**21,9**	0	**0**	233	24,3	175	**75,1**	58	**24,9**	0	**0**
Habillement	586	47,5	218	**37,2**	50	**8,5**	318	**54,3**	404	42,2	140	**34,6**	91	**22,6**	173	**42,8**
Alimentation	211	17,1	129	**61,1**	3	**1,4**	79	**37,5**	147	15,2	88	**59,8**	11	**7,5**	48	**32,7**
Transport	148	12	116	**78,4**	31	**20,9**	1	**0,7**	132	13,8	96	**72,7**	34	**25,7**	2	**1,6**
Autres	18	1,5	-	-	-	-	-	-	42	4,4	-	-	-	-	-	-
TOTAL =	1233	100	-	-	-	-	-	-	958	100	-	-	-	-	-	-

Nb : L'industrie étant très faible, il s'agit en réalité d'artisanat.

Les % détaillés indiquent la répartition des "maîtres" et salariés par type d'activité.

Population totale des cantons : Pierre = 15 285 habitants ; St-Germain = 13 391 habitants.

Chaque activité regroupe la totalité des métiers qui lui sont liés, tant pour le commerce que pour l'artisanat. Par ex les transports : bourreliers, charrons, forgerons, voituriers, cordiers, etc.

Ce petit patrimoine ou cette pauvreté sont liés bien évidemment aux revenus du ménage.

Les métiers les mieux rémunérés, tout au moins dans nos campagnes, sont ceux du bâtiment. Les plâtriers peintres bénéficient du meilleur revenu (3 F/jour, nourris) ; puis viennent les charpentiers (2 F), les menuisiers, les maçons (1,75 F) et enfin les couvreurs à paille (1,50 F).

Les professions liées à la fabrication d'outillage ou de matériel de transport suivent : charrons, forgerons, etc. Derrière eux, les métiers de bouche.

Les moins favorisées sont les activités liées à l'habillement, sauf peut-être pour les hommes (tailleurs, cordonniers, etc.). Les ouvrières en robes et leurs employées gagnent peu d'argent. En réalité, elles touchent davantage que les blanchisseuses et surtout les petites couturières de village qui, malgré la hausse de salaire, reçoivent actuellement 0,45 F par jour (nourries).

IV - 1. 3 L'industrie

Notre arrondissement de Louhans n'a pas une vocation industrielle, loin s'en faut ! Les activités les plus importantes sont liées à l'agriculture (meunerie, huilerie), à la construction et à l'entretien des bâtiments de Bresse (tuileries, briqueteries, fours à chaux), à l'équipement des ménages (poteries communes). Le nombre « d'usines » ne bouge guère depuis plusieurs décennies, sauf à dire que quelques-unes se sont développées plus que d'autres, mais cela demeure modeste.

Dans les années 1835-1840 quelques moulins construits sur de nouveaux modèles apparurent, certains étant équipés de machines à vapeur. Aujourd'hui la majeure partie utilise encore la force de l'eau – sur 175, seulement 3 à vapeur, 1 à vent ; en Saône-et-Loire : 1 009 à eau dont 41 empruntent la vapeur pendant la sécheresse, plus 62 à vent. Les plus petits moulins – et les plus nombreux d'ailleurs – se servent de l'eau des étangs ; ils comptent généralement jusqu'à trois *tournants* (ou paires de meules), rarement plus. Le Doubs fait fonctionner des *moulins à nefs* montés sur des bateaux à Lays, à Varennes, etc. (2 à 3 *tour-*

nants). Viennent ensuite ceux installés le long des petites rivières, comme la Guyotte, qui possèdent quatre ou cinq paires de meules (à St-Bonnet, Mervans). Les plus grands sont activés par la Brenne (moulin des Prés à Torpes : 6 *tournants*), et surtout par la Seille à Frangy (plusieurs « usines » avec 5 ou 6 paires de meules), à Sens (8 *tournants*), à Visargent (11 *tournants* en 1859). Certains autour de Louhans ont connu un développement important (Bourchâteau : 6 meules en 1859 et 11 actuellement) et travaillent pour l'exportation, employant davantage de personnel. Quelques-uns (dont Sens) se sont équipés de turbines. Sur la route de Chalon, au village de Serrigny, il y a un moulin à vent qui nous étonne toujours. M. Germain, meunier à Mervans, utilise la vapeur (déjà en 1844) mais nous préférons les grands moulins de Seille ou de la Brenne.

Tableau 117 ; Inventaire industriel de l'arrondissement de Louhans en 1850

Cantons	Tuileries	Poteries	Moulins	Fours à chaux
Beaurepaire	6	17 (1)	20	0
Cuiseaux	19 (3)	0	23	2
Cuisery	2	2	20	4
St-Germain-du-B	5	3	33 (4)	0
Louhans	1	6	20	2
Montpont	5	5	10	0
Montret	0	2	15	0
Pierre	3 (2)	2	24	0
Total =	**41**	**37**	**161**	**8**

Sources (archives de S-et-L, M. 2 390)

En 1865 : 175 moulins dont 3 à vapeur et 1 à vent, 48 tuileries.

En 1850 : 2 brasseries à Châteaurenaud et 1 fonderie à Louhans.

(1) Poteries : dont 15 à Savigny-en-Revermont.

(2) Tuileries : dont 1 à La Chapelle-St-Sr (four en plein air)

(3) Tuileries : dont 4 à Condal, 7 au Miroir, 4 à Varennes-St-Sr.

(4) dont 1 à vapeur à Mervans et 1 à vent à Serrigny.

L'industrie de la tuile, de la brique existe depuis un temps immémorial à cause de nos maisons, la plupart du temps en pans de bois avec remplissage de briques (cuites ou *crues*). Plus de la moitié (52%) se part encore de chaume. Lorsque je vais à Chalon, je vois beaucoup plus de toitures couvertes de tuiles que dans notre canton. Il paraît qu'il existe un nombre considérable de tuileries dans certains coins du département mais je ne les connais pas – Saône-et-Loire en 1865 : 350 tuileries au lieu de 200 en 1850, employant 4 000 ouvriers contre 1 000 quinze ans plus tôt. Messieurs Jacob frères viennent d'installer deux grosses tuileries à Charette occupant 25 salariés. En général ces petites fabriques travaillent pour leur canton et n'emploient le plus souvent que deux ou trois ouvriers – en dehors de la famille. Il y en a une à Pierre, une à Varennes-sur-le-Doubs. Dans la commune de Mervans, l'un de ces établissements fonctionne au charbon depuis plus de vingt ans ; l'autre utilise le bois de chauffage des environs. J'ai entendu dire que le charbon revenait trois fois moins cher que le bois, mais je n'en sais pas plus. Est-ce vrai ?

M. de Loisy a acheté une machine à fabriquer des drains en 1852 et a construit un fourneau pour cuire les matériaux, voulant tout d'abord drainer l'ensemble de ses immenses domaines avant de vendre ailleurs. Le Comice Agricole de Pierre, voyant l'intérêt et les résultats obtenus, fit l'avance en 1855 de fonds indispensables pour équiper M. Lejeune, tuilier, d'une machine, d'un broyeur, des outils nécessaires à la pose des drains, ceci grâce à une subvention publique. Ce dernier travaille pour les cultivateurs, surtout de la *fin* (vallée du Doubs).

Tableau 118 : L'industrie à Chalon-sur-Saône de 1856 à 1866

Industries	31/12/1856		1er trim 1866	
	Nbre	Effectifs	Nbre	Effectifs
Métallurgie	1	530	1	375
Verrerie	1	60	1	160
Sucrerie	0	0	1	140 (1)
Féculerie	1	20	1	96
Mécanique	4	50	7	50
Brasserie	4	35	4	57
Charpenterie de bateaux	10	80	24	90
Savon, bougies	3	5	1	38
Allumettes (2)	2	30	2	52
Vins mousseux	1	40	2	10
Chapeaux	4	50	1	20
Imprimerie, lithographie	?	?	4	46
Divers	32	176	42	153
Total industrie Chalon	**63**	**1 076**	**92**	**1 287**

Sources : archives de Saône-et-Loire, série M.

(1) Effectif : 398 au 4ème trim 1865.

(2) à St-Jean des Vignes.

NB: en 1866 l'arrond. de Chalon occupe 6 912 ouvriers, dont 1 000 dans le hallage/marinage à Chalon, 3 971 dans les Houillères (Montceau, Blanzy, Ecuisses, St-Bérain), 406 dans les carrières de pierre de la Côte chalonnaise, 98 dans les tuileries de Verdun, etc.

La féculerie a été créée en 1841, la sucrerie a repris en 1861 ; ce sont des industries saisonnières.

Citons à Chalon : Schneider et Cie (bateaux, ponts, etc.) depuis 1838, la verrerie Daviot et Cie, les vins mousseux Guichard Potheret, et Abel Daviot. En dehors de l'arrondissement, citons Schneider au Creusot qui emploie 2 500 ouvriers en 1845, 3 254 en 1850 et environ 10 000 en 1870, plus de 1 000 mineurs dans ses houillères.

Il existe de petites poteries (dont celle de Pierre) fabriquant généralement de la vaisselle commune. En réalité, elles ont peu d'importance dans nos cantons du nord du Louhannais. Des fours à chaux existent à Verdun, à Navilly – 454 en Saône-et-Loire, dont 7 dans le sud de la Bresse.

Notre région produit de la navette et dispose d'huileries en conséquence – 365 usines en Saône-et-Loire dont 65 dans l'arrondissement de Louhans – qui n'emploient souvent qu'une personne et chôment une partie de l'année. Mon parent Thibert-Guerret a un ouvrier en permanence. Il me disait, il y a quelques années de cela, qu'il traitait environ 150 hectolitres de graine par an.

La richesse de nos bois permet d'occuper de nombreux sabotiers qui travaillent pour une clientèle très proche de leur domicile. Seuls ceux de Mervans, et à moindre degré ceux de Saint-Germain-du-Bois, fabriquent « en grand » pour les villes. Dans les cantons de St-Germain, de Louhans, etc., bien des ouvriers préparent des cercles, des échalas, des merrains pour le compte de marchands de bois.

La ville de Louhans a peu évolué depuis trois décennies. Autrefois on y fabriquait de la tiretaine, de la toile, des chapeaux ; on y préparait les peaux dans les tanneries. Des fours à chaux, des poteries, des moulins, c'est à peu près tout. Remarquez qu'aujourd'hui la situation à peu bougé ; pas de grandes industries, à part Maupoil qui confectionne des chapeaux (35 ouvriers), Lamy-Prost avec ses machines à battre (jusqu'à 20 ouvriers en pleine saison), un gros moulin (25 employés), les tanneries. Ah ! j'oubliais Petitjean qui est spécialisé dans les charrues, etc. mais compte beaucoup moins que Plissonnier à Loisy dont j'ai vu les machines au Comice à Pierre. A Châteaurenaud il y a des étrangers (Maëchler, Goettelmann) qui font de la bière, surtout de la blanche, mais je ne les connais pas personnellement. Remarquez que j'aime bien la bière en été.

A Chalon il y a le trafic sur la Saône, la grand route, le chemin de fer P.L.M. Autrefois, c'était surtout le commerce car l'industrie comptait peu, mis à part la fonderie, la filature, les chapeaux, etc. Ah ! cela a bien changé maintenant, surtout depuis que les Schneider ont construit une grande usine le long de la Saône. Ils l'appellent le « Petit Creusot ». Les ouvriers font des pièces métalliques pour les bateaux, les ponts, je ne sais quoi encore ! En tout cas, ça bouge beaucoup dans la grande cour car pour le reste, on ne voit rien. A cela ajoutons la verrerie, la sucrerie, la féculerie, les brasseries, et tant d'autres maisons que je ne connais pas.

Quelques jeunes de chez nous sont partis travailler chez Schneider au Creusot ; à côté il y a d'immenses mines de charbon à Blanzy, à Montceau-les-Mines, un village qui, paraît-il, a poussé comme un champignon. Notez que bien des domestiques s'en vont plutôt à Lyon, à Chalon, etc.

IV - 1. 4 L'agriculture

C'est l'activité essentielle de notre région. La culture du froment, qui progresse encore, apporte la majeure partie des marchandises vendues aux marchés de notre arrondissement, avec le maïs occupant aussi une place considérable depuis les années quarante. Si le seigle a, en général, fortement régressé, le sarrasin reprend, voire même se développe (sauf à La Ranche). La vigne, devenue attrayante, s'étend progressivement. Le chanvre et la navette intéressent moins qu'autrefois ; quant à la pomme de terre, après avoir subi une grave maladie en 1845, elle repart mais n'a pas encore retrouvé sa grandeur passée.

Il faut dire que les cultures, les herbages ont progressivement grignoté les bois, les terres délaissées ou incultes. La jachère diminue régulièrement au profit des prairies artificielles, des plantes sarclées. Ajoutons une hausse des rendements et vous comprendrez pourquoi la situation s'est améliorée dans ce domaine.

L'élevage du bétail – des bovins principalement – connaît aussi un bon développement à cause d'une demande plus forte, des facilités de transport. On voit beaucoup plus de vaches et de bêtes d'élève que jadis. Les porcs, les chevaux ont suivi le même chemin tandis que les moutons sont beaucoup moins nombreux – arrondissement de Louhans de 1852 à 1866 : bovins, hors veaux, passé de 52 034 à 62.146 ; porcs de 23 046 à 30 851 ; ovins, hors agneaux, de 10 173 à 5 793.

Dans notre région la plupart des propriétaires cultivent eux-mêmes leurs terres (36%), voire travaillent aussi chez d'autres pour faire vivre leur famille (10%). Si le fermage est d'une pratique courante (8%), le *grangeage*, devenu insignifiant, n'intéresse ni les uns ni les autres. Il y a trop de petites exploitations (46% ont moins de 5 ha) occupant à peine une personne, ce qui oblige ces ménages à travailler pour nos grandes exploitations au moment des gros travaux. La main-d'œuvre (domestiques et journaliers) apporte une contribution très forte à l'agriculture mais les salaires ont fortement augmenté depuis une dizaine d'années à cause des départs dans les villes, au chemin de fer, etc.

Tableau 119 : Evolution des principales cultures de 1838 à 1868

Espèces	Arrondissement de Louhans						Canton de Pierre					
	1838	1852	1857	1860	1865	1868	1836	1852	1857	1860	1864	1868
Froment	19 882	20 873	21 847	22 433	23 560	23 291	5 791	5 526	5 739	5 667	5 467	5 342
Méteil	147	296	517	605	510	375	5	0	0	0	30	3
Seigle	5 440	3 834	4 187	4 283	4 000	3 776	493	335	480	425	330	394
Orge	1 028	487	721	658	740	561	78	30	52	38	37	51
Sarrasin	5 629	5 232	5 753	6 324	6 315	6 712	519	526	577	700	630	865
Maïs	10 534	14 208	14 619	15 096	14 930	14 023	2 056	2 397	2 230	2 202	2 998	2 298
Avoine	1 850	1 693	1 757	1 487	1 650	1 550	280	135	144	160	201	242
Légumes secs	367	523	1 013	726	435	?	65	28	177	117	?	?
TOTAL =	**44 877**	**47 146**	**50 414**	**51 612**	**52 140**	**?**	**9 287**	**8 978**	**9 389**	**9 309**	**?**	**?**
Pommes de terre	3 267	1 577	1 623	2 133	2 560	2 828	794	317	256	347	403	470
Vigne	?	?	393	458	500	?	95	?	115	146	?	?
Navette/Colza	4 289	3 770	3 156	3 385	?	?	1 075	1 049	931	1 018	?	?
Chanvre	847	657	?	605	?	587	153	178	?	?	?	92

Nb : superficies en hectares

Sources : archives départementales de Saône-et-Loire, série M.

En 1852 les pommes de terre ont fortement chuté à la suite de la maladie de 1845.

En 1865 l'arrondissement de Louhans produit 316 645 hl de blé, en consomme 164 975 et en exporte 151 674 (soit 48%).

Pour le maïs, on exporte 103 631 hl (35%) sur une production de 298 600 hl (sources : arch. de S-et-L, série M.2 273).

En 1848, lorsque l'Assemblée Nationale décida d'installer des fermes écoles dans chaque département, mon ami M. Pascal Bouchard offrit de céder son domaine de Boibe (67 ha dont 36 de terres, 10 de prés et 21 de bois). Finalement cela n'a pas abouti car il existait déjà une ferme modèle à Châteaurenaud (fondée en 1840 par la Sté d'Agriculture de Louhans et dirigée par l'abbé Marmorat) qui devint ferme école pour notre région.

IV - 1. 5 Les professions libérales

Notre canton compte environ vingt-cinq personnes exerçant ces métiers indépendants. Ce sont surtout des professions liées à la médecine (5 médecins, 1 pharmacien, 8 sages-femmes, 1 vétérinaire), aux hommes de lois (1 avocat, 2 huissiers, 4 notaires). A côté, on ne trouve seulement qu'un géomètre, un assureur. Leur nombre a dû augmenter ces dernières années. La plupart habitent au chef-lieu de canton. Dans notre village nous ne disposons que du docteur Massin, de maître Guichard, notaire, et de deux sages-femmes.

La moitié vient de notre région ou du département, les autres ayant leurs origines principalement dans le Jura, voire en Côte d'Or. Le docteur Curé a sa famille à Bletterans (Jura). M. Moissenet, agent d'assurances et ancien notaire, est né à Dijon ; son père, d'après ce qu'il me disait un beau jour, disparut en 1812 pendant la terrible campagne de Russie. Maître Jolyet arrive aussi de Dijon ; quant à maître Carmillet, il est Jurassien.

Tous ces gens épousent généralement des filles descendant de parents exerçant la même profession ou propriétaires (pour les deux tiers), voire marchands, parfois artisans, mais plus rarement. La descendance suit le même chemin.

Les médecins sont à la tête d'un patrimoine tout à fait honorable et qui dépasse, je le pense, celui d'un négociant aisé. Oh ! seulement, ils ont parfois bien du mal à se faire payer. Le docteur Curé m'avouait un jour où il avait le temps de bavarder, que la moitié de ses clients ne le règleraient peut-être jamais, tout au moins il en doutait. Mais que faire ? Il gardait confiance et espoir. L'assureur et le pharmacien ne se plaignent pas, mais leurs moyens sont bien moins conséquents. Je n'en dirais pas autant de mon vétérinaire ; il a de quoi faire face à beaucoup d'imprévus et pourra vivre tranquille, j'en suis sûr ! Quant à Me Jolyet, sa fortune doit dépasser la mienne ; il possède des propriétés, on lui doit de l'argent car il pratique le métier de prêteur et de banquier.

IV - 1. 6 Les salariés

Les agents de l'Etat, des communes, etc. ne sont pas très nombreux dans notre région. Il s'agit essentiellement des maîtres d'école et des employés communaux (gardes champêtres, cantonniers) qui occupent les deux tiers des places nécessaires à la bonne marche du pays. A Pierre il y a quatre gendarmes à cheval commandés par le brigadier Clor, la directrice de la Poste, des facteurs, l'agent voyer, le juge de paix, le percepteur, les receveurs des contributions indirectes et de l'enregistrement, et puis... un commissaire de police ; j'en oublie peut-être ! Non, c'est à peu près tout.

M. Naissant, juge de paix, a pour greffier Nicolas Rey. Son prédécesseur M. Bordet avait comme suppléants maître Jolyet et M. Paillot. Mon ami Alexandre Moissenet fut nommé juge au moment de la Révolution de 1848 et remplaça M. François Chaumont. Il parlait parfois des séances du lundi, jour de tenue habituelle des audiences, s'occupant surtout des problèmes de tutelle (un tiers des affaires) car bien des parents mouraient jeunes, laissant des enfants en bas âge. Il n'en finissait pas de juger des litiges dus à des marchandises ou des prestations impayées (un quart des procès). Le reste concernait des différends liés aux droits d'eau des moulins, aux querelles de bornages, d'anticipation de terrains, aux locations non réglées, etc. Il enregistrait de nombreuses déclarations d'incendies. La charge demandait toute son attention.

Tous les juges ne possèdent pas forcément beaucoup de biens, cependant la famille Simerey se démarquait. Etienne avait été autrefois juge de paix à Pierre. En mourant il laissa de quoi vivre à son fils Pierre-Marie. Ce dernier devint conseiller à la Cour Impériale de Dijon, tout en conservant ses attaches et ses intérêts dans notre région. Il disparut vers 1860, je ne sais plus exactement, possédant alors au moins cinquante hectares de terres, de bois, etc. dans tout le canton.

S'il y a moins de salariés agricoles, il en reste encore beaucoup. Ce sont surtout des journaliers (pour les deux tiers) dont certains possèdent quelques lopins de terre, mais pas assez pour vivre en toute indépendance ; les domestiques occupent le reste de ces emplois. Les salaires ont bien augmenté, comme vous le savez, mais ces gens ne trouvent pas du travail toute l'année. Les mieux pourvus disposent d'un capital qui ne doit guère dépasser mille ou deux mille francs à la fin de leur vie, ceci à force de privations bien entendu. Quelques-uns, comme mes anciens employés Vorey ou Guénuchot n'ont rien pour ainsi dire : 50 à 100 F tout au plus, l'ensemble comprenant quelques volailles, de vieux outils, un peu de maïs, du bois, mais tout juste de quoi passer l'hiver, du linge usé jusqu'à la corde, etc. ; le mobilier... mieux vaut ne pas en parler !

Les salariés du commerce et de « l'industrie » (artisanat) ne les dépassent sûrement pas. Les mieux payés, si l'on peut dire, sont ceux du bâtiment ; puis viennent ceux qui fabriquent des outils ou du matériel, suivis pas les ouvriers bouchers, boulangers. Les plus à plaindre sont ces femmes qui oeuvrent dans l'habillement ; notez que les hommes, dans ce domaine, gagnent mieux leur vie. Finalement, tous ces ouvriers suivent la même tendance que leurs patrons. Normal ! n'est-ce pas. Mais avec de tels salaires, ils peinent à nourrir leur famille.

Tableau 120 : Répartition de la population en 1851

Population totale					Population active				
	Pierre		St-Germain			Pierre		St-Germain	
	Nbre	%	Nbre	%		Nbre	%	Nbre	%
Enfants	4 011,0	26,2	3 283,0	24,5	Agriculture	8 529,0	79,3	8 084,0	83,3
Rentiers	461,0	3,0	332,0	2,5	*dont propri.cultivat*	3 097,0		2 837,0	
Pensionnés	11,0	0,1	8,0	0,1	*dont salariés* (1)	4 628,0		4 269,0	
Mendiants	38,0	0,2	41,0	0,3	Commerce/Industrie	1 233,0	11,5	958,0	9,9
Divers	4,0		19,0	0,1	*dont maîtres*	684,0		499,0	
Popul.active	10 760,0	70,5	9 708,0	72,5	*dont salariés*	549,0		459,0	
					Prof.libérales	24,0	0,2	16,0	0,2
					Fonctionnaires (2)	96,0	0,9	77,0	0,8
					Divers (3)	878,0	8,1	573,0	5,8
Total=	15 285,0	100,0	13 391,0	100,0	Total =	10 760,0	100,0	9 708,0	100,0

Sources : dénombrement de 1851 des cantons de Pierre et de St-Germain-du-Bois

(1) Salariés agricoles : comprennent des journaliers-propriétaires : 878 pour Pierre et 448 pour Saint-Germain-du-Bois

(2) Fonctionnaires et assimilés (employés communaux, instituteurs, militaires).

(3) Divers : solde de la population (détails inconnus, d'où chiffres et % aléatoires)

IV - 1. 7 Les propriétaires importants

Les principales familles nobles occupent encore chez nous une place très importante. M. le général de Thiard fut le plus illustre. Il possédait non seulement un magnifique château à Pierre, mais aussi d'immenses domaines dans notre canton, surtout dans les terres *de fin* ; il avait également d'autres propriétés ailleurs et devait payer beaucoup d'impôts fonciers (11 674 F). Après avoir été chambellan de l'Empereur Napoléon 1er, il devint député, puis ambassadeur de France en Suisse. Il mourut en 1852, laissant à sa veuve, née de Moreton-Chabrillan, deux filles. L'aînée a épousé le marquis d'Estampes, la cadette convola avec le marquis de Bouillé.

Le château de Terrans appartient à la famille Carrelet de Loisy qui détient en outre beaucoup de fermes dans la région, dont celle de Folnard (4 758 F d'impôts en 1848). Ernest est devenu maire de sa commune. Son frère Edouard, propriétaire du château d'Epiry (à St-Emiland) siège au Conseil Général de Saône-et-Loire ; il éprouve une très grande passion pour le développement et les progrès de l'agriculture. Leur père Antoine-Bernard Carrelet de Loisy, ancien conseiller au Parlement de Bourgogne, avait épousé Geneviève-Chalon de Truchis au début du siècle. Il fut aussi maire de Terrans ; conseiller général du canton de Pierre (1810-1831) il présida cette assemblée à différentes reprises ; élu de Saône-et-Loire (1820-1827) et vice-président de la Chambre des députés.

Les de Truchis sont installés aux châteaux de Lays (Victor paie 1 362 F d'impôts en 1848) et de Varennes-sur-le-Doubs (William acquitte 2 698 F). Les Legoux de Saint-Seine possèdent les plus grosses fermes de notre village, ainsi que de nombreuses terres, bois, étangs, moulins (2 092 F d'impôts en 1831 pour 330 ha).

En dehors de ces grandes familles nobles, au moment de la Révolution de 1848 les plus gros contribuables du canton étaient MM. Philippe Druard, banquier (1 454 F d'impôts), Baron, à Pierre (1 130 F), Joseph Franon à Charette (1 040 F), J-B Lesne à Torpes (961 F), Pierre-François-Clair Guyenot, maire de Pierre (889 F), Louis-Thomas Dromard (836 F), Fabrice Courcenet à Authumes (705 F). Quant à moi, je payais alors 675 F. Au fil des années certains virent leur fortune grossir grâce à des successions (parents, frères, etc.), à d'heureuses alliances, au commerce (Druard), ou pour d'autres raisons que je ne connais pas. Quelques-uns perdirent de leur importance à cause de dépenses exagérées.

La propriété foncière demeure fort prisée et constitue encore l'essentiel du capital (les deux tiers). Certains gardent une partie de leur argent et prêtent aux commerçants, aux villageois. Les rentes, les titres, attirent moins mais prennent de l'importance.

Edouard Baron, disparu depuis quelques années, avait épousé la fille du docteur Péchinot ; la pauvre perdit son mari assez rapidement. La mère d'Edouard était une demoiselle Dromard. Lorsque je leur rendis visite pour acquitter le solde de mon achat de bois, on me fit entrer dans le salon, puis on me pria de m'asseoir dans l'un des magnifiques fauteuils de velours rouge. M. Baron s'assit en face dans le grand canapé de même couleur. Il appela la servante et nous fit servir du vin de Marsala dans de beaux verres en cristal. La demoiselle, après son service, déposa la bouteille sur une petite table en acajou. La pendule me signifia alors qu'à cinq heures de l'après-midi, il ne fallait pas s'éterniser. Cette curieuse pendule était accompagnée d'un personnage en bronze dont la tête m'était inconnue (Archimède). M. Baron se leva et tira l'un des deux grands rideaux de croisée pour mieux éclairer la pièce qui s'assombrissait.

Louis-Thomas Dromard, qui avait été maire de Pierre pendant la Restauration, perdit son fauteuil au moment de la Révolution de 1830 à cause de sa fidélité aux Bourbon. Il devint par la suite président du Comice Agricole jusqu'à sa mort en 1857. Il avait épousé l'une de ses parentes. Mort sans enfant, il laissa ses biens à son neveu Stéphen.

IV - 2. La vie politique et publique

IV - 2. 1 Maire de ma commune (1826-1832)

Lors du renouvellement quinquennal des maires et adjoints, je fus nommé maire de La Chapelle par arrêté préfectoral en date du premier janvier 1826 ; je venais d'avoir trente ans. Le 24 janvier suivant, je me suis présenté devant les membres du conseil municipal assemblés à cette occasion. Ils me lurent puis me remirent l'arrêté du préfet et m'invitèrent à prêter le serment d'usage : « Je jure fidélité au Roi, obéissance à la Charte constitutionnelle et aux lois du royaume. » Après coup, j'ai signé le procès-verbal d'installation puis les conseillers firent de même. Jean Noury venait d'être nommé adjoint. Il dut accomplir les mêmes formalités réglementaires.

Le 11 mai je présidais ma première séance du conseil. La commune se trouvait fort endettée à cause de l'accroissement du domaine, de l'augmentation du prix de la cloche, etc. Les chemins vicinaux posaient aussi de nombreux problèmes. Je proposais d'obliger les propriétaires ou fermiers à curer les fossés et à porter la terre au milieu des chemins, au lieu d'avoir à voter un impôt perpétuel comme cela se faisait. Trop de cultivateurs construisaient des digues pour faire entrer les eaux dans leurs fonds, ce qui empêchait l'écoulement normal, occasionnant des dégâts coûteux. Cela ne pouvait plus durer ! Il fallait s'occuper de l'amodiation aux enchères des terres communales. Je fis supprimer l'abonnement au

« Journal des maires », très peu lu. Il fut remplacé par un journal local destiné à informer les habitants des différents arrondissements. Restait à régler le cas des enfants naturels à la charge de la commune.

Après les événements de juillet 1830 l'ensemble du conseil municipal réuni le 22 septembre dut prêter serment au roi Louis-Philippe : « Je jure fidélité au Roi des Français, obéissance à la Charte constitutionnelle et aux lois du royaume. » Je remplis cette obligation devant l'adjoint ; aussitôt chaque conseiller, la main droite levée, fit de même.

Le 21 mai 1831 une loi modifia la mise en place des conseils municipaux élus au suffrage censitaire élargi ; cependant les maires et adjoints, pris au sein du conseil, demeuraient nommés par le préfet. De nouvelles élections devant avoir lieu le 25 septembre suivant, les électeurs furent convoqués le dimanche matin à sept heures à la maison commune. Il fallait élire seize conseillers, choisis parmi les votants âgés de vingt-cinq ans révolus. Le 7 décembre je fus confirmé dans mon poste de maire ; mon parent Jean Guerret de Loisy devint mon adjoint.

Une élection crée toujours un peu d'animation dans le village. Le 4 juin 1837 nous devions procéder au renouvellement de la moitié des conseillers sortants, voire remplacer les décédés et démissionnaires. A neuf heures du matin nous étions réunis à la salle d'école, lieu de vote. Il fallait quatre scrutateurs : les deux plus âgés et les deux plus jeunes. Le maire donna lecture du nombre de conseillers à élire et énonça les formes imposées par la loi. Le scrutin fut ouvert à 9 h 20 et clos à 1 h 30 de l'après-midi. Les électeurs, appelés par ordre alphabétique, écrivaient leur bulletin puis le remettaient au président. Soixante-cinq hommes défilèrent ainsi. Cinq d'entre eux obtinrent la majorité absolue ; pour les autres, un nouveau scrutin ouvert à 4 h se termina à 7 h. Après coup, tous les bulletins furent brûlés.

Après les événements de juillet 1830, après le serment de fidélité au nouveau roi, l'organisation de la garde nationale, le conseil municipal se réunit le 23 octobre. Il décida d'acheter un drapeau tricolore pour la garde, de se procurer deux écharpes municipales tricolores, deux caisses de tambours complètes et de préparer la fête du drapeau prévue le 14 novembre. D'ailleurs la majeure partie de la population et les membres du conseil désiraient des réjouissances pour fêter la glorieuse révolution de juillet, l'heureux avènement au trône de Louis-Philippe 1er. Pour cela il restait à acheter une *pièce* de vin, quelques livres de poudre et trouver deux musiciens pour faire danser. Le conseil m'autorisa à dépenser 207 F. La commune n'avait pas d'argent disponible mais comptait sur la vente prochaine des terrains anticipés, sinon on demanderait au préfet un accord pour que la somme soit inscrite au budget de 1831 pour rembourser les avances faites par le maire. La fête eut bien lieu. J'espérais par cette manifestation donner au nouvel ordre de chose tous les développements possibles pour ne pas laisser une commune populeuse au-dessous des plus petites. Cependant, au lieu d'acheter un nouveau drapeau tricolore pour la garde, nous nous contentâmes de faire réparer celui de 1790 chez M. Druard cadet ; il avait subi quelques avaries à cause de l'humidité de son lieu de conservation. En ce qui concerne les tambours, aucun membre de la garde ne savait battre la caisse ; il fallait donc apprendre et acheter des instruments. Le jour de la fête du drapeau nous nous résolûmes à solliciter le sieur Chrétien, de Pierre, de venir avec ses équipiers, munis de fifres et de tambours pour accompagner la garde nationale. Après coup le sieur Barbey, d'Authumes, s'engagea à donner des leçons quatre heures par jour pendant six semaines à Claude Sordet et à Charles Vorey, désignés à cet effet. Le jour de cette fête on a bu beaucoup de vin, bien dansé sur la place publique dans un climat d'allégresse générale. Douairet, marchand au pays, avait hissé deux nouveaux drapeaux tricolores en cotonne, l'un pour remplacer l'ancien que les patriotes avaient fourni à leurs frais et installé au clocher, l'autre pour pavoiser la maison commune.

Le premier mai 1831 le conseil s'assembla pour organiser la fête du roi, en s'écartant cette fois-ci le moins possible de la circulaire. On souhaitait célébrer le roi citoyen, afin de populariser autant que possible le nouveau Gouvernement. Nous considérâmes qu'il s'agissait d'une fête nationale, celle du souverain des Français. En lui témoignant notre dévouement, nous marquions aussi notre attachement à la liberté, aux institutions que la révolution de 1830 avait fondées. Nous disposions de peu de moyens au budget et cependant nous mîmes une *feuillette* de vin à la disposition de la garde nationale, quelques livres de poudre pour l'exercice à feu ; enfin, pour terminer la journée, nous avons pensé à un prix de cible. Le conseil m'autorisa à effectuer les dépenses nécessaires. Il fallait un prix suffisant pour exciter l'émulation des tireurs : 8 F au plus beau premier tir, 6 F au meilleur du deuxième exercice et 4 F pour le troisième. Je m'offrais de payer ces sommes aux garçons présentant leur reçu.

Les feux de la fête éteints, tout n'alla pas pour le mieux. Les factures restaient à payer car la vente des anticipations n'avançait pas. Le préfet n'apprécia pas l'affaire car il n'avait pas donné son accord préalable quand nous engageâmes tous ces frais. Alors, de quel droit pouvais-je ainsi braver ses prérogatives ? Etais-je plus puissant que lui ? Oh ! que non. J'avais été autorisé par mon conseil pour l'ensemble des frais de la fête du drapeau, de celle du roi, etc., mais il restait 376 F à trouver. Lors de la session de février 1832 le préfet ne m'autorisa pas à présider l'assemblée municipale pour traiter de toutes ces dépenses. Et pourtant les règlements de notes devenaient pressants. Même le buste de Sa Majesté Louis-Philippe 1er fourni par un dénommé Franceschi restait dû ! Mon conseil confirma cependant tous ses accords antérieurs, me donnant gain de cause, mais seulement au village. Que faire face à un représentant du Gouvernement ? Et puis, on se mit à me chercher querelle pour tout et rien. On alla vérifier les comptes de M. Méaux, ex-percepteur. Vingt francs inscrits au budget de 1826 pour fêtes publiques avaient été employés à l'achat de meubles pour la maison commune ; vingt francs pour dépenses imprévues me furent versés, paraît-il illégalement, mais servirent à payer la façon de volets à la mairie. Voyant cela, tant d'acharnement à mon encontre malgré l'approbation de mes concitoyens, j'ai adressé ma lettre de démission à M. le sous-préfet de Louhans ; il l'a transmise le 2 avril 1832 à M. le préfet de Saône-et-Loire qui l'accepta. Le 6 avril mon parent Jean Guerret de Loisy devint maire de la commune. Quinze jours plus tard, on reconnut qu'il n'y avait aucune malversation, ni de ma part, ni de celle du percepteur.

Je suis resté membre du conseil municipal et j'ai été réélu jusqu'en août 1855 ; je ne souhaitais pas poursuivre. Mon fils Albert, qui devait me succéder, fut élu au septième rang. Il reçut une convocation écrite pour l'installation du conseil mais le 11 août il adressa une lettre signifiant qu'il refusait les fonctions de conseiller municipal. Quelle déception pour moi ! mais qu'y pouvais-je ? Aux élections de 1860 il fut élu et cette fois-ci au second rang. Il accepta puis prêta le serment de fidélité à l'Empereur Napoléon III. Confirmé encore quelques mois avant sa mort en 1865, il y tint fort bien sa place.

Mon grand-père Jean Guerret l'ancien avait été nommé adjoint le 5 germinal an V. Il fut destitué ainsi que l'agent municipal, Denis Dumatrat, à la suite de leur suspension par arrêté du département le 7 brumaire an VI pour non respect des lois sur la police des cultes. En effet, malgré l'interdiction du préfet de Saône-et-Loire (loi du 22 germinal an IV) de sonner les cloches pour l'exercice du culte, mon grand-père refusa de s'y conformer et on sonna les cloches à La Chapelle à chaque cérémonie religieuse, oh ! pas très longtemps comme vous le savez. Ils furent remplacés temporairement par Claude Chevriaux (agent) et Jean Fougerouge (adjoint), connus pour leur probité et leur civisme. Peu de temps après Denis Dumatrat retrouva sa place et mon oncle Louis remplaça mon grand-père Jean l'ancien au poste d'adjoint.

IV - 2. 2 La Révolution de 1830 dans le canton

Lorsque le roi Louis-Philippe prêta serment le 9 août 1830, les villes de Chalon, Verdun, Seurre saluèrent l'événement par des fêtes brillantes, des illuminations, etc. A la veille du 15 août, notre chef-lieu de canton n'avait encore rien fait. La commission municipale composée de MM. Guyénot, Simerey et Paget ne prit pas contact avec les instances de l'arrondissement de Louhans. D'ailleurs l'ancien maire, M. Dromard, fidèle aux Bourbons, malgré l'arrêt de ses fonctions, recevait encore les informations officielles et se gardait bien d'en faire part. Les autorités nouvelles attendaient des ordres sûrs qui ne venaient pas alors que la simple lecture des « feuilles » suffisait. Finalement, ils réunirent la garde nationale le jour du 15 août ; le commandant s'était fait tirer l'oreille en exigeant un ordre écrit. Puis M. Guyénot fut nommé maire et M. Paget adjoint.

Dès le 10 août je réunis mon conseil ainsi que les plus gros propriétaires du village afin d'organiser une garde nationale provisoire pour le maintien de la tranquillité, selon les souhaits de l'Administration centrale du département. Une commission de cinq membres fut chargée de former une compagnie de 150 hommes, les plus « propres » parmi les 280 retenus. Une réunion prévue le dimanche 15 à la maison commune avait pour but de nommer leur chef. Pierre créa aussi la sienne et la fête du drapeau eut lieu le 10 octobre. Au cours de cette cérémonie on bénit le drapeau, la garde défila, puis un grand banquet suivi d'illuminations connut bien du succès. Chez nous ces hommes surveillaient mais il ne se passa pas grand chose, sauf un malheureux vagabond arrêté une nuit de janvier – un dénommé François Gueux – surpris à traîner dans la commune. Il fut veillé toute la nuit puis relâché… pas de quoi pavoiser.

Nous nous réunîmes fin mars 1831 pour mettre en place l'atelier de charité destiné à procurer du travail aux ouvriers nécessiteux et financé par des fonds votés en sus des prestations autorisées. En attendant nous disposions d'argent dans la caisse du bureau de bienfaisance grâce à un legs de l'ancien curé Gabet. L'instituteur Douhairet fut nommé *piqueur* pour diriger le travail dans le jardin de la maison commune. Là, les ouvriers extrayaient du gravier mais le banc se trouva épuisé très rapidement ; après coup ils partirent entretenir les chemins et curer les fossés.

IV - 2. 3 Mes ambitions électorales et mes tentatives

Avant 1830 il fallait payer 300 F d'impôts et avoir 30 ans pour être électeur ; un candidat à la députation devait justifier 1 000 F d'impôts et 40 ans minimum. La loi du 19 avril 1831 modifia ces dispositions en abaissant les conditions (électeur : 25 ans et 200 F d'impôts ; éligible : 30 ans et 500 F de cens).

Ceci changea un peu l'ordre des choses en Saône-et-Loire où le nombres d'électeurs atteignit 3 000 au lieu de 1 600 ; celui des candidats potentiels passa de 300 à 800.

Auparavant le département comptait quatre collèges électoraux. Le canton de Pierre ainsi que ceux de Beaurepaire, Saint-Germain-du-Bois et Montret faisaient partie du deuxième, celui de l'arrondissement de Chalon. Depuis 1831 le département compte sept collèges électoraux dont un pour l'ensemble de l'arrondissement de Louhans.

Le général de Thiard, député de Chalon, avait remplacé M. Carrelet de Loisy (légitimiste). Il fut réélu en juin 1830 puis l'année suivante. A ce moment-là, le Dr Jean-Joseph-Philibert Guillemaut devint député de Louhans. Ce proche du général démissionna deux ans plus tard, laissant sa place à M. le baron de Chapuys-Montlaville. Ces hommes se disaient de l'opposition de gauche. M. de Thiard, battu dans les deux collèges de Chalon en 1834 à la suite des graves émeutes (insurrection républicaine) et de la peur générale suscitée, mais élu par les libéraux de Lannion (Côtes-du-Nord), opta pour cette région.

En 1831 M. de Thiard devint aussi membre du Conseil général de Saône-et-Loire, remplaçant M. Guerret de Grannod ; Philibert Guillemaut supplanta M. Carrelet de Loisy.

J'avais abandonné mon poste de maire de La Chapelle en 1832. Administrer, comme vous le savez, me plaisait beaucoup. Je devais donc me propulser plus haut et visais le Conseil d'arrondissement. J'étais naturellement postulant le 24 novembre 1833. Ce jour-là je me trouvais de bonne heure à la maison commune de Pierre, lieu désigné pour l'assemblée électorale . Nous devions élire deux personnes pour représenter notre canton. M. Guyénot, maire de Pierre, président du bureau, était aussi candidat. Déjà installé, il avait fait disposer deux autres tables dans la salle, séparées de la première, pour le service des votants. On avait affiché la liste des électeurs, plus celle des dix plus âgés et des dix plus jeunes ; des doubles se trouvaient sur le bureau électoral. Le président lut l'arrêté du préfet et un texte de loi, puis fit l'appel des deux plus âgés présents dans la salle : MM. Bonjean-Prébet, marchand à Pierre, et maître Désiré Guillot, notaire à Bellevesvre ; puis vinrent les deux plus jeunes : MM. Prosper Guyénot (frère du maire) et maître Antoine Jolyet, notaire. Ces quatre personnes prirent place au bureau. Maître Charles Guillemin, aussi notaire, fut désigné secrétaire. A onze heures le président déclara le scrutin ouvert, rappela les raisons de l'élection, et invita chacun à écrire deux noms sur son bulletin. On pouvait d'ailleurs choisir toute personne ayant les conditions requises. Après l'appel général, chacun reçut une feuille des mains du président et prêta serment : « Je jure fidélité au Roi des Français, obéissance à la Charte constitutionnelle et aux lois du royaume. » Chaque électeur alla écrire sur l'une des tables placées à cet effet, plia son papier et le présenta au président ; ce dernier le déposa dans l'urne. Un scrutateur constata le vote en inscrivant son nom sur la liste, à côté de celui du votant. Après un nouvel appel des électeurs n'ayant pas encore accompli leur devoir, le scrutin fut clos à deux heures de l'après-midi, soit trois heures après le démarrage des opérations. Sur 73 inscrits, 43 votèrent. Le président ouvrit l'urne, compta le nombre de bulletins. Tout correspondait bien. Puis il ordonna le dépouillement. Il lut chaque bulletin à haute voix puis le passa à un scrutateur. Le bureau contrôla l'ensemble. Les trois relevés effectués concordaient. M. Guyénot obtint 23 voix ; M. Chevigny, propriétaire à Frontenard, 20 ; M. Bonjean-Prébet 19 ; M. Simerey, juge de paix et membre sortant du Conseil d'arrondissement, 9 ; quatre électeurs seulement votèrent pour moi ; maître Guillot eut le même résultat. Quelques personnes recueillirent une voix. M. Guyénot ayant la majorité absolue fut proclamé membre du Conseil d'arrondissement de Louhans, puis on brûla les bulletins en présence de l'assemblée. Il fallait maintenant un nouveau scrutin pour désigner le deuxième membre devant être élu à la majorité relative. Cela commença à deux heures et demie dans les mêmes conditions ; à cinq heures et demie le scrutin fut clos. Il y eut 40 votants. M. Bonjean-Prébet obtint 16 voix ; maître Guillot 13, M. Chevigny 5 et moi-même 2. Mon parent Guerret de Loisy bénéficia d'une voix. M. Bonjean devint conseiller. Puis le président, les scrutateurs et le secrétaire signèrent le procès-verbal. Les réclamations éventuelles pouvaient intervenir dans les cinq jours. Pensez à ma déception, ayant déjà subi des revers l'année précédente. Mais c'était la règle du jeu.

Le 17 du même mois M. de Thiard avait été réélu membre du Conseil général de Saône-et-Loire par 39 votants sur 42. Il pensait faire l'unanimité totale, on le disait d'ailleurs à Pierre. Cela le chagrina un peu. Notez que 30 électeurs s'étaient abstenus. Certains prétendaient qu'ils auraient voté contre lui. Je n'en suis pas aussi sûr ! L'année suivante, à la suite des événements nationaux ou régionaux, l'opinion politique du pays et de la région changea beaucoup. Ce fut un refroidissement important vis-à-vis d'hommes comme M. de Thiard. D'ailleurs l'association des Droits de l'Homme n'arrivait pas à trouver d'adeptes dans le canton, les troubles de Lyon mirent à bas ces espoirs. A Pierre M. Guyénot, fortement hostile au général de Thiard, commença à prendre un ascendant important, épaulé par M Fresne, adjoint, et avocat. Ce revirement politique eut des conséquences à la garde nationale de Pierre : maître Jolyet y perdit ses épaulettes d'officier. Chez les pompiers rien ne bougea. Aux élections de décembre 1836 le canton envoya MM. Guyénot et Fresne au Conseil d'arrondissement. En 1839 M. Bernard-Ernest de Loisy remplaça M. Fresne démissionnaire. Trois ans plus tard M. Guyénot n'étant plus maire de Pierre (remplacé pendant trois ans par M. Baron) dut céder sa place au Conseil d'arrondissement à M. Méaux, juge au tribunal de Louhans ; le deuxième membre étant le docteur Muzeau, de St-Bonnet. Mais M. Guyénot préparait sa rentrée car il gardait énormément d'amis comme on le verra.

En 1840 l'adjoint au maire de Pierre démissionna pour cause de santé. M. Guyénot, alors maire de la commune, se trouva en désaccord avec le préfet sur la personne d'un nouvel adjoint ; il ne céda pas et donna sa démission. Le préfet nomma donc M. Baron premier magistrat. Seulement en 1843 devaient avoir lieu des élections partielles au conseil municipal et on s'agitait beaucoup au chef-lieu de canton. M. Guyénot bénéficiait de l'estime d'une grande partie de la population et on reprochait à M. Baron son manque d'initiative dans la rapidité des affaires communales. Cependant, partant du principe que M. Guyénot avait perdu son siège au Conseil d'arrondissement l'année précédente (de très peu il est vrai), on pensait naturellement que ses chances à la mairie étaient moindres. D'ailleurs certaines personnes racontaient que les banquiers de nos campagnes ne convenaient guère pour cette place, faisant référence à de nombreux individus aux prises avec l'usure. Ainsi, après les élections, deux tendances s'affrontaient au conseil municipal pour la présentation du maire. D'après ce qu'on m'a rapporté, les partisans de M. Guyénot disaient que leur chef n'était pas candidat ; néanmoins ce dernier obtint des voix et annonça clairement ses intentions : être maire de Pierre. Les deux clans adressèrent des lettres, des pétitions au préfet, cela fit beaucoup de bruit dans la région, chacun cherchant à discréditer l'autre camp. M. Baron, encore en place, ne pouvait évidemment plus rien faire, attendant son éventuelle reconduction qui ne venait pas. Cela dura un certain temps. Finalement le préfet nomma M. Guyénot maire de Pierre ; il fut installé le premier décembre 1843. La querelle ne cessa pas pour autant et la Presse d'opposition s'en empara. « Le Patriote » (soutenu par M. de Thiard) publia un article virulent sur « Les municipalités et le pouvoir » contre l'administration de Saône-et-Loire, à la suite de l'affaire de Pierre. Les journaux « Le National », le « Bien Public » et surtout « Le Courrier de Saône-et-Loire » s'en mêlèrent, défendant le Pouvoir et M. Guyénot. « Le Patriote » soutenant M. Baron, légitimiste, cela semblait curieux ! Certains répandirent le bruit malveillant de l'amitié de M. Baron et de M. de Thiard, deux familles qui se connaissaient de longue date. Les deux hommes, bien que d'idées politiques fort différentes, avaient conservé ces relations amicales fort anciennes, ce qui pouvait prêter à confusion. Mais aux yeux des autorités, pouvait-on être maire et avoir pour ami un homme en constante opposition avec le Gouvernement ? M. Baron paya peut-être à cause de ses relations. La Presse se fit aussi l'écho de certaines manœuvres électorales du « château » via son régisseur car on pensait que M. de Thiard soutenait M. Baron. Notez que cela ne m'étonnerait qu'à moitié car le général n'aimait pas M. Guyénot et c'était réciproque. Autant avoir un homme à sa main à la mairie ! Le « château » aurait promis une halle au blé, un abreuvoir, du gravier pour les chemins…, toutes sortes de choses pour allécher les électeurs. Pire ! des menaces auraient été adressées à tous les dépendants directement ou indirectement de M. de Thiard : les fermiers, les tenanciers, les débiteurs, les artisans, etc. pour voter contre M. Guyénot. Et les bruits couraient bon train. Le jour des élections on aurait vu l'intendant du château, accompagné de quatre gardes en grande tenue, se tenir constamment en observation à la porte de la salle. Et pourquoi ? Allez savoir ! Des émissaires auraient amené les retardataires, relancés jusque dans leurs demeures, pour voter. L'intendant se défendit de toutes ces calomnies ; selon ses dires il ne s'intéressait pas à la politique, tout était faux. Le jour des élections, d'après lui, entendant une grande dispute entre les membres du bureau, il s'approcha de la salle. Je ne sais pas si tout cela est vrai, qui a bien manœuvré. En tout cas M. Guyénot retrouva son poste de maire de Pierre, avec l'appui de son conseil et des habitants.

Vinrent les élections législatives du premier août 1846. J'étais inscrit sous le n° 430 sur la liste du 7ème collège, celui de Louhans, qui comptait moins de 500 électeurs dont environ 80 pour le canton de Pierre. M. de Chapuys-Montlaville fut réélu, n'ayant pas de concurrent. Cette année-là le général de Thiard, élu député de l'arrondissement de Chalon, accepta de défendre les intérêts de cette région.

A Pierre, on se plaignait toujours des tyrannies exercées par les subalternes du « château ». Recevaient-ils réellement des instructions de M. de Thiard ? Je n'en suis pas certain.

IV - 2. 4 De la Révolution de 1848 au Second Empire

⇒ *La Seconde République*

Après la Révolution de 1848 la Chambre des députés fut dissoute par le Gouvernement provisoire où M. de Lamartine occupait d'importantes fonctions ; ils instituèrent dès le 2 mars le suffrage universel. Ainsi, tout homme âgé de 21 ans et résidant depuis plus de six mois dans la commune pouvait voter, ce qui accrut considérablement le nombre d'électeurs.

A Saint-Germain-du-Bois on salua le changement le 5 mars, fêtant dans la joie l'arrivée du Gouvernement républicain, garde nationale à l'appui. Un grand banquet rassembla de nombreuses personnes favorables au nouveau pouvoir, les autorités adressèrent des toasts, on chanta la Marseillaise.

A La Chapelle les habitants se réunirent le 26 mars pour nommer un Comité républicain démocratique, ceci en vue de la désignation des représentants du peuple chargés de voter la constitution le 20 avril, pour le bonheur ou le malheur de la France. Il fallait s'entendre avec les délégués des Comités d'arrondissement ; le département de Saône-et-Loire devait envoyer quatorze élus à l'Assemblée. Ce jour-là j'obtins 129 suffrages (le maximum de voix) devançant de peu mon parent Guerret de Loisy (117 voix). Mon cousin Claude Thibert-Guerret devint secrétaire de ce Comité dont je fus élu président le 12 avril par dix voix sur douze. Tous trois nous devions nous rendre le lendemain à Pierre pour représenter notre commune, à l'appel de MM. Mathey et Paget, président et secrétaire du Comité de Pierre. Finalement parmi les quatorze députés de Saône-et-Loire figuraient : M. de Lamartine (99% des suffrages), Ledru-Rollin, le général de Thiard, Charles Mathey, etc.

Ce bouleversement politique encouragea aussi les exigences, les réclamations, et attisa les espérances ou la hardiesse de certains. Le 20 avril, jour de la foire de Pierre, MM. Petiot et Arveux, fermiers des places aux foires ne purent percevoir le prix des locations car les marchands refusèrent obstinément de payer, prétendant que ces droits étaient abolis. Les fermiers, craignant de développer d'importants troubles supplémentaires, vu l'état d'effervescence où se trouvaient les esprits, abandonnèrent ce jour-là, perdant de l'argent. Personne ne leur prêta main-forte.

Les élections municipales du 30 juillet confirmèrent M. Guyénot dans son poste de maire de Pierre. A La Chapelle Joseph Noury, premier magistrat, eut pour adjoint mon parent Claude Thibert-Guerret ; je restais membre du conseil. Depuis la loi du 3 juillet 1848, maires et adjoints étaient élus.

Le 27 août 1848 eurent lieu les élections des membres du Conseil général de Saône-et-Loire et de ceux du Conseil d'arrondissement de Louhans. Cette fois-ci, en raison du suffrage universel, le nombre d'électeurs du canton approchait 3 800. L'appel devait se faire par communes. Le bureau de l'assemblée du canton se composait de MM. Guyénot, maire, Philippe Druard père, Louis-Thomas Dromard, Joseph Cabaud, etc. 1 370 personnes participèrent mais après vérification il y avait 1 363 bulletins dans la boîte, 3 cartes d'électeurs et 4 papiers blancs. M. Guyénot, qui obtint 947 voix, battit M. Mathey-David (414) et fut proclamé membre du Conseil général. Le même jour j'étais candidat au Conseil d'arrondissement. 907 personnes votèrent. M. Marc-Désiré Guillot, notaire à Bellevesvre (républicain) avec 604 voix, et M. Balthazar Cornet, propriétaire à Saint-Bonnet (conservateur rallié au Gouvernement républicain) avec 416 voix devinrent membres de ce Conseil. M. Victor de Truchis, maire de Lays (398 voix) me devança de peu. Avec mes 366 voix je me trouvais en quatrième position. C'était fort bien, mais hélas insuffisant. J'avais espéré... après ce changement, que le sort me sourirait. Décidément, je n'y arriverai jamais !

Tableau 121 : Election présidentielle du 10 décembre 1848 (canton de Pierre)

Candidats	Pierre (2)		La Chapelle (2)		St-Bonnet (2)		Bellevesvre (2)		TOTAL	
	Suffrages	%	Suffrages	%	Suffrages	%	Suffrages	%	Suffrages	%
L.N. Bonaparte	972,0	85,0	590,0	94,2	510,0	87,2	730,0	95,2	2 802,0	89,8
Ledru-Rollin	119,0	10,4	26,0	4,2	50,0	8,5	15,0	2,0	210,0	6,7
Cavaignac	36,0	3,2	7,0	1,1	18,0	3,1	18,0	2,3	79 (1)	2,5
Lamartine	16,0	1,4	3,0	0,5	7,0	1,2	4,0	0,5	30,0	1,0
TOTAL =	1 143,0	100,0	626,0	100,0	585,0	100,0	767,0	100,0	3121 (1)	100,0
Nbre d'électeurs	*1 350,0*	-	*801,0*	-	*696,0*	-	*995,0*	-	*3 842,0*	-
% de participation	-	*84,7*	-	*78,1*	-	*84,0*	-	*77,0*	-	*81,2*

Sources : notes manuscrites de J-B Guerret-Guillemaut.

(1) Petite erreur de J-B Guerret. Il totalise 98 voix pour M. Cavaignac (au lieu de 79 dans les chiffres).

Le nombre de suffrages exprimés serait de 3 140 au lieu de 3 121 soit un % de participation de 81,7%.

Nombre d'abstentions et de voix perdues : 702.

(2) Le canton de Pierre-de-Bresse est divisé en 4 sections électorales :

la 1ère : Pierre + Lays, Fretterans, Authumes, Terrans, Charette, Varennes.

la 2ème : La Chapelle-St-Sr + La Chaux, Montjay.

la 3ème : St-Bonnet-en-Bresse + Frontenard, La Racineuse, Dampierre.

la 4ème : Bellevesvre + Torpes, Mouthier, Beauvernois

Nb : en Saône-et-Loire, Louis-Napoléon Bonaparte obtient 72 % des suffrages exprimés, Lamartine 2 %.

L'élection de M. Guyénot au Conseil général exaspéra fortement MM. Guillemin et Moissenet, deux anciens notaires (gauche républicaine forte) qui exigèrent sur-le-champ que l'on enregistrât leur protestation au bas du procès-verbal, demandant la nullité de cette élection. Selon eux, le bureau n'avait pas fait respecter le vote « par communes » selon l'arrêté pris à ce sujet. Ainsi, les gens accomplissaient leur devoir au fur et à mesure de leur arrivée, sans la présence de leur maire. Les deux opposants traitèrent M. Guyénot de réactionnaire, de défenseur du capital et de la propriété face à la pénurie et au travail. Ils dénonçaient même Pierre Cordelier, maire de La Chapelle, pour défaut d'affichage ; de plus ce dernier n'aurait pas fait distribuer de cartes d'électeurs ; pire ! il envoya les deux gardes champêtres dans les maisons pour inciter les gens à voter pour M. Guyénot. Selon leurs dires, dans les communes de Terrans, de Lays, de pareils faits s'étaient produits. L'affaire, vous pensez bien, ne s'arrêta pas là. Le Conseil de préfecture fit une enquête et finalement valida l'élection de M. Guyénot, donnant tort à MM. Guillemin et Moissenet qui se contredisaient. D'ailleurs si le bureau avait accepté les votes selon l'arrivée des électeurs, c'est à la demande de nombreuses personnes voulant ensuite se rendre de bonne heure à la foire de La Balme. Pierre Cordelier fut aussi blanchi car il avait bien respecté l'information préalable ; le manque de cartes imprimées l'obligea à envoyer les gardes prévenir les habitants d'aller au chef-lieu de canton à 7 heures du matin, selon l'arrêté du maire de Pierre. Quant à moi, je connais trop Pierre Cordelier pour sa probité ; et M. Noury, adjoint, confirma dans ce sens. Il faut dire que M. Guyénot (attaché à l'ancien Gouvernement de Louis-Philippe avait bien accepté la République modérée, allant dans le sens de l'électorat) conservait la faveur des habitants. Le tiers des électeurs vota malgré l'apparition du suffrage universel. Manque d'habitude, désintérêt ?

Le 10 décembre 1848 Louis-Napoléon Bonaparte obtint 90% des suffrages exprimés dans le canton de Pierre lors des élections présidentielles ; M. de Lamartine ne réunit que 1% des voix sur sa personne. Dans la deuxième section de La Chapelle, le prince Louis-Napoléon atteignit 94% !

En mai 1849 la situation politique avait bien changé et les républicains « rouges » l'emportèrent. Messieurs Landolphe et Jannot (socialistes) furent élus. Quant aux républicains modérés (Lamartine, le général Thiard, de Chapuys-Montlaville) ils perdirent les élections. Comme vous le savez, mon neveu Camille-Bernard Guillemaut devint conseiller général du canton de Montret, remplaçant M. Rebillard, démissionnaire.

Les 10 et 11 mars 1850 il fallait élire six députés et je faisais partie du bureau. Thibert-Guillemin nous servit un repas chaud à la maison commune, sans oublier le café. Les « rouges » gagnèrent encore.

Le 2 décembre 1851 Louis-Napoléon Bonaparte fit un coup d'Etat et rétablit le suffrage universel dans son intégralité (car amoindri en mai 1850). Voulant s'assurer du soutien du peuple, il organisa un plébiscite les 20 et 21 décembre. Etant encore du bureau, je m'en fus dîner à la hâte chez Thibert-Guillemin, étant accompagné de MM. Borgeot, de Paris, et Richard Fichot (en Saône-et-Loire : 107 000 oui contre 8 000 non).

⇒ *Le Second Empire*

Le premier mars 1852, nouvelles élections législatives. Ce jour-là j'ai déjeuné à la mairie en compagnie de M. Noury, maire, et de M. Bruchon, assesseur. M. de Moreton de Chabrillan, candidat officiel, avec 24 763 voix, battit M. Guyénot, maire de Pierre, qui en obtint 1 450 (participation 65%) et devint député de l'arrondissement de Louhans (plus divers cantons du Chalonnais et du Tournugeois).

Le Conseil général de Saône-et-Loire fut dissous au mois de janvier 1852 ; de nouvelles élections n'eurent lieu que le premier août. On votait maintenant dans chaque commune (et non plus au chef-lieu de canton). M. Guyénot, d'après les rumeurs, n'avait pas été retenu comme candidat officiel à la députation, à cause de quelques divergences avec le préfet. Les choses s'arrangèrent certainement car il l'était pour le Conseil général de Saône-et-Loire, soutenant le Gouvernement il pouvait reprendre confiance. Effectivement, il fut élu avec 2 168 voix sur 2 174 suffrages exprimés (participation 55%). A La Chapelle il récolta 278 voix sur 280 suffrages. Notre maire M. Joseph Noury lui apporta son appui. Au Conseil d'arrondissement, les deux anciens conseillers MM. Cornet, maire de Saint-Bonnet, et maître Guillot, notaire à Bellevesvre, retrouvèrent leur poste avec une majorité écrasante (99,8%) ; quant à M. de Truchis , maire de Lays, il n'obtint que 18 voix sur 2 168 suffrages. Après les élections municipales, Joseph Noury et Claude Thibert-Guerret (maire et adjoint élus en septembre 1848) furent confirmés dans leur poste par nomination du préfet au mois d'octobre 1852. Le 10 février 1853 nous devions prêter serment, debout, la main droite levée : « Je jure obéissance à la Constitution et fidélité à l'Empereur. » Avec l'ensemble du conseil, j'ai donc prêté le serment requis. Puis les gardes champêtres, le secrétaire de mairie et M. Grizard, instituteur, firent de même.

Le plébiscite des 20 et 21 novembre 1852 approuvant le rétablissement de l'Empire donna satisfaction au prince Louis-Napoléon (en Saône-et-Loire : 115 626 oui et 1 920 non) ; l'Empire fut proclamé le 2 décembre. Les gendarmes faisaient des tournées pour surveiller l'état d'esprit de la population. Mon parent François Chaux me rapporta qu'étant à l'hôtel Burdy à Saint-Germain le 20 novembre à midi, s'apprêtant à dîner avec son père, ils virent un individu qu'ils ne connaissaient pas, un homme d'une trentaine d'années, s'emparer de bulletins en faveur de l'Empire que tenait un autre individu. Il les froissa nerveusement, les jeta à terre puis les foula aux pieds. Le brigadier de gendarmerie, aussitôt informé, arriva de suite dans la salle d'auberge, et emmena aussitôt cet individu chez le juge de paix. Les témoins de la scène furent indignés d'une telle attitude, surtout dans un lieu public. Dans notre commune, rien ne se produisit.

En 1857 le comte de Moreton de Chabrillan fut réélu (18 727 voix contre 6 629 à M. Henri Boutelier – candidat officiel par la suite). La majeure partie de la région était ralliée à l'Empire et il ne subsistait qu'une minorité de légitimistes et de socialistes. Le 16 juin 1861 je fêtais avec Albert l'élection de M. Paillot au Conseil général de Saône-et-Loire (dévoué au Gouvernement de l'Empire) ; il succédait à son beau-père M. Guyénot, décédé.

Aux législatives de fin mai 1863 le canton de Pierre était détaché de la circonscription électorale de Louhans et rattaché à la deuxième, celle de l'arrondissement de Chalon. Les candidats de l'opposition, MM. Lépine et Daron, parcouraient les villages du canton, mais leurs chances étaient nulles face au candidat officiel vu le nombre restreint de leurs partisans. L'homme du Gouvernement, M. Jules Chagot, patron des Mines de Blanzy, l'emporta avec 17 907 voix contre 7 291 à M. Daron et 901 à M. Lépine. A Louhans M. Gustave de Chapuys-Montlaville (fils de l'ancien député devenu sénateur de l'Empire), candidat officiel, battit M. Henri Lacretelle, représentant l'opposition.

M. Combet, commissaire de police du canton de Pierre, surveille l'activité des opposants connus dans le secteur : MM. Philippe Druard, membre du Conseil d'arrondissement, et M. Beauchamp, pharmacien, deux anciens candidats à la mairie de Pierre ; mais aussi d'autres opposants systématiques se plaignant des impôts, du manque de libertés individuelles : MM. Mathey-David (ancien candidat au Conseil général battu par M. Guyénot), Forgeot (agent d'assurances), le fils Cabaud (vétérinaire), Stéphen Dromard (neveu de l'ancien président du Comice Agricole), etc. Je ne les connais pas tous, mais cela ne va pas plus loin car il y a peu d'agitation.

Ces dernières années notre commune a connu quelques problèmes douloureux qui n'ont pas fait du bien. Joseph Noury, maire, démissionna fin 1856 comme vous le savez à la suite de l'affaire de mon parent François Chaux. Pendant deux ans le village n'eut plus de maire car on n'arrivait pas à trouver l'homme capable de gouverner ce pays important. Finalement le préfet nomma M. Beaupoil, aubergiste (très favorable au Gouvernement) qui prit ses fonctions en janvier 1858. Pendant son mandat, il connut bien des histoires avec son adjoint Cornier. Ce dernier ne cessait d'entraver son administration, ordonnant souvent ce que son maire défendait et interdisant ce que son supérieur autorisait ; cela ne pouvait pas aller. Le préfet fit remplacer Cornier par Denis Noury-Billebaut. Puis il y eut surtout la fameuse affaire du cimetière que l'on voulait transférer au nord du village. Certains défendant son insalubrité, d'autres ne voulant pas voir leurs défunts quitter l'entourage de l'église, le maire Beaupoil s'opposa énergiquement à ce projet mais n'eut pas gain de cause et le nouveau cimetière fut aménagé. Cela divisa beaucoup les habitants et empoisonna quelque peu la vie du village. M. Beaupoil finit par démissionner en mars 1864 car on lui reprochait d'avoir délivré un certificat de complaisance à un jeune de la commune résidant à Chalon ; ce certificat attestait que l'on avait affiché l'annonce de son mariage alors qu'il n'en était rien. Beaupoil avait voulu lui rendre service, ne mesurant sans doute pas toute la gravité de son geste. Son remplacement par Claude Thibert-Guerret apaisa les esprits. Ce dernier, fort apprécié, vient de démissionner pour raison de santé ; son adjoint M. Cottard-Guichard attend encore sa nomination à la tête de la commune.

IV - 2. 5 Délégué du Comité supérieur d'Instruction publique

Le 4 janvier 1834 le Comité supérieur d'instruction primaire de l'arrondissement de Louhans, présidé par M. Antoine Bourbon, sous-préfet, se réunit pour nommer les délégués cantonaux ayant pour mission de surveiller les écoles de notre région. M. Guyénot, alors conseiller d'arrondissement, en faisait partie. M. le général de Thyard, membre du Conseil général de Saône-et-Loire, fut chargé de la commune de Pierre ; M. Guyénot, maire du chef-lieu de canton, contrôlait celles de Terrans, Varennes, Charette, Frontenard et Lays. Je fus nommé délégué pour La Chapelle, La Chaux et Montjay. Mon beau-père Denis Guillemaut, juge de paix du canton de Saint-Germain-du-Bois, eut la même tâche à Thurey, Diconne et Devrouze.

Le 23 août 1835 M. le sous-préfet me chargea, en tant que délégué du Comité supérieur, d'installer M. Grand, nommé instituteur à La Chapelle. J'étais également membre du Comité local présidé par le maire mon parent Guerret de Loisy ; messieurs Alexandre Moissenet (notaire), Massin, Poirot (desservant de la paroisse) en faisaient partie. Je reçus donc le serment de M. Grand. Trois ans plus tard j'installais Jean-Claude Renaud avec qui nous connûmes des difficultés en 1842 ; un parent d'élève se plaignit des brutalités de l'instituteur envers son enfant. Le Comité local, après plus ample information, reconnut que l'instituteur avait réagi avec un peu de promptitude, mais sa patience fut poussée à bout par l'insoumission du garçon ; de plus, ce dernier donnait le mauvais exemple. Bref, on se contenta de réprimander le maître qui promit d'agir avec plus de douceur dans les punitions infligées aux élèves.

Le 11 janvier 1844 le maire réunit son conseil, sans autorisation du sous-préfet, pour choisir un nouvel instituteur. Deux candidats postulaient : M. Michelin, un homme mûr, de grande réputation, qui devait normalement l'emporter ; M. Grizard, de Charette, un débutant. Douze conseillers sur quinze votèrent pour M. Michelin, soit une majorité bien exprimée. Aussitôt le maire, également président du Comité local d'instruction, convoqua ce dernier. Quatre voix sur sept, dont trois de personnes également membres du conseil municipal, choisirent M. Grizard, un homme jeune… trop jeune ! Il faut dire que l'assemblée communale, composée de cultivateurs peu au fait des formalités, s'est crue forcée, par le vote du Comité local, d'accepter M. Grizard. J'étais outré, ayant participé au vote dans les deux assemblées, refusant de signer la délibération du Comité. Le meilleur poste du canton de Pierre serait la proie d'un « commençant » tandis que l'homme distingué que nous désirions n'aurait qu'un poste inférieur ! Allons donc ! Ainsi quatre personnes imposaient à notre commune leurs volontés ! Nous n'espérions plus, bien entendu, avoir M. Michelin qui avait déjà subi le même affront en 1840, et par les mêmes ! Ils n'en tirèrent aucune leçon en nommant M. Grizard. Voyant cela, la majorité du conseil municipal, pour manifester son opposition, retrancha tout ce qu'elle put sur le gage de cet instituteur ; peu de temps après, pensant que ce qu'elle venait de faire devait être irrégulier et serait annulé, s'informa auprès des autorités compétentes. Deux pétitions furent adressées à M. le sous-préfet, président du Comité supérieur de l'arrondissement ; l'une par les trois membres du Comité local ayant voté pour M. Michelin (dont je faisais partie), l'autre par la majorité du conseil. Le 20 janvier 1844 j'écrivis à M. le préfet de Saône-et-Loire pour demander justice ; ma demande, appuyée par trois autres conseillers dont mon parent Thibert-Guerret, ne changea pas les choses. Finalement, par la suite, j'entretins de bonnes relations avec M. Grizard, fort capable ; cependant, à ce moment-là, je ne pouvais tolérer une telle injustice dans la commune.

En juillet 1848, après la révocation de la sœur institutrice, le Comité local s'adressa à M. Perrey qui dirigeait la Maison des sœurs de la Présentation à Chagny. Je ne m'opposais pas formellement à ce choix, mais je voulais réserver mon avis et me prononcer définitivement lorsque je serais certain des qualités de la candidate. Mes collègues pensaient tout simplement que cet ordre présentait autant de garanties que l'Ecole Normale, que l'enseignement par des religieuses est plus sûr pour une bonne éducation, que les enfants respectent davantage une sœur qu'une laïque… pas si évident !

De temps à autre le Comité local visitait l'école afin de s'assurer de la qualité d'enseignement : lecture, écriture, calcul, géographie. Le 21 janvier 1849 le Comité reconnut le dévouement et le zèle tant des maîtres que des sœurs institutrices. Les élèves progressaient fort bien et se tenaient admirablement. D'ailleurs, voyant cela, nous demandâmes au conseil municipal de voter 38 F pour acheter des livres à distribuer aux plus capables, mais attention… après examen général bien entendu !

IV - 2. 6 Juré à la Cour d'assises à Chalon

En octobre 1848 le conseil municipal me choisit avec Pierre Cordelier pour représenter la commune au chef-lieu de canton, ceci afin de désigner les jurés. Vint le jour où il fallut passer aux choses concrètes car j'étais convoqué à Chalon pour assister aux séances de la Cour d'assises, celles du quatrième trimestre de l'année 1854. Me voici donc dans cette ville le 10 décembre. Je descendis à l'Hôtel du Nord tenu par un dénommé M. Le Roy, fort sympathique d'ailleurs. Cependant, dans de telles circonstances, je devais être irréprochable. Alors j'ai acheté le nécessaire : un pinceau pour la barbe, un cuir et un rasoir, des gants noirs, des perruques, enfin… tout l'équipement d'un honnête homme à qui l'on confie une lourde responsabilité.

La Cour d'assises de Saône-et-Loire, présidée par M. Bernard-Edmond Boissard, conseiller à la Cour impériale de Dijon, assisté de deux juges du tribunal civil de Chalon – messieurs Picard et Antoine -, tenait quatre séances par an. Il y avait M. Guillaume du Faÿ, procureur impérial. Un commis greffier enregistrait tout ce qui se disait. Le 13 décembre nous étions au palais de justice à 9 heures du matin. Ce jour-là mon nom sortit de l'urne pour participer au jury composé de douze personnes, parmi lesquelles M. Pierre François du Martray, un dénommé Nectoux, ceux dont j'ai retenu les noms. Une fois ce jury formé, sans récusation, l'audience publique pouvait commencer. L'accusé, un certain Guénard, poursuivi pour vol, se tenait entre les gardes. Nous fûmes installés selon l'ordre du tirage au sort sur des sièges séparés du public et des témoins. L'accusé se tenait dans un banc en face de nous. Déjà de nombreuses personnes se trouvaient dans la salle d'audience, attendant avec impatience. Tout le monde se tut lorsque M. le président demanda à Guénard ses nom, qualité, domicile, etc. Puis il lut un texte à l'avocat, un nommé Canat. Enfin, s'adressant à nous, qui étions debout et découverts, il dit à haute voix un passage du code d'instruction criminelle. Chacun fut appelé et lorsque mon tour arriva j'ai répondu, un peu figé il est vrai, en levant la main droite : « Je le jure. » Guénard entendit le président lui rappeler l'acte d'accusation. Puis le procureur exposa l'affaire, cita des témoins ; les huissiers en lurent une longue liste. Ces témoins se retirèrent dans une salle particulière en attendant d'être appelés ; ils vinrent ainsi un à un exposer ce qu'ils savaient. J'écoutais attentivement, pour essayer de comprendre, de me faire une opinion sur ces gens que je ne connaissais pas. Instinctivement mes yeux se fixaient sur l'argent volé que la Cour avait déposé sur le bureau, pour bien montrer à chacun l'objet du délit. Je ne savais plus trop que penser après avoir entendu tout le monde. A la fin, l'avocat répondit au procureur. Les débats se trouvant achevés, M. le président nous fit remarquer les principales preuves pour ou contre l'accusé, puis il remit à notre chef les pièces nécessaires. Nous nous rendîmes dans une chambre spéciale pour délibérer. Là, des articles du code criminel étaient placardés à notre intention contre le mur. Nous examinâmes toutes les questions. Puis on nous fit rentrer dans l'auditoire. La Cour reprit sa place. Alors notre chef Emile Nectoux se leva, la main sur le cœur, lut à haute voix : « Sur mon honneur et ma conscience devant Dieu, devant les hommes, la déclaration du jury est : oui à la majorité des six questions. » L'accusé, ramené dans la salle, entendit cette proclamation sans broncher ; le président lui demanda s'il avait autre chose à dire et son avocat recommanda l'indulgence. Enfin, M. le président énonça solennellement le jugement : six ans de prison. Ce jeune homme de 18 ans, sans profession, avait volé 272 F en fracturant une armoire chez des propriétaires absents.

Au fil des jours les affaires défilaient. On voyait toutes sortes d'individus que l'on avait peine à imaginer. Tenez, celle fille mère – deux rejetons sans père ! – prétendait que l'un de ses enfants était l'œuvre d'un jeune homme de bonne famille mais ce dernier, selon ses dires, ne voulait pas l'épouser. Alors la haine s'empara de sa personne et elle mit le feu à la grange des parents. Heureusement, des gens apercevant des flammes, se précipitèrent et éteignirent l'incendie qui embrasait déjà une charrette de foin. Elle écopa dix ans de travaux forcés. On ne badine pas avec ces choses-là ! me dis-je, quelle que soit la raison. Et puis, disait-elle la vérité ? C'est ce qu'elle prétendait mais le tribunal, après audition des témoins, ne la suivit pas. Il y eut des affaires de banqueroute frauduleuse, d'infanticide, de fabrication de faux billets à ordre pour avoir du blé gratuitement, des vols de troncs d'église, etc. Un pauvre, sûrement fainéant, certes, scieur de long de son état à Romenay, avait tenté nuitamment de voler trois doubles de blé à un cultivateur. Ce dernier, réveillé, surprit le maraudeur. La Cour le condamna à cinq ans de prison, ne lui trouvant aucun motif de circonstances atténuantes. Il n'avait qu'à travailler pour gagner son pain au lieu de voler ! dit la Cour.

Toutes ces séances, soit en tant que juré tiré au sort ou simple auditeur, m'épuisèrent. Voyant défiler à la barre tous ces gens, tenant des propos parfois contradictoires, vrais ou faux, des avocats forts en parole et trouvant toujours toutes sortes d'excuses, un procureur virulent que le président apaisait parfois. Finalement tout se termina le 16 décembre, et j'étais bien content. Un froid vif s'installait dans la ville, la bise soufflait. Je me rendis à l'Hôtel du Nord afin de reprendre mes affaires et payer mon addition s'élevant à 33 F. Les domestiques affables reçurent leurs étrennes traditionnelles. Il me restait un peu de temps avant de reprendre le « courrier » Chalon-Pierre. Je me rendis au journal « Le Courrier de Saône-et-Loire » afin de payer mon abonnement. J'ai rapporté du chocolat, du pain d'épices, des couteaux, une chaîne et des piquets. Enfin, j'avais dépensé 45 F pendant cette semaine. Un beau jour, le greffe de la Cour d'assises m'adressa 16,25 F pour indemnité de route !

IV - 3. La vie au village

IV - 3. 1 La population

Notre département est passé de 524 000 habitants en 1830 à 600 000 dernièrement (soit + 14,5%). Pendant ce temps l'arrondissement de Louhans, sans grande industrie, a très peu augmenté (+3,2% ; de 83 412 à 86 107) ; notre canton progressant encore moins (+1,8% ; de 14 584 à 14 852). Quant à notre commune, elle a perdu près de 50 habitants (de 1 828 personnes à 1 786). Elle a atteint son maximum en 1841 avec 1 904 habitants, mais depuis, il y a des hauts et des bas.

Dans le canton, certaines communes se sont dépeuplées plus que la nôtre (La Chaux : -13% ; Lays : -10,5%) et d'autres, au contraire, ont progressé (Pierre : +10,5% ; Bellevesvre : +14% ; voire Torpes : +12% ou Charette : +25%).

Quand j'étais enfant, la commune comptait 1 430 habitants. Finalement, que de bouches supplémentaires à nourrir !

La principale distinction avec Pierre se situe au niveau du commerce, voire quelque peu de l'artisanat. Evidemment, la population chez nous est occupée à des travaux agricoles (83% des actifs). Près de la moitié sont propriétaires cultivateurs et il y a peu de fermiers (6%). Quant au personnel, près du tiers possède quelques lopins de terre ; le reste se répartissant entre domestiques et journaliers sans aucun bien foncier.

La Chapelle-Saint-Sauveur : naissances et décès

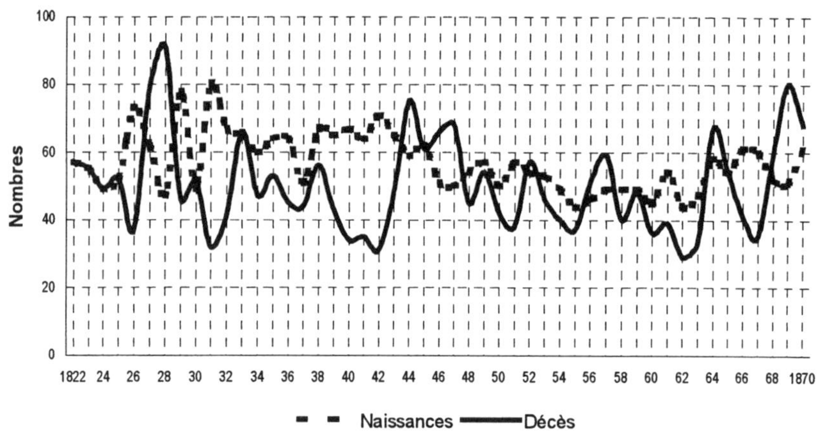

Nous avons beaucoup de jeunes au village (42% des habitants ont moins de 20 ans), bien plus qu'à Pierre (37%). Quant aux personnes âgées elles se font plus rares (7% de la population a plus de 60 ans). Je remarque davantage de vieillards au chef-lieu de canton, je ne sais pas pourquoi. Tous ces jeunes ont bien sûr beaucoup d'enfants, mais peut-être moins qu'autrefois (rapport naissances/population passé de 3,5% en 1830 à 3% en 1850).

Un enfant sur cinq meurt encore au cours de sa première année, surtout pendant ses trois premiers mois, voire à la naissance. Mais je remarque qu'il y a tout de même moins de disparitions chez les jeunes qu'autrefois, ils semblent mieux résister. Il est vrai que l'on connaît peut-être de meilleures conditions d'existence. Tenez, pour preuve de ce que j'avance, davantage de personnes vivent jusqu'à 70, voire 80 ans, surtout les femmes. Au-delà, les « rescapés » demeurent encore peu nombreux.

Notre bourg s'est dépeuplé ; les hameaux ont gardé davantage d'habitants. La Ranche compte encore plus de 130 personnes. Chavenne a maintenant devancé le bourg. Il faut dire que la population se trouve éparpillée dans plus de vingt hameaux, parfois très éloignés comme Les Prâmes. Chacun vit au rythme de son quartier et on est de Boibe ou de La Ranche… et pas des Pernards ou de La Malatière.

IV - 3. 2 La commune et ses problèmes

⇒ *Les bâtiments communaux, le cimetière*

Juste avant ma nomination au poste de maire, le roi avait autorisé la commune à acheter la propriété Ganneval située au centre du bourg moyennant 7 050 F, afin d'y établir la maison commune ainsi que les écoles de filles et de garçons. La maison principale, couverte en tuiles, se composait de deux chambres à feu, deux cabinets, un colombier, une petite écurie, une grande cave ; l'autre, plus modeste, couverte en paille, comprenait une seule chambre à feu ; une écurie, un chartil, cellier ; plus le puits et le four communs. C'était nettement mieux que l'ancienne mairie, complètement délabrée, avec ses trois pièces et son écurie ! Ce bâtiment fut vendu 760 F à Jean Fèvre au mois de novembre 1825.

Las ! en 1837 la nouvelle maison commune était sur le point de s'écrouler. Mais comment payer ? Déjà en 1831, à la demande du préfet, j'avais réalisé un très gros travail pour recenser, évaluer toutes les parcelles de terrains communaux usurpés au fil des années par les habitants. Mais cette charge fut très lourde pour moi en temps, en difficultés de toutes sortes car il fallut s'attaquer aux plus récalcitrants ; mon ignorance dans ce genre d'action ne m'aida pas vraiment. Que faire pour récupérer 156 parcelles anticipées depuis longtemps ? représentant tout de même cinq hectares. Certains refusaient de reconnaître les droits de la commune, d'autres ne les admettaient qu'en partie seulement. Finalement cette affaire traîna en longueur. Le sous-préfet nomma des experts pour estimer les terrains et en 1839 il restait encore 139 parcelles. Deux ans plus tard il fallait poursuivre 25 détenteurs qui ne voulaient pas passer acte de vente ; finalement nous dûmes nous montrer plus persuasifs vis-à-vis de neuf d'entre eux.

Dès 1841 l'architecte Gaguin établit des plans et devis pour une nouvelle mairie école ; dorénavant la chose était entendue dans tout le village… quant aux sous ! Au mois de janvier 1844 je réussis à persuader le conseil municipal d'interdire l'école qui menaçait de s'effondrer ; malgré la bonne volonté des uns ou des autres, rien n'avançait. D'ailleurs un grand nombre de parents n'envoyaient plus leurs enfants à l'école à cause du danger. Cela ne pouvait plus durer ! Il fallait environ 13 000 F pour aboutir et la commune ne disposait que de 3 000 F en caisse. Restait à solliciter le département, à voter des impôts extraordinaires, à récupérer les fonds issus de la vente des terrains anticipés. Nous devions loger 150 garçons et 130 filles au plus vite. Finalement tout s'arrangea et les travaux furent adjugés le 22 octobre 1846 à Philibert Lejeune, de Pierre, pour la somme de 10 800 F ; en réalité ils coûtèrent 14 396 F et s'échelonnèrent en 1847-48. L'entrepreneur récupéra les bâtiments de l'ancienne mairie (2 000 F) et consentit un rabais. Certains souhaitaient couvrir la mairie en tuiles creuses mais nous refusâmes, voulant les tuiles plates du pays. Par la suite il fallut aussi s'occuper d'autres bâtiments moins importants.

Le budget communal fut continuellement difficile. Nos recettes et dépenses annuelles sont passées progressivement de 3 000 F en 1825-1830 à 8 500 F de nos jours. Au début du siècle la commune ne disposait que de 1 000 F par an. Le gros souci a toujours été l'entretien des chemins absorbant les deux tiers des dépenses, d'où une imposition conséquente. La commune encaisse des locations de biens communaux (10% du budget) et surtout des impôts. Nous devons payer les instituteurs (400 F), les gardes champêtres (200 F), le secrétaire de mairie (100 F). Quant au receveur municipal il prend environ 2% des recettes et des dépenses.

L'église en l'an XII menaçait ruine à cause d'une grosse lézarde qui s'était considérablement agrandie au cours du dernier hiver ; du côté de midi, elle touchait le clocher. La mauvaise qualité des fondations jouait certainement un rôle dans cette affaire. Mais le manque d'argent freinait les ardeurs. Il fallut attendre juin 1819 pour aboutir. Chrisostôme Massin obtint l'adjudication à Louhans pour 9 950 F. Il devait agrandir la nef devenue trop petite. Cependant l'entrepreneur ne se conforma pas au cahier des charges car il trouva les dimensions trop faibles pour la paroisse et, d'après lui, l'église ne suffirait plus pour abriter tout le monde au moment des fêtes religieuses. Le bâtiment, plus large que prévu, l'obligea à reconstruire entièrement les murs de la nef. Il le fit sans autorisation de quiconque, mais, disait-il, dans l'intérêt général. Dès avril 1821 tout se trouvait achevé. Les autorités estimèrent que la différence devait être à la charge de Massin. Heureusement pour lui, l'ingénieur Delarue estima qu'il fallait payer entièrement la totalité des 11 200 F. Cela traîna en longueur jusqu'en janvier 1824.

Quant au cimetière autour de l'église, quelle histoire ! que de discorde au village. Le 7 mai 1861 le conseil municipal décida de le transférer sur la route de Pierre, au nord du bourg, à cause de son exiguïté. Les fosses, trop souvent ouvertes, laissaient exhaler des émanations. Cela gênait les habitants les plus proches. D'ailleurs, dans un coin, l'excès d'eau obligeait à creuser peu profondément. Le cimetière était profané journellement par les animaux qui y entraient fréquemment. Les vaches cassaient des croix, les cochons fouillaient les fosses et emportaient les os. Le conseil, à l'exception du maire Beaupoil, vota la translation. Le premier magistrat trouvait la dépense inutile, prétendant que lorsque la commune comptait encore 1 900 habitants il n'y avait pas de problème ; d'ailleurs le vœu des gens allait dans le sens du maintien. Des mauvaises langues prétendaient que M. Beaupoil voyait ses propres intérêts, son auberge. Une enquête *commodo* et *incommodo*, dirigée par M. Grizard, eut lieu au mois de septembre. Chacun put donc s'exprimer. Je partageais, avec François Richard de Boibe et beaucoup d'autres, l'avis du maire Beaupoil. Rien n'y fit et en mai 1862 M. de St-Phalle, sous-préfet de Louhans, émit un avis favorable pour la translation ; le préfet l'approuva. Ce nouveau cimetière fut bénit solennellement le 5 juin 1863 par le curé Neuzeret. Un mois plus tard, M. Beaupoil dut signer, à contrecoeur j'en suis certain, la fermeture de l'ancien, vieux de plus de deux siècles. A ce moment-là je ne pensais pas que mon pauvre et regretté Albert reposerait éternellement peu de temps après dans ce lieu de discorde.

⇒ *Terrains et chemins communaux... que de soucis*

Comme je vous le disais tout à l'heure, les chemins communaux causent constamment des problèmes, des tiraillements dus aux intérêts de chacun, souvent divergents.

Au mois de mai 1830, réunissant mon conseil municipal, j'ai exposé les moyens à mettre en œuvre dans le village pour nous conformer à la loi de juillet 1824. Ainsi chaque habitant devait fournir deux jours de travail – ou la valeur en argent – pour lui, chacun de ses frères, fils vivant avec lui, ainsi que pour chaque domestique mâle de plus de vingt ans. De plus il était prévu deux jours par bête de trait ou de somme, char, etc. Nous fixâmes, après discussion, le taux de rachat des prestations, soit pour une journée :

- d'homme = 1,50 F
- de deux bœufs = 5 F
- de cheval de selle ou d'attelage = 5 F
- de cheval de trait = 2,50 F

- d'un char = 2 F
- d'un tombereau = 1 F

Evidemment toutes ces dispositions salutaires ne manquèrent pas de créer des difficultés de temps à autre. Certains tentaient de se soustraire à ces journées d'intérêt général ; le *piqueur* (ou surveillant) ne faisait pas toujours son travail correctement, certains le critiquaient pour des raisons obscures. Entretenir les rues de tel ou tel hameau fâchait les habitants des autres quartiers qui attendaient leur tour. Depuis 1844 on vote uniformément trois jours de prestations.

Une autre affaire douloureuse concernait l'entretien des chemins de grande communication reliant différentes communes entre elles. Nous étions trop chargés à cause de celui de Pierre à Mervans (le G.C. n° 13) et le fardeau ne cessait de s'alourdir depuis 1840. De nombreuses récriminations surgirent de toutes parts car certains disaient que Pierre ou Mervans en tiraient de bien plus grands avantages que nous. Et puis, ces prélèvements se faisaient au détriment de nos propres chemins vicinaux. Pourquoi engraisser les autres ? Depuis qu'il avait été élevé au rang de grand chemin en 1836, cela n'en finissait pas. A cette époque nous estimions que Serley devait participer à cause de ses relations avec Pierre et Mervans. Après coup, nous fûmes sollicités fréquemment pour financer d'autres routes reliant Pierre à Dole, Bellevesvre à Sellières ou Verdun. L'examen des demandes soulevait généralement un tollé et nous recherchions des motifs pour nous soustraire : manque de relations avec telle ou telle agglomération, peu d'intérêts pour nous ; pendant ce temps les autres nous imitaient. Mais nous connaissions la suite… et sans argent, plus question de participer. Nous demeurons intéressés par tout ce qui facilite l'écoulement des grains, du bétail, des produits vendus aux marchés de la région.

Modifier le tracé d'une route amène toujours des mécontents et des luttes d'influence. Quand en 1838 le G.C. n° 13 fut redressé dans le bourg, les artisans ou commerçants installés le long de l'ancien tracé firent des propositions pécuniaires pour conserver leur vieux chemin : le sabotier Miconnet proposa 40 F, la veuve Bonin (forgeron) et Claude-Henry Beaupoil (aubergiste) chacun 250 F, ce qui n'était pas rien ! Ils craignaient une déperdition de clientèle.

Vous connaissez maintenant les problèmes liés aux usurpations de terrains communaux et les tracasseries pour un maire lorsqu'il faut intervenir auprès d'un grand nombre d'habitants coupables des négligences et des tolérances au fil des années. Les actions entreprises pour récupérer ces modestes parcelles durent souvent de nombreuses années, et à quel prix ! mais la terre vaut cher pour tout le monde.

La grande affaire reste le problème des maisons « construites en une nuit » sur des communaux. Cette tolérance n'était pas permanente ni acquise pour l'usurpateur. Je me souviens d'un cas épineux survenu à l'automne 1859. Un habitant recueillit des signatures et adressa une pétition au conseil municipal à cause d'un dénommé Mauchamp qui avait édifié une baraque clandestine, et nuitamment de surcroît, sur un communal. Le maire Beaupoil n'entreprit rien à ce sujet car le malheureux en question se trouvait sans autre logement. De plus Beaupoil souhaitait consulter son conseil dans cette délicate affaire ; l'accusateur demandait la démolition immédiate de la maison et l'expulsion de l'intrus ; mais il mentait un peu et, n'étant pas voisin direct, il ne pouvait même pas réclamer, ne subissant aucun préjudice quelconque. Plusieurs membres du conseil se rendirent sur les lieux. La veuve Guinard, joignant Mauchamp, avait signé la pétition sous la pression du plaignant, mais maintenant elle ne voulait ni soumissionner en cas de vente, ni ne demandait le renvoi de son nouveau voisin. Après discussion, le conseil ne voulait pas chasser Mauchamp à l'entrée de la mauvaise saison car c'était faire un acte d'inhumanité. Néanmoins, vu la plainte, la baraque ne pouvait subsister. Mauchamp, averti officiellement dès le printemps suivant, devait partir ; si au premier août il demeurait en place, la maison serait démolie sur-le-champ. On lui laissait suffisamment de temps.

IV - 3. 3 Les problèmes sociaux

Les périodes difficiles conduisent certaines familles à la misère. Afin de faire face à ces problèmes cruciaux, les ateliers de charité soulagent en partie leur grande détresse. Celui créé dans notre village au printemps 1831, lorsque j'étais encore maire, fonctionna assez peu de temps. Comment utiliser ces hommes ? leur faire lever les accotements des rues, réparer les fossés, bomber les chemins, extraire du gravier ? voire dégager les abords de la maison commune, les niveler et graver afin de pouvoir y rassembler commodément la garde nationale « sous les armes ».

Pour secourir les malheureux, un bureau de bienfaisance fut autorisé à La Chapelle par arrêté du préfet au mois d'août 1827. J'en étais le président de droit en tant que premier magistrat à cette époque. Le curé Millot, Claude-Alexandre Massin, etc., tous membres présentés par M. le comte de Pellet, sous-préfet de Louhans, composaient le bureau. Le 17 mars suivant je paraphais le registre tenu à cet effet. A 4 heures de l'après-midi une petite cérémonie eut lieu à la mairie au cours de laquelle les membres désignés acceptèrent leur charge. Le premier travail consista à délibérer sur un legs de 1 150 F fait par l'ancien curé Gabet en faveur des pauvres. Cette cellule, disposant de très faibles moyens, donnait du blé, du bois aux plus nécessiteux du village.

Lors de la crise de 1831 le bureau de bienfaisance prêta 645 F sans intérêt à la commune afin de faciliter le démarrage de l'atelier de charité.

La période 1845-1847 fut assez pénible à cause de la maladie des pommes de terre survenue en 1845 ; une mauvaise récolte de céréales en 1846 entraîna des hausses très importantes. Le blé passa de 19 F l'hectolitre en 1845 à 26 F l'année suivante et à 31 F en 1847, puis retomba à 17 F un an après. En réalité tout au long de l'année 1846 le prix ne cessa de monter, partant de 22 F pour arriver à 33 F en décembre ; le record fut atteint de février à mai 1847 : 40 F l'hectolitre ! La descente dès le mois de juillet (30 F) continua ; l'hiver 1847-1848 vit le sac de blé à 21 F. Tout ceci ne fut pas sans conséquences dans la région. Le maire de notre village écrivit au préfet en décembre 1846 pour l'informer de la grande misère régnant déjà. Il lui demandait l'autorisation de prélever 1 500 F sur les fonds disponibles afin de procurer rapidement du travail aux indigents en organisant un chantier d'utilité générale. Il voulait aussi aider les femmes sans ressources, les vieillards ou invalides mais les pouvoirs publics limitaient leur soutien uniquement aux ouvriers valides. L'Etat, face à cette situation, vota quatre millions sur lesquels le ministre de l'Intérieur nous attribua 500 F le 25 février 1847. En mai nous attendions toujours le déblocage de ces fonds ; chaque jour des malheureux venaient demander quand commencerait le travail dans la commune. Finalement tout rentra dans l'ordre avec la baisse du prix des céréales qui avaient toutes suivi la hausse générale. A Pierre le conseil municipal dut faire face aux mêmes problèmes à cause des miséreux. Il fallut beaucoup de blé, et surtout du maïs – principale nourriture des pauvres – pour secourir les indigents. Mais on voulait créer du travail et non donner sans contrepartie, sinon la paresse s'installerait rapidement. Chacun devait gagner son pain, même par des travaux d'utilité générale, et non quémander. Au chef-lieu de canton le bureau de bienfaisance eut la bonne idée de louer des terres pour les donner à cultiver à moitié fruits aux pauvres afin qu'ils aient du maïs et des haricots. La commune acheta du *turquis* en novembre 1846, s'engageant à le céder à prix coûtant au printemps (voire moins cher si les cours baissaient). D'ailleurs le maire ajouta que la création d'une caisse d'épargne serait bénéfique à tous ces malheureux car, progressivement, ils pourraient se passer des ateliers de charité et du bureau de bienfaisance... Pas si sûr ! Quand on sait que pour nourrir un indigent il lui faudrait ½ kilo de pain par jour, 4 doubles de maïs par an, 5 hectolitres de pommes de terre plus 25 F en argent liquide... Bien entendu, tous les pauvres ne sont pas dans le dénuement absolu.

Louhans : cours du blé de 1845 à 1848

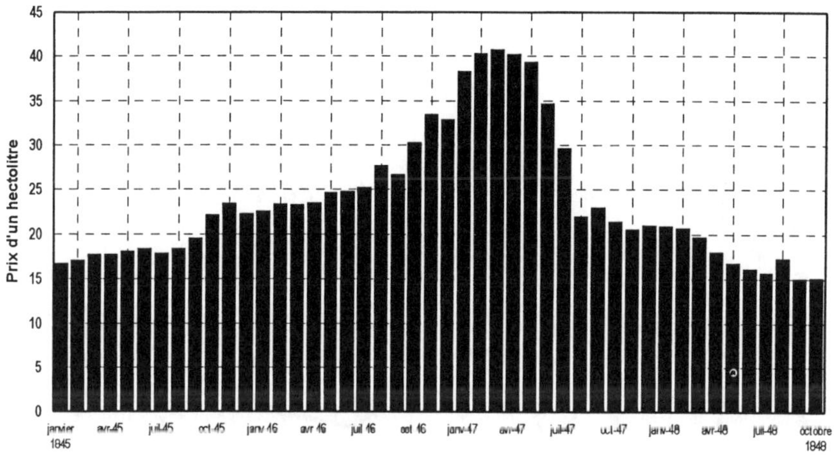

Le département interdit la mendicité en 1853. Oh ! elle l'était déjà à Pierre depuis 1837 mais la commune secourait les indigents à domicile ; et puis les âmes charitables aidaient les habitants dans le besoin. Mais au mois de novembre 1853 la misère menaçait différentes familles. Le conseil municipal de La Chapelle se réunit en session extraordinaire. Allait-on encore créer un atelier de charité ? Seulement on manquait de fonds ; seul un impôt extraordinaire y pourvoirait. Dans la région les ateliers se remirent en marche, ceci à cause de la cherté des grains (le blé à 24 F contre 17 F en 1848). Heureusement il y eut de meilleurs moments ; deux ans plus tard la récolte de maïs et de pommes de terre étant plus abondante que d'habitude, tout allait bien, - ou à peu près - et le travail ne manquait pas.

A la suite d'une forte hausse du prix du blé jusqu'en 1856 (30 F l'hectolitre), malgré la baisse des cours l'année suivante (19 F à l'automne), le maire Beaupoil prit un arrêté de police sur la boulangerie au mois d'août 1858, ceci à titre préventif. Une taxe instituée à cet effet sur tous les pains d'un kilo et plus, les dispositions prises affichées bien en vue dans les boulangeries ainsi qu'au bourg, devaient empêcher toute dérive ; de plus le boulanger se voyait astreint à peser ses pains et à appliquer un *bon poids* dans la même catégorie le cas échéant. Au passage, obligation pour lui de veiller à la bonne qualité de ses produits ainsi qu'à la cuisson pour éviter de nuire à la santé.

Malgré tout le bureau de bienfaisance peinait, sans grandes ressources, distribuant le blé, la farine, le pain, le bois de chauffage aux pauvres ; il ajouta un peu de viande après 1840, l'assistance médicale (1846) ; les malheureux reçurent un peu de vin (1860), et même du sucre en quantité modérée il est vrai (1864). Fin 1861 il restait à peu près une centaine d'indigents au village. La rareté et la cherté des grains, à cause d'une très mauvaise récolte cette année-là, amoindrirent considérablement la générosité naturelle envers les nécessiteux. Et puis la population commençait à se lasser de toutes les quêtes incessantes, même pour les victimes de l'ouragan d'Autun, les incendiés de Lays-sur-le-Doubs et autres. Le bureau de bienfaisance toucha enfin un secours de 200 F de l'Etat l'année suivante, somme à distribuer aux pauvres.

Le développement de la pauvreté entraînait davantage d'enfants hors de l'école ; en mai 1848 nous votâmes 30 F supplémentaires pour dédommager l'instituteur enseignant gratuitement à dix élèves en plus du nombre légalement fixé auparavant à dix-neuf.

La commune avait aussi à sa charge des infirmes ou des enfants en bas âge, voire des aliénés issus de familles démunies. Des quêtes complétaient les ressources nécessaires.

Evolution du pouvoir d'achat

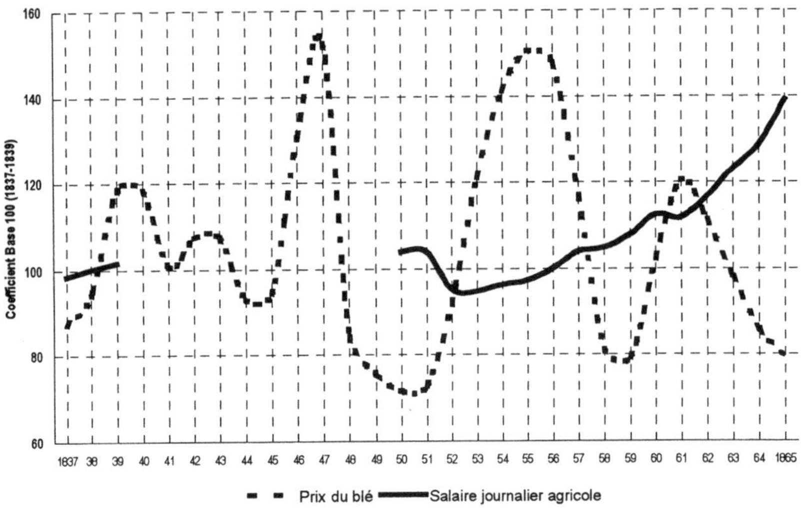

Les incendies sont assez fréquents, notamment à cause des maisons couvertes en chaume. Tout peut disparaître en un instant et les « incendiés » réduits à la mendicité. Ils font alors la quête dans tout le village et je leur donne habituellement du blé de bonne qualité ou des *gaudes*. Certains viennent même des communes environnantes. Quand il s'agit d'un voisin, j'offre des troncs de chêne pour l'aider à reconstruire. Le curé, de son côté, fait la quête le dimanche à l'église. Nous n'avons pas de pompiers au village ; ceux de Pierre interviennent le cas échéant à La Chapelle. Ils sont parfois plus de vingt à lutter contre le feu avec leur pompe montée sur un char à quatre roues. Ils manoeuvrent les lances et les jets, s'activent avec leurs seaux de toile. Le maître de poste leur prête des chevaux. Après coup ils bénéficient d'un bon repas à l'auberge. Pour éviter de regrettables accidents le maçon Malherbe visite maintenant les fours et les cheminées. Il faut dire que nos bâtiments en pans de bois garnis de *foisses*, couverts en chaume sont fortement exposés. Parfois tout y passe en peu de temps : le mobilier, les grains, le fourrage. On sauve à la hâte le bétail, un char, voire quelques habits sortis précipitamment, mais après… !

Les quêtes pour les sinistrés… cela ne manque pas ! Je vous parlais tout à l'heure d'un violent orage qui s'abattit en juin 1861 sur Autun et sa région. Les platanes du Champ de Mars furent déracinés, les devantures arrachées… Quelle désolation ! La grêle hacha les récoltes sur pied. Le 14 juillet je vis arriver Simerey, conseiller municipal, qui quêtait pour ces malheureux. Je connaissais ce désastre par le « Courrier de Saône-et-Loire ». Nous discutâmes un moment et il repartit avec une belle pièce de 5 F en argent. Au mois de janvier suivant le garde champêtre rassemblait de l'argent pour les ouvriers cotonniers, eux aussi dans la détresse. Le 19 mai 1863 un ouragan s'abattit sur Cuiseaux et la région de Saint-Amour (Jura). Une trombe d'eau, des grêlons de bonne taille eurent raison des vignes, des jardins et des champs. Des voitures et leurs occupants furent renversés sur la route de Bourg. Le 15 août 1864 une partie de la ville de Limoges était incendiée. Plus de 150 maisons furent détruites. L'Empereur ne put s'y rendre à cause de l'arrivée du roi d'Espagne, mais il délégua son aide de camp le colonel Reille. Le sinistre démarra, paraît-il, dans la boutique d'un chapelier pendant que les gens regardaient le feu d'artifice au Champ de Juillet. J'ai encore participé bien volontiers. Il y a deux ans, c'était au tour des riverains de la Loire qui subirent les ravages des débordements de la rivière vers la fin septembre. Le préfet de Saône-et-Loire organisa une souscription dans tout le département. Chez nous, le garde champêtre reçut 5 F pour ces sinistrés. La Saône et le Doubs restèrent stables, fort heureusement pour le *finage* au nord de Pierre.

En 1862 je m'intéressais à la Mutualité car la curiosité me poussait à en examiner les fondements de plus près. Je savais par un ami qu'une société de secours mutuels (appelée « Société communale ») fonctionnait à Pierre depuis un certain temps (1859). Le confiseur Lucien Cordelier, nommé par l'Empereur, en assurait la présidence. D'après mes informations chacun peut adhérer, quel que soit son état (moyennant 1 F par mois), à condition de mener une vie sans reproche et de bonne moralité, sinon on peut être exclu par les autres. En contrepartie la société apporte son soutien en cas de maladie (médecin, remèdes), d'invalidité, et aide les veuves des sociétaires. Des hommes fort connus (le maire Guyénot avant sa disparition, le pharmacien Beauchamp, le docteur Curé, M. Baron, mon ami Alexandre Moissenet, etc.) en sont membres honoraires. Cependant, d'après M. Moissenet, ce nouveau système attire surtout des artisans (63%), voire des commerçants (18%) ; il y a assez peu de manouvriers (12%), sans doute à cause des sommes à payer. Cela m'a beaucoup intéressé car chez nous rien de ce genre n'existe et pourtant, nous en aurions besoin, mais notre village a surtout une vocation agricole. Enfin, cela viendra peut-être un jour !

Depuis fort longtemps la vaine pâture entraîne des abus au détriment de l'élevage du gros bétail et du fourrage. En 1840 des propriétaires venant se plaindre à la mairie d'excès insupportables, nous interdîmes le *champoyage* aux oies et aux moutons dans les prairies soumises à ce régime ; les porcs ne pouvaient s'y rendre que muselés. Mais comment arrêter tout le monde, notamment dans les Prés de Boibe ? Au printemps 1860 de nouvelles plaintes entraînèrent des enquêtes confiées aux gardes champêtres. Le maire Beaupoil prit un arrêté de police rurale à ce sujet. Cette fois-ci il assouplit quelque peu le règlement afin qu'il soit mieux respecté :

- maximum 6 moutons, 3 mères oies et 20 oisons dans les prairies et le long des rues ;
- les cochons ne pourront paître que s'ils sont bien ferrés au museau ;
- le pâturage ne commencera que deux jours après l'enlèvement complet des récoltes et devra cesser au premier mars suivant.

Il y avait trop de moutons, d'oies et de porcs à la vaine pâture. D'autre part, comment voulez-vous qu'un seul enfant puisse surveiller correctement tant de bêtes. Les cochons non ferrés fouillent la terre et causent des dégâts sérieux ; les oies arrachent l'herbe jusqu'à la racine et dégoûtent le gros bétail à cause de leur fiente désagréable ; les moutons mangent les jeunes pousses des haies. Ajoutons les bêtes qui, en s'échappant, dévastent les champs voisins. Depuis, je n'en entends plus parler !

IV - 3. 4 Les conscrits et l'armée

Au printemps 1848 mon fils Albert (classe 1847) était inscrit au tableau de recensement en vue du prochain tirage au sort. Le 25 mars 1848 je me trouvais de très bonne heure à Dampierre au domicile de Claude Prieur, aubergiste, pour y retrouver cinq autres propriétaires dont Pierre Cordelier, maire de notre village, Pierre Cabaud, marchand à Pierre. Nous étions rassemblés autour de Me Oppepin, notaire à La Chapelle, afin de libérer du service militaire nos fils devenus conscrits, en constituant une société dont chaque membre devait fournir une somme de 800 F, fonds destinés à payer les remplaçants de ceux qui tomberaient au sort ce jour-là. Le produit de la collecte serait réparti par parts égales entre les malchanceux ; les réformés, le cas échéant, n'ayant pas droit à la répartition. Claude Prieur et Charles Arveux, limonadier, servirent de témoins. A peine avions-nous signé que trois autres propriétaires du canton se joignant à nous offrirent des sommes moins élevées. Nous acceptâmes mais leurs droits seraient diminués en conséquence.

Ce matin-là était également celui du tirage au sort à Pierre. Nous ne traînâmes pas outre mesure et rejoignîmes le chef-lieu de canton. A dix heures du matin, à la maison commune, le sous-commissaire du Gouvernement pour l'arrondissement de Louhans, en présence des maires ou adjoints des dix-huit communes du canton, d'un officier de gendarmerie accompagné de cinq de ses hommes chargés de maintenir l'ordre, ouvrit la séance. Les maires remirent les tableaux de recensement au représentant du Gouvernement qui les lut à haute voix puis demanda s'il y avait des réclamations. Cent cinquante et un conscrits se trouvaient là. Notre commune, avec vingt-cinq jeunes, composait le plus gros bataillon ; mon fils Albert en faisait partie. Tout d'abord, on procéda au tirage au sort des communes afin de déterminer l'ordre de passage des conscrits. Les bulletins nominatifs, fermés et roulés, furent jetés dans une urne puis tirés. Notre village se trouva au septième rang ; Pierre eut le dernier. Les jeunes de Beauvernois commencèrent les premiers, chacun tirant selon son numéro d'inscription sur la liste communale. Chaque conscrit avait un bulletin placé dans un étui – ou olive – mélangé avec les autres dans l'urne. Pas de tricherie possible ! Ainsi chaque village passa à son tour selon son numéro. Au fur et à mesure les maires confirmaient l'identité des hommes. Puis les numéros tirés étaient proclamés à haute voix et inscrits. Albert tira le 36…pas fameux du tout ! d'autant qu'il fut déclaré propre au service. Mon fils, un bon gaillard (1,81 mètre) était le plus grand du canton. Jean-Baptiste Cordelier, fils du maire, eut le n° 49, pas très bon non plus. En effet, plus le numéro était élevé dans la liste, moins on avait de chance de partir.

Le 16 avril 1848 quatre-vingt-sept conscrits du canton de Pierre se trouvaient rassemblés dans une salle de l'Hôtel de Ville de Louhans, à midi tapant, pour le conseil de recrutement (de révision) présidé par le citoyen Prat ; avec lui, M. Seur-Velcour, chef de bataillon du 49ème Régiment de Ligne, Daprieulx, lieutenant de gendarmerie et Valette, capitaine au 49ème. Ils devaient procéder à la formation du contingent de la classe 1847 pour notre canton. Le citoyen Guillemaut père, docteur médecin à Louhans, avait été désigné par le sous-commissaire du Gouvernement pour visiter les jeunes gens et donner son avis sur les infirmités. Seuls cinquante-deux conscrits, dont Albert, furent aptes au service. Les réformés souffraient bien souvent d'un défaut de taille, mais certains étaient épileptiques, dartreux, faibles de constitution, pieds déformés, et j'en passe !

Il restait dorénavant à trouver un remplaçant pour Albert. Ce fut finalement un dénommé François, de la région de Chalon, qui accepta moyennant finance bien entendu. Le préfet de Saône-et-Loire approuva cet échange le 26 avril suivant, mais attention ! Si son remplaçant désertait pendant la première année de service, Albert en demeurait responsable, sauf si le fuyard se faisait arrêter. Il fallait donc une confiance suffisante. J'ai signé l'acte de remplacement ; François apposa sa signature et Pierre Cordelier servit de témoin. Ce jeune homme de 22 ans, cordonnier de son état, assez petit (1,57 mètre) avait des attaches familiales au pays.

Pierre Cordelier était aussi à Louhans à cause de son fils Jean-Baptiste ayant le n° 49. Il trouva un autre arrangement avec un dénommé Prost qui était au dernier rang avec le n° 151. Ils échangèrent leurs numéros de tirage au sort moyennant finance également. Prost s'obligeait à suivre la chance du numéro substitué. Le préfet approuva l'opération.

Les domestiques de la maison qui allaient tirer au sort à Pierre puis au conseil de révision au chef-lieu de canton demandaient souvent des acomptes importants pouvant atteindre jusqu'à 30 F, car c'était un événement ! Il y avait bien sûr des frais en tout genre. Après le tirage les conscrits passent dans chaque maison du village et font une quête. Chacun ne peut éviter de mettre quelques pièces à la *masse* (caisse commune). Ils viennent aussi placer l'image du patron paroissial à l'occasion de la fête (1860) et reçoivent encore quelques étrennes. Lorsqu'un conscrit part rejoindre son régiment, il fait une tournée dans tout le village pour récolter quelque obole. Ses parents, s'ils en ont les moyens, lui donnent une petite somme. Dans la famille on s'entraide. Claude Grapinet me demanda un jour un acompte de 15 F pour les envoyer, m'a-t-il dit, à son frère afin qu'il puisse revenir de l'armée.

La campagne d'Italie nous marqua. Au mois d'août 1859 l'adjoint quêtait pour les blessés de notre armée ; je lui remis une somme de 10 F pour ces malheureux hommes courageux. Lors de la victoire de Magenta, un Te Deum fut chanté dans les églises ; celle de Solférino amena des réjouissances.

IV - 3. 5 Les fêtes publiques (Fête du Roi, de l'Empereur, etc.)

Les fêtes publiques étaient rares au village car le budget communal ne permettait guère les fantaisies. Cependant le 30 avril 1821 le conseil dut voter 50 F pour la célébration du jour du baptême de Son Altesse Royale le duc de Bordeaux. C'était exceptionnel !

Le 25 août 1814, encore tout jeune homme, je me trouvais à Pierre. C'était la St-Louis et le maire voulait solenniser la fête du Roi Louis XVIII. Cet événement avait été annoncé dès la veille au son des cloches, de la caisse et de deux coups de petit canon, opération renouvelée ce matin-là. Les cérémonies commencèrent à une heure de l'après-midi par deux nouveaux coups de canon. Tambour et musique emboîtèrent le pas, signalant le rassemblement des autorités et de la garde nationale. A deux heures tout ce monde se rendit en cortège aux vêpres. Des musiciens (deux violons, une clarinette et un tambourin), précédant le défilé, exécutèrent plusieurs airs en rapport avec la fête. Les vêpres terminées, on se rendit sous une allée de tilleuls près du bourg ; là, un banquet destiné à la garde nationale, était organisé. Des toasts furent portés à Louis XVIII et à la famille des Bourbons. Le banquet achevé, le maire et les membres du conseil ouvrirent le bal qui dura jusqu'à huit heures dans la gaieté, la décence et le bon esprit. On entendit mille fois les cris de « Vive le Roi, vive la famille des Bourbons. » Tout se termina par des illuminations dans toute la commune.

J'ai entendu raconter par un ami qu'à Fretterans, dans le *finage* on fêtait dignement le Roi le jour de la St-Louis (1818). On y invoquait la bénédiction du souverain et de sa famille. Un concours de quilles avait lieu le matin. A une heure de l'après-midi, un grand banquet rassemblait de nombreux convives, dont d'anciens militaires fidèles aux Bourbons. Il paraît que la salle de banquet était superbe, toute tendue de blanc, parsemée de fleurs de lys et d'écussons portant des devises (dont « La fête d'un bon Roi est une fête de famille »), drapeau blanc à l'entrée. Tout le monde levait son verre à la santé du Roi et des princes de sa Maison. Puis à 4 heures le bal commençait, interrompu à 6 heures par la remise des prix : des portraits du Roi, de Madame et de Monseigneur le duc d'Angoulême. On distribuait du vin dans tout le village. Tambour et violons s'en donnaient à cœur joie. Puis le drapeau était descendu et remis au cultivateur le plus bel homme du pays. Spontanément les anciens soldats en armes commandés par un officier retraité l'entouraient et l'escortaient pour aller au feu de joie. Les gagnants des prix allumaient le feu puis les soldats tiraient des coups de fusil. Aussitôt les jeunes garçons s'emparaient des jeunes filles et se mettaient à danser autour du feu de joie pendant que les violonistes jouaient « Vive Henri IV ». Après coup, chacun retournait à la salle et on mangeait, on dansait, chantait bien des chansons en relation avec la fête, toujours aux cris de « Vive le Roi, vive les Bourbons. » Chez nous, rien de tout cela !

Je vous ai déjà parlé par contre de la fête du Drapeau en 1830 à La Chapelle, de celle du Roi à la St-Philippe (début mai) qui m'attirèrent de nombreux ennuis, malgré mon envie de bien faire, mais que voulez-vous ! Au chef-lieu d'arrondissement on commémorait aussi bien les journées de juillet que la fête du Roi en organisant un grand rassemblement avec les autorités, la garde nationale ; messe, banquet, toasts, jeux, décorations et lampions dans toute la ville en l'honneur de Louis-Philippe. Dans bien des communes les festivités étaient des plus réduites ; souvent rassemblement et messe solennelle.

Depuis l'arrivée au pouvoir de Napoléon III, il y a la fête de l'Empereur le 15 août. Chez nous, beaucoup de simplicité car le maire Beaupoil, pourtant très attaché à l'Empereur, manquait de moyens. Tout juste 10 F votés par le conseil pour les illuminations. Le maire (selon instruction du préfet) se concertait avec le curé pour les prières à la messe paroissiale. Il invitait tout le corps municipal, les fonctionnaires, les médaillés de Sainte-Hélène. Dès le matin les drapeaux aux couleurs nationales flottaient sur la maison commune. Hormis la messe solennelle, peu de choses à vrai dire ! sauf les illuminations du bourg qui attiraient la population des hameaux les plus éloignés. Le maire Beaupoil illuminait son habitation à ses frais.

Au chef-lieu de canton le maire rassemble toutes les autorités, les pompiers, les gendarmes qui assistent à la messe et au Te Deum. On fait distribuer du pain et de la viande aux indigents et on illumine les bâtiments publics ; les particuliers font de même, sauf quelques récalcitrants dont le nombre diminue d'année en année. A Louhans, on organise quelques jeux (mât de cocagne) et un bal gratuit pour les jeunes.

Chacun fait avec ses propres moyens. Je lisais dans le « Courrier de Saône-et-Loire » (août 1863) le compte rendu de la fête de l'Empereur organisée à Chalon par le maire, ma foi… une fête digne de la ville et du régime. La veille du 15 août le bureau de bienfaisance distribua du pain aux indigents puis, en fin de journée, les bruits de boîtes (répétés le lendemain matin), les carillons de cloches annoncèrent les festivités. Les rues, les places, tous les édifices publics, les cafés, les maisons particulières étaient ornés de drapeaux aux couleurs nationales. En fin de matinée, Te Deum précédé d'une messe basse à St-Vincent, en présence des autorités civiles, judiciaires, militaires et médaillés de Sainte-Hélène. La fanfare des pompiers joua plusieurs morceaux pendant la messe ; puis on entendit le Domine Salvum, le Te Deum. Après coup, revue des pompiers et des gendarmes rempart Ste-Marie. La foule criait « Vive l'Empereur ». Puis vinrent les réjouissances populaires : tir à l'oiseau, jeux nautiques, régates, jeux d'anguilles, courses de canards, etc. A 5 heures l'Harmonie interpréta différents morceaux parmi lesquels « Les amis de Chalon », pas-redoublé (de Ach. Launois), « Stradella », boléro (de Ziegler), « Il Baccio », valse (de Arditi), etc. Vint le grand banquet patriotique des pompiers à l'Hôtel de Ville, en l'hommage de l'Empereur et de Napoléon 1er. Une dame Gonin, que je ne connais pas, prépara, paraît-il, un repas de qualité au cours duquel il y eut de nombreux toasts à l'Empereur. A 8 heures M. Boulanger, de Dole, tira un magnifique feu d'artifice place de l'Abattoir. Le soir la ville était illuminée au moyen de cordons lumineux, de lanternes vénitiennes de toutes les couleurs. Les chantiers du Creusot et les bureaux des Mines de Blanzy se firent remarquer par la beauté et le bon goût. Le sous-préfet organisa une belle réception le soir et les jeunes, épris de danse, allèrent finir une partie de la nuit au Colysée. Remarquez qu'à Saint-Germain-du-Bois le maire Savin fit beaucoup d'efforts car il tenait à cette fête. Toute la commune pavoisait, la messe était brillante et enrichie de prédications, de chants particuliers. Mon ami le curé Millot avait fait venir un prédicateur, M. Juillet, qui fit un beau discours intitulé « Religion et Patrie » . La fanfare de Pierre joua pendant la messe, la jeune chorale chanta le Domine Salvum. Le curé Millot avait même composé plusieurs strophes à cette occasion, appelant la bénédiction divine sur l'Empereur et sa famille, demandant du secours pour la malheureuse Pologne. Le banquet des pompiers rassembla plus de cent personnes à la Halle au blé ; nombreux toasts à l'Empereur, à l'Impératrice, au Prince Impérial. La fanfare de Pierre arborait sa bannière décorée de plusieurs médailles. Puis, jeux de courses au seau, au sac, etc., précédèrent la sérénade chez le maire et chez M. Caucal, lieutenant des pompiers. Enfin le bal clôtura cette magnifique fête. St-Germain voulait-elle rivaliser avec Chalon ? C'était son affaire !

IV - 4. L'environnement élargi

IV - 4. 1 Jean-Baptiste Fouchey et l'Exposition Universelle (1867)

Jean-Baptiste Fouchey, forgeron et mécanicien à Terrans, est sans doute l'un des meilleurs – sûrement le plus habile – de la région. Il a vu le jour à Sens (Yonne) quand son père Jean, forgeron à St-Bonnet, parcourait la France et s'en allait au loin pour son métier. Dans cette famille ils travaillent tous le fer : François (oncle de Jean-Baptiste) maréchal-ferrant à Charette, Claude Limoge (cousin germain) forgeron à St-Bonnet. Alors, que voulez-vous, dans ces conditions ! Et puis Jean-Baptiste a la passion des nouveautés, il cherche, regarde sans cesse, crée. Le Comice Agricole de Pierre vient de le récompenser dernièrement pour ses travaux sur les outils d'agriculture. Il faut voir maintenant la forge où il se tient continuellement, passant du soufflet à l'enclume pendant que son ouvrier le côtoie, imitant le maître et ne perdant rien de ses gestes. Le fer rougit dans la braise et prend forme à grands coups de marteau frappés avec une dextérité incroyable. Il y a dans cet univers des appareils de précision : un tour avec tous ses accessoires, une machine à percer avec sa plate-forme, un étau et tout un équipement de mèches. Des filières de différentes grosseurs avec leurs tarauds, des vilebrequins, des quantités de tenailles, des outils à mandriner, des clefs, des compas, des limes et une multitude d'outils dont je ne connais ni les noms ni l'usage exact, servent à mener à bien ce travail minutieux. Tout ceci fonctionne dans le bruit, la rougeur du feu et une odeur particulière. Lors de ma dernière visite il venait de finir une vis de pressoir qu'il s'apprêtait à monter. La réserve de ferraille, de barres de fer et d'acier, d'essieux de chars, etc., encombre tout l'environnement. Jean-Baptiste œuvre pour la plupart des communes environnantes. Il est aussi l'homme réputé des grandes fermes, des moulins du secteur, des entrepreneurs de battage. Il possède également une grosse machine à vapeur servant à battre le grain, équipée d'un battoir et de tous ses accessoires (en co-propriété avec un homme de la région). Remarquez qu'il est à son aise quand il faut la bichonner. Alors Jean-

Baptiste ne se sent plus, ses yeux brillent lorsqu'il en parle. Je crois bien qu'il la considère presque comme une personne.

L'année dernière la France était en effervescence à cause de l'Exposition Universelle à Paris qui ouvrit ses portes le premier avril, inaugurée par S.M. l'Empereur Napoléon III. Le « Courrier de Saône-et-Loire » nous informa régulièrement des beautés de cette grande manifestation rassemblant, paraît-il, 50 000 exposants venus de tous les Etats du Monde. Dans chaque département une Commission de l'Exposition fonctionnait depuis assez longtemps, en vue de la préparer, de sélectionner des fabricants méritants et ingénieux, dignes de représenter notre grand pays. D'ailleurs, dans notre arrondissement, on entrevoyait déjà M. Vabé, mécanicien à Louhans, dont la machine à vapeur locomobile équipée d'un seul échappement par tour (force 7 chevaux) pouvait économiser un tiers du combustible ; Maupoil, chapelier au chef-lieu d'arrondissement, Plissonnier à Loisy, réputé pour ses instruments d'agriculture. Le Conseil Général vota 2 000 F et la Commission départementale 500 F pour l'envoi d'ouvriers et d'agriculteurs les plus dignes et valeureux à l'Exposition de Paris. Pour notre région MM. Paillot, conseiller général et membre de cette commission, Carrelet de Loisy, président du Comice Agricole de Pierre, appuyèrent vivement Jean-Baptiste Fouchey en vue de l'obtention d'une aide pour ce voyage. Jean-Baptiste m'a raconté que ce ne fut pas une mince affaire car malgré tous les efforts déployés par ces messieurs influents ne cessant de presser la Commission, les mois passaient et rien ne venait. Notre mécanicien désespérait. Il aurait tant aimé aller à Paris ! Enfin, tout arrive et il obtint 100 F début septembre. Après coup la Compagnie de chemin de fer P.L.M. adressa des cartes permettant d'acheter des billets à demi-tarif. Début octobre Jean-Baptiste se rendit à Tournus pour monter dans ce fameux train de la ligne Paris-Lyon-Marseille. Il y retrouva deux autres délégués de l'arrondissement de Louhans, autant de Tournus et de Mâcon. Jean-Baptiste n'avait jamais pris le train.Voyant cette imposante machine crachant de la vapeur de tous les côtés, il s'en approcha, prudemment, regarda la chaudière, les roues et écouta pendant quelques instants. Mais vite, il fallait monter. Arrivés à Paris, ils restèrent groupés afin de ne pas se perdre, puis ils se rendirent à l'Exposition. Jean-Baptiste avait imaginé quelque chose de grand, de beau, mais la réalité dépassait de loin ses visions. C'était féerique. Il ne pensait pas que pareille chose existait. Tant de monde, de remue-ménage, d'attractions de toutes sortes. Mais jamais il ne pourrait tout voir pendant son séjour. Il y avait des pavillons de divers pays, de Russie avec son écurie célèbre, d'Angleterre avec son « cottage ». Des choses extravagantes le fascinèrent : la vue du palais du Roi d'Egypte, d'un temple mexicain, celle d'une mosquée fort curieuse ; sans oublier les pavillons de l'Empereur et de l'Impératrice… des merveilles ! Jean-Baptiste allait, s'arrêtait, écoutait, reniflait comme un grand enfant. Il côtoyait des peintres, des musiciens, des artistes issus de tous les domaines. Des odeurs inconnues l'intriguaient, venant de restaurants grandioses. C'était alléchant ! mais quand la bourse vous rappelle à l'ordre, vous n'avez que l'odeur ! Et ce Palais de l'Industrie ! merveille des merveilles, gigantesque, incroyable. Et encore cet énorme canon allemand Krupp ! une machine de guerre colossale de 50 tonnes envoyant des projectiles de 500 kilos. Jean-Baptiste, grand amateur de fer et d'acier n'en revenait pas. A côté de ses charrues, de ses essieux de chars ! quelle démesure. Comment pouvait-on fabriquer un tel engin ? Et puis, cela devait coûter ! Il n'en sut pas le prix. Plus loin, avenue d'Orient – c'était le nom de l'allée – il croisa de curieux personnages : des jardiniers chinois à longues nattes travaillant paisiblement, des Samouraïs japonais armés qui arpentaient les allées. Le spécialiste de l'acier s'intéressa à la qualité de leurs armes, magnifiques paraît-il. Il s'approcha mais n'osa pas leur parler, lui le forgeron de Terrans. Attention aux vide bourses leur avait-on dit. C'est comme à la foire de La Balme ! pensait Jean-Baptiste, mais en plus grand. Il croyait avoir affaire à des hommes plus redoutables, pouvant vous ôter quelques pièces par un tour de passe-passe. Enfin, il n'en fut rien. Jean-Baptiste rendit visite aux représentants de notre département : les Forges du Creusot, les Mines de Blanzy, etc. Le forgeron en éprouva une grande fierté car, à Paris, ceux de chez nous côtoyaient les plus grands du Monde. Mais Jean-Baptiste avait reçu une aide pour s'instruire des nouveautés concernant les machines agricoles, et pas seulement pour aller s'extasier devant toutes les beautés de la Terre. Il devait délaisser maintenant toutes ces tentations pour du sérieux. Il ne fut pas déçu par toutes les charrues, les herses, les rouleaux, les semoirs, etc. Que de choses à prendre ! des idées nouvelles pour ses propres fabrications. Y passant beaucoup de temps, il ne fallait rien négliger dans ces instants uniques pour lui. Des Anglais exposaient des charrues à vapeur (Fowler et Howard), des machines à battre (Ransomes, Clayton). Formidable ! Merveilleux ! Quand Jean-Baptiste, revenu au pays, en parlait, il racontait avec tant de béatitude qu'on avait l'impression que l'Empereur en personne lui avait donné la lune. Et à côté, des bovins de diverses couleurs, ajoutait-il, des moutons et des chevaux de toute beauté de races inconnues, des volailles différentes de nos poulets de Bresse. Il ne pensait pas voir tant de variétés, me disait-il ! Enfin… Jean-Baptiste ne s'en lassait pas de conter à chaque occasion. Mais ne restant pas sur son nuage, ne cessant de penser, d'appliquer ce qu'il a vu et retenu, cet homme habile agit pour le plus grand bien du pays. M. Paillot avait raison, voyant loin, se démenant pour cet ouvrier de valeur. Un seul personnage à envoyer à Paris ! C'était bien Jean-Baptiste le forgeron et mécanicien de génie.

Aujourd'hui, je n'ai pas grand chose à écrire ! Ah ! si. Le bois à marquer.

	Du 11 du dit (septembre 1868)		
	Main-d'œuvre, payé pour rentrer la pile de bois de moule au chartil pour 3 demi-journées : Cretin, Vorey, Sordet, chacun 50 ct, en tout 1 F 50.	1	50
	Et le 9 à Claudin e Aubin pour 1 j à 60 ct	0	60

Je ne me sens pas très bien en ce moment. La fatigue me gagne de jour en jour. Et puis, il est déjà sept heures du soir, mon fermier Rolland crie dans la cour « Allan, la Bédjote, reste tranquille ». L'une de ses vaches vient de rentrer par erreur ou par caprice dans le chartil et menace de tout renverser. Ce soir le ciel est calme en cette belle journée de septembre. Les femmes préparent un bouillon. Je revois tant de choses… tant de personnes. Mes idées se brouillent dans un vague absolu. J'abandonne ma plume, je la reprendrai demain quand je me sentirai mieux !

EPILOGUE

Le 11 septembre 1868 Jean-Baptiste Guerret écrivait ses dernières lignes, après plus de trente années de notes d'une inlassable précision, d'un labeur constant et précieux pour nous. Quatre jours plus tard le soleil se levait à La Ranche ; alité et fatigué Jean-Baptiste ne prit pas son petit déjeuner ce matin-là. Il s'endormit pour toujours, laissant son domaine, sa famille, ses amis mais en nous léguant des richesses inestimables. Il était âgé de 73 ans. Marie Guillemaut vécut encore de nombreuses années, elle eut encore la douleur de perdre Fanny avant de mourir. Marie s'éteignit le 17 janvier 1887 à 89 ans. Que disais-je ? Fanny... la douce, la courageuse, se sépara de son mari et finit sa vie dans une petite maison à Pierre, quittant cette Terre le 23 août 1886 à 62 ans. Quant à Camille, elle attendit tranquillement « le siècle », subsistant jusqu'au 1er juin, à la veille des grandes chaleurs de l'été. Noëmie, la plus jeune, l'étourdie, demeura seule à La Ranche jusqu'à son décès survenu le 7 mai 1920 ; les fleurs des prés entouraient déjà le domaine. Elle avait 84 ans. Aujourd'hui, en l'an 2 000, les habitants les plus âgés se souviennent encore des « demoiselles Guerret » ; leur haute tenue, leur dignité frappe toujours les esprits. La dernière survivante de cette longue lignée partie, La Ranche fut vendue ; plusieurs fermiers continuèrent à l'exploiter. Maintenant, en faire-valoir direct, c'est le plus gros domaine du village. Les matériels les plus modernes ont succédé aux bœufs et aux chevaux, supplantant aussi la nombreuse domesticité qui n'y aurait sans doute plus sa place, rentabilité oblige. La survie de La Ranche devait en passer par là pour affronter le grand marché mondial agricole à l'orée du troisième millénaire.

Toute la famille Guerret repose au cimetière de La Chapelle. Leurs pierres tombales alignées côte à côte, noircies par le temps, ne conservent que des inscriptions de plus en plus difficile à lire. Pas de fleurs à la Toussaint, que des passants qui ne s'arrêtent même plus. Rester groupé jusque dans la mort et l'au-delà. C'est ça la force d'une grande famille telle qu'il en existait encore autrefois dans le village.

Près de dix ans se sont écoulés depuis le début de mon étude, celle de vieux grimoires délavés, jaunis, dont la valeur est dans chaque feuillet, dans celle de celui qui les a écrits. C'est immortel !

La précision des notes de Jean-Baptiste Guerret, l'apport complémentaire des archives départementales de Saône-et-Loire à Mâcon, des archives communales, des recherches minutieuses alliées à de très longs moments de réflexion contribuèrent à mener à bien ce travail, de prime abord rebutant. Aujourd'hui, pour moi, tout est clair. Une approche à la loupe, des milliers de calculs m'ont permis de sortir des ténèbres, de « lire entre les lignes » et de ressusciter ce que Jean-Baptiste Guerret savait sans doute, mais n'a pas écrit. Il n'en voyait vraisemblablement pas l'utilité.

Nous devons respecter cet homme juste et tolérant tout en veillant à ce qu'il repose paisiblement dans sa Terre bressane qu'il a tant aimée, dans ce village qui est aussi le mien et celui de toute ma famille - les Richard de Boibe - depuis des siècles.

Ses écrits apportent un éclairage totalement nouveau pour la connaissance d'un monde rural aujourd'hui disparu, des grands propriétaires terriens, mais aussi celui d'une multitude d'hommes et de femmes acharnés pour la possession de la terre ; et encore de ceux dont le seul souci fut de pouvoir subsister tant bien que mal, souvent plus mal que bien. N'est-ce pas l'Histoire de tous les Paysans de France ?

Paix à son âme et à celles de toute sa famille !

Robert Michelin
Juillet 2001

GLOSSAIRE

Ici, mode de labour ou de culture en sillons très larges dits « abouchies » (bandes de terre larges) (4)

AGRILLON Terre ferrugineuse, stérile, terrain rouge avec peu de sol arable (3)

AICE Terme avec lequel on s'adresse au bœuf de droite d'un attelage en le piquant pour le faire aller à gauche ;

DJI est le terme avec lequel on s'adresse au bœuf de gauche pour le faire aller à droite (3)

AIRE Aire de battage : surface unie et dure où l'on bat les blés. L'aire d'une grange. Toute surface plane (1)

Aire : terme de battage au fléau. Séance pendant laquelle on bat : par ex 2 aires expriment deux séances, une le matin, une l'après-midi (4)

ALOES Bon purgatif, à petite dose, pour constipation (5)

AMADOU Substance qui, recevant une étincelle, prend feu. L'amadou est la partie spongieuse de l'agaric du chêne, réduite en plaques minces par le martelage sur un billot en bois, bouillie ensuite dans une solution de nitrate de potasse, puis battue de nouveau et séchée (1)

AMORCOIR Connu plutôt sous le nom « d'aboquou » : ustensile en bois servant pour l'élevage des poulets de Bresse (« aboquer » = abecquer, gaver (4)

AMUSETTE Petit amusement (1)

Ici il s'agit d'un jouet d'enfant (4)

ANCIEN En sylviculture, se dit d'un arbre qui a au moins l'âge de trois coupes de taillis (2)

ANNEGE Brebis, d'environ un an, ou de l'année (4)

APPORT Lieu d'une ville où l'on apporte les denrées (le marché du Grand Chatelet). Dans l'Allier, le Nivernais, fête ou assemblée locale (1)

Ici, louée (ou assemblée) de domestiques, appelée aussi « foire aux domestiques ou louée » (à la St-Jean – 24 juin – dans la région de Pierre-de-Bresse (4)

ARBALETRIERS Les charpentiers appellent ainsi les pièces de bois qui servent à soutenir le toit d'un bâtiment (1)

ASPA (huile d') (?) Composition achetée à des colporteurs en 1840 (avec de la thériaque) contre les punaises.

ASSURANCES (prendre ses) Prendre des renseignements pour se rassurer, pour faire confiance (4)

ATMOSPHERE En mécanique, unité de comparaison pour mesurer la pression de la vapeur qui équivaut à 1,033 kg sur 1 centimètre carré de surface, parce que telle est en effet la pression moyenne de l'atmosphère sur cette surface (1)

AUNE Mesure ancienne de 3 pieds 7 pouces 10 lignes 5/6 équivalant à 1,18844594 mètre (redéfinition de 1745) (1)

Pour le tissu vendu en gros à Paris, on mesurait « pouce devant l'aune » soit une surmesure de 2,3 % environ = 1,216 mètre (2)

Ici on utilise l'aune de Paris du marché de gros soit 1,22 mètre (4)

AVENTURINE Couleur aventurine (soit jaune doré ou rouge venant du quartz de couleur jaune ou rouge (1)

BALIVEAU Tout arbre réservé lors de la coupe d'un bois et destiné à devenir arbre de haute futaie. Pour les baliveaux, ils sont dits :

-de l'âge (1ère réserve)

-moderne (2ème réserve)

-ancien (3ème réserve) (1)

BALLOTS Balles d'avoine, de blé…, réunion des petites pailles qui servent d'enveloppe au grain et restent après le batage (3)

BAMBOCHES Bambouches : babouches, pantoufles en cuir de couleur, sans quartier et sans talon (1)

BANC D'ANE Chevalet pour travailler le bois (2)

BARIL DE BOTTE Sorte de tonneau ou de barrique en bois (4)

Tonneau de contenances diverses. En Bourgogne, la botte est l'équivalent de la pipe et de la queue ; à Lyon elle est de 2 tonneaux de 220 litres chacun (2)

BARRAL Mesure de Franche Comté. Un barral = 46 pintes = 58,398 litres (sources : Archives du Jura ; Annuaire de la préfecture du Jura pour l'an 1812)

En Bourgogne, en Beaujolais, en Dauphiné : environ ½ feuillette, autour de 60 litres (2)

BAS ELASTI-QUES	Bas élastiques en caoutchouc vulcanisé, utilisés pour les varices. Bas élastiques « Le Perdriel », faits à base de fils de caoutchouc enveloppés d'un tissu très mince empêchant de voir le caoutchouc (5)
BASAINE	Tablier de cuir en basane (peau de mouton) utilisé par les agriculteurs pour protéger leurs vêtements (4)
BATTEURE	Batteure, baratte (3)
BATTUE D'HUILE	Quand l'huilier presse la graine (où l'écrase), la battue est la quantité qu'il écrase en une seule opération (4)
BAUCHER	Fenil sur perches de bois, au-dessus de la grange, à La Chapelle-Saint-Sauveur (Saône-et-Loire) (4)
BAUCHES	La bauche signifiait primitivement bois, petite maison près du bois. Bauches : perches de bois (souvent en aulne) servant de plancher haut ou de fenil pour stocker le foin au-dessus de la grange (4)
BAUQUIN	Bout de la canne que le verrier pose sur ses lèvres pour souffler (1) Ici, il s'agit d'un tuyau de pipe en corne (4)
BAYA	Bayarde : dans le Velay, vache de deux couleurs, surtout blanc et noir ; vache de race montbéliarde (2)
BENZINE	Dissolvant des corps gras. Sert aussi à tuer les poux des hommes (1)
BEUSSE	Constituée de 10 paquets (ou « masses ») de tiges de chanvre, formant une gerbe (4)
BICHET	Mesure de capacité pour les céréales. Le bichet de Pierre = 228,333 litres ; bichet de Louhans = 243,907 litres ; de Verdun = 214,095 litres.
BIGOT	Sorte de pioche à deux fourchons (3)
BILLON	Terme d'agriculture. Bande de terre élevée par la charrue au-dessus du niveau environnant. Le billon est formé par deux ou un plus grand nombre de tranches adossées ; la largeur varie donc avec le nombre de tranches (1)
BLE DE GRAPIS	Epis de blé perdus au cours du transport et ramassés (4)
BLE DE SEMENT	Sements. Blé de qualité sélectionné pour ensemencer (4)
BLED	Le blé est le nom vulgaire du froment ordinaire (1)

Jusqu'au XIXème siècle, nom sous lequel on désigne le froment ordinaire avec le grain duquel on fait le pain (2)

BLEU Terme de blanchisseur. Passer du linge au bleu, tremper du linge blanchi dans une eau imprégnée de bleu.

Bleu en liqueur, solution d'une partie d'indigo dans huit parties d'acide sulfurique ; les repasseuses s'en servaient pour passer le linge au bleu (1)

BOIS D'INDE Inde ou bois d'Inde, nom donné quelquefois au bois de campêche, qui fournit une couleur rouge (1)

BOIS DE MOULE Bois de chauffage, rond, propre à être mesuré au moule (NB / un moule : cubage de bois de 4 pieds de toutes faces, soit 1,33 mètre) (3)

BOISSEAU Mesure de capacité équivalant à 25 litres. On dit ici « double boisseau » pour le différencier du « double » décalitre de 20 litres (4)

BON POIDS Complément ajouté pour faire le poids exact d'une marchandise. Exemple : si un pain d'un kilo pèse 950 grammes, le boulanger devra ajouter une tranche supplémentaire de pain pour atteindre le poids réel d'un kilo payé par le client (4)

BONSHOMME Dans le Chalonnais, pieu, gros piquet (2)

BORDENEAU Bourdenau : en Saintonge, montant de portail en bois (2)

BOTTES A SABOTS Ou sabots bottes : gros sabots en bois sur lesquels le cordonnier monte et cloue des « bottes » (ou montures) en cuir ; chaussures étanches servant aux travaux dans des lieux humides, notamment lors du curage des fossés. Ce sont en Bresse les ancêtres des bottes (4)

BOUGRAN Toile forte et gommée, employée dans les doublures des vêtements (étoffe ancienne existant déjà au XIIIème siècle) (1)

BOUILLI Le plus souvent du bœuf ; on entend du bœuf bouilli, ou morceau de viande de bœuf à bouillir. Additionné de légumes, cette préparation devient un pot-au-feu (1)

BRAQUET Espèce de petit clou dont les paysans se servaient pour ferrer leurs souliers (1)

BRENOT Couleur brune (bœuf, vache) : Brenot ou brenotte (3)

BRESIL (bois de) Bois rouge propre à la teinture. On dit aussi bois de Brésil (1)

BRIQUE CRUE Brique seulement moulée et séchée (donc non cuite au four) (4)

BUE Lessive (3)

BUSC Lame de baleine, d'acier, etc., qui sert à faire tenir droit le devant du

	corset, du corsage de la robe (1)
CACHEMIRE	Tissu très fin fait avec le poil des chèvres ou des moutons du petit Thibet. Cette étoffe est du cachemire de l'Inde. Cachemire français, étoffe faite à l'imitation du cachemire de l'Inde (1)
CADETTE	Pierre de taille propre à paver (3)
CALICOT	Espèce particulière de toile de coton (1)
CALONCELAS	(?) Remède acheté en 1857 chez le pharmacien pour guérir un chien (composition inconnue)
CAPOTE NAPOLITAINE	Capote : mante que les femmes portaient par dessus leurs habits et qui les couvrait de la tête aux pieds ; sorte de chapeau de femme dont l'étoffe, ordinairement légère, est plissée et coulissée (1)
CARACO	Sorte de vêtement de femme qui est plus ou moins ajusté comme un corsage et qui est plus ou moins long (1)
CARPAILLE	Menue carpe, petite carpe d'empoissonnement ou plutôt carpe de deux ans. Suivant l'âge, il y a : la feuille à cause de sa forme analogue aux feuilles de saule, l'empoissonnement et nourrain lorsqu'elle a environ 4 pouces (10 à 12 cm) de long et est assez forte pour servir à empoissonner un étang. Le cent de carpes est de 128 (3)
CARQUELIN	Craquelin : sorte de biscuit qui craque sous les dents. Nom, dans quelques provinces, de l'échaudé (1)
CARREAU	Carreau de vitre, ou simplement carreau, pièce de verre à vitrer (1)
	NB : le carreau (ou carron) est aussi une brique (3)
CARRONNIER	Fabricant de carreaux (briques, etc) (3)
CAZOT	La caillette : quatrième estomac des animaux ruminants, ainsi nommé, parce que le liquide acide qui en humecte la surface interne a la propriété de faire cailler le lait (1). Chose caillée qui sert à la confection du fromage.
	Ici, « cazot » est la caillette tirée de l'estomac de veau et qui remplace la présure pour fabriquer le fromage, d'où le nom de « cazot à présure » (4)
CELOT	Déchet de pierre, voire de mortier, très dur. Ici, on parle de « célot » de pierre de taille (4). NB : laisse à penser à des déchets de mortier quand on scelle.
CERUSE	Carbonate basique de plomb, utilisé comme pigment blanc (6)
CHAINETTE	Ici, cela désigne les chéneaux de bâtiments (4)

CHAINTRE Nom, dans quelques endroits, de portions de terrain un peu creuses qu'on laisse aux extrémités des champs pour servir d'égout (1)

Ici, pré généralement près de la maison, entouré d'une haie (3)

CHAMBRE DE FOUR Pièce où se trouve le four à pain. Sert à d'autres usages (cuisson des aliments du bétail, chambre de valet de ferme, etc) (4)

CHAMBRE DU POELE Pièce où se trouve le poële, où l'on se chauffe en commun au cours des veillées d'hiver ; chambre à coucher (4)

CHAMP (en) Aller « en champ » : aller garder le bétail dans les prés, etc. (4)

CHAMPOYER Pâturer dans un champ ; champoyage : champ où l'on champoie (3)

CHANFREINER Abattre l'arête, ici d'un fossé. On dit aussi « chanfrayer ». Ce travail sert à éviter les éboulements de terre dans le fossé (4)

CHANLATE Terme de couvreur. Chevron refendu diagonalement qu'on pose sur l'extrémité des chevrons d'une couverture, de même sens que les lattes et qui soutient les dernières tuiles et l'égout (2)

CHAPPE Tourniquet en nerfs de bœufs aplati reliant les deux parties d'un fléau (4).

Chape : lanière de cuir qui relie les deux parties du fléau et plus précisément le morceau de cuir épais qui recouvre le haut du manche et le haut de la verge (2)

CHARMILLE Plants de petits charmes (1)

En Bresse, cela désigne le charme (arbre) en général (4)

CHARTIL Appentis qui sert de remise dans les basses-cours pour les charrettes, les charrues et les autres instruments de la campagne (1)

CHAS Colle à l'usage du tisserand (2)

CHATRER Couper les testicules ou les ovaires. Châtrer un taureau, une truie (1)

CHATROU Châtreur, celui qui châtre les animaux dans nos campagnes (3)

CHAUDRONNIER En Bresse, celui qui répare les ustensiles de cuisine en cuivre, chaudrons, bassines, casseroles ; voire celui qui répare la vaisselle de terre (4)

CHAUFOURNIER Ouvrier qui fait la chaux (1)

CHAULER Passer du blé par l'eau de chaux avant de le semer pour lutter contre la carie (1). Anciennement on chaulait à la chaux ; le terme est passé au vitriol (4)

CHEVRE Machine qui sert à élever de lourds fardeaux et qui est formée de 3 longues pièces de bois réunies à leur sommet, et qui forment sur le sol un triangle qui est à la base de la machine (2)

CIRCASSIENNE Nom d'une étoffe de laine croisée (1)

CLAVALEE Clavelée : terme de vétérinaire. Synonyme de claveau, maladie éruptive et contagieuse propre aux bêtes à laine et qui paraît avoir beaucoup d'analogie avec la petite vérole (1)

Ici, la maladie concerne les porcs (4)

COCHE Femelle du cochon (1)

COLOMBINE Terme d'agriculture ; engrais de fiente de volailles (1)

Ici, il s'agit plus spécialement de fiente de pigeons (4)

COMMENDE Contrat ou bail à cheptel. En général concerne des bovins (vaches) confiés par un propriétaire à un preneur qui bénéficie des revenus (le lait, le fumier et la moitié du veau) ; propriétaire et preneur partagent la moitié du « croît » (augmentation de valeur de l'animal) ou du « décroît » (baisse de valeur) (4)

CONCISE Bande de terre dans le sens longitudinal des sillons et le long des haies qui sont parallèles ; on pratique encore d'autres chemins creux comme les contours, larges d'une mètre au plus, appelés concises, concires ou baragnons, lesquels sont destinés aussi, soit à l'assainissement, soit surtout à prévenir l'extension des racines des haies (3)

CONTOUR Chemin d'assainissement d'un champ, plate-bande à surface plus basse que le champ où s'amasse la terre entrainée par l'eau des pluies et qu'on reporte périodiquement sur la pièce de culture : « lever les contours ». Son nom vient de ce que c'est sur lui que le laboureur retourne sa charrue pour tracer un nouveau sillon (3)

CORNIERE (ou CORNIER) Rangée de tuiles communes à deux pentes de toits qui se joignent et servent à l'écoulement des eaux pluviales (1)

CORVEES DE TURQUIS Journées dues au propriétaire du champ ensemencé en maïs (ou turquis) et donné à mi-fruits à un journalier ; c'est la contrepartie des travaux effectués par le propriétaire pour le compte du journalier : labours, charrois avec ses attelages et matériels (4)

COUDRIER Noisetier (1)

COULON Blanc jaunâtre (pour un bœuf) (3)

COUP DE CHARRUE Un labour. Il en faut plusieurs avant d'ensemencer (4)

COUPER Synonyme de châtrer. Couper un animal, le châtrer (1)

COUTIL Toile serrée et lissée, propre à envelopper des matelas, des oreillers, des habits d'été, des robes (1)

CRINOLINE Etoffe de crin dont on fait des cols, des sacs, des couvertures de meubles, des jupons ; la chaîne de l'étoffe est en fil noir et la trame en crin. C'est aussi un espèce de jupon originairement fait avec cette étoffe que les femmes mettent dessous pour gonfler les robes en forme de cloche. Une crinoline en acier (1)

CROIT Dans un bail à cheptel ou à commende, plus-value sur la valeur de l'animal à la fin du bail, partagée entre le preneur et le bailleur. L'inverse est le « décroît » (4)

CROSSE Crosse ou croce : crochet, extrémité recourbée (Dictionnaire de l'ancien français, Ed Larousse)

DARD Nom d'une espèce de faux étroite employée dans les jardins (1)

Dans l'ouest du Mâconnais, la faux à couper le foin, la grande faux (2). Ici, c'est aussi la grande faux (4)

DECRASSER Nettoyer par exemple une montre (4)

DECROIT Dans un bail à cheptel ou à commende, moins-value sur la valeur d'un animal à la fin du bail, partagée entre preneur et bailleur. L'inverse est le « croît » (4)

DEGRANGER Mettre les gerbes sur l'aire de battage en les sortant du gerbier souvent stocké dans la grange,voire ailleurs (4)

DEHORS (en) « En dehors » ou « hors la main » dans un attelage de bœufs, c'est l'animal placé à la gauche du conducteur ou laboureur (3)

DEPLIER Dételer (4)

Déplayer : en Bresse, en Beaujolais, dételer les bœufs du char, de la charrue (2)

DESANDENER C'est le premier fanage d'un pré où l'on « défait » les andains (3)

DESSALE Opération qui a pour but de réduire la teneur en sels solubles de certains terrains dit salants pour les rendre propres à la culture. On dit aussi dessalement (2)

Ici, il s'agit plutôt d'une terre qu'on laisse reposer plus longtemps (4)

DJI Terme avec lequel on s'adresse au bœuf de gauche d'un attelage, en le piquant de l'aiguillon, pour le faire aller à droite (3)

DOMINE SALVUM « Domine Salvum Fac Imperatorem Nostrum ». Il s'agit d'une prière imposée aux évêques. Mgr Imberties, évêque d'Autun, dut obliger ses curés de réciter cette prière ordonnée par S.Excellence le cardinal légat en 1813. (source : Chanoine Denis Grivot).

DOUVE Le remblai à côté d'un fossé, autrefois le fossé lui-même (3)

DROGUET Autrefois étoffe de laine de bas prix, qui était une espèce de drap, mais fort mince et fort étroit. Le droguet était une espèce de serge moitié fil et moitié laine. Il s'en faisait aussi tout en laine. Aujourd'hui étoffe brochée (de laine, de coton, ou de laine, coton et soie) dont les fils, formant les dessins brochés, passent à l'envers d'un dessin à l'autre sans être tissés dans le fond de l'étoffe. Droguet de laine. Droguet de soie (1)

EAU SUCREE C'est la limonade, boisson qui se fait avec du jus de limon ou de citron, de l'eau et du sucre (4)

EBOUGONNER Ebougeonner, esbourgeonner : enlever les rejets superflus (1)

Ici, ce mot est employé pour la vigne (4)

ECHENILLER Terme rural. Débarrasser des chenilles des arbres (1)

On coupe les petites branches auxquelles sont accrochés les nids de chenilles, au moyen d'un outil à long manche appelé échenilloir (4)

ELEVE (bête d') Jeune animal dont l'éducation et le développement ne sont point terminés (1)

EMBRASSE Entrave pour les animaux (4)

EMPIGE Entrave mise aux jambes du bétail (3)

ENRAYER Terme d'agriculture. Tracer le 1er sillon dans un champ que l'on veut labourer ; plus spécialement enrayer les sillons, labourer en faisant verser la tranche du côté intérieur de la planche ou billon de façon à faire un ados au milieu (1)

Tracer des raies avec une charrue à 2 versoirs ou oreilles. Quand on sème du blé en sillons comme dans le Louhannais, on le recouvre par 2 coups de charrue : le 1er en boitant, le 2ème en rayant (4)

ENTRELET Lanière de fléau (4)

EPANCHER Epandre le fumier, l'éparpiller dans les champs, opération faite autrefois avec les mains (surtout par les femmes, les jeunes) puis au trident, maintenant mécanisée (4)

EPISPATIQUE En fait épipastique : terme de pharmacie. Papier saupoudré de poudre de cantharide retenue par de la matière emplastique (1)

ESCOT Ecot, escot : étoffe croisée de laine (1)

ESPATARE Morceau de fer plat ou de tôle comme ceux qui servent à faire les

	cercles de tonneaux (3)
ETAGE	Pièce dans une habitation. Un rez-de-chaussée peut comprendre plusieurs étages, s'entend ici en long, comme en haut (3)
ETAPPES	Etapes. En Bourgogne, Bourbonnais, Lyonnais, mauvais grains, criblures, débris de battage formés de grains et de paille qu'on sépare des bons grains en vannant (2). Ici, blé de qualité secondaire, vendu moins cher (4)
ETAUPER	C'est étaupiner. Terme rural. Faire disparaître les taupinières en les répandant sur le sol (1)
ETELLE	Terme usité en Lorraine, en Bourgogne, en Savoie. Morceau de bois plus gros que le copeau produit par les charpentiers, les scieurs de long en équarissant les pièces de bois, etc. (1)
ETOULES	Eteules : chaume qui reste sur place après la moisson faite et qui a de 10 à 50 cm de haut selon les modes de sciage ou de fauchage. On disait étoules en Chalonnais, Bourgogne, Franche-Comté, Morvan, Normandie (2)
ETOUPE	Partie la plus grossière de la filasse (de chanvre, de lin) (1)
ETRENNES	Présent à l'occasion du 1er jour de l'an. Cadeaux (1) Ici, cela va des étrennes du Jour de l'An, à tout ce qui est versé pour services rendus ou aux cadeaux divers (4) Etrennes (dans un bail à ferme) : supplément versé lors de la signature d'un bail. Sorte de droit d'entrage (4).
EVENTREES ROUGES	Coliques rouges (entérite sur-aiguë) chez les chevaux (La Maison Rustique, t.II : médecine vétérinaire).
FAUCILLE DENTELEE	Faucille utilisée pour moissonner
FAUX COURANTE (à)	Faucher un pré « à faux courante ». Selon les baux fermiers, obligation de faucher normalement chaque année afin de bien entretenir le pré (4)
FERMENTE	Serrure, etc. servant à fermer les portes de meubles, etc. (4)
FEUILLE TOMBEE (à la 5ème)	Droit de pâturer dans un bois 5 ans après la coupe ou après la 5ème feuille tombée (soit la 6ème année) (4)
FEUILLETTE	En Bourgogne, la moitié d'un tonneau de 228 litres (Beaune, Chalon) soit 114 litres (4)
FIL D'OSSELLE	Filoselle : soie irrégulière, dite aussi fleuret ou bourre de soie, que l'on voit distribuée comme à l'aventure, autour de longs fils qui for-

	ment le corps des cocons. Ceintures et rubans de filoselle et de capiton (1)
FILASSE	Amas de filaments tirés de l'écorce du chanvre ou du lin et qui, mis sur la quenouille, donne le fil à l'aide du fuseau (1)
FINAGE	Finage, fin : on appelle « Fin » les bords du Doubs limitrophes de la Comté jadis espagnole ; vieux français, limite de territoire (3) Ici, ce sont les villages et leur territoire de la vallée du Doubs au nord de la Bresse et de Pierre : Fretterans, Lays, Frontenard, Charette en partie), terres de vallée ouverte, différentes du bocage bressan (4)
FLAMUSSE	Flaimeusse : en Morvan, galette de sarrasin cuite au four sur une feuille de choux. En Bourgogne, farine de maïs et de seigle délayée dans le lait (2) Flamusse : gâteau , pain de maïs ou de sarrasin. Mets du pays, naguère encore base de la nourriture des gens de campagne. En vieux français Flamiche, espèce de galette ou de gâteau qu'on fait cuire en chauffant le four. Etymologie flamme (on le mettait au four tandis que le bois brûlait encore) (3)
FLEUR	Blé pour fleur : fleur de farine, la partie la plus fine de la farine (1)
FOSSOU	Fossoir, sorte de houe à lame plate munie d'un manche. Le vigneron s'en sert pour piocher la terre, pour creuser les fossés à provins. Il sert à sarcler la maïs et les pommes de terre, comme en Chalonnais, et présente parfois une lame de fer trapézoïdale, plus large vers l'emmanchure (2)
FOUESSES	Perches ou branches de verne, etc (pour la construction des puits), utilisées pendant le creusage pour éviter les éboulements avant le murage de brique. Fouesses : ce sont aussi des branches entrelacées garnies d'argile ; bois clayonné enduit de terre (murs des fermes bressanes) (4)
FOURNEAU AU LARGE	Four à briques champêtres en plein air (4)
FOURNEAU DE CAMPAGNE	Fourneau en plein champ où l'on cuit des briques, etc., installé provisoirement. Les briques sont recouvertes de terre ; le bois, placé entre les rangs de briques, permet de les cuire à l'étouffée. On l'appelle aussi « fourneau au large » (4)
FOYARD	Un des noms vulgaires du hêtre (1)
FRACHE	En Bresse, branches dont on fait les fagots, branches cassées lors de l'abattage (2) NB : La frâche désigne souvent les branches du chêne, voire des gros

arbres abattus (4)

FRANE Frâne : Dans le Doubs, les Vosges, le frêne (2). Idem en Bresse (4)

FRIVOLITE Espèce de petite fleur qu'on fait avec du fil et un petit moule ou une navette sans aiguille ni crochet ; ces petites fleurs réunies forment des cols, des manchettes, etc. Un col en frivolités (1)

FROMENTIN Nom du bœuf, de couleur du blé (ou froment), jaune brunâtre (3)

Cette couleur de froment va du clair au foncé ; couleur de l'ancienne race bovine bressane (4)

GARCON Terme employé pour désigner un domestique (1)

GARNISAIRE Terme d'ancienne jurisprudence. Gardien qu'on établissait dans la maison d'un débiteur saisi. Aujourd'hui, celui qu'on établit chez les contribuables en retard, pour obliger à payer (1)

GAUDES Bouillie faite avec de la farine de maïs (1)

Bouille de maïs ou de sarrasin, la 1ère surtout, très usitée dans l'alimentation bressane, on en mange à peu près tous les matins (3)

NB : cette farine de maïs est issue du maïs torréfié (passé au four à pain) avant mouture (4)

GELIF Qui s'est fendu ou qui se fend par la gelée, la sève ayant augmenté de volume par la congélation et rompu de la sorte les tissus végétaux. Arbres gélifs, pierres gélives (1)

GELINIER Poulailler (1)

GOBIOTTE Appelée aussi Jeu de la Mort, jeu de hasard dans lequel une gobille, jetée dans un entonnoir est recueillie sur une table carrée portant des godets numérotés, les uns en noir, les autres en rouge, ceux-ci dits d'honneur, priment les autres ; le numéro le plus élevé représente la mort (3)

GOUTTE Populairement petit verre plein d'eau-de-vie ou autre liqueur spiritueuse (1)

Ici, c'est l'eau-de-vie en général (4)

GOYARD Grosse serpe à long manche, munie d'une fourchette sur l'autre côté du taillant, servant principalement à réparer les haies, à tailler et placer les épines dans les bouchures (3)

GRAIN Un gros = 72 grains = 3,8242 gr

Le grain = 0,0531 gramme.

GRAND COEUR Filasse de chanvre la plus grande, fine (3)

GRANGEAGE	Terme d'ancienne coutume. Manière de donner une terre à bail, en prenant pour la rente la moitié des fruits (1) NB : en Bresse, correspond au métayage ou bail à mi-fruits (4)
GRAPPAGE	Grappe : terme de maréchalerie. Espèce de crampon soudé en pince aux fers de chevaux pendant l'hiver (1)
GRENADINE	Soie qu'on emploie dans la fabrication de la dentelle noire (1)
GRENAILLE	Graine de rebut qui sert à nourrir les volailles (1)
GRENAISON	Terme rural. Formation de la graine dans les plantes. La grenaison du blé (1) Ici, il s'agit plutôt de l'abondance de la récolte (4)
GRENE	Cochon grené, se dit, en quelques provinces, du cochon atteint de ladrerie, à cause que la ladrerie se présente comme des grains dans la chair (1) Ici, on emploie ce terme au sujet des pommes de terre atteintes par la maladie (4)
GRILLON	Panouille de maïs encore en grain vert que l'on fait griller et que l'on mange (4)
GRISER	Griser un plancher : redonner de la couleur pour l'entretien (4)
GUIMPE	Terme de toilette de femme. Espèce de chemisette en mousseline, en tulle ou étoffe fine, généralement froncé ou plissé, qui se met avec les robes décolletées et qui monte jusqu'au cou (1)
HACHAN	Dit aussi haichon, hache à manche court (3)
HEBERGEAGE	Bâtiment servant à abriter les troupeaux dans une ferme (1) et les récoltes (3)
HERITAGES	Immeubles réels, comme terres, prés, maisons, etc (1)
ILLION	Sur les bords du Doubs, on appelle « illons » des branchettes d'osier servant de liens, à cause que ces branchettes croissent sur les petites îles qui parsèment le fleuve. Terme courant : villons (3)
IMPAIR	Bœuf de trait resté seul après la mort de son compagnon, ou bœuf non « empairé » (ou couplé à un autre) pour constituer une paire de bœufs. Bœuf dépareillé (4)
INDIENNE	Etoffe de coton peinte qui se fait aux Indes. Par extension, étoffe du même genre fabriquée en Europe (1)
INDIGO	Matière colorante qui sert à teindre en bleu, et que l'on retire des feuilles et des tiges des indigotiers. Les teinturiers ne sauraient faire

le bleu sans indigo ; les anciens le tiraient de l'Inde orientale. Il a été transplanté dans les temps modernes en Amérique (1)

INTERETS

A la fin d'un bail, on évalue les « intérêts » (dégradations éventuelles) ; la même visite a été faite à l'entrée. (4)

Terme de jurisprudence : dommages et intérêts, l'indemnité qui est due à quelqu'un pour le préjudice, pour le dommage qu'on lui a causé (1)

JETEE

Action de remuer le blé nouveau à la pelle pour favoriser le séchage, voire pour enlever les impuretés (4)

JOURNAL

Journal de Bourgogne : mesure de superficie usitée pour les champs = 360 perches = 34 ares 28 centiares.

Pour les prés, l'équivalent est la « soiture ».

LAMPES

Lampe à queue : antique lampe à huile suspendue par un crochet (1)

Lampe à bascule : autre forme de lampe à huile sur pied.

Lampe à quinquet ou lampe d'Argant (d'après l'inventeur Argant), nom primitif du quinquet. Lampe dans laquelle on peut brûler sans fumée toute espèce d'huile et de graisse. La lampe à quinquet, sorte de lampe inventée vers 1800 par le physicien Argant et à laquelle le fabricant Quinquet a donné son nom. (1)

Lampe modérateur : sorte de lampe mécanique dans laquelle le mouvement d'horlogerie et la pompe qu'il faisait mouvoir sont remplacés par un ressort à boudin (1)

LAUCHES

Carreaux, briques employés pour le briquetage, appellés carreaux sur chant (3)

LESSIVE (couler la)

Préparer la lessive, la faire tremper, passer de l'eau chaude sur un lit de cendres (2)

LIARD

Petite monnaie de cuivre qui valait trois deniers, le quart de sou et un peu plus d'un centime (1)

1 sou = 5 centimes ; 1 liard = ¼ de sou = 1,25 centime (4)

LISSE

Planche transversale clouée sur des poteaux pour maintenir des barrières (1)

LITS

Lit bateau : lit de forme basse (2). Lit à 2 dossiers de même hauteur, incurvés vers l'extérieur et reliés entre eux par une traverse également incurvée qui prolonge la courbe des dossiers (époque Empire ; Dictionnaire des styles, Ed Marabout)

Lit à colonnes : lit à baldaquin

Lit à flèche : quand il n'y a pas de ciel de lit, deux grands rideaux sont jetés sur un bâton fixé au mur qu'on apelle flèche. Ils tombent en entourant le lit (2)

Lit à quenouilles : lit à 4 colonnes surmonté d'un ciel et entouré de rideaux (2)

Lit « à la duchesse » : le lit d'ange, sans quenouilles, est surmonté d'un ciel plus court que la couche, ses rideaux sont retenus par des embrasses à nœuds dit galants. Le lit « à la duchesse » est également sans quenouilles (Encyclopédie des styles, Ed Marabout).On trouve ce lit pendant la Régence et sous Louis XV.

LIVRE Mesure de pesanteur qui a été fixée par ordonnance de Philippe le Hardi à Montbard en 1388 à 489 grammes 5058466.

1 livre = 16 onces ; 1 once = 8 gros ; 1 gros = 72 grains.

La livre : monnaie. La livre tournois (monnaie de compte), environ 5 grammes d'argent = 20 sous ; 1 sou = 4 liards ou 12 deniers

LOUIS Louis d'or (en 1640 = 10 livres ; plus tard 24 livres ou francs). En 1810 le louis fut remplacé par le napoléon de 20 F. Les louis de la Restauration ne valurent aussi que 20 F.

Quand J-B Guerret dit « louis ancien », c'est 24 F et non 20 F.

LUSTRINE Etoffe de droguet de soie. Etoffe de coton fortement apprêtée et lustrée (1)

MACHINE A FEU Batteuse actionnée par machine à vapeur chauffée au charbon (d'où le nom de « machine à feu »), contrairement aux machines « à chevaux », c'est-à-dire actionnées au moyen de la force animale (4)

MADRAS Sorte de mouchoirs ; tissu de soie et de coton qui se fabrique dans l'Inde et dont les couleurs sont vives et de bon teint ; les imitations en France sont en coton (1)

MAIE Huche à pain. Caisse ou huche dans laquelle le boulanger prépare sa pâte (1). En Bresse, pétrissoire à pain (4)

MAIN (à la) Dans un attelage de bœufs, celui à la droite du conducteur ou du laboureur, est dit « à la main » ; celui à sa gauche est dit « hors la main » (4)

MAIN (à trois) A trois mains : sole, assolement. Cultiver en trois soles, ou « de trois mains », c'est-à-dire que tous les trois ans le blé revient à la même place : 1ère année, le blé ; 2ème année, maïs ; 3ème année, jachère ; c'est l'assolement triennal réduit à sa plus simple expression qui fut le plus en usage dans le pays, mais se modifie par l'usage des plantes sarclées et les prairies artificielles, la jachère diminuant de plus en plus. On cultive aussi en deux soles en certains cantons (3)

MARCELINE Etoffe de soie douce du genre taffetas, servant à faire des robes (2)

MARGALOU Maquignon en mauvaise part ; marchand de grains en détail, revendeur toujours en mauvaise part, comme qui dirait usurier (3)

Généralement marchand de bétail peu fiable dont on se méfie (4)

MASSE C'est une poignée de tiges de chanvre (4)

Littré écrit : quantité de marchandises semblables, dont le nombre ou le poids est fixé par l'usage. Par ex, une masse de plumes, c'est 50 plumes (1)

MASSE Terme d'administation militaire. Somme formée par les retenues faites sur la paye de chaque soldat, ou allouée par abonnement pour une dépense spéciale (1)

Ici, il s'agit de la caisse des conscrits dans laquelle chaque famille visitée verse son obole en argent (4)

MASSEPAIN Pâtisserie d'amandes pilées et de sucre (1)

MATIN Au matin, c'est-à-dire côté Est (ou au levant)

MATTON Grosse brique qui sert au pavage. Synonyme de tourteau (1)

Ici pain de tourteau d'huile de navette (4)

Synonyme de tourteau, espèce de gâteau formé du résidu des graines oléagineuses après la pressuration (2)

MELANGE Au cabaret, verre rempli d'alcools ou liqueurs mélangés (composition inconnue) (4)

MELEE Mélange de céréales diverses (4)

MEPRISER A le sens de déprécier. Un cochon chétif fait « mépriser » (déprécier) un lot vendu à la foire (4)

A aussi le sens de problème. Par ex éviter toute méprise avec un voisin, éviter tout problème avec lui, éviter de se méprendre (4)

MESURE Mesure de capacité pour les céréales. La « mesure » de Pierre est de 27,4 litres ; celle de Louhans = 29,268 litres ; celle de Verdun = 25,691 litres, etc (4)

MESURE (battre à la 17ème) Battre à la 17ème mesure signifie que le batteur en grange est payé en nature, et reçoit la 17ème partie des grains battus, soit 5,88 % (4)

MICHE Pain rond pouvant peser plusieurs « livres » (4)

MIRNOIS Echarpe en mirnois (tissu ?)

MITHE Mitre : tuiles ou planches de plâtre qu'on dispose en forme de mitre au-dessus d'une cheminée pour l'empêcher de fumer (1)

Nb : ici, poterie jouant le même rôle (4)

MITTES Gants de laine (4)

MODERNE Arbre de réserve dans les bois exploités, baliveau moderne, plus vieux que le taillis et plus jeune que l'ancien (3)

Une moderne atteint deux fois l'âge du taillis ; l'ancien a trois fois l'âge du taillis (4)

MOITIERE Chanvre : moitière se dit d'un mélange d' œuvre de qualités diverses au niveau du fil (4)

MONTEURE Monture, manche d'outil (4)

MONTRE (à la) Vendre « à la montre » ou « sur montre », c'est vendre sur échantillon pour faire juger du reste (1)

MOUCHER Petit bâtiment servant à abriter les ruches d'abeilles (applées « mouches à miel ») (4)

MOUDRE Moudre du grain « au second » ou « au troisième » : moudre avec des réglages divers.

MOULE Ancienne mesure de bois à brûler, faite de deux traverses entre lesquelles on rangeait les bûches. Bois de moule ; entre autre bois descendant de l'Yonne et de la Seine à Paris (1)

En terme d'eaux et forêts, le moule usuel, créé en 1812, est un cube de 4 pieds de côté, (le pied étant assimilé au tiers de mètre) qui correspond à 2,37 stères. Avant cette date le moule varie de valeur suivant les lieux. A Mâcon, cube de 4 pieds anciens de côté, soit 2,193 stères. A Dijon, le moule ne faisait que 1,47 stère (2)

En Bresse, le moule est bien un cube de 1,33 mètre de côté. Le bois de moule est le bois de chauffage (4)

MOULIN A NEF Moulin établi en plein cours d'eau, monté sur deux bateaux (ou barques) dont l'un sert simplement de support à l'extrémité de la roue placée entre les deux bateaux (4)

NANKIN Toile de coton ordinairement (non toujours car il y a du nankin blanc) d'un jaune particulier (1)

NOCE (Mener la) En Bresse le musicien joue en précédant le cortège. On dit qu'il « mène la noce » (4)

NOEUD Au sujet du maïs. Les panouilles, auxquelles on a laissé deux feuilles chacune, sont attachées (ou nouées) par groupes de quatre (voire plus ou moins), appelés « nœuds », et suspendues sous l'avant-toit de la maison, voire accrochées contre le mur, etc (4)

NOIR ANIMAL Fertilisant issu de la calcination d'os d'animaux

OEUVRE Filasse de chanvre. Il y a 5 façons d'œuvre :

-le grand cœur (la plus grande œuvre fine)

-les têtes (la filasse moins longue fine)

-les tillons (filasse grossière)

-les étoupes (filasse courte, grossière, catonnée)

-le farton (résidu) (3)

OFFERTE Offerte ou offertoire. En Bresse, cérémonie religieuse après la messe dominicale en mémoire d'un défunt : 40 jours après la mort, dite « offerte de six semaines » et un an après le décès. A cette occasion on réunit la famille qui partage un repas significatif

ONCE 1 oncc = 8 gros = 30,59 grammcs (4)

ONGUENT GRIS Onguent : médicament d'une consistance molle que l'on applique extérieurement.

Onguent gris : onguent napolitain ; onguent où il entre du mercure (1)

ORLEANSE Orléans : sorte d'étoffe légère en laine et coton, très employée pour les vêtements d'été pour hommes. Paletot d'orléans. Robe d'orléans (1)

ORVALE Intempérie, bourrasque, grand vent (3).

Ovaille : terme très répandu dans la Suisse française. Dégât causé par la gelée, la grêle, une ravine, un éboulement (1)

PADOUE Padou : nom donné à des rubans de bourre de soie. On écrivait autrefois padoue. Les rubans de bourre de soie qu'on appelait padoue s'emploient par les tailleurs, couturières (1)

PAIN BIS C'est du pain de ménage, fait de farine de froment moins fine que celle destinée au pain blanc. Elle contient davantage de son (4)

Attention, dans d'autres régions, le pain de ménage est fait de farine de froment et de farine d'orge, ou encore de farine de froment, de seigle et d'orge (2)

PALETOT Vêtement de drap moelleux et chaud, que les hommes portent, tantôt seul, tantôt, et c'est plus ordinaire, sur un autre vêtement (1)

PANIS MONDE Panis, synonyme de panic. Panic : genre de plante dont fait partie le millet (1).

Panis mondé : eau dans laquelle on a fait bouillir du panis mondé (1)

PANISSET Paille de maïs, tige complète de maïs coupée avec son panache mais on a déjà détaché la panouille, l'épi (3)

PANOUILLE Epi de maïs dans l'Autnunois (1)

En Franche-Comté, en Bresse, en Gascogne, épi de maïs recouvert de ses spathes que l'on conserve souvent sous les avant-toits des maisons. (2)

PANOUILLON En Bresse, l'épi de maïs dépouillé de ses grains que l'on brûlait en hiver (3)

PANSEMENT Soin aux animaux, remède pour les guérir (4)

PANSEUR 1ER domestique de la ferme chargé de la surveillance de l'engraissement des animaux (des bœufs principalement) (4)

PAS Mesure de longueur. Un pas équivaut à 2 pieds 6 pouces =0,812 mètre (4)

PASSANT Artisan de passage, d'où son nom, allant de maison en maison (4)

PATTE Souche tubéreuse de certaines plantes comme l'asperge (2)

Ici, il s'agit bien d'asperge (4)

PERCHE Mesure de longueur. Perche dite de Bourgogne de 9 pieds et demi = 3,086 mètres (4)

Mesure de superficie : perche de Bourgogne de 90 pieds ¼ = 0,09523 are

PERCHOTTE Petite perche (utilisée pour la couverture à paille) (4)

PHAETON Appelé aussi char suisse (4)

Petite voiture à quatre roues, légère et découverte dite, parce que menée d'ordinaire rapidement (1)

PIECE C'est un champ, voire une parcelle (4)

NB : il existe aussi la pièce, mesure de contenance pour le vin, de contenance variable selon les régions. A Beaune, pièce de 228 litres ; à Mâcon, de 216 litres ; en Beaujolais de 214 litres (2)

PIED Mesure de longueur, dite pied de roi, vaut 12 pouces soit 0,3248 mètre(4) ; 1 pouce = 0,027069952 mètre = 2,70 cm.

	Pied cube = 1 728 pouces cubes = 0, 034277270 m3 = 34,277 dm3
PILE	Amas de choses placées les unes sur les autres (1) Ici, c'est une pile (un tas) de fagots (4)
PINGOLE	Puits à balancier. Système avec fourche en bois et perche mobile à laquelle on suspend la chaîne et le seau pour puiser l'eau (4)
PINTE	Mesure de contenance de Franche-Comté : 1 pinte = 1,269528 litre A Paris = 0,931 litre ; à Chalon = 1,742 litre ; à Macon elle vaut 2 pots = 1,75 litre (2) etc.
PIOCHI	Champ que l'on travaille, que l'on pioche ; origine : vraisemblablement issu de défrichements plus ou moins anciens (4)
PIPE ANDRO-GYNE	Androgyne : qui tient des deux sexes (Larousse), individu chez lequel les organes des deux sexes sont réunis ; synonyme de hermaphrodite (1)
PIQUETTE	Boisson faite avec de l'eau où l'on fait tremper des fruits du prunelier sauvage (dits preunalles) (4). L'expression est passée à un vin de très mauvaise qualité.
PIQUEUR	Chef d'équipe surveillant les travaux effectués dans les chantiers publics, notamment dans les « ateliers de charité » en 1831 (extraction de gravier, de sable, travaux d'entretien de la voirie (4)
PLESSIS	Clôture faite de branches entrelacées. On trouve plessis, plessière, en Bourgogne (2). Par extension est devenu synonyme de buisson, de haie vive (4)
POCHE	Mesure de capacité pour le son, le remoulage (usitée à Seurre en Côte d'Or au XIXème sicèle) (4). C'est aussi une louche en bois servant à remuer les gaudes, etc (4)
POIRE A BON DIEU	Petit fruit rouge de l'aubépine ou épine blanche, cratoegus oxyacantha ; la plosse est le fruit du prunier épineux, prunelier, épine noire, prunus spinosa (3)
POISEAU	Graine noire parasite dans les céréales (4)
POIX	Poix blanche de Bourgogne (ou poix grasse, ou poix blanche) : résine molle des pins, ou le galipot, fondue avec de l'eau et filtrée (1)
POMMACHE	Pomâche. De la Champagne à la Bresse, la mâche, appelée aussi doucette, blanchette, salade de chanoine (2)
POPELINE	Etoffe unie dont la chaîne est en soie et la trame en laine retorse. Popeline de laine, étoffe unie, imitation de la vraie popeline dont la chaîne est en laine et la trame en laine retorse. Il y a aussi des étoffes

inférieures imitation de la popeline de laine dont la chaîne est en coton et la trame en laine retorse (1)

PORCHE En Bourbonnais, dans le Doubs, truie (2)

Ici, a le même sens en Bresse (4)

PORTEE Supplément (par ex pour le fumier) donné par le vendeur (4)

POUDRETTE Poudre issue de la transformation de matières fécales utilisées comme engrais (la poudrette « Pernot ») (4)

POUPEE Paquet d'étoupes dont on garnit le fuseau (1)

Ici, il s'agit d'une « poupée » d'œuvre moitière, donc d'œuvre de diverses qualités de fil (4)

POURCEAU Porc, cochon (4)

POURREAU Poureau. En Berry, poireau. On trouve aussi pouriau (2)

Poureau, poireau, plante potagère (3)

QUADRILLE (tissu à) Quadrillé : se dit des étoffes à carreaux (1)

QUARTAUT Le quart d'un tonneau (de 228 litres), soit 57 litres (4)

QUARTERON Le quarteron : ¼ de cent. Un quarteron de fagots pour 25 fagots.

Parfois dans la pratique, le quarteron dépassait les 25 (2)

Quarteron de carpailles : ici, c'est le quart d'un cent comprenant en fait 128 carpailles, soit 32 carpailles (4)

Il est de 26 à Paris, de 32 dans quelques villes de France (1)

QUASSIA AMARA Quassier : genre de la famille des simarubées où l'on distingue le quassia amara (écorce très amère dite aussi quassia) (1)

Ici, utilisé comme tue-mouches (4)

QUINTAL ANCIEN A l'origine poids de 100 livres, soit 48,95 kg à Paris (2)

A La Ranche, on dénomme quintal ancien 100 livres (et non 100 kg) soit pour le pays 48,95 kg comme à Paris (4)

RABAT Terme de jeu de quilles. Second coup joué à l'endroit où la boule est arrêtée. Faire trois quilles de venue et autant de rabat (1)

Rabat (jeu de) : jeu de 9 quilles, à renverser plus ou moins nombreuses, par la boule revenant du côté du joueur et suivant les bordures du jeu qui la ramènent. Vieux mot français : « Et quant vint apres disner s'entretrouvèrent en la ville à un gieu de rabat »,arch 1380 in Dict God. (3)

RAGOT Grosse branche de fagot (3)

RAIS Rayons, pièces qui entrent par un bout dans le moyeu d'une roue et par l'autre dans les jantes ; les rais de la roue (1)

RATIERE Piège pour prendre les rats (4)

RATINE Etoffe de laine croisée dont le poil est tiré en dehors de manière à former comme de petits grains (1)

RATTELEE Râtelée, ce qu'on peut ramasser en un coup de râteau. Une râtelée de foin (1)

RAVOU Ravier. Silo où l'on conserve les raves, les carottes, les pommes de terre, les betteraves. Se disait dans le Jura et dans le Chalonnais (2)

REBATTRE Réparer, remettre en état ; ici, c'est un matelas (4)

RECOLEMENT Terme d'ancienne jurisprudence.

Procès-verbal des agents de l'administration forestière constatant si une coupe de bois a été faite conformément à l'ordonnance (1)

Terme des eaux et forêts. Opération, suivie de procès-verbal, visant à s'assurer que les bûcherons n'ont exploité que les arbres désignés pour être abattus (2)

RECOUPE Deuxième farine tirée du son séparé du gruau. Son mêlé d'un peu de farine pour la nourriture du bétail (2)

REDDENTER Redenter : la faucille est un instrument fait d'une lame d'acier courbée en demi-cercle, finement dentelée, pour couper les céréales. Rendenter signifie remettre à neuf cette lame dentelée, ou refaire les « dents » (4)

REDHIBITOIRE La garantie que le vendeur doit à l'acquéreur de divers objets, dont les défauts cachés de cette chose ou vices rédhibitoires. Cas rédhibitoire, nom des maladies ou défauts dont l'existence est une cause de nullité pour la vente d'un animal domestique (1)

REDOS La première planche du tronc, la plus voisine de l'écorce et qui est par conséquent plane du côté du trait et convexe du côté opposé (3)

RELACER Réparer un mur, le remettre en état (4)

RELEVEE Qui est remis en un état plus haut, meilleur. Terme de maréchal. Se dit en parlant d'un fer qui, bon encore, mais déformé, ou ayant perdu plusieurs clous, est entièrement détaché par le maréchal, qui le passe au feu, le bat au besoin, et l'applique à chaud au moyen de clous neufs, sur la corne parée à cet effet (1)

RELEVER LES TETES	Tête de sillon : extrémité du sillon aboutissant sur le « contour ». Après les labours, de la terre est répandue. Relever les têtes consiste à jeter cette terre éparpillée sur le champ (4)
RELEVES	Relève : en Blaisois, planche de rebut provenant des flancs imparfaitement équarris d'une bille de bois. On dit croûte (2)
RENDUE	Moment où l'on rend un animal (fin de fermage, de métayage, de commende) et où on estime la plus-value ou la moins-value (4)
RENTER	Racommoder, surtout remettre ou refaire le talon des chaussons (4)
REPASSER	Affûter des ciseaux, un rasoir, rendre le fil à la lame (4)
	Repasser des couteaux, des rasoirs, des ciseaux, etc. sur la meule, sur la pierre, les aiguiser, leur donner un nouvel apprêt. Repasser un vieux chapeau, le reteindre, lui donner un nouvel apprêt (1)
RESSUYE	Terme rural. Se dit d'une terre qui a perdu la surabondance d'eau dont elle était imprégnée (1)
RETOUR (en)	Différence entre le prix d'achat d'un objet et la reprise d'un ancien usagé (4)
RETS	Meule de chanvre d'environ 100 livres (comprenant 50 à 60 « beusses » ou gerbes) (4)
	Littré dit : Rets marin, nom vulgaire des masses de coques d'œufs de mollusques que l'on trouve en mer.
REUE	Le foin, après fanage et séchage, est rassemblé au rateau en longues bandes, ce qui en facilite le chargement sur le char (4)
REVETISSAGE	Supplément, ou « bon poids » donné à l'achat (4)
RIORTE	Rorte : nom donné, dans la Loire Inférieure, à un lien d'osier (1)
	Riorte : lien de bois tordu en osier ou en chêne, servant à lier (3) ajoutant : « Lien d'un fagot ou d'une bourrée à Paris, qu'on appelle une riotte en mon benoit pays » dit Bonaventure des Périeres, Discours.
ROCHE	Corbeille à pain, aussi utilisée pour contenir des grains destinés aux volailles (4)
ROIE	Roie, rouaie, rigole, raie entre sillons, fossé peu profond, ruisseau (3)
ROMPRE	Rompre une terre, la labourer pour la 1ère fois après un long chômage (2)
ROSETTE	Cuivre de rosette ou simplement rosette, cuivre rouge pur (1)

ROUILLERE	Roullière, rouyère, roulière : blouse des campagnards qu'on appelle aussi biaude, bliaude, blouse solide de couleur bleue, comme en portaient les rouliers ; et qui avait ordinairement des soutaches blanches aux épaules et par devant (3)
RUOLZ	Sorte de plaqué, ainsi dit de Ruolz, inventeur. La dorure et l'argenture, ce que l'on appelle le ruolz, c'est tout simplement du laiton, du bronze fondu que l'on dore ou que l'on argente par précipité dans le bain (1)
SABLIERE	Terme de construction. Pièce de bois placée longitudinalement, sur laquelle reposent soit les chevrons de la charpente, soit le pied étais (1)
SACHE	Grand sac destiné à contenir du grain, de la farine (3)
SALSIFS	Salsifis (4)
SEC (au)	Un bovin mis « au sec » est nourri de foin, de paille (4)
SELLE DE BUE	Selle : planche sur laquelle les blanchisseuses lavent le linge (Bue = lessive) (3)
SEMOUILLE	Semoule (4)
SEULE	Grosse solive ou pièce du bas des maisons en pans de bois, posée horizontalement sur le sol ou sur la maçonnerie de la base du bâtiment, pour porter le mur, lui servant ainsi de fondation (3)
SILIQUE	Paille de navette, dite siligue (4)
SOITURE	Mesure de superficie pour les prés, équivalant au journal, à peu près le tiers de l'hectare ; c'est 34 ares 28 centiares.
SOMARD	De la Lorraine à la Savoie, la jachère (2). En Bresse : idem (4)
SOU	La livre tournois vaut 20 sous. Un sou vaut 4 liards ou 12 deniers Le sou vaut donc 5 centimes.
STOFF	Etoffe de laine non croisée à dessins lisses, de façon que le bouquet ou le carreau qui forme le dessin paraît brillant à l'endroit. Plus tard on a fait des stoffes unis ; c'était une espèce de toile de laine assez brillante (1)
TAILLE	Terme de boulangerie et de boucherie. Petit bâton divisé en 2 parties qui se rapportent et sur lesquelles le vendeur et l'acheteur font des coches ou petites entailles, pour marquer la quantité de pain, de viande, fournie et reçue (1)
TALE	Enraciné (en parlant du trèfle) (4)

	Tallé se dit du blé qui pousse avec plusieurs chaumes (1)
TALMA	Vêtement féminin porté dans la région de Pierre vers 1850-60 (sans autres pécisions). Ce nom est aussi indiqué dans différents inventaires notariés de la région. (4)
TE DEUM	Cantique de l'Eglise qui se dit ordinairement à la fin des matines et se chante extraordinairement, avec pompe et cérémonie, pour rendre grâces à Dieu d'une victoire ou de tout autre événement heureux. Cérémonie qui accompagne cette action de grâces (1)
TECT A PORCS	Ecurie servant à l'élève des porcs (1)
TEILLON	Filasse grossière issue du chanvre (3)
TENDUE	En Chalonnais, grande et grosse toile que l'on tend pour certains usages. Pièce de toile qui reçoit les cendres de la lessive (2)
	NB : ici, c'est une toile de bâteau ou bâche (4)
TERME DES BOIS	Echéance, date de paiement des bois coupés ; ici, c'est Noël (4)
TERRAILLE	Vaisselle de terre (4)
TERREE	Déchets de balles de céréales, etc. que l'on jette dans le purin entourant le tas de fumier et qui constituent un bon engrais. C'est aussi la boue des fossés (4)
TETE	Filasse de chanvre moins longue que le « grand cœur » (3)
TILLER	C'est teiller le chanvre, c'est-à-dire écraser l'écorce pour en extraire la filasse (4)
TIRTAINE	Sorte de droguet de drap grossier, moitié laine, moitié fil. Tiretaines larges : chaîne (lin ou chanvre), trame (laine du pays cardée) (1)
	En Bresse, composition différente. On peut allier des fils de chanvre de diférentes qualités : bon fil et étoupes, par exemple, etc (4)
TOISE	Ancienne mesure de longueur encore appelée toise du Châtelet, valant 6 pieds de roi (1,949 mètre depuis 1667). (2)
	Toise de Bourgogne de 2,43 mètres (ou toise de 7 pieds ½) (2)
TOMBEREAU	Petite claie ou cage avec laquelle on prend les oiseaux en hiver (1)
TOUCHEUR DE BOEUFS	Toucheur, homme qui conduit les bœufs en troupe aux abattoirs (1)
TOURNANT	Moulin à deux tournants, moulin à deux roues qui font tourner deux meules (1)

TOURTEAU	Masse formée du résidu de certains végétaux dont on a exprimé de l'huile (lin, chénevis, navette) (1)
TRAINASSE	Liseron (4). Nom collectif sous lequel les jardiniers désignent tant les jets ou stolons que les coulants et les propagules ; ils disent en outre en ce sens traînée (1)
TRAIT	Passage de herse, de charrue (4). En Poitou, labour. Donner 4 traits de charrue à une terre (2)
TRAPPE	Vase circulaire et évasé en terre vernissée dans lequel on met le lait (3)
TRAVEE	Terme d'architecture. Espace entre deux poutres, rempli par un certain nombre de solives (1)
TRAVONS	Poutres, chevrons, solives (3)
TREFFES	Pommes de terre. On dit aussi « treuffes », des « catrofes », voire des « culs de poulot » (4)
TRIDAINE	Tiretaine. Sorte de droguet de drap grossier, moitié laine, moitié fil (1) Ici, mélange de laine et chanvre, ou bien de bon fil de chanvre et d'étoupe de chanvre (4)
TUE-CHIEN	Fête de la fin de moisson en Bresse du nord (avec repas) (4) dite aussi « prendre le renard », finir la moisson ; réjouissances à cette occasion : le soir du dernier jour de moisson, pour la rentrée à la ferme, on orne de fleurs, de rubans, la dernière voiture sur laquelle on place un emblème fait de gerbes d'épis ; les moissonneurs, les garçons et fillettes suivent le char en huchant ; la soirée se termine par un repas et on danse au son de la vielle ou du crin-crin (3)
TURQUIS	Blé de turquie, nom donné improprement au maïs, qui est originaire non de la Turquie mais du nouveau monde (1)
TUTEUR A CONSEIL	Celui qui est chargé d'une tutelle (1)
VACHE AU BOEUF	Vache que l'on emmène au mâle pour la saillie ; ici le mâle est improprement appelé bœuf au lieu de taureau (car le bœuf est castré) (4)
VANNOIRE	Tarare, machine qui sert à nettoyer les grains, van mécanique (3)
VAREUSE	Vareuse est aussi une veste très ample en gros drap (1)
VESSIGON	Terme de vétérinaire. Tumeur syniviale qui survient quelquefois sur l'une des parties latérales du jarret du cheval, et qu'on distingue en vessigon articulaire, vessigon tendineux et vessigon du tendon

d'Achille (1)

VIDE Son mal vidé. Meunerie, terme servant à constater un travail de médiocre qualité. Le son a été mal vidé de sa farine (4)

VOLANT Faucille de moissonneur (3)

Grande faucille plus longue et plus ouverte que la petite faucille à dents ordinaire introduite dans le courant du XIXème siècle (2)

VOUGE Serpe attachée à un long manche pour divers usages des champs et des jardins (2).

Nb : équivalent du « goyard » (4)

YVERAN Tarière à bois (4)

REFERENCES DES OUVRAGES UTILISES

(1) Dictionnaire Littré, en 4 volumes (réédition 1971)

(2) Dictionnaire du monde rural, par Marcel Lachiver (Editions Fayard,1997)

(3) Dictionnaire patois de la Bresse louhannaise, par Lucien Guillemaut (édition originale Louhans 1892/1902 ; réédition Slatkine Reprints, Genève, 1970)

(4) Recherches et notes complémentaires de Robert MICHELIN

(5) Manuel de médecine, par le Dr Dehaut, Paris, 1889 (17ème édition)

(6) Dictionnaire Larousse

CAHIER D'ILLUSTRATIONS

LES « DEMOISELLES GUERRET »

DROMARD Louis-Thomas
(Maire de Pierre de Bresse 1816-1830)

GUYENOT Pierre François aîné
(Maire de Pierre de Bresse 1830-1841 et 1844-1861)

BARON Louis Claude
(Maire de Pierre de Bresse 1841-1844)

PAILLOT Claude Edmond
(Maire de Pierre de Bresse 1861-1870)

DRUARD Philippe
(Maire de Pierre de Bresse 1871-1896)

FERME DES PARAYS À LA CHAPELLE SAINT SAUVEUR

PIERRE DE BRESSE : FOIRE AUX BESTIAUX

PIERRE DE BRESSE : FOIRE AUX BESTIAUX

PIERRE DE BRESSE : LA FOIRE (Les Bonimenteurs)

BELLEVESVRE : LE MARCHÉ

PIERRE DE BRESSE : ETAMEUR

PIERRE DE BRESSE : TRANSPORT DE FUMIER

PIERRE DE BRESSE : UN « PASSANT »...

LA CHAPELLE SAINT SAUVEUR : MAISON DES RICHARD À BOIBE

ARBRE GENEALOGIQUE - FAMILLE GUERRET
LIEU DE RESIDENCE DE LA FAMILLE GUERRET
1. Début XVIIème : La Chapelle Saint Sauveur, hameau d'Aloise.
2. 1737 : La Chapelle Saint Sauveur, hameau du Bourgneuf.
3. 1791 : La Chapelle Saint Sauveur, hameau de la Ranche.
RIAUX Philibert (1604 - 1704)
MATHEY Jeanne (? – 1692)
GUERRET Louis (≈ 1626 – 1706)
DOMINOT Anathoir (?)
RIAUX Jean (? - 1699)
PHILIPPE Berthe (?)
GUERRET Emiland (≈ 1670 – ?)
1712
CRETIN Magdelaine (?)
RIAUX François (1685 - ?)
1711
MONNAU Claudine (?)
GUERRET Louis (1715 – An IV)
SANTENET Marie (1717 – 1767)
BOUCHARD Balthazard (1708 – 1762)
RIAUX Denise (1712 – 1753)
GUERRET Jean « L'ancien » (1740 – 1810)
THIBERT Sébastienne (1742 – An VIII)
BOUCHARD François (1741 – 1779)
CORDELIER Jeanne-Baptiste (1745 – 1814)
GUERRET Jean « Le jeune » (1770 - 1814)
1791
BOUCHARD Françoise (1775 – 1846)
GUERRET Jean-Baptiste (An IV - 1858)
PROPRIETAIRE DE LA FERME DE LA RANCHE
1. XVII-XVIIIème : Famille Riaux.
2. 1740 : Famille Bouchard.
3. 1791 : Famille Guerret.

TABLE DES SOURCES

I – ARCHIVES PRIVEES

A – Les registres de la ferme de La Ranche (La Chapelle-Saint-Sauveur, Saône-et-Loire) tenus par Jean-Baptiste GUERRET, propriétaire du domaine.

1-Les « cayers » de 1836 à 1868

- Premier cayer (bleu foncé, format 28,5 X 19 cm) de 304 pages + 2 ajoutées, du 1er janvier 1836 au 23 août 1840

- Septième cayer (jaune, format 35,2 X 23,7 cm) de 139 feuillets, du 1er juillet 1849 au 31 mars 1856

- Huitième cayer (rouge, format 36,7 X 28 cm) de 112 pages + 48 de plus petit format, du 1er avril 1856 au 31 décembre 1861

- Neuvième cayer (bleu, format 34,5 X 22,5 cm) de 350 pages (dont 324 écrites) du 1er janvier 1862 au 11 septembre 1868.

2- Livre rouge dit des domestiques (notes éparses : coupes de bois, cultures, dépenses, domestiques, emprunts, affaires de famille, fermages de La Ranche et de Diconne, immobilier, métayage, pension des enfants, de 1823 à 1835 ; devenu uniquement livre des domestiques (1836-1849 et 1855-1861)

3- Feuilles volantes diverses (contrats, lettres, comptes de moisson et de battage, factures de travaux, marché (volailles, beurre, œufs), marchés sous seing privé, habillement, finances, politique, éducation, projets de baux, etc.

Nb : les registres de la ferme, furent dispersés lors de la vente de la ferme après 1920, ce qui a entraîné la disparition des « cayers » d'août 1840 à décembre 1848.

B – Journal « LE COURRIER DE SAONE-ET-LOIRE » à Chalon-sur-Saone (archives privées de ce quotidien, devenu « Le Journal de Saône-et-Loire » de nos jours)

- 1843-1844 : affaire de la mairie de Pierre-de-Bresse (affaire Baron/ Guyénot) : 27-12-1843, 10-1-1844

- 18-8-1863 : fête de l'Empereur (Chalon, St-Germain-du-Bois, etc)

- 26-6-1861 : orages en Saône-et-Loire (dégâts)

- 18-8-1864 : incendie de la ville de Limoges
- 29-9-1866 : crues et inondations en Saône-et-Loire.

II – ARCHIVES COMMUNALES DE SAONE-ET-LOIRE

(arrondissement de Louhans)

Commune de Bellevesvre : registres de délibérations du conseil municipal du 19ème siècle (notamment sur les foires et marchés)

Commune de La Chapelle-Saint-Sauveur :

- Registre de fabrique (1803-1906)
- Registre du « Comité local d'instruction » (1835-1849)
- Registres de délibérations du conseil municipal du 19ème siècle

  Etat Civil (famille Guerret, études diverses sur l'évolution de la population, natalité, mortalité, métiers, etc)
- Cadastre de 1830 : plans, matrices cadastrales, études des propriétés individuelles, plans communaux divers, impositions, etc.
- Registres de contributions foncières (1791, etc)
- Matrice réelle de contributions foncières (an V)

Commune de Mervans : délibérations du conseil municipal (19ème siècle) : foires et marchés, évolution, etc.

Commune de Pierre-de-Bresse :

- Registres de délibérations du conseil municipal (19ème siècle) : politique, évolution économique, etc.
- Registres de l'Etat Civil de 1800 à 1890 : commerçants, artisans, professions libérales, etc. et naissances, mariages, décès
- Cadastre de 1830 : plans, divers

Commune de Saint-Germain-du-Bois : délibérations du conseil municipal (19ème si ècle) sur les foires et marchés, la grenette, les tarifs, la vie politique, etc.

Commune de Terrans (*aujourd'hui rattachée à celle de Pierre-de-Bresse*) :

- Acte de décès de J-B Fouchey (18/09/1869)

– Délibérations du conseil municipal (élections de 1848)

Commune de Thurey : Etat Civil (naissance d'Albert Guerret 02/09/1827 ; mariage de Jean-Baptiste Guerret et Marie Guillemaut 17/09/1822

III – ARCHIVES DES PAROISSES

Cure de Pierre-de-Bresse : les registres paroissiaux de La Chapelle-St-Sr (1824 à 1836 : baptêmes des enfants Guerret)

Cure de Saint-Germain-du-Bois : registres paroissiaux de Thurey (baptême de Claude-Albert Guerret, 4-9-1827)

IV – ARCHIVES DEPARTEMENTALES DIVERSES

Archives de Côte d'Or (à Dijon)

– Cote 4 E- 8/107 : acte de Me François Monnet, notaire à Dijon : Prêt par Mme Gauthier à J-B Guerret à La Chapelle-St-Sr, Saône-et-Loire, le 24-3-1832

Archives du Jura (à Montmorot)

– 4 E 12/155 : Etat liquidatif de M. Germain au moulin des Prés à Torpes, Saône-et-Loire, le 23-5-1860

Annuaire de la préfecture du département du Jura pour l'an 1812 (tableau des mesures : barral, pinte)

V – ARCHIVES DEPARTEMENTALES DE SAONE-ET-LOIRE

(à Mâcon)

Série E : Familles, notaires, Etat Civil

Etat Civil

– 5 E – 173/1 : Commune de Devrouze (1792-1802) acte de naissance de Marie Guillemaut le 7 frimaire an VI

Notaires :

Me Carmillet, notaire à Pierre-de-Bresse :

- 3 E 23 346 : Bail du moulin de Terrans par M. Carrelet de Loisy à la Vve Pallanchon et Pierre Paccaud, meunier, le 22-1-1851
- 3 E 23 352 : Achat de terre par Jean-Baptiste Guerret à La Chapelle à Claude Mauchamp, le 25-10-1855

Me Genevois notaire à Pierre-de-Bresse :

- 3 E 23 392 : Inventaire après décès du Dr Henri Curé, le 12-1-1876

Me Guichard notaire à La Chapelle-Saint-Sauveur :

- 3 E 23 281 : Acte d'achat de terre par J-B Guerret à Zoé Guerret, sa cousine, le 2-4-1856
- 3 E 23 283 : Donation-partage faite par les époux JB Guerret et Marie Guillemaut à leurs enfants le 15-4-1858
- 3 E 23 285 : Vente mobilière Poigeaut François, scieur de long à Masse (La Chapelle-St-Sr) le 6-5-1860
- 3 E 23 286 : Achat de terre par J-B Guerret à sa parente Clotilde Cordelier-Guerret, le 25-12-1860
- 3 E 23 291 : Inventaire après décès de Fèvre-Mauchamp à La Motte (La Chapelle-St-Sr) le 4-6-1864
- 3 E 23 291 : Inventaire après décès de Grapinet-Euvrard à Alloise, La Chapelle-St-Sr le 24-6-1864
- 3 E 23 293 : Inventaire après décès de Conry-Donnamour au Bois-Brûlé, La Chapelle-St-Sr, le 22-3-1865
- 3 E 23 293 : Vente de meubles Vve David-Fouillot à La Ranche, La Chapelle-St-Sr le 21-10-1865
- 3 E 23 294 : Vente mobilière (surtout matériel de culture) chez JB Guerret à La Ranche le 20-3-1866

Me Guillot notaire à Bellevesvre :

- 3 E 22 362 : Inventaire après décès de JB Fondet, mercier quincaillier épicier à Bellevesvre le 25-4-1844
- 3 E 22 362 : Vente du moulin des Prés à Torpes à François Germain par M. Neyrand le 3-9-1844
- 3 E 22 371 : Achat de terre par JB Guerret à Joseph Bruchon le 22-8-1853

- 3 E 22 371 : Achat de terre par JB Guerret à Claude Thibert le 28-11-1853

Me Jolyet notaire à Pierre-de-Bresse :

- 3 E 23 679 : Prêt de JB Guerret aux époux Billot-Trullard à Fretterans (Saône-et-Loire) le 22-5-1832
- 3 E 23 684 : Achat du Bois Baron à La Ranche par JB Guerret le 22/10/1837
- 3 E 23 708 : Contrat de mariage de J-B Fouchey à Terrans le 05/01/1853
- 3 E 23 722 : Transaction entre les sœurs institutrices (Sœurs de la Présentation de Chatel, Jura) et la commune de Pierre le 09/01/1863
- 3 E 23 725 : Inventaire après décès de JB Edouard Baron, prop. à Pierre les 02/04/1864 et 05/04/1864
- 3 E 23 728 : Bail à cheptel par P. Mauchamp à Cl Mauchamp le 21/02/1865
- 3 E 23 728 : Transaction entre les héritiers Arveux (mécanisme d'horlogerie) le 03/03/1865
- 3 E 23 728 : Bail à cheptel Delarche-Euvrard le 25/11/1865
- 3 E 23 730 : Inventaire après décès Tupinier François, cultivateur à La Ranche, le 03/03/1866
- 3 E 23 731 : Bail à mi-fruits par François Coupat et Jean-Baptiste Poigeaut à La Chapelle le 05/11/1866
- 3 E 23 731 : Prêt Mittaine, banquier à Pierre, le 31/12/1866
- 3 E 23 736 : Inventaire après décès Meaureaux, gendarme à Pierre, le 14/09/1868
- 3 E 23 737 : Inventaire après décès de JB Guerret, propriétaire à La Ranche, le 04/12/1868
- 3 E 23 737 : Donation et partage anticipé par la Vve Guerret JB née Guillemaut, à ses enfants, le 13/10/1868
- 3 E 23 737 : Compte de la vente mobilière de La Ranche de mars 1866, le 04/12/1868
- 3 E 23 738 : Bail du domaine de Diconne par la Vve Guerret-Guillemaut aux époux Rolland-Burdy, le 13/02/1869
- 3 E 23 739 : Bail à ferme du domaine de La Ranche par la Vve Guerret-Guillemaut aux époux Chanut-Lorin, le 10/04/1869
- 3 E 23 739 : Inventaire après décès de M. Monnot-Monin, confiseur à Pierre, le 15/06/1869

- 3 E 23 740 : Inventaire après décès de Gaspard Beauchamp, pharmacien à Pierre, le 27/10/1869
- 3 E 23 762 : Partage entre les consorts Cabaud à Pierre le 25/03/1876
- 3 E 23 767 : Inventaire après décès de François Demaizière, boucher à Pierre, le 17/04/1877

Me Jovignot notaire à La Chapelle-Saint-Sauveur :

- 3 E 23 309 : Inventaire après décès de Félix Toulouze, hôtelier à Pierre, les 07/01/1876 et 08/01/1876

Me Bonaventure Mathey, notaire à Thurey :

- 3 E 18 022 : Contrat de mariage de JB Guerret et Marie Guillemaut (acte conservé initialement chez Me Berthoux à Mervans), le 17/09/1822

Me Nosjean notaire à Pierre :

- 3 E 23 416 : Bail de La Ranche à M. Moretain, par les enfants Guerret, le 05/02/1885
- 3 E 23 426 : Inventaire après décès de Fannie Guerret, épouse Fourneret, le 16/12/1887

Me Oppepin notaire à La Chapelle-Saint-Sauveur :

- 3 E 23 277 : Acte d'association (tirage au sort) pour Albert Guerret et autres, le 25/03/1848
- 3 E 23 277 : Contrat de mariage de Fanny Guerret et François Fourneret, le 09/07/1848

Me Pautet notaire à Pierre :

- 3 E 23 362 : Inventaire après décès de François Mignot, tisserand au Buisson Jean Chêne de Terrans le 12/06/1860
- 3 E 23 367 : Inventaire après décès de Claude Monnot, ancien marchand grenetier à Pierre, le 07/04/1863
- 3 E 23 371 : Inventaire après décès de Jacques Baillard, teinturier à Pierre, le 13/05/1865

Série F : fonds de Thiard

F 636 : Adresse des habitants de Pierre au général de Thiard le 24/03/1830

F 712 : Correspondance du régisseur M. Paget au général de Thiard (an XII-1814) :

- politique (M. Dromard, 1806)

- invasions des Alliés (Autrichiens) en 1814

F 714 : Lettres du régisseur M. Paget au général de Thiard (1816-1817) :

- 1817 : insurrections dans la région de Pierre

F 715 : suite des lettres de M. Paget (1818-1824) :

- 1818 : mendicité à Pierre
- missions catholiques (1818)
- politique (1820)

F 716 : Lettres du régisseur M. Arveux au général de Thiard (1824-1837) :

- 20/04/1824 : notes sur les petites fermes
- 14/08/1830 : notes sur la municipalité de Pierre
- 11/09/1830 : idem
- 09/05/1834 : opinion politique du pays
- fév 1835 : agriculture

Série J – Familles diverses

J 32 : Dossiers de la famille Druard, de Pierre (18ème et 19ème sicèles)

Série K : Conseil de Préfecture de Saône-et-Loire

K 46 (1826-1832)

K 93 : Comptabilité communale (La Chapelle-St-Sr) 26/09/1831 au 28/01/1832)

K 94 : idem (28/01/1832 au 22/06/1832)

K 95 : idem (22/06/1832 au 22/11/1832)

K 96 : idem (21/11/1832 au 12/04/1833)

5 K 221 : Elections (juillet 1840 à août 1869) : 1848 néant

- 01/07/1861 : affaire Paillot à Pierre

Série M : Administration générale et économie

Agriculture :

- M 112 : 1845-1847 (maladie pommes de terre 1845, cherté des grains 1747)

- M 2 140 : Marché aux bestiaux (1848-1869)
- M 2 141 : Prix du pain à Louhans (1850-1851)
- M 2 157 : Mercuriales à Louhans (1837-1848)
- M 2 158 : Mercuriales à Louhans (1849-1861)
- M 2 159 : Mercuriales à Louhans (1862-1870)
- M 2 168 : Statistiques mortalité du bétail (1862-1863)
- M 2 178 : Cours des animaux de boucherie (1847-1862), concours d'animaux
- M 2 180 : Etat consommation de la viande (1836-1867)
- M 2 241 : Comice Agricole de Pierre (1840-1844)
- M 2 260 : Statistiques Agricoles (1836) : cantons de Pierre et de St-Germain-du-Bois
- M 2 263 : Statistiques Agricoles quinquennales (1852) : arrondissement de Louhans
- M 2 266 : Statistiques Agricoles (1853-1874) :chanvre (1869-1873), vigne (1854), maladie de la pomme de terre (1845-1857), etc.
- M 2 268 : Statistiques Agricoles 1857 (salaires)
- M 2 269 : Statistiques Agricoles 1858 (salaires)
- M 2 271 : Statistiques Agricoles (1860-1861)
- M 2 272 : Statistiques Agricoles (1862-1865)
- M 2 273 : Statistiques Agricoles (1865)
- M 2 276 : Statistiques Agricoles (1868)
- M 2 438 : La vigne (1858-1875) maladies, culture, etc
- M 2 439 : La vigne (1850-1886) maladies
- M 2 738 : Subventions aux Comices Agricoles (1836-1844) : Comice de Pierre (1843-45)
- M. 2 739 : idem (1845-1852)
- M 2 740 : idem (1853-1856)
- M 2 741 : idem (1857-1862)
- M 2 742 : idem (1863-1871)

- M 2 673 : Encouragement race bovine (1864-1871)
- M 2 674 : Encouragement race bovine (1828-1863)
- M 2 851 : Concours agricoles (1860-1863)
- M 2 857 : Concours agricoles (1847-1863)
- M 2 879 : Fermes écoles (1836-1848) : Châteaurenaud
- M 2 953 : Foires et marchés (an IV-1894)
- M 3 130 : Statistiques animaux abattus en 1850

La chasse :

- M 2 719 : Liste des permis (1855-1859)
- M 2 720 : Règlements et permis (1851-1875)
- M 5 221 : Permis de chasse (1851-1875)

Commerce et industrie :

- M 111 (1) : Poids et mesures (1839)
- M 2 389 : Industrie (1844), tuileries, brasseries, etc.
- M 2 390 : Industrie – Commerce (1850-1856), dont inventaire industriel arrond de Louhans (1850), arrond de Chalon (1856), etc.
- M 2 396 : Statistiques industrielles (1866-1868)
- M 2 508 : Rapport du sous-préfet de Louhans (1837)
- M 3 087 : Machines à vapeur (1843-1846)
- M 3 088 : idem (1843-1867)
- M 3089 : idem (1847-1851)
- M 3 091 : idem (1853-1877)
- M 3 094 : idem (1847-1851)
- M 3 095 : idem (1854-1855)
- M 3 098 : Commerce (1816-1874) : faillites (1835-1852)
- M 3 099 : Commerce (1816-1874) :
- M 3 099 : finances (Comptoir d'Escompte de Chalon, 1851)

- M 3 099 : commerce des vins (1848), etc
- M 3 100 : Industrie, commerce, Chambre de Commerce (1845-1863)
- M 3 100 : Chambre de Commerce de Chalon (1853)
- M3 100 : Commerce des vins à Chalon, Comptoir d'Escompte (1848)
- M 3 104 : Exposition Universelle à Paris (1867)
- M 3 123 : Industrie (1860)
- M 3 130 : Industrie- Statistiques – Salaires (1822-1893)
- M 3 130 : Salaires à Louhans (1830-1849)
- M 3 130 : Rapport sur l'industrie (1860)
- M 3 130 : Situation de Louhans (1833,1850)

Dénombrements :

Cantons de Pierre et de St-Germain-du-Bois (1851)

Dénombrements de :

- Pierre-de-Bresse (1836, 1846, 1851, 1861)
- La Chapelle-Saint-Sauveur (1836, 1851,1861)
- Bellevesvre (1836,1851,1861)
- Saint-Germain-du-Bois (1836, 1851, 1861)
- Mervans (1851)

Fête du Roi, de l'empereur :

- M 321 : Commémorations des journées de juillet 1830 (1830-1831)
- M 322 : Fête de l'Empereur (1850-1856)
- M 323 : Fête de l'empereur (1857-1861)
- M 325 : Fête du Roi (1814-1829)
- M 326 : Fête du Roi (1838-1847)

Politique :

- M 121 : Rapports des maires (1852)

- M 139 : Notices sur les fonctionnaires, notables, etc de l'arrondissement de Louhans (1854)
- M 438 : Rapports des juges de paix et de la gendarmerie (1852)
- M 798 : Elections législatives (1846)
- M 801 : Elections législatives, professions de foi (1839-1849)
- M 806 : Elections législatives (affiches, prof.de foi) 1863
- M 965 : Elections cantonales (1821-1832)
- M 966 : Elections cantonales (1833)
- M 967 : Elections cantonales (1833-1836)
- M 968 : Elections conseil général et conseils d'arrondissements (1839-1841)
- M 970 : idem (1842)
- M 971 : idem (1843-1845)
- M 972 : idem (1846-1851)
- M 973 : idem (1852)
- M 974 : idem (1852)
- M 1 090 : Elections municipales (1831-1835)
- M 1 376 : Municipalités (1800-1870) : **La Chapelle-Saint-Sauveur**
- M 1 376 : lettre de M. Guerret de Loisy (1852)
- M 1 376 : affaire de la révocation du maire Joseph Noury,
  à cause de François Chaux (1855)
- M 1 400 : Municipalités : **Pierre-de-Bresse**
- M 1 400 : lettre du sous-préfet du 24-2-1865
  (rapport de police sur les opposants)
- M 1 400 : lettre du commissaire de police de Pierre du 23-2-1865
  sur les opposants
- M 1 400 : affaire des élections de 1843 (M. Baron contre M. Guéynot,
  manœuvres employées, affaire politique plus large, la Presse s'en empare)
- M 1 717 : Police politique : notes confidentielles sur les communes
  (élus, notables, opposants, opinions politiques (1863-1866), etc.

Rapports du sous-préfet de l'arrondissement de Louhans :

- M 112 (situation en 1847)
- M 2 508 : Rapport du 30-6-1859 (situation politique, économique, etc).

Série O : Administration et comptabilité communales

- O 419 : Commune de La Chapelle-St-Sr : personnel (gardes champêtres, etc)
- O 420 : idem (bien non bâtis)
- O 421 : idem (bâtiments (mairie, écoles, lettre de JB Guerret du 20-1-1844)

Série P : Cadastre, Finances, Postes :

- Cadastre de la commune de Pierre (matrice cadastrale de 1830)
- Cadastre de la commune de Diconne

Série Q : Enregistrement

Bureau de Saint-Germain-du-Bois :

- Q 7 201 : Succession de Denis Guillemaut, DCD le 08/12/1838

Bureau de Pierre-de-Bresse :

- Q 2 020 : Succesion de Sébastienne Thibert, épouse de Jean Guerret l'ancien (DCD an VIII)
- Q 3 735 : Succession de Jean Guerret l'ancien DCD 1810)
- Q 3 736 : Succession de Jean Guerret le jeune (DCD 1814)
- Q 3 737 : Succession de Jeanne-Baptiste Cordelier (DCD 1814)
- Q 5 045 : (01/07/1831 au 21/09/1833)
- Q 5 045 : Succession d'Etienne Simerey, juge de paix à Pierre, DCD le 13/01/1833
- Q 5 045 : Succession de Charles Arveux, cafetier à Pierre, DCD le 01/05/1833
- Q 6 000 : Succession de Louis Guerret à La Chapelle, DCD en 1836
- Q 8 371 : (23/06/1838 au 20/09/1841) : succession de Restitut Poncet, curé de La Chaux, DCD le 16/09/1838
- Q 8 371 : Succession de Mme Anne-Joseph Ardin, épouse Louis Ardin, DCD 02/03/1839

- Q 8 371 : Succession Jean-Charles Bonjean, époux Prébet, DCD le 13/03/1839
- Q 8 374 : (juin 1844 à mars 1847) Succession de Françoise Bouchard, Vve de Jean Guerret le jeune, DCD en 1846
- Q 8 374 : Succession de Caroline de Loisy, épouse de Jean Guerret, DCD 16-7-1843
- Q 8 374 : Succession de Pierre-Eugène Guyénot, banquier à Pierre, DCD 14/04/1845
- Q 8 374 : Succession de Louis Siméon, boulanger à Pierre, DCD en 1845
- Q 8 374 : Succession de Pierre Berthaud, tourneur à Pierre, DCD en 1845
- Q 8 378 : (septembre 1850 à janvier 1853) : Succession de Philippe Druard
- Q 8 379 : Succession de Théodose de Thiard, DCD à Paris le 20/06/1852
- Q 8 380 : (juin 1855 à août 1857) : succession de Jean-Louis Sergent, DCD le 24/01/1856
- Q 8 380 : Succession de Simerey Pierre-Sigismond, DCD à La Chapelle 22/03/1857
- Q 8 381 : (août 1857 à avril 1859) Succession de Louis-Thomas Dromard, DCD en 1857
- Q 8 383 : (septembre 1860 à septembre 1861)
- Q 8 383 : Succession François Germain, meunier au moulin des Prés à Torpes, DCD 23/04/1860
- Q 8 383 : Succession Pierre-François Claire Guyénot, proprétaire et maire de Pierre, Conseiller général - DCD 25/11/1860
- Q 8 383 : Succession de Claude-Félix Péchinot, docteur en médecine à Pierre, DCD 07/07/1860
- Q 8 385 : (20/07/1863 au 20/04/1864)
- Q 8 385 : Succession de Marguerite Pugeaut, épouse Dury, fermier aux Parays à La Chapelle-St-Sr, DCD 12/03/1863
- Q 8 385 : Succession de Alexandre Moissenet, agent d'assurances à Pierre, DCD 06/06/1863
- Q 8 385 : Succession d'Adélaïde Guillemaut, épouse Massin, médecin à Masse, La Chapelle-St-Sr
- Q 8 385 : Succession de Marie Roux, DCD à La Chapelle 21/10/1863

- Q 8 386 : (20/04/1864 au 01/09/1865)
- Q 8 386 : Succession de Claudine Guénuchot Vve Noirot DCD à La Chapelle le 11/08/1863
- Q 8 386 : Succession de JB Grapinet époux Euvrard Marie, DCD à La Chapelle 14/03/1864
- Q 8 386 : Succession de Charles Vorey, époux Desbois Marie, DCD à La Chapelle le 03/02/1864
- Q 8 386 : Succession de Charles Ozanon, veuf de Jeanne Gaziaux, DCD à La Chapelle le 09/01/1865
- Q 8 386 : Succession de JB Edouard Baron, prop à Pierre, DCD 10/01/1864
- Q 8 387 : (septembre 1865 à janvier 1867) : Succession de Claude-Albert Guerret, propriétaire à La Ranche, DCD en novembre 1865
- Q 8 387 : Succession de Claude David, teinturier à Pierre, DCD 08/06/1865
- Q 8 388 (janvier 1867 à septembre 1868)
- Q 8 388 Succession de Lucien Cordelier, épicier à Pierre, DCD en 1867
- Q 8 388 Succession de Anne-Marie Panset, Vve Noir, marchande à Pierre, DCD 1867
- Q 8 389 : (septembre 1868 à février 1870) : Succession de JB Guerret, propriétaire à La Ranche à La Chapelle-St-Sr, DCD 15/09/1868
- Q 8 389 : Succession de Claude Baron, époux Dromard, DCD en 1869
- Q 8 390 : (février 1870 à juillet 1871) Succession de JB Fouchey, forgeron mécanicien à Terrans (16/03/1870)
- Q 8 390 : Succession de Claude Touvrey DCD à La Chapelle en 1870
- Q 8 395 : (décembre 1875 à janvier 1878)
- Q 8 395 : Succession de Joseph Cabaud, DCD 05/03/1876
- Q 8 395 : Succession d'Antoine Jolyet, ancien notaire à Pierre, DCD 20/01/1876
- Q 8 395 : Succesion de Claude-Edmond Paillot, époux Guyénot Nelly, ancien maire de Pierre et conseiller général, DCD à Pierre le 10/04/1877
- Q 8 395 : Succession de François Demaizière, DCD à Pierre le 25/03/1877
- Q 8 395 : Succession du Dr Curé à Pierre, DCD en 1876

- Q 8 395 : Succession de M. Toulouze, hôtelier à Pierre, DCD en 1876
- Q 8 399 : (2/1881 à 1/1882)
- Q 8 399 : Succession de Jean-Appoline Rossignol, médecin vétérinaire, DCD le 08/08/1881
- Q 8 399 : Succession de Marie Robert, Vve Dorier, DCD à La Chapelle
- Q 8 405 : (10/1886 à 9/1887) Succession de Marie Guillemaut, Vve de JB Guerret, DCD à La Chapelle en 1887
- Q 8 405 : Succession de Fanny Guerret, épouse Fourneret, DCD à Pierre en 1886

Série R : Affaires militaires (conscription)

- R 29 : Conseil de révision (1847)
- R 30 : Conseil de révision (1848)
- R 67 : Remplacements de conscrits (1847-1850)
- R 94 : Tirage au sort (1847)

Série S : Travaux publics et transports (chemin de fer)

- S 153 : Ligne de chemin de fer Chalon-Dole, par Pierre (1866-1931)

Série T : Enseignement, affaires culturelles, sports

Enseignement

- 1 T 4 : Rapport du Conseil Général sur l'enseignement, etc
- 1 T 10 : Ecoles : La Chapelle, Pierre
- 1 T 14 : Statistiques écoles de filles (1849-1860)
- 1 T 65 : Registre de délibérations du Conseil Supérieur de l'arrondissement de Louhans (1834-1840)
- 1 T 251 : Ecoles communales : plans, etc. (La Chapelle-St-Sr)
- 3 T 11 : Ecoles primaires : les instituteurs (1834-1836 et 1838-1840)
- 3 T 63 : Ecoles communales (1851-1853) : rapports sur les instituteurs
- 3 T 251 : Ecoles communales : plans, inventaires (1860-1910) La Chapelle-Saint-Sauveur (1860-1913)
- 3 T 267 : Ecoles communales : Pierre (1860-1913)

Presse

- T 139 : Bulletin de la Société d'Agriculture de Louhans (1841)

PR (Presse)

- PR 86/1 : Le Patriote de Saône-et-Loire du 14/01/1844
(affaire politique de la mairie de Pierre, affaire Baron/Guyénot)

- PR 13/1 : Le Courrier de Saône-et-Loire du 17/01/1844 :
affaire de la mairie de Pierre

Série U : Justice

Tribunal de commerce de Chalon-sur-Saône

- 6 U 515 : Banque Druard, acte de continuation de la société fondée
en 1865 (1875)

- 6 U 570 : Constitution de la société Bidaut et Guillemaut, fabrique de liqueurs
et vente de vins à Lessard-en-Bresse (1856)

- 6 U 661 : Faillite de Dlle Rozet, libraire à Chalon (1857)

Tribunal de commerce de Louhans

- 6 U 1 128 : Association Société Lamy-Prost, mécanicien à Louhans,
puis Sté Lamy-Polynce (1873)

- 6 U 1 147 : Faillite de François-Laurent Mittaine-Sergent, négociant
et banquier à Pierre (1873-1875)

- 6 U 1 470 : Faillite de François Chaux, marchand de vin
à St-Bonnet-en-Bresse (1856)

Tribunal à Louhans

Registre n° 204 : Prestation de serment de Claude Euvrard, garde particulier
de JB Guerret à La Chapelle, et autres personnes (29-12-1866)

Cour d'Assises de Saône-et-Loire

- U 324 : Affaire de François Chaux, marchand de vin à St-Bonnet (1856)

- U 314 (4ème trim 1854) : JB Guerret, juré à la Cour d'Assises

Justice de Paix de Pierre-de-Bresse

- 4 U 2 833 (1848) : affaires diverses, prestations de serments,
litiges commerciaux, incendies, etc.

- 4 U 2 834 (1866) : étude de 150 procès divers.

Série V : Cultes

- V 8 : Correspondances, cure de Pierre
- V 88 : Dossiers des archiprêtrés (Pierre-de-Bresse)
- V 98 : Dossier admin : La Chapelle-St-Sr (la fabrique 1825-1899)

Série X : Assistance et prévoyance sociales

- X 1 064 : Bureaux de bienfaisance
- X 1 203 : Bureau de bienfaisance de La Chapelle-St-Sr (1837-1900)
- 4 X 57 : Société de Secours Mutuels à Pierre (1859)
- 4 X 440 : Ateliers Nationaux (1831-1848)

VI – SOURCES IMPRIMEES

Annuaires de Saône-et-Loire (déposés aux Archives de Saône-et-Loire, notamment :

- 1829 : Organisation politique
- 1830 : Conseil Général de Saône-et-Loire, Conseil d'Arrondissement de Louhans (1834, 1839, 1843, 1851, 1856)
- 1836 : Listes électorales et du jury (1851 : idem pour 1848)
- 1851 : Agriculture, Impôts, la Poste, etc.
- 1859 : Les routes, la population
- 1862 : la gendarmerie, la justice
- 1865 : Agriculture, Commerce, Industrie, notes sur les communes
- 1869 : Economie, élevage, notes sur les communes
- 1884 : Commerce
- 1873 : Chemin de fer, élevage

Statistique du département de Saône-et-Loire, par C. Ragut, Mâcon, 1838, t.II : Agriculture, commerce, industrie (conservé à la Bibliothèque de Mâcon)

Le Courrier de Saône-et-Loire : décembre 1854 (comptes rendus des séances de la Cour d'Assises de Saône-et-Loire du 4ème trim 1854 à Chalon S/Saône ; JG Guerret, juré. (conservé à la Bibliothèque Municipale de Chalon-sur-Saône)

Enquête agricole (1866), 14ème circonscription Haute-Marne, Côte d'Or et Saône-et-Loire, Paris, Imprimerie Impériale, 1868 (n° 1 761 aux Archives départementales de Saône-et-Loire à Mâcon)

Table des comparaisons des anciennes mesures usitées dans le département de Saône-et-Loire avec les mesures métriques, par L. Calmels, géomètre en chef du Cadastre (Mâcon, Dejussieu, 1829) ; conservé aux Archives départementales de Saône-et-Loire, n°288)

La foire de La Balme, par Robert Michelin, 220 pages, Editions Bernadat à La Charité-sur-Loire, 1983 (histoire de la célèbre foire et des foires, des échanges de la Bresse du Moyen-Age à nos jours)

Histoire générale de la Presse Française (Presses Universitaires de France) en 4 volumes (tome II, de 1815 à 1871) ; notes sur les journaux importants, les statistiques, etc.

REMERCIEMENTS

Je tiens à remercier tout particulièrement les personnes qui m'ont apporté une aide précieuse tout au long de ces dix années de travail, et surtout :

M. Roger PACAUT à La Ranche (La Chapelle-Saint-Sauveur) qui m'a autorisé à consulter et à publier les registres de la ferme de La Ranche tenus par M. Jean-Baptiste Guerret (documents fondamentaux) ;

M. Emmanuel Georges MICHELIN, mon fils, qui m'a apporté son aide au niveau informatique ainsi qu'à la mise en page, aux reproductions photographiques soignées, etc. ;

Madame Claudette MICHELIN, mon épouse, pour la lecture du manuscrit et surtout pour la patience dont elle a fait preuve à mon égard, ce qui m'a permis de mener à bien ces travaux ;

M. Alain GILLET, conseiller général, maire de Pierre-de-Bresse ; M. Jacques GUITON, maire de La Chapelle-Saint-Sauveur ; ainsi que l'ensemble du personnel des mairies de Pierre et de La Chapelle qui m'a facilité l'accès aux archives locales ;

Le personnel des Archives départementales de Saône-et-Loire et Madame VERNUS, directrice départementale ;

Le personnel du journal « LE COURRIER DE SAONE-ET-LOIRE à Chalon-sur-Saône (actuellement « JOURNAL DE SAONE-ET-LOIRE »)

Remerciements pour l'aide apportée à la souscription

<u>Les journaux</u> :

-« LE JOURNAL DE SAONE-ET-LOIRE » à Chalon-sur-Saône (MM François Prétet , P-D-G, et Michel Limoges)

-« L'INDEPENDANT DU LOUHANNAIS ET DU JURA » à Louhans (M. Jean-Michel Lefevre, directeur délégué)

-« LE BIEN PUBLIC » à Dijon (M. Jean Viansson Ponté, directeur général)

-« L'EXPLOITANT AGRICOLE DE SAONE-ET-LOIRE » à Mâcon (M. C Baudart, directeur)

Radio locale :

-« RADIO BRESSE » (M. Yannick Briez)

Les associations et sociétés d'Histoire :

-« SOCIETE D'HISTOIRE ET D'ARCHEOLOGIE DE CHALON-SUR-SAONE » (M. Gilles Platret, président)

-« ACADEMIE DE MACON » (M. Jean Combier, président)

-« GROUPE D'ETUDES HISTORIQUES DE VERDUN-SUR-LE-DOUBS » (M. J-P Diconne, président)

-« AMIS DU VIEUX CUISERY » (Me Paul Perrault, président d'honneur)

- -« BRESSE LOUHANNAISE » à Louhans (M J Varlot, trésorier)

- -« SOCIETE DES AUTEURS DE BOURGOGNE » à Dijon (M. Michel Huvet, président)

-« SOCIETE D'EMULATION DU JURA » à Lons-le-Saunier (M. Claude Brelot, président)

-« SOCIETE D'EMULATION DU DOUBS » à Besançon

-« GRANDE BOURGOGNE » (Fédération des Groupes Folkloriques de Bourgogne ; Madame Denise Bidault, présidente)

Les revues :

-« IMAGES DE SAONE-ET-LOIRE » à Mâcon (revue de l'association « GROUPE 71 » ; M. Fernand Nicolas)

-« PAYS DE BOURGOGNE » à Dijon (M. Christian Colombet, directeur)

Les organismes professionnels :

-« CHAMBRE D'AGRICULTURE DE SAONE-ET-LOIRE » à Mâcon (Madame Gisèle Cornier, présidente)

Les Conseils Généraux :

-« CONSEIL GENERAL DE SAONE-ET-LOIRE » à Mâcon (Dr René Beaumont, président)

-« CONSEIL GENERAL DE L'AIN » (M. Jean Pépin, président, et M. Serge Gouteyron, directeur général des services départementaux)

Les bibliothèques :

-« BIBLIOTHEQUE DE PRET DU DEPARTEMENT DE L'AIN » à Bourg-en-Bresse (Madame Anne-Marie Fissieux)

-« BIBLIOTHEQUE MUNICIPALE DE CHALON-SUR-SAONE » (Madame Laurin, directrice)

Les musées :

-« CONSERVATION DEPARTEMENTALE DES MUSEES DES PAYS DE L'AIN » (Madame Agnès Bruno, directeur du Patrimoine de l'Ain)

Les archives départementales :

-« ARCHIVES DEPARTEMENTALES DE SAONE-ET-LOIRE » à Mâcon (Madame Isabelle Vernus, directrice)

-« ARCHIVES DEPARTEMENTALES DE COTE D'OR » à Dijon (M Gérard Moÿse, directeur)

-« ARCHIVES DEPARTEMENTALES DU JURA » à Montmorot (M. G Cuer, directeur)

-« ARCHIVES DEPARTEMENTALES DE L'AIN » à Bourg-en-Bresse (M. Paul Cattin, directeur)

-« ARCHIVES DEPARTEMENTALES DU DOUBS » à Besançon (M. Denis Grisel, directeur)

Les syndicats d'Initiative :

-de Louhans

-de Chalon-sur-Saône

Les mairies :

-de Pierre-de-Bresse et du canton (via M. Alain Gillet, conseiller général)

-de La Chapelle-Saint-Sauveur (via M. Jacques Guiton, maire)

-de Louhans-Châteaurenaud(via M. Roland Voisin, premier adjoint)

-du canton de Saint-Germain-du-Bois (via M. François Moreau, conseiller général)

Robert MICHELIN

TABLE DES MATIERES

Ach. d'impr. le 5.11.2002. D. Guéniot, Langres - Sts-Geosmes - Dép. lég. : 11.2002 - N° d'imp. 4874